文

景

———

Horizon

Peter Gay

THE ENLIGHTENMENT
THE RISE OF
MODERN PAGANISM

启蒙时代　　　（上）

[美] 彼得·盖伊 / 著

刘北成 / 译

上海人民出版社

译者序

　　本书作者彼得·盖伊是美国著名的历史学家。1923年，盖伊生于柏林一个犹太人家庭。为逃避纳粹迫害，他们一家在1939年逃离德国，历经坎坷于1941年才抵达美国。1947年和1951年，彼得·盖伊在哥伦比亚大学先后获得硕士和博士学位。自1948年起，他在哥大先后就任政治学和历史学教席，1969年转至耶鲁大学，1993年退休。彼得·盖伊是一个高产的学者，发表专著20多部，尤以欧洲文化史、思想史研究著称于世。

　　《启蒙时代》是彼得·盖伊凝聚前半生的人生经验和学术观照的心血之作。盖伊的启蒙运动研究，不单纯是出于学术志趣，更有深层的精神关切与追求。据他自述，他的父亲就是启蒙思想的服膺者，他从小亦受到父亲的无神论和世界主义思想的熏陶，纳粹的种族迫害更使他坚定了世界主义的信念。在哥大期间，他潜心于启蒙运动研究，发表了一系列研究论著，最终推出了两卷本的《启蒙时代》。

　　要更好地理解彼得·盖伊这部《启蒙时代》的学术意义和价值，有必要把该书放回到启蒙运动学术史的脉络里。

　　众所周知，启蒙运动是自我命名的。牛顿在力学和光学领域的突破性成就不仅成了启蒙运动的一个主要思想源泉，而且也提供了启蒙运动的一个主要隐喻：光明。启蒙哲人使用光的隐喻，呼唤光明，传播光明，用光明来驱逐黑暗。"启蒙"一词在法文和英文里都源于"光"，法文是lumière的复数lumières，英文是light的动名词enlightenment。启蒙运动由此得名。自我命名也是自我理解和自我阐释的。光或光明代表智慧、开明、理性、自由，最重要的是代表了批判思维，与之相对的黑暗则意味着愚昧、守旧、盲从、专制和宗教偏执。18世纪中叶，达朗贝尔为《百科全书》撰写的绪论既是启蒙运动的一份纲领性文献，也可以说是一份启蒙运动的中期报告。达朗贝尔写道："这部全书有两个目的：既名为百科全书，就须将人类系统的知识及其他有关知识一并论述；既是科学艺术各方面的全书，自应将科学艺术的理论与实践、原则与细则俱备。"

当然，如同《百科全书》本身的命运一样，启蒙运动始终伴随着争议，不时遭受责难、压制乃至迫害。18世纪80年代，启蒙运动已接近胜利的尾声，乐观的情绪渐成主流。欧洲君主普遍以"开明"自居，许多参与或标榜启蒙的学者也进入荣耀的学术殿堂。此时，德国《柏林月刊》就"什么是启蒙（运动）"展开了一场讨论。康德在一篇著名的短文中给启蒙运动下了一个最著名的定义："启蒙就是人类脱离自我招致的不成熟状态。""要敢于认识。要有勇气运用你自己的理智。这就是启蒙的座右铭。"康德还断言：我们生活在一个启蒙的时代，但不是一个已经启蒙的时代。

康德振聋发聩的立论既是对启蒙运动的总结，也成为启蒙运动研究的肇端。很显然，如何回答什么是启蒙的问题，既关涉事实界定，也突显出不同的历史意蕴和价值取向。康德以降的200多年来，对启蒙运动的研究和评价涨落起伏，始终是各个时代重大思想论争中的焦点之一，并且呈现出显著的时代特征。

大体上看，启蒙哲人的身后毁誉和启蒙运动的历史评价主要围绕三个主题展开。

首先是法国大革命。启蒙运动与法国大革命相继发生，人们很自然地认为两者之间存在一种事实上的因果关系。启蒙运动与法国大革命一荣俱荣、一损俱损。法国大革命不仅引发了思想界的大分裂，也促成了启蒙运动的结束，把启蒙运动变成了一个大问号。尽管不乏以启蒙之子自居的思想家和革命家，但是革命恐怖也引发了巨大的惊惧。启蒙哲人，要么某些人要么全体，被视为造成流血的罪魁祸首，受到追究和抨击。早在1790年，保守主义之父爱德蒙·伯克就抨击法国大革命沦为了一场大灾难，诟病启蒙哲人将自由作为孤立的形而上学抽象，消弭了个人价值抉择和传统所蕴含的经验智慧。黑格尔在《精神现象学》里也认为，启蒙是一种否定一切的绝对观念，在可怕的现存社会状况中有其正当依据和批判功用，但就实践结果而言,则与恐怖有直接相关性。随后兴起的浪漫主义和民族主义的浪潮更是一度把启蒙运动湮没在忘川里。

其次是极权主义。进入20世纪,启蒙运动研究逐渐升温,对启蒙的评价再次呈现出耐人寻味的分化。第一部系统深入的研究专著是德国犹太裔学者恩斯特·卡西勒的《启蒙哲学》。关于这部经典著作的评价,可以参见彼得·盖伊在本书文献综述中的论述。在此需要指出的是,《启蒙哲学》的价值不仅仅在学术层面。正如彼得·盖伊在《启蒙哲学》新版前言中指出的,该书发表于1932年,正值法西斯主义猖狂崛起之时,这就使得该书具有了特定的时代色彩和价值。卡西勒重申了康德的论断,从而有力地捍卫了启蒙理想,即自由民主的价值观。同类作品还有法国学者保罗·阿扎尔的《18世纪的欧洲思想:从孟德斯鸠到莱辛》(1946年)等。

同样是试图从思想上回应极权主义,一些西方学者对启蒙运动做出了相反的解读。就在《启蒙哲学》出版的同一年,美国历史学会主席卡尔·贝克尔发表《18世纪哲学家的天城》,认为启蒙运动不过是用理性的乌托邦取代宗教的乌托邦,这种乌托邦的变形在当代仍在重演,人类前景不容乐观。流亡到美国的法兰克福研究所坚持对资本主义的批判,霍克海默和阿多诺在《启蒙辩证法》(1944年)中把法西斯主义归因于资本主义文明的倒退,进而追溯到启蒙的异化、蜕变和局限。"二战"结束后,极权主义的话题在"冷战"背景下进一步发酵。耶路撒冷大学教授、波兰犹太裔学者塔尔蒙的《极权主义民主的起源》(1952年)曾轰动一时。该书把民主分为自由/经验型民主和极权/救世型民主两种类型,把一些启蒙思想家尤其是卢梭视为极权/救世型民主的思想来源。

第三个主题是现代性。在"冷战"背景下,现代化理论兴起,现代化成为西方宏大历史叙事的主线。在西方历史教科书的标准叙事中,启蒙运动被描述为西方世界现代化进程的一个重要阶段,或者说,启蒙运动是西方现代民主政治创生的一个关键因素。这种现代化启蒙运动论的主要倡导者就是本书作者彼得·盖伊。

盖伊坦承,《启蒙时代》承继了卡西勒的《启蒙哲学》的基本精神。不过，卡西勒的《启蒙哲学》囿于哲学史或观念史的传统，盖伊则试图把启蒙运动置于更宏大的西方思想史和社会史背景之中。《启蒙时代》由《启蒙时代（上）：现代异教精神的兴起》（1966年）和《启蒙时代（下）：自由的科学》（1969年）两卷构成，全书按照辩证的三个主题展开论证：对古代的追慕（正题）、与基督教的矛盾（反题）以及现代性的追求（合题）。针对贝克尔、塔尔蒙等人对启蒙运动的贬抑，盖伊明确把启蒙运动与当时学术界热议的"现代性"正面联系起来。他认为启蒙哲人发扬光大了古代的理性、批判精神，提出和阐释了丰富的新思想，对现代性的核心价值观、现代人文社会科学乃至现代自由民主政治均有筚路蓝缕之功。

盖伊为写作《启蒙时代》，剔抉爬梳了大量启蒙哲人的经典文本和研究文献，可以说为现代化启蒙运动叙事提供了比较坚实的学术基础。尽管有年轻气盛的挑战者（如罗伯特·达恩顿）讥讽其没有使用档案，称之为读书笔记的汇编，但是这部著作气势恢弘、视野阔大、征引广博、述论融通，很自然地得到了学界的赞赏。第一卷出版后，旋即获得了美国国家图书奖。

盖伊的《启蒙时代》对于推动新一波启蒙运动研究热潮起到了重要作用。一方面，该书受到赞赏和追捧，成为后来研究者登堂入室的指南；同时，该书也引起了很大的争议，甚至成为攻击的靶子。

大致说来，批评主要来自两个层面。第一个是社会哲学层面。盖伊的《启蒙时代》把启蒙哲人解释成宗教的敌人，引起了保守派的愤慨，因此被列入"20世纪50部最糟书籍"之一。与此同时，随着后现代主义和女性主义的兴起，现代性受到盘诘，现代化的宏大叙事受到质疑，启蒙运动则首当其冲。当然，后者的批评不仅是针对盖伊的，甚至不是以盖伊为主要论战对手。但是，争论的焦点是现代性和现代化，盖伊的启蒙运动观也必定受到波及。

第二个是历史研究层面。盖伊的研究方法和许多结论都受到挑战。譬如，盖伊把启蒙运动视为一个整体，把启蒙哲人归为一个家族。这种整体论不能说服强调启蒙运动存在深刻分歧乃至分裂的学者。此外，那种强调不同国度里启蒙运动民族特色的倾向也渐成气候，从国别角度研究启蒙运动的成果不断涌现。再如，盖伊局限于经典文献和研究文献的研究思路也受到质疑，哈贝马斯的公共领域概念以及社会史、书籍史的大步进展使启蒙运动的画面几乎焕然一新。最后，盖伊认为，启蒙哲人（如伏尔泰）在政治上是非常激进的，启蒙思想是美国革命乃至法国大革命的先导。这是他最受人诟病的两个结论。学界普遍认为，伏尔泰等启蒙哲人在政治上是温和的，并不支持民主政治。至于启蒙与革命的关系，则需要寻找其中的联系环节，在这一关键问题上，美国学者达恩顿等人做了破解的努力，并取得了可喜的成果。

回顾过去的半个世纪，启蒙运动研究领域新作迭出，盖伊的《启蒙时代》的经典地位也在争议中得到确立。盖伊的学术成就获得了美国和欧洲学界的广泛尊重；盖伊的启蒙运动研究及其核心观点，即现代化启蒙运动论，作为一家之言，目前依然具有重要影响。

评论者通常称赞盖伊的《启蒙时代》学识厚重、见解睿智，而且文字生动、雅俗共赏，极具可读性。在译者看来，该书还有一个重要的优点，那就是：盖伊是以启蒙的精神来论述启蒙运动的。盖伊虽然推崇启蒙运动，但没有神话启蒙哲人。重要的不是曝光启蒙哲人的私生活，而是用批判的眼光审视原生态的文献，把启蒙哲人的著作当作历史语境中不断摸索试探的话语，而不是现代神谕。就算是"读书笔记"吧，我们看到，盖伊旁征博引，夹叙夹议，点评争辩，有一种与启蒙哲人平等对话的味道。可以想见，读者加入这样的对话，收获的不会仅仅是知识。

刘北成、王皖强

2014 年 9 月 8 日

前　言

　　本书是两卷本著作的第一卷。这两卷著作既独立又相互联系，合在一起，试图对启蒙运动提出一个全面的解释。近半个多世纪以来，思想史研究者、文学研究者和政治理论家极力恢复启蒙运动的真实面目，清理诋毁者和颂扬者两方面的不实之词。他们出版了权威性的新版经典文本，发现了新的文献，编辑了完整准确、令人耳目一新的启蒙哲人通信集。当然，他们并不满足于这种技术性的基本工作。自从伯克和德国浪漫派大加讨伐以来，一直有人认为启蒙运动应该对现代的种种邪恶负有责任，而且嘲笑其所谓肤浅的理性主义、愚蠢的乐观主义和不负责任的空想主义。与这些曲解相比较——这些曲解比他们主张铲除的错误更肤浅、更愚蠢、更不负责任——自由派和激进派人士对启蒙运动的赞美虽然也带有漫画性质，却是亲切而无害的。左派的天真远远抵不过右派的恶毒。另外，与保守派的观点相似，自由派的启蒙运动观也同样不能让人满意，有待修正。因此，学者们展开了争论。我也参与其中，特别是与右派进行交锋。我的确喜欢这种论战。但是，现在应该而且可能从论战转向总结了。

　　总结就需要考虑事物的复杂性：启蒙运动的那些人在理论、秉性、环境和代际方面都有差别。鉴于他们的思想五花八门，以及他们之间时而发生的激烈争论，许多历史学家甚至不想再探索启蒙运动的统一性。休谟是一个保守派，孔多塞是一个民主派，俩人到底有什么共同之处？霍尔巴赫嘲笑一切宗教，莱辛实际上想发明一种宗教，俩人有什么共同之处？狄德罗因嫉妒而蔑视古物研究家，吉本则欣赏和模仿他们，俩人又有什么共同之处？卢梭崇拜柏拉图，杰斐逊却拿着《理想国》无法卒读，俩人又有什么共同之处？但是，我认为，如果被这类问题迷惑，那就会陷入一种令人绝望的唯名论，就会把历史研究变成传记写作，就会为了多样性而牺牲统一性。上面这类问题是有价值的，但是其主要价值是纠正研究中的偏差：即防止历史学家为了追求统一性而牺牲多样性，使之不要陷入简单化的解释。所谓简单化的解释是指把启蒙运动当作一套严密的理论体系，一个理性时代，从而把狄德罗的生机论、卢梭对情感的推崇、休谟的怀疑论都视为外在于启蒙运动的东西，看作是浪漫主义的先声。这是一种削足适履的界定：先是剥夺启蒙运动的丰富内容，然后又抱怨启蒙运动乏善可陈。我不会采用这些做法。本书将承认启蒙哲人的差异，因为正是这些差异给启蒙运动提供了许多活力，构成了其内部历史的许多内容。但是，因为泛指的名称并非柏拉图的理念，而是将有意义的相似性归纳在一起的范畴，所以我将始终使用"启蒙哲人"（philosophes）这个名称，把他们的思想、策略和生平活动统称为"启蒙运动"（Enlightenment）。而且我还用这些名称表示我所谓的一个家族，即用某一种思想方式联系起来的一群知识分子。

虽然启蒙运动是由一群启蒙哲人构成的，但不止于此。它还是一种文化氛围，一种社会环境：启蒙哲人在其中活动，从中发出反叛的鼓噪，也从中悄悄地获得许多思想，同时还试图对之推行自己的改革纲领。但是，启蒙哲人的社会环境，他们的18世纪，至少在一定程度上是一种意识形态的建构；他们斗志昂扬地介入他们的时代，从而使他们得以融入某些最深刻的潮流，但也会使他们对某些不利的现实不闻不问。我发现，因此关键在于不仅要理解启蒙哲人的思想及其与周围世界的互动，而且要判断他们在认识上的优长与缺陷。杰斐逊说的有道德的罗马共和国与20世纪学者说的罗马共和国一样吗？休谟笔下的西塞罗与我们眼中的西塞罗一样吗？启蒙哲人所谓的"文学复兴"（the revival of letters）与我们所说的文艺复兴（Renaissance）是一回事吗？诸如此类的问题促使我从思想史研究进入社会史研究，努力探讨启蒙哲人建构和感受的启蒙运动是否以及在多大程度上与我们今天当作一个历史事件来看待的启蒙运动一样。

由于我的首要兴趣在于思想与现实的碰撞，因此我很自然地把启蒙哲人的经历当作我的主要关注点和我的解释中心。我发现，启蒙哲人的经历乃是争取独立自主的辩证斗争，是消化他们继承的两种遗产——基督教遗产和异教遗产——的尝试：使之相互对抗，从而确保它们各自独立。启蒙运动可以用两个词来概括：批判与权力。伏尔泰曾经在一封私人信件中写道，他懂得如何去恨，是因为他懂得如何去爱。其他启蒙哲人也使用破坏性的批判来为建设清理出场地，因此批判本身就成为一个创造性角色。正如恩斯特·卡西勒指出的，启蒙运动"在前所未有的程度上把批判功能与生产功能结合起来，并且使两者直接地互相转化"。

正如本书的副标题显示的，我认为，启蒙哲人的反叛成功地达到了两个目的：他们的反叛乃是用一种异教反抗其基督教遗产，他们依赖的是古代的异教；但是他们的反叛也是一种从古典思想和基督教教条下解放出来的现代异教。古人教会启蒙哲人使用批判的武器，但正是现代哲学家告诉他们权力具有的种种潜能。在本书中，我将研究启蒙哲人接受的教育：我将追溯批判如何从它在古代异教时代的繁荣和上千年间基督教时代的衰落转向在文艺复兴时期和16、17世纪的重新崛起。我在这一卷里说的"对古代的追慕"和"与基督教的矛盾"乃是在启蒙运动的激进纲领逐渐形成的辩证过程中的两个因素。在第二卷中，我将讨论这种激进纲领，这种斗争的合题——"现代性的追求"。因此，这两卷书乃是同一主题下的两个部分，分别展开分析，但具有内在的统一性。在第一卷里，我将论述启蒙哲人如何争得了自由；在下一卷里，我将论述他们如何运用这种自由。

xii

本书的写作是从1959年开始着手的，也可以说从1944年就开始了，当时我在丹佛大学读本科，开始对休谟产生兴趣。1959年我发表了专著《伏尔泰的政治观》。在此之前和之后写的许多东西都为本书做了准备。因此，本书的完成不仅受益于其他许多学者，也包含我本人的积累。如果读者发现某个句子或观点似曾相识，那是很自然的。对于我自己以前的论述，凡是我认为既难以改动又必须引用的，本书就移植过来。

我最要感谢的是我的妻子。这两卷著作都题献给她。她不是职业历史学家，也不喜欢作者把一切灵感和成功都归功于妻子的热情辞藻。我赞同和欣赏她的这种态度，但是作为一个职业历史学家，我必须秉笔直书。

没有她，我不仅不能完成本书的写作，而且不能这么迅速、这么顺利和这么愉快。她从头到尾仔细阅读了全书各个章节，有些部分阅读了几遍。她对各个部分都提出了尖锐而宝贵的意见。阿瑟·威尔逊和罗伯特·韦布分别认真审读了每一章，所提意见十分深刻。查尔斯和汉娜·格雷阅读了最初的几章，所提建议对于澄清一个重要问题非常重要。威廉·布斯马同我多次进行有关宗教与批判的关系的讨论，对于我修改第四章和其他部分帮助甚大。海伦·培根以其训练有素的古典学学者的眼光对前面几章进行了审读。罗伯特·帕尔默长期以来让我受益良多，这次也敦促我认真考虑启蒙哲人与其基督教环境的关系；他的指教既严厉又具有建设性，其成果主要体现在第六章。在过去15年里，理查德·霍夫施塔特几乎阅读了我写的全部东西，给予我持久的帮助；他读了本书的初稿。初稿与完成稿有天壤之别，他的功劳不可低估。

在过去几年里，我与一些朋友谈论本书的写作。亨利·罗伯茨特别耐心地倾听我的想法，对我的"灵感"特别宽容，毫不吝惜地给我鼓励。我要感谢鲁道夫·比尼恩在我写作初期提出的唯名论批评，促使我对我提出的启蒙运动整体论做更周密的论证。关于古典古代在启蒙运动里的核心作用这一发现，在一定程度上源自我在1959年和1960年与已故的沃尔特·多恩的几次令人兴奋的交谈。此外，我还感谢与下列各位的讨论：格雷恩·布林顿、列奥·格肖依、比阿特丽斯·霍夫施塔特、欧文·克里斯托尔、格特鲁德·希默尔法布·克里斯托尔、赫伯特·马尔库塞、奥雷斯特·拉努姆、弗里茨·斯特恩和约翰·威廉·沃德。雷蒙德·格鲁和理查德·韦伯斯特在有关意大利启蒙运动方面，给了我有益的建议。

我非常荣幸曾经参加了哥伦比亚大学有关18世纪欧洲文化的教授研讨会；1962年秋季，该会设立之初，我发表了这两卷书的核心论点——启蒙运动的辩证法——然后在两年的热烈讨论中让这个论点受到检验、批评、修正和补充。我特别感谢参加研讨的同仁，他们是詹姆斯·克利福德、奥蒂斯·费洛斯、阿伦·黑曾、H.琼·赫克特、艾伯特·霍夫施塔特、保罗·亨利·朗格和鲁道夫·威特科尔。我的几个学生也给我提供了一些精彩的语录和有益的批评，我特别感谢杰拉尔德·卡瓦诺、斯蒂芬·克恩和维克托·韦克斯勒。虽然我几乎是独立完成这项研究工作的，但两名研究生帕特里夏·拉文德尔女士和奥古斯塔斯·帕洛塔先生也在挖掘意大利资料方面做了有益的工作。

　　在本书写作期间，我有机会通过演讲来检验书中的一些想法；准备讲稿和在讨论后进行修改的过程对我也有很大裨益。在此我还要感谢哥伦 xiv 比亚大学、普林斯顿大学、布兰戴斯大学、加州大学圣巴巴拉分校、瓦萨学院、明尼苏达大学、纽约大学、艾姆赫斯特学院、弗吉尼亚大学的演讲主持人和聪明的听众。此外，我在芝加哥的美国历史学会和罗切斯特大学的法国历史学会上宣读了论文，得到了一些令人兴奋的批评意见。

　　我还要感谢一些物质方面的帮助。哥伦比亚大学社会科学研究理事会和哥伦比亚大学历史系的邓宁基金会给我提供了研究基金和必要的图书。如果没有美国学术团体协会在1959—1960年提供的适时而慷慨的研究职位（我的任务是研究现代性在18世纪的胜利；这项工作在我完成本书第二卷后才完全解除），我就不可能开始写作这部大书；如果没有1963—1964年行为科学高等研究中心提供的研究职位，我不可能那么愉快地写出本书的许多篇章。这个中心是摆脱日常杂务的最佳避难所，受到许多人的热烈赞扬。我只想补充一句话：那些关于中心的动情词句、那些感人的笑话都是名副其实的。我在那里的一年工作进展顺利，为此要感谢拉尔夫·泰勒、普雷斯顿·卡特勒和简·基斯梅耶尔。我还感谢中心的秘书琼·沃姆布鲁姆。在帮我打字的人中，特别感谢爱恩·瑟维特。她热心、细心，还监督了其他人的打字工作。最后，本书杀青正值艾尔弗雷德·克诺夫出版社50周年社庆，能与这样伟大的出版社合作，我倍感荣幸。同时，我要感谢本书编辑帕特里克·格雷戈里，他对我的行文风格加以宽容。但愿其他编辑也能与他一样。

彼得·盖伊

1965年11月于纽约市

目　录

序曲　启蒙运动的世界　

一、一小群启蒙哲人

1

18世纪有许多启蒙哲人，但是只有一个启蒙运动。从爱丁堡到那不勒斯，从巴黎到柏林，从波士顿到费城，文化批判家、宗教怀疑者、政治改革者形成了一个松散的、非正式的、完全没有组织的联盟。这些启蒙哲人构成了一个喧闹的大合唱。他们之中有一些不和谐的声音，但是令人惊讶的不是那偶尔的噪杂，而是整体上的和谐。启蒙人士统一在一个雄心勃勃的纲领之下。这是一个提倡世俗主义、人道、世界主义，尤其是自由的纲领。这里说的自由包括许多具体形式：免于专横权力、言论自由、贸易自由、发挥自己才能的自由、审美的自由，总之，一个有道德的人在世界上自行其是的自由。1784年，当启蒙运动已经基本大功告成之时，康德给启蒙运动下了一个定义：人类脱离自己招致的不成熟状态。他还给启蒙运动提出了一句口号：敢于认识，亦即，要敢于去发现，毫无拘束地行使批判的权利，要甘于自主自立的寂寞。[1]与其他启蒙哲人一样（因为康德只是表达了其他人在论辩中一直提示的观点），康德认为，启蒙运动就是：人要求把自己当作一个成人，一个能够承担责任的人。正是这一声明以及启蒙哲人对这一声明的同气相求，使得启蒙运动成为西方思想史上的一个重大事件。　4

统一并不意味着众口一词。这个哲学联盟的一个标志乃是启蒙哲人们在哲学和政治信念上的各持己见。联盟有时也因此陷入危机。少

---

[1] 康德："答复这个问题：什么是启蒙？"，《全集》（Kant, "Beantwortung der Frage: Was Ist Aufklärung?", *Werke*），第4卷，第169页。

数——非常少的——启蒙哲人对所接受的基督教教育抱残守缺，另一些启蒙哲人则斗胆转向无神论和唯物主义；一些人始终对王权忠心耿耿，激进者则发展了民主理想。法国人在反对教会和国家、争取言论自由和人道的刑法的斗争中，在反对"迷信"的论战中获取快乐，英国的文人则对本国的社会政治体制比较满意。德国的启蒙学者比较孤独而无力，几乎完全回避政治。德国的才子作家、物理学家和怀疑论者格奥尔格·克里斯托夫·利希滕贝格在笔记本中私下写道的："至少在德意志，一种沉重的税负堵在启蒙运动的窗口上。"[1]在那些接触到新思想的意大利邦国，尤其是在伦巴底和托斯卡纳，改革者在公众中拥有一批赞赏者，而且在愿意聆听的当权者中也能获得同情。英国人已经经历过革命，法国人正在为革命创造条件，德国人还没有可能去梦想革命，意大利人则正在借助国家进行一场静悄悄的革命。因此，政治经验的多样性使得启蒙运动具有各不相同的分支；启蒙哲人既不是一个纪律严明的方阵，也不是一个严格的思想学派。如果说他们组成了什么，那也是一种松散的结构，可以说组成了一个家族。[2]

如果说启蒙哲人是一个家族的话，那么这是一个喧闹的家族。他们是战友，而且常常有深厚的私人友谊，但是，除了以推动共同的事业为最大乐事外，其次就是以批判战友为乐事了。他们彼此展开无休止的论战，有些交往完全是唇枪舌剑，毫不客气。后人对启蒙运动的许多指责——天真的乐观主义、傲慢的理性主义、非哲学的哲学化——最初都是出自他们彼此之间的攻讦。甚至有些从那时就开始流传的误解也是出自启蒙哲人：伏尔泰制造了所谓卢梭崇拜原始生活的谣言，狄德罗和维兰德重复了这种说法；休谟和另外一些人是最早把伏尔泰的优雅机智误解为玩世不恭的。

让他们的敌人幸灾乐祸的是，启蒙哲人把他们自己的氛围搞得极其紧张：朋友关系都很情绪化，争吵时惊天动地，和解时涕泗横流，私事炒

---

1 阿尔贝特·莱茨曼编，利希滕贝格：格言 L88,《格言，1793—1799 年》(Christoph Lichtenberg, Aphorism L88, *Aphorismen, 1793—1799*, ed. Albert Leitzmann)，1908 年，第 26 页。（窗户税是欧洲历史上的一个税种。——译者注）

2 我将一直使用"启蒙哲人"这个词来指称西方世界各地启蒙运动中的那些人士。

得沸沸扬扬。狄德罗除了对卢梭外，对其他人的缺点都很大度，但是他很难原谅达朗贝尔在与他合编《百科全书》时因谨慎而临阵逃脱。伏尔泰最喜欢那些才能不如他的人，却对狄德罗表示了让人不舒服的、莫名其妙的敬意，参与他本人其实不以为然的《百科全书》；狄德罗则对这个时代的文坛霸主报以蹩脚的颂扬。狄德罗在给索菲·沃兰*的信中赞美伏尔泰，但是说他行为古怪："有人把一页纸给他看，上面有日内瓦公民卢梭刚刚胡乱写成的攻击他的内容。他勃然大怒，大发雷霆，把卢梭称作恶棍；他巴不得有人把这个卑劣的家伙打死。当场有人说：'看看，我敢说，今天、明天或后天，他会求你收容他。你打算怎么办？''我该怎么办？'伏尔泰咬牙切齿地回答，'我该怎么办？我会拉着他的手，领着他进入我的房间，然后对他说：看吧，这是我的床，这幢房子里最好的床，躺在那里睡觉吧，后半生就睡在那里吧，祝你快乐。'"[1]故事有趣，但绵里藏针。狄德罗欣赏伏尔泰的作品和仁慈大度，但不管出于什么原因绝不信任他。直到1778年，他们两人才见面，当时伏尔泰返回巴黎，不久就故去了。至于德意志人的同道，例如莱辛，他们与法国人保持一种疏远的、得体的、有点让人不太愉快的关系：他们崇拜法国人，但心怀嫉妒，敬而远之。卢梭最初受到所有人的追捧，然后他拒斥所有的人，也遭到所有人的拒斥，甚至遭到大卫·休谟的拒斥。胖乎乎的休谟毫无嫉妒之心，善于交际，快乐宽厚。似乎只有他广受欢迎，是启蒙哲人家族中受宠爱的小舅舅。

6

　　启蒙家族这个比喻不是我的发明。启蒙哲人们就这样说。他们自称是一个"小团体"（*petite troupe*），有共同效忠的事业和共同的世界观。这种意识超越了他们彼此之间的激烈争吵：启蒙哲人没有一个政党纲领，但他们确实结成一党。有些最难听的指责只是发生在家庭内部，一旦变得公开，通常会用于大量的客套言辞来加以粉饰。此外，外界的骚扰或对骚扰的担心也驱使启蒙哲人们想到他们的共同之处，忘掉他们之间的分歧。只

---

* 索菲·沃兰 (Sophie Volland, 1725–1784)，狄德罗的情人。——译者注，下同
[1] 狄德罗：1766年1月27日，《通信集》(Denis Diderot, *Correspondance*)，第6卷，第34页。

要得知一本书被查禁焚毁、一个激进作者被投入监狱、一段异端文字被审查删除，那就够了。他们就会聚集队伍，爱挑事的官员就得面对一场突然的战斗：与伏尔泰歇斯底里地号召团结相比，1758年爱尔维修发表《论精神》引发的风暴，翌年对狄德罗主编的《百科全书》的查禁，更能把启蒙哲人变成一党。那些试图摧毁这一运动的批评者反而起了推波助澜的作用。1757年，报人弗雷隆向书报检查主管马尔泽布指控狄德罗是"一个大团伙的头目，他掌管着一个人数众多的社团。这伙人每天都在用阴谋诡计来发展壮大自己"。[1]但是马尔泽布依然尽其所能地保护启蒙哲人。一个名叫帕里索的报人，为人精明，政治嗅觉灵敏，但品味较差。他在1760年写了一部名为《哲人们》（Les philosophes）的二流喜剧，嘲笑卢梭，说他是一个近乎猿猴的野人，奚落爱尔维修、狄德罗和杜克洛，说他们是一帮无原则的伪君子，用精心的谋划来剥削社交界那些轻浮盲从的女士。帕里索肯定地说："尽人皆知，这些哲学大腕有一个攻守同盟。"[2]很显然，这种攻击奈何不了这些大腕。贺拉斯·沃波尔*不喜欢这些人，他在1765年来到巴黎时一下子就认出了这一小伙人。他在给托马斯·格雷的信中写道："哲人们是一些信口开河、肤浅而又傲慢的狂热分子。他们不停地说教……"[3]

　　沃波尔的刻画过于情绪化，有失公允。实际上，启蒙哲人比那些狂热的传道者更能容忍不同的意见。伏尔泰很高兴地承认，尽管无神论误入歧途，具有潜在的危险性，但是一个有许多个霍尔巴赫的世界会是很惬意的，远远比一个充满基督徒的世界更惬意；霍尔巴赫对伏尔泰提倡的自然神论并不看好，但也投桃报李地表示敬意。当然，有一个事情差点打碎了启蒙运动的团结，那就是启蒙哲人们对卢梭的迫害。但是这些迫害者并不这样看。他们为自己的粗暴进行辩护，说卢梭自行脱离这个家族，是最不齿的

* 沃波尔（Horace Walpole, 1717-1797），英国文学家，英国哥特复兴式建筑和文学的创始人之一。
1 转引自狄德罗：1757年3月21日，《通信集》，第1卷，第239页。
2 转引自F.C.格林：《让-雅克·卢梭：生平和著述研究》（F.C.Green, Jean-Jacques Rousseau: A Study of His Life and Writings），1955年，第115页。
3 沃波尔：1765年11月19日，《通信集》（Horace Walpole, Letters, ed. Mrs. Paget Toynbee），十六卷本，1904—1905年，第6卷，第352页。

人，是启蒙哲人的逃兵。1762年7月，就在卢梭的《爱弥儿》遭到查禁和焚毁不久，狄德罗在给索菲·沃兰的信中写道："不，我亲爱的，不，卢梭的事情不会有什么后果的。他有热烈的拥护者。他用说启蒙哲人的坏话来吸引他们的注意。因为他们对我们的仇恨远远大于他们对上帝的爱，所以卢梭把基督拖进污泥里，对于他们来说也就无关宏旨了。只要他不是我们中的一员就行。他们一直希望他能浪子回头；他们确信，我们阵营的逃兵迟早会加入他们的阵营。"[1]不过，启蒙哲人之间的论争通常采用伏尔泰评说霍尔巴赫时的那种口气，而不采用狄德罗评说卢梭时的腔调。狄德罗在这封信中用"我们"来对抗"他们"，使用军事比喻，对反对派怀有刻骨仇恨；这种修辞方式也暴露了18世纪60年代启蒙人士表面上信心十足并团结一致，内心却焦虑不安的事实。

那时，启蒙运动成了在一面旗帜引导下的一支军队，有一个大型的核心军团，有左翼和右翼，有勇敢的侦察兵，也有差劲的掉队者。启蒙运动还征募士兵，那些人并不自称是启蒙哲人，但他们是这些启蒙哲人的师友或门徒。这个启蒙家族聚在一起，缘于政治策略的需要、教会和国家的敌意以及文人争取提高声望和增加收入的斗争。但是，启蒙哲人之间的凝聚力有更深的根源。在策略同盟和私人友谊背后，是一种共同的经验使他们去建构一种融贯的哲学。这种经验——给各个启蒙哲人打上的标记深浅不同，但给他们全体都打上了标记——就是他们对古代的追慕、他们与基督教的矛盾以及他们对现代性的追求这三者之间的辩证互动。这种辩证关系界定了启蒙哲人，使他们与同时代的其他开明人士迥然有别：与其他人不同，他们利用自己的古典学问来摆脱基督教遗产对他们的束缚，接着，在与古人打过交道后，又转向一种现代世界观念。启蒙运动乃是古典主义、对宗教的亵渎以及科学三者的变幻混合；启蒙哲人可以说是现代的异教徒。

8

1　狄德罗：1762年7月18日，《通信集》，第4卷，第55页。还有一件不太具悲剧性的事涉及贝卡里亚。贝卡里亚原来比较懒散消沉，因好友韦里兄弟的鼓励而撰写了《论犯罪与刑罚》。18世纪60年代中期，他因该书在欧洲闻名遐迩，但韦里兄弟出于嫉妒而开始说他的坏话，不过后来他们言归于好。

2

把启蒙运动称作异教运动，就会使人联想到最欢快无忌的性爱放纵：一个阳光灿烂的懒洋洋的夏日午后，那些伴着靡靡之音而翩翩起舞的半羊人和仙女们以及那些色情的绘画，尤其是弗朗索瓦·布歇*的绘画。这种想像也包含着一些真实：启蒙哲人主张对感官享受给予正面的评价，对禁欲苦修则侧目而视。但是，这些人虽然鼓吹放浪形骸，自己却绝不是声色犬马之徒，他们的行为方式比起他们的言论要节制得多。卢梭似乎有永不知足的受虐癖好；休谟在法国有过风流韵事；本杰明·富兰克林在年轻时"与一些下层女人私通"，还有一个私生子；狄德罗为一个情人写了一部情色小说，风格也是投其所好；拉美特利是一个饕餮之人，在普鲁士宫廷吃了一个腐坏的野味饼而死掉，于是传出一个笑谈，说他把自己吃了；伏尔泰与他的外甥女有一段热烈而持久的恋情——这是18世纪少有的掩饰得最好的秘密之一。但是，这个零零落落的清单差不多涵盖了关于启蒙运动的所有色情流言。一般而言，启蒙哲人都努力工作——实际上也在制造对工作的崇拜——饮食也很节制，享受情感忠诚的快乐，只是很少与自己的妻子同甘共苦。当狄德罗在中年遇到情妇索菲·沃兰时，他找到了自己毕生的挚爱。他蔑视妓女和"荡妇"——这是他的通信中一个有意思的话题——并不是缘于对性病的恐惧，而是涉及是否愉快地承担责任，是否一个自由男人自愿接受束缚。大卫·休谟在1763年确认，法国"文人"都是"通达之士，彼此之间完全或几乎完全和睦相处，在道德上也几乎无可挑剔"。[1]启蒙哲人是一个团结坚定、令人尊敬的革命者群体，他们身负使命，不能懈怠。

因此，在把启蒙运动说成是异教运动时，我不是指那种感官享受，而

---

* 弗朗索瓦·布歇（François Boucher, 1703-1770），法国画家、设计师，把洛可可风格发挥到极致。

1 休谟致休·布莱尔，1763年12月，《书信集》（David Hume, *Letters*），第1卷，第419页。

是指启蒙运动与古典思想的亲密关系。[1]除了"异教",另有几个词——奥古斯都时代、"古典的"和人文主义——也被用做标签来表示这种亲密关系,但它们都限于特定的联想:它们能够揭示启蒙运动的某些局部,而不是全部。"奥古斯都时代"提示了公元1世纪和公元18世纪之间的联系,两个文学繁盛、风尚优雅、政治腐败时代的相似。"古典的"让人想到古罗马的庙宇、西塞罗的庄重以及希腊的神话都在法国有了对应物。"人文主义"则让人想到文艺复兴的学术对启蒙运动的影响,以及把人置于万物中心的哲学。但是,我认为这些词汇哪一个也不足以涵盖启蒙运动。它们让人隐隐地感到某种地方主义和情感的贫弱:"奥古斯都时代"用于形容18世纪上半叶的大不列颠是比较合适的;"古典的"用来表示一种高贵而造作的风格,表示对古典事物的偏好;"人文主义"经历了复杂的历史,逐渐意指一种文质彬彬的修养。启蒙运动比这些词汇的意指更丰富,也更激进:狄德罗的戏剧、伏尔泰的小说、休谟的认识论、莱辛的论辩、康德的批判——所有这些都属于启蒙运动的核心内容——都漏过了这些术语的网眼。

10

3

　　对于沃波尔和帕里索乃至后来的大多数历史学家而言,"启蒙哲人"通常指的是法国人。其实,"启蒙哲人"是用于表示一种国际类型的法文词。我在本书中也是在这个意义上使用这个词。诚然,这个词就应该出自法文,因为启蒙运动与现有体制在法国的冲突最具有戏剧性:在18世纪的法国,权力的滥用十分显眼,很容易招致最尖锐的批判,而压迫机器比较无能,使得批评者有足够的应对空间。由此,法国就培育了

1　应该强调的是,启蒙哲人没有主张任何类型的异教信仰,在18世纪结束之前,启蒙哲人承受着一种来自德意志意识形态的沉重压力。这是罗马天主教观念、原始希腊观念和德意志民间观念的奇特混合,是一种条顿异教主义。其精神源泉是《尼伯龙根之歌》,而不是维吉尔的《埃涅阿斯纪》,是德意志民歌,而不是贺拉斯的颂歌。这种条顿异教主义(很像基督教的传统教义)有时是对启蒙运动宽宏大量的批评者,更经常的是与启蒙运动势不两立的死敌。它势必变成启蒙哲人的地中海异教主义的劲敌对手。

从那时起被称作"启蒙哲人"的那类人：这是一些能说会道、高谈阔论而又善于交际的世俗文人。法国的启蒙哲人最有战斗精神，也是最纯正的典型。

此外，巴黎是启蒙运动的总部，法语是欧洲知识分子的通用语言，各国的启蒙哲人都是法国作家的公开拥趸。在那不勒斯，激进的法律改革者加埃塔诺·菲兰杰里承认，在撰写《立法的科学》时，受到了孟德斯鸠的启示。贝卡里亚是菲兰杰里在米兰的同道，他曾经告诉自己著作的法国译者莫雷莱，说他"转向哲学"是受孟德斯鸠《波斯人信札》的影响，达朗贝尔、狄德罗、爱尔维修、布丰以及休谟的著作是他每天以及"在夜阑人静时"的"必读书"。[1]休谟和吉本认为自己的历史意识在很大程度上来自对孟德斯鸠著作的惊喜发现和贪婪阅读。亚当·弗格森和卢梭也把自己的社会学理解主要归功于孟德斯鸠。达朗贝尔为百科全书写的前言在苏格兰和欧洲大陆广为流传。亚当·斯密本人不属于重农学派，但在1764—1766年留居法国期间，他从重农学派那里获益不浅。边沁的功利主义在一定程度上得益于爱尔维修。康德承认是因为阅读了卢梭的著作而懂得了对普通人的尊重。伏尔泰为法国司法制度的受害者鸣冤叫屈，对 *l'infâme*（败类）大加讨伐，由此在全欧洲引起共鸣。莱辛奋起抨击高乃伊、拉辛和伏尔泰的法国新古典主义戏剧，他使用的武器却出自狄德罗。此外，具有重大意义的是，像俄国的叶卡捷林娜和普鲁士的腓特烈这样的君主也必须密切注意这场运动，尽管他们的政策很少源于这场运动的理想，但他们仍不断地宣称自己获益于法国的榜样。

然而，虽然巴黎是现代的雅典、欧洲的导师，但它也是一个学生。法国的启蒙哲人是伟大的普及者，他们用优雅的语言传播了英国自然哲学和荷兰医学的成就。早在1706年，沙夫茨伯里勋爵在给让·勒克莱尔的信中就写道："有一股强大的光在全世界散播开来，尤其照耀着英格兰和

---

1 弗兰哥·文杜里编，贝卡里亚致莫雷莱，1766年1月26日，《意大利启蒙学者》(*Illuministi Italiani*, ed. Franco Venturi)，1958年，第3卷，第203页。反之，孟德斯鸠在年轻时曾极度崇拜那不勒斯史学家皮耶德罗·詹农，渴望能与之并驾齐驱。

荷兰这两个自由的国度，整个欧洲的事情都转而依赖它们。"[1] 沙夫茨伯里本人就积极乐观、注重现实、喜好风雅，甚至持有一种阴柔的柏拉图主义。他的思想对读者有极大的影响，其中包括年轻时期的狄德罗、摩西·门德尔松、维兰德、康德以及托马斯·杰斐逊。这些读者都在探寻一种不像传统的基督教教义对此岸世界那么敌视的自然哲学。启蒙运动的宣传家们是法国人，但其守护神和先驱是英国人：培根、牛顿和洛克在欧洲大陆就具有这种显赫的名望，以至于遮蔽了类似笛卡尔或丰特奈尔之流的革命性思想；在18世纪的法国，把从法国人那里学来的思想说成出自英国的学者，这不仅逐渐成为一种实用的策略，而且还令人肃然起敬。有一篇名为《论俄国的学术》的文章（可能出自格里姆的手笔）告诉我们，自从"文学复兴"以来，在新教国家而不是在天主教国家就已经产生了启蒙运动："如果没有英国人，法国的理性和哲学可能会停留在最粗鄙的幼稚状态"，孟德斯鸠和伏尔泰这两位法国的开路先锋"乃是英国哲学家和伟大人物的学生和追随者"。[2]

　　在欧陆的科学家、诗人和哲学家中间，这种对英国的崇拜极为流行。一些批评者给他们起了一个嘲讽的名称——崇英狂，但是狂热者则以此为荣。像狄德罗和霍尔巴赫这样的怀疑论者在18世纪中期曾对英国的体制品头论足，但他们显然是少数。在德语世界，诗人哈格多恩和克洛普施托克、物理学家利希滕贝格承认自己仰慕英国，而莱辛把莎士比亚介绍到德国，并依照一个英国剧本照猫画虎地创作了他的第一部市民悲剧《萨拉·萨姆逊小姐》。在意大利，改革者们极力推崇英国宪政和英国的哲学天才；朋友们把贝卡里亚称作"小牛顿"，他们想不出还有什么称呼比这更能表达爱慕之意。但是，崇英狂在法国最持久也最有体系：孟德斯鸠建构了一个虚构的但影响极大的英国政体模式，供其他受到批评的国家来模仿；伏尔泰在英国长时间寻访，认真研读，1728年返回法国时已成为严肃

12

1　沙夫茨伯里：1706年3月6日，《生平、未发表信件和哲学养生之道》（Shaftesbury, *Life, Unpublished Letters, and Philosophical Regimen*, ed. Benjamin Rand），1900年，第353页。

2　狄德罗：《全集》（Denis Diderot, *Œuvres*），第3卷，第416页。

的自然神论者、牛顿学说的坚定信仰者，毕其一生都是英国的崇拜者。他在1764年就写道："成百上千的人在大声疾呼，斥责'崇英狂'……倘若这些演说者想把像英国人那样研究、观察和思考的愿望说成一种犯罪，那就大错特错了。"[1]

13   尽管伏尔泰一再真诚地呼吁，但是应该承认，这种世界主义的对话并不总是在最高水平上展开。休谟对法国人和德意志人的影响就是一个有关错失良机的研究课题：尽管康德大谈休谟对他的影响，但他似乎从未读过休谟的《人性论》；尽管休谟非常欣赏巴黎的启蒙哲人们，而且他在18世纪60年代在巴黎居留时还受到他们的热情接待，但是，或许除了达朗贝尔和杜尔哥外，没有谁赞同或完全理解他的怀疑主义；伏尔泰用古怪的口音对一位英国访客说："我是他的大拥趸，他是英国的一大荣耀，对苏格兰尤其如此"，[2]此时他似乎对休谟的认识论毫无所知，只是喜欢看到休谟与卢梭争吵。不过，并非所有的哲人交往都是流言蜚语、鸡零狗碎。英国的经验主义改造了法国的理性主义；法国人在科学和政治方面的宣传改变了整个欧洲。

        无论所受的训练还是所持的信念，启蒙哲人都称得上是世界主义者。与古代的斯多葛学派一样，他们把对人类的兴趣放在对国家或宗族的兴趣之上。狄德罗有一次情不自禁地对休谟说："亲爱的大卫，你属于所有的国家，你决不会向一个倒霉的人要他的出生证明看。我真希望我能像你一样成为世界大都会的公民。"[3]卢梭的那种强烈的爱国主义则是一个例外。维兰德虽然极其悲观，但依然把"世界公民"视为一个高贵的理想："只有真正的世界主义者才能成为好公民"；只有这样的人才能"从事我们负有使命去做的伟大工作：去教化、启蒙人类，把人类变得高尚。"[4]吉本用他惯有的权威口吻解释说："偏爱和促进祖国的特殊利益及荣耀，是爱国者的义务；但是作为一个哲学家就应扩大眼界，把整个欧洲看成一个共和国，

---

1 伏尔泰致《文学报》，1764年11月14日，《全集》(Voltaire, Œuvres)，第25卷，第219—220页。

2 欧内斯特·莫斯纳：《休谟传》(Ernest C. Mossner, *The Life of David Hume*)，1954年，第487页。

3 狄德罗：1768年2月22日，《通信集》，第8卷，第16页。

4 维兰德：《私下的谈话》，《全集》(Christoph Martin Wieland, *Gespräche unter vier Augen, Werke*)，第42卷，第127—128页。

因为各种各样的居民都已经达到了几乎相同的文明教化水平。"[1] 启蒙哲人受过最好的教育，具有坚实的古典文化修养，操着相同的语言，无论白话还是隐喻都能心领神会，是吉本心目中伟大共和国最有特权的公民。

14

　　因此，典型的启蒙哲人是有教养的人，是令人尊敬的学者，是科学爱好者。这一小群人中，最杰出的是像康德、利希滕贝格和亚当·斯密这样的学院派人士，或者像狄德罗、莱辛和加利亚尼这样的文人。后者的博学会令大学教授也艳羡不已。有些启蒙哲人实际上不只是自然哲学的爱好者。富兰克林、达朗贝尔、莫佩尔蒂、利希滕贝格和布丰都是先以科学家的成就闻名于世，然后才获得启蒙哲人的名声。另外一些人，譬如伏尔泰，用他们的生花妙笔来普及牛顿的科学发现，大力推进科技文明的事业。

　　与此同时，尽管启蒙哲人都学富五车，却很少显得呆板沉闷，一般都能言善辩。启蒙哲人布丰创造了著名的格言：风格即人。启蒙哲人莱辛促进了德语文学的发展；启蒙哲人休谟不仅撰写了最专业的认识论论著，还撰写了最优雅的散文。实际上所有最优秀的作者都属于启蒙家族，这让严正的基督徒感到懊恼和沮丧。有些人讨厌伏尔泰的观念，但也争相购阅他的新作。这种对风格的重视与多才多艺的传统密切相关。启蒙哲人是一批文人，有时创作戏剧，有时从事新闻写作，有时著书立说，无论做什么都才智过人、妙趣横生。亚当·斯密不仅仅是经济学家，也是伦理学家和政治理论家——是最全面意义上的哲学家。狄德罗的才能毫不逊色，身兼翻译家、编辑、剧作家、心理学家、艺术批评家和理论家、小说家、古典学者和教育改革家、伦理改革家。大卫·休谟后期不再研究认识论，转向历史研究和政论写作，而常常被人诟病，说他背弃了自己的哲学研究使命。但是这种指责误解了休谟对于自己在这个世界中的位置的认识。他正在用作为杰出文人的特权来阐释尽可能多的人生经验，为有教养的公众写作，在这种实践中他既是一个生产者，也是一个消费者。

　　这种类型的人只有在都市里才能崭露头角。事实上，典型的启蒙哲人

---

[1]　吉本：《罗马帝国的衰亡》（Edward Gibbon, *The Decline and Fall of the Roman Empire*），第4卷，第163页。

15 出类拔萃、无所畏惧，是不可救药的都市人。都市是他们的土壤；都市滋养他们的心智，传递他们的讯息。他们拜访君主的消息都被大事宣扬，比起在咖啡馆、编辑室或沙龙里意气相投的知识分子聚会要光彩得多。但是，这种宫廷拜访不如同道聚会那么更富有思想结果。启蒙哲人属于都市。有的生长在城市；有的生在乡村，也辗转到城市，以城市为栖息地。休谟在自传里写道："城镇是文人的真正场景。"[1]如果康德没有柯尼斯堡，富兰克林没有费城，卢梭没有日内瓦，贝卡里亚没有米兰，狄德罗没有巴黎，或者换个角度说，吉本没有罗马，那将会怎样呢？当启蒙哲人旅游时，他会从一个城市到另一个城市，愉快地进行大同世界的交流。当他退居乡村时，常常声言喜爱简朴生活，其实他是把城市带在身边：他会邀请惺惺相惜的文人来分担他的孤独，会用创作和表演戏剧来解除乡下生活的沉闷，会把四壁装满图书，会借着与城市的通信来获悉文坛的流言蜚语——他的书信几乎就像一份小报。多年来霍尔巴赫在自己家里聚拢了一个国际性的群体：狄德罗和雷纳尔是常客，出出进进的还有沃波尔、休谟、加利亚尼神父以及其他知名的外国人。这些人坐在餐桌旁高谈阔论，宗教、政治以及其他各种重大禁忌话题，几乎无所不谈。在米兰，贝卡里亚、韦里兄弟和另外一些启蒙学者创办了一份报纸——《咖啡馆》。这份报纸寿命不长，但它的出现本身见证了各地启蒙运动在社交生活与改革要求之间的联系。苏格兰启蒙运动形成了最杰出的社会团体，其领袖人物既有私人之间的情谊，又在思想上同气相求。亚当·斯密、大卫·休谟、亚当·弗格森、威廉·罗伯逊、亨利·霍姆勋爵——这些政治经济学家、美学家、伦理学家、历史学家、哲学家，总之都算是启蒙哲人——在图书馆、俱乐部、咖啡馆，通宵达旦地展开讨论，在这些场所关门后，甚至移到酒馆里继续交谈。伏尔泰在费尔内曾主持了一个流亡文学团体。他远离巴黎长达28年，

16 但这并不重要：他在哪里，哪里就是巴黎。都市精神的精髓——尝试、流动、无敬无畏——存在于启蒙哲人的骨子里。

1　休谟：《自传》，《全集》（David Hume, *My Own Life, Works*），第3卷，第4页。

不过，这种城市精神染上了一种使命感的色彩，有时甚至遭到玷污。启蒙哲人对当时最有权势的体制构成了威胁，而他们也越来越感到焦虑，因为他们在与强大的敌人进行战斗，例如，正如伏尔泰感叹的，教会确实坚如磐石。这就是为什么启蒙哲人既表现出机智，又缺乏幽默感；机智是他们的使命要求必备的品质，而缺乏幽默感则是由于他们身处战斗状态。敌情频频不断，而且并非都是假想出来的。因此他们很容易把批评视为诽谤，把玩笑当作诋毁。他们过于敏感，乃至神经兮兮。狄德罗的书信和卢梭的《忏悔录》就记录了许多让人觉得不屑一顾的无谓争吵。休谟看到一个论战小册子攻击他时，就马上变了一个人；更典型的是，达朗贝尔请求书报检察官封杀批评他的人，莱辛用自己的学识无情地奚落观点相左或才能较低的学者，甚至口出脏话。这就是为什么歌德把柏林的"启蒙学者"尼柯莱*称作"耶稣会的食客"；这也是为什么沃波尔在1779年指出，"除了布丰，启蒙哲人都是一些刻板、傲慢、专断的花公鸡——我就不必说他们是多么难以相处了。"[1]当然，沃波尔是个很挑剔的观察者，他对启蒙哲人的观察很透彻，但是他没有看到，这种激烈和自信（常常使人变得难以相处）乃是一种职业特点，改革者往往难以避免。

4

在描绘这幅集体画像时，我毫无偏见地从整个18世纪、从孟德斯鸠到康德，获取任何可资利用的材料。这种做法有其优点：它强调了这一小伙人的家族相似性。但是这种做法也会模糊一个事实，即启蒙运动有一个历史过程。由于最后一代启蒙哲人有前辈的工作可以借重，所以这段历史的终点已经与其起点大不相同了。

传统的做法是把启蒙运动界定在英国革命与法国大革命之间的一百年。正好也有两个便于记忆的生卒年份：孟德斯鸠生于1689年，霍尔巴

---

* 尼柯莱（Friedrich Nicolai, 1733–1811），德国启蒙学者、出版商。
1 沃波尔致贺拉斯·曼恩，1779年7月7日，《通信集》，第10卷，第441页。

赫死于1789年。诚然,这个界定不是绝对的,不断地有人在移动分期的界限。有人降低启蒙运动的地位,称之为文艺复兴的最后一幕;也有人将其扩展,把培尔乃至笛卡尔都算作启蒙哲人。尽管这些尝试能够让我们更清楚地了解18世纪思想论战的前史,但是我依然赞同传统的分期。我将会阐明,尽管启蒙运动特有的观念源远流长,它们只是在18世纪才有了革命性的力量。霍布斯,甚至培尔生活与写作的时代显然与霍尔巴赫和休谟的时代大不相同。

可以说,启蒙运动乃是相互交叠而联系密切的三代人的共同成就。第一代以孟德斯鸠和长寿的伏尔泰为领袖,为以后的两代确定了基调。这一代是在洛克和牛顿的著作还是备受争议的新鲜事物的时期成长起来的,在1750年以前完成了大部分成果。第二代是在18世纪中期进入成熟阶段:富兰克林生于1706年,布丰生于1707年,休谟生于1711年,卢梭生于1712年,狄德罗生于1713年,孔狄亚克生于1714年,爱尔维修生于1715年,达朗贝尔生于1717年。正是这批作家把已经变得时髦的第一代的反教权主义和科学思想融合成一套自圆其说的现代世界观。霍尔巴赫、贝卡里亚、莱辛、杰斐逊、维兰德、康德和杜尔哥属于第三代。他们与第二代以及第一代的长寿者交往密切,受到前两代人的喝彩、鼓励和挑动。他们进入了新的领域,包括科学的神话研究、唯物主义的形而上学、政治经济学、司法改革乃至实际的政治斗争。批判也通过对自身和自身成果的批判而不断推进。

因此,启蒙运动不仅仅表现出一致性,而且也呈现了一种独特的演进过程,思考风格的连续性以及激进主义的成长。启蒙哲人的观念基础没有发生重大变化:从孟德斯鸠年轻时论述古代罗马的专著到狄德罗晚年为塞涅卡*做的辩护,时隔半个世纪,其间世人对古代建筑和雕塑的兴趣明显高涨,但对于这两位启蒙哲人而言,古为今用的思路却是始终如一。再如,启蒙运动晚期对现代科学的热情和对基督教的敌视,也与启蒙运动早期别

---

* 塞涅卡 (Lucius Annaeus Seneca, 约公元前4年—65年),古罗马时代著名斯多葛学派哲学家,被皇帝尼禄逼迫自杀。

无二致。启蒙哲人的这种辩证思维也没有改变。改变的只是启蒙联盟里的力量平衡：新人接踵而来，论战持续不断，于是，批评变得越来越深入广泛，影响越来越深远，态度也越来越强硬而不妥协。在18世纪前半叶，主要的启蒙哲人都是自然神论者，使用自然法的术语；到18世纪后半叶，启蒙哲人的领袖们都是无神论者，使用功利计算的语言。在启蒙运动的美学里，随着自然法的式微，新古典主义对美的客观法则的探求让位给主观性和对品味的推崇；在法国尤其明显的是，胆怯而琐碎的政治观念被咄咄逼人的激进主义取而代之。但是，在轰动效应方面，后来者的著作并未超过先驱者。孟德斯鸠的《波斯人信札》如果不是在1721年出版，而是在霍尔巴赫的《自然的体系》问世的1770年出版，那么与霍尔巴赫的这部唯物主义论著放在一起，就会显得太温良恭俭了，对于已经被文化批判长期锤炼的世界来说，似乎已不足为奇了。

18世纪欧美的有教养阶层能够接受这些论辩，至少能毫不退缩地阅读这些文字。造成这种情况的原因之一是，启蒙运动的核心力量周围有越来越多的协助者。启蒙运动有十来个司令，他们的名字应该写进任何一部欧洲思想史。他们身边还有一大批副官。这些副官的著作有些在今天已经没有人去阅读，但是这些人在当时都享有很高的声誉。例如，马布利神父是社会主义的先驱，也是北美独立事业在法国的鼓吹者；让-弗朗索瓦·马蒙泰尔是个才能平平的流行喜剧作家，是伏尔泰和达朗贝尔的野心勃勃的门徒，尽管他参与《百科全书》的编撰并倡言宗教宽容，还是被选入法兰西学院，还被选做了皇家史官；夏尔·杜克洛（Charles Duclos）才华出众，是一个广受尊敬的社会观察家、小说家和史学家；雷纳尔神父从一名教士转变为一个激进的史学家，其大作《欧洲在两个印度的殖民地和商业的哲学与政治史》于1770年面世，随即遭到查禁，以后又出了几版，每一版都比前一版更激进；加利亚尼神父是那不勒斯的才子，巴黎沙龙里的名流，也是一位严肃的政治经济学家；摩西·门德尔松是莱辛的朋友，与康德有文字之交，也是美学家、认识论学者、犹太人解放的鼓吹者；格里姆男爵通过向君主和贵族兜售新观念而过着优裕的生活，使他能够提

19

16

供私人新闻服务；路易-让-玛丽·多邦通是一位杰出的博物学家，与布丰合作多年，其科学贡献被布丰的身影遮蔽；弗赖赫尔·冯·索南费尔兹是一位仁爱的政治经济学家，维也纳大学教授，因其观念先进而被聘为哈布斯堡王朝的顾问；尼古拉-安托万·布朗热英年早逝，但留下了两部非正统的探讨宗教起源的科学论著，后来由他的朋友霍尔巴赫予以出版。这些人是二流的启蒙哲人。除了思想的生产者外，启蒙运动还有亲兵、攀附者、消费者和销售者。例如，巴黎的艾蒂安-诺埃尔·达米拉维尔，与伏尔泰有书信往来并因此享有大名，他还行侠仗义扶危济困，偷运违禁著作，安排剧院里的捧场者。随着这个世纪的展开，这些人的数量越来越多，影响也与日俱增。在与虔信的基督徒做斗争时，他们似乎无所不在，尤其占据了许多重要职位：出版社的办公室、政府机构、私人沙龙、重要的大学教席、王室周围，甚至令人敬仰的法兰西学院。到18世纪70和80年代，启蒙哲人的纲领已经变得极其激进，恰在此时他们也在社会上获得了受人尊敬的地位。

20　二、表象与现实

1

1784年，康德在一篇文章里试图给启蒙运动下个定义。他表达了对自己身处的这个世纪的一些怀疑。他说："如果现在有人问：我们目前是不是生活在一个启蒙了的时代？那么回答就是，不是。"不过，他马上补充说："我们生活在一个启蒙的时代。"[1]

康德的这个见解十分锐利，也非常重要。即便是到18世纪末，尽管启蒙哲人已经声名显赫、影响巨大，但他们还是感到前景不明，甚至有些

1　康德："答复这个问题：什么是启蒙？"，《全集》，第4卷，第174页。

阴郁。伏尔泰临终前始终认为，他所处的时代是文化衰败的时代；另外一些启蒙哲人则认为，他们本来是公众的最大恩人，公众却故意抵制他们，这让他们感到心寒。利希滕贝格写道："人们大谈启蒙运动，还要求有更多的光。但是，我的老天，如果人们不长眼睛，如果有眼睛却死死闭着眼睛，再多的光又有什么用？"[1] 狄德罗有一次情绪低落。他对休谟大声喊叫："哦，我亲爱的哲学家！让我们为哲学的命运哭泣吧。我们在对聋子宣讲智慧，我们确实离理性的时代还很遥远。"[2] 休谟则认为，在启蒙运动及有教养的支持者的世界之外，有一大片黑暗的荒漠，那里人们都麻木不仁，到处是文盲和迷信。他非常厌恶地把这个领域描述成"愚蠢、基督教和无知"的王国。[3]

但是——这是康德神谕式宣示的另一面——当时的启蒙哲人沉浸在乐观主义情绪中，自认为是欧洲的导师。康德从柯尼斯堡鸟瞰欧洲的文化舞台，看到在那些文明国家和文明阶层里出现了"反对迷信的斗争"。他把这种斗争称作"启蒙运动"（*Aufklärung*），把那些领袖称作"启蒙学者"（*Aufklärer*）。英国直到19世纪才接受"启蒙运动"这个名称，但是在18世纪，英国的启蒙哲人认为自己生活在并主宰着一个文明化的哲学时代。法国启蒙哲人喜欢说"启蒙世纪"（*siècle des lumières*），并且认定自己在把光明带给其他人；他们志得意满地（还有什么比用自己来命名一个世纪更让人志得意满呢？）把自己的时代冠名为哲学的时代。

这两种情绪都有现实的依据，但是希望比绝望有更多的理由。有一种启蒙的氛围笼罩着启蒙哲人的启蒙运动。这种同气相求的文化风气四处弥漫，给他们提供了某些观念和大部分语汇。而且，启蒙哲人既是这个时代的批评者，也是这个时代的代表。当他们展开说教时，一半欧洲人已能够洗耳恭听了。

能够表明这种启蒙气氛的证据俯拾皆是。我们只需举一个例子。

21

1　利希滕贝格：格言L469，《格言，1793—1799年》，第90页。
2　狄德罗：1769年3月17日，《通信集》，第9卷，第40页。
3　休谟致休·布莱尔等人，1765年4月6日，《书信集》，第1卷，第498页。

1759年，塞缪尔·约翰逊*的《拉塞勒斯》几乎与伏尔泰的《老实人》同时问世。据博斯韦尔**记载，约翰逊本人就提到这两部斯多葛风格的小说过于相似：它们"若不是在如此接近的日期相继出版，根本没有留下模仿的时间，人们有可能指责其中一个借用了另外一个的构思了"。[1]博斯韦尔对此做了非常合理的解释。他指出，这两位作者的意图并不相同，但是18世纪的两种逆反思潮形成了这个著名的交汇，这就不仅仅是巧合了。约翰逊称伏尔泰是个混混，伏尔泰则称约翰逊是个迷信狂犬。但是这二位的政治、文学乃至哲学观念都惊人的相似。伏尔泰引以为荣的是，他正在用自己的机智方式来改良现有的文化，使之逐渐地面目全非。约翰逊讨厌启蒙哲人的离经叛道，但又接受了他们的大部分纲领：他也具有启蒙运动的风格。反启蒙哲人的人和启蒙哲人的主将被套在一驾马车上，情非所愿地成为令人难以置信的盟友。各种人，甚至神职人员都宣称拥有开明的见识。即便是贝克莱也以健全理智的名义提出他的那些骇人听闻的认识论悖论。都柏林的大主教威廉·马吉也表达了他担心休谟的著作对"最开明的人"，亦即，对像他那样的现代基督徒产生有害的影响。[2]一次，约翰逊和博斯韦尔出游苏格兰的赫布里底群岛，一位苏格兰的神职人员骄傲地对来访者说，世人都误以为该地教士"身处穷乡僻壤，容易上当受骗。我们会向他们表明，我们比他们想像中的要开明得多"。[3]正是在这个意义上，孟德斯鸠的时代也是蒲柏的时代，休谟的时代也是莫扎特的时代。

启蒙哲人到处都能找到有影响力的朋友。例如，某个国王试图废除教士的财政特权；某个公爵驱逐耶稣会教士；某个圣公会主教教导基督徒，只要有善心就能上天堂，托斯卡纳的某个主教禁止教徒朝圣并关闭路边的神龛；某个贵族保护一个被通缉的无神论者；某个正直的或敏感的信徒因

---

* 塞缪尔·约翰逊 (Samuel Johnson, 1709–1784)，英国文学家、评论家、词典编纂家。

** 博斯韦尔 (James Boswell, 1740–1795)，苏格兰作家。

1 博斯韦尔：《约翰逊生平》(James Boswell, *Life of Johnson*)，1759年，第1卷，第342页。

2 约翰·雷：《亚当·斯密传》(John Rae, *The Life of Adam Smith*)，1895年，第429页。

3 博斯韦尔：《1773年与约翰逊同游赫布里底群岛的日记》(James Boswell, *Journal of a Tour to the Hebrides with Samuel Johnson 1773*, ed. Frederick A. Pottle and Charles H. Bennett)，1961年，第189页。

对宗教有怀疑而困惑（例如阿尔布莱希特·冯·哈勒*，甚至塞缪尔·约翰逊），或许最好的情况是，某个真诚的学者用文献或历史考证来批驳宗教神秘事物。这些人并不接受启蒙哲人的纲领，或者不接受其大部分纲领，但是他们都在做启蒙哲人做的工作。18世纪最重要的社会事实之一，也是开明风气带给启蒙运动的最珍贵的礼物，是理性主义对神学的侵入：耶稣会愿意洗耳恭听科学的新观点。新教的神职人员对于宗教信条的奇迹依据提出怀疑，各地的教会用自己温和的现代神学半心半意地抗拒启蒙哲人的哲学。

这种神职人员的背叛也有与之相伴的世俗表现。科学、心理学、社会经济思想、教育和政治学的革命性创新大多是由严肃的、虔诚的基督徒做出的，是由哈勒、欧拉、哈特利和普里斯特利**这样的人做出的。激进的启蒙运动给予协助，同时也巩固了自己的先进地位。殷实市民的行为，尤其是在精神方面的活动，也大抵如此。他们捐助建立学校和医院，支持慈善事业，反对迷信，谴责宗教狂热。正如我在本书中将会反复强调的，通常与颠覆性的无神论哲学有关联的那些思想和态度——对哥特式建筑和但丁的鄙视，对封建体制的谴责，对形而上学和经院哲学的批评——乃是18世纪大多数有教养的人的共同财富。启蒙哲人并不缺乏勇气，他们在历史上的地位也毋庸置疑，不过在他们投入战斗之前，胜负已经有一半决定了。

23

2

这种辉煌的前景，再加上启蒙哲人的战斗身份和好战的意识形态——他们与周围世界很难相处——掩盖了启蒙哲人的复杂处境。与他们之前和之后的斗士一样，启蒙哲人发现需要把自己的经历简单化，把自己的对

---

* 阿尔布莱希特·冯·哈勒（Albrecht von Haller, 1708-1777），瑞士科学家和诗人。

** 欧拉（Leonhard Euler, 1707-1783），生于瑞士，著名数学家。哈特利（David Hartley, 1705-1757），英国哲学家、心理学家。普里斯特利（Joseph Priestley, 1733-1804），英国化学家、不信奉国教者。

手加以夸大，把自己的时代加以戏剧化，说成是无信仰和轻信这两种力量之间持续不断的斗争，亦即，善与恶之间的斗争。狄德罗很轻易地把当时的人们划分为启蒙哲人和"哲学的敌人"，[1]这是当时很典型的做法。但是，反过来，两方都有各种各样的联盟，两方也都与对手有各种感情瓜葛——当然战斗过程也充满了纵横捭阖、临阵脱逃、情报不灵、士气低落、倒戈哗变，等等。启蒙哲人们因在宗教思想方式和政治策略上意见不同而分立山头。另一方面，圣公会教徒、路德宗教徒和天主教教徒也经常相互视若仇雠。相形之下，启蒙哲人由于他们自己提倡的文化，反而有时对基督徒表示出比对自己人更多的友善。

启蒙哲人在冷静反思的时候，会抛弃他们通常乐于采用的幼稚的二分法，会认识到他们的时代不仅仅是批判者和基督徒之间的持久较量。狄德罗与耶稣会的《特雷武月刊》[*]主编贝尔捷之间有友好的通信往来；休谟指出，圣公会教义的热烈辩护士巴特勒主教曾经向人推荐他的论文；伏尔泰公开斥责耶稣会教士权迷心窍、阴险诡诈、凑在一起做龌龊的鸡奸勾当，但是他私下里承认，曾经教过他的那些耶稣会教师为人正派，是可敬的学者。但是这种时候很少见，部分原因在于，现实中常常出现危机时刻，或者启蒙哲人要力战群敌，或者虔信者摆开阵势对付无信仰者。此外，从长远看，启蒙哲人向往的世俗世界与他们置身其中的宗教世界是不可能达成妥协的。尽管如此，启蒙哲人还是与他们的文明——至少与这个世界的开明部分——有着千丝万缕的联系。具有讽刺意味的是，启蒙哲人过于执着意识形态，不愿承认这些联系：虽然他们竭力揭开表象的面纱，却常常把表象当作现实。他们认为自己是现代的、世俗的哲学家，这是对的；但他们宣称完全没有从基督教文化受益，这就错了。

在政治方面，他们的错误意识则表现为另外一种形式。这次他们不把自己的时代简单划分为两个敌对的阵营，而是极力攀附权力。他们与敌人

---

[*] 《特雷武月刊》(*Journal de Trévoux*)，1701—1767年法国耶稣会出版的颇有影响的月刊，副名：《科学和艺术的历史记录》。

[1] 狄德罗致达朗贝尔，1765年5月10日，《通信集》，第5卷，第32页。

称兄道弟，为此而付出了沉重的代价。这样做导致他们的策略发生扭曲，长期限制了他们的行动自由，有时还诱使他们陷入违心的认知，最终磨钝了他们的激进锋芒。诚然，无须对他们所做的自谦无害声明都认真看待：其实他们知道他们比自己所承认的要更具有颠覆性——他们一贯闪烁其词就证明了这一点。他们对殉道者的历史烂熟于心，因此不愿加入牺牲的行列。与此同时，启蒙哲人显然常常误判了时代的潮流，也不理解自己的思想带来的后果。伏尔泰对卢梭《社会契约论》和狄德罗对卢梭《爱弥儿》的漠然就非常典型。18世纪最聪明的智者中的两位在这里面对的是两部先知先觉的杰作。这两部著作出自启蒙哲人的世界，把启蒙哲人的一些思想推导出合乎逻辑的结论，因为启蒙运动主导的思想革命，其目标就是既要废除等级体制，又要废除上帝。但是大多数启蒙哲人发现现存秩序中有许多东西值得珍惜。很能说明问题的是，卢梭（当我们想强调启蒙运动的复杂性时，总是会想到卢梭）或许是百科全书撰稿人中惟一完全否定当代文明的，早在他的临床症状变得明显之前，就被其他启蒙哲人当作疯子了。

　　当然这并不意味着启蒙哲人仅仅是机会主义者。他们是激进分子，但还不是虚无主义者：尽管萨德侯爵*自命不凡地在冗长的小说里加入了哲学说教，尽管他自称是启蒙运动的继承者，其实不过是对启蒙运动的滑稽可笑的模仿。启蒙哲人为他们属于现行体制而欣然自在，但启蒙运动并非仅仅是一场自欺欺人的表现：在他们的双重忠诚里没有冲突——在法国，那种张力最为强烈，言辞也最为激烈，但也没有让他们内心撕裂。启蒙哲人伏尔泰是皇家史官，启蒙哲人杜克洛是他的继任。启蒙哲人布丰具有贵族身份，老成持重，出任显赫的皇家植物园总监。杜尔哥鼓吹对新教徒实行宽容，推行自由贸易政策而惹恼了既得利益集团，导致官场失意，但他自认为是法国政府尽职尽责的公务员。达朗贝尔生活简朴，把自己的一半收入用于捐助，但也没有完全脱离旧体制：休谟在一封信里赞扬达朗贝尔的独立不羁，但马上补充说，达朗贝尔"有5份津贴，一份来自普鲁士国

_____

* 萨德侯爵 (Marquis de Sade, 1740–1814)，法国情色小说家。

王，一份来自法国国王，一份是作为法兰西科学院院士，一份是作为法兰
西学院院士，还有一份来自家里"。[1] 这种人，以及像他一样的其他人，几
乎不可能是异化的革命者。毕竟说来，他们赞扬才智，欣赏优雅，渴望有
教养生活必需的悠闲。当他们谴责文明时，也还是一副文质彬彬的样子。
甚至卢梭也承认，他之所以采用粗鲁的行为方式，完全是因为自己太笨拙，
无法遵行社会的文雅礼仪。为了突显自己，启蒙哲人不愿意消除所有的特
权标志；为了让自己受到尊敬，他们根本不想破坏社会的尊卑规矩。他们
说到群众时小心翼翼，随着时间的推移，也越来越不加以呵护。这种态度
揭示了他们对旧秩序的依恋以及对社会剧变的恐惧。

在这种变动不居的形势下，无论合作还是敌对似乎都不是不可改变
的，因此启蒙哲人和当权者们不断地合纵连横。孟德斯鸠捍卫高等法院，
反抗国王；伏尔泰稍后则捍卫国王，反对高等法院。这就迫使孟德斯鸠与
不赞成他的自然神论观点的詹森派站在同一阵营，而伏尔泰则与痛恨任何
启蒙哲人的掌玺大臣莫普结成统一战线。从另一方面看，1750—1763年
主持检查机构的马尔泽布，他的所作所为更像是这一小群启蒙哲人的代理
人，而不像是一个高压政府的官员。巴黎的律师巴尔比耶不是启蒙哲人，
但十分痛恨教权主义，四处收集被查禁的世俗宣传品，而且为伏尔泰支持
路易十五对教士课税的努力喝彩。巴尔比耶还写下精彩的日记，显示了他
比其他律师同行更善于言辞，但是他很典型地代表了全西欧有教养的人，
既是当时社会的受益者，又机警而挑剔，很容易接受激进的宣传。当时有
许多人像巴尔比耶一样，名义上是基督徒，但喜欢引用伏尔泰的《哲学辞
典》，在读卢梭的《新爱洛漪丝》时潸然泪下，对监禁狄德罗十分反感，对
共济会成员莱辛的论著争相传阅，为驱逐耶稣会教士而拍手叫好，采用新
的经验主义哲学，欢迎新的批判精神。总之，他们在启蒙哲人的异教精神
里发现了某种魅力，在启蒙哲人怀有的希望里发现了某种令人振奋的东
西。因此，启蒙哲人与当时的文明处于打打和和的状态，而他们的革命意

1　休谟致贺拉斯·沃波尔，1766年11月20日，《书信集》，第2卷，第110页。

识形态有许多是被那些敌视他们却又不懂他们思想的含义的人盲目地推向成熟。

　　由此看来，启蒙哲人生活在一个既令人欢欣鼓舞又让人倍感困惑的世界里。他们怀着自信和忧虑游走其中，既表现出精明的理解力，又透露出意识形态上的短视。他们从未完全抛弃困扰着现实主义者的那种最终的，也是最顽固的幻觉，即自以为摆脱了一切幻觉。这就使他们的认知发生扭曲，使他们的许多判断显得肤浅。但是，这也让他们有了一种进攻的锐气，在自我怀疑、内部纷争和重大退让使得防守都很困难的时候，尤其如此：通常，防守时误判形势付出的代价，远远大于攻击对手时付出的代价。康德承认，他所处的时代还不是一个启蒙了的时代，但是他毕竟可以宣称，这是一个启蒙时代。历史站在启蒙哲人一边，这是令人欣慰的信息。

第一篇　对古代的追慕

如果真正的古代人让你遥不可及，那么就来寻找最接近他们的现代人。如果你不能和最遥远的古代人交谈，那你就利用最近的现代人。因为中世纪的作者，所有的那些哲学和神学，都对你毫无用处。

沙夫茨伯里勋爵致迈克尔·安斯沃思

1709年5月5日

　　让我们向古人学习吧，因为根据事情的本性来看，还有谁是比他们更好的老师呢？

莱辛致摩西·门德尔松

1756年

　　开明而有鉴别力的读者……有幸能够向你的朋友们教授那些古远的西塞罗的教诲、爱比克泰德的入门、马可·奥勒留皇帝的箴言以及用我们北方方言写成的所有朴实的道德著作。难道我们自己六百年来写的全部著作就比不上塞涅卡写的一页文字？是的，我们确实望尘莫及，让我们奋起反抗我们的大师们吧！

伏尔泰

1769年为《索邦的三个皇帝》（诗）写的按语

第一章　有用又可爱的过去

一、希伯来人和希腊人

1

作为有教养的时代的有教养的人，启蒙哲人喜爱古典的古代，并徜徉于其中而享受一种单纯的快乐；但是，作为改革者，他们毫不犹豫地开掘利用他们喜爱的古典作品，精明且无所顾忌。他们能够利用这些古典作品，乃是因为尽管他们的喜爱之情十分真诚，但他们怀着已然一代天骄的自信来面对古人。伏尔泰在笔记中用拉丁文随笔记下："布尔哈夫比希波克拉底更有用，牛顿胜过所有的古人，塔索*强过荷马；但荣耀属于开创者。"[1]

对于启蒙哲人来说，把荣耀归于开创的祖先，也就意味着对第二代祖先的不敬。所有的人都面对一个包含许多侧面的过去，但是启蒙哲人把他们面对的过去划分为两个部分，并且让二者都发挥作用。基督教部分让他们有了一个值得他们愤然打击的对手：当启蒙哲人宣称自己的使命是消除偏狭和迷信时，他们是说这是一项历史使命。就此而言，在这个问题上，历史并没有变成过去式，历史就是现实政治。启蒙哲人孜孜不倦地指出，基督徒在以往时代编纂的那些记录恰恰证明了现在采取激烈修正行动的必要性。基于同样的思路，异教部分也就有了用途：它给他们提供了光辉的榜样和令人敬仰的先辈。启蒙哲人乐于让自己重演历史上的斗争，谴责宗教狂热，在普及牛顿学说时，给他穿上西塞罗或卢克莱修的外袍。他们

---

* 塔索 (Torquato Tasso, 1544–1595)，意大利诗人。
1　伏尔泰：《笔记》(Voltaire, *Notebooks*)，第409页。

就是这样给自己的论战赋予了理性与非理性之间悠久斗争的崇高性。这场斗争在古代世界就进行过，但失败了，现在正重新展开。这一次则前途光明，胜算在握。

启蒙运动的历史著作都不仅仅是专题辩论，而是包罗万象、严格考证，多数都才华横溢，令人瞩目。它们展现的是真正的历史。启蒙哲人在书写历史时，颠覆了塔西佗的著名原则*，把自己的愤怒和好恶倾泻于笔端。恰恰由于他们满怀激情，反倒使他们深入以前的历史探索者从未触及的领域。但是这也使得他们有些屈尊俯就，甚至有点坐井观天：他们太容易将对过去的意识与对现在的意识混淆在一起了。无论模仿卢克莱修，还是抨击圣奥古斯丁，或是向叶卡捷林娜大帝献媚，这些人只不过面对他们知识视野的不同角落。启蒙运动的历史学者常常有意无意地推崇这一使命，颂扬这一使命的承担者；他们观照过去如同观看一面镜子，要从历史中提取出他们可以利用的过去。这就限制了启蒙哲人的历史视野，但是提升了这种历史作为提示的价值：这使我们能够站在启蒙哲人的肩膀上，在他们绘制的历史图像中发现一幅他们自己的肖像，在他们关于塞涅卡的英雄主义或宗教裁判所的邪恶罪孽的描写中读解出启蒙运动的精神。

2

尽管启蒙哲人对历史怀有满腔热忱，他们对过去的看法是极其悲观的。历史是一连串罪恶的记录，充满残忍和奸诈的故事，最好的情况也不过是关于无休止冲突的记录。当然并非一切都是黑暗：每个时代、每个文明都有被压迫者的捍卫者，都有理性和人道的斗士。狄德罗的《论克劳狄和尼禄的统治》一文语气沉重，但依然颂扬了英勇反抗昏聩暴君的斯多葛派；休谟在最黑暗的中世纪的英格兰也发现了少数明智人士。总体上看，

___

* 塔西佗的写史原则是"抽离自我，超然物外"。

野蛮和宗教统治着过去，但是，也有少数辉煌的时代，证明理性不仅可能成为文明的批判者，也可能成为文明的主宰者。

或许我们可以把这种悲观主义解释为启蒙哲人自身处境的投影，是自怜和自重的混合，通过夸大了自身处境的艰难，旨在提升自己工作成果的意义。但是，除此之外：它也是对各个时代内部和各个时代之间的一种推动力的整体性说明。按照启蒙运动的看法，这个世界当时而且此前一直是一分为二的，一方面是视肉体为仇雠的禁欲和迷信，另一方面是一些人肯定生活、肉体、知识和宽宏大量；一方面是神话制造者、教士，另一方面是现实主义者和哲学家。海因里希·海涅是一个执著的启蒙运动之子，他后来把这两个阵营分别称作希伯来人和希腊人。这种说法颇有提示意义。

这两种生活、思维和情感的方式不可协调，二者之间的冲突从本质上划分了历史时期，也使得二者泾渭分明。每个时代都有一种主导的风格，其中的主宰者要么是理性要么是迷信，但是启蒙哲人强调说，这种主宰不过是一方暂时战胜另一方而已，历史上很少有哪个时期不是理性和迷信的混合，最黑暗、最原始的时代也有哲学家，最辉煌的理性和文明时代也免不了有旧迷信的残余或新迷信的种子。伏尔泰说18世纪既是哲学的时代也是迷信的时代，就是这个意思。康德说他身处的时代是启蒙时代，但不是已经启蒙了的时代，我们对此也就可以增添一种新的理解了。希伯来人和希腊人的冲突既是灾难之根，也是进步之源。

不是那种著名的进步论，而是这种历史二元论才真正体现了启蒙运动的精神。进步论只是这种二元论的一个特殊个案。它用理论形式表达了这样一种希望：哲学时代和信仰时代的嬗替并非不可避免，人类不会永远困在历史循环的水车上。哲学的社会学和哲学的历史学相互支持，相互印证。二者都研究理性和非理性之间的冲突。前者探索决定这种斗争的法则，后者追溯这种斗争在不同时代的历程。实际上，启蒙哲人发展了一种比较史学，他们明确地将之与为历史而历史的研究区分开来。孟德斯鸠首先从事这种历史研究，亚当·弗格森等苏格兰社会学家接着进行了探索，

34

最后将其命名为"理论的或推测的历史"。这种历史也是社会学。[1] 不过，无论启蒙历史学家从事何种历史研究，他们的注意力都集中在哲人团体的兴衰和批判的命运上。

启蒙运动把历史视为两种思维类型之间的持续斗争，这种历史观也就暗含了一种历史分期的基本图式。启蒙哲人把过去大体上分成四大时期：近东的大河文明；古代的希腊罗马；基督教的千年统治；始于"文学复兴"的现代。这四个时期有节奏地相互关联：第一个时期和第三个时期结伴，都是神话、信仰和迷信的时代，第二个时期和第四个时期都是理性、科学和启蒙的时代。

应该指出，启蒙哲人并不认为这个图式是一个严格的体系。他们承认各个文化有其顽强的个性，也注意到把迥然不同的时代联系起来的种种连续性。休谟指出："诚然，艺术和科学会在某个时期兴旺繁荣，在另一个时期衰败萧索，但是我们会观察到，当它们在某一民族中间发展到近于完美之时，周边的其他所有民族可能对它们一无所知。"[2] 一些启蒙哲人提醒人们注意东方文明的独立发展：伏尔泰一方面为了反对波舒哀的狭隘历史观，另一方面也是出自对东方智慧的由衷惊叹，在《风俗论》的开篇就用了几段文字赞赏印度和中国的文明。另外一些启蒙哲人，如孔多塞，关注自身时代的社会阶级和周边文化的发展不平衡，用同情的笔调描写当代野蛮人和社会下层的困境（那些野蛮人似乎从未有过什么重大的历史发展；社会下层基本上还像最黑暗时代的祖先那样生活）。此外，除了一些夸张的口号之外，最狂热反基督教的启蒙哲人也不认为相似的两个时代能够完全对应；他们承认，基督教的千年统治比早期文明更合理，也更文明，正如他们也以自己的时代优于古代的希腊罗马为荣。

虽然启蒙哲人本身很明智地强调这些差异，但他们列举的例外情况

1　这个说法是弗格森的得意弟子杜格尔德·斯图尔特（Dugald Stewart）提出的。参见格拉迪斯·布赖森《人与社会》（Gladys Bryson, *Man and Society: The Scottish Inquiry in the Eighteenth Century*），1945年，第88页。

2　休谟："论古代民族人烟之稠密"，《著作集》（David Hume, "Of the Populousness of Ancient Nations", *Works*），第3卷，第382页。

并不能推翻他们的基本图式；他们把人类精神的历史写成如下的历程：人类精神从古典古代的神话中挣脱出来，在基督教统治下经历了灾难性的衰败，现在获得光荣的再生。无论采用什么方式，孔多塞那种先知般的狂热也罢，休谟那种不动声色的反讽也罢，那种基本图式主宰着哲学的历史。伏尔泰《路易十四时代》一书的第一章十分著名。这一章列举了"四个幸福时代"：伯利克里和柏拉图的时代，恺撒和西塞罗的时代（这两个对应于后面我所说的第一个批判时代），美第奇家族主宰的文艺复兴时代以及路易十四时代（这两个构成了启蒙运动的前史）。[1]这些幸福时代被夹在两个信仰时代里。伏尔泰用极度的轻蔑将信仰的时代斥之为悲惨、邪恶和落后的时代。其他历史学家也用同样的词汇来暗示历史时期有节奏的嬗替。休谟写道："人类终于摆脱了这个（亚里士多德主义的）枷锁，事情现在几乎回到和以前一样的状况，欧洲目前基本上是希腊的翻版，过去的希腊是一个微型的样板。"[2]尽管卢梭在早期著作《论科学与艺术》中极其放肆，但他也把中世纪历史说成是回到了远古时期："欧洲退化到最早时代的野蛮状态。世界上这个地区的人民今天是如此开化，在几个世纪前却生活在比愚昧无知还要糟糕的状态中。"[3]达朗贝尔也说，在几个世纪的启蒙之后插入了一段漫长的愚昧时期，然后出现了"文学复兴"。他大谈"观念的更生"、"回归理性和良好品味"、"精神的复兴"和"光明的再生"。[4]最后是孔多塞。他把近代早期的欧洲描述成在中世纪暴政下受苦受难，期待着一次新的启蒙运动，借以获得重生，成为一个新的文明。

36

1　非常有意思的是，这个历史分期图式首先是在后两个幸福时代形成的。文艺复兴时期的历史学家，如瓦萨里，把意大利的艺术发展分成几个时期：首先是希腊罗马的完美时期，经过君士坦丁大帝之后的衰落时期，最后到乔托时代的再生。弗朗西斯·培根的看法是："算来只有三次学术革命也即三个学术时期是可以正经算数的：第一期是在希腊人，第二期是在罗马人，第三期就在我们也即西欧各民族了；而这三期中的每一期要算有两个世纪都还很勉强。至于介乎这三个时期中间的一些年代，就科学的繁荣成长这一点来说，那是很不兴旺的。无论阿拉伯人或者经院学者们都提不到话下，他们在这些中间时期，与其说是对科学的分量有所增加，毋宁说是以大堆论文来碾压科学。"《新工具》(*The New Organon, Works*)，第78章。

2　休谟："论艺术和科学的兴起与进步"，《著作集》(David Hume, "Of the Rise and Progress of the Arts and Sciences", *Works*)，第3卷，第183页。

3　卢梭：《全集》(Jean-Jacques Rousseau, *Œuvres*)，第3卷，第6页。

4　达朗贝尔：《百科全书绪论》，《杂文集》(Jean Le Rond d'Alembert, *Discours préliminaire de l'Encyclopédie, Mélanges*)，第1卷，第102—105页。

所有这些说法都已经成为陈词滥调了，但因此也更能雄辩地证明启蒙哲人的心态。

这种历史图式在今天已经很难找到辩护士了。它承载了通常被归咎于启蒙运动历史学的各种恶名——不能全面把握历史的发展变化，对于启蒙运动不了解的或敌视的文化缺少同情，让历史事件服务于论辩，偷偷塞进道德判断，过分地进行理性主义解释。这些指责首先出自19世纪的历史主义者，今天也非常流行。我无意否认它们的重要性与正当性，但是，它们太着重启蒙史学的不足之处，而忽视了其优点。事实上，启蒙运动的历史著述只是整体工作的一部分。物理学家、认识论学者、文学批评家和历史学家通力合作，旨在理性地把握世界，获取关于过去的可靠知识，挣脱四处弥漫的神话的统治。在追求客观性的斗争中，他们自己却不可能做到客观：只有完全征服了神话，才可能给予神话以同情的理解；但是在征服的过程中，必须把它当作敌人。黑格尔在《精神现象学》的某个精彩篇章里写道："（启蒙运动特有的）纯粹识见，只是在与信仰发生冲突时，才以真正的积极方式表现出来。"[1]启蒙运动为了确认自身，必须把宗教当作迷信和谬误。只有作出激烈而片面的反应，才能克服那种上帝选民的信仰和对圣徒事迹的顶礼膜拜。只有当年的论战者以偏执的态度对待基督教的千年统治从而使自己挣脱出来，以后的学者才可能公正地对待这段历史时期。

由此看来，启蒙历史学家作了很大贡献。他们并没有面面俱到，因为他们不可能面面俱到。但是，他们至少使历史摆脱了基督教学者的偏狭视野，摆脱了神学的先验设定，把因果观念变得世俗化了，为历史研究开辟了新的广阔天地。他们走出了单调乏味的年表编纂、皓首穷经的教会文献研究、狂热偏执的圣徒传记写作，运用理性的、批判（考证）的方法对社会、政治、经济和思想的发展进行研究。作为启蒙运动历史编纂学的主导原则，四阶段论图式既体现了这种历史学的优点，也体现了其缺点。它最

---

1 黑格尔：《精神现象学》（G.W.F.Hegel, *Phenomenology of Mind*, tr. J.B.Beillie），第6章。

引人注目，也最受人诋毁的缺点，是它用冷漠的甚至粗鲁的态度来评价基督教。但是它确立了一个基本认识，即每个时代都有一种盛行的精神风格，这种风格浸润了当时的科学、道德乃至整个观察世界的方式；已知的各种风格可以分成两类，一类是制造神话的或宗教性的，另一类是批判的或科学的；历史既有连续性，也有断裂，既有缓慢的变迁，也有剧烈的革命。

听来有些吊诡的是，启蒙历史学家在情感上偏向理性主义，党同伐异，忽视细节而急于论断，概括有失公允，理解缺乏同情，随心所欲，派性十足，甚至用心狠毒，尽管如此，他们依然贡献出具有持久价值的历史研究。这种从错误中产生真理的现象，既不是辩证法的奇迹，也不是预定和谐论的一个例证。事情远非那么简单。尽管他们有种种的误判和偏见——有时也恰恰因为误判和偏见，启蒙哲人迈出了走向科学的文化史研究的第一步，也仅仅是第一步。孟德斯鸠区分了政府的形式和原则；杜尔哥勾画了各个时代经历的思维方式的阶梯（神学、形而上学和实证）；休谟分析了原始社会和文明国家的宗教动因；莱辛对宗教信仰的演化做了思辨的说明；吉本甚至对基督教的温顺精神渗入罗马人精神世界的过程做了精细的解剖，所有这一切都旨在捕捉那些把文化凝聚起来并赋予它一种独特形态的最深层也是最不易察觉的信念。

如果说后来的学者很少能够赏识启蒙哲人对历史理解作的贡献，那也主要缘于启蒙哲人自身的失误。启蒙哲人领悟到制造神话的心态与科学心态是有区别的，这是一种符合事实的感知。但是他们首先基于批判和战斗的立场来感知这种事实，因此免不了要把历史事实变成一种道德判断，赞扬和认同一种心态，诋毁另一种心态。他们把自己的识见变成了一种控诉，在后人眼中，这种做法不仅缺少正当性，而且生硬勉强。毫不奇怪，后人否定了启蒙哲人的裁断，也就不太看重他们的发现了。无论后人是多么的忘恩负义，启蒙哲人毕竟有所发现。这种发现鼓舞了他们，给了他们一个立足点。杀死自己的父亲，另外认一个父亲，在这其中应该另有一番乐趣。

39　二、意气相投

1

　　并不是所有启蒙哲人的古典主义都如此凶险和放肆，蕴含弑父的目标。恰恰因为他们毕竟是自己时代的产物，所以他们的古典学识大部分在政治上无所妨害。这种学问不但没有把他们与正统体制隔离开，反而把他们与正统体制联系在一起。无论怎么说，在启蒙时代，古典文献不是专家的禁脔，而是有教养者的共同财富。能够引用卢克莱修的诗句，只是表明一个人的社会地位，而不一定能表明其思想多么激进。塞缪尔·约翰逊曾经谈到整个"文人共和国"*。他认为这种行为证明了"一个精神共同体"的存在。他说："引用古典语录乃是全世界文化人的说话方式。"[1]

　　在我们这个时代，拉丁学术已濒临死亡，退缩到学院里。我们很难想像，在18世纪人们与古人能多么轻易而亲热地交流。有教养的基督徒从来不会想到他们的古典学识会对他们的宗教义务产生任何干扰。尤其值得一提的是贺拉斯。贺拉斯是最典型的异教时代的诗人，在18世纪也最受欢迎。斯威夫特和杜尔哥都曾试着翻译贺拉斯的作品；狄德罗和维兰德也都模仿他的风格。贺拉斯的作品给艾迪生主编的杂志《旁观者》（*Spectator*）提供了许多话题，为乡绅们享受田园生活提供了许多理由。当奥格尔索普率领一支队伍，扬帆启程前往佐治亚时，查尔斯·卫斯理致以虔诚的祝福，他的贺诗《基督是我们的领袖和守护神》套用了贺拉斯的颂歌，[2]根本不觉得有什么不妥。古典学识甚至风靡了东普鲁士：康德不觉

---

* "文人共和国"（republic of letters），这个术语出自17世纪，流行于18世纪，是一些学者和文化人对通过书信及著作而建立的国际思想共同体的称呼。

1　博斯韦尔：《约翰逊生平》，1781年5月8日，第4卷，第102页。

2　贺拉斯：《书札》（Horace, *Epistles*），第1卷，第7章，第27行：*nil desperandum Teucro duce et auspice*（不要气馁，因为透克洛斯是我们的领袖和守护神）。参见理查德·格默里：《北美殖民地的心态与古典传统》（Richard M.Gummere, *The American Colonial Mind and the Classical Tradition*），1963年，第17页。

得需要把他建议的启蒙运动座右铭"要敢于认识"(*sapere aude*)贴上贺拉斯的标签。[1]狄德罗也是这样。他引用贺拉斯的文字时并不需要加注。在面向广大公众的《百科全书》里，他恭维公众的学识水平，而不颠覆他们的信心。[2]

　　在这种文化氛围里，引用古典警句通常不过是表明，引用者受过良好的教育，或者他拥有一本拉丁名言手册；取材于奥维德诗中场景的油画表明，油画拥有者阅历丰富，而画家本人则是神话辞书的机敏读者。歌剧和芭蕾舞常常从希腊神话中汲取题材，反而受到观众的欢迎。无论在欧洲还是在遥远的美洲殖民地，报界人士都喜欢用高雅的古典标签来点缀他们的报刊。富兰克林在1721年创办《新英格兰周报》——殖民地版的《旁观者》——时，告知"亲爱的读者"：按照他的设想，"每一次的报纸都少不了拉丁格言，这会对下里巴人产生魅力，同时让有文化的人享受心领神会的乐趣。"[3]当时流行模仿古代诗歌的时尚，这也显示了人们对古罗马的熟悉程度，因为仿作是否成功，取决于读者是否能领略其中的暗示和欣赏对原作的微妙引申。正是出于对读者的这种期待，塞缪尔·约翰逊写的《伦敦》一诗模仿了朱文纳尔*的第三首讽刺诗，那首感人的《人类愿望的虚妄》则是模仿其第十首讽刺诗，而讽刺诗的大师蒲柏则用模仿贺拉斯的辛辣诗作来嘲讽文学和政治对手。

　　这种古典主义丝毫不会让人紧张。当米德尔顿**在1741年发表那部广受欢迎的《西塞罗传》时，他很平淡地说，这本书里的场景"发生在我们从小就耳熟能详的地点和年代：我们在学校里已经熟知这些主要角色的名

---

* 朱文纳尔 (Juvenal, 55–127)，古罗马诗人。

** 科尼尔斯·米德尔顿 (Conyers Middleton, 1683–1750)，英国教会人士，自然神论者，著有《罗马来信》《西塞罗传》《导论与自由探究》等。

1 贺拉斯：《书札》，第1卷，第2章，第40—41行：*Dimidium facti qui coepit habet: sapere aude: Incipe*（开始起步就是成功的一半；要敢于认识；开始！）

2 狄德罗写的辞条 *"Cura"* 的释文是："*Cura*：焦虑之意，库拉女神创造了人，从此一直盯着自己的作品；*post equitem sedet ...*"（狄德罗：《全集》，第14卷，第52页）。他在这里期望读者能够看懂这个暗示，想起贺拉斯的颂歌，把这一句补全：*Post equitem sedet atra cura*（贺拉斯：《书札》，第3卷，第1章，第40行：骑者身后坐着暗黑的忧虑）。

3 理查德·格默里：《北美殖民地的心态与古典传统》，1963年，第16页。（据查，《新英格兰周报》的创办者是富兰克林的哥哥詹姆斯，本杰明·富兰克林是该报撰稿人。——译者注）

41　字，并且因我们自己的禀性和幻想而各有所好。"[1]罗马属于所有受过教育的人。罗马使用的语言也是如此。17世纪末，沙夫茨伯里勋爵在给父亲的信中写道，拉丁文"对于任何一个重大地点以及几乎所有的办公室都十分必要"。此外它也是"一种简单而好玩的语言"。[2]这句话在半个世纪之后依然适用：贺拉斯·沃波尔回忆伊顿公学的生活时，称之仿佛一个罗马天堂。切斯特菲尔德勋爵在给自己8岁儿子的信里很确定地写道："你最近能够全心投入，想必你的拉丁文会十分出色……我敢说，你的希腊文也与你的拉丁文在一起进步。"[3]

　　时尚人士和政治要人一致认为，通晓古典有助于认识18世纪的现实。艾迪生在介绍他的旁观者俱乐部的成员时说，这个人"熟悉古人的习俗风尚、著述和事迹"，这使他成为"对当代世界所见所闻极其精细的观察者"。[4]当然，这里说的熟悉事物大多是鸡毛蒜皮。不管适宜与否，政治演讲若没有提示到古代共和国，就会被认为不够完美：伏尔泰在论述英国的书中指出，英国议员喜欢把自己比作古罗马的共和人士，几年后达尔让松以揶揄的口吻暗示："英国人自以为吸取了罗马人政府的精华，而修正了其缺点。"[5]从英格兰到意大利城邦的那些古典主义诗人的古典主义更为天真。他们迷恋斯多葛派的普遍和谐观念，模仿亚历山大时代*的田园诗句。古典风格甚至渗透进18世纪的田园风光，还引发了关于墓志铭的讨论。1756年3月，英国周刊《鉴赏家》**表示："当离经叛道已经使我们的信条删除了基督教神学时，对品味的追求则把异教神话引入我们的花

42　园。如果我们挖一个池塘，那么就会在品味的指引下，在池底竖起一个尼

---

* 亚历山大时代指公元前最后3个世纪的希腊化文化时期。

** 《鉴赏家》(The Connoisseur, 1754–1756) 是由英国文人邦内尔·桑顿 (Bonnell Thornton) 和乔治·科尔曼 (George Colman) 创办的每期6页的周刊。

1 米德尔顿：《西塞罗传》(Conyers Middleton, The History of the Life of Marcus Tullius Cicero)，1839年，第9卷。

2 沙夫茨伯里：1689年7月，《生平、未刊信件和哲学养生之道》，第28页。

3 《切斯特菲尔德勋爵给儿子的信》(Lord Chesterfield's Letters to His Son, edn. Everyman)，1740年6月9日，1929年，第6—7页。

4 艾迪生：《旁观者》(Addison, The Spectator)，第2期。

5 达尔让松侯爵：《关于法国古代和现在的政府的思考》(Marquis D'Argenson, Considérations sur le gouvernement ancien et présent de la France)，1764年，第23页。

普顿*让他雄踞中心；如果要在树丛中开辟出一段狭长的景观，那么终点处必定是花神弗洛拉或太阳神阿波罗。"[1]再有，当塞缪尔·约翰逊为最具英国风格的作家奥利弗·哥尔德斯密斯写墓志铭时，他坚持使用拉丁文，而且拒绝翻译成英文。他说，他从不赞成"用英文铭文来玷污西敏寺的墙壁"。[2]古典的古代不仅毫不神秘玄虚，而且是题中应有之义，不可规避。

2

　　启蒙哲人并不轻视园艺和墓葬方面的古典主义，甚至对此还十分热衷。这几乎是理所当然的事情，因为启蒙哲人与同时代的其他人一样，在学校里和离开学校后不断地获悉古典的学识。与其他人一样，他们直接阅读古典著作，有时心领神会，有时则浮光掠影；他们也采用或改编直接传承的或经由基督教传递的某些古代观念；他们照搬古代思想语录中的句子，或者借用蒙田这样的现代人的句子——这些现代人以个人的独特风格因袭了古典知识财富。当伏尔泰在其诗作《世俗》中赞颂世俗的风气时，他可能想到蒙田，因为蒙田曾经兴高采烈地引用伊壁鸠鲁的句子。伏尔泰也可能想到另外一些不会让人记住名字的作家。他可能误读伊壁鸠鲁，也可能改写贺拉斯的诗句。他也可能记录自己生活中发自内心的欢乐。或者最可能的是，他同时采用了上述种种方式。古典观念、意象和态度通过种种渠道传递给启蒙哲人，这些渠道纵横交织，形成一个运河网络。这些古典遗产不可能分成相互无关的包裹，各自贴上不同的标签。它们是一堆错综复杂的东西，就像一个患有强迫症的线头收集者积攒的一个大线球。

　　因此，在启蒙哲人的那些表面上看来属于异教的思想里，有些其实是

---

* 尼普顿，罗马神话中的海神。

1 转引自詹姆斯·萨瑟兰：《18世纪诗歌导论》(James Sutherland, *A Preface to Eighteenth Century Poetry*)，1948年，第142页。

2 威廉·福布斯致詹姆斯·博斯韦尔，见博斯韦尔：《约翰逊生平》，第3卷，第85页。

当时所有思考者的共同看法，还有一些听起来好像是对古典的回忆，其实
不过是巧合，不是阅读古典的反应，而是对直接经验的回应。但是，启蒙
哲人还是常常比他们的表象更具有异教精神。当狄德罗赞扬塞涅卡"与
苏格拉底一起推理，与卡涅阿德斯一起怀疑，与芝诺一起反抗自然，与伊
壁鸠鲁一起顺应自然，与第欧根尼一起超越自然"时，他也婉转地赞扬了
启蒙运动自身的兼容并蓄。他通过稍稍改写塞涅卡的文章《论人生之短
暂》来达到这两个目的。[1] 当伏尔泰嘲笑洗礼时（"一盆水就能清洗一切罪
恶，就好像洗衣服一样，这是多么奇怪的想法"），他肯定是想起了奥维德
的话："哦，不负责任的人们，他们以为用河水就可以洗刷可怕的杀人罪
行！"[2] 由于启蒙哲人所处时代的品位和读者的虚荣心，许多类似的古人佳
构变成流行的辞藻。他们的笔端下很随便地就流泻出各种典故。当伏尔
泰与腓特烈相处融洽时，他把普鲁士比作雅典，但他通常嘲笑普鲁士是现
代斯巴达。达朗贝尔以同样的方式敦促日内瓦允许在其境内开设一家剧
院，他说，这将"把拉栖代孟（斯巴达的别称）的智慧与雅典的文雅结合在
一起"。[3] 这些都是常见的、时髦的比喻，足以使启蒙哲人成为有教养者俱
乐部的成员，仅此而已。

不过，尽管启蒙哲人是有教养者俱乐部的杰出成员，但他们聪明而
刻薄，显得很不可靠。他们与古典作品的接触常常是偶然的或毫不足道，
但是对于他们就像对于其他一些人一样具有决定性的影响，这种接触赋
予了他们叛逆的形式，也证明了他们激进倾向的合理性。当学习的课程

1　狄德罗：《论克劳狄和尼禄的统治》，《全集》（Denis Diderot, *Essai sur les règnes de Claude et de Néron, Œuvers*），第3卷，第28页。

2　伏尔泰："洗礼"，《哲学辞典》（Voltaire, "Baptism", *Philosophical Dictionary*），第1卷，第110页；奥维德：《岁时记》（Ovid, *Fasti*），第2卷，第45—46页。为了移花接木，启蒙哲人并不总是明确交代他们的借鉴出处，尽管他们的知识记忆大多十分具体生动，让他们极具信心。此外，一些年轻时期的热情——或许从来都不重要，而且早已消沉——却在回忆中占有了不合比例的分量；而他们接受的另外一些影响，尽管在他们的全部著作中都有反映，却被轻描淡写。不过，启蒙哲人的不准确记述并非都是记忆方面的问题。有些是他们行业的问题。作为优秀的伊索式作家和目标单纯的论战者，他们有时会掩盖或注错他们思想的来源。有些先行者，如霍布斯，基本上未得到承认，因为这些人在宗教信仰上的不敬使他们成为政治上的累赘；另外一些先行者，如笛卡尔，受到较低的评价，因为他们在宗教信仰上的虔诚使他们成为令人难堪的前辈。我在第二章将要说明，这种选择性记忆在对待古代人时也是如此。

3　达朗贝尔："日内瓦"辞条，《百科全书》（Denis Diderot, "Genève", *Encyclopédie*），第7卷。

不像通常那样是一种可靠的知识谱系时，启蒙哲人接受的古典教育对于他们来说就有了特殊的而且毕生的意义：它给他们提供了取代基督教的另一种选择。在他们的一生中有一些关键性的时刻：在青少年时期和以后的某些时期，他们追寻古人不仅仅是为了欣赏，而且是为了寻找榜样，不仅仅是为了装点门面，而且是为了吸取精华。他们寻找的不是平淡的东西，例如贺拉斯讽刺诗的素材：对拥挤的城市生活的抱怨，对人生短暂的哀叹，对无聊之事和女学究的厌烦。他们寻找的是一种哲学选择。学童被迫学习的书本不过是可恨的作业，需要艰苦的学习，也会被很快遗忘，但是，在欧美各地，对于所有的启蒙哲人及其同好来说，古人乃是通向世俗化的路标。[1]

　　康德在柯尼斯堡的腓特烈学校学习时很不喜欢迂腐的语言学教师，但是他后来感谢他们，因为他们让他接触到拉丁文，使他爱上了拉丁文诗歌，间接地使他获得了对拉丁思想的深刻认识。弗里德里希·尼柯莱在古典学问里享受到一种离经叛道的快乐。他在哈勒的孤儿院上学时，学校强制推行一套作息规则，每天背诵单调的祈祷文和无休止地做宗教仪式，甚至学习古典语言也是灌输枯燥乏味的语法，而且仅仅是为了能够阅读《圣经·新约》："我们做名词变格、动词变化、解释、分析、遣词造句，此外还

45

1　把古人变成政治资本并不是启蒙哲人的发明。这种传统可以追溯到马基雅维利乃至更早的时候。中世纪的政治理论家已经援引亚里士多德的政体思想。但是，到16世纪，尤其到17世纪，对于古代的回忆已经变成激进派的特色，他们回顾斯巴达或早期罗马的辉煌，借此要求对当今腐败的体制加以改革。在英国内战期间，哈林顿敦促英国人以"古人的审慎"为榜样建立一个共和国。据奥布里描述，弥尔顿"非常熟悉李维和其他罗马作家的著作，了解罗马共和国的伟大业绩"，他因此奋笔疾书，抨击君主政体（见Z.S.芬克：《古典共和主义者》[Z.S.Fink, *The Classical Republicans*]，第2版，1962年，第53、90页）。因此，现代共和主义者从古代共和国汲取力量，为此也遭到对手的抨击："至于反对君主政体的叛乱。"霍布斯在一段著名的文字里抱怨说，"有一个最常见的原因是，怨毒古希腊人和罗马人的政治和历史著作"。"青年人和所有其他没有坚强的理智来抵抗毒素的人"，会把这些古人当作良师益友，因为后者在战争时无往不胜，在和平时文明繁荣。他们忽视了"当时因政治不完善而经常发生的叛乱与内战"。这种尚古情绪使得幼稚的现代人鼓吹内战和公开杀戮："人们已经动手杀死君主，因为在希腊和拉丁著作家的著述里以及其他的政治论著里，任何人只要事先把君王称作暴君，他弑君的行为就会被当作合法的和值得称道的行为。"（霍布斯：《利维坦》[Thomas Hobbes, *Leviathan*]，第2部分，第29章）这种政治古典主义以弱化了的形式延续到18世纪。诛弑暴君的时代似乎已经完结了。但是，寻找模仿古代英雄的现代方式，用古代美德来反衬现代体制的衰败，依然十分流行。启蒙哲人也颂扬这种政治古典主义。狄德罗颇为不祥地呼唤现代布鲁图，卢梭把斯巴达的英勇和简朴推崇为值得效仿的榜样。更重要的是，当启蒙哲人为寻求灵感而诉诸古人时，他们寻求的主要是哲学榜样，而不是政治榜样。他们希望获得证据来反对教士，而不是反对国王。

知道什么？"[1]到 15 岁时，那是一个难忘的时刻，尼柯莱第一次接触到荷马，从此以后他对宗教的讨厌就无可救药了。他很幸运地转学到柏林，进入一所新建中学。在那里他学会了阅读和欣赏古典作品。几年后他创办了一家出版社，用荷马头像作商标，以此表示他对古人的向往。[2]达朗贝尔在一篇自传片断中说，他在"四国学院"学习时，一个詹森派教师想把他的这个出色学生造就成"他的教派中的栋梁"，建议他不要读拉丁诗，"除了圣普罗斯珀的论神宠之外，不要读任何诗歌"。不过，达朗贝尔嘲讽地写道："这个年轻人更喜欢贺拉斯和维吉尔。"[3]在温克尔曼*就读的施滕达尔市的拉丁学校里，学生们为了学会敬畏上帝，要学习很多东西，包括拉丁文，但是温克尔曼则特立独行，他在神学课堂上心不在焉，且屡教不改。他偷偷地阅读古典作品，还抄录下来。他的一个同学回忆说："他遍搜书籍，熟读拉丁作家的作品；如果他发现自己喜欢的佳作，他就精心地保存起来，视为至宝，这些作品给他带来的快乐远胜过圣经和全部神学著述加起来带给他的快乐。"[4]温克尔曼这位 18 世纪最伟大的异教徒在基督教的学校里心怀秘密，既有痛苦的磨难，也有不可言说的快乐。启蒙哲人们不仅仅引用古典，而且获取古典，体验古典。

人们最耳熟能详的启蒙运动体验古典的方式，也是最浅显的方式，就是移情入戏、自比古人。众所周知，卢梭宣称，他是通过阅读普鲁塔克的《名人传》而变得倔强高傲，再也不肯受到奴役："我不断想着罗马和雅典，可以说，我是同罗马和希腊的伟人在一起生活了。加上我自己生来就是一个共和国的公民，我父亲又是个最热爱祖国的人，我从他的榜样中汲取了薪火。我竟自以为是希腊人或罗马人了。"在一个晚上，他讲起西伏拉**的壮烈事迹，

---

* 温克尔曼 (Johann Joachim Winckelmann, 1717-1768)，德国艺术史家，考古学家。

** 西伏拉是罗马英雄，被敌人抓捕遭到审问时把手放在火上，一声不吭。

1 弗里德里希·尼柯莱：《关于我的学术训练，我对批判哲学的认识……》(Friedrich Nicolai, *Über meine gelehrte Bildung, über meine kenntniss der kritischen Philosophie...*)，1799 年，第 9 页。

2 卡尔·阿内尔：《启蒙学者弗里德里希·尼柯莱》(Karl Aner, *Der Aufklärer Friedrich Nicolai*)，1912 年，第 9 页。

3 见《达朗贝尔遗作》(*Œuveres posthumes de d'Alembert*, ed. C.Pongens)，第 2 卷，1821 年。另见罗纳德·格里姆斯利：《让·达朗贝尔》(Ronald Grimsley, *Jean d'Alembert, 1717-1783*)，1963 年，第 3 页。

4 卡尔·尤斯蒂：《温克尔曼及其同时代人》(Carl Justi, *Winckelmann und seine Zeitgenossen*)，三卷本，1866—1872 年初版，1956 年，第 1 卷，第 30—33 页。

"为了表演他的行动",伸手去抓一个火锅,把大家吓坏了。[1]

在这种青春期的英雄崇拜方面,卢梭不是特例。1740年,沃韦纳格在给米拉波的信中写道,他在16岁时就发现普鲁塔克的《名人传》"非常迷人"。"当我阅读那些人的传记时,我会喜极而泣。我每个晚上都要与亚西拜阿德(雅典政治家和军事将领)、阿热西拉斯(斯巴达国王)等人对话。我会到罗马的讲坛上与格拉古兄弟辩论,在人们向加图扔石头时挺身捍卫他。"布鲁图给西塞罗的信"洋溢着坚定、高尚、热情和勇气",使得沃韦纳格在阅读这些信件时情不自禁,激动万分,犹如癫狂,只得围着城堡的台阶奔跑,直到筋疲力尽才能平静下来。[2]阿尔菲耶里*进入这个阶段的时间要稍晚一些。他在20岁才接触到普鲁塔克。这如同一次天启。"我把泰摩利昂(希腊政治家和军事将领)、恺撒、布鲁图、佩洛披达斯、加图等人的生平故事反复读了五六遍"——这倒是形形色色,兼容并蓄,其中最主要的是独裁者和暗杀独裁者的刺客。"我热泪流淌,大声喊叫,陷入亢奋状态,隔壁房间若是有人,一定会称我为疯子。每一次读到这些伟人的伟大事迹时,我就会极其激动,坐立不安,犹如发狂一般。"[3]

这种青春期狂热很少能延续到成年阶段,但是以古人自比则始终是一个常用的修辞手段。伏尔泰在几篇对话中,让马可·奥勒留作为自己的代言人,但是这个可敬的斯多葛派皇帝不过是一个模式化的慷慨、智慧、宽容的杰出人物。在伏尔泰的笔下,这位古代的异教徒成为一部把基督徒表现为坏人的道德剧中的一个角色。在其他作品里,伏尔泰有时以现代卢克莱修自居,或者让西塞罗代自己说话。这不是对古人的崇拜,而是对古人的利用。

除了卢梭,始终怀有自比古人想像的重要启蒙哲人大概就是狄德罗了,尽管对于这样一位敢于冒险的天才人物,这是让人难以置信的。狄德

---

* 阿尔菲耶里(Count Vittorio Alfieri, 1749–1803),意大利剧作家,意大利悲剧的开创者。

1　卢梭:《忏悔录》(Jean-Jacques Rousseau, *Confessions*),第1卷,第9页。

2　吉尔伯特编,沃韦纳格:1740年3月22日,《文集》(Vauvenargues, *Œuvres*, ed. D.L. Gilbert),两卷本,1857年,第2卷,第193页。

3　卢伊吉·法索编,阿尔菲耶里:《生平及其文稿》(Alfieri, *Vita, scritta de esso*, ed. Luigi Fassó),两卷本,1951年,第1卷,第93页。

罗是一个令人瞩目的人物,博学、善谈、精力充沛、灵活而善于创造,既追求享乐,又胸有城府。他最彻底地体现了启蒙运动的二元论:他是经验论和科学方法的拥护者,是怀疑论者,是不知疲倦的实验者和革新者,总之,他具有一个现代人的那种躁动不安。他在一次无意的自我剖析中说道,我们最坚实的观点并非我们一贯持有的观点,而是我们最经常回溯的观点。与此同时,他也属于古代。他曾经对俄国的叶卡捷林娜女皇说:"我在年轻的时候吸吮荷马、维吉尔、贺拉斯、泰伦提乌斯、阿那克里翁、柏拉图和欧里庇得斯*的乳汁,然后用摩西和先知们的乳汁加以稀释。"[1]他屹立在他的时代里,就像是从大卫**的画幅上走下来的一个坚毅的罗马人。狄德罗本人和当时的世界都偏离了原来的轨道。他在1760年给索菲·沃兰的信中写道:"人们告诉我,说我具有一个永远追求自己没有的东西的人的那种气质";[2]他的好友格里姆说他是时代的异乡人,他表示赞同:"我的朋友,你说的对。这个世界不是为我造出来的,我也不是为这个世界而生的。"他自认为"简直是这个世界的一个怪物,让人很不自在,但还不是一个务必需除掉的怪物"。[3]那种不可抑制的原创力使他显得很现代,但他却渴望有一件古代哲人的外衣。

狄德罗不止一次半开玩笑半认真地让自己化身为一个异教圣贤,特别是第奥根尼这样自立的犬儒学者,或者化身为其他异教哲人,如苏格拉底或塞涅卡的可敬同人。他们是他的集体良知、无形的万神庙,他在想像中寻求他们的认可,他担心他们的责难。他曾经写道:"哦,希腊罗马的圣贤,当我在一条孤寂小道的转弯处遇到你们的塑像时,它们让我驻足不前;当我站在它们面前激动得语无伦次时,当我看到你们的高大形象而心中狂喜时,当我觉得神圣的热情从冰冷的大理石上流溢出来灌注我的身心时,

---

* 泰伦提乌斯(Publius Terentius Afer, 约公元前190年—前159年),古罗马喜剧作家;阿那克里翁(Anacreon, 公元前520年—前485年),古希腊诗人;欧里庇得斯(Euripides, 公元前480年—前406年),古希腊悲剧作家。

** 雅克·路易·大卫(Jacques Louis David, 1748—1825),法国杰出的新古典主义画家。

[1] 狄德罗:《为俄国政府起草的一所大学方案》,《全集》(Denis Diderot, *Plan d'une université pour le gouvernement de Russie, Œuveres*),第3卷,第478页。

[2] 狄德罗:1760年9月30日,《通信集》,第3卷,第108页。

[3] 狄德罗:未注明日期的残稿,《通信集》,第187—188页的注释。

当我回想起你们的伟大事迹和当时人们的忘恩负义，我的眼里浸透了同情的泪水。对我来说，能够拷问我的良知，证明我也无愧于我的国家和我的时代，那种感觉将是多么甜蜜啊！"[1]这些言辞，这些泪水都很夸张，但是对古人的认同则是真实的。

49

由此也就能够理解很多令人迷惑的现象。有意思的是，狄德罗最严肃的著作也是最具有罗马人风格的著作，是《论克劳狄和尼禄的统治》。该书是1770年根据霍尔巴赫的建议撰写的。这部著作看上去有点奇怪：一部分是塞涅卡的传记，另一部分是对美德的论辩。该书没有遵循任何成例，也无法归类。许多人欣赏狄德罗的机智，会想到《布干维尔环球航行续编》或无拘无束的《达朗贝尔的梦》，却会讨厌《论克劳狄和尼禄的统治》的咬文嚼字、佶屈聱牙。但是，这部著作的笔调确实值得注意：它刻意模仿塔西佗在描述罗马历史上的严酷时期恶人如何伤害政治家和哲学家时用的哀婉文字。在塔西佗笔下，善恶几乎黑白分明、水火不容。这种心理模式也笼罩着狄德罗的这部著作。但是，我们知道，狄德罗对于人的行为动机的认识可不是那么天真。他是最精细的心理学家。这并不矛盾：在这部著作里他不是心理学家，而是道学家。他急赤白脸地为塞涅卡的行为和学说辩护，使得这部著作成为关于古代伟大之处的颂词。"在读了塞涅卡的书以后，我是否变得与以前不一样了呢？肯定是这样的，不可能不是这样的。"[2]我们可以相信狄德罗自己的说法：阅读了塞涅卡的书，使他整个人焕然一新。

需要重申的是，狄德罗并非因为怀有这种激情而成为那个时代的畸零人。诚然，他最有资格来扮演古人角色，因为他在古代文化方面具有异乎寻常的深厚造诣。他的朋友格里姆认为："他对古代哲学的融会贯

---

1 狄德罗致法尔科内，1766年8月15日，《通信集》，第6卷，第261页。这种热忱并非没有遭到批评：伏尔泰就以嘲讽的语气使用了一个假的古典称号"第奥根尼的狗"来贬损卢梭；格里姆有点尖刻地把达朗贝尔称作"第奥根尼，我们应该把他留在木桶里"。《文学通讯》（*Correspondance Littéraire*），第5卷，第198—199页。

2 狄德罗生前未发表的笔记，首次发表于赫伯特·迪克曼编，《万德尔基金会的财产目录》（*Inventaire du fonds Vandeul*, ed. Herbert Dieckmann），1951年，第257页。

通是无人能及的。"[1] 狄德罗写过一篇论泰伦提乌斯的文章和几篇关于波西蔼斯*的评注,一生都在研究维吉尔,发表过关于荷马和帕萨尼亚斯**的高深见解,还曾模仿圣经新约使徒行传的文体与好友加利亚尼神父通信讨论贺拉斯的两行晦涩诗句。他的奇特杰作《拉摩的侄儿》是对贺拉斯的一篇讽刺诗的模仿之作。在一小群启蒙哲人中,有些人写不出这种学术作品,但至少能赏读它们,还有一些人能够在学识上与狄德罗比肩。

50

孟德斯鸠属于狄德罗的上一代人。他能够赏识、实际上也分享了狄德罗的古典品味。他承认自己"颇好古风"。他指出:古代的东西"使我沉迷"。[2] 孟德斯鸠在奥拉托利修会的茹伊里公学读书时产生了这种偏好,并且很早就表现出来。20岁时,他写了一篇西塞罗颂词;七年后,他向波尔多科学院提交了一篇独辟蹊径的论文《论罗马人的宗教政策》。多年来,他一直在酝酿一篇关于斯多葛派义务观念的论文,而这个持久的兴趣渗透进他后来所有的著作。尽管同时代人都能看出他的《罗马盛衰原因论》的重大缺陷,但他写作这部著作毕竟积累了广博的古典学识。他的主要杰作《论法的精神》乃是对古代思想和古代文风的一次大朝拜——他引用维吉尔的作品,吸收了斯多葛派关于沉静和节制的理想,用大量的古代政体事例来证明自己的一般性结论。为了表达自己的满意之情,孟德斯鸠从《变形记》中选出一句作为卷首题词:"无母而生的孩子。"他选择这样一个晦涩的拉丁说法,简单地注上"奥维德",既不够学术性,也不是装腔作势。他期待读者会理解他。

或许他们太能理解他了。《论法的精神》问世不久,苏瓦松地区的主教就很有礼貌地询问,其中一些章节是否受到与真正信仰不相容的斯多葛主义的影响。孟德斯鸠在回复菲斯雅姆大人的信中写道:"大约三十年

---

* 波西蔼斯 (Persius, 34-62),古罗马诗人。
** 帕萨尼亚斯 (Pausanias),公元2世纪罗马时代的希腊史地学家。
1 格里姆:《文学通讯》,第4卷,第120页。另参见让·塞兹内克:《论狄德罗与古代》(Jean Seznec, *Essais sur Diderot et l'antiquité*),1957年,第9页。
2 孟德斯鸠:《思考》,《全集》(Montesquieu, *Pensées, Œuvres*),第2卷,第37页。

前，我就开始酝酿写一部关于义务的著作。西塞罗的《论义务》使我欣喜
若狂，我把它视为样本。如你所知，西塞罗实际上模仿了斯多葛派的帕奈
提乌斯[*]，而斯多葛派对这个问题的探讨最富有成果。因此，我阅读了斯多
葛派的主要著作，其中马可·奥勒留的道德反思在我看来是古代的一部杰
作，给我很大的冲击。我承认，书中的道德观念给我留下了深刻的印象。　　51
我愿意像达西耶[**]那样，把马可·奥勒留奉为一个圣徒。我印象最深的是
发现这种道德观念是可行的，有三四个奉行这种道德的皇帝是令人景仰的
君主，而那些不奉行这种道德的君主都是些禽兽……实际上，现在如果我
想通过写书来贬损基督教，我肯定是一个大傻瓜。"[1]孟德斯鸠不是傻瓜，也
不是忠实的基督徒，但是他给那位忧心忡忡的主教的回复不仅仅是一个虚
伪的遁词。他那一代人知道还有一个中间地带，异教徒和基督徒可以在那
里比较友好地相聚。

　　如果对孟德斯鸠的异教倾向的纯粹性还可能有所怀疑，那么对伏尔
泰就不会有任何疑问了。在他的论战著作里，随处可以见到与基督教针
锋相对的异教事例。他的那些写给广大公众、鼓吹司法改革的小册子，
把法国司法的残忍和逻辑混乱与罗马法律程序的人道加以对照；他的那
些反教权的讽刺作品，也是把基督教的迫害行为与古代的宗教宽容加以
比较。伏尔泰的书房里充斥着古代作家的著作；他的笔记本也记满了对
他们的参注。当他把《哲学辞典》中的"迷信"辞条说成是"摘自西塞
罗、塞涅卡和普鲁塔克的著作"[2]时，实际上他列举了一部分自己最重要的
精神先辈。

　　伏尔泰只是一个差强人意的古典学者。他喜欢凭记忆引用古人言论，
随意地对古人思想做些加工，结果造成引用不准确、转述简单化，但这反
而使他成为历史学家寻找典型样板时最明显的素材。与这一小群人中的
其他人一样，他很生硬地借古喻今，向异教先哲们做出顶礼膜拜的样子，

---

[*]　帕奈提乌斯 (Panaetius)，公元2世纪斯多葛主义传人。
[**]　达西耶 (M.Dacier, 1651-1722)，法国古典学者。
[1]　孟德斯鸠：1750年10月1日，《全集》，第3卷，第1328页。
[2]　伏尔泰：《哲学辞典》，第2卷，第473页。

很随便地引用那些熟知的格言。但是与其他人一样，伏尔泰在自己的思想和道德生活中也遇到过一些危机，而他在那些时刻不忘向古人请教，这也揭示了他与古人的关系是多么重要。

52 其中一个危机发生在1755年年底。当时伏尔泰得知11月1日里斯本发生了大地震，全城遭到摧毁。他在长诗《里斯本的灾难》中试图理解这个非理性的、无法解释的事件。伏尔泰对整个世界的乐观主义并不是在一夜之间被这场地震摧毁的。十几年来他一直怀疑把这个世界说成是所有可能的世界中最好的世界的说法。但是这场灾难引发了狂热的科学辩论和令人苦恼的神学争论，从而使伏尔泰的幻灭变得戏剧化。他长期以来一直否定乐观主义者，后者能够在成千上万无辜者的死难中看到一种更高的正义；但是他也拒绝加入无神论者，后者心中没有上帝，也不需要来证明上帝作为的正当性。他的问题是在一个纷乱的世界里如何保持自己思想的平衡。伏尔泰在困惑中转向哲学家们。他在这首诗里写道，莱布尼茨的乐观主义玄学让人感到受辱和丧气：因为现实存在的东西不论是什么，都明显地不对*。柏拉图所谓人类原本十分伟大的神话只会让人类现在的苦难更加引人注目。伊壁鸠鲁的众神也与人类的苦难毫不相干：

> 我放弃柏拉图，我拒绝伊壁鸠鲁。
> 培尔比这二位更博学，我要向他请教；
> 培尔手持天平教导我们怀疑，
> 为了不靠体系生存，就要足够聪明和伟大，
> 他摧毁一切，而且是单独奋战。[1]

这首诗的结尾流露出一线希望，但是除此之外，整个基调是阴郁的、听天由命的悲观主义。

---

* 伏尔泰在这里针对的是"存在的都是对的"这句格言。
[1] 伏尔泰：《全集》，第9卷，第476—477页。

　　不能把这种哲思简单地贬斥为一些废话。当人们有典范可以选择时，他们选择的典范就是有意味的。伏尔泰在给好友西德维尔的信中谈到这首诗："我必须把我的想法说出来，而我诉说的方式应该既不会冒犯过分哲思的人们，也不会冒犯过分轻信的人们。"[1]伏尔泰向来是考虑读者状况的、有自制力的艺术家，但是这场地震使他大为不安：他必须说出自己的想法。在讲述时，他把自己的现实痛苦感受展现成哲学家之间的辩论。

　　这首诗流露的阴郁的皮浪主义并非伏尔泰最后的思想立场。他超越了这一点。正如他在危机时刻转而诉诸古典，他在快乐时刻也转而诉诸古典。他在晚年写了一首诗，名为《给贺拉斯的信》。他在诗中倾注了他对这个世界的爱，并且把这位文雅的罗马诗人奉为自己的真正先驱：

　　　　我今天给你写信，纵情声色的贺拉斯，
　　　　你的身上散发出慵懒和优雅；
　　　　你的诗句那么轻快，你的言谈那么欢愉，
　　　　诉说的是闲暇、美酒和爱情。

　　　　我们享受，我们写作，我们活着，我亲爱的贺拉斯。

　　　　我活的比你长，我的诗却活的比你短。
　　　　但是我将在坟墓旁洒满我的关爱
　　　　为了追随你的哲学教诲，
　　　　为了蔑视死亡而欣赏生活，
　　　　为了读你的优雅而意味丰富的作品。

　　　　我从你那里学习忍受贫困，

1　伏尔泰：1756年4月12日，《通信集》，第29卷，第156页。

53

> 学习聪明地享受诚实的富足，
>
> 学习如何独处和帮助朋友，
>
> 学习嘲笑一小撮愚蠢的敌人，
>
> 学习走出哀伤或幸运的生活，
>
> 感谢上帝给予我们的东西。[1]

对于那首里斯本哀思长诗来说，这是一个欢乐的补缀。

这类现象还可以举出很多。丰特奈尔的著作体现了17世纪宗教问题上的自由思想向18世纪的哲学的转变。他的机智之作《死者的对话》模仿琉善，并将此书献给"极乐世界"中的琉善[*]。丰特奈尔的《关于多个世界的对话》后来成为启蒙运动科普著作的样板。他在这部名著中将自己比作西塞罗。杰里米·边沁从小受到古典文化训练，但把阅读古人作品当作纯粹的享受，而更愿意研究现代人的思想。他说，有一次迷了路，过了晚饭的时间而饥渴难忍，"我开始觉得有点晕眩和疲惫，正好看到水边不远处有一个诱人的干草堆，可以坐在那里休息。我在那里待了两个小时，用我随身带着的爱比克泰德的《道德手册》充做晚餐。"[2]爱尔维修"拼凑"（这是我想到的最客气的词）了一首吟咏幸福的诗，刻意模仿伊壁鸠鲁的语气和卢克莱修的思路。霍尔巴赫在年轻时对好友约翰·威尔克斯说："我去打猎、钓鱼和射击，哪怕游走一整天，也从来不会忘记与贺拉斯、维吉尔、荷马以及极乐世界的其他尊贵朋友对话。他们永远对我不离不弃。"[3]在当时随便一个乡绅那里都可以听到这种自白，但是当霍尔巴赫后来全力开动了宣传无神论的机器时，这种常见的想像中的对话就产生了文学和哲学的果实。正是霍尔巴赫资助拉格朗日翻译初版卢克莱修和塞涅卡的作品，他还援引古代的唯物主义者来为他自己的现代唯物主义

---

[*] 琉善（Lucian, 125—180），希腊讽刺家，著有《众神的对话》《死者的对话》等。"极乐世界"（Elysian Fields）是希腊神话里英雄和圣人的最后归宿。

[1] 伏尔泰：《全集》，第10卷，第442—446页。

[2] 边沁致父亲的信，1768年7月。

[3] 转引自比埃尔·纳维尔：《霍尔巴赫》（Pierre Naville, *D'Holbach*），1746年12月3日，1943年，第7页。

助威。亚当·弗格森的父亲是长老会牧师。他从小遵从父命学习神职课程，后来也做过几年军队牧师，但是他对古典研究的偏爱还是不可遏制的。1754年，他放弃神职，如他对亚当·斯密所说，成为"彻底的俗人"，[1]十年后被任命为爱丁堡大学气体力学和道德哲学的教授。杜格尔德·斯图尔特回忆说，弗格森的讲演显示了他"把罗马早期的质朴、昂扬和道德坚毅与希腊的优雅和雄辩集为一身"。[2]这位牧师的儿子已经变成了一个斯多葛主义者。弗格森的朋友亚当·斯密也是一个杰出而热烈的古典主义者。他终生都在阅读古典作品，这既是为了享乐，同时也为了"印证他的说法，即老年的最大乐趣就是不断重温年轻时带给自己欢乐的作家"。[3]除了带来愉悦外，古典作品也帮助亚当·斯密形成自己的哲学：关于修辞与文学的演讲，尤其是关于伦理学的演讲，显示了他是一位披着现代外衣的古罗马折中主义者。意大利启蒙学者（illuministi）对他们接受的耶稣会教育牢骚满腹，通常会从文艺复兴的经典作品，尤其是马基雅维利的作品中学到或者说增强一种异教的态度，即对基督教持冷漠态度。托马斯·杰斐逊年轻时因受到马基雅维利的深刻影响而信奉伊壁鸠鲁主义，但是他早在15岁到17岁在詹姆斯·莫里牧师的学校里上学时已直接阅读希腊文和拉丁文的经典作品，而且相当纯熟。马基雅维利和博林布鲁克的著作只是让他肯定了自己在西塞罗的《图斯库勒论辩》中学到的东西：蔑视对死亡的恐惧，蔑视"迷信"，赞美异教徒坚定的自立精神。他从博林布鲁克[*]那里抄来这句话：当基督的体系值得怀疑和不够完整时，"从古代异教道德学家，如塔利[*]、塞涅卡、爱比克泰德以及其他人的著作中汇集而成的一个体系将会更充分、更完整、更一致，也更清晰地出自无

55

---

[*] 博林布鲁克（Henry St. John Bolingbroke, 1672-1751），英国政治家，学者，报人。

[**] 西塞罗的全名是马库斯·图利乌斯·西塞罗（Marcus Tullius Cicero）。

[1] 亨利·格雷·格雷厄姆：《18世纪苏格兰的文人》（Henry Grey Graham, *Scottish Men of Letters in the Eighteenth Century*），1901年，第108页。

[2] 赫塔·海伦娜·约格兰：《亚当·弗格森社会学的来源和基础》（Herta Helena Togland, *Ursprüng und Grundlagen der Soziologie bie Adam Ferguson*），1959年，第31页脚注。

[3] 亚当·斯密：《关于修辞和美文的演讲》（Adam Smith, *Lectures on Rhetoric and Belles Letters*, ed. John M. Lothian），1963年，第xiv页。

可置疑的知识原理。"[1]在证明西方启蒙运动所有的分支都具有家族相似性这一点上，恐怕没有什么比这位殖民地年轻人的随身读物*中插入的这段真诚表白更引人注目的了。博林布鲁克直接影响了伏尔泰和杰斐逊。但与其他许多人一样，博林布鲁克的异教情感可以追溯到共同的来源：拉丁古典学问。

吉本最清晰地记述了一个启蒙哲人毕生沉溺于古典异教的故事。他不仅在《自传》里做了可能是当时最清晰的记述，而且用自己的著作体现这一过程。他童年时体弱多病，但聪敏早熟，无论是跟着家庭教师还是在西敏寺公学短暂学习时期，他都读了大量的书。当他前往牛津大学马格德林学院时**，他已经是一个头脑里装着古怪专业知识的年轻人了。他告诉我们，当他来到学院，"带着足以让一个博士迷惑的学问，也带着足以使一名学童感到羞耻的无知"。[2]牛津没有教给他任何东西。同学们十分懒散，毫无责任义务观念，这让他终身难以释怀，这种环境对于这个聪明好学、讲理较真的年轻人有很负面的影响。吉本抱怨说，这所大学"竭力把偏执和冷漠这两个对立的极端结合在一起"。它一味谴责异端思想，却不为忠实的信徒提供任何东西，因此它促成了——至少不能防止或减轻——吉本的信仰危机："这种令人几乎无法置信的疏忽，非常容易产生最坏的坏事。"吉本从小就喜欢有关宗教的辩论，喜欢提出疑问和辩驳教条。此时，"由于闲散而产生的那种盲目的活性，促使我毫无戒备地进入了宗教辩论的危险迷宫，在十六岁时我糊里糊涂地信从了罗马教会的谬论。"[3]他的父亲为了让他清醒过来、恢复信仰，把他送到国外学习。他来到洛桑。精神治疗起了作用。经过一年多与当地牧师的辩论、紧张的学习和认真的自我反省，吉本在1755年初给姨妈的信中写道："我终于有好消息向你报告了。

56

---

* 指杰斐逊自编的简明福音书。

** 15岁时。

1 吉尔伯特·希纳尔编，杰斐逊：《文学圣经》(Thomas Jefferson, *Literary Bible*, ed. Gilbert Chinard)，1928年，第50页。

2 吉本：《自传》(Gibbon, *Autobiography*)，第68页。(中译本《吉本自传》，戴子钦译，北京，生活·读书·新知三联书店，2002年，第36页。——译者注)

3 同上，第82页。(中译本，第52页。——译者注)

我现在是一个忠实的新教徒，并且为此而极其高兴。"[1]

在这个时期，这种精神煎熬是隐藏在吉本平静生活背后的。他学习法文和拉丁文，也研习新教辩护者的著作。但是他回归新教的行为似乎使他迸发出学习的潜力："我总想把1755年后8个月说成是我异常勤奋和飞速进步的时期。"他钻研西塞罗："我勤奋而愉快地阅读了（西塞罗的）全部书信、全部演讲文章，以及关于修辞学和哲学的最重要的文章。"他在阅读西塞罗这位哲学家的作品时有着无穷的乐趣："我欣赏语言的优美；我呼吸到自由的精神；我从他的告诫和示范中感受到作为一个男子汉在公私两方面的意义。"于是，"在读毕这位伟大作家雄辩而理智的宝库之后，我形成了一个更大的温习拉丁古典著作的计划，分为四大项目：(1) 历史学家，(2) 诗人，(3) 演说家，(4) 哲学家，以年代先后为序，上起普劳图斯和萨鲁斯特，下至罗马语言和帝国的衰落。我在留居洛桑的最后二十七个月（1756年1月至1758年4月）中，差不多将这个计划完成了。"吉本后来回顾时强调："尽管进度迅速，但也没有草率和肤浅的弊病。我埋头于第二遍、第三遍细读泰伦提乌斯、维吉尔、贺拉斯、塔西佗等人的著作，用心吸取最契合我自己的意思和精神。"[2]而这正是吉本的古典主义的要旨：到1750年代后期，与吉本在精神上最契合的，不是新教牧师，而是罗马哲学家。

吉本后来的事业证明，古典学问不仅始终与他最相投合，而且对于他也非常重要。他的第一部著作《论文学研究》是对古典学问和古典品味的辩护，行文优雅，功力深厚。然后，他在民兵队伍服役；这是一段快乐而有益的经历。吉本一度因寻欢作乐和军旅生活的不便，而把自己钟爱的古典著作抛在一边。但是他很快就改正过来，恢复了他特有的那种饕餮般的阅读方式。"经过这样长时间的、我一生中历时最久的荒疏，我到多佛时又一次享受到阅读和思考的快乐；我如饥似渴地打开一本图利乌斯的哲学著

57

1　吉本致凯瑟琳·波藤，1755年2月。吉本：《书信集》(Gibbon, *Letters*, ed. J.E.Norton)，三卷本，1956年，第1卷，第3页。可惜的是，吉本这位历史学家在这个关键时期的书信大部分遗失了。

2　吉本：《自传》，第98—100页。（中译本，第72页。——译者注）

作,那种饥渴至今让我记忆犹新。"[1]正是这种精神促使吉本写下描述他个人重新发现罗马时的情况的著名句子。这些句子已经为人们耳熟能详,但是它们确是在压力之下写出来的,旨在唤起强烈的情感:"我的脾气,"吉本坦言,"不是很容易感染热情的,而我从来不屑于假装出我自己没有感觉到的热情。不过,在经过25年这么长的时间以后,我既不能忘记、也难以用言语表达出当年首次接近和进入这座永恒之城时让我心潮澎湃的那种强烈感情。一夜不能入眠,第二天我迈着高傲的步伐,踏上古罗马广场的遗址。每一个值得纪念的地点,罗慕路斯站立的地方,图利乌斯演讲的地方,恺撒倒下的地方,一下子都呈现在我眼前。我损失了或者说享受了几个陶醉的日子,然后才能沉下心来做冷静细致的考察。"[2]吉本在罗马受到的震撼——这个才子来到他称之为"古代之梦"的城市,[3]如学童一样兴奋得如醉如痴,夜不能寐——是认知上的震撼。这才是他的世界——异教的罗马,不是基督教的罗马。他对那里的作者如数家珍;那里的街道和建筑就像伦敦和洛桑一样,此前早就生动地浮现在他的脑海里。在意大利之行以前,他一直对选择什么方向举棋不定,但是古典的罗马一下子就抓住了他,决定了他的未来。"1764年10月15日,在罗马,当我坐在朱庇特神殿的废墟中沉思默想,神殿里一群赤脚的修士正在唱晚祷歌,我心里开始萌生撰写这个城市衰败和沉沦的念头。"[4]

对于有思想的观察者来说,18世纪的罗马呈现的是一幅反讽的画面:在高贵的异教神殿里,基督教的侵入者高唱他们的迷信歌曲。无论对罗马有多么深厚的感情,这位反讽大师都不会忽视这个反讽现象。这种不和谐成为一种召唤,呼唤人的责任,呼唤哲思的历史。于是,吉本决心研究这座城市、这个第一次启蒙运动的故乡是如何落入信仰的叫卖者之手。对于吉本来说,在朱庇特神殿的戏剧性时刻进一步确认了他与其他启蒙哲人

1　吉本:《自传》,第135页。(中译本,第112页。——译者注)

2　同上,第152页。(中译本,第132—133页。——译者注)

3　乔治·邦纳德编,《吉本从日内瓦到罗马之旅》(Gibbon's Journey from Geneva to Rome, ed. Georges A. Bonnard),1961年,第235页。

4　吉本:《自传》,第154页。(中译本,第135页。——译者注)

一样一直怀有的感受：古典主义是跨越基督教千年沼泽的桥梁；与他们一样，他通过大胆的想像，斥责不久前的过去，而根据非常久远的过去来塑造他的理想。我们现在已经不再把基督教的千年历史视为一片沼泽，但是启蒙哲人们关于通向古代之桥的意象经受住了两个世纪的批评：启蒙哲人自认为在古典世界里找到的东西——而且他们也有权利在那里寻找——乃是那些与他们最契合的感知和精神。

三、寻找异教：从自比古人到自我认同　　　　　59

1

　　对于大多数启蒙哲人而言，发现自己的真正祖先，绝不是一件可以轻易做到的事情。存在主义热切求索的问题"为什么总有什么东西存在着"，像一个无声却又可以听到的主题贯穿他们所有的著作。他们自身经验的辩证关系——令人尊崇的古代、可憎的基督教以及新近浮现的现代三者之间紧张的互动——既决定了他们在身份认同上的最大危机，也决定了危机的解决方式。毕竟，启蒙运动最具有战斗性的呼喊"消灭败类"，就是针对基督教的，针对各种形式的基督教教义、基督教的体制、基督教的伦理以及基督教关于人的观念。但是，启蒙哲人们生在基督教的世界里，也有许多基督徒朋友。这就必然会有意无意地带来矛盾冲突；启蒙哲人吹嘘自己革新了所有的事物，但他们远远没有完全抛弃基督教的遗产，他们既排斥，又保留，而且保留的比他们自己想像的要多得多。

　　基督教遗产有时十分沉重地压在他们身上。这样说，不仅仅是因为他们并非像在公开场合中那样快乐——人类大多如此，而且不是因为他们经历了个人的内心激荡——许多哲人，尤其在年轻时都会如此。还有更多让他们感到不满的原因。基督教主宰了他们的童年；基督教的教义浸染了他们的成长岁月，而且辅之以绚烂的承诺和阴森的警告。许多启蒙哲人都有兄弟姊妹做了教士或修女；许多启蒙哲人都曾考虑过献身神职。基督教并没有始终占有他们的头脑，但是经常骚扰他们的头脑。当他们转而反抗宗教时，他们并不是出于无知或冷漠：他们反对教权时的幽默具有家庭笑话的那种亲昵的怨恨。他们反基督教的热情带有一针见血的精准特点，只有经过长期密切体验才能做到这点。他们熟知《圣经》、教义问答、各种宗教文章和辩护说辞；他们也熟知，异端分子和不信教者会在地狱永远受苦，这是从小就被反复灌输的观念。伏尔泰描述亨利四世面对巴黎时的情景："他不得不改换宗教信仰。而这总是要让一个诚实的人付出一些代价。"[1]伏尔泰知道，亨利的选择在一定程度上是一种政治行为，但这种改宗即便是带有一半政治原因——而且仅仅是从基督教的一个教派改为另一个教派——也要付出代价，更不用说纯粹出于个人信念的改宗，而且是改信异教，那将要付出何等的代价！要投身唯物主义，哪怕投身自然神论，都要顶住高压和劝诱，抛弃丰富而根深蒂固的遗产，做出一个审慎的选择——选择自由。

考虑到启蒙哲人的社交能力和高雅教养，上面这种存在主义的语言显得有点装腔作势。但是，要确立一个人的自我身份认同绝非易事，当这种身份认同与传统的文化理想直接冲突时尤其如此。在选择自由时，会让人感到欣喜：它打开了光荣的独立前景和大展宏图的无限机会。但是，与此同时，这种自由也给启蒙哲人造成了重大负担，这种负担可感知而难以言传。这是负罪感、不确定感，以及面对未知领域的恐惧。启蒙哲人们表面上沉稳镇定，侃侃而谈，但常常带着怀旧的惆怅情绪回顾童年时代那些清晰简明的真理。

所有这些内心压力都有重要的价值：它抑制了启蒙哲人的乐观主义，促使他们尊重过去的巨人，使他们至少能够看到生活的悲剧性一面；即便已经成熟而自信的吉本，在撰写《罗马帝国衰亡史》中有关基督教

---

1 伏尔泰：《风俗论》（Voltaire, *Essai sur les mœurs*），第2卷，第537—538页。（中译本《风俗论》，下册，谢戊申等译，北京，商务印书馆，1997年，第25页。——译者注）

起源的著名章节时，也免不了有些焦虑不安。不论这种压力造成了什么样的后果，在每一个启蒙哲人那里都可以看到其蛛丝马迹。莱辛在年轻时曾经体验到基督教最吸引人的方面：他在家里就看到路德教既传统又慈爱，既保守又具有活力，而且充满学识。他的父亲是一位杰出的牧师，对当时的神学改革非常排斥，但本身却是一个信守宽容原则的饱学之士：他曾翻译了一些不拘泥宗教教条的广教派人士蒂洛森*的著作。因此，年轻的莱辛背离他父亲的路德教时，采取了审慎的步骤，后来还不时流露出内疚之情：他毕生都在进行宗教思考，而且永远在进行论辩，不仅与别人论辩，也与自己论辩。他反复地向别人表达自己的疑问：自己极其冲动的做法是否抛弃了太多的东西？到了晚年，他进行了紧张的宗教思考。他坦承说，自己无法确定，生活在一个神学论争变得时髦的时代，对于自己究竟是好事还是坏事。他描述自己如何狼吞虎咽地阅读了一本又一本著作，让他感到惊讶的是，每一个教士都嘲笑其他人，所有的著作都武断地解释教义。"我被它们拉来拉去，但没有一方让我完全满意。"最后出现的论辩者总是最咄咄逼人、最尖酸刻薄，于是，所有的论辩都造成了一个意外的效果："越是想盖棺定论地向我证明基督教的正当性，越是让我产生疑问。越是气急败坏和得意扬扬地把某个著作踩在脚下，至少在我的内心里，我越是想加以珍藏。"[1]这可不是内心淡定的异教徒的口气。

1770年，莱辛在汉堡时，获准看到当地一位教授赫尔曼·萨穆埃尔·赖马鲁斯的未刊手稿。赖马鲁斯于两年前去世，留下了一部关于宗教的最后著作《为理性的上帝崇拜者辩护》。这是一部厚重博学的自然神论宣言。具有讽刺意味的是，尽管这部著作使莱辛坚定了自己的宗教观念并消除了他的许多疑问，它却是赖马鲁斯长期内心挣扎的痛苦产物。赖马鲁斯从年轻时代起就被理性的结论与信仰的要求二者之间不可调和的矛盾困扰着。如果上帝要用圣经来教导人类，为什么他让圣经如此晦涩难懂？

*　蒂洛森 (John Tillotson, 1630-1694)，坎特伯雷大主教。
[1]　莱辛："嗜书"（身后发表的残篇），《全集》(Lessing, "Bibliolatrie", *Schriften*)，第16卷，第475—476页。

62 如果上帝真的是三位一体，为什么赖马鲁斯从来没有在任何完整的意象中看到三位一体？如果所有的罪人将遭到永罚，为什么基督教要求信徒们把上帝想像成仁爱的上帝，把耶稣基督想像成救赎使者？当犹太人那么令人讨厌、那么执迷不悟之时，上帝怎么会在所有的民族中把他们选为特殊的子民？赖马鲁斯咬牙读了许多基督教的辩护著作，越读越没有信心。这些辩护在他看来逻辑混乱，牵强附会，完全没有说服力。相反，培尔和斯宾诺莎则给他提供了光明，即使在许多年里并没有让他感到宽慰。赖马鲁斯完全跟随着自己强烈的诚实本性。当他最终放弃基督教时，他很不情愿，经历了长时间的痛苦，最终服从了理性。

德国另一位杰出的启蒙学者，施瓦本的诗人维兰德今天很少被人提起，但在当时却被视为一颗巨星（歌德的说法）。他追求一种彻底的伊壁鸠鲁主义；与其他启蒙哲人一样，他也是经过艰苦的努力才找到自己最终的哲学。他从小受到古典教育，8岁时阅读科尔奈利乌斯·奈波斯*，10岁阅读贺拉斯和维吉尔；他还是个孩子时，就十分喜爱西塞罗和琉善，以后这二人成为他终生最喜爱的作家。他宣称，在16岁时"几乎读遍了黄金时代和白银时代所有的作家"。**他还阅读了大部分希腊作家的著作。诚然，他出生在一个虔敬派教徒家庭，在虔敬派开办的学校里上学。他有一种模仿和取悦学长的超常发展需求，因此开始阅读古典著作，把这当作文学训练，并给自己提供精神大餐。但是，到15岁时，他得到一本培尔的《历史批判词典》，不久又读到伏尔泰和诸如沃尔夫这样的德国启蒙学者的哲学著作。这些人使他的经典阅读发生了颠覆性的转折。接下来就是令他撕心裂肺的内心冲突，这是神学与哲学之间、虔敬派的感情与启蒙的怀疑论之间的冲突。他稍后写道："我经常只是浸泡在痛苦的泪水里，只是不停地搓手！"他变得脾气很坏而且身体虚弱，陷入了"宗教虔诚的癫狂"和"最可怕的良心悲痛"。他一度沉溺于反对信奉伊壁鸠鲁主义的德国诗

---

* 科尔奈利乌斯·奈波斯（Cornelius Nepos，公元前100年—前25年），罗马传记作家。
** 黄金时代指公元前100年到公元17年拉丁文学的辉煌时期，以维吉尔、贺拉斯、奥维德、西塞罗为代表。白银时代指公元17年到130年拉丁文学的繁荣时期，以塞涅卡为代表。

人的狂热战斗。非常能够说明问题的是，作为一个古典主义者，他把自己的内心冲突表现为两个希腊人之间的辩论：一方是柏拉图（宗教神秘主义的象征），另一方是色诺芬（常识和优雅反讽的代表）。

　　色诺芬最终胜出了。异教的世俗智慧成为维兰德的诗文的知性基础。 63　他对世俗性和文化教养、理性主义和社会责任的贵族式肯定，对狂热和乌托邦乐观主义的不信任，都基于古人的思考，尤其是基于希腊罗马时期那些优雅、折衷、安稳的著作。他仰赖的是色诺芬的常识、贺拉斯的中庸之道、琉善的讥讽怀疑。维兰德一生中有十几年都在翻译西塞罗、贺拉斯和琉善的作品。他还用希腊化时期的雅典作为自己许多小说和长诗的场景，而不仅仅是作为一种优雅的修饰；这公开地显示了一种深刻的亲和性。据他的一位朋友说，他在翻译贺拉斯的作品时过于 *Schwärmerei*（沉迷），"以至于他常常认真地宣称，贺拉斯的灵魂就寄居在他的身体里。"[1] 歌德在自传里回忆说，维兰德1768年写的轻松愉快的哲理诗《穆沙里安》给他留下十分深刻的印象："正是在这诗里，我仿佛再次看到了活生生、新簇簇的古代世界。"[2] 歌德在赞美维兰德的文章中确认了维兰德身上的异教本色。他说，维兰德在情感上偏爱希腊，在气质上接近罗马。与贺拉斯一样，他始终是一个真正的艺术家，"一个既出入宫廷又洞悉世事的人，一个通情达理地对待生活和艺术的批评家"；与西塞罗一样，他是一个"哲学家、演说家、政要人物、积极公民"。[3] 但是，他是在经历了许多煎熬之后才成为如此杰出的一位异教徒的。

　　人们会说，德国的启蒙哲人脱离实际生活，而且多少远离西方的思想新潮，因此特别不愿意抛弃过去的宗教，而且特别容易陷入自我折磨。不过，法国和英国的启蒙哲人也显示了同样的症状。有些人，如雷纳尔和马蒙泰尔，很容易地抛弃了原来的宗教信仰，而更多的人经历了呕心沥血的斗争。启蒙哲人中最热情奔放、最自由、最有创造精神的狄德罗也经常彷

1　弗里德里希·森格勒：《维兰德》(Friedrich Sengle, *Wieland*)，1949年，第21、22、86、395页。

2　歌德：《诗与真》(Johann Wolfgang Goethe, *Dichtung und Wahrheit, Gedenkausgabe*)，第10卷，第299页。（中译本《歌德文集》，第4卷，刘思慕译，北京，人民文学出版社，1999年，第274页。——译者注）

3　歌德："纪念维兰德"(Johann Wolfgang Goethe, "Zum brüderlichen Andenken Wieland")，1813年。

64　惶不定,饱受疑虑的困扰。他的家族中有不少人是教士。他的父母和弟弟妹妹都是虔诚的教徒,他自己也曾长时间准备以步入神职生涯。当他放弃了神召和信仰时,他以沙夫茨伯里为榜样,接受了一种带有审美意味的有神论,然后多次转向,先是转向自然神论,然后转向怀疑主义,最后落定在高度个人主义的无神论。但是,尽管他把无神论视为真理,他却反感无神论对自由意志的否定。尽管他认为天主教是虚伪的,但是他被天主教的华丽仪式打动。正如他的妹妹在一次家庭争吵时无意之中一语道破的,他被一个"哲学魔鬼"附体了。[1]他在给索菲·沃兰的信中咒骂哲学——他本人的哲学——把他们的爱情降低到原子的盲目碰撞。"我为自己陷入一种困惑的哲学中而气恼。对于这种哲学,我的大脑抑制不住地想加以肯定,而我的心灵则抑制不住地想加以否定。"他激烈地为人性善良的命题辩护,但是他的人道信念却常常被不幸的事件动摇:否定原罪并对人性保持乐观,这看来是一项令人沮丧的事业。

　　甚至像休谟这样生性快活而讨人喜欢的人,也不得不驻足沉思,苦苦探寻通向异教之途。他在18岁时,反叛了从小信奉的严厉的苏格兰长老会,因为他很得意地发现了自己有了一个志业——哲学。他狂热地用"西塞罗、塞涅卡和普鲁塔克"来充实自己,[2]很快就因出现歇斯底里症状、食欲不振、臆想病症和忧郁病症等而难以为继。他不能集中精力学习,读书也不再带来快乐。他硬是坚持了下来。就在他长期神经衰弱和逐渐恢复的过程中,他酝酿了《人性论》这部认识论著作中的大胆论点。

65　到1730年代中期,当他把这部著作写成时,他的身体也基本上康复了。他对自己的推理非常自信,但是对得出的结论感到不安。1740年,他在写给弗朗西斯·哈奇森的信中说:"我真心希望可以不做结论,因为遵照你的意见,也是我自己的想法,道德纯粹是由情感决定的,它只在乎人性

1　狄德罗的妹妹丹尼丝致狄德罗,1768年6月初,《通信集》,第8卷,第53页。与异教徒著作密切接触间或对基督教学者有一种败坏作用:这与启蒙哲人的痛苦正好相反。伏尔泰在路易大帝中学的老师奥利韦神父离开耶稣会,投身编辑西塞罗的著作;18世纪下半叶,巴泰勒米神父放弃神职,全神贯注于古希腊研究。

2　休谟致乔治·切恩,1734年3月或4月,《书信集》,第1卷,第14页。这里有一个很有趣也很有揭示性的巧合:休谟列出的名单正是伏尔泰在《哲学辞典》中列举的自己精神先辈的名单。

和人生。"[1]《人性论》只是显示了休谟的思想历程。他用动人的甚至带有戏剧性的自传作为第一卷的结尾。他开始自我表白时或许无意识地使用了一个古典比喻："我想我正像这样一个人，虽然触到许多浅滩，并且在驶过狭窄的海口时几乎遭到船舶沉没的危险，可是仍然有绝大的勇气，敢于乘着那艘风吹雨打的漏船驶入大海，甚至雄心勃勃，居然想在这些不利条件下环绕地球一周。"他回忆起过去的"错误和困惑"，这使他很不自信；他自身官能的弱点和纷乱以及"补救或校正的不可能"，使他几乎陷入绝望，产生了自我毁灭的想法。"突然想到"身处孤独求索的无垠大海上的"危险，使我垂头丧气，而且这种悲观情感比其他情感往往更容易使人沉溺不返，所以现在这个题目就唤起我层出不穷的沮丧想法，助长了我的绝望情绪"。

　　现代读者在研读这段自我剖白时，更多地会被其灰暗的孤独感、几近妄想的自怜自艾，而不是被其修辞打动。"我首先对我在我的哲学中所处的无助的孤独境地，感到惊恐和迷惑。"诚然这种孤独是可以用道理来解释的，但是这个解释却具有身处极端孤立状态的人才有的那种奇怪的自我封闭的道理："我已经面对一切玄学家、逻辑学家、数学家乃至神学家的嫉恨；那么对于必然遭受的侮辱，我还会惊讶吗？对于他们的各种体系，我已经宣布不赞成，那么如果他们对我的体系和我个人表示憎恨，我还能惊异吗？"与社会的脱离反映在内心的空虚上："当我四面展望时，我到处都预见到争论、反驳、愤怒、诟骂和毁谤。当反观内视时，我只发现怀疑和无知。"这个世界充满了敌意，更有意思的是，布满了阴谋："整个世界共谋要反对我、批驳我；我是如此虚弱，以至于我觉得，我的全部意见若不能得到其他人的赞同，从而获得支持，都将自行瓦解和崩溃，每走一步，我都感到踌躇，每重新反省一次，都使我担心在我的推理中有什么错误或乖戾。"最后，休谟宣称，他不再知道自己是什么样的人了；他关于自己的稳定意象已经消散在怀疑和绝望的汪洋大海中了；与狄德罗身

66

---

[1]　休谟：1740年3月16日，《书信集》，第1卷，第40页。

陷类似困境时一样，休谟把自己想像成"某种奇特陌生的怪物，不能融合于社会中间，被排斥在一切人间交往之外，因被彻底的遗弃而郁郁寡欢"。他按捺不住地自问："我在何处？我是什么？我的存在是出于什么原因？我将返回到什么状态？我应该讨要谁的恩惠，惧怕谁的愤怒？我的周围是些什么东西？我对谁会有影响，或者谁对我会有影响？"[1]这些挥之不去的问题是启蒙哲人反叛付出代价的珍贵体现。"我在何处？我是什么？"这是任何一个年轻人在面对可能丧失身份认同的危险时都会追问的典型问题。

当休谟回顾这个阶段时，他记得这是一个内心论辩的时期，最终以古典哲学的胜利结束。1739年，在《人性论》完稿之后，他在给哈奇森的信中写道："我希望从西塞罗的《论职责》，而不是从《人的本分》*中得出我的美德目录。实际上，前一本书在我的全部推理过程中时时在我心中。"[2]1751年，他在给好友吉尔伯特·埃利奥特的信中透露：怀疑主义的倾向"不顾我的抗拒而潜入我的脑海：就在不久前，我烧掉了在20岁之前写的一部书稿；这部旧稿逐页记载了我的思想的逐渐演进：我最初是急切地寻找论据，目的是肯定公众的意见：疑问悄然出现和消散，再度出现又再度消散；这是躁动的想像反抗固有的倾向，甚至反抗理性的无休止的斗争"。[3]据说，历史人物通常不会在乎后来的历史学家，否则这部旧书稿本该成为显示休谟思想发展的一份极其珍贵的文献，因为休谟在这方面是启蒙哲人的一个代表，因此对于启蒙运动心灵史，也将会是一份珍贵文献。

休谟与多数启蒙哲人一样，对于身份认同的艰苦求索最终获得快乐的结局。一旦克服了自己内心的矛盾，休谟就能很轻松地把握异教的历史遗产。他的人口学大作《论古代民族的人口密度》就涉及了几乎所有

---

* 《人的本分》（*Whole Duty of Man*）是17世纪英国新教徒的祷告书。
1 休谟：《人性论》（David Hume, *A Treatise of Human Nature*），1951年，第263—269页。（中译本《人性论》，关文运译，北京，商务印书馆，1980年，第295、300页。——译者注）
2 休谟：1739年9月17日，《书信集》，第1卷，第34页。
3 休谟：1751年3月10日，同上，第154页。

的古代文献。他写作的目的是颠覆当时流行的关于人口问题的怀旧理论。流行的说法是，因为古代显然优于现代，因为国家的伟大是与人口密度相辅相成的，所以古代世界的人口负荷要重于现代欧洲。在证明这个推理之荒谬和结论之错误的过程中，休谟引用了至少50位古代作家的论述，其中有一些非常著名，如普鲁塔克、斯特拉波、塔西佗和普林尼；有些则不太有名，可能只有专业研究者才知道，例如科路美拉和兰普利第乌斯。前者撰写过关于尼禄时代乡村生活的论著，后者是《罗马皇帝纪》的作者之一。我们可以相信休谟本人的说法，即他在准备这部著作时"几乎阅读了所有的希腊文和拉丁文的古典作品"。[1]休谟的《自然宗教对话录》比这部著作更直接地证明了他对古典的热衷。这是对西塞罗《论神性》的模仿之作，书中的论证、释义、对话者的人数和特点乃至趣闻轶事都亦步亦趋。休谟特别选择西塞罗和《论神性》为范本，乃是雄心勃勃之举。现代人称休谟在这部对话集里超越了他所仰慕的西塞罗，没有什么能比这种说法更能告慰休谟的在天之灵了。他是现代异教徒，笃定而平和。当他1763年到巴黎时，随身只带了4本书：作者分别是维吉尔、贺拉斯、塔索和塔西佗。

　　卢梭的内心斗争可没有这样令人愉快的结果。诚然，他长期处于病态，这使他在启蒙哲人中间茕茕孑立。但是，与其他人一样，他也通过古典作品走向自然神论，他自己的内心挣扎也以放大和扭曲的方式体现了多数启蒙哲人不能幸免的那种挣扎。20岁时，为了弥补被荒废的青春，他在华伦夫人的资助下勤奋自学，苦读拉丁文本的柏拉图著作，用自己不多的积蓄购买西塞罗的全集。他变成自然神论的信奉者，但是他顽固而伤感地对抗伏尔泰的宇宙悲观论的冷酷打击，试图保留自己的宇宙观中还能聊以自慰的因素。在回应伏尔泰关于里斯本地震的诗时，他对伏尔泰说："不管形而上学多么高深精妙，都不能使我对灵魂不死和仁慈的上帝有片刻的怀疑。我感受到它，我相信它，我需要它，我渴望它，我将捍卫它到我生命

68

1　休谟致吉尔伯特·埃利奥特，1751年2月18日，《书信集》，第152页。

的最后一息。"[1]这个信仰声明既是一种辩护,同时也揭示了矛盾。说它是辩护,因为那种情绪性的排比做了斩钉截铁的结论;说它具有揭示作用,因为它无法与卢梭一贯的宗教立场协调一致。作为自然神论信奉者,卢梭几乎没有资格去诉诸一个仁慈的上帝。由此来看,基督教不是真理,但它却能给人慰藉。

2

我在此无意暗示说,启蒙哲人始终处于危机状态。他们更像是一批政治难民,回到自己幼时住过的城市,观看那一片废墟。他们兴奋地发现有大规模重建的机会,确信自己能够建造一座崭新的、更辉煌的城市,但是眼前的景象也让他们有些伤感,这个地方曾经非常丑陋、不健康、不友好,但毕竟与自己有关,想到自己曾帮助摧毁这个地方,让他们有点负罪感。启蒙哲人的社交能力、他们的智慧、他们的论辩活力、他们的人道主义能量以及他们怀抱的希望,都不仅仅是用于取代或掩饰绝望的。这些都是非常实在的。自然神论信奉者所凭借的是他们对人在一个有序宇宙中的友爱的热诚向往;唯物主义者自称为能够成为宇宙孤儿而感到骄傲和快乐。此外,与其他人一样,他们也设法通过友谊、工作甚至游戏来摆脱沮丧情绪和排解疑问。休谟在《人性论》中报告说:"虽然理性不能驱散这些疑云,可是自然本身却足以达到这个目的,把我的哲学忧郁症和谵妄治愈了,要么通过放松这种思维倾向,要么通过某种嗜好和给予我的感官的鲜活印象,从而消除所有这些古怪想法。我就餐,我玩双陆棋,我与人聊天,我与朋友玩耍;经过三四个小时的娱乐后,我再回来看这些思考,它们显得那样冰冷、牵强、可笑,我发现自己已无心再继续进行这类思辨了。"[2]其他启蒙哲人也采用了类似的疗法。伏尔泰在普鲁士宫廷遭受

---

1 卢梭:1756年8月18日,《通信全集》(Jean-Jacques Rousseau, *Correspondance générale*),1924—1934年,第2卷,第324页。
2 休谟:《人性论》,第269页。(中译本,第300页。——译者注)

挫败后，在给自己的外甥女、也是自己的情人德尼夫人的信中写道："工作和想你，这就是我现在的生活。"[1]爱情和工作，这是让很难受的世界变得不那么难受的积极方案，当然，使启蒙哲人摆脱哲学忧郁症的常常不是爱情，而是愤怒的宣泄。莱辛在梅森上中学时就大量阅读了西塞罗、维吉尔、贺拉斯和索福克勒斯的作品，在神学院上学时把提奥弗拉斯图[*]、普劳图斯[**]和泰伦提乌斯的作品当作闲书来看。他为捍卫古人战斗了一生。对于他来说，只有讨论古典学问能够取代讨论政治。没有什么比把贺拉斯的作品翻译坏了更能让他大动肝火。他说："只要说到古代作家，我可就是一个真正的游侠了。"[2]——这个声明显示了启蒙运动认可的战斗方式。因为莱辛与之战斗的问题无大妨害，只是事关如何正确阅读希腊文本，所以他的表述有点虚张声势。但是，这再次提醒我们：启蒙哲人的古典主义是私密的，充满激情而且咄咄逼人。对于启蒙哲人来说，走向独立之路，需要途经古人。

因为，这正是启蒙哲人希望从他们珍爱的古典作品中获得的东西，归根结底也是对于获得独立最有助益的。他们意志坚定，并不希望恢复罗马或斯巴达的乌托邦；他们十分活跃，不会沉迷于琐屑的或朝三暮四的文物研究。在展开争取现代性的战斗之初，洛克曾坚持认为，"古代和历史"是获得真正知识的障碍，"只是用于给人提供故事和谈资"，而不能教会人们"关于更好生活的艺术"，不能提供"智慧和远见"。[3]启蒙哲人则更为笃定，对于古代不像洛克那么苛求。吉本警告人们不要对古人卑躬屈膝、盲目崇拜，而是应该把"自然和古代"当作"两个伟大的知识来源"。[4]狄德罗说得更准确一些："在我看来，我们必须研究古代，是为了学习如何观看

70

---

* 提奥弗拉斯图 (Theophrastus, 公元前370年—前285年)，希腊哲学家，亚里士多德的弟子。

** 普劳图斯 (Titus Maccius Plautus, 约公元前254年—前184年)，古罗马剧作家。

1　伏尔泰：1753年9月3日，《通信集》，第23卷，第166页。

2　转引自弗朗茨·博恩米勒编，《莱辛著作集》(Lessings Worke, ed. Franz Bommüller)，五卷本，第4卷，第xii页。

3　洛克的早期文章《论学习》("On Study")，1677年，转引自埃莱纳·布卢门菲尔德："约翰·洛克的伦理学"(Hélaine Blumenfeld, "John Locke: A Theory of Ethics")，未刊博士论文，哥伦比亚大学，1965年，第88页。

4　吉本：《世界历史提纲》，《杂集》(Gibbon, "Outlines of the History of the World", Micellaneous Works)，第3卷，第19页。

自然。"[1]实际上,狄德罗援引了一位有相同见解的古人,即贺拉斯,来反对一味拜倒的文物研究。狄德罗在给朋友奈容的信中写道:贺拉斯"反对崇古狂热,他是对的"。[2]显然,狄德罗很喜欢这个词:他批评文物研究者戴着"崇古眼镜"[3];他抱怨说,这种人总是用古人最好的作品与现代最差的作品作比较,认为只要是古人的东西就应该赞颂。如此一来,他们就抹杀了古人之所以值得赞颂的原则。对意大利古城赫库兰尼姆的出土文物发出赞叹,对17、18世纪的成就不屑一顾,这不仅对现代人,而且对古人都是不公正的。至于狄德罗本人,他声称:"我当然没有崇古狂热。"[4]其他启蒙哲人,虽然也算是古典主义者,但也没有染上这种毛病。维兰德的想像力始终围绕着古典世界,他的学术也与他的想像力同步发展,但是在有教养的德国人中间,他是少有的敢于反对尚古潮流的知识人。他呼吁,现代人只应该模仿值得模仿的东西。甚至意大利的启蒙哲人也有对这种盲目模仿的不满。他们生活在古典世界的土地上,对于那些古人最知根知底。意大利的剧作家和政治经济学家倡导现实主义和展开批判,而不主张祖先崇拜。小说家和哲学家亚历山德罗·韦里确信自己像狄德罗一样蔑视崇古狂热。他对哥哥彼得罗·韦里说:"*Non sono pedante ben che grecista*。"(虽然我钻研古希腊,但不是书呆子。)[5]

启蒙哲人毕竟是现代人。狄德罗在《百科全书》中已经极其简洁地阐述了他们的宏伟目标:他们想"改变一般的思维方式"。但是为了达到现代性的目标,他们也愿意做古代人。因此,他们属于两个世界,但这不会让他们不知所措,因为尽管他们反复自辩,他们在内心深处不是谦谦君子。他们只要得到这两个世界里最好的东西。

---

1 狄德罗:"论1765年的沙龙画展",《沙龙画展》(*Salons*),第2卷,第207页。

2 该信未署日期。转引自厄恩斯特·罗伯特·柯歇斯:《欧洲文学和拉丁中世纪》(Ernst Robert Curtius, *European Literature and the Latin Middle Ages*),1953年,第580页。

3 塞兹内克:《狄德罗和古代》(Seznec, *Diderot et l'Antiquité*),第85页。

4 狄德罗致法尔科内,1766年6月15日,《通信集》,第6卷,第217页。

5 亚历山德罗·韦里致彼得罗·韦里,1774年5月5日,《韦里兄弟通信集》(*Carteggio di Pietro e Alessandro Verri*, ed. Emanuele Greppi and Alessandro Giulini),十二卷本,1910—1942年,第6卷,第28页。

第二章　第一次启蒙运动

一、希腊：从神话到理性

1

　　一个时代的狂热党派口号常常在下一个时代就变成了老生常谈。之所以会变成老生常谈，是因为它们包含了一个重大真理。今天，如果有人说，古代爱奥尼亚人率先把人类从神话的统治下解放出来，使人类呼吸到理性的清爽空气，没有人会对此表示惊讶。最近也有学者提出不同的说法，推崇巴比伦的数学或者希伯来的神学，说它们影响深远，但是这种说法没有——事实上也不能——动摇希腊思想家在精神解放方面的首要地位。不过，在18世纪，当启蒙哲人建构他们的四阶段历史图式，断言自己与古典世界的亲缘关系时，他们是激进的，深深地冒犯了基督徒的感情。他们故意大胆地颂扬古希腊，与传统的基督教历史观形成对立；这就把注意力从一个民族转移到另一个民族身上——从犹太人转移到古希腊人，并将批判性思考提升为历史时期的杰出标志。为了将希腊人塑造为真正文明的奠基者，亦即，第一次启蒙运动的奠基者，那就意味着将人类的历史当作世俗的、而非神的记录，从而颠覆了基督教历史编纂学的基础。希腊的首要地位就意味着哲学的首要地位，也就意味着废除了那种把宗教当作人的核心关注的主张。

　　因此，狄德罗关于泰勒斯的评价绝不是纯学术的。他指出，泰勒斯是"将科学方法引入哲学的思想家，第一个配得上哲学家的称号"。泰勒斯的继承者（像他一样的希腊人），已将他的探求扩展到人类关心的所有领域，使人们的思想具有自我批判能力，从而能够不断积累知识。狄德罗说，这是希腊文明对人类的贡献,它有权要求后世子孙感恩戴德。[1]

其他的启蒙哲人常常喜欢对学术问题争论不休,但是他们不认为需要对如此有损宗教世界观的观点提出质疑。他们乐于承认,对未知事物好奇,对人的过去和内心秘密提出问题,这可能是一种普遍的人类特性。但他们也坚持认为,希腊人最先让好奇心受制于逻辑的规训,让民间记忆受制于历史考证,让内心的躁动受制于关于人性的理性研究。吉本赞扬希腊人发明了"探索精神",而这种精神孕育了珍贵的人文主义果实:"希腊哲学家是从人类的本性,而非从神的本性,推导出他们的道德。"[2] 休谟断言:"科学是在希腊兴起的。"[3] 神父伊冯*解释说,法国启蒙运动在《百科全书》中的立场是,希腊人已经"发明了批判的哲学,否定了所有的权威,在寻找真理的过程中,它希望只被证据的光芒引导"。[4] 孔多塞在反思人类精神的进步时,总结了一个世纪的信念:希腊人"对人类进步产生了强有力的,而且幸运的影响"。他们的"天才开辟了所有通向真理的道路",他们命中注定"成为所有民族、所有时代的恩人和导师"。[5] 比孔多塞早几年,康德就称希腊是"令人仰慕的民族",因为他们发明了数学;[6] 伏尔泰列举了启蒙哲人推崇的第一批导师的贡献:"美轮美奂的建筑,完美的雕塑,绘画,优美的音乐,真正的诗歌,真正的雄辩术,正确编写历史的方法,最后是哲学自身——虽然还不完善且晦涩难解——所有这一切,都是由希腊人传给各个民族的。"[7]

在伏尔泰罗列的让人敬畏的成就中,史学技艺是其中引人注目的一项。作为写史的行家里手,启蒙哲人对此特别敏感。狄德罗将启蒙历史学家与修昔底德和色诺芬相提并论,向他们表达了最高的敬意。休谟本身就

* 伊冯 (Abbé Claude Yvon, 1714–1791),法国学者,《百科全书》撰稿人。

1 狄德罗:"希腊人(的哲学)"辞条,《全集》(Denis Diderot, Artide "Grecs [philosophie des]", Œuvres),第15卷,第64页。
2 吉本:《罗马帝国衰亡史》,第1卷,第30页。
3 休谟:《论艺术和科学的兴起与进步》,《著作集》,第3卷,第184页。
4 伊冯:"野蛮人"辞条,转引自勒内·于贝尔:《百科全书中的社会科学》(Article "Barbares", René Hubert, Les sciences sociales dans l'Encyclopédie),1923年,第71页。
5 孔多塞:《人类精神进步史表纲要》,《著作集》(Condorcet, Esquisse, Œuvres),第6卷,第59页。
6 康德:《纯粹理性批判》,《全集》(Kant, Critik der reinen Vernunft, Werke),第3卷,第15页。
7 伏尔泰:《风俗论》,第1卷,第89页。

是史学大师。他直截了当地说："在我看来，修昔底德著作的第一页就是真正历史的开端。此前所有的叙事都混杂着神话传说，哲学家应该抛弃它们，基本上留给诗人和演说家，用于修饰渲染。"[1] 由此，休谟在古代历史著作中重新发现了迷信与思想的最大区别，亦即神话和历史的区别。

　　在强调这些区别时，启蒙哲人会倚仗一些赫赫有名的先人。他们的历史思想与文艺复兴有着密切关联，不自觉地深深得益于文艺复兴。诚然，人文主义者对于他们所谓的东方智慧——摩西、琐罗亚斯德、埃及祭司的神秘知识——如痴如醉，但罗马，也不仅仅是罗马，还有希腊，也赢得了他们真正的喜爱。彼特拉克把"黑暗时代"这一标签从古典的前基督教时代移到基督教时代。他就这样试探着向后来主导启蒙运动的历史分期图式迈出了第一步。彼特拉克颠覆光明与黑暗的公认次序，他的理由基本上是文学方面的，但在文艺复兴后期，在诸如马基雅维利这样的异教徒手中，彼特拉克的分期法则是基于古典文化和中世纪文化的基本特征：古代人拥有光明，是因为他们意志坚强，世俗，喜爱哲思；基督教千年之所以是黑暗的，因为它动辄争吵，哀哀怨怨，充满迷信。这种颠覆存在很大的风险，它是历史世俗化的一个序幕。文艺复兴和随后17世纪的教会历史学家以别的方式怂恿了这种世俗化：他们修订了研究方法，对有关希伯来先知或基督圣徒的夸张传说提出质疑。不仅如此，他们还将教会的历史与民族的历史分开，贬低前者的重要性，强调后者的意义。到18世纪初，自由派路德教牧师约翰·雅各布·布鲁克[*]写出了第一部现代哲学史。这部历史十分恰当地从希腊人开始写起。狄德罗的那篇论希腊哲学的文章正是借鉴了布鲁克的著作。他不可能借鉴波舒哀的著作。

　　但是，波舒哀的持久声望很能说明问题。虽然启蒙哲人对希腊的发现并不是崭新的事物，但是这依然具有颠覆性，而且也确有必要性。当孟

75

---

[*] 约翰·雅各布·布鲁克（Johann Jacob Brucker, 1696–1770），德意志神学家、哲学家、历史学家。

[1] 休谟：《论古代民族的人口稠密》，《著作集》，第3卷，第414页。康德在《世界公民观点之下的普遍历史观念》，《全集》（"Idee zu einer allgemeinen Geschichte in weltbürgerlicher Absicht", *Werke*，第4卷，第164页）中引用了这一断言的前半句。其他启蒙哲人（跟着牛顿）把希罗多德而不是修昔底德奉为史学之父，但是这种分歧微不足道，因为这两位假定的奠基人都是希腊人。

德斯鸠和伏尔泰开始撰写历史时，基督教的历史分期图式已有一千多年
了，已经被几个世纪的圣经考证撼动。但它尚未被取而代之。波舒哀在
1681年出版的名著《论普遍史》中力挺这种传统观点，使之继续流行了几
十年。《论普遍史》持续不断寻找阅读者和追随者。波舒哀的追随者，如夏
尔·罗兰、克劳德·弗勒里以及有点特别的乔纳森·爱德华兹*，用他们篇
幅浩大的历史著作，把波舒哀的思想带到启蒙时代。直到法国大革命时
期，弗勒里的《教会史》还在重印。虽然被打上怀疑主义和宗教异端的印
记，它和波舒哀的著作暗示，对于一个好的基督徒，哲学史需要放在教会
史中才能理解。

波舒哀是一个耀眼而成功的时代错误。他的历史著作横亘在启蒙哲
人的路上。对启蒙哲人的历史哲学来说，这既是一个障碍，也是一道难题，
还是一种刺激，其作用如同帕斯卡的著作对于他们的人性哲学一样。《论
普遍史》对现代性做了一些重大让步，因此对于该书的雄辩及其将各种文
化看作一个整体的尝试，伏尔泰勉强地给予称赞。诚然，波舒哀对天意的
处理乃是不那么虔诚的历史学家所谓的历史因果关系的宗教版，把天意当
作神通过历史中的人来起作用的机制，而不是通过迹象、征兆和奇迹显露
在云层上。但是，作为后期的奥古斯丁主义者，波舒哀坚持认为，帝国的
命运受神的指令支配，它们可怕的衰败乃是神的惩罚，是上帝挫败人的骄
傲的方式。

波舒哀的让步在当时很难被人察觉，但是它们确实使《论普遍史》能
在知性上为启蒙哲人利用，使之成为一个被公开嘲笑的对象，也成为一个
被隐蔽模仿的对象。波舒哀的历史视像在本质上是传统的、轻信的，而且
与同时代的法国本笃会修士和佛兰芒耶稣会修士的杰出研究相比，更是
无可救药的反动。《论普遍史》里渗透着神话。波舒哀是根据神学而不是
立足历史来选择论述题材的；因为历史被说成是上帝的神秘计划的展开，
编年史家必须寻找那个计划在人类活动的方方面面的踪迹。这些人类活

---

* 夏尔·罗兰（Charles Rollin, 1661-1741），法国历史学家。克劳德·弗勒里（Claude Fleury, 1640-1725），
法国历史学家。乔纳森·爱德华兹（Jonathan Edwards, 1703-1758），北美传教士。

动是上帝单独挑出来的，给予特别的眷顾：例如，犹太人是他的选民；伟大的帝国是他偏爱的王国。毫不奇怪，波舒哀的历史分期更偏向一种神秘性，而不是历史理性：《论普遍史》将从创世记到查理曼的世界历史划分为十二个时期、七个时代（这两个都是神圣的数字），依据宗教事件划分时期：如创世记，大洪水，基督诞生，君士坦丁皇帝确立的教会和平。波舒哀认为，一些世俗事件——特洛伊陷落、罗慕洛建罗马城——也值得用来命名那些时期；但这只不过是这位轻信的、受过古典教育的编年史家对异教神话表示的敬意。异教徒的真实情况依然是边边角角的东西：修昔底德可能是一个"非常严谨"的历史学家，但摩西才配得上第一位历史学家、崇高的哲学家、最智慧的立法者的头衔。[1]

　　所有这些判断表明，波舒哀把《圣经》和异教神话都当作珍贵的历史记录：诺亚在大洪水时保存了人类的技艺，大力士赫克里斯开创了奥林匹克运动会。色诺芬是最好的世俗历史学家，因为相比于其他希腊人，他能够使他写的历史与《圣经》相吻合——《圣经》年代久远，且眷顾犹太人，"却比所有的希腊历史更值得重视，即使我们不知道它记录的是圣灵的口述"。[2]希腊不能构成一个时期，因为他们的学识是汲取别人的，他们的智慧低于《圣经》作者的智慧；但是居鲁士独占了一个历史时期，因为他解救了犹太人。神圣的历史比其他事情都重要，当然，也比哲学重要。波舒哀认为，就像无知、享乐以及对古代、异端和其他人类错觉的错误尊崇一样，哲学也纯粹是一种偶像崇拜。[3]

　　波舒哀的《论普遍史》被公认是基督教偏狭观念的一种极端表述，但是他的同时代人至少接受如下看法：希腊人尽管以哲学自傲，但他们既没有建立第一个早期文明，也没有建立早期最伟大的文明。波舒哀认为，最早建立有序政府的是埃及人，他们"严肃认真地"谋求造福人民，

77

1　波舒哀：《论普遍史》，《著作集》（Bossuet, *Discours sur l'histoire universelle, Œuvres*, ed. abbé Velat and Yvonne Champailler），1961年，第700页。

2　同上，第691页。

3　同上，第901—915页。

培育美德，研究律法，践行智慧。[1]波舒哀不是始作俑者：17世纪最著名
的埃及学家、耶稣会会士基歇尔[*]在几十年前就断言，埃及人是柏拉图哲
学和毕达哥拉斯智慧的源头，他们的宗教最接近后来基督徒感受到的神
恩。基歇尔宣称，埃及人的卓越文字证明，他们对宇宙奥秘的认识胜过
希腊人：每个象形文字都代表着一个深奥的哲学真理。其他一些学者也
对埃及的邻居们持有类似的看法。托马斯·柏内特[**]的著作《神圣的地
球理论》长期广受欢迎。该书认为，希腊人的智慧是从东方汲取营养。
除了一些固执的古典学家外，17世纪的历史学家普遍认为，希腊生活里
有价值的东西不是源于他们自己，而所谓源于他们自己的东西——这是
一种自欺欺人的想法——纯粹是他们盲目自豪的表现，也是导致其他人
盲目自豪的缘由。正是针对这种流行观点，启蒙哲人向希腊致以他们的
赞美。

2

毋庸置疑，启蒙哲人的赞美是真挚的，但作为怀疑论者和世俗主义者，
他们不认为"希腊奇迹"是一种奇迹。他们反而认为，哲学的发明——人
类在自身漫长的历史中最伟大的发明——是一个通力协作的冒险，是温
和的气候与幸运的政治环境令人愉快的交汇产物，是对以往洞见的耐心
加工，也是对外来思想的老练吸收。孔多塞注意到：无论是来自东方的逃

---

[*] 基歇尔 (Athanasius Kircher, 1602–1680)，德意志学者，耶稣会教士。

[**] 托马斯·柏内特 (Thomas Burnet, 1635–1715)，英国国王威廉三世的牧师，神学家。

[1] 波舒哀：《论普遍史》，《著作集》，第956—957页。随着启蒙运动的来临，对埃及人的偏爱逐渐降低
了。尽管牛顿依然接受希罗多德关于埃及文明的许多记载，但是他也强调说，"埃及的祭司们"完全
出于虚荣而夸大了"关于他们的神祇的故事和悠久性"（弗兰克·曼纽尔：《作为历史学家的牛顿》
[Frank Manuel, *Isaac Newton, Historian*]，1963年，第91页）。到18世纪中叶，温克尔曼的蔑视态
度——称埃及的艺术非常丑陋，埃及的宗教极其荒诞——在当时非常典型，只有像蒙博多 (Monboddo,
1714–1799，苏格兰法官) 这样特立独行的人才会坚持传统看法。再者，原有的基督教观念在18世纪的
生命力还是很明显的。当伏尔泰明确反驳波舒哀对埃及的评价时，他的《风俗论》中的几段文字还带
有17世纪人们赞赏态度的遗迹；杜尔哥年轻时在索邦神学院发表论进步的演讲时，对埃及的学术也婉
转地表示了敬意；卢梭也不无理由地称埃及是"第一个宇宙学派"，是"哲学和美术之母"（《论科学和
艺术》，《全集》[*Discours sur les sciences et les arts, Œuvres*]，第3卷，第10页）。

亡者,还是希腊商人,他们"把亚洲和埃及的知识和谬误都带到了希腊"。[1]
但这并不妨碍孔多塞辩称,这种吸收借鉴对于希腊人的原创性荣誉丝毫无
损。作为真正的18世纪人,启蒙哲人不再热衷于对独一无二性的追求,而
把原创性很实际地定义为对现存观念的聪明运用。

　　对于启蒙哲人来说,希腊人的原创性在于,他们将学到的东西转换成
某种新的东西。狄德罗指出:"巴比伦人把第一粒哲学种子撒播到希腊。
这粒种子找不到比这儿更肥沃的土壤了",因为希腊人有"一种与东方人
完全不同的思维倾向"。当另一个民族的观念传到希腊人那里,它们就
"获得了他们(希腊人)自己思维方式的风格,非得经过大幅度变化才会进
入他们的著作中"。[2]神话时代的文化有能力进行逻辑思考,波斯人掌握了
政治技巧;迦勒底人建立了天文学;腓尼基人充分了解如何航行去同更遥
远的国家进行贸易;埃及人已研究自然。简而言之,希腊周边所有的民族
都十分精通"神学、伦理学、政治学、战争、农业、冶金,以及很多聚集在城
市并服从法律的人因需要和勤奋而形成的机械技术"。[3]这份长长的清单
大体上概括了启蒙运动对前希腊古代的评价;它重复出现在《百科全书》
的许多辞条中,也出现在伏尔泰的《风俗论》中。伏尔泰的这部书体现了
18世纪中叶的先进观念。他写道,迦勒底人是聪明的天文学家,甚至是深
刻的思想家,已经超越纯粹的感性知识,能够理解"与他们亲眼所见相抵
牾的事物"。[4]

　　尽管启蒙运动乐意对前古典诸文明大加赞扬一番,尽管为了进行反
教权主义宣传(说有一个结合紧密的理性主义教士小集团,操纵了一大批
迷信的民众,这种刻板形象简单好用,可以同样用于法老的埃及、梭伦的
希腊、路易十五的法国),他们有时会竭力去发现那些文明与希腊的相似
之处,但这不是启蒙哲人观点的主旨所在。启蒙哲人是把埃及人和腓尼基

1　孔多塞:《人类精神进步史表纲要》,《著作集》,第6卷,第61页。
2　狄德罗:《希腊人(的哲学)》,《全集》(Denis Diderot, "Grecs [philosophie des]", Œuvres),第15卷,第
　　64页。孔狄亚克在《论体系》中也使用了同样的说法。
3　同上,第65页。
4　伏尔泰:《风俗论》,第1卷,第34页。

人的文化创造及科学发明放在这些文明的信仰、习俗和可能性的整体背景下来考虑的，而且始终认为这些成就明显低于希腊人的思想和作为。我前面引用过狄德罗在一个辞条中对希腊哲学的赞赏。他强调的不是希腊哲学的依赖性，而是希腊哲学的优越性。狄德罗在《百科全书》中多处宣称，其他的文化没有提出系统的思想，因此古希腊人有权蔑视阿拉伯人自诩的所谓"哲学"。至于埃及，尽管那些祭司头脑精明，而且埃及人有保存知识的本能，但是埃及始终是迷信滋生的温床，是巫师和算命师的乐园，是猫狗葱头都可能受到崇拜的乌糟之地。迦勒底人以天文学成就感到自豪，其实那不过是一堆毫无关联的格言、传统的教条以及对观测的曲解组成的大杂烩，因此，迦勒底的祭司根本不配称作哲学家。伏尔泰也持同样观点。伏尔泰承认巴比伦、腓尼基和埃及的哲人在理性方面取得的成绩，但他马上补充说，埃及哲学是杂乱无章的；尽管埃及人心灵手巧，但金字塔是专制统治、虚荣心、奴役和迷信的结果；迦勒底人以星象观察开始，却以占星术收场。对于伏尔泰或者其他启蒙哲人来说，希腊的地位至高无上，不容置疑。

这些评判并不是非黑即白。对于启蒙运动来说，上述这些文化既是文明的，但也是迷信的：那些文化中的人能够进行某些科学思考，但这些偶尔尝试的理性思考从来没有撕破神话之网；这些理性思考都是零星出现的，断断续续，远非有系统的、累积的，也缺乏自我批评。建造金字塔需要有理性的技能，但这种理性能力从来没有用于反抗命令他们建造金字塔的非理性政制，也从来没有用于反抗他们侍奉和鼓吹的非理性宗教信仰。前希腊时代的理性似乎是惰性的：无论数学或天文学能够做什么样的推理，都不会导致在政治或宗教领域里进行推理论证。在最黑暗的时期，古代迷信是盲目的和恐怖的，但即使在最光明的时期，它也止不住地把经验变成神话。

另一方面，希腊人凭借着狄德罗大加称赞的特殊气质（*tour d'esprit*），学会把他们的所见所闻转化为一个合理的整体。在《蒂迈欧篇》的一个精彩段落里，柏拉图把视觉奉为思想的源泉，认为人们是从对太阳、天空和星星的观察中获取了哲学这一苍天赠送的礼物，这是人类迄今获得的最大

恩惠。启蒙哲人都知道,这份礼物并不是在启示的炫目瞬间一次获得的, 81
而是历经长期的艰辛努力,用理性征服神话的结果。在《百科全书》论述
希腊哲学的辞条中,狄德罗区分了三个玄思的时期:第一,古代时期,希腊
人生活在神话中,改编东方的传说,对《荷马史诗》的神话进行理性解释。
这一时期,希腊很像周围的文明,在许多方面还不如它们。但也是在这个
时期,希腊人迈出了超越神话的雄壮而艰难的第一步。接着是伟大的立法
时期,政治哲学由此奠基。最后是“学派时代”,形成了具有持久影响的各
种体系。[1]

　　在这漫长的文化进程中,如果说有哪个人物戏剧性地体现了其中最优
秀的成分,这个人就是苏格拉底。正如他在古代的情况,对于启蒙哲人来
说,他也是一个民间英雄。苏格拉底在18世纪成为戏剧、绘画、典故的题
材。文人也用他来讲不那么轻松的笑话,因为他们既赞赏他的反讽机智,
又不愿意遭遇他那样的厄运。卢梭挑出苏格拉底引用过并身体力行的德
尔菲箴言“认识你自己”,认为这句箴言“比所有道德家的鸿篇巨制都更为
重要,也更为深奥”。[2]今天这句箴言已经是陈词滥调了,但是启蒙哲人将
它视为人类思想史的一个关键时刻,是道德自我修养的警言。达朗贝尔在
著名的《百科全书绪论》中认为,苏格拉底是人类对人性进行最重要也最
艰难的探索的开拓者。

　　不过,尽管苏格拉底具有英雄的形象,他也不能完全体现希腊对于启
蒙运动的革命意义。希腊的智慧之士从两个方向探望:向外,观察自然,
寻找客观的普遍法则,简言之,探寻科学;向内,寻求自我认识和内心的澄
明,简言之,探寻道德。苏格拉底贬低前者而高扬后者。他宣称,与能够
引领人们正确行动的知识相比,宇宙学不过是夸夸其谈。启蒙哲人对此深
表赞同;正如我们将要看到的,这也体现在他们对形而上学的怀疑以及他
们对实践的热衷上。同时,他们认为自己时代的科学革命也绝非一场游戏 82

---

1 狄德罗:《希腊人 (的哲学)》,《全集》,第15卷,第44—68页。在做这种分期时,狄德罗参考了布鲁克
的拉丁文著作《哲学批判史》。
2 卢梭:《论人类不平等的起源》序言,《全集》(Jean-Jacques Rousseau, *Discours sur l'origine de l'inégalité,
Œuvres*) ,第3卷,第122页。

或者纯粹抽象的知识——从他们对科学怀有的相当混乱的道德要求可以清楚地看到，他们希望，科学革命能成为道德改善和政治改进的一个序幕，甚至能够为之服务。因此，苏格拉底不会成为启蒙哲人抱负的全部象征，因为他所分离的正是他们试图弥合的。

事实上，苏格拉底成为启蒙运动的一个象征，更多的是因为他的死，而不是因为他的理念。他的命运是令人痛苦的证据，表明第一个批判时代太人性化了。孔多塞宣称，苏格拉底之死"乃是揭橥哲学与迷信之间战争的第一宗罪行，这场战争至今仍在继续"。[1]看来也很悲哀的是，这件事也是古代和现代之间的另一个联系：正如我在前面说的，启蒙运动认为自己的时代挣扎于迷信与理性之间；而古代希腊似乎也陷入了同样的冲突之中。希腊人对因批判而死的第一位殉道者给予批判，他们也对进行这种批判的第一批践行者给予了批判——这就是为什么希腊人尽管有种种缺点，却仍然是启蒙运动的真正先驱。整体而言，这是冷静而清醒的看法：启蒙哲人将希腊人视为先驱，认为他们既无所畏惧，也不免犯下种种错误，体现了开创新天地的大胆革新者的典型特征。

3

虽然启蒙哲人对待第一次启蒙运动的希腊阶段的态度还算冷静和清醒，但是他们还谈不上能够保持不偏不倚的公正态度或者具有足够的同情。政治的成见始终介入其中。因此，启蒙哲人轻视亚里士多德对科学方法的种种贡献。他们主要把他看作是经院哲学家的宠儿，亦即，一个与启蒙哲人的敌人沆瀣一气的异教徒。他们对待柏拉图的态度也同样十分浅薄，这让研究18世纪的学者长期以来感到困惑和恼怒。卢梭把柏拉图的著作奉若神明，这在启蒙运动中是空谷足音。更典型的情况是，孟德斯鸠将柏拉图描写成一个优秀的诗人；伏尔泰面对柏拉图既茫然不解又放肆傲

1　孔多塞：《人类精神进步史表纲要》，《著作集》，第6卷，第66页。

慢，称柏拉图云山雾罩，不知所云，不过是偶尔妙语惊人的寓言作者；维兰德则把柏拉图的形而上学思想视为一种非现实的神秘主义。杰斐逊从来没能把《理想国》通读下来。在他看来，这本书天真幼稚，想入非非，充满让人费解的专业术语和不知所云的废话。他根本不能理解为什么他崇拜的西塞罗会如此夸张地赞颂柏拉图。尽管如此傲慢，启蒙运动却处处浸透着柏拉图的理念。斯多葛派就曾仔细研究过柏拉图，采纳了他的很多学说，而启蒙哲人从斯多葛派那里受益颇多。新柏拉图主义者也博采众长，而他们的体系很大部分由奥古斯丁传至后世。现在启蒙哲人傲视柏拉图，对新柏拉图主义置之不理，对奥古斯丁冷嘲热讽，但是他们却不知不觉地继承了柏拉图的许多理念，其中主要是通过斯多葛派以及现代柏拉图主义者伽利略等人获得的。柏拉图隐姓埋名穿越了漫长的岁月，受到启蒙哲人的欢迎，但他们却不认识他，也不知道自己已经从他那里借鉴了那么多东西。

　　另外，他们的那种理性主义目光短浅，不可救药。启蒙哲人很难相信（希腊的）那些理性人，那些科学、伦理学和史学的开创者们，会"身陷迷信之中"。比如说，伏尔泰坚持把俄耳甫斯秘教解释成一个高级的一神教，出于对大群民众施行暴力的恐惧而给自己包裹上神秘外衣。狄德罗能够对俄耳甫斯的生与死、其崇拜和影响作出精辟的说明，但也不能抗拒理性主义的诱惑。在引用了一些古代作者关于俄耳甫斯神奇力量的说法后，狄德罗从贺拉斯的《诗艺》中引用了一段他更赞同的评价，意思是说，俄耳甫斯是一个精明的骗子，为了防止他的野蛮追随者相互厮杀，他宣称神批准了理性的行为准则。这种解释模式把18世纪的关切投射到一个遥远的过去，把早期希腊人没有的政治上的精明和宗教信仰上的犬儒主义强加给他们。毫无疑问，这种非历史的怀疑论使启蒙哲人不会轻信那些不太可信的传说神话，帮助他们从历史中剔除荒诞因素，把修辞与真实区分开。但这也使他们不能把握遥远时代不同风格思想的内在逻辑和情感。理性主义为发现和辨别搭建了平台，但它把重点搞错了。"迷信"这个贬义词，这个假装成分析术语的责骂，根本不足以涵盖古人的宗教经验。

84

启蒙哲人对当代学术缺乏足够的赏识，这就使得他们对古代早期原本不足的同情变得更加狭隘。本来，在18世纪，受过教育的公众可以接触到的学术，启蒙哲人也可以亲身获得，而且还会在感情上受到感染。[1]事实上，当时的学术研究的大部分都具有很高的水平。到洛克时代，重新发现和重新编辑古典文稿的英雄时代已经过去，文献考订方法已经牢固确立。此时面临着进行一些宏观总结的时机。在18世纪中叶，当最杰出的启蒙哲人正在发表他们的主要作品、年轻的启蒙哲人正在开始建立他们的声誉时，巴泰勒米神父满腔热情地宣传希腊精神，无与伦比的温克尔曼则凭借其反常的天才具有的直觉力，革新了希腊艺术研究以及希腊遗物研究。1733年，英国成立了"艺术爱好者协会"。贺拉斯·沃波尔以其特有的尖酸刻薄贬斥它，说它不过是一个"俱乐部，名义上的资格是必须到过意大利，实际上的资格是能够酗酒"。[2]协会成员其实不仅仅游历意大利并在一起饮酒。他们还赞助了有价值的图集，例如斯图尔特和里维特合著的《雅典的古代遗址》，第一卷在1762年出版——这一年正值卡拉案件宣判和《社会契约论》写成。也是在这个时候，赫库兰尼姆和庞贝城遗迹的发掘变成了公共财产，尽管还不是很让人满意，也还不完全成型。我们只需要读一读莱辛的《拉奥孔》或者狄德罗的沙龙画展评论，就会看到整个博学的考古学对更敏感的启蒙哲人有多么大的影响。

当近代学术为随意杂乱的思考提供新起点和矫正时，启蒙哲人仍继续利用古人作为他们了解古代的最佳信息来源。幸运的是，对于后世而言，古人一直是不知疲倦的编纂者和辩论者，他们兴致勃勃，根本不理会贺拉斯的简洁理想。西塞罗同几个世纪的哲学观念展开大对话，以律师般的详尽和精确为后世保存下不同学派的原理。帕萨尼亚斯和老普林尼[*]已间接地描述了那些后来随着时间被湮灭和忽视的绘画和雕塑。李维保存了关于罗马共和国的神话，甚至亚里士多德也从不轻视《百科全书》编纂者的任务。

---

[*] 帕萨尼亚斯（Pausanias），公元前2世纪希腊旅游家和地理学家；老普林尼（Pliny the Elder, 23–79），罗马学者。

1 关于学者与启蒙哲人之间的冲突，请参见本书第335—336页。

2 贺拉斯·沃波尔致贺拉斯·曼恩，1743年4月14日，《书信集》，第1卷，第340页。

　　启蒙哲人精力充沛且独立自主地来应对这样大量积累的证据。大学者尼古拉·弗雷列*在18世纪上半叶主持法兰西铭文学院，为权衡古代资料的可靠性制定了详细的规则。亚当·弗格森在1783年出版了广受欢迎的著作《罗马共和国进步与终结的历史》，在序言里列出了一份古代权威著作的参考清单。休谟和吉本以怀疑的眼光看待希腊和拉丁文作者，这在当时就很出名，迄今依然值得称道。启蒙哲人钟爱的古人当时不仅常常被征引，而且也受到怀疑的审视。希罗多德和普鲁塔克，喋喋不休且事事好奇，因此颇受青睐，就像漂亮的情妇一样，既受到宠爱，又不被信任。伏尔泰自封是启蒙运动的看家狗，不断地警告这一小伙人，要他们保持警觉，明辨真伪。他写道："不要希罗多德说什么你就信什么"，这是一个基本方针。这是一条很明智的原则，而且在启蒙哲人的世纪，可能是一条必须遵循的原则，因为过度的怀疑主义是对过度轻信的自然反应。但是，有时这会导致不幸的后果：这使启蒙哲人不愿意完全接受和充分利用眼前的证据。

　　启蒙哲人心目中的古代希腊地图，看上去像一幅老式的世界地图，布满了未知领域的空白地带，用一些弯弯曲曲的线条勾勒。今天学者们耳熟能详的大片领域，对于18世纪的人来说则是生疏的，处处都有意外。特洛伊在当时还是一个文学的而非考古的丰碑；迈锡尼文明的发现极大地扩展了我们对早期希腊文化的理解，但18世纪的人对这一文明毫无所知。现代比较语言学的研究日益精深，从词扩展到物，从语言的运用扩展到宗教教义的借用，但在18世纪这门学问尚处于襁褓之中；比较人类学也是一样，它用一个文化的仪式来阐明另一个文化的仪式，在18世纪也刚刚起步。启蒙哲人能够从过去获取到的答案是有限的，因为他们不知道应该探讨什么问题：经济学、社会学和心理学还不是成系统的学科。启蒙哲人仅仅窥见希腊艺术、戏剧和体育游戏的宗教根源，这种窥见也只是偶尔为之，只有孟德斯鸠、丰特奈尔和休谟的作品中有闪电般耀眼的洞见。条顿

86

---

* 尼古拉·弗雷列（Nicolas Fréret, 1688–1749），法国学者。

人的坚韧学术意志、新的研究技巧以及得到资金支持的学术机会,这些条件合在一起,学者才可能把荷马还原成一群人中的一个,然后恢复他依稀可辨的身份,发掘和破译迈锡尼文字,发现希腊城邦的阶级结构,探求希腊悲剧中合唱体现的仪式,以及希腊医学和希腊学院哲学的区别——所有这一切,即"古典学"(*Altertumswissenschaft*)的伟大时期,是在1800年后来临的。但是,启蒙哲人尚且缺乏逻辑词汇、概念工具以及前面提到的在清晰而深刻地描述"希腊奇迹"时所需要的足够同情,因此,他们的看法只能算是一种准确的预测。考虑到他们的局限性,这已经是一个了不起的成就。这得益于威廉·狄尔泰所说的启蒙运动的"生命意识"(*Lebengefühl*),它的"神圣狂傲"(*göttliche Frechheit*)。我们能够感觉到它的内在自由:一切都臣服于批判的最高权力;过去的一切没有什么是神圣的,至少是最不神圣的。有人说启蒙哲人追求摆脱正统的自由,而这种自由本身变成了一个正统,这种说法在很大程度上是一个文字游戏:实际上,他们的宽容不是无限度的,但他们追求无界限的探索,因此哪怕是他们非常自信的言论也允许批评纠正。即便启蒙哲人有时在纠正自我时显得有点迟缓,那么他们也总能指望某个同伙来纠正他们。

4

尽管在18世纪人们发现古典时代的遗存数量可观,且便于利用,但是出自更早时期,包括史前时期和远古文明的证据,则让人觉得很棘手。因此,吉本在《自传》中说:"亚述和埃及王朝成了我的陀螺和板球:我还会因为难以将希腊文翻译的《圣经·旧约》与希伯来的算法协调起来而睡不好觉。"[1]但是,在吉本看来,在很多方面还是太缺乏证据,在另外一些方面虽然有证据,但要么无法破译,要么难以理解。《圣经·旧约》曾经在多少代被奉为权威的见证,此时则声望下降:启蒙哲人既不把它当作启示真

1　吉本:《自传》,第68页。(中译本,第36页。——译者注)

理，也不当作真正的历史，而是当作一份罪证。如果说它能揭露什么，它揭露的就是上帝选民的恶行和基督教的污染源头。

在整个18世纪，启蒙哲人一直哀叹他们手里的信息残缺不全。在启蒙运动初期，孟德斯鸠就抱怨说，那些玄思的学者总是试图解释他们一无所知的文明："我们对希腊哲学的情况尚且几乎一无所知，那么我们对埃及哲学、波斯哲学和迦勒底哲学就更知之甚少了。"[1]百科全书派也感到类似的遗憾，更不用说康德了。康德提醒说，希腊之前的历史基本上是未知领域。在评论赫尔德的杰作《人类历史哲学观念》的第一部分时，康德赞扬了它大胆而自由的想像力，但批评赫尔德试图用未知因素来解释同样未知的史前史。康德严厉地说，这纯粹是形而上的解释，它表明当一个科学家对通过科学手段寻求真理失去信心时会发生什么——他会转向诗歌。康德精辟地指出，哲学的任务是修剪而不是培植想像力的茂密之树。[2]这个评论体现了启蒙运动晚期历史中一个动人时刻：一个伟大但老化的运动的代表人物面对着一个新态度的代表人物，拒绝相信改变就是进步，维护科学反对幻想，主张严谨反对含糊，坚持批判考证反对新的神话。

88

启蒙哲人应该保持谦虚态度，其理由甚至超出他们的想像：他们知道自己知道的不多，但不知道有多少东西自己不知道，也不知道有多少东西会很快知道。埃及象形文字之谜在启蒙运动中曾引起热烈讨论，但到19世纪前期就被破译了。大部分启蒙哲人对迦勒底占星术和埃及专制统治一笔带过，不屑一顾，但这些大河文明同样在那数十年开始解开秘密：考古学家破译了楔形文字；对尼尼微和巴比伦遗址的发掘，把《圣经》里模糊不清的记忆转变成对逝去文化的沉默而有力的见证。在1740年代，伏尔泰曾坦承自己"对巴比伦和亚述这两个帝国的情况一无所知"；[3]一百年后，古怪的探险者、不择手段的盗墓贼和富于想像力的学者已经能够给有教养的绅士讲述这两个帝国的许多事情。史前史对于启蒙运动来说也是

1　孟德斯鸠：《全集》，第2卷，第122页。
2　康德：《全集》，第4卷，第179—190页。
3　伏尔泰：《风俗论》，第1卷，第37页。

模糊不清的,也是一片任由推想和猜测的沃土。一些启蒙哲人,例如孔狄亚克和卢梭,就创造性地和颇有先见之明地对语言的起源进行探索,试图通过言语的历史来澄清文明的历史之谜。但是在19世纪丹麦考古学家把分期法应用于史前遗址之后,史前史即使还不可能完全明晰,但至少已经变成有据可循的研究对象。同时,现代田野考古技术也导致了伟大的发现和更精细的识别鉴定,若是布丰地下有灵,也会大为惊愕。

89 这些蔚为大观的进展与地质学和生物学的进展相辅相成,相得益彰。除了原教旨主义者之外,对于所有的人来说,地质学和生物学的进展摧毁了基督教的创世说,即世界是在6 000年前由上帝创造出来的说法。知识界的理性氛围乃至支配赖尔和达尔文著作的一些基本科学假设都是启蒙运动的创造物:在回归到一种永恒、至少十分古老的宇宙学说方面,布丰、狄德罗、拉美特利、休谟、霍尔巴赫和康德等启蒙哲人,假设了一种宇宙和地球发展的过程,跟大主教厄舍尔*计算的宇宙创造于公元前4004年的说法以及其他类似的基督教说法大相径庭。

在这些对史前史甚至是更早的历史进行思想邀游时,启蒙哲人主要不是依据资料,而是基于意识形态,而且一再违反他们珍视的反对"炮制体系"的牛顿准则。诚然,他们没有炮制类似的体系:伏尔泰汲汲于否定《圣经》中大洪水的说法,以至于他不承认化石是一些古代大洪水的真实遗留物。其他的哲学家则更老练一些,利用化石残留物作为证据来质疑基督教的年代说法。但是启蒙哲人都一致认为,世界是非常古老的,埃及、亚述、巴比伦等早期文明的成长经历了数千年之久。

他们关于古代的思考带有一些我们今天研究这些时代时所需要的那种科学气质,但是他们的依据极其薄弱,而政治激情又过于浓重,以至于这些思考迄今所存留的主要是历史价值,而其科学价值就微不足道了。然而这些思考实际上包含着我所谓的启蒙历史编纂学的伟大发现。对于这种发现,用我们今天更准确的说法是:一般来说,人们面对自己、自己

---

* 厄舍尔(James Ussher, 1581–1656),爱尔兰主教,发表著名的《编年史》,把上帝创世定在公元前4004年。

的经验、自己的命运有两种方式，归纳起来，要么制造神话，要么保持批判心态。

现在看来，神话思维不一定就是原始的、单调乏味的、完全迷信的、前逻辑的——尽管这是启蒙哲人的说法，尽管他们有时承认埃及人和巴比伦人也有好奇心，也尽其所能地驾驭环境，而且是出于复杂的动机来发明宗教。神话思维也是真正的思维；它给世界找到秩序，但它的范畴不能稳定，总在变动。在直接经验的强大压力之下，这些范畴会发生变化，但是在传统的同样重压之下，它们又会变得僵化。只要头脑发展到埃及人或者巴比伦人的那种复杂程度，都会知道因果关系。但他们确立或否定因果关系的依据，则是现代的科学研究者坚决批驳的。

神话思维是一个集合名词，可以用来描述相当宽泛的心理活动。在原始民族中可以看到它比较纯粹的形态，在比较先进的古代文明中它被理性的气息、优美的表达乃至复杂的制度覆盖。尽管神话思维最初似乎摇摇欲坠；但是在文明已获得很大的理性领域后，神话思维的基本逻辑运作却长久地保存下来。巴比伦的天文学家甚至很难做出有效的假设，促成信息积累，控制假设或者核查结论。他们几乎不懂得相似、归类或者再现等逻辑范畴，而这些本应是科学头脑的第二天性，所以他们从来不能很清晰或很干脆地把部分与整体分开，把真实与复制分开，把词语与事物分开；把主观与客观分开——而所有这些都是澄清、整理、预测所不可或缺的手段。在制造神话的思维中，国家与宇宙、国王与上帝、人类与自然都互相代表且彼此相融。古代人不认为他们的国王看上去很像神灵：他本身就是神，是神的真正儿子及其委任的代表。宗教仪式不是祭祀某个神奇事件，它本身就是那个神奇事件。武士造一个敌人的人偶，然后用剑劈杀它，这不仅仅是象征性地表达杀敌意志：这个人偶本身就是敌人，劈杀它就等同于在战场上劈杀——实际上，这就是真正的战斗，而这是科学头脑很难理解的。由于经验验证受到某些实践操作的严重限制，因此这种仪式的效力不会因敌人实际上依然健在而受到质疑。用证据来证明和反驳是属于另一种思维方式的概念，对于神话思维来说是莫名其妙的。

90

古代的重要宗教全都具有如下特征：它们不能用理性来对待，也不需要证明，因此不会被证伪。它们作为另一个宇宙的一部分而存在，在那个宇宙里甚至死人也还活着，神灵同时具备多种形式，所有的事物都有神力。

91 神话思维不可能具有客观性（ *Sachlichkeit* ），因为它既不能够冷静地、量化地处理经验，也不能把事物当作事物来经验。

因此，在神话的宇宙中，是很容易建立起各种最明显的关联的。埃及学专家约翰·威尔逊写道："一个人似乎是一回事，天空或者一棵树似乎是另一回事。但对于古代埃及人来说，这些概念具有变动不居和互为补充的特性，天空可能被想像成笼罩在地面之上的一个实际的穹庐，或是一头奶牛，或是一位女性。一棵树可能是一棵树，也可能是一个女性，是树妖。真理可能被当作一个抽象概念，也可能被当作一个女神，或是一个曾在世间生活过的英雄神。一个神可能被描绘成一个人，也可能被描绘成一只鹰，或是鹰首人身。在一个语境里，国王被描绘成太阳、星辰、公牛、鳄鱼、狮子、鹰、狼，埃及的双头守护神——这里重要的不是比喻，而是活生生的本质。"[1]最后这句值得注意：将两种相互排斥的描述加以混杂，不是诗意，也不是寓言，而是写实主义。我们有证据表明，古代埃及人擅长言谈，对比喻并不陌生，但是他们主要的思维模式是凭借直接经验而相信事物的共生共存，甚至相信事物的同一性，而我们对于那些事物肯定会加以区分。

在大部分的思想领域里，尤其是在巫术领域里，最原始的文化与最高级的古代文明是息息相通的。在最简单的部落里与古代埃及的情况一样，正确地宣读一个神的名字，也就意味着分享了它的威力；抹掉一个人的名字，就意味着干涉他的生涯，甚至干涉他死后的去向。至少在一个埃及体系，即所谓的孟菲斯神学里，主神普塔仅仅通过说出名称就创造了自己身体的各部分、其余的神以及所有的生命。世界始于圣言。圣言之所以有法力，是因为它不仅仅是一个标记，而且它还介入了被命名事物的本质。

---

[1] 约翰·威尔逊：《古人的知识探索》（ John A. Wilson, *The Intellectual Adventure of Ancient Man* ），1946年，第62页。

同样，数字的魔法和穿越时空的骑士形象也深深融入了神话思维。科学思维的伟大成就和基本前提之一，就是把时间从具体的生活节奏中提取出来，将其变成不偏不倚的尺度。但在神话中，数量的准确或者年代顺序的观念是无足轻重的，或者根本不存在。神话思维在整体上敌视历史。埃及学专家亨利·弗兰克福写道："即使在我们可以归类为历史文献的王室业绩记录里，让我们感到恼火的是，我们发现，凡是独一无二的具有历史意义的事情都被一笔带过。例如，我们发现国王佩皮二世*显然很在意记录他打败利比亚人的胜利，甚至在他的寺庙的浮雕上，把被俘虏的利比亚首领们的名字写在他的形象旁边。但我们碰巧知道，被俘虏的利比亚首领同样的名字出现在国王萨胡尔**的浮雕上，还早两百年！同样的情况是，拉美西斯三世逐一列举了他在亚洲的征服地，但他是复制了拉美西斯二世的清单，而拉美西斯二世则使用了图特摩斯三世的清单。"[1]把这种情况当作吹嘘或者撒谎，那就忽略了神话思维的本质：因为神话思维里没有验证核实的概念，因此没有谎言。

我并不想说，神话玄虚地漂浮在真实之上，既不受人间烟火熏染，又不受制于变化法则。恰好相反，神话是古代人经验——降雨的恩惠，干旱的灾难——的夸张投射。巴比伦人把宇宙当作与自己国家相似的一个广阔国家，他们的宇宙世界乃是他们日常见闻的复制品：变化无常的统治，奴隶对主人的顺从，万物皆有生命力。在宗教仪式上，巴比伦的祭司们扮演春神的复活，让神力附体，从而身不由己地完成表演。这些是一个更原始时代的残存（交感巫术在其中扮演中心角色），但巫术从未被抛弃。

实际上，尽管有各种变化，神话总是保持着对分析的厌恶，并坚持神人同性论：他们不断地用已知来解释未知，用与信徒相似的存在物来填充宇宙。在巴比伦和埃及经历动乱时期之后，神话开始表达出对一些近似哲学问题的关切。我们现在看到一些厌世的文字，亵渎神明的粗俗笑话，对

---

*　佩皮二世（Pepi Ⅱ），约公元前2278年—前2184年在位。
**　萨胡尔（Sahure），公元前2458年—前2446年在位。
1　亨利·弗兰克福：《古代埃及宗教》（Henri Frankfort, *Ancient Egyptian Religion*），1961年，第48页。

93 非神话解释的要求。但这些文字，无论带有多少怀疑的语气，都不是真正的哲学：在一个神秘的宇宙面前，这些文字的作者脱离传统信仰和流行的主神，只能陷入无助的绝望，或者狂热地诉诸巫术，企图使世界变成它不曾是也不可能是的某种东西。

在希伯来的世界观念演化中可以清楚地看到，神话思维习惯是多么顽强。《圣经》里的犹太人是启蒙哲人不仅不赏识而且抓住机会就诋毁的对象。他们扩大了神话的领域，尤其是在他们历史上的巴比伦时期。在他们的世界观中，神话和哲学是融汇在一起的。希伯来人比任何别的近东民族走得更远，他们发展了自我怀疑的习惯，形成了一个统治万民的单一神的抽象概念，探讨了道德法则的理念，创造了一种在巫术之外的、摆脱了偶像崇拜谵妄状态的人格认同，至少创造了这样一种人格认同的萌芽。古代犹太人展示了神话的一个可能的演进方向：变成一种高级神话，具有关于永恒戏剧的宏伟想像、相对理性的行为评价、把人视为个体受难者的崇高概念。与其他古代宗教不同，犹太教从它的邻居那里吸收了理性的而非神话的成分。伏尔泰也承认，《圣经·旧约》中的《传道书》的作者（现在知道他是一位后期的作者）表达的令人痛苦的幻想破灭正是一种哲学方式，而不是神话方式。伏尔泰写道，他是"一个伊壁鸠鲁式的哲学家"，一个"唯物主义者，既耽于声色犬马之乐，又对一切感到厌恶"。[1] 但是，这种犹太教的吸收能力并未产生出一个哲学的世界观；《圣经·旧约》，甚至在其最理性的部分，还是用卡里斯马压倒律法，用创世神话压倒有序的宇宙论，用言辞和数字魔术压倒道德指令，用上帝选民和应许之地的神话压倒个人伦理概念，用末世论压倒历史。通往科学思维的途径不在这里，要到其他地方寻找。

神话思维通过直接经验的闪烁纱幕看世界，把万物都看作有生命力的东西。虽然神话思维本身是深深地、通常是被动地陷在现实之中，但是它

94 不给现实提供任何逻辑。正如启蒙哲人指出的，简单地说，惟有凭借有条

1　伏尔泰："所罗门"，《哲学辞典》(Voltaire, "Solomon", *Philosophical Dictionary*)，第2卷，第459页。

理的探讨问题的习惯和展开系统的批判，纱幕才会被刺破。造就这种习惯是留给希腊人的任务，把它推广到世界则是罗马人的事业。

二、罗马的启蒙运动

1

狄德罗告诉叶卡捷林娜大帝："希腊人是罗马人的老师，而希腊人和罗马人是我们的老师。"[1]这个说法看起来很明白实在，但是我们需要有所保留。它完全适用于像狄德罗本人、休谟、吉本和莱辛这样的博学之士，但对于大多数启蒙哲人而言，与他们周围的文化环境一样，他们的知识营养主要来自罗马而不是希腊——来自罗马的斯多葛学派，罗马的伊壁鸠鲁学派和罗马的折中学派。

为什么是罗马而不是希腊？这是一个很自然的问题，但听起来却像是一种指责，因为罗马文化的声誉不太高。迄今为止，一般认为罗马文化土气，粗野，极其缺乏原创性。罗马留给世界的遗产——表现阳刚、自我牺牲的英雄主义的故事，法典，行政机制，简洁而富有表现力的语言——绝对不容忽视，但就整体而言，罗马的贡献要么太平淡无奇，要么太具有传奇色彩，因此除了学童、律师和古典研究者外，不会唤起其他人的热情。罗马人在战争中冷酷无情，在外交上厚颜无耻，在政治上腐败堕落，在娱乐时狂乱残忍，无论在古代还是在后世都臭名昭著。对于后人而言，希腊文明的象征是帕特农神庙；罗马的象征是竞技场和加尔桥[*]，一个是血腥的运动场，一个是引水渠道。

如果以为启蒙哲人感兴趣的是罗马的这一面，那就大错特错了。实际

95

---

[*]　在今天法国南部。

[1]　狄德罗：《为俄国政府起草的大学计划》，《全集》，第3卷，第477页。当然，对于德国的浪漫希腊主义者而言，只有希腊——和他们想像中的希腊——才塑造了他们的生活哲学。

上，他们对罗马的野蛮粗鄙感到痛心，对罗马行政官的作风极其反感。研究罗马历史的启蒙哲人——孟德斯鸠、弗格森和吉本——即便颂扬罗马的成就，也要揭露它的缺点。那些寻找警世例子的启蒙哲人也发现，罗马有许多东西值得赞颂，但也有几乎同样多的东西令人哀叹。再者，启蒙哲人选择罗马，似乎也反映了他们的品位：重刚健而轻卓越，重通俗作者而轻天才，重常识而轻深度，简言之，宁要二流的安稳，不要一流的躁动。

上述说法有些道理，但并不尽然。卓越、原创和深度都令启蒙哲人兴奋无比，但是由于他们更讲究务实和常理，这些特性也会让他们稍有不安。大体上看，启蒙运动选择罗马，多少有些偶然。罗马毕竟征服了世界：派驻殖民地的士兵和总督都使用拉丁文。尽管长期以来希腊文化盛行于世——先在罗马共和国，然后在罗马帝国，后来再度在文艺复兴时期，都很时兴——但是，给欧洲留下深刻烙印的是罗马法和罗马的行政体制，而不是希腊的法律或行政体制。到公元4世纪末，天主教会，即罗马天主教会，这个千百年间欧洲最强大的文明教化力量，一直用拉丁文来颁布教谕，宣读祈祷文，争论神学问题。结果，拉丁文渗透进欧洲各地的方言，成为科学、哲学、外交乃至私人通信中使用的语言。这种情况持续到17和18世纪。启蒙哲人在学校里学到希腊文，但是只有少数人能够自如地使用它。拉丁文是否比希腊文更容易学，这无关紧要，重要的是拉丁文是学校课程的核心。因此，18世纪受过教育的人很容易接触到罗马文化。吉本说："无论学童还是政治家，对罗马都耳熟能详。"[1]

不仅如此。罗马因有能力吸收希腊文化而不再仅仅是一个兵营社会。启蒙哲人了解这个情况，因为罗马作家们以启蒙哲人最熟悉的方式承认他们受益于希腊。吉本喜欢引用贺拉斯的说法。吉本提醒读者说："胜利的罗马本身被希腊艺术征服了，虽是老生常谈，但此言不虚。"[2]他还引用贺拉

---

1 吉本：《自传》，第175页。(中译本，第159页。——译者注)
2 吉本：《罗马帝国衰亡史》，第1卷，第39页。吉本引用贺拉斯的名言："(被俘的)希腊俘获了残暴的胜利者 把艺术/带给了粗野的拉提姆地区。"(*Graecia capta ferum victorem cepit et artes / intulit agresti Latio*，《书札》，第2卷，第1章，第156—157行。拉提姆地区是意大利中部地区，意大利语中称作拉齐奥。——译者注)

斯的另一句话并加以重申："一个天生好奇心极强的人,不大可能在长时间接触拉丁文古典作家的情况下,不想了解他们奉为老师并热烈推荐去学习和模仿的希腊原创者:'你们应当日日夜夜把玩希腊的范例'。"[1]

　　贺拉斯的诗句显示了令人赞赏的直率,当然,掩饰也毫无意义,因为罗马人对希腊人的依赖乃是最明显不过的事实。到恺撒的时代为止,罗马人的教育采用的是希腊人的方法,罗马人的思考也浸透着希腊人的哲学;罗马的诗人和剧作家才不再完全抄译希腊人的诗作;希腊的科学和医学仍然至高无上。西塞罗这位罗马最伟大的演讲家和通俗作家曾经在雅典和罗得岛求学,因此在功成名就时,他不仅坦然承认而且大肆吹嘘自己受到的外国教育。贺拉斯说得很对:这个伟大的地中海帝国是由罗马战士打下的,但它是由希腊思想哺育的。被俘获者征服了俘获者——因此启蒙哲人赞颂的罗马的优点,绝大部分都是其中的希腊成分。

　　但是这是稍有不同的希腊,这是变得平实的希腊。与18世纪启蒙哲人相似,罗马文人把他们最杰出的才能都用于阐释和传播艰深的哲学思想,并且在此过程中使之通俗化。孟德斯鸠指出,西塞罗最重要的贡献是使希腊思想"就像理性本身一样,能够让所有的人都可享有"。[2]他是"罗马人当中使哲学脱离学者之手并挣脱外国语言障碍的第一人"。[3]

　　这番溢美之词表明,启蒙哲人对罗马的亲切感,绝不仅仅是出于怀旧、历史的偶然或思想的懒惰。这是一批文化精英对另一批文化精英的惺惺相惜。尽管时隔久远,尽管各自的关注和身份地位大相径庭,但这两批人都属于同一个家族;他们的品位、策略、目标、风格,尤其是世界观,使他们汇聚在一起。

　　这并不是说启蒙哲人和罗马文人在各方面都很相像。尽管他们同气相求,尽管他们有明显的相似之处,他们毕竟生活在不同的世界里。人们常常把启蒙哲人与罗马先人,尤其是奥古斯都时代的文人相提并论,认为

1　吉本:《自传》,第100页。(中译本略去了这句。——译者注)贺拉斯的原文:*Vos exemplaria Graeca / nocturna versate manu, versate diurna*,《诗艺》,第268—269句。

2　孟德斯鸠:《论西塞罗》,约1709年,《全集》,第3卷,第16页。

3　同上。

他们都屈从于权势——文人似乎总是因为想安稳地做自己的事情而受到攻击。但是，对奥古斯都时代文人的这种批评是不公正的，正如把他们与启蒙哲人相提并论是不准确的。诚然，李维、维吉尔与贺拉斯都同奥古斯都皇帝及其重臣梅塞纳斯关系密切，而梅塞纳斯对文人的资助甚至在古代就已经闻名遐迩了。只有奥维德这位不幸的佻达人因为不知天高地厚而在新秩序里不能立足，只得站在一旁。诚然，奥古斯都时代的文人本应通过按照自己的心愿写作来为奥古斯都的统治增添光彩，而不应撰写那些阿谀辞章来为之涂脂抹粉（这里是用 glorify [荣耀] 这个词的贬义）。他们的奴颜婢膝扭曲了他们的作品，也让这个迫使他们屈膝的政权有了污点。但是我们不应因担心自己过于天真而故作愤世嫉俗的姿态。自蒙森*以来，严苛的历史学家都认为，在奥古斯都时代的文人那里，利益和取向通常会相得益彰。他们支持奥古斯都·恺撒，是因为他们希望能够自由地写作和享受安定繁荣，但是他们也相信，在经历半个多世纪的内战之后，国家需要一个稳定的政府。无须威胁和利诱，贺拉斯和维吉尔都会写出他们自己的想法。他们为恐怖和压制的结束而松了一口气，因此他们宁愿忽视奥古斯都早年的种种恶行及其在位时的一切诡诈伎俩。

与此同时，他们毫不吝啬地向当权者表示恭维逢迎。很不幸的是，他们写的肉麻文字有一些与启蒙哲人写的最无耻的谄媚文字很相像，而启蒙哲人却似乎毫无自知之明。伏尔泰在谈到维吉尔时说：“他向奥古斯都顶礼膜拜的那种软弱样，那是任何人都不会做的，不管对方是谁。”[1] 这只能证明，苏格拉底的名言“认识你自己”在启蒙运动中没有完全实现：普林尼写给图拉真皇帝的颂词，维吉尔写给奥古斯都的颂词，读起来就像格里姆写给叶卡捷林娜大帝的信或伏尔泰写给腓特烈的信的草稿。相似之处是不可否认的，但这种相似下面有一种基本差别。在古罗马，文人不能没有庇护；在18世纪，文人越来越脱离贵族的扶持，也越来越把自己抛给喜怒无常的大众。古罗马作家比其现代的后继者更无助，因此与后者一样，古

---

* 蒙森 (Christian Matthias Theodor Mommsen, 1817–1903)，德国古典学者。

1 伏尔泰：《论史诗》，《全集》(Voltaire, *Essai sur la poésie épique, Œuvres*)，第8卷，第226页。

罗马作家会趋炎附势，结成团伙。启蒙哲人这个小团伙有其古代的榜样：卡图卢斯*属于一个诗人小集团；奥古斯都时代的文人一般都交往密切；再往后，马提雅尔**和朱文纳尔、普林尼、塔西佗彼此是好友。如果说这些古人是一个利益集团，那么启蒙哲人在实践中则形成了一个有内聚力的压力集团。罗马文人渴望得到一种良好的氛围，一份年金，一套乡间住宅或者在公共场所朗读自己作品的机会，但是他不能提出任何要求。他可以用自己的作品或个人影响力来教导皇帝和达官贵人，但是他通常（尽管并非总是）依然受到当下政府的任意摆布。启蒙哲人则生活在一个更友善的时代。他们能够接触到更大范围，更具重要性的公众，而且还能利用王室的礼遇和当权者的矛盾而获得渔翁之利。他们不仅仅想享受或美化这个世界，他们还想改变这个世界。

2

　　在古罗马的文献中，启蒙哲人有两个最可靠的灵感源泉。这是他们能够寄予信任的两位作家，亦即，确信能够在这两人那里找到对自己伟大事业的有力支持。这两位就是罗马共和国晚期最伟大的诗人卢克莱修和最伟大的政论家西塞罗。

　　卢克莱修是一位影影绰绰的神秘人物，但是启蒙哲人在读他的《物性论》时感到非常亲切，因为《物性论》用长诗的方式表达了启蒙哲人最没有诗意的伊壁鸠鲁主义。为此，他们经常阅读它，引用它。伏尔泰的书房里至少有六个版本和译本。其他启蒙哲人也同样孜孜以求地收集各种版本。但是，他们无法想像卢克莱修这个人的情况：因为他没有任何书信留存下来；虽然他的思想和风格渗透进他同时代人的作品里，但那些人在引用他的作品时从不注明出处，默默地传递他的思想。

　　这种缄默一直令人感到非常困惑。而启蒙哲人的另一位宠儿西塞罗

99

---

*　卡图卢斯（Catullus，约公元前87年—约前54年），古罗马诗人。
**　马提雅尔（Martial,38/41-102/104），古罗马诗人。

至少给我们提供了一点线索。西塞罗在公元前54年写的一封私人信函中告诉他的弟弟说，卢克莱修的《物性论》乃是精心之作，闪烁着天才的火花。十年后，西塞罗在《图斯库勒论辩》中一段言不由衷的插话里表示，他不知道有这首诗作。西塞罗是一个有胆量的人，他的否认态度应该反映了一种政治立场。卢克莱修对于垂死的罗马共和国的意味很像霍布斯对于17世纪的意味：他们都是安宁的打扰者。他们的作品太伟大了，让人无法忽视，但他们的名声太差了，让人不敢赞颂。如果一个诗人贬义地用"宗教"（*religio*）一词来表示其他人用"迷信"（*superstitio*）一词来表示的东西，他就有麻烦了。

不管卢克莱修的生活环境究竟如何，其诗作的意义对于西塞罗时期罗马的读者来说是很清楚的，正如对于伏尔泰时期的法国读者或腓特烈时期的普鲁士读者来说也同样清晰。没有人比维吉尔把这个事情说得更透彻了：

> 能够知道事物原因的人太幸福了
> 可以把所有的恐惧，严酷的命运，
> 欲壑难填的喧哗统统踩在脚下。[1]

100   这段诗之所以意味深长，原因在于维吉尔把对事物原因的认识同对恐惧的克服联系在一起，而这恰恰是批判思维的本质。科学仅凭自身就可以无情地摧毁神话，带来最大的自由，即内心的平静——这就是卢克莱修要传达的信息和他要完成的使命，而这也正是启蒙哲人对他的读解。《物性论》是一个一心一意探究事物原因的狂热者做的激烈论辩。没有哪个宣传家能够像卢克莱修那样激情四射地展开科学对宗教的战争，也没有人能够用如此简单的手段就让科学赢得了胜利。他宣称，几乎所有形式的宗教都不过是基于无知和靠恐怖维系的迷信。相反，科学才是正当的理性，能够

1　维吉尔：《农事诗》（Vergil, *Georgics*），第2章，第490—492句。

对宇宙做出完整而融贯的说明。伊壁鸠鲁主义是惟一有道理的宗教。它认为那些没有激情的神灵安详冷漠地居住在天上,不会干预真正的——伊壁鸠鲁的——科学。人类应该驱逐恐惧,他们应该通过废除宗教来驱逐恐惧,他们一旦懂得了科学就会废除宗教。因此,卢克莱修的《物性论》是献给美米乌斯*的。他告诫美米乌斯,敦促他倾听"真正的理性",去窥见自然秩序,借此摆脱宗教制造的种种恐怖。

卢克莱修常常被称作是自然的诗人。诚然,《物性论》大力讴歌那个自在自为的自然界。很少有哪首诗能够像它那样涵盖如此之多的题目:灵与肉的关系,从初民到文明的兴起,性欲的冲动,气候,肉体的发育和衰老,地震,火山,葬礼,等等,不一而足。但是,卢克莱修死死抓住一个主题,那就是他念念不忘的宗教这个死敌。他从一开始就宣称,需要用全部的自然科学来使美米乌斯摆脱那些祭司宣讲的血腥神话。他写道,先知们用永罚的神话来恐吓信徒;因此——正因为如此——人们必须了解那些支配天地的法则。这个论点听起来有点现代味道,它预示了后来的实证主义观念:我们懂得的物理学、天然学、地质学和人类学的知识越多,非理性的沼泽就会越来越小。它也预示了狄德罗的论断:哲学的进展导致宗教的退缩。

卢克莱修意识到,自己的科学阐释走的是功利路线。敬仰天地、惊叹性欲的节律、赞赏美丽的风景,是一回事,而认识自然——这是他坚持的——则是另一回事,远比培养审美感觉更具有进取性。知识属于知性范畴,是理性的、客观的、科学的,不仅如此,它还是社会重建的工具。第1卷里有几行诗句表达的正是这个意思。这几句诗在书中为了强调而重复出现了几遍。它们也是启蒙哲人喜爱的诗句:

> 驱散这个恐怖,这心灵的黑暗,
>
> 不需要太阳炫目的光芒;
>
> 只有大自然的知识能够驱散它们。[1]

---

* 美米乌斯 (Gaius Memmius),罗马诗人,演说家,保民官。

1 卢克莱修:《物性论》(Lucretius, *De rerum natura*),第1卷,第146—148行。

　　《物性论》里也有一些自相矛盾之处，尤其是第4卷和第6卷，后来一些早期基督教神学家抓住这一点，以此指责卢克莱修说疯话。但是，卢克莱修在大部分篇幅里都能十分高妙地处理他的题材，因此后面一些章节出现不协调之处，向我们暗示的是，这首诗或者是一部残破手稿，或者是诗人死后留下的未修订稿。卢克莱修就像是一位作曲家，迷恋某个乐句，仔细地玩味它，把它藏在乐章里，在需要听到它时就让它再次突显出来。《物性论》是一套变奏曲，其主题让古今中外的怀疑论者都感到无比亲切："宗教所能促成的邪恶竟如此之大。"[1]这个主题占据着全诗的各个制高点。它首先出现在第1卷的开头，宣布了全诗的宗旨，然后反复出现在其他5卷的开头。它就像是在向伊壁鸠鲁乞灵，因为这位神灵般的希腊人敢于率先蔑视迷信的法力，开启了人们的自由心灵。这个主题也表现为诗人醉心于自己使命的高傲宣言："我将继续解开人们心灵的宗教桎梏。"在最著名的第3卷里，对宗教的抨击达到了最强音。伏尔泰曾宣告要翻译这一卷，但后来食言了。腓特烈大帝曾用它来与伏尔泰论争，并且用笨拙的幽默称它是自己的祈祷书。卢克莱修在这一卷对灵魂与肉体做了唯物主义的说明，继续用程序性的声明打断他的科学阐释。他用全诗最著名的段落为该卷收尾，激昂地宣布对死亡的无所畏惧。

　　卢克莱修清醒地意识到自己对各种崇拜形式的抨击里有一个不能摆脱的吊诡之处。如果说宗教是十分恶毒的，如果说宗教会驱使人们贪婪和野蛮残忍，那么为什么宗教会广泛传播呢？如果说伊壁鸠鲁解决宗教问题的方式，是人类解除这种压迫魔咒的惟一良方，那么为什么它不受欢迎呢？卢克莱修颇为沮丧地承认，就像对待病入膏肓的病人一样，他给无理性的病人提供的是一剂苦药。不过，病人的抗拒乃是愚昧无知的体现，反而证明卢克莱修药方的必要性。这正是他在第5卷分析宗教起源时要给出的结论：人们会想像各种神灵，因为愚昧无知，而给神灵配上可怜的凡人既缺乏又向往的各种超凡性格；因为愚昧无知，人们会把在自然界观察到

1　卢克莱修：《物性论》，第1卷，第101行。

的规律归因于神的操作；因为愚昧无知，人们会把自己的无助转变成宗教的敬畏。只有科学能够治疗这种病态——《物性论》的结尾与其开端相互呼应。在第6卷，即最后一卷，卢克莱修向读者重申自己的使命，重复写下大家已经熟悉的诗句："驱散这个恐怖，这心灵的黑暗，不需要太阳炫目的光芒；只有大自然的知识能够驱散它们。"

　　这就不难理解，为什么启蒙运动会诉诸这样的思想，这样的文字。说来也毫不奇怪，启蒙哲人喜欢引用卢克莱修的诗句，在他那里寻找依据，并且把自己想像成他的化身。《物性论》里充斥着光明刺破黑暗的意象。这个意象早已有之，司空见惯，绝非仅仅限于在反宗教的宣传中使用。柏拉图就喜欢使用这个意象；原始时代的祭司和早期基督教会的神学家都把自己的崇拜对象比喻成太阳的光亮，把他们的崇拜仪式比喻成对黑暗魔力的征服或神秘顿悟的启明。但是卢克莱修使用这个比喻的方式让启蒙哲人感到特别亲切：当卢克莱修说到驱逐黑夜，消除阴影和澄清思想时，他指的是用科学征服宗教。这恰恰是启蒙哲人使用这个比喻的方式。事实上，他们随心所欲地使用这个比喻，以至于人们已经忘记了这些词的比喻来源。他们宣布开启了一个"光亮的世纪"*，他们把自己的运动称作"启蒙"（*Aufklärung*, *illuminismo*, Enlightenment）**。蒲柏把带来光亮的意象用在他为牛顿写的著名对偶句中；狄德罗在《百科全书》中信手拈来地使用它，宣称要使他所在的世纪光明日增，阴影日减。伏尔泰在一句称赞狄德罗的话中用它同时表示光明和温暖："光明既照亮他的头脑，也温暖他的心。"[1]语言的简单平凡也是一个指标，表明启蒙哲人为什么那么容易与另一位光明使者卢克莱修心心相印。

　　当然，卢克莱修受欢迎的程度，实在难以估量。有人对启蒙运动仅有粗浅的了解就下结论说，卢克莱修没有什么影响力：不论自然神论者还是无神论者，都谴责他的原子论和他的世界偶然生成论；或许除了拉美特利

───────────────

* 法文 Siècle des lumières，一般译作"启蒙的世纪"。

** 意大利文 illuminismo 和英文 Enlightenment 都从"光亮"一词派生而来。但德文 Aufklänung 是从 klärung（澄清，解释）一词派生而成，没有"光亮"的意思。

1　伏尔泰致达米拉维尔，1760年11月19日，《通信集》，第44卷，第166页。

外，没有人会毫无保留地接受他的享乐主义。因此，偶尔引用他的诗作，不过是附庸风雅，华而不实。

但是，这种说法的假设是，作者能够促使后世接受了某个特定学说，才能说这个作者对后世产生了影响。我认为，这种假设是错误的。实际上还有其他的影响方式，可能更隐蔽一些，但也同样深远：他不懈地反对蒙昧主义的战斗激情和文字，引得人们自觉不自觉地群起效仿。当霍尔巴赫引用著名的诗句"驱散这个恐怖"时，他是用引经据典来装饰他反宗教的论点，但是人们会觉得他的讨伐因为有古代的榜样而变得更加有力。

伏尔泰也中了卢克莱修的魔法。他早期的著名诗作《致乌拉妮亚》*与卢克莱修的大作相比，要短得多，也没有那么郑重其事，但是像卢克莱修一样，伏尔泰也乞灵于维纳斯；像卢克莱修一样，伏尔泰的写作宗旨也是要使读者摆脱对死亡的恐惧。伏尔泰以其特有的简洁手法，将他的维纳斯和他的美米乌斯合而为一：他把诗作献给一位吕佩尔蒙德女士，后者似乎既渴望享乐，也同样渴望得到启蒙。如果说伏尔泰与这位女士的交往乃是当时上流社会轻松愉快的惯例，那么他的这首《致乌拉妮亚》也不过就是一首社交应酬之作。伏尔泰的意图是很严肃的，倒不在于与吕佩尔蒙德夫人交往，而在于公开嘲笑信奉一个残忍上帝的宗教。作者自比为一个新的卢克莱修，要撕下那个宗教的面具，暴露其神圣名义下的谎言，教导他的读者驱散坟墓（死亡）的恐怖和来世的恐怖：

> 迷人的乌拉妮亚，你希望我
> 遵照你的吩咐，成为新的卢克莱修
> 在你面前，举起勇敢的手
> 扯去宗教头上的束带；
> 在你眼前暴露那神圣谎言
> 肆虐大地的危险画面

---

* 乌拉妮亚是希腊神话中掌管天文的缪斯女神。伏尔泰在这首诗中将吕佩尔蒙德夫人比作乌拉妮亚。

> 最后让哲学
>
> 教导你去藐视坟墓的恐怖
>
> 还有那来世的恐怖。[1]

　　这里摆出的是一副文学姿态，但重要的是，伏尔泰竟然会选择这个榜样。我们在他的文字里不会读出其他意思：正是伏尔泰本人以现代卢克莱修自居，在与之交往的女士面前高视阔步，借哲学之助，大胆地揭去宗教的面具。

　　当然，18世纪的基督徒也把卢克莱修当作活人来与之战斗。在18世纪上半叶，枢机主教波利尼亚克本身是一位学养深厚的古典学者，他认为有必要对卢克莱修大张挞伐，就用拉丁文写了一首冗长的教化诗来批驳《物性论》。耶稣会的《特雷武月刊》一向文雅大度，对古典著作特别礼遇，但也拿出版面来谴责卢克莱修亵渎神灵的思想。当拉格朗日的译本面世时，格里姆在他的《文学通讯》中报道说，它被公认为启蒙哲人"偏爱的摧毁宗教的事业"中的一部分。[2]霍尔巴赫的《自然的体系》于1770年8月遭到巴黎高等法院的谴责，说这本书"复活"和"扩展"了"卢克莱修的体系"。[3]这一切表明，启蒙哲人不可能独自夸大古代对现代的影响。伏尔泰以他惯常的欢快笔调，总结了启蒙运动的态度："卢克莱修写的绪论、他的描述、他的伦理观点、他为了反对迷信而说的一切，这一切都令人击案称绝。'宗教所能促成的邪恶竟如此之大'，这个佳句将会与世长存。如果他不是像其他人那样成为一个物理学家，那么他就会成为一个神学家。"[4]年轻时期的伏尔泰和成熟时期的霍尔巴赫都受到思想深邃的伊壁鸠鲁的启发，休谟临终前还对他念念不忘。[5]

1　艾拉·韦德编，伏尔泰：《致乌拉妮亚》(Voltaire, *Épitre à Uranie*, ed. Ira O. Wade)，1932年，第1105行。

2　格里姆：《文学通讯》，第8卷，第152页。

3　古斯塔夫·霍克：《卢克莱修在法国：从文艺复兴到大革命时期》(Gustav R. Hocke, *Lukrez in Frankreich von der Renaissance bis zur Revolution*)，1935年，第155页。

4　伏尔泰：《美米乌斯给西塞罗的信》，《全集》(Voltaire, *Lettres de Memmius à Cicéron, Œuvres*)，第28卷，第439页。

5　也有一些启蒙哲人认为卢克莱修仅仅是一个诗人，或者是一种经不起推敲的自然哲学的代表人物。杰斐逊就持这种观点，尽管他个人拥有的《物性论》多达8本。

如果说卢克莱修给启蒙哲人提供了激昂的口号和一种态度，那么他们真正的宠儿西塞罗给他们提供的更多：提供了一套哲学。孟德斯鸠盛赞西塞罗，说他是古代最高贵的人，是孟德斯鸠本人最想仿效的人。孟德斯鸠发表这番宏论时还很年轻，但是他对西塞罗的偏爱终生没有改变。狄德罗说西塞罗是"一个雄辩而爱国的奇才"。[1]休谟非常熟悉哲学史，因此对当代的哲学潮流十分敏感。他指出："西塞罗的声名现在正如日中天，而亚里士多德的声名则完全式微了"[2]——休谟看来并不喜欢这种状况。

西塞罗在启蒙运动时期的声望是我们今天难以体会的。没有什么比这更能表明我们与18世纪的距离。对于我们而言，往好里说，西塞罗是一个有意思的政治家，还是某种拉丁文体的大师；往坏里说，他是一个令人讨厌的家伙，或者，很多人根本不知道他。18世纪的情况则迥然不同。正如当时的著名小说《项狄传》所反映的，甚至一般受过良好教育的人都称他"塔利"。休谟从他那里汲取思想，其他人也都反复阅读他的作品。科尼尔斯·米德尔顿的颂扬之作《西塞罗传》于1741年面世，该书部头较大且价格不菲，但销售情况很好。贺拉斯·沃波尔向一个朋友坦承："我有点急不可耐地想看到米德尔顿博士笔下的塔利，因为我读过手稿中最精彩的部分。这也就是为什么我特别急切地想读到其余部分。如果塔利还能得到更多的荣耀，那么米德尔顿博士最有可能提供给他。"[3]吉本对这部传记的称赞则有些勉强。在第一次读到这本书后，他对它的欣赏"超过了它的真实价值"。[4]他的保留意见听起来也是合理的：米德尔顿借用其他人的东西太多了，超出了那个大度的时代的通常做法。不过，吉本对米德尔顿的批评是他的做法，而不是他的题材：只要是写塔利，多多益善。

1　狄德罗致法尔科内，1766年9月，《通信集》，第6卷，第297页。
2　休谟：《人类理解研究》，《著作集》（David Hume, *Enquiry Concerning Human Understanding, Works*），第4卷，第5页。
3　沃波尔致亨利·西摩·康韦，1741年3月25日，《书信集》，第1卷，第96页。
4　吉本：《自传》，第99页。（中译本，第71页。——译者注）

　　与此同时，如果根据伏尔泰谈及他所钟爱的这位罗马人时的说法来判断，那么当时至少有一种危险的倾向，即西塞罗会沦为一个学院里的古董——备受崇敬，常被提及，但无人阅读。为了避免这种危险，伏尔泰在1749年写了剧本《得救的罗马，或喀提林》。他的一个秘而不宣的动机是，消解克雷比永*写的关于喀提林阴谋**的悲剧；另一个公开宣布的动机是，写一部没有爱情宣言的戏剧。但是他的核心动机是想让公众记得一位古人，"让进入剧场的年轻人来熟悉西塞罗"。在1750年的几次私人演出中，作者亲自扮演西塞罗的角色。他热烈奔放，让兴奋的观众觉得自己亲睹了那位伟大的演说家本人。伏尔泰在剧本的前言里列举了西塞罗的功名：他是优秀的将领，精通希腊思想的大师，"最伟大也最雄辩的罗马哲学家"，无可比拟的通俗作家，杰出的诗人，真诚的朋友和高尚的伙伴，称职的总督和刚正的公仆。最令人惊讶的是，"他一生处于动荡不安的时局，自己也逐渐卷入国家事务"，他却有时间阅读和撰写如此之多的哲学著作。[1]伏尔泰的说法并不准确，错把西塞罗本人的愿望当作了他的实际情况，但是伏尔泰的误读却揭示了启蒙哲人心目中哲学家应有的形象：行动的思想家。

　　《得救的罗马》在政治观念上有些混乱，考虑到伏尔泰对政治问题一贯观点明晰，这个缺憾就更明显了。这部剧作对人民主权和个人独裁，对法治和无法无天不分轩轾，统统赞颂。但是，首先，伏尔泰笔下的主人公绝非天真幼稚之人。这个戏的结尾是一段带有不祥之兆的演讲，表达了西塞罗心中的疑问：此时的恺撒气度非凡、德才兼备，但是他以后能否抵御绝对权力的诱惑？其次，这不是一部政治戏，而是一部道德戏。西塞罗代表了身为公仆的哲学家形象；通过一种近乎情节剧的质朴方式，西塞罗体现了正直尽责的公民品质，以及古代哲学中最不易说明的理想——人文主义。

107

---

* 克雷比永 (Prosper Jolyot de Crébillon, 1674–1762)，法国诗人和悲剧作家。
** 喀提林阴谋：公元前63年，著名将领喀提林阴谋夺权，被执政官西塞罗用强硬手段粉碎。
1 伏尔泰：《全集》，第5卷，第205—206页。参见本书第176—177页。

人文精神（*humanitas*）的理想最初由以西庇阿*为首的哲学圈子带进罗马，然后被西塞罗发扬光大。在西塞罗看来，人文精神是一种思想风格，而不是一种教义。它肯定能够控制自身道德世界的、有教养的人的重要性。奉行人文主义的人相信自身的价值，也能以礼待人，行为举止自尊得体，并积极承担政治角色。此外，作为一个人，他以无畏的怀疑精神直面生活：他知道，大众宗教是用来抚慰那些比他更容易轻信的人，人生是无常的，固执的悲观主义优于自欺的乐观主义。人之所以成为人，是因为他能够自我修炼；他甚至能够成为神："凡能助人者，就是神"（*Deus est mortali iuvare mortalem*）——这是普林尼译自一位希腊斯多葛主义者的话。[1]最后，奉行人文主义的人会聆听自己的理性，培养自己的审美感受能力。西塞罗写道："与缪斯同在，就是与人文精神和学问打交道。"（*Cum musis, id est, cum humanitate et cum doctrina habere commercium*）[2]西塞罗强调，德行不是别的什么，就是达到完善，进入最高境界的自然。因此，人和神有相似之处（*Est autem virtus nihil aliud quam in se perfecta et ad summum perducta nature; est igitur homini cum deo similitudo*）。作为现代人文主义者，霍尔巴赫赞许并引用西塞罗的这句名言；作为坚定的无神论者，他省略了其中提到神的半句。[3]在启蒙运动时期，至少对于一些启蒙哲人来说，人文主义既是无神论的基础，也是它的果实。

无论在第一个批判时代，还是在第二个批判时代，西塞罗的人文精神都有拥护者。公元1世纪在塞涅卡那里可以看到这种人文精神的再现。在哀叹罗马的残忍野蛮之时，塞涅卡宣称："人本身对于人来说是神圣之物"（*homo res sacra homini*）；18世纪在康德和伏尔泰那里再次看到这种人文精神的重申。康德呼唤人的自律；伏尔泰则厉声训导："不要忘记你作为

---

* 西庇阿（Scipio Africanus，公元前236年—前183年），又称老西庇阿，曾任罗马共和国统帅。"阿非利加努斯"意为"非洲征服者"。

1　吉尔伯特·默里：《斯多葛派、基督徒和人文主义者》（Gilbert Murray, *Stoic, Christian and Humanist*），1950年，第107页。

2　西塞罗：《图斯库勒论辩》（Cicero, *Tusculan Disputations*），第5卷，第66页。

3　西塞罗：《论法律》（Cicero, *De legibus*），第1卷，第8章，第25句；霍尔巴赫：《自然的体系》（Holbach, *Systême de la nature*），1770年，第1章，第5页脚注。

人的尊严。"[1] 马可·奥勒留皇帝在《沉思录》一开始就开列了一份真正的道德清单：谦逊、自制、刚毅、慈悲、务实、慷慨、理性、宽容以及知天乐命。[2] 这些合在一起就组成了西塞罗称之为人文精神的美德，也是后来启蒙哲人的修养目标。

在喀提林阴谋之后的几十年里，西塞罗有充分的机会来展示这些品德。当时，罗马的共和体制深受内战的摧残而岌岌可危。粗野的煽动，豪门之间的恶斗，"贵族统治"和"民主"之间的政策大摇摆，随时发生军事政变的危机，这一切都暴露了共和体制的缺陷。卡图卢斯和卢克莱修都死于公元前50几年，但西塞罗活过了恺撒的独裁统治。他有时极度绝望，有时振作精神，纵横捭阖。当尤利乌斯·恺撒这位时代风云人物已经主宰了国家时，西塞罗还在徒劳地维护和美化行将就木的政治体系。在这个风雨如晦的时代，他完成了自己的全部哲学著述，最重要的是《论神性》《论占卜》和《论义务》。对于塑造启蒙运动的精神世界，这3本书的作用超过了其他所有古代思想的成果。伏尔泰认为《论神性》"或许是古代最杰出的著作"；惟一可以与之相媲美的是西塞罗的《论义务》。[3] 启蒙哲人们罕见地一致赞成伏尔泰的看法，并且认同狄德罗对西塞罗的评价：他确实"在罗马哲学家中首屈一指"。[4]

109

3

启蒙哲人满怀改革热情，但并未因此影响他们对整体罗马文学的爱好。诚然，他们常常把文学作品用于非文学的用途——大部分罗马作家都有精彩的言论，可以用来打击"败类"。因此，启蒙运动时期人们心目中的罗马并不等同于我们说的罗马启蒙运动。有些罗马作家对于18世纪的意

---

1 塞涅卡：《道德书信》(Seneca, *Epistulae morals*)，第90封，第33句。伏尔泰："坏"辞条，《哲学辞典》(Voltaire, "Evil", *Philosophical Dictionary*)，第2卷，第378页。
2 这个斯多葛派的清单也包括其他因素，如"虔敬"。当然启蒙哲人对此不太考虑。
3 伏尔泰："世界末日"，《关于百科全书的问题》，《全集》(Voltaire, "Fin du monde", *Questions sur l'Encyclopédie, Œuvres*)，第19卷，第142页。
4 狄德罗：《论克劳狄和尼禄的统治》，《全集》，第3卷，第18页。

义和影响，常常与他们在自己时代的意义大不相同。但是，总体上看，这里也有一个明显的汇聚现象：与启蒙哲人最相关的罗马作家都生活在古人自己认定的拉丁文学辉煌时期，即公元前1世纪中叶到公元2世纪中叶这两个世纪，大体上从卡图卢斯到马可·奥勒留。

110 卡图卢斯不是最早把亚历山大时代的典范用于拉丁语境的人，但他做得最成功。"亚历山大风格"现在已经成为表示滥用的口头语，形容表面文雅却空洞纤弱的文学——常常用来指无病呻吟、小题大做。这样说未免太苛刻了，但是亚历山大时代的诗人无论有多少优点，拉丁世界的文人都必须先起来反抗他们的诗歌教师，然后才能找到他们自己特有的风格。他们的革命（与启蒙哲人的革命一样）远没有他们想像的那样彻底。亚历山大风格的残存物在他们的诗作里从来没有消失。此外，与启蒙哲人一样，他们不会否定全部传统，而是用更老的传统来反对更近的传统：古希腊诗歌的格律和题材始终在他们的作品中发出回响。卡图卢斯是一群吃喝玩乐的年轻诗人中的一个。他既传统又叛逆，但是他能出色地使用拉丁口语，加上他热情奔放，还有一双灵敏的耳朵，因此能写出带有个人强烈情感的吟诵爱恨情仇的诗歌，使这些诗歌具有他个人的明确印记。休谟指出："卡图卢斯的每一行诗、每一个词都字字珠玑；我每次读都不会生厌。"[1]

卡图卢斯死于公元前54年，卢克莱修早他一年辞世。西塞罗在大约十年后发表了那些名闻遐迩的哲学对话。公元前44年恺撒被暗杀后不久，西塞罗在遭到放逐时被杀害。然后是十几年的内战，最后结束于奥古斯都皇帝上台。后者以恢复共和体制的名义建立帝国。他在位期间是诗歌散文的繁荣时期。对启蒙哲人而言，就像对此前的许多人而言，或者对此后的少数人而言，奥古斯都的统治乃是真正的黄金时代——至少在文学方面如此——他们对奥古斯都时代作家的喜爱超过了对其他时代作家的喜爱。他们在引用时也没有那么计较——我能否说，他们在引用时更少政治色彩？他们读奥维德，因为他轻松活泼；他们读李维，因为他讲述神话故事；他们

---

1 休谟：《论文章的简朴与繁复》，《著作集》（David Hume, "Of Simplicity and Refinement in Writing", *Works*），第3卷，第243页。

读维吉尔，因为他的作品有音乐感；他们读贺拉斯，因为他老于世故。

奥古斯都死于公元14年。由他以旧体制的名义创建的新体制也就开始进入一个漫长的考验期。接下来几个古怪的皇帝好像是从某个恐怖的哥特传奇中蹦出来，跳进历史的。他们胡作非为，但是没有从根本上改变狡猾的开国皇帝奠定的权力和政策格局。在克劳狄和弗拉维两个王朝戏剧性地表演之后，涅尔瓦于公元96年被选为皇帝，此时的帝国依然完整无缺。一个社会的历史（正如18世纪的历史学家发现的）并不仅仅是其统治者的历史。当某个卡里古拉随意杀戮或某个尼禄丑态百出时，精明的文官和可靠的武将在巩固和保卫罗马帝国的疆域。在这段岁月，罗马不仅有梅萨利娜*，也有弗龙蒂努斯和阿格里科拉**。弗龙蒂努斯是精明强干的总督和工程师，他写的兵书传世久远，后来还被启蒙哲人引用。阿格里科拉接替弗龙蒂努斯担任不列颠总督，他的辉煌生涯被他的女婿塔西佗记录下来，流芳百世。这个时期，获得自由的奴隶开始崛起，妇女的独立性也越来越大。这两件事无疑都有一些负面的情况。反动的讽刺作家破口大骂，指斥这两件事是滔天罪孽，但实际上，前者构成了高效率的帝国官僚队伍的核心，后者则可喜地表明，罗马的风俗正在适应世界帝国的重任。正如一贯精明的吉本指出的，至少在这个时期，罗马的弊病都是表面上的："反对卡里古拉、尼禄和图密善的阴谋家们……攻击的是暴君个人，而没有想打击皇帝的权威"。[1]而由军队和官僚体系体现的这种权威乃是这新公共秩序的基础。

尽管这些皇帝的胡作非为——被苏埃托尼乌斯***和塔西佗载入史册——没有毁掉这个国家，但当时的杰出作家们就很不走运了。在奥古斯都的统治下，言论自由已经大大受限，在他死后的几十年间就几乎完全受

111

---

* 梅萨利娜（Messalina,?–48），罗马皇帝克劳狄的第三个妻子。。

** 弗龙蒂努斯（Sextus Julius Frontinus，约40—103），曾任罗马帝国不列颠总督，还曾主持水利工程。阿格里科拉（Gnaeus Julius Agricola，40–93），罗马帝国将军。

*** 苏埃托尼乌斯（Gaius Suetonius Tranquillus，约70—约160），著有《罗马十二帝王传》。

1 吉本：《罗马帝国衰亡史》，第11卷，第71页。

到查禁。造成这种衰落，既有制度上的原因，也有个人因素。内战造成无政府状态，给演说家提供了绝好的机会。他们在元老院或宫廷里发表长篇大论，大肆攻击诽谤，要么中伤人品，要么揭发阴谋，极力耸人听闻。但是，即便是在后三头执政时期，在屋大维自封恺撒·奥古斯都之前，人们都很明白，要想获得和平，就必须支持政府，否则就闭嘴。如果说除了那些伟大的奥古斯都时代的文人外，当时还有一些有才华的作家，那么顺从者就会被梅赛纳斯*网罗到门下，不顺从者就会被奥古斯都驱逐流放。从发轫之初，帝国就学会制造统一的舆论，聪明人只能退缩到私人领域里。

112

在奥古斯都的统治下，这一切至少做得还比较合乎情理；到了他的后继者那里，情况就变得不可理喻了。这个时期最著名的哲学家塞涅卡差点被卡里古拉处死，在克劳狄统治时期侥幸保住性命，在尼禄统治时，先后成为尼禄的老师、顾问和牺牲品，最终遵从皇帝的命令割腕自尽。塞涅卡生前曾经设法成为罗马的富豪之一，由此表明财富与斯多葛主义并非始终水火不容。他创作的那些希腊题材的血腥悲剧，对英国伊丽莎白时代和法国新古典主义时期的戏剧产生深刻影响。他的论文和书信谆谆不倦，温柔敦厚，略带感伤，先是被早期的基督徒奉为至宝，后来则被启蒙运动收为己有。狄德罗的伦理学和卢梭的教育学都大大受益于塞涅卡。塞涅卡的侄子卢坎**与伯父一样死于尼禄的命令，当时他尚未完成描写罗马内战的长篇史诗《法沙利亚》。这是一部十分奇妙的作品：文字热烈而警句迭出，故事夸张而神奇，还大胆地省略传统的显灵神迹——这一切都使得评论者从来都意见纷纭。伏尔泰在《论史诗》中把卢坎奉为原创性的天才，无论其优点还是缺点，都出自他本人。[1]马蒙泰尔意识到卢坎的激昂狂野，在18世纪60年代初曾反复考虑，想用铿锵有力的散文体把《法沙利亚》译成法文。但是，马蒙泰尔和伏尔泰都讲得很清楚，这部史诗吸引他们的不仅仅是它的音乐性。它是一部伟大的悲怆之作，是对维吉尔的挑战，是独具一

---

* 梅赛纳斯（Gaius Cilnius Maecenas，公元前70年—？前8年），屋大维的亲信和高参，是当时一批诗人的庇护人。

** 卢坎，又译：卢卡努斯（Marcus Annaeus Lucanus，39-65），古罗马诗人。

1 伏尔泰：《全集》，第8卷，第326页。

格的抗议诗。此外，它还是一部无畏的共和主义诗作。就在尼禄的眼皮底下，而且在他疯狂的专制统治阶段，这首史诗敢于赞颂失败的加图和庞培。伏尔泰指出："在卢坎的夸张文字里包含着大胆刚毅的思想"。[1]伏尔泰实际上认为，卢坎具有"崇高的哲学勇气"，在古代独树一帜。[2]这里的评价主要不是针对卢坎的共和主义，而是针对他直言不讳的泛神论思想。马蒙泰尔则暗示，可以根据卢坎的政治观念做出一些更有深远意义的概括："这个大胆的才子觉得，所有的人都天经地义地热爱自由，痛恨破坏自由的人，赞美捍卫自由的人。他是在为千秋万代写作。"[3]任何像卢坎那样的作家"在尼禄之类的暴君统治下，都可能英年早逝"。[4]

　　实际上，尼禄还害死了另一位才华横溢的文人。他就是佩特罗尼乌斯。[*]他的《萨蒂利孔》是部描写一对同性恋流浪汉的漫游传奇。作品充满机智、创意、清醒的智慧，书面语和口语都运用自如。由于时代过于久远，或者由于修道院誊抄者过于懒惰，我们只能看到一个残缺的章节，真令人痛惜。如果把零碎的资料拼凑起来，大概可以知道，佩特罗尼乌斯对城镇生活冷嘲热讽，出任外省总督时勤勉尽职，他还深谙达官贵人的种种恶行，记载了他们的腐败堕落，自己却出淤泥而不染。他一度是尼禄的密友，好像是得罪了皇帝而被迫自杀。这似乎是当时正派文人的惟一结局。佩尔西乌斯[**]可能是惟一没有像他的朋友们那样英年早逝的，他于公元62年死于胃病。他写的带有斯多葛哲学意味的晦涩的讽刺诗，可能除了狄德罗外，很难被现代读者领会。

　　公元69年尼禄遭暗杀身亡，文人有望多活些年了，但是艰难世事并没有结束。图密善是弗拉维王朝最后一个也是最喜怒无常的皇帝。他对文学有点兴趣，也赞助了一些最重要的作家，但是到统治末期，他把哲学家

---

[*] 佩特罗尼乌斯 (Gaius Petronius Arbiter,?–66)，罗马官员，作家。
[**] 佩尔西乌斯 (Aulus Persius Flaccus,34–62)，罗马诗人，讽刺作家。
1　伏尔泰：《全集》，第8卷，第326页。
2　伏尔泰：《"史诗"，关于百科全书的问题》，《全集》（Voltaire, "*Épopée*", *Questions sur l'Encyclopédie, Œuvres*），第18卷，第572页。
3　瓦尔特·菲施利：《论卢坎〈法沙利亚〉的流传》（Walter Fischli, *Studien zum Fortleben der Pharsalia des M. Annaeus Lucanus*），1943年，第86页。
4　马蒙泰尔为卢坎《法沙利亚》写的前言，《全集》，1818—1820年，第11卷，第47页。

赶出罗马,给作家罗织罪名加以杀戮。塔西佗后来也承认,弗拉维王朝那几十年也并非一片荒芜,但是这个时期的作品最值得注意之处,不在于表达了什么,而在于回避了什么。昆体良*有出众的职业生涯,做过修辞学的教授,也当选过执政官。他可以说是文艺复兴时期几代修辞学者的先辈导师。但是,他的《演说术原理》是一部无懈可击的西塞罗风格的论著,内容涉及教育、雄辩术和语法,与政治毫无牵扯。吉本称昆体良为"明智的批评家"[1],这虽然是赞扬之词,但是"明智"也可以读解为小心翼翼避免冒险。昆体良在惋惜修辞学的衰落,警告不要滥用修辞时——在一个文明社会里,如果演说不是一种奢侈而是一种必需的话,这些论题虽然是老生常谈,但也合乎时宜——他的角度是美学和技术层面的。《演说术原理》充溢着有益的建议、广博的学识和聪明的批评,但是它始终是一部私人世界里的私人著作。与之类似,诗人斯塔提乌斯**在古代史诗的众多题材之间游弋,从而获得双重的安全,一方面它们避开了当下的问题,另一方面它们也是图密善喜爱的诗歌形式。评论者说他热情奔放,但他的诗不免有浮华和冗长之弊。

无论就个性还是就当时的影响而言,有一个人比斯塔提乌斯更有意思。这就是同时代的对手马提雅尔。他的机智对蒲柏、莱辛和伏尔泰产生了深刻影响。马提雅尔的风格是一种几乎不讲究修辞的修辞,这反映了他的信念:人类的正当研究对象是人。

> 没有半人半马,没有蛇发女怪,没有鸟身女妖,
> 我们的书页散发着人的气味。[2]

他是一个出色的记录者,记录了他自己,也记录了当时的文化,但二者都无法令人愉悦。马提雅尔是一个色情贩子,懂得如何给大众提供他

---

* 昆体良 (Marcus Fabius Quintilianus,约35—约95),罗马教育家。
** 斯塔提乌斯 (Publius Papinius Statius 约45—约96),罗马诗人。
1 吉本:《罗马帝国衰亡史》,第5卷,第455页脚注。
2 马提雅尔:《格言集》(Martial, *Epigrams*),第10卷,第4章,第9—10页。

们追求的淫荡享乐；他是一个寄生虫，时时盘算着如何靠别人养活自己写诗；他还是一个谄媚者，精心渲染贵族恩主的美德，极其夸张地编织皇帝图密善的美德。但是，那种赤裸裸的流氓气，尤其是在他才华展露之时，常常让人失去防备：你本来想到的是马提雅尔和他的时代沆瀣一气，此时则变成欣赏他的机智，并为那个政权迫使他浪费才华而感伤。很久以来，马提雅尔的作品常常因过于露骨而遭到删减，但更意味深长的是他的被保留作品。他的《格言集》里只要是没有淫秽成分的，都在宣讲道德，但是它们针对的目标则是在任何时代都很安全的嘲弄对象：无聊的人、蓝袜子（女学究）、投机钻营者、老处女、职业食客以及庸医。庸医是最搞笑也最无妨的讽刺对象。将近两千年后，启蒙哲人已经不像他那样小心翼翼，但依然在讲他的那些笑话。马提雅尔用自己的才华和谨言慎行证明，克劳狄王朝和弗拉维王朝的那数十年是第一个批判时代的余绪——有点像腓特烈大帝时期的普鲁士；莱辛曾嘲讽地指出，此时的普鲁士是一个自由的国家：谁都可以开教士的玩笑。

　　弗拉维王朝的恐怖统治到公元96年因图密善被暗杀而戛然终止，同时罗马启蒙运动最后一代人也同样突然地发出了自己的声音。这是异教精神在被基督教、蛮族以及自身的疲惫打败之前最后一次光荣的绽放。吉本为这个时期写下了一些赞美的词句：

　　　　如果让一个人说出，在世界历史的什么时代人类过着最为幸福、繁荣的生活，他定会毫不犹豫地说，那是从图密善去世到康茂德继位的那段时间。那时广袤的罗马帝国处于绝对权力的统治之下，受到美德和智慧的指引。接连四代在为人和权威方面普遍受到尊重的皇帝坚决而温和地控制着所有的军队。涅尔瓦、图拉真、哈德良和两位安东尼全都喜爱自由生活的景象，并愿意把自己看成是负责的执法者，因而一直小心地保持着文官政府的形式。[1]

1　吉本：《罗马帝国衰亡史》，第1卷，第78页。

尽管这些伟大皇帝的庄重与精干并没有相应地产生出众多优秀的文学和哲学作品，但是还是有少数作家令人印象深刻，他们的作品在启蒙哲人的著述中也有反响。首先是小普林尼。他想用平庸的拉丁诗作和演讲来追求不朽的声名，没想到却以写给私人和公众的书信而闻名后世。这些书信注重细节描写并且有意识地攀附权贵，在18世纪引起了历史学家的重视和书信体作家的模仿。另一位是他的同时代人苏埃托尼乌斯。他的著作一直引起后世读者的兴趣，但也遭到一些质疑：虽然他是一个能干的记录者，善于精细地捕捉一些惊人的轶事，但是伏尔泰（主要喜欢关于苏埃托尼乌斯本人的轶事）警告说，苏埃托尼乌斯有时破坏了本来值得维护的名人声誉。

虽说苏埃托尼乌斯具有破坏性，但是在塔西佗和朱文纳尔面前，他就黯然失色了。那二位是罗马启蒙运动消退时期最有才华也最令人困惑的文人。两人处理类似的题材，也都怀有相同的激愤之情，追求相同的道德目的。但是他们也有很大的差异——他们有各自行当的写作技巧，他们还有各自不同的个性。朱文纳尔以抨击时弊为乐，作为一个绝佳的讽刺作家，必须用夸张的手法来揭示某种真实。塔西佗作为一个称职的历史学家，显然能够克制自己的情感，用精确的方式来讲述另一种真实。二者的作品都具有可读性，但是作为罗马实际情况的见证，历史学家比讽刺作家更值得信赖——我认为，理应如此，事实上也如此。

在18世纪，朱文纳尔的《讽刺诗》被人们广泛引用和仿效。人们欣赏朱文纳尔本人妙语连珠的才华和他享有的批判自由。但是，如果朱文纳尔笔下的罗马就是罗马的全貌，那么帝国就该提前三百年崩溃了。他的描述是漫画式的：他的诗写的大多是传统题材，而他的观察则被强烈的偏见扭曲。朱文纳尔心中萦绕着浓重的怀旧情绪，极力宣扬乡村的质朴和古人的坚韧。著名的《第三讽刺诗》是对城市生活的粗野诽谤，是维吉尔《农事诗》的刻薄版。第六首最长也最著名，同时也最激愤。作者用最放肆的污言秽语攻击新女性，恶毒地把追求文雅的女性与谋杀亲夫的淫妇相提并论。在另外几首讽刺诗里，他为旧罗马的消失而痛心疾首。他慷

慨激昂地问道，那些朴实坚毅的农夫和那些战死沙场的勇敢士兵，若是面
对帝国的腐败，面对东方人、脂粉气的变态者和傲慢时髦女人的涌入，会
说什么呢？

　　朱文纳尔的愤怒呐喊颇能吸引读者。但是，读了以后会大快人心，却
不可能没有疑问。这些作品是伟大的文学，也是社会史的素材，但是不应
该被当作历史本身。讽刺作家不用信誓旦旦，而历史学家则必须作出保
证。即便罗马历史学家把自己的行当看成是修辞学的姊妹，常常重视雄辩
的效果而轻视不偏不倚的分析，但是他们也把大部分精力用于追求真实。
塔西佗本人也是杰出的演说家，但是关于他有一个传世的说法，宣称他尽
力"不怒不偏"（sine ira et studio）地撰写历史。

　　那些称赞塔西佗的同时代人了解最近发生的事情，能够揪出他的一些
错误。那些敬仰塔西佗的后人已经置身事外，也会讨厌他的一些偏见。不
过他们的态度表明，总体上看，塔西佗成功地完成了自己提出的严厉要求：
拒绝靠谄媚暴君而一夜走红，也拒绝靠攻击谩骂而哗众取宠——那些诽谤
者狡诈地做出一副独立不羁的样子。那些有学识的启蒙哲人接受塔西佗
对时代的评价：塔西佗是孟德斯鸠《罗马盛衰原因论》中有关帝国情况的
最重要的资料来源；狄德罗在研究塞涅卡时也把塔西佗的《历史》和《编
年史》作为主要的甚至惟一的依据；休谟毫不夸大地把塔西佗称作"那位
杰出的历史学家"，说他素以"坦白和忠实"见称，实际上"他或许是一切
古人中最伟大、最敏锐的天才"。[1]至于吉本，苏珊·屈尔邵[*]——少女时代
曾与吉本有过恋情，但吉本用情不深且断然放弃——很聪明地察觉到，塔
西佗是《罗马帝国衰亡史》许多内容的"摹本，或许可以说是来源"。[2]

　　在这个颂歌大合唱之外有一位最引人注目的异议者。这就是伏尔泰。
尽管他持悲观主义立场，但是他对人性还是满怀信心，因此把塔西佗视为

---

[*]　苏珊·屈尔邵（Suzanne Curchod, 1737–1794），法国沙龙女主人，丈夫内克是瑞士银行家，曾出任法国
　　财政大臣，女儿是著名的斯塔尔夫人。
1　休谟：《人类理解研究》，《著作集》，第4卷，第100页。（中译本《人类理解研究》，关文运译，北京，商务
　　印书馆，1997年，第109页。——译者注）
2　参见G. M. 扬格：《吉本》（G. M. Young, Gibbon），1932年，第133页。详见本书第143—146页。

人类的诋毁者，一个有才华的狂热分子，他只是碰巧成为一个伟大的作
118 家。伏尔泰写道，塔西佗的史学著述有悖于我们关于人类的知识；由于帝
国早期的证据比较匮乏，我们只能根据概率来作出判断。塔西佗的那些报
道，尤其是关于提比略的报道，不太可信，因为"它们太侮辱人性了"。[1]我
们都清楚，这个观点站不住脚。人是能够做出塔西佗报道的所有那些坏事
的，而且还有过之而无不及。不过，伏尔泰的这个错误与他的多数错误一
样，对我们还是有某种教育意义的：他针对的不是对事实的歪曲，而是弥
漫于塔西佗史著中的那种微妙扭曲的语调。那是一种庄严而又极度阴郁
的语调。诚然，这种语调适合于描写一个恐怖的时代，但是不太适合表现
人们的庄敬自强而更适合表现人们的欺诈和残忍，非常适合表现好人如何
成为坏人的牺牲品。

弗拉维王朝的阴森时代给后来安东尼王朝更光明的时代也蒙上了阴
影，也使罗马启蒙运动最后一代人染上一种愤懑、悲观和懊恼的情绪——
18世纪的启蒙运动幸好只是偶尔带有这种情绪。在公元2世纪的进程中，
愤懑逐渐平息，但沉浸于过去的懊恼吞噬了创造力，哲学和诗歌处处弥漫
着悲观的气息。这个时代是吉本挑选出来的最幸福、最繁荣的时代，给我
们提供的却是令人感伤的证据：自由和安全是使艺术焕发活力的有利条
件，但是仅有这些条件并不能保证艺术焕发活力。在安东尼王朝统治下，
政治稳定与文化疲软结伴而行。

这种无精打采，这种逐渐从思想回归神话、从独立回归怀旧的不可挽
回的变化，并非刚刚出现。这种"英雄气短"（吉尔伯特·默里的说法）的
症状早在共和体制末期就已初现端倪了。到公元2世纪，这些症状已赫
然在目，且处处可见：帝国里麇集了形形色色的东方迷信和故弄玄虚的秘
教；一般民众乃至受过教育的人都被一种罪孽感搅得心神不宁，只能指望
着不可思议的力量。人们日益渴望长生不死，担心恶魔作祟，对宗教的兴
趣从知识探索转为对拯救的凄惨盼望。于是，对于罗马帝国的这个现实世

---

1 伏尔泰："历史上的皮浪主义"，《全集》(Voltaire, "Pyrrhonisme de l'histoire", Œuvres)，第27卷，第
256—261页。

界来说,伟大的哲学家们提供的传统选项——理性、尽责和自律的生活,不依赖神话而独立自由的生活——看来是过于挣扎了,或者说是太可怕了。罗马帝国已经处处出现严重的社会脱序,人们的地方忠诚已经丧失,花天酒地与饥寒交迫形成强烈的对比,或许最糟糕的是,少数精英与一般大众彻底隔绝——在精英眼中,大众的信仰粗鄙可笑,行为粗鲁野蛮,如同儿童一样地依赖非理性力量。哲学家不愿屈尊去教育这些盲目的信众,总有一天这些盲目的信众会压倒哲学家。

与其他所有的概括一样,这个概括太简单,不足以说明公元2、3世纪有教养阶层"英雄气短"的现象。还是有许多成就和一些精彩思想留给了后世。一些哲学家高傲地抵制了文化领域的野蛮化和对他们理性主义遗产的稀释。但是,也有一些人把自己的哲学变成权威主义的教条或痴狂的体验,旨在获得确证和拯救,而不是为了寻求知性的澄明和继续追问的机会。或许,宗教和哲学混合在一起,这才是最危险的症状。

启蒙哲人研究了这种批判思维的衰落,有些懊恼,但并不惊讶。在他们看来,在那样一个时代,把思想从神话中抽离出来的过程如此艰难而又如此不彻底,不可避免会有那样的结局。对他们而言,罗马帝国的衰亡乃是一个政治和道德的问题。孟德斯鸠认为,国家的疆域过于广大是其最终崩溃的主要原因。威廉·罗伯逊把原因归结为政治自由丧失,过分依赖军队里低劣的外省人和蛮族,国家领导人追求奢华和东方淫逸而丧失军人气质。[1]吉本则用长期和平的安逸惰怠、古老家族的衰落和传统公共精神的消失来解释帝国为什么情愿接受基督教的传播,为什么无力抵御蛮族的入侵。吉本还敏锐地看到另外一点:对古人的顶礼膜拜。"诗人的名字几乎已完全被遗忘;雄辩家的地位被诡辩家占据。由批评家、编纂家和评论家掀起的乌云遮住了真正学识的光辉,紧随着天才的没落而来的便自然是日

---

1 罗伯逊:"欧洲社会的进步一瞥",《皇帝查理五世统治的历史》,《著作集》(William Robertson, "A View of the Progress of Society in Europe", *The History of the Reign of The Emperor Charles V, Works*),1820年,第4卷,第7—10页。

趋低下的趣味。"[1]吉本使用的是排比句，但并不因此而减损其史实价值：公元2世纪的流行趣味完全拜倒在希腊典范的脚下，受过教育的罗马人如同18世纪的温克尔曼，对古迹废墟趋之若鹜。这种盲目的尚古主义与其说是导致罗马人走向穷途末路和妄自菲薄的原因，不如说是其症状。这与贺拉斯等奥古斯都时代的文人或18世纪的启蒙哲人怀着健康心态对希腊的赞美不可同日而语。

重要的是，这个时期的一些优秀作家促成了希腊文化的复兴。不能简单地说，他们能够这样做是因为他们出自罗马帝国的希腊部分，因为若是生活在奥古斯都时代，他们大概会乐于学习用维吉尔和贺拉斯的语言（指拉丁文）来表达自己。启蒙哲人称赞他们是那个模仿时代的孤独巨匠，甚至不吝使用溢美之词。普鲁塔克是一个十分虔诚的人，很容易接受外来的神秘主义，对无神论的威胁忧心忡忡。他在18世纪的主要形象是：重视经验、道德真诚以及我们今天说的负责任的报道。休谟赞扬他的公正态度："普鲁塔克无论在哲学上还是在历史写作上都不会被任何体系束缚。"[2]维兰德则把普鲁塔克单独挑出来，说他的书"应该人手一册"。[3]琉善用他尖锐的对话，不分轩轾地抨击形而上学者、投机钻营者和宗教信仰者。他是一个机智辛辣而又老于世故的楷模。爱比克泰德*的著作则在腓特烈大帝、康德和边沁等人的不同精神世界中都激起回响。但是，这些罗马人都是在一个衰老疲惫的文化环境里写作。启蒙哲人心目中的哲学王的理想化身是马可·奥勒留。正如孟德斯鸠所说，"这位哲学家比其他人更能让
121　人感到德行的甜美和人们生存的尊严"，[4]他拨动人们的心弦，升华人们的灵魂，提升人们的境界。当这位最具有罗马人特性的罗马皇帝用希腊文写下那部高尚而忧郁的《沉思录》时，他为自卡图卢斯开始的精神独立的辉

---

* 爱比克泰德（Epictetus, 约55—135），古罗马著名的斯多葛派哲学家。

1　吉本：《罗马帝国衰亡史》，第1卷，第58页。（中译本《罗马帝国衰亡史》，黄宜思、黄雨石译，北京，商务印书馆，2002年，第28页。——译者注）

2　休谟：《道德原理研究》，《著作集》（David Hume, *Enquiry Concerning the Principles of Morals, Works*），第4卷，第285页。

3　维兰德："关于阿伽通的历史"，《阿伽通的故事》，《全集》（Wieland, "Über das historische im Agathon", *Agathon, Werke*），第9卷，第16页。

4　孟德斯鸠：《思想录》，《全集》（Montesquieu, *Pensée, Œuvres*），第2卷，第192页。

煌时期画了句号，并签署了罗马启蒙运动的死亡证明，同时也就宣告了第一个批判时代的结束。不管怎样，启蒙哲人的兴趣也到此结束了。

4

　　对于启蒙运动而言，有条理的批判习惯乃是古典时代最具有深远影响的发明创造。启蒙哲人懂得，它不仅仅是习俗、公认的解释和传统体制的溶剂，也是促成历史变革的强大催化剂。但是，他们也懂得，它不仅仅能创造历史，它也有自己的历史。启蒙哲人喜欢说——他们不自觉地使用了一个中世纪的比喻——如果他们超越了古人，那是因为他们站在古代巨人的肩上。由于他们与自己古代老师的距离决定了他们需要做多少工作（或者说，他们承认，17世纪前辈为他们做了大量工作），因此他们与古人的亲密关系表明，他们是多么坚持不懈地接触希腊罗马的思想精华，也因此多么富有成效。

　　启蒙哲人的骄傲并非都是有根据的，但是他们清楚地看到自己所属的第二个批判时代绝不仅仅是对第一个批判时代的重复。孟德斯鸠嘲讽异教习俗，休谟认为现代欧洲并非伟大古代的衰退版，杜尔哥和孔多塞提出历史发展理论，达朗贝尔反对那些古代崇拜者把希腊人"大胆而浪漫的"猜测说成是牛顿科学的先声[1]——这一切都不乏持平之论。启蒙哲人对柏拉图的鄙视既显示了他们自己的某些局限性，同时也让我们知道了他们与第一个批判时代的距离有多大：与其他古代哲学家相比，柏拉图更能体现哲学与神学的和谐，乃至哲学与神话的和谐。在一个批判思想家表达的积极信念的视野里，没有什么是不能协调的；而启蒙哲人则会热情奔放地书写大自然的壮丽。事实上，一些感情外露的自然神论者并不羞于抒发自己的宗教激情。例如，1774年的一个清晨，年迈的伏尔泰邀请访问他的费尔奈庄园的客人一起看日出。两人攀爬到一座山上，驻足环视壮丽的风景。

122

1　达朗贝尔：《百科全书绪论》，《杂文集》（Jean Le Rond d'Alembert, *Discours préliminaire de l'Encyclopédie, Mélanges*），第1卷，第138页。

伏尔泰摘掉帽子，匍匐在地上大叫："我信了！我信仰你了！伟大的上帝，我信了！"然后他起身故作正经地说："至于那位圣子先生和圣母夫人*，那就另说了。"至少启蒙运动的自然神论者这一派，完全有理由宣称，他们不是要摧毁宗教，而是要净化宗教——这听起来与伊壁鸠鲁如出一辙。因此，这两个时代的差异在于强调的重点以及语调上的差异。古人哪怕是谈论哲学，也会带有一些宗教色彩。相反，启蒙哲人则在大自然的伟力的面前，甚至在自然的伟大规律面前表示臣服或敬畏。当他们因弗洛伊德说的"海洋般的情怀"（以诗意的宗教情感为基础的与宇宙融为一体的感受）而激动时，这并不影响他们思考。批判依然脱口而出。

　　启蒙哲人试图寻找自己在时代和历史中的位置，既要确定自己的思想祖先，又要确定自己独特的品质。在这个过程中，他们一直对古人的虔敬，尤其是奥古斯都发起的宗教复兴怀有浓厚的兴趣。奥古斯都主导的宗教热忱并非他的发明。那种宗教热忱原来就有。正如伏尔泰略有夸张的说法，恺撒时代的罗马元老院"几乎完全是由理论上的或实际上的无神论者组成的，亦即，这些人既不相信上帝，也不相信来生"。[1]但是，要使一个文明变得世俗化，就不能仅靠一小伙无神论者。休谟写道："李维就像如

今的牧师一样，坦率承认他那个时代的一般人普遍对宗教抱有怀疑；但是他也同样会对此大加挞伐。那么，怎么能想像，一个国家迷信若是能哄骗了这样的聪明人，就不能同样哄骗一般百姓？"[2]很显然，启蒙哲人知道，他们喜爱的古人乃是非凡之人，他们喜爱的古典作品是在异常的环境里写成的非凡著作。他们还知道，古代哲学家并没有从自己的思想中完全清除神话成分。不仅斯多葛派等学派敬天信神，许多启蒙哲人也是如此。但是，斯多葛派，或者说斯多葛派中的多数人既谴责粗鄙的迷信，又相信鸟类发出的预兆，睡梦的预言价值以及讲述神灵介入尘世的故事。西塞罗指出：

---

* 指基督和圣母玛利亚。

1　伏尔泰："无神论者，无神论"辞条，《哲学词典》（Voltaire, "Atheist, Atheism", *Philosophical Dictionary*），第1卷，第103页。

2　休谟："宗教的自然史"，《著作集》（David Hume, "The Natural History of Religion", *Works*），第4卷，第350页。（中译本《宗教的自然史》，徐晓宏译，上海，上海人民出版社，2003年，第90页。——译者注）

"他们首先告诉人们说，神是存在的；然后告诉人们，神是什么样子；再后，世界是由神统治的；最后，神关照着人类的福祉。"[1]因此，休谟尖刻地评论道："斯多葛派是把哲学的热忱与宗教迷信结合在一起。他们的心力完全倾注于道德方面，因此在宗教方面就变得松懈了。"[2]

古人一直在争论什么是真正的宗教，这使他们的思考也颇有生气。某个人的哲学在另一个人看来就是迷信。作家们常常会提供一系列的论断，到下一个时代人们却会发现它们自相矛盾。老普林尼的鸿篇巨制《自然史》是古代学术的一个里程碑。他把荷马当作科学方面的权威，但对希罗多德讲的故事则深表怀疑。他报道一个妇女生出一头小象的怪事，却又嘲笑下层民众盲从轻信。他相信蛇怪的故事，却又严肃客观地分析祭司的把戏。吉本把这部著作恰当地称为"庞杂的记录，普林尼在这里存储了人类的种种发现、技艺和错误"。[3]普鲁塔克对宗教盲信做了冷静的研究，但坚持认为，在人和神之间有作为媒介的魔鬼。小普林尼把基督徒斥为冥顽不灵的狂热愚众，自己却听从睡梦中神的训诫。熟谙世事的人能够看破精明者的把戏并且善于利用弱者的恐惧，但他们也会用自己偏爱的某种迷信来保佑自己的平安。休谟对异教的证据就像对基督教的证据那样深表怀疑，因此他乐于接受普林尼和苏埃托尼乌斯的说法："奥古斯都对什么都很迷信"；奥古斯都会听从梦中的预兆，而且"当他换鞋时，碰巧把右脚的鞋子穿到左脚上，就会极度不安"。[4]即便是信奉斯多葛派学说的马可·奥勒留，也难免怀有与普通人一样的愿望和恐惧。休谟提请读者注意这位皇帝在《沉思录》中的一段话：其中他说到"神在他睡觉时发出的训诫"。[5]有些罗马人曾到雅典学习哲学，但是他们也相信这个世界是一个黑暗神秘之地。

值得注意的是，虽然后世会把这些思维习惯视为相互矛盾，并且把它

1　西塞罗：《论神性》(Cicero, *De natura deorum*)，第2卷，第1节，第3段。
2　休谟：《宗教的自然史》，《著作集》，第4卷，第351页。(中译本，第91页。——译者注)
3　吉本：《罗马帝国衰亡史》，第1卷，第365页。
4　休谟：《宗教的自然史》，《著作集》，第4卷，第347页。(中译本，第85页。——译者注)
5　同上，第350页。(中译本，第90页。——译者注)

们区分为"科学"因素和"迷信"因素,但是它们的兼容并蓄恰恰构成了一种自成一体的古代思想风格。所有的思想风格都是复合型的,但是它们在当时的人们看来是自圆其说的——这也是为什么当时人们容纳它们的原因所在。今天人们会感到奇怪的是,占星术和天文学会在某位思想家那里和平共处,顶礼膜拜与冷眼怀疑也同样会在某位思想家那里并行不悖。但是,历史学家不能仅仅把这些他愿意称作矛盾的现象记录下来。他应该深入到核心部分,探究是什么把这些矛盾因素变得像是那个时代的思想方式的有机组成部分。塞涅卡在《自然界问题》中提出的一些科学命题,在今天看来是将不同的东西拼凑在一起的:有些是出于仔细的观察,有些是出自天马行空的冥想,还有些则出自天方夜谭式的传闻。但是,关键在于,在塞涅卡看来,所有这些都同样是科学的;如果他已经认识到有些是无稽之谈,有些是迷信,那么他就会抛弃它们了。不过,不管我们说他站得多么不稳,他毕竟立足于科学。老普林尼也同样如此:他记述的蛇怪无论多么不可思议,也只是一种动物而已。

125　　由于政府的政策,也出于当时的信念,奥古斯都时代的文人参与了奥古斯都主持的宗教复兴。不过,他们没有完全倒退到原始的编造神话方式。他们只是张扬了那些休眠的东西,找回那些不再流行的东西,而没有放弃理性的主张。其中有些人以及公元1世纪时的有些后继者曾经嘲笑哲学和哲学家,不过这并没有使启蒙哲人感到特别困惑,因为启蒙哲人看得很清楚,这些古代批评家本身也做了许多哲学工作。贺拉斯和佩特罗尼乌斯对迷信加以冷嘲热讽;朱文纳尔揭露了人们的自负和社会的腐败;昆体良把批评准则应用于文学上;塔西佗尽管对哲学的学识做出一脸鄙夷的样子,但也推进批判大业,深入统治术的神秘领域,留下了头脑清醒的政治分析的样板。奥古斯都时代的文人及其后继者写出了许多文思俱佳的著作,使得启蒙运动可以原谅他们的爱国愚忠。他们并不是特别迷信的人,否则他们怎么可能跻身于启蒙哲人青睐的名人行列?

　　因此,启蒙哲人与古人的亲和关系是一种有选择的亲和关系。伏尔泰说的"明智的古代"延续了很长时间,至少从苏格拉底到马可·奥勒留的七个世纪,提供了一个很宽的思想光谱:从最教条的体系到最具怀疑精神的体系,以及无法归纳到一个结构里的形形色色的科学、伦理和宗教方面的观念。在18世纪,一个异教徒除了不是好基督徒外,几乎有其他各种可能。但是,极其丰富的古代资料乃是一笔宝贵的财富,可以随意查找取用。西塞罗为反对斯多葛派使用动物内脏占卜法而写下的文字,启蒙哲人也可以用来抨击相信占星术或巫术的现代人。普鲁塔克对犹太迷信的指责,也可以用来批评詹森派狂热分子。罗马帝国的宽容政策对于18世纪的君主也是一个有分量的教训。公元2世纪,塞尔苏斯*对庸俗、盲信的基督徒的嘲笑,也可以用来批判启蒙时代的基督徒,虽然未必公允,但依然不失尖锐。

相隔多少世纪之后,一些古人可能显得有些古怪,但是启蒙哲人赞赏他们,恰恰因为他们的现实主义,因为他们不能忍受晦涩和神秘。如果说吉本感到伊壁鸠鲁、怀疑论者和学园派的"感觉和精神最投合他自己",那么更虔敬的古人——譬如,塔西佗或普鲁塔克——至少在许多情境和大多数兴趣领域里展示了那种精神。在古人论辩的喧嚣声中,启蒙哲人听到某种最基本的语调。这是对理性探索充满信心的语调,是对迷信或天真无知表示轻蔑的语调,简言之,是对批判哲学表示信赖的语调。孟德斯鸠在阅读西塞罗的著作时击节赞叹:"看他在《论神性》中如何评点所有的流派,羞辱所有的哲学家,给每一个偏见都打上耻辱的烙印,真是一大乐事! 他有时义正词严地与这些人战斗,有时又轻松愉快地与哲学戏耍。他让那些得胜者相互摧毁;第二个战胜第一个,而第二个又被后来者所打败。所有这些体系都一个接一个地败退了,在读者的头脑里什么都没有留下,只留下对哲学家的蔑视和对这位批评家的赞叹。"[1]对于启蒙哲人而言,这就是古代的精华所在,也是古代对他们一直具有魅力的根源:狂妄自大和盲从轻信都应该用批判精神来扫除。

126

---

* 塞尔苏斯 (Celsus),公元2世纪,哲学家,基督教的反对者。
1　孟德斯鸠:《论西塞罗》,《全集》,第3卷,第17页。

第三章 批判的风气

一、批判即哲学

1

自18世纪起，一直有人反对给启蒙哲人冠以哲学家的称号。但是，启蒙哲人自认为配得上这一头衔。他们常常援引古代的楷模来证明这一点。他们喜欢说自己也生活在他们钟爱的古代哲学家最初生活过的那种批判风气里，而且，他们用现代的启蒙方法净化了这种风气，并不断地保持它的清新。他们认为，正是这种批判活动使他们有权自称哲学家。

或许，对于他们的哲学志业来说，最有力、当然也最有特色的论证是1743年一篇匿名发表的文章：《哲学家》（*Le philosophe*）。这篇文章也有非同一般的经历。伏尔泰后来发表了两个版本，宣称这篇文章自1730年起就以手抄本的形式流传。有人认为此文出自狄德罗的手笔，因为狄德罗对它做了删减，然后收入《百科全书》。因此，《哲学家》一文就带有了启蒙运动表示认可的官方印记。

文章一开始就警告说，哲学家的称号已经变得非常廉价了。有的人把它作为自己远离上流社会而应得到的奖赏，还有人以哲学家自诩是为了表现对宗教的愤恨。而真正的哲学家则有一种井然有序的世界观，一种"注重观察和讲究准确的精神"。他是真正的经验主义者，承认知识的局限，但也决心尽其所能地追求新知。正是因为他不承认神灵而只承认人间社
会，所以他能够比正统宗教的信徒更好地为自己的同胞服务。他既不会热衷于社交活动，也不会讨厌幽居独处，但是他"懂得自己如何在退隐和入世二者之间分配精力"。哲学家（这里也援引古人）是真正的人文主义者，

是"泰伦提乌斯剧作中的克雷米斯",配得上他那句著名的台词:"我是一个人,人所具有的我都具有。"[1]

这种论辩方式和这句泰伦提乌斯的名言早已是老生常谈了。塞涅卡在其第95封信中就使用过这种方式并引用这句话,当时已经不再新奇。但正是这种习以为常的现象证明了古典思想方式与18世纪思想方式之间的连续性。哲学家的秩序意识和认识局限意识、对美德的热爱、对经过检验的生活所要求的节奏的服从,这一切都是西塞罗时代的罗马人喜欢谈论的主题,也变成伏尔泰时代法国人喜欢谈论的主题。

我们无法确定《哲学家》是否出自狄德罗,但是从他的成熟作品《论克劳狄和尼禄的统治》可以看出他确实接受这篇文章的观点。在这篇为塞涅卡辩护的文章里,狄德罗也用一贯的抒情手法为哲学辩护。他写道,哲学家是"人类的教师"。他把塞涅卡奉为教师职业的楷模。[2]在分析塞涅卡的《书信》时,狄德罗将自己融入了塞涅卡的精神世界,让我们无法分辨哪些思想是那古代哲学家的,哪些思想是这位现代哲学家的:

> 执政官主持正义,哲学家教导执政官什么是正义,什么是非正义。战士保卫国家,哲学家教导战士什么是祖国。教士劝导人民要爱戴和尊敬神灵,哲学家教导教士什么是神灵。君主掌控一切,哲学家教导君主懂得他的权威的来源和界限。所有的人都对自己的家庭和社会负有义务,哲学家教导每一个人这些义务是什么。人会遭遇不幸和痛苦,哲学家教导人们如何承受这些。[3]

狄德罗不把自己当作神来看待,知道绝不可能摆脱感情的支配,但是他既为自己,也为其他启蒙哲人提出了权利主张,这些也是斯多葛派为贤

129

---

[1] 赫伯特·迪克曼编,《哲人》(*Le philosophe*, ed. Herbert Dieckmann),1948年。泰伦提乌斯的这句台词在启蒙运动期间十分流行:狄德罗引用过,凯姆斯勋爵把它作为《人类历史概述》(1774年)的题词,其他人也常常引用。

[2] 狄德罗:《全集》,第3卷,第176页。狄德罗在这里呼应了卢梭和塞涅卡的说法,见卢梭:《论科学与艺术》,《全集》,第3卷,第29页,塞涅卡:《道德书信》,第89封,第13句。

[3] 狄德罗:《论克劳狄和尼禄的统治》,《全集》,第3卷,第248页。

哲提出的权利主张。

如果说这种自信的中心在法国，那么它的光辉散射到了全欧洲。在英国，休谟宣布哲学是根治迷信的最高级的，也是惟一的药方。他在《论自杀》一文中写道："真正的哲学"能够唤起比激情"更公正的情感"，甚至唤起不受哲学指导的"最健全的理性"。休谟还很自然地援引西塞罗的《论占卜》来支持自己的论点。[1]亚当·斯密也建议用哲学修养作为"对付狂热和迷信之毒的最佳解毒剂"。[2]在意大利，启蒙学者的著作表明，这种传道式的哲学观念已经多么的深入人心。贝卡里亚认为，人类应该无限感谢勇敢地把真理的种子"从自己晦暗的书房中"广泛撒播出去的哲学家。[3]1780年，加埃塔诺·菲兰杰里出版了构思宏大的政治科学论著《立法的科学》。书中把哲学家捧到连狄德罗都想像不到的高度。他写道："哲学家不应该是体系的发明者，而应该是真理的使徒。"只要邪恶还在伤害人类，只要愚昧还在带来痛苦，"哲学家就依然有义务宣讲真理，维护真理，提升真理，说明真理"。哲学家是"任何地点任何时代的公民"，他"以整个世界为他的国家，以大地作为他的学校。后代都将是他的门徒"。接着，菲兰杰里也援引异教的榜样，把哲学家的天职与努马和吕库古[*]等半神话人物的立法者天职相提并论。[4]

康德在《系科之争》一书里用更清醒的语调做了类似的论断。他用古怪甚至沉闷的挖苦口吻宣布，让"低级的"哲学系科从神学、法律和医学这三个"高级的"系科中独立出来。他写道，低级高级之分想必是政府发明出来的，不会是学者发明的。国家需要威吓臣民以便于统治，因此用三个高级系科来灌输服从观念，并规定这三个系科的教学内容。它们

30 着，菲兰杰里也援引异教的榜样，把哲学家的天职与努马和吕库古[*]等半

---

[*] 努马 (Numa Pornpilius, 公元前753年—前673年)，传说中罗马的第二位国王。吕库古 (Lycurgus, 公元前7世纪)，传说中斯巴达的立法者。

[1] 休谟：《著作集》，第4卷，第406—407页。

[2] 斯密：《国富论》(Adam Smith, *An Inquiry into the Nature and Causes of the Wealth of Nations*)，1937年，第748页。亚当·斯密的原话是"科学是对付狂热和迷信之毒的最佳解毒剂"。这里"科学"实际上等同于哲学。

[3] 贝卡里亚："序言"，《论犯罪与刑罚》(Beccaria, "Introduction", *Dei delitti e delle pene, Illuministi Italiani*)，第3卷，第32页。

[4] 菲兰杰里：《立法的科学》(Filangieri, *Scienza della legislazione*)，五卷本，1807年，第2卷，第174页。

都听命于权威，必须盲目地遵守为指导它们而制定的规则。只要它们开始质疑规则，就牵涉到哲学了。哲学是惟一只听从理性的学科。让高级系科俯视哲学家吧，哲学家对这种蔑视毫不在意，因为只有他是真正自由的。

康德强调哲学家的自主自律，却不仅仅是为他的行业说话。康德很清楚——他的普及文章也为了让公众清楚——哲学家的自由乃是普遍自由的前提。人对自主的追求受到懒惰、胆怯以及传统等叠加重负的桎梏，只有哲学家在不受外界束缚的情况下进行理性思考，并毫无畏惧地展开批判，因而能够发动和领导争取解放的伟大斗争。

启蒙运动把哲学定义为"有条理的批判习惯"。这个定义不同于传统定义。一方面，它具有包容性。善良的意愿、清晰的思想、对迷信的敌视，有这几项就足以算得上是哲学家。另一方面，基于上述相同的理由，启蒙哲人的定义又显得极端狭隘；它把文字游戏和体系建构从真正的思想领域里清除出去。我们会不断地重申这一点：对于启蒙运动而言，哲学的时代也是，或主要是批判的时代。这两个词不仅仅表示联合行动，它们是同义词，正如恩斯特·卡西勒所说，是"对同一状况的不同表述，旨在从不同的角度来刻画弥漫于整个时代、并促成了这个时代各个重大思潮的基本思想活力的特征"。[1]这种活力是追求知识和控制的动力，是浮士德式的对表面现象、对消极态度的永不满足。它偏爱的工具是分析，它的必要环境是自由，它的目标则针对现实。启蒙哲人大胆地谈论必须消灭迷信这个野兽，因此有人指责启蒙运动"只会否定"。尽管如此，启蒙哲人并没有把自己的工作截然分成破坏性的和建设性的。二者是同一件事的两个难解难分的部分。启蒙运动"以几乎前所未有的完满程度，把批判的功能与生产的功能结合起来，并使二者直接相互转化"。[2]正是这种被提升的批判观念使得莱辛宁愿去探索真理——亦即，不懈地和无休止地展开批判——而不愿

131

1 恩斯特·卡西勒：《启蒙哲学》(Ernst Cassirer, *The Philosophy of the Enlightenment*)，第275页。
2 同上，第278页。

仅仅占有真理。这也是为什么吉本会把最好的品质都赋予批判:"人们经历的一切,天才创造的一切,理性权衡的一切,劳动收获的一切——所有这一切都是批判要打理的事情。思想缜密、足智多谋、深入透彻,这些都是恰当地进行批判的必要品质。"[1]很显然,要成为这样的批评家,就不能仅仅是破坏者,也不能仅仅是抱怨者。

启蒙哲人试图用这样的论证来支持他们自称哲学家的主张。但是,他们不停地,甚至哀哀怨怨地进行自我辩护,反而显示了某种不踏实的感觉。地位稳定的精英阶层是不必费心为自己正名的。这种情况也表明,他们的主张并非没有受到质疑。康德在《纯粹理性批判》中指出:"我们一再地听到人们抱怨,说我们这个时代精神流于浅薄,严谨科学在衰落。"但是,他补充说:"我认为,那些基础坚实的科学,如数学、物理学等丝毫没有值得如此责难的地方;相反,它们维持了原有的严谨声誉,物理学的声誉还超过了以往。"他断然得出结论说,我们的时代"确实是批判的时代"。[2]

我们会认同康德的辩护,但是启蒙哲人也会因为他们的言谈方式而招致人们的怀疑。前面已经提到,他们过分敏感,容易生气,而且不能与自己拉开距离来看自己。实际上,他们的语言充满战斗以及刺透物体的比喻:他们说到刺破黑暗角落的光束,打破书报检查屏障的重击,揭去宗教权威面纱的清风,割掉传统赘疣的手术刀,看穿政治神话贩卖者伪装的眼镜。雕塑家法尔科内也是一位启蒙哲人。他用赞同的语气说:"掀开谬误的面具,就等于在确立真理。"[3]以斗士自居的伏尔泰写道:"我们必须把滋生毒液的大树连根铲除。"[4]休谟则把进攻性的比喻换成启蒙运动流行的光明比喻。他用比较温和的语气写道:"诚然,幽暗对人心和眼睛都是痛

1　吉本:《论文学研究》,《杂文集》(Edward Gibbon, *Essai sur l'étude de la littérature, Miscellaneous Works*),第4卷,第38页。
2　康德:"序",《纯粹理性批判》,《全集》,第3卷,第7页。
3　转引自安妮·贝蒂·魏因申克:"雕塑家—启蒙哲人法尔科内的著述"(Anne Betty Weinshenker, "The Writings of Falconet, *Sculpteur-Philosophe*"),未刊博士论文,哥伦比亚大学,1962年,第108页。
4　伏尔泰:《布兰维利耶伯爵的晚餐》,《全集》(Voltaire, *Le dîner du comte de Boulainvilliers, Œuvres*),第26卷,第550页。

苦的；但是，若能从幽暗中带来光明，不管花费多少力气，必然会开心和欢喜。"[1] 批判的时代并非总是在批判。

2

启蒙运动把哲学等同于批判，也就会对形而上学的价值提出质疑。早在17世纪克里斯蒂安·托马西乌斯[*]就警告人们要小心"抽象的形而上学"。[2] 启蒙哲人中的莽撞者把"形而上学"这个词当作一个被滥用的模糊词语，是表示狂妄地插手未知领域的一个同义词。实际上，启蒙运动的才子们——启蒙运动有许多才子——如此肆无忌惮地诋毁形而上学，使得一些更负责任的成员逐渐从这种轻率的实证主义抽身退出。诚然，某种实实在在的正常理智（good sense）是18世纪人们的一个共同特征：要求博斯韦尔清除自己脑子里的黑话或者用踢一块石头来反驳贝克莱的，并不是启蒙哲人。斯威夫特不是启蒙哲人，却也会描写格列佛如何对大人国居民的知识"缺陷"感到吃惊，说大人国的知识只包括"伦理、历史、诗歌与数学"，而且数学"完全应用到有益于生活的事情上去了，用来改良农业以及一切机械技术，所以在我们看来不足称道"。他还让格列佛怀着那种无可救药的形而上学家的义愤补充说："至于什么观念、本体、抽象、先验，我是永远也不可能将哪怕是一丁点的概念灌输进他们的头脑中。"[**] 歌德后来回忆斯威夫特称赞的正常理智（Menschenverstand）是如何生气勃勃地展开的："人们睁开眼睛，直视前方，专注、勤奋、积极。他们相信，如果他们能够在自己的环境里妥当地判断和做事，他们就敢试着对更远的事情发言。按照这种观念，任何人都不仅有权利进行哲学思考，而且会逐渐地有权利自认为是哲学家了。这样，哲学也就大体相当于健全的和实用的正常

133

---

[*] 托马西乌斯（Christian Thomasius, 1655–1728），德意志法学家、哲学家。

[**] 参见斯威夫特：《格列佛游记》，第2卷，第7章。

1 休谟：《人类理解研究》，《著作集》，第4卷，第8页。（中译本，第14页。——译者注）

2 参见汉斯·沃尔夫：《德意志启蒙运动的世界观》（Hans M. Wolff, *Die Weltanschauung der deutschen Aufklärung*），第27页。

理智。"[1] 不过,尽管这种态度非常普遍,但启蒙哲人却对此特别痴迷。1751年,法兰西文学院的古典学者认为有必要对迷恋科学的潮流提出警告。有意思的是,他们的小册子用功利性语言来捍卫他们的非功利关注。小册子的标题是"论文学的功用以及片面倾向数学和物理的弊端"。[2] 这种警告也有一点道理:启蒙哲人急功近利的态度会导致肤浅而草率的经验主义、轻慢理论的风气以及对世界上最优秀头脑的轻视和鄙视。启蒙运动企图用思想征服现实世界,也确实做到了。但是,与所有的胜利者一样,启蒙哲人为自己的胜利付出了代价。他们之中大多数人在大部分时间里,为追求效用而牺牲深度。

虽说启蒙哲人未能完全避免思想粗俗的缺点,却也有一些时刻——这样的时刻值得记录下来——他们会上升到高贵的哲学概念。毫不奇怪,康德会对理论与实践的关系给予深入而不失机智的考察。[3] 但是,重要的是,我们看到,亚当·斯密对理论促进技术进步的作用表示赏识;严苛的实证主义者达朗贝尔、破坏性的怀疑论者休谟把哲学视为自由的思想游戏。达朗贝尔在《百科全书》里写道:"如果说我从自然科学里驱逐出解释狂热,我并没有驱逐猜测的精神和类推的精神。猜测的精神既有些胆怯又开放,有时会引导着人们获得新的发现;类推的精神则大胆而明智地深入到大自然显露部分之外的地方,在见到之前就能有所预见。"[4] 休谟则竭力为学术自身的独立价值进行辩护。他表示,如果人们从哲学思考中没有收获什么利益,"只能借此满足天真的好奇心,我们也不应当鄙弃这种满足,因为这毕竟能够抵达人类拥有的少数安全而无害的快乐。"[5] 休谟对自己没有先例可循的孤独探索进行了痛苦的反思。他在自

---

1 歌德:《诗与真》,《全集》,第10卷,第301—302页。(中译本,第4卷,第277页。——译者注)

2 塞兹内克:《狄德罗与古典文化》,第137页。

3 见康德的论文"论通常的说法:这在理论上可能是正确的,但在实践上是行不通的",《全集》,第6卷,第355—398页。该问要一劳永逸地摈弃那种荒唐的常见说法:在理论上行得通的,在实践中未必行得通。一般而言,启蒙哲人对理论和假说的功能很警惕。举例来说,亚当·弗格森在一段很典型的文字里把理论思维界定为"把特殊运作归结到原理或一般法则上,由此而获得理解;或者把特殊结果归结到造成它们的原因"。转引自布赖森:《人与社会》,第17页。

4 达朗贝尔:"实验"辞条,《百科全书》(Jean Le Rond d'Alembert, "Expérimental", *The Encyclopédie*),第80页。

5 休谟:《人类理解研究》,《著作集》,第4卷,第7页。(中译本,第13页。——译者注)

己的内心里,把哲学思考称为一种快乐。[1]这些说法显示了启蒙运动不为人熟知的一面:启蒙哲人在战斗活动中以平静放松地思考为乐趣,如同军官在前线阵地里下象棋玩。

才子们甚至主要致力于把有害的推测与有益的思考区分开。这正是伏尔泰讲的那些笑话背后隐含的严肃意图。他曾经写道,形而上学就像是小步舞曲,舞者表现得非常轻快优雅,但结束时又回到了起点。伏尔泰还曾把从柏拉图到莱布尼兹的所有形而上学者比作来到土耳其苏丹后宫前厅的一群游客。他们远远地看到一个太监,就开始猜想那个晚上苏丹与妃子做爱几次。"一个游客说,三次,另一个游客说,四次,等等。其实,苏丹整夜都在酣睡。"[2]类似的嘲弄其实要表达一个观点:启蒙运动的伟大老师——培根、牛顿和洛克——通过奉行实验哲学而无可比拟地推进了人类关于世界的知识。1741年,伏尔泰非常睿智地告诉一个年轻人:牛顿教给人们"要检查、权衡、计算和测量,永远不要猜想"。牛顿绝不是那种编织体系的人:"他自己观察,也让人们观察,但是他没有把自己的幻想置于真理的位置。"[3]利希滕贝格把自己的科学知识与伏尔泰的修辞方法结合起来,在1788年写给一位朋友的信中说:"一般的自然假说"在物理学中毫无用处,相反,科学家通常都是从"鄙视被其他人推崇备至的那些小说和那些梦境"开始自己的工作。[4]

维兰德认为自己不是伏尔泰的门徒。狄德罗的思想发展在许多方面也与伏尔泰很不一样。但是,这二位都谈到这个问题,而且与伏尔泰异曲同工。维兰德在学生时代就拒斥"形而上学的花巧"。1764年,他告别了年轻时代的轻狂,表达了自己的基本信念:"我对基督教的看法与孟德斯鸠临终前一样;对宗派精神的虚假智慧、流氓无赖的虚假美德的看法,与琉善一样;对思辨伦理学的看法,与爱尔维修一样;至于形而上学——一

136

1　休谟:《人性论》,第271页。
2　伏尔泰致阿勒尔,1738年11月26日。《通信集》,第7卷,第462—463页。
3　伏尔泰致勒卡蒂,1741年4月15日,《通信集》,第11卷,第85页。
4　J. P. 斯特恩:《利希滕贝格:散射场理论》(J.P.Stern, *Lichtenberg: A Doctrine of Scattered Occasions*),1959年,第45页。

无是处；在我看来，它不过是一个笑话。"[1]狄德罗在早期的一部小说《泄密的首饰》里讲了一个很有意思的梦。做梦者梦见自己被送到一个悬在空中的巨大建筑里，那里住着风烛残年、形容枯槁的人。然后，一个健康的小孩子走进来，长成一个巨人，捣毁了这座建筑。这座建筑（按照狄德罗对这个梦的解释）代表假说盛行之地，那些老弱病残代表体系编织者，巨人代表实验。与狄德罗一样，在伏尔泰看来，抨击形而上学不是抨击一种思维，而是用良好健全的思维去抨击恶劣的思维。

启蒙哲人精心地维护这种哲学风格，乃至彼此之间也会批评对方偏离这个正途的言行。当思想早熟的杜尔哥——当时21岁——接触到布丰的关于自然史的思辨说法，他就给布丰写信，以圣人训斥一个鲁莽弟子的口吻说："我要问你，首先，你为什么要解释这种现象？你是不是想剥夺牛顿哲学特有的简单明了和小心持重风格？你是不是想把我们推回到假说的暗夜里，以便证明笛卡尔哲学的正确？"[2]既然哲学等同于批判，也就需要时时保持警惕。

在启蒙哲人中，训练有素的哲学家——康德、休谟和孔狄亚克——都赞同这种观点，但表达得比较温和，也更加严谨。当康德尚未提出他的批判哲学的原则之时，1766年，他在一篇精彩的论文《用形而上学的梦幻来解释通灵者的梦幻》里嘲讽了形而上学者：听起来就像是出自伏尔泰小说中的一个人物，他描述自己如何研读斯维登堡*的著作，"他发现——如同一个人在无所事事地搜寻什么时通常会发生的情况——他一无所获。"康德接着又说，这个宗教狂热分子、这个"情感梦幻者"非常像形而上学狂热分子，即那些"理性梦幻者"。年轻的康德写道，如果形而上学还算是一门学问，那也是一门有局限的学问。他在文章结尾援引了"老实人"**的话："让我们给自己提供幸福，让我们走进花园，开始干活吧。"[3]在几部著名的

---

* 斯维登堡（Swedenborg, 1688–1772），瑞典科学家，神秘主义者。
** 老实人是伏尔泰的同名小说的男主角。
1 森格勒：《维兰德》，第41、68页。
2 杜尔哥致布丰，1748年10月，《著作集》，第1卷，第111页。
3 康德：《全集》，第2卷，第332、390页。

《批判》里，康德一直坚持这一立场。他意识到自己是一个革命者，但是在这个世纪的衰微时期，他深思熟虑地用这个世纪的流行方法来实现自己的"哥白尼革命"；他是一个忠实的牛顿主义者，绝不杜撰任何假说，而且他也一直这样宣称。他对以前的所有形而上学尝试给予毁灭性的批判，但绝不意味着蔑视形而上学本身。这只不过是表示他对以前所有的结果感到不满意。如果说对于启蒙运动参与者而言，破坏完全是为了建设，批判只是为了使建设成为可能，那么这个说法也适用于康德。

休谟最关心的不是批判哲学会有什么积极成效，而是作为起点的人，但是他也对不同的哲学做了一些重要区分。一种是"轻松而明显的哲学"，认为"人大体上生来就是要行动的"，因此要对人的恶习和美德作出有益的观察，给人们的行为提供指导规则。另一类是"深奥的哲学"，"把人当作一个讲道理的生物而不仅仅是活动的生物来考察"。它不是要改善人，而致力于理解人。休谟承认，第一种"浅易的哲学"实际上，而且也应该比"精确而深奥的哲学"更流行。但是，因为"事情往往走得更远，甚至绝对排斥所有的深刻推理"，所以他开始捍卫"通常称作形而上学的东西"。他的辩护既清楚又合理：无论在伦理学里还是在美学里，正常的理智都依赖于按照一般原则而进行严密的推理。"在任何情况下，精确都是有助于美丽的，正确的推理是有助于细微的情趣的。我们纵然想夸张其一，贬抑其他，那也是白费的。"理论思辨虽远离实践生活，但不会贬损其实用价值。

但是，休谟接着又说："这种深刻抽象的哲学里的这种晦涩遭到人们的反对，不仅因为它令人痛苦、令人疲乏，还因为它是必然造成不确定和错误的根源。"这种反对意见是休谟喜欢在哲学上加以玩味的："在这里，人们对于大部分的形而上学，确实提出最公道、似乎最近理的反驳，他们说，形而上学实在不是一种真正的科学；形而上学之所以生起，或者是由于人类虚荣心的无结果的努力，因为他们爱钻研人类理解力绝对不能企及的题目；或者是由于大众迷信的一种伎俩；那些迷信因为不能用公平的理由来为自己辩护，所以就摆出这些纠缠人的荆棘来掩护它们

138

的弱点。"因此，哲学家必须把不同种类的形而上学分开。"我们要想使人类的学问完全免除这些深奥的问题，惟一的方法是，认真地研究人类理解的性质，通过对其能力的精确分析来说明，它绝不适合研究那样遥远、那样深奥的题目。我们必须先费这样一番力气，以求在以后能活得安逸，而且，我们还必须细心来培养一种真正的形而上学，以求消灭虚妄假混的形而上学。"好的形而上学将会驱逐坏的形而上学："精确的和恰当的推理是惟一的万应良药，它可以适合于一切人，一切性格；而且，它可以推翻那个深奥的哲学和形而上的行话——那套东西与大众迷信混合起来，使得自身已经不能被粗心的推理者穿透，并且装出科学和智慧的模样。"[1]

休谟说的两类哲学由此就变成了三类：大众哲学、严格的思辨以及"玄想的"形而上学。他为形而上学做的辩护变成了对认识论的辩护：他怀着敌意来追查那些致力于"深奥哲学"的人，因为"深奥的哲学似乎迄今仅仅是迷信的庇护所，是荒谬和错误的掩护物"。这也使他与法国的同道结成联盟——伏尔泰关于洛克的赞赏、达朗贝尔为《百科全书》写的绪论，都引起他的共鸣。如果有谁对这个联盟有怀疑的话，那么休谟在为《人类理解研究》做的著名结论就可以打消这些疑问。这段话的语气也像法国启蒙哲人那样激烈："我们如果相信这些原则，那我们在巡行各个图书馆时，将有如何大的破坏呢？我们如果在手里拿起一本书来，如果是关于神学或经院形而上学的书，那我们就可以问，其中是否有数和量方面的任何抽象推理吗？没有。其中是否有关于实在事实和存在的任何经验性推理吗？没有。那么可以把它投在烈火里，因为它包含的没有别的，只有诡辩和幻想。"[2]

休谟对有益的形而上学和有害的形而上学的区分与孔狄亚克和达朗贝尔对体系精神（systematic spirit）和体系癖（spirit of system）的区

---

1 休谟：《人类理解研究》，《著作集》，第4卷，第3—9页。(中译本，第9—15页。——译者注) 这也是为什么休谟的忠实而敏感的读者贝卡里亚会恰当地称休谟是"深刻的形而上学家"。
2 同上，第135页。(中译本，第145页。——译者注)

分简直如出一辙。关于这种区分的经典表述，就是孔狄亚克在1749年出版的《论体系》。这也是启蒙运动的一份经典文献。可以想见，《论体系》推崇的英雄是洛克和牛顿。推崇洛克是因为他揭露了基于抽象原则建构宏大体系的荒谬——或者可以说，是基于未知建构不可知的荒谬。推崇牛顿是因为他谦逊地仅仅满足于观察世界，而不试图凭着灵机一动就创造出什么——"和笛卡尔的工程相比，没那么漂亮，也没有那么大胆，但是更明智。"[1]洛克、牛顿及其追随者们主要依赖观察和实验，重视对经验数据的积累和检验，仅仅把抽象术语当作分类工具来使用。孔狄亚克指出，相反，笛卡尔、马勒伯朗士、斯宾诺莎和莱布尼兹，这些17世纪的重大体系建构者要么通过先验推理在一般原则的基础上建立形而上学的结构，要么制造思辨的假说，提出远远超出允许界限的含糊"猜疑"。这两类体系都是有害的：他们错把同义反复当作环环相扣的推理，因此当他们找到某个比喻时就宣称解释了某个现象，然后就不断地陷入模糊的语言里，而这是留待科学方法来矫正的致命错误。孔狄亚克写道："推理的技巧最终变成了一种建构良好的语言。"他认为，这是一个需要强调的伟大真理。[2]

140

　　孔狄亚克的做法异乎寻常：他非常认真地对待自己的对手；他没有像他的许多朋友那样趾高气扬，而是非常细心地考察对手的著作。此外，他用对"体系狂"的心理分析来支持他的批判。他提示人们，精神失常是由于过于急躁造成的。哲学家面对无法解决的问题，被神秘现象困扰，被有意思的但不可解释的现象包围，就会向诱惑屈服。他们根据幻想而不是根据事实提出猜测，不去探究自然而是去求助于想像。最后，孔狄亚克提供了一个治疗良方——不是乌托邦的万应灵药，而是每天都见成效的现实主义方案，亦即，自然科学的方法。这个方法不仅仅是观察和实验；逻辑学家也要参与其中：他教导科学家对抽象概念和假说要加以分辨。孔狄亚克对科学方法情有独钟，主要是因为科学方法简便易行：只要在使用时小

1　孔狄亚克：《论体系》，《著作集》(Condillac, *Traité des systêmes, Œuvres*)，第1卷，第200页。
2　同上，第131页。

心谨慎，就可以在机械和政治的技艺方面给人类带来好处。这样，孔狄亚克就把破坏性的分析变成建设性的分析，开了批判时代的风气之先。他的《论体系》也就从一份批判而变成了一个预言。

孔狄亚克的论证中肯有力，吸引了同时代人的注意。他对形而上学的批判也有摧枯拉朽的力量。这两方面的内容后来都出现在他为《百科全书》写的几个辞条中，达朗贝尔在《绪论》中也给予肯定。达朗贝尔写道，孔狄亚克是当代哲学家中的佼佼者，他提醒大家注意，哲学的任务不是取悦于人，而是教导人们。假说和猜测的精神可能在过去是有用的，事实上，对于哲学的再生也是必要的。但是，他总结说，现在时代已经变化了，孔狄亚克已经使所有对体系的赞颂变得不合时宜了。就启蒙哲人家族的流行心态而言，达朗贝尔对孔狄亚克的恭维并非溢美之词。到18世纪中叶，141 启蒙哲人开始竭力使他们的做法向自然科学的方法看齐。正如孔狄亚克所说，他们在努力"用事实来解释事实"，做法或许稍稍有些华丽，但并无不当。[1]

3

启蒙哲人对批判的推崇及其对形而上学的正当批判明显地表明，启蒙运动不是理性的时代，而是一次对理性主义的造反。这场造反表现为两种相互关联的方式：一方面反对把理性说成是惟一的，甚至主导的行动精神的论断，另一方面否定那种认为世界上的所有神秘现象都可以通过研究而得到阐明的观点。主张批判至上，绝不意味着主张理性万能。这是一项要求有权质疑一切的政治主张，而不是要求宣称一切都能被理性了解和驾驭。这种要求是弥漫于启蒙哲人许多策略性声明之中的一个主题。1758年，时任法国书刊检查主管的马尔泽布既想保护新思想，又不放宽到启蒙哲人想要的尺度。他有点恼火地问："狄德罗先生就不能在写诗学论文时

1　孔狄亚克：《论体系》，《著作集》，第1卷，第211页。

不必非得有两三处提及宗教和政府？"[1]回答当然是："不行。"有一些自由
派基督徒也愿意给予新哲学较大的自由空间，只要它不碰神圣事物。例
如，在昂热科学院发表的一篇典型的演讲里就表达过这种仁慈："凡是尊
重最高立法者（指上帝）设定的神圣界限的哲学学者，都不会被这个圣殿
驱逐出去。"[2]但是，启蒙哲人不会对这种领地划分感到满意。他们经常被
要求变成"基督教哲学家"，这在他们看来是非理性的和自相矛盾的。达
朗贝尔、伏尔泰、康德等人用同样的语言重申同样的态度：如果批判者不
能批判一切，也就可能什么都不能批判；他们把政治和宗教确认为（如同
斯威夫特早在《木桶的故事》里确认的）两个对批判最敏感的领域，因此
也是最需要批判的领域。狄德罗终其一生都在强调，在这个哲学时代，正
是那些以前从未遭到质疑的事物，现在必须受到质疑。狄德罗在早期作品
《怀疑论者的漫步》中借书中人物之口说：只有"两个事物值得我注意，而
它们恰恰是你禁止我讨论的对象。既然强迫我在宗教和政府问题上保持
沉默，那我就什么都不说了"。[3]但是，保持沉默不仅仅是不情愿的，也是
不可能的。狄德罗在《百科全书》中重申："一切都应该受到检查，一切都
应该受到撼动，没有例外，也毫不踌躇。"[4]杰里米·边沁在他的第一部著作
里宣称，布莱克斯通*的错误原则之所以能够在英国风行，是因为批判被
当作"一种自以为是、忘恩负义、反叛和残忍"而被弃之如敝屣。这种自我
保护方式损害了所有的人："在法治的政府统治之下，一个好公民的座右
铭是什么？规规矩矩地服从，自由自在地挑剔。"[5]利希滕贝格是一个亲英
分子，无疑与边沁同气相求。他基于一个最高的理由——人的尊严——要

142

---

* 布莱克斯通（William Blackstone, 1723–1780），英国法官、法学家，著有《英国法释义》。

1 狄德罗：《通信集》，第2卷，第67页脚注。我把对理性主义的造反视为启蒙运动的核心。这个主题将
在本书第二卷再详细阐述。

2 约翰·麦克曼纳斯：《旧制度时期的法国教会》（John McManners, *French Ecclesiastical Society under the
Ancien Régime*），1960年，第44页。

3 狄德罗：《全集》，第1卷，第183—184页。

4 《百科全书》，第14卷，第474页。狄德罗在论述塞涅卡的文章中以及在其他文章里，都诉诸这种老掉
牙的哲学手法，要求获得在宗教、政治和"风俗"事务上完全的言论自由，同时又宣称，真正的哲学家，
最尊贵行业里的成员，是绝不会从事颠覆活动的。

5 边沁：《政府片论》（Jeremy Bentham, *A Fragment on Government*, 1776），1951年，第101页。

求实现批判自由。他还使用了一个英国的隐喻:"既然我们一劳永逸地在上帝的下议院里占有席位,而且他赋予我们投票的权利,我们怎能不表达我们的意见?"[1]

143 　　启蒙哲人的著述卷帙浩繁,我们从中可以清楚地看到,他们在表达自己的意见时几乎从不迟疑。但是,他们同时也对自己的无知有着清醒的认识。实际上,他们进行哲学思考的一个核心关切,就是探寻和确立理性的限度。休谟敦促人们去"发现人类理性的恰当领域",[2]这也就意味着有不恰当的领域。康德否定有某种固定真理等待人们认识的观念:哲学思维至多是一种讲究程序的可靠方法,是探索荒野用的指南针。伏尔泰用哲理故事极大地推广了这种哲学观。在小说《米克罗美加斯》中,伏尔泰想像了一个来自天狼星的巨人。后者表示要用一大卷哲学来告诉人类——这些"极其微不足道的原子"——自然的秘密。当科学院的秘书打开这本书时,他看到的只是一页页的空白。秘书说:"啊!正如我预想的!"[3]在另一篇辛辣的小说《默农》里,伏尔泰创造了一个自鸣得意的理性主义者。后者满脑子自命不凡和重理性轻激情的愚蠢观念。他在荒唐的求索过程中,失去了一只眼睛,还失去了钱财,最终也丢掉了傲慢。默农是理性时代的一个理想代表,但他也是伏尔泰的反面。他是启蒙运动所谴责的典型人物,而后来启蒙运动的批评者却把他当作启蒙运动的化身。维兰德的小说《阿伽通的故事》读起来就像是用德文改写的《默农》甚至《老实人》。主人公从一个可爱的妓女那里学到世俗的智慧,为了平庸世俗的感官享受而抛弃了虚妄的理性主义哲思。维兰德似乎是要告诉人们,冰冷的理性主义、傲慢的体系建造,对人的各个方面都有损害,尤其是剥夺了人的享乐。

　　这种对人类骄傲自大的调侃,在启蒙哲人中间被称作"哲学的谦逊"。

1　转引自弗朗兹·毛特纳和亨利·哈特菲尔德编,《利希滕贝格读本》(*The Lichtenberg Reader*, ed. Franz Mautner and Henry Hatfield),1959年,第15页。
2　休谟:《人类理解研究》,《著作集》,第4卷,第8页。(中译本,第14页。——译者注)
3　伏尔泰:《全集》,第221卷,第122页。

吉本赞扬"有自知之明的无知";[1]达朗贝尔显然想到牛顿的名言,把人类的知识生动地描写为宇宙中、浩渺大海中几个互不相连的岛屿;[2]维兰德学着彼拉多的口吻问道:什么是真理?*回答是,人在无知的黑暗中看见了一些微光,仅此而已:"人要谦逊!"[3]事实上,大多数启蒙哲人在论述这个问题时,都喜欢引用哲学家宣称自己无知并否定任何包罗万象的知识的趣闻轶事。这种谦逊态度可以追溯到柏拉图笔下的苏格拉底。在《泰阿泰德篇》中,苏格拉底自比为一名接生婆,善于帮助别人生孩子,并能识别出小孩的才能,但是自己不会生孩子。培根和洛克重新拣起了这个比喻,把它直接传递给了启蒙运动。培根自比为"敲钟人,必须早起召唤人们上教堂";[4]洛克认为自己的《人类理解论》一书不过是一篇哲学的序言,把自己比作"一个小工,能清扫一下这个地基,移走一些挡在知识之路上的垃圾"。[5]

诚然,这种说法有点故作姿态。伏尔泰并不真的认为大自然之书完全是空白。他确实认为有用的知识出自于专精的探究。他写道:"哲学并不能解释一切。"[6]但是,其他探究方式什么都不能解释。人类漂浮在无知和不确定的大海上,哲学是惟一能在海上漂游的航船。这就是为什么启蒙哲人的谦逊是用最自信的语气表达出来的,也是为什么他们之中大力宣传这种态度的人却并不躬行践履。霍尔巴赫的声誉经历了颇具反讽意味的过程,非常有意思地说明没有人能够看到的这种"谦逊"。霍尔巴赫在《自然的体系》一书里大声疾呼,激烈而尖酸地反对以拥有知识自居的高调:"人不是生来就能认识一切;人也不是生来就能了解自己的起源;人并不是生

* 彼拉多,罗马总督,见《约翰福音》,第18章,第38段。

1 吉本:《论文学研究》,《杂文集》,第4卷,第19页。

2 达朗贝尔:《百科全书绪论》,《杂文集》,第1卷,第81—82页。

3 维兰德:《什么是真理?》,《全集》(Wieland, "Was Ist Wahrheit?", *Werke*),第30卷,第192页。

4 转引自休斯·迪克编,"导言",《培根文选》("Introduction", *Selected Writings of Francis Bacon*, ed. Hugh G. Dick), 1955年,第10页。

5 沙夫茨伯里曾经是洛克的学生,对此念念不忘,为过去的老师献上这样一段话:"尽管他不是高明的建筑师,尽管不能透彻地阐明哲学的要点,但是在清除把我们多数人喂养成人的学校垃圾方面,他能发挥令人赞叹的作用。"沙夫茨伯里致斯坦诺普, 1709年11月7日,《生平、未刊信件和哲学养生之道》,第416页。

6 伏尔泰:"物质"辞条,《哲学辞典》(Voltaire, "Matter", *Philosophical Dictionary*),第2卷,第376页。

来就能深入事物的本质，也不是生来就能追溯到最初的原则。"[1]但是，当歌德读这本书时，他责备作者的狂妄自大，说他"反对一切哲学，特别是反对形而上学"。[2]但是，霍尔巴赫这位唯物主义主将也承认，有许多东西是人类永远无法知道的。启蒙哲人，无论是唯物主义者还是自然神论者，我们都可以称之为世俗的信仰主义者。与基督教信徒一样，他们也寻找理性的限度，但是他们的发现却有着相反的结果。基督徒把人的不可克服的无知变成对上帝的无条件服从，变成对超理性的信息来源——启示、神秘体验或教会传统——的臣服。相反，启蒙哲人虽然会对极其广袤的未知领域表示某种敬畏，但是他们主要用未知领域来警告人们不要过分自大，也把未知事物当作他们嘲弄的对象。他们的一些著作的书名（今天看来无伤大雅，但在当时还是有冒犯之意）也向我们暗示，正是在幽暗的未知领域，狡诈的教士和精明的君主找到了用来迷惑世界的魔法。1691年，荷兰牧师巴尔塔扎·贝克在《迷惑的世界》里抨击流行的魔鬼信仰，五年后，约翰·托兰德发表他的第一部自然神论小册子，书名是《基督教并不神秘》。这种声音在18世纪反复回响：伏尔泰写了一部哲学辞典；休谟写了一部宗教的自然史；雷纳尔写了一部欧洲在两个印度扩张的哲学历史；康德写了一篇论理性限度之内的宗教的文章；霍尔巴赫写了一大本来论述整个自然体系的著作。尽管启蒙哲人都本着"哲学的谦逊"态度，但是他们都坚信，打破这个大魔咒，乃是他们的使命。

4

在宣布批判无所不能之时，启蒙哲人也号召终结神话，建立一个除魅的世界。他们在这方面的纲领很难加以分析。原因在于，它极其宽泛而四处弥漫，犹如他们每日呼吸的空气，既不可或缺，又隐而不现。

146

---

1 霍尔巴赫：《自然的体系》，第1卷，第88页。（中译本《自然的体系》，上卷，管士滨译，北京，商务印书馆，1998年，第73页。——译者注）
2 歌德：《诗与真》，第10卷，第538页。（中译本，第4卷，第512页。——译者注）

启蒙哲人很少费力去系统表达这种对于他们来说是非常自然的东西。但是，因为它在很大程度上是基于高傲的怀疑意识，所以它极其平淡地体现在随意的评论中。启蒙哲人会用这种点评记录下自己不能相信的东西。例如，狄德罗在《哲学思想录》中写道："某个事实越不可能，历史的见证就越会失去其分量。如果某个诚实的人宣布：'国王刚刚击败联军，大获全胜'，我会毫不犹豫地相信他。但是，如果全巴黎的人都告诉我，帕西区一个死人刚才复活了，我连一个字都不信。"[1]休谟在《人类理解研究》中也持相同立场。他在"论奇迹"一章中做了这样的一个假定："持各种不同语言的所有作者"都记载说，1600年1月1日起"连续八天整个地球一片黑暗"。这本来会被认为是一桩非常不可能的事情，但是"我们现在的哲学家非但不应怀疑这个事实，而且必须信以为真，必须探究可能造就这个事实的原因"。例如，日食就在自然界可能发生的事情的范围内；它因此需要解释，而不应被搪塞了事。但是，休谟进一步假定，如果所有的英国历史学家都认定，伊丽莎白女王在某一天去世了，而且是在符合她的身份的公开场合去世的；她已被安葬了一个月，然后她又出现了，继续统治她的国家三年之久。即便关于此事的报道是由一批可敬的人士异口同声发布的，难道我们应该相信这个报道吗？休谟认为，我们不应该相信："我必须坦白地说，有那么多奇怪的事情会同时发生，我会感到惊讶，我一点也不会相信如此神奇的事情。"这件事的多数细节——女王去世，宣布继位者——都十分可信，见证人的正直人品也不应受到怀疑。不过，休谟仍然回答说："欺诈和愚蠢乃是人世最常见的现象，我宁愿相信这种极其不寻常的事情乃是出自欺诈和愚蠢的合流，也不愿意承认自然法则可以遭到如此明显的违犯。"[2]

147

　　这两段引人注目的论述揭示了批判思维的基本假设。它们是无须证据大胆怀疑的宣言。事实上，它们不需要证据，因为它们就是其他一切证

1　狄德罗：《全集》，第1卷，第146页。

2　休谟：《人类理解研究》，《著作集》，第4卷，第106页。（中译本，第113—114页。——译者注）

据的基础。[1]狄德罗和休谟都不是皮浪式怀疑主义者；二人都是经验主义者，坚持用证据的或然性来权衡证词和判断命题的真伪。但是，在"全巴黎的人"，当然包括许多值得信赖的证人的面前，狄德罗会质疑死人复活的报道。同样，休谟也会认为伊丽莎白女王复活这种"太神奇的事情"不可能发生，并用这种信念来对抗"所有论及英格兰的历史学家"，即他在其他事物上非常信赖的历史学家。

这些论断并不是假设，不管有多少证据都不能否定。即便全法国的人或全世界的人或由伏尔泰和达朗贝尔组成的委员会宣布，在帕西有死人复活了，狄德罗也依然不会相信。他会寻求用一种自然主义的理由——这是一个另有意图的笑话，或者一个阴谋，或者是他自己发疯了——来解释如此不可思议的事情。休谟的立场也是这样：世界是有序的，受到普遍的、不可逆转的法则支配。在他看来，奇迹就是对自然法则的破坏，按道理说，这种破坏是不可能的。如果好像发生了某种奇迹，要么把这当作虚假报道，要么当作一种自然现象，只是目前找不到任何科学解释。持续一周的日食是一个奇怪的事情，但哲学家不应由此而感到绝望，也不应由此而相信真有奇迹存在。他反而应该因此而去"探究可能造就这个事实的原因"。

启蒙哲人很像在他们之前的柏拉图和笛卡尔，一致认为哲学思考始于惊讶。但是，他们的惊讶是一种新的类型。培根所谓的"偶像"

---

1 启蒙运动的自然主义经验论是基于逻辑上所谓的"本原"，即某些基本假设，而其他所有的论断都要依赖它们。经验主义如果把表面现象当作证据，往往会导致相反的方向——轻信。这场讨论中涉及塞缪尔·约翰逊，他可不是一个轻信的人：一次，他与博斯韦尔一起去赫布里底群岛旅游，一伙人开始讨论巫术问题。克罗斯比先生"说，最大的亵渎是那种用邪恶精灵来对抗上帝，例如掀起狂风暴雨来毁灭他的子民。约翰逊说：'先生，如果道德邪恶能够与上帝的统治协调一致，为什么有形的邪恶就不可以与之协调一致呢？邪恶精灵的存在不比邪恶之人的存在更令人奇怪。邪恶不太容易化身为精灵。至于说狂风暴雨，我们知道常会发生。由邪恶精灵掀起的狂风暴雨并不比自然发生的狂风暴雨更恶劣。'克罗斯比说：'但是，说女巫会做故事里说的那些事，这是不可信的。'约翰逊说：'先生，我可没有为她们辩护。我只是想说，你的论点不好，不能压倒巫术信仰。'（弗格森博士在一边对我说：'他说的对。'）'因此，先生，你让全人类，无论粗野的还是文明的，都一致相信超自然力量的作用。你必须拿出证据来，你必须考虑到，明智和伟大的人已经宣判女巫死刑。'克罗斯比说：'那可是国会的法令终止了巫术。'约翰逊说：'不，先生，巫术已经绝迹，因此，国会通过法令是为了防止迫害不是巫术的东西。巫术为什么绝迹了，我们不可能搞明白，正如我们搞不明白许多事情的原因一样。'"博斯韦尔：《赫布里底群岛旅游日记》，第27—28页。

（假相）＊向人们呈现的要么是骗人把戏，要么是充满诱惑和危险的幻景。伏尔泰在《哲学辞典》中写道，一桩奇迹，本来是指一件令人惊叹的事情。现在如果我们还是这样说奇迹，而不是指那些宗教偏爱的荒唐故事，那么，世界就充满了奇迹。"大自然不可思议的秩序，一万万颗星球环绕着一百万个太阳旋转，光的性能，动物的生命，这些都是永恒的奇迹。"[1] 除魅并不意味着投身于年深日久的、高傲的怀疑论，而是意味着改变证明的规则和崇拜的方向。在启蒙哲人的怀疑态度中起作用的，不是把经验缩减到坚硬的、可度量的、平实的、表面的事实，而是对自然现象的解释。对于启蒙运动而言，除魅的世界就是一个自然的世界。

这种自然主义的世界观不会等同于怀疑论和无神论。后两种思想方式是神话思维萎缩之后导致的最极端的后果，它们支配了18世纪下半叶大多数启蒙哲人，但是上一代的自然神论者也与激进的后继者一样是批判的、除魅的。从这种怀疑光谱的最外端及其历史发展来看，自然神论事实上是对宗教的最后妥协。但是它不是对神话思维的妥协：自然神论者惟一能够承认的"奇迹"乃是宇宙神奇的井然有序性及其坚不可摧的自然法则。对于天启宗教的信徒而言，奇迹是神性力量的介入，是日常程序的搁置；对于自然神论者而言，惟一的奇迹不是不合规则，而恰恰是合乎规则。批判的姿态不是一种特殊的信条，而是一种观看世界的基本方法。

诚然，宗教为批判思维的活动提供了回报最高的机会。对圣经的高级批判，关于异教（乃至基督教）中神的起源的广泛讨论，甚至莱辛提倡的理性基督教（至少在他看来是不断的质疑和理性探索抵达的一种哲学系信仰），所有这一切显示的是批判心灵从神学战场上带回家的战利品。休谟的论文《宗教的自然史》追溯"宗教在人性中的起源"，表明自然主义的主张是无止境的。休谟为了保护自己会假装说他在信仰上采纳基督教的真理，但是他的探索基调揭示了他的坚定信念：宗教不过是一种文化现象

149

＊ 培根认为，人的认识会遇到四种假相的干扰：种族假相、洞穴假相、市场假相和剧场假相。
1 伏尔泰："奇迹"辞条，《哲学辞典》(Voltaire, "Miracles", *Philosophical Dictionary*)，第2卷，第392页。

而已。因此启蒙哲人要把宗教驱逐出其特权圣殿，把它仅仅当作一个事实——如同一种歇斯底里的症状，一种政治管理的花招，一种愚昧的标志或者一个历史发展的阶段。

但是，我要强调指出，如果把批判等同于反教权主义，那就贬低了启蒙运动。批判是在方方面面进行的。狄德罗在《百科全书》中写道："事实可以分成三类：神的活动、自然现象以及人的活动。第一类属于神学，第二类属于哲学，最后一类准确地说属于历史。它们都同样要接受批判。"[1]这可谓一语中的。这也解释了启蒙哲人随时随处的好奇心，对澄清事理的永不满足的渴求。孟德斯鸠和吉本对政府奥秘的分析，自然神论者对教士把合乎情理的平凡的自然宗教变成可以牟利的谜语时使用的权术的解剖，卢梭对语言史的自然主义说明，霍尔巴赫与休谟对宗教进行的心理学研究，功利主义者对虚构事物的抨击，其核心都是这种批判精神。一切事物都同样要接受批判。做出这样的表示，也就意味着自信地行走在一个除魅的——或者说等待除魅的——世界里。

5

在塑造这种好战的自然主义时，古代有两种用途：古代作家为启蒙哲人的分析探索树立了典范；古代生活也成为一座展示范例的博物馆。沙夫茨伯里在给一个朋友的信中写道，西塞罗这种人的哲学是"懦弱和迷信"的敌人，也是偏执、矫情、恶习以及超自然信仰的敌人。"这里有一些岩石，我们常常要劈开它们，但古人（大胆而盲目的小伙子们）会很容易地游弋穿行。"许多古代哲学家都笃信宗教，但是"他们的宗教很少剥夺他们的智慧"。[2]很显然，现代人可以从古人那里学到许多的东西。

---

1 狄德罗："事实"辞条，《全集》(Denis Diderot, "Fait", Œuvres)，第15卷，第3页。人们有理由提出反对意见，说启蒙哲人没有像本应那么积极地批判他们自己的假设前提，因此他们始终受制于神话思维的残余，至少受其影响。确实如此。但是，至少他们的纲领尽管没有完全实现，却是彻底直率的批判，包括自我批判。
2 沙夫茨伯里致萨默斯勋爵，1705年10月20日，《生平、未刊信件和哲学养生之道》，第337—339页。

众所周知，古代知性运作的许多规则基本上属于修辞领域：受过教育的基督徒也喜欢宣称自己拥护事实，反对迷信；他们也只认真理，不认老师。其实，无论信神还是不信神的哲学家都说这套陈词滥调。但是，只有当这些宣言出现在一种除魅的世界观里，并且表现为持续彻底地运用理智时，它们才成为启蒙运动的实用真理。琉善描述自己心目中"理想的历史学家"应该是"无畏、清廉、独立，信守坦率和诚实；他会就事论事，不受个人好恶左右，也不会对人有怜悯、尊重和平视之分；他会是一个不偏不倚的法官，会慈祥地对待所有人，但不会对任何人心慈手软；他会是一个有教养的世界主义者，心中没有领主没有国王，从不在意别人会怎么想，但是能够泰然处置眼前之事。"[1]琉善身体力行，把这些令人称道的准则变成有意义的行为规范，而不是流于空洞的吹嘘。他的著作的确表现出无畏、清廉和独立。启蒙哲人以更平和大度的语气承认这位虔敬的思想家具有诚实的人品，但是他们认为他不可能达到这个目标，因为他身陷神话之中，肯定会把神话而不是真理当作终极价值。只有生活在批判氛围中的人能够把善意的规诫变成活生生的原则。换言之，对于启蒙哲人而言，只有异教徒才能成为真正的哲学家。

不仅箴言宏论对于启蒙运动具有很强的吸引力，而且古人的气质也主要通过其具体表现而流传下来。这些具体表现重新出现在18世纪的著述中，而且往往没有太大的修改变化。狄德罗宣称，塞涅卡这位哲学家"对两个把柄给予最猛烈的打击，强壮者和精明的教士正是用这两个把柄抓住弱者，牵着弱者的鼻子走"。[2]而且，根据狄德罗本人的一些著作来看，他也喜欢用同样的方式展开同样的打击。他把暴政与迷信联系在一起，把拘束不安与盲从轻信联系在一起，把对死亡的恐惧与对权威的屈从联系在一起，这些都不过是对塞涅卡的说法的改写。同样，吉本突显西塞罗和琉善，为的是"暴露一些诗人的无聊故事和由古代留传下来的支离破碎的传说"；

1　琉善："撰写历史的方式"，《琉善著作集》（Lucian, "The Way to Write History", *The Works of Lucian of Samosata*, tr. H.W.and F.G.Fowler），四卷英译本，1905年，第2卷，第129页。

2　狄德罗：《论克劳狄和尼禄的统治》，《全集》，第3卷，第189页。狄德罗的意象——他认为"很有活力的"意象——来自斯多葛派历史学家阿里安。

西塞罗"屈尊对他们使用了理智和辩论的武器",而琉善的讽刺显然是"一种更充分、更有效的武器"。[1] 接着,吉本在《罗马帝国衰亡史》里把西塞罗的高贵的共和主义奉为一个标尺,甚至罗马帝国最辉煌的那几十年也不能达标。他还把琉善的那种冷嘲热讽当作他本人对"人间喜剧"进行挖苦的范式。

152

休谟对古代批判的依赖也同样十分广泛。他在《宗教的自然史》里采用了斯特拉波的说法,认为迷信在弱者和胆怯者中最强盛,因此在妇女中最根深蒂固;他赞同朗基努斯[*]的看法:神人同形同性观念实际上是一种无神论;他高度赞扬并欣然模仿"博学的和哲思的瓦罗",因为瓦罗[**]在宗教领域"绝不论述任何超出可能性和表象之外的东西";[2] 他也欣赏琉善对民众顽固信仰的"最荒唐的寓言故事"的调侃;他的著名结论读起来就像是西塞罗的怀疑论、琉善的嘲讽和卢克莱修的激情的混合产物:"整全是一个谜语、一个谜、一个无解之神秘。关于这个主题,我们慎思详察之后的惟一结果,似乎就是怀疑、不确信、悬置判断。但是,人类的理性是多么脆弱,意见的流传是多么不可抗拒,甚至那种审慎的怀疑几乎都不可能维持。我们只能开阔我们的眼界,让各种迷信相互对抗,让它们相互争辩,趁它们怒不可遏而争论正酣之时,我们快乐地遁入虽然有些晦涩却平心静气的哲学领域之中。"[3]

在这种逃避过程中,一个亲切的伴侣是普鲁塔克的短文《论迷信》。与他的其他伦理著作一样,《论迷信》没有多少原创性,在许多方面源于西塞罗《论占卜》对同一问题的论述。它的主要优点是清晰简洁。培尔在《彗星泛论》中引用该文,只是稍有异议。正是通过培尔的介绍,这篇短文进入启蒙思考的主流。简要地说,该文的论点是,迷信是比无神论大得多的祸害。二者都是愚昧无知的产物,但是无神论仅仅是理性遭到

---

* 朗基努斯(Longinus),事见《新约·约翰福音》:耶稣被钉上十字架后,一名叫朗吉努斯的罗马士兵被迫去证明耶稣是否已死去,他拿枪刺入耶稣的肋侧,耶稣的身体流出鲜血与体液。

** 瓦罗(Varro,公元前116—前27),古罗马学者。

1 吉本:《罗马帝国衰亡史》,第1卷,第29页。

2 休谟:《宗教的自然史》,《著作集》,第4卷,第346页。(中译本,第84页。——译者注)

3 同上,第363页。(中译本,第121—122页。——译者注)

欺骗而已,而迷信则是源于虚假推理并导致恐惧的盲目激情。因此,迷信是愚蠢加怯懦:它使得信仰者陷入瘫痪:非但不能确保心灵的平静,反而造成永远的焦虑。"畏惧神明的人会害怕一切事物——大海、空气、天空、黑暗、光亮、呼唤、沉寂、甚至梦境"。他是最悲惨的生灵,甚至被睡眠困扰,因为在睡眠中黑暗魑魅蜂拥而至,络绎不绝:"幻影、妖怪、鬼魂以及各种各样的折磨"。普鲁塔克发现大多数宗教都染上了这种瘟疫。犹太教和东方的偶像崇拜最为恶劣,而希腊人和罗马人也先后被千奇百怪的迷信折磨。"所有人的生命结局都是死亡;但是对于迷信来说,即便死亡也不能让它结束。它跳过人生的界限,进入另一边,让恐惧比生命还要长久,给死亡加上了无休止的困扰想像。"[1]无神论固然不好,但也优于迷信,因为它只对个人,对信奉者本人有害,而不会用荒诞无稽的故事来亵渎神明。休谟引用他喜爱的"塔利"(西塞罗)来描述迷信的人——时时处处都很悲惨,甚至在睡觉时噩梦不断,死后下地狱的想法让他痛苦不堪——但是我们从中会听到普鲁塔克的声音。

　　普鲁塔克的宗教社会学反映了古代的政治实践,即把迷信用于操纵大众。启蒙哲人会非常仔细、非常同情地研究这种实践,恰恰因为他们也与古代政治家一样,思想已经除魅。毕竟(应该记住)"除魅"(disenchantment)被赋予了某种令人高兴的暧昧意义。它既表示从迷信中解放出来,又表示对世界的运作方式的某种失望。人们即便不是在逻辑上也是在经验上常常把这两种含义联系在一起:启蒙哲人和他们的古典老师都用辛辣和愤世的笔触来给他们的宗教和政治分析润色。休谟、吉本和伏尔泰的反讽非常著名,而这也有其古代的来源。说到底,是朱文纳尔创造了名言"面包和竞技场"(*panem et circenses*)[2]来嘲讽罗马民众的要求和他们的主子抛出的诱饵;是奥维德以便利为由来推行宗教信仰:

1　普鲁塔克:"论迷信",《普鲁塔克的道德:神智学论文》(Plutarch, "On Superstition", *Plutarch's Morals: Theosophical Essays*, tr. C.W.King),英译本,1908年,第258—275页。

2　朱文纳尔:"只有两个东西是他们渴求的:面包和竞技场。"《讽刺诗》(Juvenal, *Duas tantum res anxius optat/panem et circenses, Satires*),第10卷,第80—81行。

Expedit esse deos; et, ut expedit, esse putemus.

（有了众神会很便利；既然便利，宁信其有。）[1]

波利比乌斯、西塞罗、塞克斯都·恩披里柯、瓦罗都一致认为，虚假的神话对于社会是有用的。当吉本描写奥古斯都"意识到，人类是被名号统治着"[2]的时候，他不过是在演绎这种古代的犬儒主义。

普鲁塔克是最好奇、最坦诚的人，但是为了社会稳定也会克制自己的好奇和坦诚。他被五花八门的宗教景观深深吸引，喜欢比较不同的教派，分析各种祭神仪式，但是他在考察宗教时会小心翼翼，既不太深入，也不太公开。他反对斯多葛派把众神说成寓言，认为这种说法对于公共秩序很危险。他也反对伊壁鸠鲁派把众神说成恐惧的产物，认为这种说法不值一提。他说，讨论宗教问题是"一件非常重大而有风险的事情"。"当你质疑我们对神的看法，追问一切事物的理由和证明时，你就是在讨论根本不该讨论的事情。""只要是古代的和祖先的信仰，就足以成为一个共同的家园，一个公认的容纳所有虔诚的基础。"如果"其稳定的和传统的性质在某一点受到动摇和干扰，它就会被颠覆，将失去所有人的信赖"。一旦人们触动神圣事物，为每项宗教习俗编织辩词，那么"一切都不可避免地会受到挑剔和盘问"。如果把阿佛洛狄忒解释成欲望的化身，把赫耳墨斯解释成理性的化身，把缪斯解释成技艺的化身，把雅典娜解释成思想的化身，那就打开了通向"无神论深渊"的大门。[3]

启蒙哲人的历史著作反映了他们对这些理性化做法的一贯关切。孟德斯鸠在《论罗马人的宗教政策》一文里特别指出，罗马的统治者从一开始就利用理性的谋略来统治非理性的大众。他们设立宗教，既不是出于恐惧，也不是出于怜悯，而仅仅是因为任何社会都需要宗教。孟德斯鸠注意

1　奥维德：《爱的艺术》（Ovid, *Ars amatoria*），第1卷，第637行。（中译本《爱经》，戴望舒译，北京，光明日报出版社，1996年，第30页。——译者注）

2　吉本：《罗马帝国衰亡史》，第1卷，第71页。

3　转引自T.R.格洛弗：《早期罗马帝国的宗教冲突》（T.R.Glover, *The Conflict of Religious in the Early Roman Empire*），1960年，第76页。

到，正是对这种需求有自觉的认识，才使得罗马政治家们独树一帜："他们是为了国家而建立宗教，而其他人是为了宗教而建立国家。"[1]孟德斯鸠对罗马立法者们进行了一番考察，发现他们都紧紧追随着古人的做法，因此从罗慕路斯和努马一直到奥古斯都，政策具有连贯性：帝王和统治集团都通过维护崇拜仪式和编造神话来骗取民众的轻信盲从，通过容忍异族的宗教和吸收他们的崇拜方式来吸引异族。有一批元老院成员非常审慎地销毁了一份新发现的文件，因为这份文件显示，流行的宗教仪式与半人半神的罗马城缔造者制定的规矩之间有很大的出入。另外一批元老院成员为了推行世俗的政策，硬是让它们借用神谕的名义。《论罗马人的宗教政策》是孟德斯鸠的早期作品，而他的主要著作《论法的精神》表明，他一直在关注古代的这些谋略，而且他始终相信，古代的政策乃是一种除魅后的世界观的产物：那些创造神的人不再信神。

西塞罗也用自己的行为揭示了少数哲学家与信徒大众之间、私下的清醒冷静与公开的行礼如仪之间的差别。他是一个怀疑论者，但恰恰在他奋笔疾书反对占卜之时，他依然保留着占卜院成员的身份。这部证明占卜行为荒唐的著作，也是西塞罗对当时主流宗教活动的激情辩护："我们应该通过沿用祭拜仪式和庆典来维护我们祖先的制度，这才是明智与合乎情理的做法。"[2]这是一种有意识的妥协：西塞罗敦促罗马人要坚定地反对新的崇拜和东方来的迷信，但是西塞罗没有看到，或者说，他没有明说，他的政策肯定了他私下讥为庸俗荒谬的那些宗教习俗。一种迷信究竟是可容忍的，还是有害的，这取决于它是本地的还是外来的，是旧有的还是新出现的。

启蒙哲人如实地报道了这种伊索风格。狄德罗指出，西塞罗本人并无宗教信仰，但是在他那个时代，"民众几乎都不识字；他们只能听演说家的演讲，而这些演讲总是充满了对神的虔诚。民众不知道演讲家心里是怎么

156

1　孟德斯鸠：《全集》，第 3 卷，第 38 页。
2　西塞罗：《论占卜》(Cicero, *De divinatione*)，第 2 卷，第 77 页。

想的,在书房里是怎么写的。"[1] 休谟用具体的细节材料来支持狄德罗的上述点评:"如果说曾经在哪一个民族或哪一段时间里,公共宗教对于人类而言丧失了全部权威,我们可以料想,西塞罗时代罗马城里不信宗教的风气会公开揭橥其大旗,西塞罗本人会用自己的所有言行来充当最公然的教唆者。但是,不论这位伟大人物在著作中和在哲学交谈中会多么无所顾忌地表达怀疑,但是在日常生活行为中,他尽量避免惹上自然神论和亵渎神灵的罪名。甚至在自己家里,面对他非常信任的妻子特伦提娅,他也宁愿表现得像一个虔诚的宗教家。至今存留一封西塞罗写给妻子的信。信中他恳切地希望她去给阿波罗和艾斯库拉普献祭,为自己身体健康的恢复表示感谢。"[2]

当然,吉本这位最博学的启蒙历史学家,非常乐意探究这种政治操纵,而且收获颇丰。吉本笔下的罗马充斥着各种各样的宗教信仰。他的《罗马帝国衰亡史》非常正确地把政治操纵看成实际上的宗教操纵:罗马的统治者让宗教在政治戏剧中扮演一个主角,旨在驯服平民大众,使他们不会对统治者的活动产生好奇。哲学家是这种欺骗中的主动参与者:"教士的利益和人民的轻信仍受到足够的尊重。古代哲学家在他们的作品和谈话中,都肯定理性的独立尊严,但他们的行动仍然听命于法律和习俗。他们含着怜悯和宽容的微笑来看待粗俗的人犯下的种种错误,但仍然十分认真地奉行他们的父辈曾经奉行的各种仪式,热忱地参拜各种神庙,有时甚至屈尊参加一些迷信活动,在祭司的袍服之下,掩盖他们作为无神论者的情绪。"[3] 吉本关于罗马帝国早期有一段著名的论述:"帝王和元老院在宗教问题上的政策既照顾到子民中开明人士的思想,也照顾到迷信较深的子民们的习惯。在罗马世界流行的形形色色的宗教活动,罗马人民一概信以为真;哲学家一概斥为虚妄;行政官却一概认为有用。"[4]

157

1　狄德罗:"罗马辞令神"辞条,《百科全书》,《全集》(Diderot, "Aius-Locutius", *Encyclopédie, Œuvres*),第13卷,第268页。

2　休谟:《宗教的自然史》,《著作集》,第4卷,第347页。(中译本,第85页。——译者注)

3　吉本:《罗马帝国衰亡史》,第1卷,第30—31页。

4　同上,第28页。

这些段落语气庄严、修辞讲究，颇像西塞罗的文风，但是那种反讽手法和整个理性风格则继承了塔西佗。吉本以独立不羁自居，浸淫在浩繁的古代文献和当代研究成果之中，引经据典皆独具慧眼，且傲视前贤不无揶揄，但是他常常引用塔西佗，毫无异议，并以其为自己的榜样。

这种意气相投的原因很明显，也很深沉。前面提到，休谟把塔西佗称作"最犀利的天才"，正是"犀利"（penetrating）这个形容词可以说明吉本对塔西佗的仰赖。塔西佗是一个心理大师，擅长用理性方法来理解非理性的现象。他探究的是政治中的人性，探究的领域是世俗世界。尽管在他的作品里可以隐约听到远方神祇的轰鸣，尽管偶尔表现出对命运的屈服，但是他笔下的历史基本上是人与人的冲突，是不同动机之间的碰撞。至于政治过程，那是一种最激烈紧张的生活，充满了暴力和欺诈，是说服、煽情、暴力的竞技场。在这个舞台上，那些具有个人魅力、精明或厚颜无耻的领袖竭力控制和利用惧怕鬼神、渴求衣食住所和娱乐的大众。历史学家塔西佗不满足于史实记载，而是努力去理解造成那些历史事件的冲突。

因此，塔西佗的首要特点是"犀利"。他的所有尖锐警句，所有心理洞察，全部隐忍姿态都是为了完成一个任务，深入到现象的背后，穿透美好表象的面具，捕捉隐藏着的现实。吉本是最自觉的风格大师。他在《自传》里写道："一个作者的文笔就是其心灵的意象。"[1] 他懂得，塔西佗的文笔不仅仅是一种装饰，也是对他自觉承担的严肃而高尚的使命的表达，而且完全服务于这种使命。塔西佗的警句犹如锋利的匕首，与所描写的可怕时代颇为相似。他的对偶句从来都不甜蜜，它们把表象与现实加以对照，得出相当无情的结论，而且总是贬低现实。罗马人在讲坛上是优雅的，在战场上则是残酷的："他们制造出一片荒漠，却称之为天下太平。"[2] 不列颠人错把这些浮饰当作文化的实质："那些正是他们被奴役的一种方式，而他们却称之为文明。"[3] 这种矛盾现象会持久存在，因为人们总是要为丑恶

158

1　吉本：《自传》，第173页。（中译本，第156页。——译者注）
2　塔西佗：《阿古利可拉传》（Tacitus, *Agricola*），第30节。
3　同上，第21节。

的行为做出动听的辩解,总是有非理性的内心躁动。"仇恨自己冤枉过的人,这是人的天性。"[1]类似的格言警句在塔西佗的著作里俯拾皆是,它们可能有些愤世嫉俗,但绝非陈词滥调。它们是警世恒言。

吉本的情绪比塔西佗要轻松一些,因此他的文笔更华丽,也更欢快。[2]但是,吉本也生活在一个除魅后的世界里,他也把参透表象、洞幽烛远视为自己的任务。因此他能够随心所欲地借鉴塔西佗的著作。他常常并列两种动机的狡黠做法——"信念或恐惧"、"虔诚或审慎"——传达了行动的暧昧性质,虽有点愤世嫉俗,但也带有一种对人类行为的宽厚赞许。这完全是塔西佗的风格。他对奥古斯都登基时的形势考察就是如此:这位独裁者的野心;因体制的弱点而使其军事权力膨胀;随着古老家族和元老院的衰落而导致贵族受到屈辱;平民满足于面包和竞技场,而贵族耽于和平与安逸;通过放逐而消灭共和派——这整幅精心描绘的复杂画面几乎就是塔西佗《编年史》摘录的重新编排。[3]

上述这些可以解释为什么吉本称塔西佗是"第一位把哲学应用于事实研究的历史学家",或许是古代惟一真正的"具有哲思的历史学家"[4]——塔西佗喜欢用嘲笑的口吻谈论哲学家;从他零零碎碎的哲学议论看,他本人顶多是个哲学爱好者而已。吉本凭借着精细的眼光,在这里捕捉到启蒙哲人所说的哲学的真正含义:哲学与其说是一门学问,不如说是一种对待世界的立场,一种批判的自由。吉本从塔西佗那里摘录了许多文字。这些没有注明出处的引文本身并没有表明一种亲密联系;它们实际上是一位古典主义者向他的古典导师表示的敬意。我们可以在更大的意义上说,《罗马帝国衰亡史》是一部模仿之作:塔西佗是吉本的榜样,这不仅仅是因为吉本在塔西佗那里找到了宝贵的资料、隽永的警句和发人深省的道德教

---

1 塔西佗:《阿古利可拉传》(Tacitus, *Agricola*),第42节。

2 正如罗纳德·赛姆爵士(Sir Ronald Syme)指出的,到塔西佗开始撰写他的杰作《编年史》时,他抛弃了自己原来使用的大部分形容词;相反,吉本总是陶醉其中:吉本笔下的奥古斯都总是"精明的"——"精明的"(artful)是吉本喜欢使用的形容词,它有点暧昧,既表示有教养,也有欺诈之意。

3 这段文字(《罗马帝国衰亡史》,第1卷,第59—60页)应该与塔西佗《编年史》,第1卷,第1—2节对照来读。前者与后者的相似是极其明显的。

4 吉本:《罗马帝国衰亡史》,第1卷,第213页;《论文学研究》,《杂文集》,第4卷,第66页。

训，而且还因为他在塔西佗那里——正如狄德罗在塞涅卡那里，维兰德在琉善那里，休谟在西塞罗那里——找到了自己的思维方式，实际上，发现了他本人的一个形象。人与人可以成为兄弟，但不必非得是孪生子。

二、好客的万神殿 160

1

启蒙哲人对穿越多少世纪而来的古代思想之风十分欢迎，但是反对服膺任何一个学派，因此他们发现折中主义——这个学派否认自己是一个学派——这种思想方式能够给他们的不拘一格和他们的行动愿望提供最充分的施展空间。他们最喜欢从折中学派那里汲取营养，他们也以折中方式选择自己的榜样。对于启蒙运动而言，这正是批判优于理论的胜利，是启蒙运动思想独立的象征。

在启蒙运动的各种折中主义表现中，这是最引人注目之处：这并没有造成难堪，反而令人欣喜若狂。这种做法并不是迫不得已的选择，也不是思想破产的宣示，而是一种恰当的，实际上是最恰当的哲思方式。狄德罗表达了所有启蒙哲人的信念。他指出，折中主义不是纯粹出于懒惰的兼容并蓄，不是从手边的思想堆积中收集哲学碎片。相反，折中主义者鼓吹和奉行自主原则："作为一个哲学家，他会把偏见、传统、古董、舆论、权威，总之，一切能吓唬大众心灵的东西，统统踩在脚下；他敢于独立思考，敢于回归到最清晰的一般原则，考察它们，讨论它们，除非得到他的经验和推理的验证，他不承认任何东西。"[1]在这里，表面上是一篇赞赏罗马帝国时期折中学派的短文，实际上是一幅18世纪启蒙哲人的自我写照。

具有讽刺意味的是，这份哲学独立宣言基本上是抄来的。"折中主义"

1　狄德罗："折中主义"辞条，《全集》(Denis Diderot, "Éclectisme", Œuvres)，第14卷，第304页。

这个辞条是对约翰·雅各布·布鲁克的哲学史有关段落的摘录和改写。但是，因为狄德罗只选取符合自己口味的内容，并添加了自己的文字风格，这种借鉴就变成了折中方式的一次展示。狄德罗写道（就像是为自己的做法辩解）：折中主义者"用他分析的所有不同的哲学……为自己创造了一个哲学，个人化的、完全属于他个人的哲学"。这也就是为什么现代折中主义者们对一切体系持批判态度，甚至对自己的思想先辈也持批判态度。[1]

启蒙哲人一致同意，古代哲学家至多指示了通往应许之地的道路，而他们自己并没有抵达过。休谟写道：

> 想一想古代哲学家对每个学派里几个大师的盲目臣服，就会确信，从多少世纪以来的这种奴性哲学中，几乎不可能得到什么益处。即便是在奥古斯都时代兴起的折中学派，尽管他们表示要从各种不同的宗派中自由地选取他们喜欢的东西，但是在总体上，他们还是与其他学派一样卑躬屈膝，因为他们不是在大自然中，而是在几个学派里寻求真理，他们认为在那里必定能够找到真理，虽然真理不是组合成一个整体，而是以部件的形式分散在几处。[2]

在"学术复兴"（revival of learning）之时，古代体系的"衰落"本身就让现代哲学家懂得了独立的价值。折中学派的那种做法——不是在大自然中而是在前人那里寻求真理——违反了休谟心目中的正确哲学方法，当然也违反了其他启蒙哲人心目中的正确哲学方法。

休谟的批评过于偏激，甚至歪曲了他本人读解古人的方式。众所周知，无论休谟还是其他启蒙哲人都不会仅仅从古人那里学习应该避免什

---

[1] 狄德罗："折中主义"辞条，《全集》，第14卷，第304页。布鲁克本人将原初的"亚历山大"学派与近代的类似学派区分开。他认为，近代折中学派超越了所有偏见，仔细挑剔所有的体系，完全遵从理性原则，只听信经验。值得注意的是，布鲁克列举的近代著名折中主义者的名单本身就是一个折中的名单，其中包括布鲁诺、培根、霍布斯和莱布尼兹等。这些哲学家都厌恶晚期经院哲学制造体系的做法，除此之外几乎没有什么共同之处。

[2] 休谟：《论艺术和科学的兴起与进步》，《著作集》，第4卷，第184页。

么。前面摘引他的那段文字是一个聪明但不知感恩的学生才会写的。当
说到个人喜爱的古人时，休谟就与其他人一样，喜欢致力于发现他所谓的
"宗派"所缺少的哲学活力。

162

在折中学派中，最受尊崇，也是被引用最多的当然是西塞罗。西塞罗
的对话录使得启蒙哲人把古代的各种学说看作是截然不同的理想类型，而
且让不同类型彼此展开自由坦诚的辩论。孟德斯鸠指出："我们喜欢读古
人的书，为的是看到其他人的偏见。"[1]通向自主之路是由这些辩论来照亮
的，因为每一个学派都把刺眼的批判之光投射到其他学派身上，检测其长
处，暴露其弱点。塞涅卡也受到推崇，因为他超越了门户之见而致力于哲
学自主。狄德罗指出，虽然塞涅卡"高度评价斯多葛派严格主义者"，他本
人却仅仅是一个"修正的斯多葛主义者，甚至是一个折中主义者"。因此
狄德罗坚决反对拉美特利把西塞罗描述成一个具有"全部斯多葛主义严
酷特点"的严格的宗派主义者，认为这种描述是完全错误的。[2]贺拉斯也被
列入这个备受赞赏的名人行列。尽管启蒙哲人是根据他的直觉而不是根
据他的思想把他看作是一个折中主义者的，这种看法却非常恰当。贺拉斯
对18世纪的影响大部分流于表面；他的诗歌就像是果实丰硕的农村公地。
随便什么人都可以在那里任意采集。他的（文字）"精当老到"（*curiosa
felicitas*），早在公元1世纪就受到佩特罗尼乌斯的赞扬，他那些精炼的名
言也成为有文化的人的口头禅。这也就是为什么斯威夫特在1733年用讥
讽的口吻建议诗人们：

> 从朋友那里获得贺拉斯的只言片语
> 让它们流泻在你的指尖。

但这只是贺拉斯遗产的一个方面，是最博学的启蒙哲人所熟悉，也
为之而感到遗憾的。狄德罗对贺拉斯的熟稔无人能够企及。他赞扬贺拉

1　孟德斯鸠：《思想录》，《全集》，第2卷，第399页。
2　狄德罗：《论克劳狄和尼禄的统治》，《全集》，第3卷，第28、217页。

163　斯是"古代最明敏最文雅的作家"。[1]同时狄德罗非常反感自己的同时代人，因为他们只会嘟囔一句贺拉斯的名言"诗如画"，就再也说不出贺拉斯的其他诗句了。[2]但是，贺拉斯的诗歌在18世纪常常被用来作为日常道德训诫的警句，这毕竟很难说是他的错了。此外，事实上，对于启蒙哲人而言，贺拉斯代表的意义要比这重要得多：他是生活艺术的大师，是不要教条、不要狂热的中庸之道的文雅提倡者，是不拘学派、博采所需，用亲身经验检验书本知识的自由精灵。他把自己描述成"伊壁鸠鲁畜群中的一只猪"，但他又是一个十足的斯多葛主义者，即便对伊壁鸠鲁也不会奴性地仰赖。他既是所有人的门徒，又不是任何一个人的门徒；他游刃于各种学说的间隙，成为一个理想的个体，这才使得启蒙哲人不仅争相效仿他的写作，而且效仿他的生活方式。

2

　　可以说，折中学派对经验的推崇本身就应该是经验的产物。他们的学说给政治需要披上了哲学的外衣；他们还把相对主义和宽容观念变成系统的原则，这对于希腊时代及其以后建立的庞大帝国的管理十分必要。

　　相对主义、折中主义和宽容观念彼此联系非常紧密，即便是在思想上也无法严格地分割开来。相对主义是一种观察世界的方式，认为任何一类信念都不具有绝对的正当性。折中主义是随之而来的一种哲学方法，认为既然任何体系都不可能拥有全部真理，多数体系都各有一些真理，那么在各种体系中甄别挑选才是惟一正当的方法。宽容则是这种世界观和这种方法在政治上的相应原则。它是适合大型复杂社会的一项政策。

　　古人早在亚历山大时代就已经经历过这样的社会。马其顿人战胜希

164　腊城邦，乃是对政治地方主义的一个势不可挡的批判。亚历山大大帝志

1　狄德罗致索菲·沃兰，1762年8月22日，《通信集》，第4卷，第115页。
2　狄德罗：《关于绘画的随想》，《美学著作集》（ Denis Diderot, *Pensées détachées sur la peinture, Œuvres esthétiques*），约1776—1781年，第828页。

在把东方和西方（在实际上和象征意义上）合并在一起的雄图大略，预示了对众多庞杂人口的和平统治。这在其后继的一些帝国得到部分的实现。亚里士多德对天然主人和天然奴隶的区分只有在极权体制下才能维系，用当时的技术手段无法落实，而且完全有悖古代政治家的基本信念。相反，帝国的陆续创立带来了一种世界主义的观念：人是平等的，实际上在基本生理上是一样的，只是因财富、容貌和教育等方面的机遇而有所不同。希腊时代的国家以及后来的罗马帝国，摧毁了传统的效忠关系和社会结构。它们鼓励行政官员和教师四处移居，给获释的奴隶提供一些发展机会，形成了一种现代所谓的唯才是举观念，这种观念与相对主义心态互为因果。文人们用两种语言宣扬世界主义，他们的出身来源更突显了文化融合的过程：塞涅卡、昆体良和马提雅尔都来自西班牙；西塞罗、维吉尔、李维、贺拉斯和奥维德虽然都是意大利人，却都来自外省；阿普列乌斯*来自非洲；普鲁塔克是希腊人，琉善是叙利亚人。在这种文化共同体中，严肃文学和通俗寓言广泛流传，引起不断的模仿，强化了统一意识；哲学家们互相交流观念，进而消除了教条之间的界限。

即便是公开敌视折中主义的学院派哲学，在这种气氛里也变得越来越折中了。斯多葛主义漫长而曲折的历史证明，良好的适应能力具有重要的生存价值，愿意吸收新观念的学派会获得好处。斯多葛主义的开创者们用激进的世界主义奠定了使之长存的基础：他们教导人们，四海之内皆兄弟，所有的人都是世界公民，因为都拥有神圣理性的火花而结合在一起。犬儒主义者第欧根尼是狄德罗的理想典型，他似乎是第一个自称世界公民（cosmopolites）的人，他的门徒克拉特斯和芝诺则把这个说法变成了教条。与此同时，早期斯多葛派奉行严格的道德准则，主张聪明人远离公共事务，宣扬死板的知识论和精致的形而上学体系，热衷于考究词源和玩弄定义，这一切都疏远了许多勤学好思的听众。对于这些斯多葛主义者来说，这个学说的各个部分都属于整体，能够相互说明，但是许多同情者却发现，可

165

---

* 阿普列乌斯（Apuleius，约125—190），惟一存留下来的拉丁文小说《变形记》的作者。

以只接受其道德规范，而无须理会其神学或逻辑学。这种做法恰恰帮助斯
多葛主义得以延续。

斯多葛主义的折中倾向最早体现在帕奈提乌斯及其弟子波西多尼乌
斯*身上，并通过曾经受教于他们的西塞罗传遍了欧洲。波西多尼乌斯坚
持早期斯多葛主义的教义，认为宇宙蕴藏着生命力，受到理性的支配，结
合成一个合理的秩序。但是，他比早期斯多葛派更强调人对共同体的义
务、伦理和政治的统一、理论和实践的统一。这正是罗马人，无论作为战
士还是作为官员都会赏识的哲学。这也使得西塞罗这样的政治家、贺拉斯
这样的世俗诗人能够怀着同情之心来阅读斯多葛派的著作。斯多葛主义
转移到罗马，逐渐丧失了那种严厉，但发挥了更大的影响。

到了罗马帝国时期的斯多葛主义，由于塞涅卡、爱比克泰德和奥勒留
皇帝的发扬光大，向实践伦理的转变终于完成了：人应该尽其所能地扮演
好自己的角色；皇帝和奴隶在各自的位置上都能充分发挥；人应该勇敢地
生活、承受和面对死亡；真正的自由在于遵守纪律，承认我们能力的界限，
对我们无法躲开的邪恶淡然处之。但是与这种不动声色的笃定相伴的是
对工作、对兄弟情谊，尤其是对自尊的重视。在晚期斯多葛主义那里，"顺
其自然而活"这句流行格言被解释为实现尊严、政治义务和平等主义的最
佳方式，也意味着人的完全独立，其中包括拥有自杀的权利。

至此，罗马帝国时期的斯多葛主义就与伊壁鸠鲁派建立了一种和谐
关系，二者又与学院派携手合作。经验取代了教条，雄心勃勃的理论建构
遭遇到文质彬彬的怀疑主义者的嘲笑。正如孔多塞指出的："那种要求把
自己提高到自然之上的哲学，和那种只是想要服从自然的哲学；那种除了
德行之外就不承认有其他的善的道德，和那种把幸福置于快乐之中的道
德——这二者从如此背道而驰的原则出发，采取了如此相互对立的语言，
却引向了同样的实际后果。"[1]

---

* 帕奈提乌斯（Panaetius，约公元前185年—前110/109年），第欧根尼的弟子。波西多尼乌斯（Posidonius，
约公元前135年—前51年），希腊哲学家。

[1] 孔多塞：《人类精神进步史表纲要》，《著作集》，第6卷，第91—92页。（中译本《人类精神进步史表纲
要》，何兆武、何冰译，北京，生活·读书·新知三联书店，1998年，第64页。——译者注）

这种哲学上的折中主义与宗教上的调和主义相辅相成；事实上，对于许多受过教育的人来说，二者殊途同归，是同一种通过对不同行为和信仰的兼容并蓄来寻求真理的方式。人们会像普鲁塔克那样，很轻易地相信，形形色色的神秘宗教仪式不过是同一崇拜的不同版本；也会像斯多葛派那样相信，不同文化中的神话故事都是把英雄变成神灵的故事。当时受过教育的人不难得出这样的结论，因为古代宗教没有神学，不需要信仰，只需要崇拜仪式，而且没有传播福音的功能。它们也没有什么组织；甚至那些拥有祭司团体的神灵崇拜，例如波斯和巴比伦的神灵崇拜，也容忍非信仰者的存在。祭神仪式绝不可以随意举行，而是属于政治的一部分。卢梭认为，共同体应该要求公民作出信仰表白，作为其忠诚的证明。他的这种想法可以在古代找到渊源。当时的神秘宗教设定严格的考验，举行秘密入教仪式，把入教者改造成一个新人，即便如此，它们也没有什么一统天下的热情。古代犹太人的唯我独尊几乎让所有的邻居都觉得他们古怪和咄咄逼人，因为埃及女神伊希斯或波斯光明之神密特拉的崇拜者会讥笑外人的无知，但是他们不会把自己崇拜的神描绘成一个嫉妒的父亲*，也不会把对其他神的崇拜贬斥为偶像崇拜或对上帝的亵渎。

结果，古代的宗教政策是宽容的，这不是出于少数思想家宣扬的人类兄弟情谊的哲学观念，而是因为宗教扮演的是一个被限定的角色。每个民族、每个城市、每个家庭都应该有统治自己地盘的神灵。当战士或移民者从一种文化进入另一种文化时，他们会很自然地崇拜那些神灵，利用新地区的崇拜仪式，但绝没有想背叛原有效忠关系的意思。引进外族神灵的相反潮流不太明显，但是由于地中海地区权力转移十分频繁，这种情况变得很随便了。强大而富有想像力的民族很可能把自己的神灵强加给弱小的邻居，但是这种强加几乎总是通过说服来完成。传教士的活动在当时尚不存在。

167

---

* "嫉妒的父亲"，指《圣经·旧约》中对犹太教上帝的描述，见《以赛亚书》第42、43、44、45、46、48章；《出埃及记》第20、34章。

伏尔泰对这种态度做了一番描述,迄今为止,学界无人提出异议:"希腊人承认埃及人的诸神。我说的不是圣公牛神阿匹斯和犬头神阿努比斯,而是(众神之神)阿蒙和十二个大神。罗马人崇拜希腊人所有的神灵。"的确,罗马人的兼收并蓄乃是尽人皆知的:通过立法来接纳并保护其他民族的神灵,这是罗马人的惯例。"这种世界上所有神灵的联盟,这种神圣礼遇乃是整个古代世界奉行的国际法。"宽容并不是自动发生的。外来的崇拜必须让当局不会有颠覆公共秩序之虞,才能跻身于得到认可的宗教行列。但是,因为古代宗教大多是无害的,而且只有仪式没有教条,所以"那时没有宗教战争"。[1]

恺撒时代受过教育的罗马人在宗教问题上雍容大度,一方面是因为他们是世俗之人,对宗教嗤之以鼻,只给自己保留一点私下的迷信,另一方面是因为他们怀着一种世界主义的好奇心——他们很可能喜欢收集新奇的宗教和祭拜习俗,寻求它们的基本相似之处,或乐见其丰富多彩的形态。他们的彬彬有礼是基于对宗教和哲学的区分:祭拜体现的是政治效忠和家庭传统,而哲学则用来回答一个受过教育的人关于正确的行为和宇宙的性质方面的疑问。

完全可以想像,宽容政策以及相关的文化相对主义观念会遭到一些人的反对。社会变迁的压力和旧信仰的没落,会引起保守派的抗议,因为他们担心会失去自己熟悉的世界。朱文纳尔对东方移民的谩骂,反映了鄙夷态度背后的焦虑心情,听上去就像贵族的地方优越论为反对平等的世界主义而发出的最后呼喊:

168

> 公民同胞们,我无法忍受一个希腊化的罗马。而且
> 我们的贫民窟里还有多少是希腊人?
> 叙利亚的东方人早已涌入台伯河,
> 把他们的语言和习惯都带了过来。

1　伏尔泰:《风俗论》,第1卷,第15、182页。

幸运的是,对于启蒙哲人来说,古代有大量的言论比这更为大度,也更带有相对主义色彩,简言之,更宽容——足够他们用来实现自己的目的。

3

启蒙哲人的历史研究体现了复杂的动机,他们对古代宽容的态度也同样如此。这种研究有助于他们指控基督教,但也证实了他们的情感偏好。这种用途是所有相对主义方法的用途:就像旅行一样,它给人们提供了一个视角,用以观察同时代的、习以为常的体制。伏尔泰把这些方法结合起来,建议人们"阅读古代作家的著作或者游历远方的国家"[1]时要把种种成见抛开。一个呆在家里的批评家会注意到病症,而游历广泛的批评家,不论是亲身游历还是博览群书,都会从远方异国的角度来探索社会弊病的根源。孟德斯鸠通过有教养的波斯人的角度来批评法国体制。狄德罗借用一个理想化的塔希提人来激烈地否定西方的性压抑。伏尔泰通过与中国的宗教宽容进行比较,抨击法国的顽固偏执。他们都展开了跨文化的对话,其中的原始文化、至少是非欧文化,都指示了本国通向更理性文明的道路。

研究古代,也就意味着在时间中旅行,旨在发现比基督教文化更优越的另一种文化。伏尔泰在撰写《论风俗》和《哲学辞典》中的有关古代宗教的章节时,怀着一种恶意瞥视自己的国家。"罗马人容许其他宗教存在,甚至犹太人和埃及人的宗教也可以存在,虽说他们对这二者本来是很看不起的。为什么罗马容忍这些宗教信仰呢?因为无论埃及人也好犹太人也好,他们都不想消灭这个帝国原有的宗教。他们穿行陆地、漂洋过海,不是去招收新的教徒,只是想着赚钱。"[2]孟德斯鸠也援引古代的宽容作为后

169

---

1 伏尔泰:"以西结书"辞条,《哲学辞典》(Voltaire, "Of Ezekiel", *Philosophical Dictionary*),第1卷,第265页。(中译本《哲学辞典》,下册,王燕生译,北京,商务印书馆,1991年,第496页。——译者注)
2 伏尔泰:"宽容"辞条,《哲学辞典》(Voltaire, "Tolerance", *Philosophical Dictionary*),第2卷,第482页。(中译本,下册,第714—715页。——译者注)

世的楷模。他在《论罗马人的宗教政策》中写道："宽容和善意的精神统治着异教徒的世界。"[1]休谟则给出了一个令人惊愕的辛辣结论：多神论尽管粗俗荒诞，但在本质上是宽容的，一神论尽管庄严崇高，却带来积怨和宗教狂躁。由此，人们可能会说——启蒙哲人就是这样断言——异教的哲学家和政治家的信念和政策都是宽容的，而基督徒的信念和政策都是不宽容的。罗马的万神庙是一个好客的万神庙。

启蒙哲人的宣传主要面对基督徒听众，因此很喜欢引用基督教的创立者们，包括基督本人的言行来支持他们的立场。狄德罗把不宽容的人不仅称作坏公民，还称作坏基督徒。他指出，耶稣、保罗、俄利根[*]和其他早期基督教领袖都宣扬和平，而不宣扬暴力，都教导虔诚的基督徒要通过说服而不是通过强制来争取那些没有走上正途的兄弟。伏尔泰在论辩时也采取完全一样的路线。但是，这种精明的姿态完全是为了掩饰启蒙哲人的一个信念：基督教乃是最坏的狂热盲信。在1762年给伏尔泰的信中，狄德罗故意问道："这种惟有自己教派配享正直之名的狂热，难道不正是基督教的特色吗？"[2]伏尔泰当然知道答案。他写道，基督教的创立者们认为"全世界都应当信奉基督教。所以他们必然是全世界的敌人，直到世人都改信基督教。"[3]他偶尔会对犹太人做出一点善意的评价，但那不是因为他对犹太人有好感，而是因为对基督徒有敌意。例如，他指出："犹太人不希望在耶路撒冷有朱庇特的塑像；但是基督徒则不希望在罗马的朱庇特神庙里有朱庇特的塑像。"[4]

我们从启蒙哲人那里能够看到的大抵是这种有倾向性的历史：既怀有恶意又相当准确。他们历史观的核心是对相对主义的异教与绝对主义的基督教加以区分。这种区分不仅具有宣传价值，而且也有史学价值。基督教把以前长期分开的一些功能集于一身：满足人们对世界

[*] 俄利根 (Origen, 185–254)，早期基督教希腊教会神学家。
1 孟德斯鸠：《全集》，第3卷，第45页。
2 狄德罗：1762年9月29日，《通信集》，第4卷，第177页。
3 伏尔泰："宽容"辞条，《哲学辞典》，第2卷，第483页。（中译本，下册，第715页。——译者注）
4 同上。

的性质和各国历史的好奇，通过制定行为准则来缓解道德上的不确定性，满足人们对共同体的需求，通过许诺救赎来满足人们把握命运的渴望。神秘的崇拜、社会性的宗教、伦理体系、历史理论和宇宙哲学等一应俱全。这样，基督教就发现宽容是一个它无法提供的奢侈品了。它必须组织起来，从教派变成教会。如此一来，基督教就有了世界主义性质——或者如他们自己所说，是普遍的（catholic）。但是它的普世性却依赖于强制的认同：革除教籍的威胁，天谴的威胁，后来又有世俗权力作为不容争辩的后盾。即便是和善文雅的基督徒也不得不把自己的宗教视为绝对真理（因此，其他所有的宗教都是根本错误的），把异教徒看成要么是愚蠢的祖先，要么是顽固不化的死敌，要么是需要启迪的可怜的灵魂。这种对异教文化的敌视不可能保持非常纯粹的形态。基督教形而上学家、基督教人文主义者，基督教斯多葛主义者争先恐后地试图从古典遗产中吸取养分，而且无论多少都有所收获。但是，到了17世纪，尤其是在启蒙运动时期，哲学上的折中主义作为一个工具，不是用来整合基督教，而是用来排斥基督教。折中主义变成了启蒙哲人的一个武器。但是，把工具和理想区分开来，并非易事，甚至也并非人们所愿。边沁写道："虽然我在伦敦是一个保皇派，但是我在巴黎若不是一个共和派，那么我认为自己就是一个理性较弱的人，是一个坏公民。"[1]伏尔泰写道："如果英格兰只有一种宗教，那就必然要担心会专制；如果有两种宗教，他们就会打得你死我活；但是那里实际上有30种宗教，他们就能相安无事，过着幸福的生活。"[2]这些政治和宗教上的相对主义表述是对当代政治和宗教教条的批判，也揭示了边沁、伏尔泰乃至整个启蒙运动向往的世界。这是一个欢迎多样性的世界，是一个自由的个体彼此能够和谐相处的世界，是一个开放的世界，没有绝对之物，没有迫害，却有持续不断的和平对话。

171

---

1 边沁：《全集》，第10卷，第281页。

2 伏尔泰：《哲学书简》（Voltaire, *Lettres philosophiques*），第1卷，第74页。（中译本《哲学通信》，高达观等译，上海，上海人民出版社，1961年，第24页。——译者注）

4

　　说到对话，人们已经发表了大量的无聊意见，我也不想凑这个热闹。现在的时髦看法是，对话典型地反映了现代人的困境，每一位对话者不过是作者的一个侧面，意见的冲突其实是某种无法解决的内心冲突的症候。实际上，对话是一种传统的、极其灵活的教育手段，适用于大多数文明时代和各种各样的目的。加洛林王朝时期，拉丁文对话是帮助学生掌握语法规则的加强记忆的手段。在圣安瑟伦、圣阿奎那和阿伯拉尔等人的论辩著作里，作者用对话方式振振有词地阐述错误的观点，旨在使真理水落石出。中世纪的研究，尤其是大学里的研究，是在活跃的辩论气氛中进行的，不同观点之间的冲突展现为有组织的争论。因此，对话不同于希腊的反讽方式，不同于20世纪的模棱两可，也不同于18世纪的恣意散漫。

　　与此同时，无论基督教多么喜欢争论，基督教的千年统治却没有为真正的对话提供友好的氛围。基督教启示的绝对断言排除了对于基本教义的任何质疑：所谓的不确定性鼓吹者苏格拉底与耶稣基督之间的共同性，在这里烟消云散了——无人可以与上帝的儿子进行辩论。对话的时代是思想发酵的时代——柏拉图的雅典、布鲁尼*的佛罗伦萨和伏尔泰的巴黎处于这样的时代。启蒙运动的气氛有利于对话，而对话也适合于启蒙运动。经院学者被迫在相对狭小的范围内活动；他们进行辩论的初衷，是在不越出基督教雷池的前提下吸收众多的新观念。相反，启蒙哲人则能够充分利用对话的潜力，能够为了严肃思考而非辩驳提出最大胆的假说，戏剧性地发挥批判的建设性作用，记录自己的学习奋斗历程和风险疑惑，并用这种纪录来教育他们的读者。

　　启蒙哲人是一批有创造性的人。他们用多种形式撰写对话。有的采用明确的对话形式，有的对话则是以论文的形式展开。亚当·斯密在《道

---

*　布鲁尼 (Leonardo Bruni, 1370-1444)，意大利人文主义者。

德情操论》一书里精心编排了斯多葛派、伊壁鸠鲁派、柏拉图派以及一些现代伦理学家之间的交锋，借此建构了一个伦理体系。前面已经说到，伏尔泰在关于里斯本大地震的诗作中为了解决为什么恶会存在这一问题，安排了一场哲学家的辩论。孟德斯鸠的《波斯人信札》和狄德罗的《布干维尔环球航行续编》之类想像的游记，在我看来可以称之为跨文化对话；在那种戏剧化的接触中，外邦人绝不会一味逢迎。

其他的对话则一目了然。维兰德在整个文学生涯中始终以琉善的弟子自居。为了忠于自己的榜样，他的一些精彩论文也采用了对话形式。琉善说过，对话被认为是哲学之子，修辞学之敌；琉善本人高雅而又擅长讽刺，因此是狂热、教条和盲信的天敌。维兰德也正是如此来使用对话的，亦即，用于打倒绝对者的专断。伏尔泰是那个世纪的首席讽刺大师，也出于类似的目的使用对话：有时用于嘲讽对手，但更多的时候是为了提供让自己的观点得以施展的丰富空间。例如，《A, B, C, 奇怪的对话》(*L'A, B, C, Dialogue Curieux. Traduit de L'Anglais de Monsieur Huet*) 有3个对话者，他们一致同意需要宽容和法治，但是他们在伏尔泰自己控制的意见范围内就政体问题和社会宗教问题展开争论。莱辛写了《与共济会员的谈话》，在剧本《智者纳坦》中还编写了一段关于宽容的对话。纳坦在第三幕为了证明三大宗教的等价性，讲了著名的3个戒指的故事。这个故事以说教的方式呼吁展开对话。

休谟和狄德罗最有效地开发了对话这种形式的反讽和戏剧潜能。休谟在《自然宗教对话录》中让一个自然神论者、一个怀疑论者和一个信仰主义者就上帝存在的证据展开紧张的辩论。其中的张力从交锋一开始就能明显感觉到。论辩的战线很长时间似乎都十分稳定，但是发生了意外的逆转，使得辩论更为紧张。自然神论者和怀疑论者最初联手反对信仰主义者，但是到对话快要结束时，怀疑论者突然袒露了他对正统神学者在知识上的谦逊态度的同情。结果，自然神论和基督教的证据先后遭到批驳，怀疑论者最终取得胜利。他确实取得了胜利么？两个世纪以来，《对话录》的读者一直在争论，哪一个对话者可能代表了休谟本人——由此表明休谟是

173

多么出色地掌握了伪装技巧，他是多么成功地把对话中的角色表现成独立的、丰满的戏剧人物。[1]

狄德罗的对话没有休谟的对话那么正式。他笔下的那些对话常常像是在霍尔巴赫的沙龙里进行交谈的记录。毫无疑问，狄德罗写的对话体杰作是《拉摩的侄儿》。这部作品模仿的是贺拉斯的一首《讽刺诗》。[*]那首诗是贺拉斯的奴隶达武斯的长篇独白，中间穿插着主人的一些感慨。达武斯利用了奴隶可以在农神节上袒露心声的传统权利，指责他的主人行为乖戾、自相矛盾：他嘲笑贺拉斯作为一个自由人，其实比他的奴隶还像奴隶；说他是一个鼓吹简朴却生活奢华的伪君子，说他一边通奸纵欲一边感叹人心不古。达武斯问道："谁才是自由的？"只有智者才是自由的，因为智者不惧怕死亡，不惧怕贫困，也不惧怕锁链，不在乎荣誉的光环，完全我行我素，命运对他也无可奈何。

狄德罗的《拉摩的侄儿》也以同样的观点收尾，但是交谈的过程则更为曲折，也更为有趣。放荡不羁却才华横溢的拉摩就是一个新的达武斯。他是目光敏锐的观察者，毫不留情地奚落那些供他白吃白喝的富有的东道主。但是，另一位说话人"我"有道德、通事理，有点咬文嚼字，说的话比贺拉斯要多。与其罗马原型相比，《拉摩的侄儿》的两位主角搭配得要更均衡一些。拉摩尽管拥有法定的身份自由，也可以比较随便地讲话，但是他比达武斯更像奴隶；"我"尽管有种种局限，但是因为个人生活无可挑剔，所以不怕任何严肃的攻击。于是就可能展开一场真正的对话了。

狄德罗——也就是"我"——愿意承认，感官享乐几乎是无法抗拒的。这个世界上最难的一件事就是按照原则来生活。拉摩说："全国只有一个人能够散步，那就是国王。其他的人都得摆着某种姿势。"狄德罗很愿意假定，这个警句其实表达了某种真理：自由和权力是结合在一起的。狄德罗并不赞同拉摩的人生观，但是他很认真地对这种人生观进行详细的讨

---

[*] 这里指贺拉斯《讽刺诗集》中的第27首。

[1] 参见本书第384—388页。

论：拉摩是值得作为争论对手的。正如伏尔泰精明地看出，对于自己的享乐主义，帕斯卡是最严厉的思想对手，狄德罗也认识到，对于自己的斯多葛主义，最阴险的对手正是这种不负责任、不讲道德的淫逸放荡。

我：……可是有一个人是不需要做这种哑剧表演的。这就是一无所有、也一无所求的哲学家。

他：这样的动物在哪儿有啊？如果他一无所有，他就会受苦；如果他一无所求，那就一无所获，而且会永远受苦。

我：不是这样的。第欧根尼就曾嘲笑需求的欲望。

他：但是人总得穿衣服。

我：不。他赤身裸体。

他：雅典有时是很冷的。

我：没有这儿冷。

他：那里的人也得吃东西。

我：当然了。

他：谁来付出呢？

我：大自然。野蛮人找谁了呢？找的是大地、动物、鱼、树木、野草、根茎、溪水。

他：可怜的食物。

我：很丰盛的。

他：但是供应的不好。

我：但正是它们的遗体被用来安排我们的餐桌。

他：不过，你应该承认，我们的厨师、糕饼师傅、烤肉师傅、供膳人、甜食师傅的聪明才智也都有所贡献。你的第欧根尼享用这样严苛的食物，他的胃肯定很听话。

我：你错了。犬儒学派的服装曾经是我们修道院的道袍，而且显得非常圣洁。犬儒学派就是雅典的迦密修会修士和科尔德利修道院修士。

175

他：那我就明白你的意思了。第欧根尼也会表演哑剧，如果不是在伯里克利面前，至少也是在莱丝或弗里娜*的面前。

我：你又错了。别人用很多钱才买得到的妓女，却会为了快乐而献身给他。

他：但是，如果名妓凑巧忙于接迎，而这位犬儒学者又迫不及待，怎么办？

我：他会回到他的大桶中，不用妓女了。

他：那你是劝我仿效他吗？

我：我敢用生命打赌：这样要比卑躬屈膝、低三下四和出卖自己更好。

他：我需要一张好床，好的食物，冬天有暖和的衣服，夏天有凉爽的衣服，能够休息，有钱花，还想有其他许多东西。为获得这些，我宁愿受到别人恩惠，也不愿去费力劳动。

我：那是因为你是个懒汉、贪吃鬼、懦夫、卑鄙小人。

他：我想，这都是我告诉你的。

我：当然，生活中的东西都有其价值，但是你不懂得，要得到它们就要有付出。你就会跳舞，你过去跳舞，将来还会跳舞，接着演那下流的哑剧。[1]

我引用了上面这一大段文字，但这不是狄德罗关于道德的最后结论。他非常了解、也非常肯定人的肉欲激情，因此不把禁欲的犬儒主义看作是令人满意的伦理主张。但是，犬儒主义却生动地激发了启蒙运动中典型的哲思风格：试验性而又带有说教性，很随意但又以古典为据，欢迎各种各样的经验，在所有的方面都贴近生活。体系的制造者总是离群索居，就像是斯宾诺莎那样的人：一边磨镜片，一边构建几何学那样的模式。

176

* 莱丝 (Lais) 和弗里娜 (Phryne) 是古代雅典的名妓。
1 狄德罗：《拉摩的侄儿》(Denis Diderot, Le Neveu de Rameau, ed. Jean Fabre)，1950年，第106—107页。（中译本《拉摩的侄儿》，江天骥译，北京，商务印书馆，1981年，第302—304页。——译者注）

启蒙哲人在人群中思考，通常也像自己心仪的古人那样"用一种自由而熟悉的风格"写作，"用对话和自由辩论的形式来处理他们的题材"。[1]洛克的《人类理解论》，如他自己所说，乃是"五六位朋友在我屋里"[2]进行的一系列交谈中酝酿和谈论的产物。伏尔泰是与他的情妇夏特莱夫人多次讨论后才开始撰写他的杰作《论风俗》。还有一些著作则显然是合作的结果：莱辛与摩西·门德尔松合写了一些论文；贝卡里亚的《论犯罪与刑罚》实际上是一部集体创作的作品；卢梭的《论人类不平等的起源和基础》，霍尔巴赫的《自然的体系》和雷纳尔的《欧洲在两个印度的殖民地和商业的哲学与政治史》都是谈话的产物，在许多方面都模仿谈话的方式——这三本著作都多少包含着狄德罗的文字。雷纳尔的这部著作实际上包含着大约十来个启蒙哲人的文字，狄德罗的作用在这些人中是最突出的。

　　这种集体思考并非都是有成效的。而且，启蒙哲人的许多重要作品是通过个人苦修方才完成的。但是，甚至康德也在通信中推敲具体的思想。他还是一个风趣的健谈者，喜欢与人共同进餐。诚然，交际性的哲学活动也给流言蜚语和高谈阔论创造了机会，但与此同时，妇女进入了讨论圈子，思想比家庭出身更重要，各种观点在自由辩论中受到检验，所有这些组成了一种令人兴奋的思想氛围。狄德罗在给索菲·沃兰的信中写道："这就是我们的生活。"他绘声绘色地向沃兰描述了霍尔巴赫的沙龙气氛："谈话有时是戏耍，有时很严肃；玩一点小赌博；人们也会走动，或者三两成群，或者单独一人；会有很多的阅读，有人沉思，有人沉默，有人孤独，有人休息。"[3]今天我们常常听到人们感叹谈话作为一门艺术的衰落；如果确实如此的话，那它是从18世纪开始衰落的——博斯韦尔的《约翰逊的生平》一

177

1　约翰·罗伯逊编，沙夫茨伯里："论机智和幽默的自由"，《人、风尚、舆论、时代的特征》（Shaftesbury, "An Essay on the Freedom of Wit and Humor", *Characteristics of Men, Manners, Opinions, Times etc.*, ed. John M. Robertson），1900年，第1卷，第51页。

2　洛克："致读者"，《人类理解论》（Locke, "Epistle to the Reader", *Essay Concerning Human Understanding*）。17和18世纪的著作前言里常常有这样的声明，会被人们视为一种套话。但是，就洛克和其他作者而言，这些声明也准确地反映了启蒙时代的这些著作是如何产生的。

3　狄德罗致沃兰，1760年9月10日，《通信集》，第3卷，第61页。

书的每一页都在证实这种情况。毫无疑问,讲究礼仪可能助长矫揉造作;反之,迷恋雄辩容易导致胡搅蛮缠。许多准才子在进入社交圈时,身无长技,只有从《闲谈者》*杂志上学来的只言片语。到切斯特菲尔德伯爵**告诫他的儿子不要当众大笑时,虚文缛礼的流弊已经触目皆是了。不过,交谈始终是一个文明化的方式。在巴黎,艺术批评通过不断的交谈和小册子的发行而变得越来越精深。在魏玛,维兰德、歌德和赫尔德成为一个杰出人群的核心。在英格兰,沙夫茨伯里伯爵曾强调交谈的重要性,用商业比喻来为这个最贵族化的艺术辩护:"所有的礼貌都得益于自由。我们通过一种友善的碰撞来相互打磨,消除我们的棱角和毛边。如果限制这种碰撞,人们的理解力就必然会蒙上锈痕。因为才智本身就是救治灵药。自由和交流能够让才智得到真正的发挥。惟一的危险在于实行禁运。与商业贸易的情况一样,这里也会发生同样的情况。征用和限制都会使之一蹶不振。条件最优越的,莫过于自由港了。"[1]休谟本人就是一个出色的交谈者,也把社交圈视为相对主义的训练场所。"在交谈艺术中,没有什么比相互尊重或以礼相待更能让人愉悦的了。这会让我们对同伴的意向表示谦让,遏制和掩藏人性中自以为是的傲慢心态。"[2]交谈是战争的另一种方式的继续。

178　　　这看起来似乎是为纯粹的谈话而大声疾呼。但是,事实上,交谈乃是启蒙生活方式的一个不可或缺的部分。它反映和调动了启蒙哲人对自身无知的表白、对教条主义的反感、对务实的关切以及在对话中获得的快乐。这也促使他们追求自由的言说而不是抽象的口号。沙龙与文字表达相辅相成,构成了启蒙哲人的议会。机智的谈话和戏谑的说法在这里是为行动作测试,其实意在超过自身和直接听众的更高目标;这个目标既简单又明显——不仅仅是为了赢得喝彩,更是为了产生实际作用。

---

* 英国作家艾迪生和斯蒂尔合办文学杂志《闲谈者》(*Tatler*, 1709-1711)和《旁观者》(1711-1712, 1714)。后来出现很多效仿的杂志。
** 切斯特菲尔德伯爵(Chesterfield, 1694-1773),与一些文化人交往甚密。死后出版《给儿子的信》。
1 沙夫茨伯里:"论机智和幽默的自由",《人、风尚、舆论、时代的特征》,第1卷,第45—46页。
2 休谟:"论艺术和科学的兴起与进步",《著作集》,第4卷,第187页。

三、道德现实主义优先

1

我们看到，这些专业谈话者不满足于纯粹谈话。如果传统的修辞学策略没有这样的不满足，那么18世纪的情况就有点诡异了。当西塞罗——自昆体良到启蒙哲人都把他称作雄辩的化身——坦承自己喜欢事物（res）胜于词语（verba）时，他实际上也主张谈话要有某种目的。启蒙运动也提出同样的主张，而且是用有力而虔诚的态度和道德现实主义加以论证。

我称之为"现实主义"，并不是认为启蒙哲人缺乏想像力。相反，启蒙哲人非常自由地，甚至竭尽所能地发挥了道德想像力。说启蒙哲人是现实主义者，是说他们是从日常生活的具体经验中提取供他们使用的材料，然后不断地回到那种生活来更新和检验。那些创建了美利坚合众国的启蒙哲人在他们起草伟大的辩护文献时，几乎每一页都诉诸生活的经验。他们的欧洲兄弟也为此而赞不绝口。启蒙运动的现实主义并没有采用后来的现实主义大多具有的那种令人压抑的形式。启蒙哲人太喜欢社会和审美方面的优雅东西了，不会把现实等同于污浊堕落；对于他们来说，穷人是现实存在，富人也是现实存在。但是，他们也绝不鄙视日常事务，而是在日常生活中建立自己的世界；他们也不过分讲究，所以能够去寻找政治经济学的法则、法律制度和人类行为的动力，描述不识字阶层的辛劳和中产阶级的奋斗。这种混合的风格也浸入他们的戏剧、故事和小说，不能简单地说成是资产阶级价值观的反映。这其实体现了启蒙哲人的信念：不仅应该在沙龙里，也应该在工厂作坊里寻找现实，内省比形而上学的推理更重要，商人们的商业关系比臆想的社会契约历史更实在。启蒙哲人有些最紧张的思考、最热情的行动乃是由普通事件触发的：伏尔泰接近70岁时，听到处决让·卡拉的事情后，就全身心地投入对法国司法制度的批判。他们的文学作品也与其他人的文学作品相仿，是现实在想像中的变形：莱辛和

179

狄德罗的戏剧,维兰德的小说都追求现实主义的、个性化的、真实而又具有道德意味的表现。正如歌德指出的,维兰德"少时便在青年人喜欢流连的那些理想的领域内陶冶自己,但是由于所谓经验以及在人间和在女人方面的遭遇,这些领域使他厌烦了,他于是投身现实的世界,与两个世界进行抗争,借以自娱和娱人。在这方面,他一半开玩笑,一半较真,向这两个世界小试锋芒,却最圆满地表现出他的才能。"[1]启蒙哲人抨击想入非非,但不抨击想像力。

我把启蒙运动的现实主义称作道德现实主义,因为无论使用的表达渠道是什么——是反教会的嘲讽还是政治论辩——它的核心是道德角度的世界观。卢梭在这点上与其他启蒙哲人完全一致。他在1761年写道:"我喜爱的与其说是形而上学的真理,不如说是道德的真理。"[2]启蒙运动的大多数人都已抛弃了那种以为真理能够自动使人自由的天真希望。对于他们来说,追求和占有真理具有道德的纬度。康德认为,凡是谎言都是错误的,真理本身就是善的。他的看法并不孤立。其他启蒙哲人,如伏尔泰,也不时地说谎,但都赞同康德的观点。启蒙哲人十分痛苦地意识到,知道真理并不一定会去践行真理,不利的信息可能会受到压制,总之,知识和道德并不总是携手并进。狄德罗在一次思考道德问题时指出,如果上帝存在的话,"他会更在意我们灵魂的纯洁,而不是我们意见的正确与否"。[3]事实上,恰恰是因为意识到了这种脱节——这种脱节常常只是令人不快,但偶尔也会造成悲剧——启蒙哲人才如此喋喋不休地说教。他们对道德的专注乃是他们言不由衷、实行反智主义、对反对派不能宽容的主要根源。但这也给了他们进行哲学探讨的动力和要点。他们明白自己关注的是很重要的事情。

在启蒙运动的修辞里,这种对基本必需事物的专注表现为得意扬扬地主张务实精神。甚至像卢梭这样的人,尽管除了他的忠实信徒之外所有的

1　歌德:《诗与真》,第10卷,第298页。(中译本,第4卷,第273—274页。——译者注)
2　卢梭致迪·帕克,1761年6月25日,《通信集》,第6卷,第160页。
3　狄德罗致索菲·沃兰,1759年8月17日或18日,《通信集》,第2卷,第230页。

人都把他贬为不谙世事的梦想家，他也坚持说，真正的知识是实用的知识。他在《爱弥儿》中写道："重要的不在于知道什么，而在于什么是有用的。"[1]因此，他让年少的爱弥儿在实际事物中，而不是在书本中成长。

除了这种主张，他们还断言，他们的思想本身也是一种行动方式。[2]这些说法并不完全符合启蒙哲人的情况。很显然，就每个启蒙哲人而言，这种对行动的偏好，乃至行动的可能性，不仅取决于他置身的国家和时代，也取决于他本人的性格。吉本就仅仅满足于取悦和教导一个有教养的小圈子，这些人大多在阅读《罗马帝国衰亡史》之前可能就已经是无神论者了。那些喜欢论辩的启蒙哲人，如孔多塞，则试图在政治、经济和社会关系方面掀起一场革命。启蒙哲人的行动范围很广，从亚当·斯密有关政治的理论性演讲、莱辛鼓吹宽容的诗歌，到霍尔巴赫激烈反对基督教的言论以及伏尔泰对"败类"的无情抨击。

此外，务实精神不能涵盖启蒙哲人的全部活动。启蒙哲人并非都是力图改变人们基本思维方式的百科全书派，百科全书撰稿人也不会总是摆出百科全书派的姿态。狄德罗的许多创作，休谟论趣味的散文，莱辛在语言学方面的论辩，伏尔泰创作的新古典主义悲剧作品，等等，除了能够使作者感到满足、给读者带来愉悦外，没有任何可以想像得到的功利效用。正如我前面说过的，归根结底，启蒙哲人甚至是以进行某些形而上的思考作为乐趣。他们的教养使他们成为文体家或古典学者，他们写剧本，创作诗歌，进行艺术批评。他们不会成为市井庸人。他们对文学和艺术，以及对纯粹的思考都非常着迷，因此不可能贯彻他们自己制定的方法论程式，也就不可能去得出那种枯燥的结论。

于是，一方面，务实的启蒙哲人们常常在务实这个事情上忙中取乐。另一方面，他们用一种特别的方式做这件事。说到底，单凭务实主张本身并不能把启蒙运动时代与其他时代区分开。如果说从来都会有一些思辨

1　卢梭：《全集》，十二卷本，1871—1877年，第2卷，第136—137页。
2　当然，启蒙哲人使用自我保护的表达方式，宣布相反的主张：他们的思想不会导致任何行动，因此是无害的。但是，正如孟德斯鸠在《论法的精神》第2编里所阐述的，思想与行动的区分不仅仅是有颠覆思想的文人能够安全说话的保护屏障，而且也是对公民自由，尤其是对言论自由的一个切中要害的论证。

者乐于宣称自己的工作与外界毫无关系,那么一般而言,哲学家总是把自己做的事情说成是有用的,所谓有用乃是因为这件事恰恰是他们在做的。追求务实的头衔乃是西方文明一直辩论的焦点之一。基督教早期教父们把自己的神学称作惟一务实的哲学,因为异教徒因吹毛求疵而疏于正经事情。这些早期教父其实在使用从古典对手那里学来的一种论辩手法。培根、笛卡尔以及后来的启蒙哲人批评经院哲学是"喜好争辩的学问",他们其实也是采用自己敌人的武器。我认为,启蒙哲人具有丰富的论战经验,因此,如果他们知道后人嘲笑他们是体系制造者、浅薄的理性主义者和不切实际的梦想家,简言之,说他们是自己谨防成为的那种乌托邦空想家,他们不会感到惊讶。

182

当启蒙哲人指责经院哲学是字谜游戏时,不过是表明,曾经对于经院哲学极端重要的东西,此时对于启蒙运动来说已经丧失了意义。此时改变了的仅仅是务实的内涵,而务实主张本身并没有改变。13世纪博韦的樊尚*编辑了一部百科全书式的著作,旨在收集所有重要的知识。但是他也强调:"人生目的不在于知,而在于行。"[1]在同一世纪,圣托马斯·阿奎那编写了《神学大全》,抨击无用的沉思冥想和"虚妄飘忽的好奇心"。[2]这些虔诚的教士的说法与后来伏尔泰和莱辛的说法大同小异。伏尔泰说,他的格言是"直奔事实!"(*Au fait!*)莱辛说:"人生来就要行动,而不是纠缠斗嘴。"[3]

但是,在一脉相承的说辞背后掩藏着世界观的根本差异。博韦的樊尚的皇皇巨著是用神的眼光来看待人类和自然事物,把人的注意力引向宗教职责和对上帝的仰赖。阿奎那的警告伴有一个揭示性的定义:他贬斥的"虚妄飘忽的好奇心"是指"人的沉思冥想",这种冥想应该让位给对"永恒持久事物"的研究。在信仰上帝和渴望拯救的文化里,对上帝性质和通向天恩之路的研究乃是念念不忘的大事。但是,对于启蒙哲人来说,这些

---

* 博韦的樊尚(Vincent of Beauvais, 约1190—1264),法国多明我会修士,著有百科全书式作品《大镜鉴》。

1 转引自埃米尔·马勒:《哥特意象》(Emile Mâle, *The Gothic Image*),1958年,第25页。

2 阿奎那:《神学大全》(Thomas Aquinas, *Summa theologiae*),第2册,第7题,第1节。

3 莱辛:《关于亨胡特弟兄会教派的思考》,《全集》(Lessing, "Gedanken über die Herrnhuter", *Schriften*),1750年,第14卷,第155页。

似乎更像是文字游戏。他们的务实是现世的，是要把培根和笛卡尔的人定胜天的辉煌想法变成现实。有人说，狄德罗用20年的时间编辑《百科全书》，浪费了生命，也毁了他宝贵的视力。但是，除了偶尔感到沮丧之外，狄德罗认为这项编纂工作与他做的其他事情一样，也是他的哲学使命的重要部分。他说过一句带有不祥之兆的话：人类在学习"拷问自然"，使之透露出能够为人类造福的秘密。哲学家的新角色就是充当这种"酷刑"的指导者，由此也就使他从书斋走向市场，从思想体系走向现实。达朗贝尔写道，经院哲学退回到西塞罗使用的语言，"用词取代了物，用轻浮可笑的问题取代了真正哲学的重大课题"。[1]这项指责出自被启蒙哲人视为体现真正哲学的《百科全书》。在准备写有关工艺和勤勉的辞条时，狄德罗先在工场和农场里践行了他的号召。他在为《百科全书》写的《内容介绍》中有一段著名的文字："我们直接面对巴黎和王国里最能干的工匠。我们不惮麻烦深入他们的工场作坊，向他们详细询问，记录他们的工作指令，整理他们的想法，从他们那里抽取适合他们职业的术语，编纂有关的清单，界定他们的工作，与给我们提供有关资料的那些人交谈，并且（这是几乎不可或缺的提醒）通过长时间多次地与某些人交谈，修正另外一些人含混不清，甚至错误的说法。"[2]这段精彩的文字与其说是狄德罗对于自己工作方法的准确描述，不如说是他发布的一个宗旨宣言。重要的是，他为什么要这样写。哲学家在工厂里，这很像是一出中产阶级的戏剧：行为方式的严格区分让位给一种民主的情感。手与脑、技术与哲学，自希腊以来分道扬镳，此时在用科学来为人类造福中找到了共同的基础。

2

　　把哲学变成解决具体问题的严谨方式，这在人类意志的发展史上划出了一个新时代。神话时代的心灵处于激烈的摇摆之中：时而陷入极端的自

1　达朗贝尔："经院哲学"辞条，《百科全书》，第40页。
2　狄德罗：《全集》，第13卷，第140页。

184 信，时而陷入极端的绝望。生活在神话世界的人通过仪式和魔术，用玄虚的力量来控制自己周围的环境。他们借此来杀死远处的敌人，保障农业的丰收，保佑男性的传宗接代。他们的信念能够移走大山。但是，与这种高傲的主宰意识如影相随的，乃是一种悲凉的无力感。看不见的邪恶力量或者不可理喻的上帝的怒火能够摧毁劳作的果实，熄灭仅存的希望，甚至最虔诚的宗教信奉者也不能幸免于难。面对这些破坏力量，神话时代的心灵既没有切实的补救办法，也不能作出合理的解释。人们只能投降或赎罪，亦即，谦卑地顺从或凄惨地献祭。

　　启蒙运动对于神学的改进毫无同情之心。从启蒙运动的角度看，高级的宗教没有作出任何努力来遏制这种情绪的摇摆。有些神学家宣称，人能够确知自己会获得拯救还是遭受天谴。另外一些神学家则宣称，人永远不能确知这种事情。但是他们都一致认为，人只能处于凄惨的依附地位。尽管其中有人主张，人的行为会与自己的命运发生某种关系，但他们并没有帮助人类摆脱迷信导致的大喜大悲。与之相似的是，高级的伪科学也没有改善人的无助状况：炼金术士的远大抱负，占星术士的高瞻远瞩，完全脱离实际，一再地提供了戏剧性的例证，表明想象中的全知全能到头来不过是一种谵妄。启蒙哲人们则确信，只有他们的科学经验主义能够对人的处境和可能性作出现实主义的评估。"人只因为对自然缺乏认识才变得不幸。"这是霍尔巴赫《自然的体系》的第一句话。他接着写道，人的心灵被偏见毒害，人的才智因谬见而残缺。更糟糕的是，人想冲出自己恰当的领域，"冲到可见世界之外"。甚至反复的残酷灾难也不能使他不再迷恋这疯癫的事业："他轻视现实，而去冥想一些虚幻的事物；他轻视经验，而沉溺于一些体系和臆想；他不敢培养自己的理性"；他不去努力在现世中使自己幸福，却宣称已经以自己的方式认识了来世的想象乐土。"总之，人蔑视对自然的研究，而去追踪一些幻影"，离开了能够使他幸福

185 的简单的真理之路。这段话用热烈的文字和工匠的逻辑总结了启蒙运动的道德现实主义：只有哲学的谦逊才能产生智慧之果，只有理性的（即科学的）探索才能带来幸福。

因此，与古代哲学家一样，启蒙哲人发现，他们的自然研究离不开道德研究，他们的道德研究也离不开人性研究。对外在世界的控制与对内心的控制都依赖于对这二者的理性认知，而这种认知又取决于对行动领域——即行动的性质本身——作出明晰界定。无论人性中有什么普遍不变的要素，人性是依据时代和文化通过人的活动来界定的。启蒙哲人基本上恪守有关自然法则的说法，不会简单地界定人性，但他们开始承认，人就是他的所作所为，而且开始通过行动发现自己，进而认识自己的性质。狄德罗写道："我喜欢实证的智慧，它就像竞技场上的运动员：强壮的人只是在必须展示自己的力量时才能认识自己。"[1]在神话里，人对于自身和世界的无知被蒙上狂妄的面纱，用似是而非的推论来充当自我认识。启蒙哲人大声疾呼"破除迷信"，就是要揭穿这些推论——批判的心灵承担起这个任务，证明星象对人的生活没有任何影响，几句话或几个手势不可能改变大自然的正常节奏。在魔法思维里，人心中有一个恶魔，世界永远令人不解；在哲学里，恶魔被祛除，混沌被化简为法则。魔法思维沉溺于周而复始却徒劳无功的努力，总是在试图控制不断产生焦虑的情势。而科学思维则是致力于消除造成焦虑的根源。神话时代的心灵要么偏执于弗洛伊德后来说的"思想万能"，要么转向另一极端，陷入悲惨的依附状态。相反，批判的心灵力求建立自我（ego）的优势，克制本我（id）的盲目冲动和超我（superego）的粗鲁禁绝："在魔法世界观里表达出来的那种自大情感，其实表明这个阶段还没有真正的自我（self）。我力图通过意志万能的魔法来掌控所有的事物，让它们听从意志的驱使；但这种尝试恰恰表明，意志本身完全被事物支配，完全被事物'占有'。"通过有节制有条理的客观性，科学避开了这种把希望和恐惧投射到现世的方式。按照科学的理解，"一切真正的行动自由都有内在的局限性，都承认行动有某些客观的局限"。[2]

1　狄德罗：《论克劳狄和尼禄的统治》，《全集》，第3卷，第221页。

2　恩斯特·卡西勒：《符号形式的哲学》（Ernst Cassier, *The Philosophy of Symbolic Forms*），1955年，第2卷，第158页。

在启蒙哲人看来，大多数形而上学没有探求这种局限，因此不过是制造神话的高级方式。这当然不是恭维，更不是公正的评价，但由此可以解释为什么启蒙哲人一定要嘲笑笛卡尔，原因在于笛卡尔吹嘘自己能够用物质和运动来建构一个宇宙，其他形而上学家也有类似的主张——在启蒙哲人看来，这些自吹自擂都是"思想万能"的标本。吊诡的是（这也是为什么说启蒙运动是人类意志发展史上的一个阶段），启蒙哲人的哲学方法是通过打压人的自负来增强人的力量。培根以及随后的启蒙运动的说法是，我们通过服从自然来驾驭自然。

3

"你在这里找不到人头马怪，蛇发女怪或鸟身女妖；我们的笔下散发的是人的气息"——古代诗人马提雅尔这样谈论自己的诗歌，听起来就像是近代蒲柏的声音。与启蒙哲人的现实主义相比，古人的现实主义更内敛，也更带有贵族气质；他们缺乏在行动中探索问题和对社会进行改革的冲动，因为他们在大自然和世事面前感到无力，面对社会等级结构无可奈何。不过，希腊化时期以及后来罗马时期的思想家倾向于把哲学问题转化为道德问题，力求在日常生活这个竞技场上——在法庭、朋友关系和政治中——界定问题乃至寻求解决问题的办法。这样，他们就使古代哲学与后来的启蒙哲学有一种亲近的相似外表。"在我看来，幸福的人具有天赋才能，要么能够做出留名史册的事情，要么能够写下被人传诵的篇章；兼备这两种天赋才能的人是最幸福的。"[1]小普林尼的这句名言赞扬了坚定不移的文人，也激励了后来注重实际生活的启蒙哲人。

事实上，启蒙哲人喜欢把这种格言当作他们的经文。狄德罗在这方面尤为热忱。我在前面提到过：狄德罗作为道德说教者可以说是他那个时代的罗马人。他喋喋不休，乃至令人生厌的道德说教，表明他是一个身着

1　小普林尼：《书信》(Pliny the Younger, *Epistulae*)，第6卷，第16封，第3句。

罗马人服装的启蒙哲人。这是一种令人亲切的姿态，非常自然，以至于用
"姿态"这个词有点欠妥；狄德罗具有亢奋的想像力，他就像是一个罗马的
监察官，鞭笞时弊，匡扶正义。"贺拉斯的怪癖是做诗，我的怪癖是说教。"
狄德罗如此评论自己，显得十分机敏。[1]正是这种怪癖使他不止一次地说，
伏尔泰最让他妒忌之处，不是那部令人赞叹的悲剧作品《穆罕默德》，而是
为卡拉一家平反昭雪的努力。[2]看到善良的表现，就像看到一件精美的艺
术品一样，也像一次酣畅的性经验一样，令他心情澎湃。他给索菲·沃兰
的信中写道：

> 　　如果说看到不公正的事情有时会让我极其愤慨，我会失去判断
> 的理智，我会昏头昏脑，恨不得杀人和毁坏一切，那么看到公平的事
> 情，我就会全身充满甜蜜，内心燃起炽烈的热情，甚至觉得我可以放
> 弃生命也无所谓。于是，我的心仿佛膨胀得超出了我的身体，它仿佛
> 在遨游，一种无以名状的美好而微妙的感觉贯通了全身；我会觉得呼
> 吸困难；全身表面会兴奋得颤抖；颤抖首先表现在我的额头和头发；
> 然后愉快赞美的表征会与这些兴奋表征在我的面部逐渐汇合，我的眼
> 睛会满含泪水。[3]

188

　　狄德罗是一个喜欢观赏美德的人；但是，一般而言，尽管他以古代道
德家为楷模，但他做道德评价时没有那么亢奋，比较节制。他在信中对索
菲·沃兰说："我喜好能够提升人类的哲学。"[4]而且，他要把人们常常分开

1　狄德罗：《第一首讽刺诗，关于性格和表现职业性质的字词》，《全集》（Denis Diderot, *Satire I, sur les caractères et les mots de caractère de profession, Œuvres*），第6卷，第315页。
2　狄德罗：《拉摩的侄儿》，第42页；《论克劳狄和尼禄的统治》，《全集》，第3段，第285页。
3　狄德罗致索菲·沃兰，1760年10月18日。《通信集》，第3卷，第156页。这段文字应该与斯摩莱特的小说《汉弗莱·克林克历险记》（*Humphrey Clinker*）关于布兰布尔先生的描写放在一起来读："每逢傲慢无礼和残忍之事，他就血脉偾张，即便有些事情与他毫无关联。忘恩负义的事情会让他咬牙切齿。但是，只要听到慷慨、仁慈和知恩图报的行为，他就会因赞叹而热泪盈眶，但他常常会强忍着故作镇静。"布兰布尔先生具有狄德罗的那种人道主义激情，但是他不像狄德罗那样敢于表现出来：这位启蒙哲人（指狄德罗）大张旗鼓地把激情与道德联系起来，那位更虔诚的（新教徒?）同类（指布兰布尔先生）则觉得必须加以掩盖。
4　狄德罗：1759年8月17日，《通信集》，第2卷，第225页。

的东西放在一起:"行善和求真——只有这些能够把人区分开。其他都无
所谓。"[1]人类所有的智力活动,所有的艺术、文学甚至历史,都必须浸透着
道德激情。他给伏尔泰的信中写道:"其他的历史学家告诉我们史实,仅
仅是为了让我们知道史实。你告诉我们史实,则是为了在我们灵魂深处激
起对谎言、愚昧、虚伪、迷信、宗教狂热、专横统治的强烈义愤。具体史实
可以忘却,但那种义愤会留在心中。"[2]这是伏尔泰乐于接受的恭维,尽管他
未必完全配得上。

　　伏尔泰之所以欣赏这样的恭维,主要是因为他与狄德罗一样,也极力
推崇那些把伦理作为哲学核心、把思考视为行动前奏的古人。狄德罗笔下
的塞涅卡就是这样的人:作为公职人员,他强调公共义务,但也在闲暇时陶
冶性情、研究学问;作为温和折中的斯多葛派,他承认退隐和私人生活的
优点,条件是不可永远退隐和安于私人生活:"自吹退隐乃是一种惰怠的虚
荣。"[3]狄德罗认为,塞涅卡向斯多葛主义的"隐修"精神和伊壁鸠鲁的冷漠态
度退让得有点过分了。他告诫说,一个智者应该"拜访"退隐之地,但不可
在那里久住:"以这种方式自我放逐,就不再是亲人、朋友,也不是公民了。"[4]
不过,这些都是细小的分歧:狄德罗喜欢塞涅卡承担责任、关怀公共事务的
哲学思考,援引塞涅卡的学说作为权威来论证自己的"道德竞技论"*。

　　与塞涅卡相似,西塞罗也有辉煌的公职生涯。启蒙运动把他奉为一
位文化英雄,不仅因为他的作品,更因为他的全部生涯。吉本写道:"拉丁
世界的西塞罗和希腊世界的色诺芬确实是我首先要向文科学生推荐的两
位古代人物;不仅因为他们在风格上和情操上的优点,还因为他们有许多
高明的教训可以应用于公私生活上几乎任何一种处境。"[5]西塞罗承认,寻
求智慧应该被视为最高级的人类活动,但是他马上警告说,这种专注往往
会诱使人们"把未知当作已知","花费太多的时间和精力用于晦涩艰深而

* 道德竞技论 (moral athleticism),表示"自我修炼、公开展示"之意。
1 狄德罗:1759年11月3日,《通信集》,第2卷,第318页。
2 狄德罗致伏尔泰,1760年,《通信集》,第3卷,第275页。
3 塞涅卡:《道德书信》,第68卷,第3节。
4 狄德罗:《论克劳狄和尼禄的统治》,《全集》,第3卷,第221页。
5 吉本:《自传》,第99页。(中译本,第71、72页。——译者注)

且无用的事情上"。像研究天文学或民法这类纯知性努力，在道德上是正当的，值得赞赏。但是，"因埋头研究而偏离积极的生活，则有悖于道德义务"。"德性的全部荣耀在于行动。"[1]启蒙哲人们对此深表赞同，认为在这里看到了一个懂得理论与实践、言与行之间互动关系的哲学家。

西塞罗的这种认识已经令人敬佩，但是更令人称道的是，西塞罗宣称，他不仅仅宣扬这种哲学，而且要身体力行。他写道，他一直在践行他的原则。这些被践行的原则就是行动中的伦理学。西塞罗经常重申，生活中的任何方面，无论私人生活还是公共生活，均应能够被持续不断的、自我批判的道德反思阐释和净化。哲学的一项任务就是让正当的行动大行其道："的确，有谁不讲授道德义务的规则，却敢妄称自己是哲学家？"[2]

西塞罗属于新学园派*，因自己对教条的怀疑否定和自己思想的务实而感到自豪。但是，伦理学是罗马时代所有思想流派的汇聚中心。对善的探索高于对自然的探索，追求正确的行为胜于追求逻辑的精通，这是流行的折中主义态度。如果说罗马时代的斯多葛派没有僵硬地坚持终身献身公职，那么伊壁鸠鲁派也能认识到积极活动的益处。诚然，卢克莱修的长诗《物性论》第二卷一开始便是恢宏的赞美：一个人能够置身事外，冷眼观看风雨飘摇的船只或激烈厮杀的战斗，那是多么的幸福。不过，《物性论》并非一位超然的观察者的作品。诗中处处反映出历经政治事变的挫败，呼唤在道德领域里展开坚韧的知性活动：为了把人从宗教灌输的恐惧中解放出来，没有什么是遥远无关的。他的满腔怒火让我们想到霍尔巴赫，甚至想到休谟。霍尔巴赫对人类精神奴役者怀着刻骨仇恨。休谟心宽体胖，永远精力充沛。但是当他斥责大多数时代大多数人的迷信（"病人的梦幻"）时，他的语言变得越来越尖酸刻薄，他那文雅的怀疑态度变成了愤怒——这是一个被恶毒的蠢货包围着的道德哲学家的愤怒。在启蒙运动中，与罗马时代一样，各种各样的哲学都收拢到一个中心点：寻找能够

190

---

* 新学园派：柏拉图的继承者形成学园派，先后分为老学园派（公元前347年—前247年）、中期学园派（公元前247年—前81年）和新学园派（公元前81年—529年）。
1 西塞罗：《论义务》(Cicero, De officiis)，第1卷，第6章。
2 同上，第1卷，第2章。

支持正确行动的正确思想。

正是伦理学在理论和实践之间建立起合理的而非偶然的关系；正是修辞学使得人们能够普遍接受这种联系。罗马时代就是如此，启蒙运动时期也是如此。惟一的重要变化是，说服主要是通过口头言语，是在法庭或元老院里高谈阔论的副产品。到18世纪，口头交谈依然重要，但说服基本上变成书写行为，修辞让位给风格。[1]结果，整体上对启蒙运动十分有利的结果是，启蒙哲人没有古人那样执迷于形式。形式几乎始终与内容一样重要；实际上，布丰的名言"风格即人"表明，风格不是粘贴在内容外表的东西，而是必不可少的构成要素；风格不是用来装饰乏味小曲的高雅音符。但是，启蒙哲人意识到，他们不仅在争取精英阶层的注意力，而且也要吸引新的越来越多的读者大众的注意力，因此他们绝不忽视各种策略和手段。他们努力使他们的作品简明易懂，甚至不惜反复申说。他们用反讽来打击对手，用俏皮风趣来吸引大众。他们绝不想看到自己的争论观点无人听到，消失在读者的哈欠声中。但是，凡事不能做得太过：启蒙哲人也愿意写出漂亮的文字，理由与文学家一样：既要取悦专家，又要取悦读者；要把传统的原则完美地应用于这一行的实践；力求赢得掌声，最好赢得持久的声誉。因此，哪怕是在启蒙哲人的说教作品里，不论里面包含着多么强烈的情感，不论是公开地还是隐蔽地表达愤慨，也不论是多么急迫地想说服别人，总还是有某些纯粹的美学要素。古代演讲家认为有必要先确定演讲术的意义，然后再来讨论技巧，展示演讲的前景。古代受过教育的人都在学校里学习过修辞学，因此他们都有些世故，对于玩弄聪明的把戏、煽情的伎俩、耸动听闻的意象和加强效果的重复会不以为然。可以肯定地说，在古代，说服的艺术首先就在于让人相信这里面没有花招。启蒙哲人

---

1 当然，并没有完全改变。从演讲术论著在18世纪的流行和伏尔泰、马蒙泰尔等人的有关文章就可以看出这一点。1739年11月1日切斯特菲尔德伯爵写给他儿子的信，其风格俨然一个古罗马修辞学家："让我们再谈谈演讲术，或说话的艺术；这永远不要完全淡出你的思想，因为它在生活的各个方面都十分有用，在多数情况下是绝对必需的。在议会里，在教堂里，在法庭上，没有这种技能就不能表现出众；甚至在日常交谈中，一个人具有很好的口才，讲话得体到位，那么相对于笨嘴拙舌的人，就具有极大的优势。"切斯特菲尔德伯爵接下来向他的儿子讲授如何说服、如何吸引注意力、如何恰当使用隐喻和展现机智风趣，完全是古典论述的口气。

大体上也深以为然。他们确信,公众需要受到教育,而教育公众是他们的天职。休谟写了一篇关于雄辩术衰落的评论文章,但似乎并不十分遗憾;启蒙哲人一致认为,他们无须事事仿效古人。

尽管如此,西塞罗这位行动中的思想家依然是启蒙运动的楷模,因为他比其他任何人都更能体现"积极的生活"(*vita activa*)*。让伏尔泰感到惊讶的是,西塞罗"一生处于动荡不安的时局,自己也逐渐卷入国家事务",他却有时间阅读和撰写如此之多的哲学著作。[1]这种理想化的做法是比附策略的一个有趣样本。在这幅画面里,投身公共生活的西塞罗在撰写《论义务》。这种描绘是错把西塞罗自己向往的生活当作他实际的状态。另一个类似的误读令人非常感动:阿尔菲耶里在看到他仰慕的古人在政治中大显身手时产生强烈的挫败感。他写道:"我为自己生于皮埃蒙特并身处这样一个时代和这样一个政府之下而懊恼交加,潸然泪下,因为我不可能设想或实行任何宏伟的计划。"其实,在多数情况下,古代的环境与皮埃蒙特大同小异;足够讽刺的是,哲学常常是无所作为的产物。从柏拉图到塞涅卡,这些哲学家只是在被迫退出公共生活之后,亦即在退休或被放逐的时候,才撰写了他们大部分最有影响的著作。西塞罗有些伤感地承认这一点。对于他,哲学是政治的替代品。他在一段著名的文字中写道,假若罗马共和国还能继续存在的话,"我就不会写现在的这些哲学论文,而会像我以前经常做的那样,撰写我的公共演讲词。"[2]共和沉沦和专制横行,终结了他作为公共演说家的生涯。他既不愿意消沉,又不愿意花天酒地,于是便转向了哲学。

然而,我们绝不能用这些对古人生平的误解来否定启蒙哲人关于"积极生活"的理想。相反,这些误解体现了我们称之为"影响"的奇妙亲和关系。西塞罗本人从未质疑过行动的价值,认为有尊严的闲暇(*cum dignitate otium*)至多是第二位的选择,只有在尘埃落定的和平时期或对于

193

---

* 又译"行动的生活"。

1 伏尔泰:"序",《得救的罗马,或喀提林》,《全集》(Voltaire, "Préface", *Rome sauvée, ou Catilina*),第5卷,第205—206页。

2 西塞罗:《论义务》,第2卷,第1章。

年事已高的政治家才可接受。西塞罗有点羡慕地写道，西庇阿曾经这样谈论自己："与他真正空闲之时相比他从来不缺少闲暇，与他真正孤独之时相比他从来不缺少孤独"。对于伟大人物，退休和闲暇只是提供了喘息机会，有了反思公共事务的时间。[1]

在雄辩地阐述这种理想并真诚地试图践行时，西塞罗挑选了一种可行的"生活方式"。这种"生活方式"成为启蒙哲人推崇的理想，只是少了些英雄主义和华丽辞藻。自柏拉图以降，希腊哲学家一直在思考人类生存的方式，列举出三种类型：冥想型、贪欲型和行动型。与三种纯粹的政体一样，这三种生存类型也是被大大简化的。其实，每一种都包含其他两种的因素，每一种都不能被明白无误地加以界定。这种不可解决的争议体现为对两个古代传说"赫克里斯的决定"和"帕里斯的评判"*的隐喻所做的对立解释。德性的生活和行动的生活之间的关系，或者说思考的生活与享乐的生活之间的关系，不可能简单地加以确定。实际上，在这些大师手里，复杂性不是表示模糊不清和难以确定，而是表示对生活暧昧性的深刻理解。柏拉图为反驳玩世不恭的修辞学家，为哲学做了有力的辩护，并且撰写有关政治理论的精彩对话。这些论著都赞美沉思生活与积极生活的美满结合。他认为，没有严肃道德目标的思想是轻浮的，没有知识的盲目行动是犯罪。柏拉图甚至给享乐也留有一席之地。他的《理想国》是一个大隐喻，讲述人类的灵魂如何通过正确地配置各个要素的功能来找到内在的安宁：理性要素（头脑）统治激情要素（心）和欲望要素（胃），虽然统治，194但不压制。"统治"在这里有两个含义，对个性的自制和对政治生活的理性管制。因此柏拉图推崇一种综合，推崇以充满激情的理性行动为内容的生活。亚里士多德改变了柏拉图精心设计的平衡，但没有完全破坏它。亚里士多德的伦理学著作继续对这些生活方式进行探讨。他的视角发生转变，使得他不可能得出一个简单的、终极的观点。即便当他明确无误地颂扬

---

* "赫克里斯的决定"，典出希腊神话：大力士赫克里斯在享乐和美德之间选择了后者，不畏艰难，完成英雄业绩。"帕里斯的评判"，典出希腊神话：特洛伊王子帕里斯对三个竞争美的女神作出评判，后来引发了特洛伊战争。

1 西塞罗：《论义务》，第3卷，第1章。

宗教沉思的生活方式时，他也没有把沉思界定为退缩或消极的方式，而是界定为一种高贵的积极方式，沉思不是取代而是统领其他方式：哲学家是"自己思想的建筑师"。

严酷的现实压力，希腊化时期公民生活的沉沦，理论研究和实用研究的逐渐分离，等等，把柏拉图和亚里士多德的综合理念统统打碎了。个人的声音淹没在浩瀚的帝国之中，言词似乎对政治毫无作用。在这个柏拉图尚未经历而亚里士多德不愿面对的世界里，理论和行动变成完全格格不入的对立两极：sophia，即抽象沉思的智慧与phronesis，即社会的道德理性相互对峙。罗马时期的斯多葛派以及一些后期的逍遥学派成员恪守基本观念，继续认定思想对于行动必不可少，但也看清了形势变化，对自己导师的复杂观念进行大简化。但是，一旦沉思意味着逃避生活和彻底独处，那么与行动相关的思考就只能局限于伦理学、政治学和实用科学了。西塞罗在这方面典型地代表了罗马人讲究实际的风格。他的政治著作《论共和国》和《论法律》表明他非常倚重柏拉图（但也显示了他与柏拉图的距离）。这些著作歌颂城邦的创建者，歌颂那些"愚蠢"地为共和国献身的理性人士。西塞罗写道，国家创建者和维护者是最伟大的人，是近乎神圣的人。于是，即便不是在现实中，那么也是在渴望的想像中，从思考到行动的道路被联通了，而且永远开放。在被迫退休后，西塞罗在写作时依然执迷于国家和公共道德问题。他的思想还是停留在他被迫离开的那个舞台，他的大部分理论思考依然带有市场*的气息。[1]

195

西塞罗不能欣赏"生活方式"观念的曲折演变，启蒙哲人也因形势所迫而让自己的务实思想变得简单化。他们体验到的基督教理想把沉思等同于修道院的生活，这就使他们把"积极的生活"和"沉思的生活"（vita contemplativa）完全对立起来，宁可选择西塞罗而不选择柏拉图或亚里士

---

* 古代市场不只是商业活动地点，也是讨论政治、辩论真理的场所。

[1] 在这方面，可以联想一下启蒙哲人非常赏识的近代第一个异教徒马基雅维利。他在一封著名的信件里描述了自己被放逐时的生活：夜晚来临，白天的交往和日常事务都已结束，他脱去白天的衣服，穿上官袍，走进自己的书房，和他钟爱的古人对话，就政治问题进行思考和写作。马基雅维利与古人神交是一种心理治疗，他诉求的那些古人并没有疏远他：他们引导他进入政治活动的深处。

多德作为自己的精神导师。我在前面已经说过,这对于那些才智很高的人来说不会有多大危害。想想他们对杜尔哥这位国务活动家的理想化。非常有意思的是,杜尔哥既不是能言善辩的沙龙说客,也不是精明的政客。他是一个现代的西塞罗:生逢其时的行动中的思想者,训练有素的政治经济学学者,老练的行政管理者,有原创性的历史哲学家,践行的人道主义者,在缓解人类痛苦方面尽了自己的职责。

这当然是一个值得推崇的理想,尽管有点单薄。这个理想也不断地受到抨击,而且它与基督教理想的冲突也使得启蒙哲人对于任何恢复古老的柏拉图式复杂观念的试图都极其敏感。在我看来,这是狄德罗与卢梭之间著名争吵的真正意义所在。在1750年代中期,卢梭宣布与他曾经生活过的高雅社会决裂。为洗心革面,他退隐到农村。这种退隐激怒了他的朋友,尤其是老友狄德罗。狄德罗在剧本《私生子》中明显地影射卢梭的自我隔绝:"问问你的良心,它会告诉你,好人生活在社会里,只有坏人才形单影只。"[1]

卢梭受到伤害,进行反击,由此演变为一场越来越尖刻的唇枪舌剑,最后导致两人决裂。这表面上是一场私人争吵,其实后面有更多的因素:狄德罗的指手画脚和不寻常的怒火中烧表明,这里涉及的是理想的冲突。卢梭的行为就像是对启蒙哲人喜好社交和致力于可亲近哲学的尖锐批评。更坏的是,它看上去就像是对启蒙事业的背叛,以退隐之名来反对追求实效,让人联想到基督教的隐修生活。塞涅卡早就对这种行为做了判决:"自吹退隐乃是一种惰怠的虚荣。"还有谁比隐居中的卢梭更能自我标榜的呢?

这场争论有非常可笑之处——如果说它还算不上完全荒谬,那只是因为我们眼中的小事在启蒙哲人那里则相当重大,他们非常直率地争论道德问题,认为"生活方式"这个古老的问题异常重要。但是,这场争论即便不算荒谬,也依然带有某种反讽意味。卢梭是启蒙哲人中为数不多的推崇柏拉图的人,他并不想逃避责任,他的退隐是社会批判的一种方式,与西庇阿一样,是在为下一步社会行动做准备。他的那些最强硬的对手也是柏拉

1　狄德罗:《私生子》,第4幕,第3场。《全集》,第7卷,第66页。

图主义者,还有亚里士多德主义者,后者只是没有意识到这一点。他们知道,柏拉图呼唤哲学王的出现,而且奥勒留皇帝体现了这个理想;他们知道,亚里士多德把人称作政治动物,他们希望自己就是政治人。但是在他们采取行动时,他们愿意实现柏拉图和亚里士多德的部分理想,同时迫害他们之中那个呼唤他们去追求全部理想的启蒙哲人。

因此,启蒙运动的道德现实主义,尽管充满活力和善意的智慧,却也有其局限性。它使得启蒙哲人向世界展示了他们对待精神的两副面孔。在这方面,正如他们的古代导师既谴责无用的博学,又痛斥对哲学的粗俗抗拒,他们也同样既诋毁沉思冥想的生活,又给自己的好奇心留出空间。我们只要想想狄德罗,就能理解他的活动的二重性——一方面他像服苦役一般地投身于那些无趣而琐碎的编辑工作,另一方面他是最有创意、多才多艺和足智多谋的文人。不过,这种道德现实主义也提示了(当然也有代价)一种把游戏与教导,正确的行动与优雅的言谈协调在一起的方式:正如古代要求艺术具有道德教化功能,文学同时具有教诲和娱乐功能。众所周知,启蒙哲人并不蔑视纯艺术;康德的几部《批判》和孔狄亚克的语言学论文等专业论著都属于启蒙运动的传世之作。但是启蒙运动最独特的表达方式乃是将机智、轻松和教诲集于一身的作品,例如利希滕贝格的格言、狄德罗的《达朗贝尔的梦》、莱辛的《智者纳坦》以及伏尔泰的《老实人》。

197

四、老实人:坚忍的享乐者

1

《老实人》是一部异常丰富的小说,值得反复阅读,也经得起任意分析。它就像特洛伊遗址有许多层次,而且令人惊喜不断。伏尔泰正处于创造力的旺盛期,他将形式和内容做了精彩的搭配,创造出一部完美无缺的艺术作品。作者在写这部作品时肯定像读者阅读时一样非常快乐,但是只有像伏尔泰这样才华横溢而且知识渊博的作家才能享受到这种写作的快乐。才华——这是显而易见的，但是学识也是伏尔泰的机智风趣的一个必要前提。狄德罗承认这一点。他对俄国叶卡捷琳娜女皇说："伏尔泰高出我们这些年轻作家之处在哪儿？学识。伏尔泰学识渊博，而那些年轻诗人没有学识。伏尔泰著作里内容丰富，那些人的作品空洞无物。"[1]《老实人》是一部经典，这可以从两方面来看，首先，它是文人的常备书，其次，它高妙地化用古典。

作为既独特又具有代表性的启蒙运动经典作品，《老实人》典型地体现了当时的尚古之风。书中的故事是我们已经耳熟能详的：年轻的老实人天真纯朴，被威斯特伐利亚的一座城堡的主人——男爵大人赶出家门，然后经历了一系列奇异的冒险。老实人钟情于男爵的女儿古内宫小姐，又深信城堡家庭教师庞格罗斯盲目乐观的形而上学教诲。庞格罗斯这个人物影射的是莱布尼兹。小说结尾处，老实人赢得了古内宫，但放弃了乐观主义。那种乐观主义的说法是，所有的一切都是为了最可能完美的世界而存在的。他的冒险经历教他看破了这种说法。老实人的经历显得离奇而悲惨。但是这部小说不仅仅是一个寓言。伏尔泰的哲学拼贴画上的每一片都有痛苦的现实依据。老实人经历的一切也是伏尔泰时代许多人正在经历的事情——伏尔泰能够从当时的报刊中采集到小说中老实人的大多数乃至全部的遭遇：在现实中人们被诱骗参军，在所谓的"军事训练"中惨遭鞭打，受到宗教裁判所的残酷对待，被贪婪的商人诈骗钱财，被无耻的妓女诬陷，被下流文人恶意诽谤，总之，不仅受到大自然冷漠无情的摆布，而且饱尝人间的残忍与自私。有时，伏尔泰的现实主义针砭当时的时弊，今天的读者需要有一些提示才能理解其含义。例如，老实人在保加利亚军队里接受夹道鞭刑的情节，几乎每一个细节都复制了伏尔泰在普鲁士腓特烈大帝宫廷中亲眼目睹的场景。伏尔泰让腓特烈大帝以保加利亚国王的形象短暂出场时，他那挖苦风格的现实主义达到了肆无忌惮的程度。"保

1　狄德罗：《论俄国的学术》，《全集》(Denis Diderot, *Essai sur les études en Russie, Œuvres*)，第3卷，第444页。

加利亚人"的法语是*bougres*,有"哥们"的意思。伏尔泰是在暗示,普鲁士这位尚武的哲学王可能不爱女人。

很显然,伏尔泰不是在写一个现实主义的故事,而是写一个道德寓言。为适应说教目的,他不惜破坏逼真性。《老实人》中的天灾人祸都是来去匆匆——书中人物被吊到绞刑架上、被刺杀、被开膛破肚,都是突如其来,也很快就被治愈——好像连血都没有流过,读者来不及感到恐惧,也来不及产生深切的同情。《老实人》的这个特点,说不上是瑕疵,而是刻意为之。伏尔泰把故事中的角色刻画成火柴棍小人,如同提线木偶一样来操纵他们,为的是让读者拉开距离,保持警觉和理性。《老实人》被称作为哲理小说不是没有缘由的:读者不是经过怜悯和恐惧的感情激荡,而是通过理性思考而达到精神净化,进而产生理性的行动。因此,细节的真实成为寓言的必要特质。只有厄尔多拉多(黄金国),那里的人幸福安宁,蔑视财富,没有监狱,没有教士,大家都信奉自然神论——具有讽刺意味的是,很显然,这肯定是一个虚构。

无论走到哪里,老实人都在用心观察。他目睹了里斯本大地震和葡萄牙人的迷信反应;他碰巧赶上英国海军上将拜恩在庄重的仪式中被其同胞枪决,只是"为了激励其他人作战";他游历了巴拉圭的耶稣会"王国";他心怀同情地与一个荷兰蔗糖种植园的黑奴进行交谈,这个黑奴被主人残忍地截去手脚。不论走到哪里,老实人都要与人争论。他的交谈欲望永远不能得到满足。

所有的交谈(非常像启蒙哲人在沙龙里的交谈)都指向某种目的。《老实人》在体裁上本来属于流浪小说,伏尔泰把它变成了"教育小说"(*Bildungsroman*)。老实人最终抛弃了所谓"乐观主义"的玄学体系,这倒不是因为找到了另外一种相反的玄学体系,而是因为生活教育了他。他离开了那种贪婪、轻率、幼稚的快乐原则,转而接受了现实。他脑子比较迟钝,就像是启蒙运动讽刺画里典型的玄学家,在遇到抢劫、船难、屠杀等灾难时总是鹦鹉学舌般地说:"凡事都是为了最好而存在。"但是,人生经验最终征服了玄学教条:在这个意义上,《老实人》是鼓吹经验主义的宣传

199

品，是牛顿方法论的戏剧化展示。

值得注意的是，老实人不是简单地接受和记录所见所闻，而且还要说个明白。在这个意义上，《老实人》是一篇对话，其中还有若干层次。不管庞格罗斯是否在场，老实人一直在与庞格罗斯进行辩论。每一次新的恐怖经历都在反驳"凡事都是为了最好而存在"的教条。老实人会惊呼："哦，庞格罗斯，你要在这里就好了。"有时，光明也会刺破他的眼罩："如果这就是所有可能世界中最好的世界，那其他的世界又会怎样呢？"围绕着这个核心辩论，还有一些其他的对话。其他所有的人物都是老实人的陪衬，是对人生经验进行痛苦探讨的伙伴。他们之中包括古内宫小姐及其女仆，头脑冷静的摩尼教徒马丁（老实人在旅途中结识的朋友，因为他愿意和自己谈论哲学），心灰意冷的威尼斯贵族波可居朗台（老实人与他探讨财富和教养是否能够让人幸福）。老实人甚至和想吃他的食人族讨论国际法。伏尔泰非常清楚自己这部小说的这个特色。第21章就有一个最能体现这个世纪特色的标题："老实人和马丁来到法国海岸并展开争论。"此外，在另外一个意义上，《老实人》也是一篇对话：这部小说是伏尔泰本人向进攻型社会改革家转变过程的一部分。1750年代后期，当伏尔泰撰写《老实人》时，他依然认为，行动的定义应该是经过思考后向现实作出妥协。几年后，也是由于通过《老实人》的写作过程，顺从开始让位给不知疲倦的论战——正如整个启蒙运动也越来越转向公开而好斗的激进主义。

与启蒙运动的其他对话一样，《老实人》也是一篇折中主义的训导文章。老实人游历了南美、英国海岸、巴黎和威尼斯等许多地方，与国王、妓女、野蛮人、哲学家等三教九流打过交道，由此建构了自己的经验世界。伏尔泰本人身处的环境是基督教世界的欧洲，如果以乌托邦黄金国作为标准来看，实在是太糟糕了。黄金国的居民生活幸福，基本上不知道基督教或欧洲的存在。为了造成尽可能强烈的反差，伏尔泰让欧洲最讨厌的典型人物来做欧洲最张狂的代言人。巧取豪夺的商人，粗俗不堪的贵族，眼睛盯着漂亮男孩的耶稣会士，狂热的宗教裁判官，等等，都成为伏尔泰教育老实人的素材。老实人怀着民主精神和好奇心，不卑不亢地逐一加以点评，简直就是一个包容大度的世界公民的典范。伏尔泰把老实人塑造成正派有礼、渴求知识但有些迟钝的形象，这样做不仅仅是为了便于展开故事。他有点无奈地承认，即便是最纯粹的人也只能在现实中碰运气。

老实人漫游的世界是完全除魅的。我前面把《老实人》称作道德故事，应该更完整地说，这是一部世俗道德故事。这里没有鸟身女妖，没有蛇发女怪。推动故事发展的原因存在于自然之中。有些事情是难以解释的，例如地震，但也并非超乎自然。另外一些事情可以在社会制度或人性中找到解释。老实人离开黄金国，至少部分原因在于，出于人的天性，他想回家吹嘘自己在国外的游历，还因为这里有非常简单也非常可爱的理由：真正的人间生活不会像这个样子。里斯本大地震后，无辜者被火刑烧死，原因是狂热的迷信使人们做出愚蠢的推理并任意发泄他们的仇恨。桑得登特龙克男爵在威斯特伐利亚的城堡被攻陷拆毁，里面的居民遭到蹂躏和屠戮，这是因为人们在交战时会兽性大发。范得登杜先生诈骗了老实人的所有黄金，这是因为一般人，特别是商人，在贪欲发作时会丧失所有的道德顾忌。这一切之所以发生，既不是因为人该受天谴，也不是因为上帝冷酷无情。祈祷、朝圣、求助于超自然的世界，都无济于事。只有承认自己的局限，专注于现实世界，才可能有所改变——这就是全书最后一句名言表达的教益：说得好极了，但还是让我们耕耘我们自己的花园吧。

《老实人》从一开始就指向这一结论。故事的结尾描述了长期游历后的安稳，算是一个快乐的结局，至少不是让人难受的不幸结局。老实人和妻子古内宫、庞格罗斯博士、哲学朋友马丁以及另外一些朋友定居在一个小农场里。老实人主管着这个小社会，人们心满意足地耕种、烘焙、刺绣，对更大的世界冷眼旁观，休闲时辩论哲学问题。古内宫越老越丑，但诚实的老实人遵守自己的誓言，不管她的相貌变化，还是娶她为妻——这表明人有可能失去幻象，但依然可能信守声誉。只有庞格罗斯是不可救药的：他对形而上学的迷恋已深入骨髓，无论身边的现实状况还是他自己遭遇的苦难都不能让他幡然醒悟。但是，针对他为乐观主义做的那套复杂难懂的证明逻辑，老实人用一句简明而睿智的话来回应："说得好极了，但还是

201

让我们耕耘我们自己的花园吧。"伏尔泰在这个结语里把古代哲学的教训总结成一个处世方针：人来到这个世界，就是要受苦，但也要驾驭这些苦难。人生好比一次海难，但我们不应忘记在救生船上也要放声歌唱。人生好比一片沙漠，但我们能够把我们的生存角落变成一个花园。交谈是一种乐趣，但只有在交谈能够指引我们认识我们的职责和可能性时，交谈才是有益的，因为若是没有明确的职责观念，行动会变得不负责任，若是对我们的可能性缺少正确的认识，行动就会不切实际。正如斯多葛派早已说过的，哲学的任务就在于发现什么是我们的能力所及，什么超出了我们能力的范围。因此，《老实人》乃是最具体意义上的道德故事：它通过实例告诉我们，现实主义的道德思考是最重要的。

2

《老实人》的古典主义正体现于此：故事中的机智是伏尔泰特有的，但故事传达的信息则使小说跻身于古典思想的传统。伏尔泰十分欣赏斯多葛派，但他认为自己更像是一个伊壁鸠鲁派。他在1755年，即开始创作《老实人》的三年前写道："我惟一接受的斯多葛派原则是那些让灵魂感受到友谊的甜蜜，认为痛苦是一种坏事的原则。让生命消磨在诽谤和病痛之间有点艰难，但研究和友谊能给人以安慰。"[1]与斯多葛派不同，伊壁鸠鲁派给人性留有一席之地。此外，作为真正的折中主义者，伏尔泰在《老实人》中表明自己既是一个斯多葛派，也是一个伊壁鸠鲁派。他的这个寓言故事要求人们培养个人的自我，但是问题依然存在：我们的花园有多大？正如我前面提到的，伏尔泰对于这个问题的回答在《老实人》发表以后发生了变化。如果我们把伏尔泰最后25年为了正义的事业而忙碌、甚至狂热的生活作为对于这个问题的一个注释，那么这个回答就是，我们的花园是整个世界，或者更现实地说，是在这个世界上我们所能把握的一切。《老

1　伏尔泰致贝特朗，1755年9月30日，《通信集》，第28卷，第71页。

实人》的写作本身对于伏尔泰具有治疗的作用：它让伏尔泰产生了在这个充斥着非理性灾难的世界里应该有所掌控的意识。但是，《老实人》所指向的，超过了克己自制，而是符合道义的行动。只有这种行动才能治疗软弱无力的感觉，才能给幸福提供惟一正当的证明。这就是为什么《老实人》如此不遗余力地猛烈批判一切的原因——《老实人》体现了启蒙哲人把批判等同于哲学的观念，在这一点上它超过了启蒙运动的其他所有作品。它激烈地抨击教会，无情地奚落耶稣会士，辛辣地揭露军队的野蛮残忍和经济领域的剥削压榨。所有这一切都提示着同一个道德教训：人生是很艰难的，以后也永远会是很艰难的，但是，不管怎样，人们必须首先根除迷信、狂热和残忍之类的毒草，然后才可能耕耘自己的花园，才有望获得丰硕的果实。

　　这已经是一种毫不妥协的姿态，但《老实人》的不妥协还表现在另一个方面，甚至更为坚决。归根结底，它的核心靶子是莱布尼兹，因为莱布尼兹是那个时代最大的妥协者。他是一个通融迁就的形而上学家，竭力把宗教和哲学、基督教原则和理性主义原则调和在一起。他是一个试图用深受西塞罗熏陶的哲学家都会尊重的证据来向人们证明上帝存在的神学家。《老实人》否定了这种通融的可能性。这部小说就像是一记响亮的耳光，打在和善圆滑的说情者脸上。它坚决拒绝在任何基础上进行协商。因此，它实际上是一份针对基督教的宣战书。

第二篇　与基督教的矛盾

总括起来，我们可以得出结论说，基督教不只是在一开始就带着许多神迹的，而且即便现在任何有理性的人离了神迹也不能相信它。

休谟:《人类理解研究》

1748 年

　　我们的设想是：不让迷信、狂热、无知、疯狂、恶毒与残暴之徒有容身之地。难道我们作为哲学家只是徒有虚名么？当然不是！难道还会有人为谎言牺牲，而真理只能依靠懦夫来宣扬？兄弟们让我感到欣慰的是，他们没有怀着被您称之为"败类"所具有的仇恨与蔑视，而是热爱道德与善行，追求真、善、美——这个"三位一体"比那些人的三位一体要友好许多。仅仅做到比他们知道得多还不够，我们还要向他们表明我们更加优秀，表明哲学能够为更多的人带来比圣宠多得多的益处。

狄德罗致伏尔泰

1761 年 9 月 29 日

　　世上有许多正直的基督徒，这是毫无疑问的，就像各地、各阶层都有好人一样。但惟一可以肯定的是"个人"，而个体做了什么事情，是无足轻重的。

利希滕贝格:《评论集》

约 1790 年

第四章 从理性退缩

　　公元1世纪晚期，一股诡秘的力量开始渗透进罗马帝国的精神世界。它狡猾地利用人们的恐惧和焦虑，提供一种堂而皇之的永恒拯救的承诺。基督教就这样渐渐地颠覆了统治阶级赖以延续的那种自成一体的异教精神。罗马帝国本来就很不完善。尽管吉本对罗马帝国的摧毁者极其鄙视，但是他承认，他在记述其衰亡历程时，是在撰写一部悲剧。造成罗马悲剧的缺陷既根深蒂固，又显而易见：它的哲学从来没有真正的原创性；它对付下层社会时只会玩弄迁就、收买和镇压这几种策略；荒淫暴虐的皇帝接连出现，导致朝政败坏，国家混乱。不过，受过教育的罗马人至少也曾努力建立一种基于理性而非基于神话的文明。然后基督教在一片衰败之中出现了，如食腐的秃鹰一般趁火打劫，保存那些本应灭亡的观念，践踏那些值得延续的观念。

　　基督教在诞生之初就有些令人讨厌之处。值得注意的是，它是在罗马帝国的堕落时期，在下层社会里，在陷入愚昧、罪恶和绝望的男女中间兴旺发展起来的。还值得注意的是，它是在非常不体面的争吵、冗长集会上的空洞争辩、无聊琐事上的激烈冲突以及相互诽谤和迫害中形成自己的教义、戒律和组织。基督教声称给人们带来光明、希望和真理，但它的核心神话是不可置信的，它的教义是粗鄙迷信的变体，它的圣经是原始传说的拼凑，它的教会聚集着一群狂热者，他们若没有权力便奴颜婢膝，若获得权力则专横霸道。基督教在公元4世纪大行其道，确立了幼稚盲信的胜利。由此，知识的明灯一盏接着一盏熄灭了，黑暗笼罩了大地，长达千百年之久。

　　这些黑暗世纪不仅仅是苦修和迫害的时代。与其他时代一样，这段时期也有辛勤的农民、高傲的贵族和精明的商人。但是，他们都被教士统治着，脑子里充满迷信；当劳动者在酒馆里狂欢痛饮，骑士在执行宫廷仪式，哲学家在思考事物的本质时，他们可能会一度忘记宗教的包袱，但是那种童稚般的对天堂的期望和对地狱的恐惧支配着他们的日常生活。古代有一小伙很有影响的开明的精英分子把人作为人类研究的恰当对象，但是在基督教兴盛的一千年里，不论从事什么职业，人类研究的对象总是上帝。在遥远的古代，聪明人的聚集场所是哲学学园或政治讲坛；在基督教时代，这种场所是教会——在文字和感情方面，教会都主宰了中世纪的景观。卢梭写道："为了使人类恢复常识，就必须来一场革命。"[1]

中世纪曾经出现一些革命的迹象：它不是始终一片黑暗。基督教的早期教父绝不是彻头彻尾的野蛮人。他们深受柏拉图主义的影响。其中一些人还引证古典作品来为自己所用。例如，他们声称，维吉尔的第四首牧歌预言了基督降世，塞涅卡属于基督教的谱系，等等。到公元12、13世纪，中世纪文化发生变化。这种变化更多地发生在表面而非实质，但是在范围上影响深远。异端信仰者开始质疑主流教义，他们本身并不崇尚理性，但他们重新挑起辩论，实际上促进了理性的事业。同时，十字军东征尽管本身弥漫着宗教狂热，但让人们睁开眼睛看到其他的文明，也有利于批判思考的兴起。哲学重新现身了。此时的哲学基本上一种似是而非的思考，是用所谓的逻辑和可笑的形而上学装扮起来的一系列迷信的命题，并没有改变基督教文明的实质内容，但改善了基督教文明的气氛。城市开始复兴了，从王公贵族手中获得了特许状。这些特许状成为现代权利宣言的先声。贸易的发展改善了人们的生活水准，把文化带到了偏僻落后的地区。法学、政治学和经济学尚在襁褓之中，但至少开始获取经验知识。尽管基督徒已经把整个世界推回到盲目狂信的境地，但是这一千年，至少在凄凉阶段之后，总体上还是大大优于第一个信仰时代。中世纪毕竟出现了少量值得一读的著作，也解决了一部分当时的政治问题。这个时期毕竟积累了一些物质财富，出现了少数伟大人物，甚至有一些知识上的成就，从

---

1 卢梭：《论科学与艺术》，《全集》，第3卷，第6页。（中译本《论科学与艺术》，何兆武译，北京，商务印书馆，1963年，第7页。——译者注）

而给理性思考的人们提供了希望,使他们期待更好的事物出现,期待一次学术复兴。

虽然启蒙哲人的观点各自略有不同,但上面所述可以说是启蒙运动对中世纪的基本看法。毋庸置疑,这是一幅漫画,是面对大量证据做的有偏见的误读:两个世纪以来的学术研究表明,启蒙哲人对基督教千年统治时期的美好事物、学术成果和多样性视而不见。其实,《百科全书》中有几个对于中世纪习俗多少怀有同情的辞条;杜博*、杜尔哥和伏尔泰等历史学家都小心地区分中世纪的不同时期,对中世纪的制度也会说上几句好话。他们承认,基督教之所以大获全胜,是因为其他宗教信仰纷纷衰落。他们发现,中世纪有一些杰出人物学识渊博并持有宽容态度——这些人堪称启蒙运动的先驱。神圣罗马帝国皇帝腓特烈二世便是其中之一。但丁曾把他放在地狱第六圈,孔多塞则指出,这位腓特烈二世"曾被人怀疑是我们18世纪的教士所说的那种'哲人'"。[1]尽管孔多塞对中世纪极其鄙视,但也不得不承认,经院哲学对"明智的哲学"贡献良多。[2]吉本也是如此。他以屈尊俯就的口吻说:"中世纪的黑暗时代也展现了一些并非不值得我们注意的场景。"[3]

但是,诸如此类的旁注不过是勉强向客观性做出的一点让步。吉本的《罗马帝国衰亡史》对基督徒并不宽宏大量。早在写这部著作之前,吉本曾经表示,"敌视一个宗教的人决不会了解这个宗教,因为他们仇视它。他们之所以仇视它,往往是因为他们不了解它。"[4]但是,启蒙哲人们并不听从这句名言中包含的有益建议。这倒不是因为他们完全无知——吉本本人就像18世纪所有人一样了解早期教会的历史——而是因为他们在竭力寻找能够败坏自己的基督教敌人的东西,而忽视能够为基督教敌人增添光彩的东西。

210

---

* 杜博 (Du Bos, 1670–1742),法国学者,法兰西学院院士。

1 孔多塞:《人类精神进步史表纲要》,《著作集》,第6卷,第127页。(中译本,第91页。——译者注)

2 孔多塞:《杜尔哥的生平》,《著作集》(Condorcet, *Vie de Turgot, Œuvres*),第5卷,第11页。

3 吉本:《罗马帝国衰亡史》,第7卷,第210页。

4 吉本:《论文学研究》,《杂文集》,第4卷,第70页。

　　孔多塞怀着敌意分析基督教的扩张，伏尔泰尖酸刻薄地论述早期教会会议。他们都忽略了一点：基督教在公元4世纪时是非常激进的，它为那些对东方迷信或老掉牙的、守旧的教义感到厌倦的人们提供了一个新方案。罗马帝国晚期的各种哲学（如果还能称得上哲学的话）或者用陈腐的、假装清高的谄媚语调来宣扬文化复古，或者玩弄一种悲观的占星术，后者只是强化了人们在无情的命运面前的无力感。与流行的各种迷信相比，基督教更具有戏剧色彩，也更少一些粗鄙。与流行的哲学相比，基督教更具有吸引力，也更少一些悲观。在后来的若干世纪里，基督教也是一支建设性的文明教化力量，其积极作用远远大于启蒙哲人所能承认的程度。吉本极度蔑视拜占庭帝国，伏尔泰全盘否定中世纪文学，狄德罗、莱辛和休谟都对哥特式建筑颇为反感，启蒙运动中谈论教士的口头禅是傻瓜、恶棍、饕餮、性变态——所有这些都是启蒙哲人的政治偏见与某种自负结合起来造成的负面结果。吉本在论述类似克莱沃的圣伯纳德*这样的圣徒时写道："一个哲学的时代会以极其自由的不分青红皂白的轻蔑态度，抹杀这种精神英雄的荣耀。他们之中的最平庸者也具有某些特殊的精神力量；他们至少优于他们的信徒和弟子。"圣伯纳德"在言论、写作和行动方面""高于他的对手和同时代人；他的作品倒也不乏智慧和文采；他的身上还多少保留着理性和人道精神，与他作为一个圣徒的特质尚能搭配。"[1]吉本的这段肯定文字如此寡情薄义，足以解释为什么后来的批评者对于启蒙运动的中世纪观很不满意：看起来，启蒙哲人在赞扬中世纪的基督徒时比批评他们时更恶毒。

　　不过，启蒙运动的批评者虽然对启蒙哲人处理这一千年历史的不公正很不满意，但他们通常也像自己试图消灭的片面立场一样怀着党派情绪；他们把启蒙哲人的偏见当作靶子，而不是当作一种提示。当有教养的文化人做出被我们视为庸俗的判断时，这些判断的自相矛盾之处——对于他们

---

*　克莱沃的圣伯纳德 (Bernard of Clairvaux, 1091–1153)，法国修道士。
[1]　吉本：《罗马帝国衰亡史》，第6卷，第332—331页。

来说没有矛盾——应该能够给历史学家提供一扇窗口,借以考察以往信念的内在奥秘。首先我们应该记住,18世纪基督徒的普遍态度不会让启蒙哲人感到有必要去发现中世纪任何有价值的东西。艾迪生说,那是一个"黑暗与迷信"的时期,人们怀着"敬畏"之心对待大自然。艾迪生的观点在当时很具有代表性,因此无须证据和辩护。[1]除了个别空想家外,一般的虔诚教徒与无神论者一样,不会欣赏沙特尔大教堂、《神曲》或普罗旺斯抒情诗的美妙之处。对现代化的追求是普遍的。但是,很显然,正如我以前所说,启蒙哲人给这种追求带来特殊的热情。当艾迪生在18世纪初、珀西*在1760年代暗示中世纪罗曼司的美妙时,启蒙哲人拒绝作出响应。他们以意识形态为标准来处理历史,因为他们投入了一场意识形态的战争,没有半点留情的余地。基督教的千年盛世,无论体现为奥古斯丁的非理性主义,还是阿奎那的堂皇体系,还是加尔文的严格法规主义,整体上是他们面对的政治现实的组成部分。

　　了解了这些文化现实,有助于解释启蒙哲人在历史编纂方面的失误,当然不能以此来解脱他们的责任。这里有一个关键之处是他们的历史编纂学无须辩解的,这也是我在前面说到的,启蒙哲人的中世纪观念尽管片面狭隘,但毕竟赢得了一个吊诡的胜利:在由错误的细节和有偏见的判断组成的整幅画面背后,屹立着一个重大历史事实。在敌意消除之后,在情绪化的词句被中性语言取代之后,这个事实继续存在,而且变得更加明显,那就是,中世纪在本质上既不同于以前的时代,也不同于以后的时代。中世纪之所以特殊,首先是因为引进了——或者说重新安置了——宗教神话,以此作为文明的最深层动力和终极目的。古典学问和哲学对基督教具有重大的贡献,但是基督教信徒对于古典学问态度暧昧,并把哲学降到附属地位,这种态度基本上可以被看作是那次全面价值重估的表征。

212

＊　珀西 (Thomas Percy, 1729–1811),英国一个地区主教,收集并编辑英国民歌。
1　艾迪生:《旁观者》,第419期。

一、对古代的篡改

1

启蒙哲人是容易激动的古典爱好者,他们极端厌恶基督徒处理珍贵的古典遗产的方式。孔多塞写道:"鄙视人间的科学,是基督教的主要特色之一。它必然向哲学的冒犯进行报复。"他认为,这种鄙视态度的原因是显而易见的:基督教"害怕那种考察和怀疑的精神,那种对人自身理性的信心,那对一切宗教信仰都是一种灾难。自然科学的光亮对于它甚至是可憎的和可疑的,因为那对于奇迹的成就是十分危险的,而且没有一种宗教会不强迫它的信徒生吞活咽某些科学上的荒谬说法。因此,基督教的胜利就是科学和哲学全面衰落的信号。"[1]基督教实际上
是,而且只能是矗立在古代世俗学问的废墟上。希腊的学问和罗马的学问都遭了殃,希腊的学问或许更倒霉。吉本对拜占庭知之不多,却依然敢于断言:

> (拜占庭帝国的人们)只是用他们的无生气的手死抓住他们的父辈留下的财富,却完全没有继承下来他们赖以创造和增进这笔神圣财富的精神:他们阅读,他们赞美,他们编纂,但他们懒散的灵魂似乎同样全都没有能力思考和行动。在10个世纪的变革中,没有一个发现曾被用来提高人类的尊严或增进人类的福利。没有在古代的思想体系中增加一个新观念。而一代代耐心的门徒轮番成为温顺的下一代的教条主义老师。没有一篇历史、哲学,或文学作品,由于它本身的风格或情调的美,具有独创性的想像,或甚至极为出色的模仿而得以逃脱被人完全遗忘的命运。

213

---

1 孔多塞:《人类精神进步史表纲要》,《著作集》,第6卷,第103页。(中译本,第73页。——译者注)

　　即便12世纪的君士坦丁堡曾经被"荷马和德谟斯提尼、亚里士多德和柏拉图的天才的光辉照亮"，这种光亮也是暂时的，而且仅止于表面。[1]在基督徒冰冷的手中，希腊和罗马文学保存了下来，但苟延残喘，而且付出了很大代价。

　　这种代价（包括在启蒙哲人看来的代价和实际上的代价，因为这二者表面相似，其实不是一回事）的大小或许可以通过但丁来衡量，因为但丁是基督教中世纪最伟大的诗人（至少在这一点上启蒙哲人和现代批评家都有共识），但丁用毕生的作品表明，在一个天才的手中，古典诗歌与基督教哲学的结合能够产生出什么样的成果。启蒙哲人承认这种结合，尽管还是有点出言不逊。伏尔泰称但丁的《地狱篇》是"基督教与异教文化的奇异混合"，[2]另一方面，伏尔泰在接受法兰西学院院士职位的致辞中赞扬但丁遵循着"古人的榜样"，自由地"表达一切"。[3]人们常说，但丁与维吉尔的神交乃是欧洲文学的一个伟大时刻。尽管启蒙哲人对此表示怀疑，甚至加以挖苦，但是他们也承认但丁写出了不朽的诗篇。孔多塞也因此对但丁诗作的高贵、精确和活力表示赞叹。伏尔泰抑制不住地要说俏皮话：如果意大利人把但丁称为圣人，那么他应该是一个隐身的上帝。伏尔泰承认，《神曲》里有些诗句极其贴切传神，极其朴素精美，历经四百年而不失魅力，将来也不会变得陈旧过时。勉强做了这番恭维之后，伏尔泰还是坚持认为，《神曲》整体上看是一个"大杂烩"，是幼儿故事和荒唐寓言的"怪诞"汇编。[4]如果说伏尔泰的迟钝表明了他与但丁的距离，那么他的批评无论多么不恰当，还是揭示了但丁与维吉尔的距离。

214

　　诚然，与启蒙哲人和但丁的关系相比，对于但丁来说，维吉尔更栩栩

1　吉本：《罗马帝国衰亡史》，第6卷，第106—107页。（中译本，第373—374页。——译者注）

2　伏尔泰：《中国信札》，第12封：《论但丁》，《全集》(Voltaire, Lettre XII, "Sur le Dante", *Lettre chinoises, Œuvres*)，1776年，第29卷，第497页。

3　伏尔泰：《致谢演讲》，《全集》(Voltaire, *Discours de réception, Œuvres*)，1746年，第23卷，第208页。

4　孔多塞：《人类精神进步史表纲要》，《著作集》，第6卷，第135页。（中译本，第98页。——译者注）
　　伏尔泰：《但丁》，《全集》(Voltaire, "Dante", *Œuvres*)，1765年，第18卷，第312—313页。一些伏尔泰研究专家认为，这篇短文其实并不是伏尔泰品位的真实表达，因此不必当真。但是这种说法有点一厢情愿。尽管伏尔泰偶尔会有赞赏之词，但从未表现出对但丁诗歌成就的真正理解。

200

如生，更亲近，也更贴近现实；不过，但丁笔下的维吉尔基本上是一个虚构人物，是一个不真实的古代异教诗人形象。莱辛或狄德罗笔下的维吉尔是一个受欢迎的、作品广泛流传的，但有些遥远的古典作家，而这种形象却更接近历史真实。但丁把维吉尔当作理性和哲学的化身，当作贤明勇敢机敏的地狱向导，能够进入地狱的深层。撒旦这个超级反叛者被永远冰冻在那里。他伸出半个身子，拍打那令人恐怖的翅膀，用三张大嘴咀嚼着历史上的三个最大叛徒：犹大、布鲁图和卡修斯。*（不过，启蒙运动对这三个喻象表达了不同的感情。）此外，维吉尔还不仅如此：但丁具有诗人的天赋以及中世纪最佳的感受力，因此会有多重的视角和丰富的理解，像维吉尔这样令人仰望的形象也就会有许多的层面。

但丁笔下的维吉尔首先是但丁的"老师和楷模"。但丁赋予他明显的个性，让他具有罗马人的严正，对故乡的热爱、对邪恶的仇视以及坚韧无畏的品质。此外，维吉尔还是古代历史的专家，具有几乎如同圣经般的权威性。与中世纪的其他人一样，但丁也不认为罗马已经灭亡，它只是被围困、被败坏了，但是它的政治使命与奥古斯都时代相比丝毫没有减弱。但丁对于罗马有一种热烈的政治怀旧情绪，而维吉尔就是那个不朽罗马的一个象征。第三，维吉尔还是基督教历史的异教徒先知。但丁接受了一个公认的观点，即维吉尔的《第四首牧歌》预言了基督降世。维吉尔（正如《炼狱篇》中罗马诗人斯塔提乌斯所说**）就像是一个背着火把的人，他自己走在黑暗里，却照亮了其他人前行的路。在《神曲》里，维吉尔作为一个有德性的异教徒，被判定永远徘徊在地狱边缘，仿佛一个在死后找到了基督教的幽灵。在《地狱篇》里，他严厉斥责那些罪人，自己就像一个完全接受了基督教教规的人；在《炼狱篇》里，他甚至教训但丁要去祈祷。《神曲》对异教时期的古代给予了最明确的赞美，但古代的最高级用途就是成为基督教真理的预兆。这就是但丁对待古代的态度中的吊诡之处。俗话说，人们总要把自己的所爱塑造成自己心

---

* 见但丁《神曲·地狱篇》第34篇。布鲁图和卡修斯 (Cassius) 都是刺杀恺撒的主谋。
** 见但丁《神曲·炼狱篇》第22篇。

里想望的样子。但丁这位爱好古典的基督徒也不例外。但是在有偏见的启蒙哲人看来，但丁的塑造工作很像是一次改头换面的大手术，结果是要了命。

　　启蒙运动中最有鉴别力的历史学家也不能避免以党同伐异的立场来评估但丁乃至但丁的整个时代。吉本在分析罗马的衰亡时，列出了长长的原因清单，并且小心地把蛮族的胜利与宗教的胜利区分开来。前者是来自外面的军事入侵，后者是内部的精神毒瘤。但他也一再地暗示，蛮族和宗教是相辅相成的：宗教就像蛮族一样成为一支野蛮的力量。其他的启蒙哲人也予以应和，认为基督教的早期教父是通过损害古代的学术和古代的精神来确保信仰的胜利，后来的那些神学家也没有表现得更好。他们对古人的攻击更精细，但同样毫不客气。在基督徒对异教徒的那种生死依恋里，启蒙哲人看到的只是死亡，而没有看到依恋。他们不可能用一种历史的同情来看待基督徒热爱古典的悲怆或幸福之情，因此他们讽刺挖苦或义愤填膺地斥责那种情绪，犹如对一段伟大的历史发动一次密集攻击。他们没有看到教会早期教父精神奋斗的艰辛，这些神学家是浸泡在古典作品里的，那种强大有力的世俗学问是这些神学家信仰的竞争者，具有让人偏离更高事物的吸引力。具有讽刺意味的是，他们没有看到，教会早期教父之所以不能大度地对待世俗文献，其原因正如启蒙哲人不能大度地对待宗教文献：他们都自认为是在为一个高尚的事业而战斗。此外，他们没有看到基督教政策的曲折演变。他们只看到基督教千年盛世中对古代的篡改捏造。

216

2

　　我们很有可能，也相当容易发现有些基督徒是如何以启蒙哲人说的那种激烈情绪痛恨基督教之前的异教古代。但是，这种基督教苦行者是一些极端分子。他们对所有的世俗事物统统怀有戒心，尤其害怕异教学问，因为那是世俗成就中最优秀的也最有诱惑力的典范。公元3世纪，德尔图良*（伏尔泰称他为"那个非洲疯子"）搬弄词句地问道："雅典与耶路撒冷能扯上什么关系？"然后又问："哲学家和基督徒，亦即，希腊的信徒和天堂的信徒，追逐名利者和追求救赎者，执迷语言者和执迷行动者，建设者和破坏者，造就错误者和消除错误者，偷换真理者和捍卫真理者之间有什么共同之处？"泰勒斯在观察星象时掉进井里的故事是对所有沉迷于"愚蠢的哲学"的人的一个恰当的警告；最令人厌恶的莫过于把斯多葛主义或柏拉图主义的因素硬贴在基督教上；事实上，自从耶稣基督和福音降临人世，人们就再也不需要好奇心了，好奇心只能是无礼的亵渎了。[1]

这些不逊之词常常被人们引用，因为它们代表了基督徒一贯的鲜明态度。保罗给哥林多人的信里早已隐含着这种对知识、对科学和文学的不信任了：上帝将用自己"愚拙"的信息来打败"聪明人的智慧"。千百年来刻板的基督徒一直在对此作出呼应。公元6世纪，像教皇格里高利一世这样聪明而博学的教士，也会指斥文法学家，同时炫耀自己的野蛮愚昧。当11、12世纪世俗学问再度兴起时，反对世俗学问的叫嚣也变本加厉。1050年前后，教皇格里高利七世的主要助手、大主教彼得·达米安发表了反对文法学家的恶毒论文《论简单的神圣》：不正是魔鬼创造了文法吗？修道院里的文法学家不是教人使用复数的 *deus*（神），以此来诱惑善良的基督徒去接受多神的邪教异端？一个世纪之后，克莱沃修道院院长圣贝尔纳本人的著作洋溢着与古代的应和，但他批驳阿伯拉尔的辩证论述，以不屑的口吻贬斥那些"自称哲学家"的人。**他写道，这些人不过是"好奇心和虚荣心的奴隶"。[2]从德尔图良到贝尔纳，等等，这些诚惶诚恐的教士把最无害的异教著作都看成让人犯罪的诱惑，是用对享乐、现世生活和有尊严的自我满足的赞颂来诱惑意志薄弱者。而真正的基督徒只需要让圣灵作为

217

---

* 德尔图良（Tertullian，约160—约225），早期基督教的神学家。
** 圣贝尔纳（St. Bernard of Clairvaux, 1091–1153），法国修道士；阿伯拉尔（Pierre Abelard, 1079–1142），法国经院哲学家。
1 查尔斯·科克伦：《基督教与古典文化》（Charles N. Cochrane, *Christianity and Classical Culture*），1957年，第222—223页。
2 艾蒂安·吉尔松：《中世纪的理性与启示》（Étienne Gilson, *Reason and Revelation in the Middle Ages*），1938年，第12页。

自己的导师。

在这种弃圣绝智的态度里,至少有一部分是对基督教内部一派活跃好辩的教士的回应,因为这批绵延不绝的教士不愿意丢弃古代异教徒的丰富宝库。更重要的是,这些人还遭到启蒙历史学家的冷落,先是视而不见,后来是轻浮的嘲讽。但是,这是一些能言善辩的饱学之士。他们认为,为了基督并不需要放弃维吉尔。这些真诚的人文主义者为古代异教徒的作品辩护,称一些作品是纯正无害的,还有一些作品是对崇高的圣经智慧的预示。其中的少数优秀学者精通拉丁文和希腊文。这种语言知识不仅有助于理解圣经的信息,而且也有助于在其他民族中传播对上帝的信仰。

在几个世纪里,从奥古斯丁到索尔兹伯里的约翰*,这批博学的基督徒中产生了十几个文法学家和注释家。这些饱学之士以最不显眼、最不引人注意的方式保存了古代学问。靠着他们的辛勤和真诚,使希腊和拉丁作品免遭毁灭的厄运。他们得到其他对古典学问有真挚情感的教士和杰出俗人的支持。这些人文主义者一起促成文学热情的几次喷发。在查理曼的宫廷里,这位皇帝汇集了一批朋友,他们沉迷于古典时尚,模仿写作异教诗歌,彼此使用异教昵称。在希腊化的东方地区,不时地会迸发出对古希腊的崇尚之风。但是,拜占庭启蒙运动通常与统治王朝的政治需求有关联。它其实是一个意识形态武器,而不是真正的文化繁荣,但是它对保存古代文化的贡献远远大于我们从吉本的描述中能够猜想的程度。在西方,古典学问在12世纪有一次令人瞩目的绽放。这些复兴都算不上"文艺复兴",只不过是周期性的输入,让古典遗产能够存活下去。当但丁把维吉尔奉为最伟大的诗人,把李维奉为绝对可信的历史学家,把亚里士多德奉为知识人的祖师爷时,这种古典主义的前进之路已经完全铺就。

基督教对待古代的策略,就主流方面而言,很不稳定地游走于这些极端之间。圣哲罗姆**和圣奥古斯丁制定了适应当时情况的规则,既足够严格,可以维持最坚定的信仰,又足够灵活,可以应对不同程度的反对派,还

---

* 索尔兹伯里的约翰 (John of Salisbury, 约 1115—1180),英国神学家,古典学者,生于索尔兹伯里。

** 圣哲罗姆 (St. Jerome, 约 342—420),早期基督教神学家。

足够巧妙，能够历经多少世纪而依然有效。正是这种巧妙暴露了基督教对待异教文献的那种不可救药的暧昧态度：基督徒不能没有它们，但又忍不住去篡改它们。在公元4、5世纪，当时实现的大妥协是，从异教文化中汲取能够适用于宗教目的的成分，或是有益无害的成分，同时抛弃其他成分。圣哲罗姆生平中有一个著名事件，表明这种策略对于一些早期教父们形成了多么大的压力。公元374年前后，哲罗姆有一次在高烧时出现了幻象：他仿佛被带到永恒的审判者面前，并受到谴责："你是一个西塞罗信徒，而不是基督徒。"他因这种裁决而惊恐战栗，发誓抛弃自己钟爱的古典著作，并且做了一次长时间的苦修悔过。如他自己后来回忆的，他在15年内再也没有读过一本世俗作家的著作。然后，他慢慢地、小心地恢复过来，着手完成他那部伟大的《圣经》拉丁文译本。这是基督教学问的一个里程碑。

哲罗姆的梦幻以及后来的动摇——他拒绝引用瓦罗*的作品。理由是，他不想把一个未经割礼的人带进上帝的庙堂，但是他在受到那次致命的警告后开始攻读西塞罗——非常戏剧化地体现了早期基督徒与古典作品的紧张关系：他们完全是怀着通常不正当的寻欢作乐才会有的罪恶感来阅读西塞罗或奥维德。此外，哲罗姆的梦幻也成为其他同样挣扎的人们的一个样本；人们常常引述和模仿这个范例。在整个中世纪，虔诚的基督徒在阅读古典作品时，若是情绪异常激动，仿佛要歇斯底里发作时，就会中止阅读。我们现在知道，那种症状是与性冲动受挫有关的。11世纪，德意志学者、圣埃默兰修道院的奥特洛赫**报告说，在读了卢坎的作品后，身上起了皮炎，晚上噩梦不断。痊愈之后，他写了一篇论述虔诚学问的文章，感叹道："那么，若是读了苏格拉底，我会怎么样？若是读了柏拉图、亚里士多德，甚至雄辩的塔利（西塞罗），又会怎么样？"

在焦虑不安的反思初期，哲罗姆读到一篇经文，从中获得一种策略："你去与仇敌开战时，你的上帝将他们交在你的手中，你就俘虏了他们。若

---

* 瓦罗（Marcus Terentius Varro，公元前116年—前27年），古罗马政治家，著名学者。
** 奥特洛赫（Otloh of St. Emmeram, 1013–1072），本笃会修士。

在俘虏中看到美貌的女子，看上了她，你就可以娶她为妻，然后把她带回到你家里，给她剪头发，修指甲。她将脱去囚衣，然后留在你的家里。"[1]这段文字最先由奥利根引用，但哲罗姆使之变得著名。他非常喜欢这段文字，多次加以引用。后来的基督徒在受到古典学问的骚扰时也仿效他的做法。圣奥古斯丁引为自己的依据；查理曼大帝时期，知识渊博的美因兹大主教拉巴努斯·毛鲁斯*在论述培训教士的著名论文中也引用了这段文字；11世纪，圣彼得·达米安为了消除异教思想的危害，也引用这段文字。这段文字成了陈词滥调，但直到文艺复兴时期还依然让人信服，因为它用《圣经》的权威性来回应任何受过教育的基督徒都难以解决的问题。

220

《申命记》中的这个寓言相当粗暴，但也因此而醒目有力。对于异教思想在基督教范围里存在的条件，它态度明确，毫不含糊。其他几乎同样流行的隐喻也是同样的粗暴。基督教早期教父，如殉教士查斯丁**和圣奥古斯丁有很大的差别，但都认为，对异教文献做符合基督教的借鉴是完全正当的，理由是基督徒不过是在拿回原先被偷走的东西。当时人们普遍接受一个说法，即希腊哲学家们在很大程度上依赖于摩西的智慧——18世纪的哲人要想否定这个传说，依然会有很大的麻烦。这很像是说，偷贼的东西有理。圣奥古斯丁在《基督教教义》中暗示，还有一种偷窃：以色列的子民离开埃及时，满载着那个国家的珍宝。埃及文化具有极其悠久的历史，贮藏着十分宝贵的东西和十分危险的东西。他们会劫掠走自己需要的东西——尤其是语言表达方式和伦理观念。迟至12世纪，希尔绍修道院的本笃会修士康拉德又使用了这个寓言，还做了一番加工。他在《关于作者的对话》中写道，埃及的珍宝是异教文学；它们应被当作烹调香草，在给食物熏染了味道后就可以抛弃。与此同时，在1150年前后，希尔德斯海姆修道院院长也用类似的说法来为古典研习做辩解："你可以去敌营，但不是叛逃，而是做间谍。"具有讽刺意味的是，他用自己的言行实现了这个

---

*　拉巴努斯·毛鲁斯（Rabanus Maurus Magnentius，约780—856），本笃会修士，神学家。
**　殉教士查斯丁（Justin Martyr，103—165），生于巴勒斯坦，殉道于罗马。
1　《旧约·申命记》，第21章，第11—13节。

建议——他从塞涅卡那里获取自己的形象。[1]于是,异教学问就成了奴隶、珍贵的战利品或秘密的敌方情报——所有这些隐喻都意味着,这是有价值的、不可或缺的东西,但不必予以尊重。像奥古斯丁这样的古代思想家也221为仅仅因宗教目的使用古典作品作辩护。毫不奇怪,启蒙哲人希望他们的古典作品是纯净完整的,因此不会认为上述做法有任何可取之处。

3

《申命记》中隐含的严厉规定有时会遭到人们的忽视,有时被人们设法规避,有时被敢于冒险者利用。不过,一般而言,异教的诗人、哲学家和神祇都被磨去棱角、褪去原色,保留在基督教的大房子里,用来为基督教主人服务。有学问的人翻来覆去地诠释他们,而无知者则将他们混为一谈。异教神祇在基督教时代靠着地下流传而保存下来;事实上,他们有时会浮出水面,但很快就会遭到压制。据伟大的佛罗伦萨雕塑家吉贝尔蒂的记载,1350年代在锡耶纳出土了一座刻有利西普斯*签名的维纳斯雕像,最初是作为古代珍宝展出。但是一位市民大加讨伐,把这个城市的灾难归咎于这类异教偶像崇拜。于是,1357年11月,人们把这座雕像从令人瞩目的展示现场移走,埋在佛罗伦萨境内的一个地方,旨在把厄运转移给锡耶纳的恶毒敌人。肯尼思·克拉克爵士在引述吉贝尔蒂讲的这个故事时指出,引起争议的不是雕像的裸体——裸体可以被解释为节制或贞洁,因此甚至可以把它摆放在大教堂的门廊里。问题在于其作为"异教偶像"的性质。[2]异教神祇若要保留原有的形态,就要放弃自己的性质,反之,若要保留原有的性质,就要放弃自己的形态:在拉巴努斯·毛鲁斯的百科全书(《论物性》)中,"维纳斯"的插图显然是以古代雕像为原型来绘制的,

---

* 利西普斯 (Lysippus,公元前4年),希腊雕塑家。

1 塞涅卡:《道德书信》,第2卷,第5页。关于希尔绍修道院修士康拉德,见厄恩斯特·罗伯特·柯歇斯:《欧洲文学与拉丁中世纪》,第466页。

2 肯尼思·克拉克:《裸体》(Kenneth Clark, *The Nude*),1956年,第94页。(克拉克是20世纪英国艺术史家。——译者注)

但失去了诱人的魅力，显得厚重、笨拙，几乎完全不像维纳斯了；但是，在《玫瑰传奇》*里，维纳斯显得世俗而性感，但穿戴如同一个14世纪的妇人。异教的其他神祇，如命运女神福尔图纳，也是以同样的方式保存下来。

　　古典诗歌也是如此，虽然逐渐得到赞赏并被广泛阅读，但也被纳入基督教的总体模式。但丁选择维吉尔作为向导，绝不能因此而断定但丁具有异端倾向：自从君士坦丁大帝把维吉尔挑出来当作基督道成肉身的一个先知起，维吉尔一直受到基督徒的喜爱。吉本以讥讽而沉重的语气写道：如果第四首牧歌"有助于使这第一位基督教皇帝皈依，那维吉尔真可跻身于最成功的福音传道士行列了"。[1]事实上，基督教世界对维吉尔的崇拜广泛而持久。他被奉为先知和智者，还差点儿成了圣徒。普通大众把这位诗人看成一个神秘的魔法师，而学者运用想像力创造和传播了令人向往的传奇。据说，圣保罗曾前往维吉尔的出生地曼图亚，朝拜维吉尔的墓地，并且为这位诗人竟然死在基督的真理昭告世人之前**而痛心落泪——12个世纪之后，同样的想法也使但丁潸然泪下。维吉尔的传奇故事在欧洲各地流传了许多世纪，传播媒介先是口头文学，然后是流行的手抄本，最后是印刷术发明后的书籍。12世纪，索尔兹伯里的约翰在《论政府原理》一书中写道，维吉尔操纵着一只神奇的苍蝇，能够使那不勒斯城摆脱无法忍受的昆虫袭扰。还有一些故事把维吉尔说成是无与伦比的魔法师。伏尔泰提到，直到18世纪，那不勒斯依然流行维吉尔作为巫师术士的传说。

　　这些传说的一个作用是使维吉尔的作品得以流传。另一个更为刻意的保存维吉尔作品的方式，是把他的《埃涅阿斯纪》转化成一个有教育意义的寓言。公元6世纪，基督教诗人和文法学家富尔根蒂乌斯***把《埃涅阿斯纪》解释为关于人活在世间长途跋涉的经历。例如，他把第一卷看成是有关幼年的记述，最后结束于摇篮曲。到12世纪，沙特尔博学学院的领

---

* 　《玫瑰传奇》(*Roman de la rose*)，法国中世纪长篇叙事诗。
** 　维吉尔生于公元前70年，死于公元前19年。
*** 富尔根蒂乌斯 (Fulgentius，约463—533)，曾任北非鲁斯比城主教。
1 　吉本：《罗马帝国衰亡史》，第2卷，第307—308页。

222

军人物贝尔纳德·西尔维特里斯*根据该书前6卷，概括出一个相似而更微妙的寓言，并且在第6卷发现了有关七艺的论述。这种寓言解释可以随心所欲，任意发挥。但是这种做法至少可以使古典作品不会被湮灭，而代价就是用宗教传说来包裹它们。

223   寓言的形式还拯救了奥维德。几个世纪里，他很恰当地被当作异教徒行为放荡的一个恶劣典型。但是，到12世纪，欧洲文化开始繁荣，人们渴望有意思的故事，也愿意不失温婉虔诚地开自己宗教的玩笑，这才发现奥维德十分有趣。通过以更宽厚的态度来重新诠释奥维德的作品和生平，僵化的厌恶态度虽然没有完全消除，但至少变得平和。奥维德先是被洗刷了私生活淫荡的罪名，然后经由美好的传奇而变成了另一个维吉尔——变成了一个魔法师、哲学家，甚至有时被说成是圣徒。先从有道德的罗马人变成罗马的道德家，然后从道德家变成神学家，对于精于寓言方式的12世纪才子们来说，这是轻而易举的两个步骤。当时很受欢迎的古代格言摘编《采花者》（*florilegia*），也被称作小"箴言宝库"，其中包括出自奥维德所有作品中的语录，而且是按照严肃的主题加以摘录，如死亡、人世无常等。在12世纪，寓言形式已臻于完善，在维吉尔身上得到成功的应用，于是人们也凭借自由的想像把寓言应用于奥维德的《爱的艺术》和其他诗作。《变形记》中的男神被视为教士，女神被视为修女，他们的媾和被说成是纯洁的交往——这种变形恐怕比奥维德本人描写的任何变形都更令人惊骇。到13世纪，《覆盖奥维德"变形记"》**这首常常被人引用的诗作把维纳斯变成春神，把火神伏尔坎变成夏神，把战神马尔斯变成萧瑟的秋神。到14世纪初，这种把奥维德这位最轻浮放荡、最不可救药的异教诗人变成基督教文明的仆从的做法达到了顶峰，当时出现了一部名为《道德化的奥维德》的巨作。这个大寓言把月神黛安娜变

---

* 沙特尔学派或学院（School of Chartres），指11、12世纪沙特尔大教堂成为一个重要的学术中心，其中一些人在"12世纪文艺复兴"中具有重要作用，并开创了经院哲学。西尔维特里斯（Bernard Silvestris，生卒时间不详），12世纪哲学家、诗人。

** 《覆盖奥维德"变形记"》（*Integumenta Ovidii*）是英国语言学家约翰·加兰（Johonnes de Gavlandia，约1190—约1270）的诗作。

成三位一体，把猎神亚克托安变成耶稣基督，把谷神塞瑞斯寻找女儿普罗塞皮娜变成真正的教会寻找迷途的基督徒羔羊，最后的点睛之笔是把塞瑞斯的两个火炬变成《圣经》的旧约和新约。这已经完全不是被奥古斯都流放的那个奥维德，也不是后来启蒙哲人怀着世俗愉悦心情阅读的奥维德。

启蒙哲人喜爱的贺拉斯则更难处理，不过他在基督教世界也找到了自己的位置。他的诗作无法被说成是基督教的预言，也没有被戴上寓言的面具。贺拉斯是一位吟咏田园美好生活、友谊以及最不具有宗教精神的伊壁鸠鲁式节制的诗人，必须经过大删大削才能保留一席之地。他一直不是十分流行，也没有为他编造什么传奇故事。他的《颂歌集》和《长短句集》几乎无人知晓，但《采花者》摘录了他的《诗艺》中的创作格言以及《书札》和《讽刺诗》中的道德格言。

其实，古代诗歌在所谓轻浮的外表下掩盖的真理一直都无所妨害。在《神曲·地狱篇》的一个著名场景中，但丁受邀加入古代诗人的不朽行列：荷马、贺拉斯、奥维德、卢坎以及维吉尔本人。但丁加入这个永恒的圈子，自己也就成了古人，但是他的古代观念带有中世纪的典型特征：荷马是异教徒和基督徒二者的诗国之王，虽被崇仰，但不为人知；但丁笔下的奥维德也是但丁时代的奥维德，是寓言和神话的源泉，是优雅的文体家；卢坎是哀婉风格的大师，因此是诗人的典范；贺拉斯是"讽刺诗人"，是道德故事的创作者，也是自己时代的批评者；维吉尔则是但丁从他那里学到"优美文笔"（*bello stilo*）并因此成名的惟一诗人。在这里完全没有任何突破中世纪世界观的东西。

"强制同化"不仅对诗人奏效，而且对哲学家也同样奏效。实际上，那些捍卫基督教文化的教会学者看不出诗人和哲学家之间有多大区别。异教精神对于他们世界观的威胁并非存在于某些特定的哲学教义里（尽管在那些教义里表现得最明显），而是存在于古代作品隐含的全部知识立场里，表现为那种世俗性、那种对神话的批判态度以及那种去魅的觉醒。许多古代文学作品和许多古代哲学作品都同样强烈地带有这种觉醒的印记。因此，与古代诗人一样，古代哲学家遭到严格的筛选、查禁和重新诠释。我们知道，西塞罗在启蒙运动中占有崇高的地位，但在中世纪则被奉为伟大的修辞学家（亦即，一个高级技师），直到 13 世纪始终被误读：他对西庇阿的"积极休闲"（"在闲暇时也在思考公务"—— in otio de negotio cogitabat）的推崇被圣安布罗斯视为对修道院生活的赞美*，也被圣哲罗姆视为明确肯定哲学生活而贬低婚姻生活的建议。这位古代最伟大的"积极生活"的提倡者就这样被收罗在"沉思生活"的战旗下了。

225

到大阿尔伯特**和圣托马斯·阿奎那的时代，一些学者以更直接的方式来对待古代哲学家了。在 12 世纪，索尔兹伯里的约翰和阿伯拉尔还把西塞罗说成是向往圣洁的雄辩术大师；到 13 世纪，那些伟大的经院哲学家则把他诠释为积极生活的最重要提倡者，但是否定他的理想，而推崇另一种异教理想，即亚里士多德的理论生活。这种解读古人的新方式更为理智，反映了基督教哲学家自信心的增强以及一个世纪以来把握亚里士多德宏大体系的经验。尽管这些经院哲学家被这位哲学家（亚里士多德）百科全书式的博学和令人信服的逻辑折服，渴望用他的权威来庇护自己，但是，他们还是按照哲罗姆、奥古斯丁要求正派的基督徒对待一切古典的方式那样对待亚里士多德。大阿尔伯特和托马斯·阿奎那怀着尊敬而又有些胆怯的心情寻求把亚里士多德的学说与基督教教义协调起来的方式——如谨慎的同时代人指责的那样，有时不惜曲扭基督教教义来迎合亚里士多德的学说。但是，他们还有足够的思想能力，承认亚里士多德的著作中包含着异端思想，并加以排斥。当重要的教义受到威胁的时候，他们有些不情愿但依然虔诚地转向奥古斯丁而舍弃亚里士多德。启蒙哲人嘲笑经院哲学家是亚里士多德的卑屈附和者，这可就有些离谱了。具有讽刺意味的是，更准确的评判反而更有利于启蒙哲人的事业。应该说，经院哲学家比启蒙哲人说的更有独立性，不过他们的独立性并没有导致批评自由。经院

---

* 西塞罗的论述，见《论义务》，第 3 卷，第 1 段。圣安布罗斯（St. Ambrose，生于 337—340 年间，卒于 397 年），米兰主教。

** 大阿尔伯特（Albertus Magnus，约 1200—1280），德意志人，重要的神学家。

哲学家是奴隶，但不是屈从于书报检察官或宗教裁判所的审判官，而是屈从于支配他们头脑的那种神话。

　　启蒙哲人的误解还不止于此。如果说他们高估了经院哲学家对亚里士多德的依附性，那么他们也低估了古代文明与中世纪文明之间的连续性。中世纪并非如启蒙哲人指责的那样仅仅是一个断裂的深渊，而且也是一个传送带。古人使用的隐喻、修辞方式、钟爱的文学题材以及神话主题统统被中世纪作家接收过来，并且在现代文学中还保持着活力。[1]这些幸存的形式也会多少带有古代思想的遗迹。尽管启蒙哲人带有政治偏见、做的诠释也过于简单化，但他们也懂得，如果我们要想对中世纪文明的整体形态作出判定，就不能仅仅记录这些流传的东西：最重要的是这些流传的东西在中世纪的生活结构中具有什么功能。在接受和传递古代的表达方式和古代观念时，中世纪的教会学者常常就像是传递密信的信使。中世纪的人文主义者为了这些古代文献而顽强战斗，在一些重要的战斗中打败了头脑僵化者和神秘主义者。但是，当他们坚守古代的壕堑时，却交出了古代的堡垒——批判思考的独立性。

二、对批判的背弃

1

　　从启蒙运动的角度看，这种交出堡垒的行为无异于叛变。那些受过教育的人本来的任务是捍卫批判的不可侵犯性，却带着敌人进入城堡，然后让敌人在城堡里如同回到家里一般。正如启蒙哲人所说，有两种背叛哲学

---

1 正如厄恩斯特·罗伯特·柯歇斯在《欧洲文学与拉丁中世纪》里表明的，古代的隐喻被中世纪作家广泛使用。我们可以进一步证明，这些隐喻后来也进入启蒙哲人的著述中。把世界说成舞台的隐喻，最初柏拉图和贺拉斯使用过，直到狄德罗还在使用。作家通常会说，他无法表达出自己的全部感受，这种说法可以追溯到荷马，后来在卢梭《忏悔录》的一个重要段落里也出现了。古人把军人职业与文学事业，剑和笔相提并论，伏尔泰也喜欢这种表述。

的方式,基督徒先后使用了这两种方式。最初,他们鄙视这些思想资源,
后来,随着经院哲学的兴起,他们开始滥用这些资源。正如伏尔泰讥讽的,
227　在13世纪,人们"从野蛮的无知,转为经院式的无知",创造出"经院神学"
这个"亚里士多德哲学的私生女"。[1] 狄德罗试图在《百科全书》里加入这
个挖苦潮流。他在辞条"斗嘴"(Logomachie)中描述了两个近代经院哲学
家的争论,议题是吞下约拿的鲸鱼是公是母[*]。休谟稍微严肃一些,但同样
缺乏理解。他指责经院哲学是"伪哲学","假学问"。他认为,中世纪的哲
学家"普遍习染了迷信和诡辩",应该与那些习染了"野蛮风气"的诗人和
历史学家归为一类。[2] 孔狄亚克为帕尔玛公国的君主编写一个历史研究教
程。他描述中世纪哲学家在琐碎问题上争论不休,喜欢钻牛角尖,为了神
学目的而歪曲辩证方法。孔多塞以不寻常的大度承认,经院哲学使论证变
得更精确,吊起了人们对知识的胃口。但是,他旋即改口说,这些好处都
是出乎意外的结果。总体而言,经院哲学延迟了"自然科学的进步",因而
延迟了人类的启蒙。[3]

　　最温和的启蒙历史学家威廉·罗伯逊也认为中世纪哲学粗率可笑。
他写道,在昏睡了几个世纪之后,欧洲在12世纪苏醒过来,把注意力转
向新的目标。不幸的是,善于思考的欧洲人"最初的文学尝试被引向极
端错误的方向"。一个民族的正常情况应该是,先培养自己的想像力,
然后再发展自己的理性:"人首先是诗人,然后是哲学家。"然而,由于
228　他们自己的失误,中世纪的思想家们偏离了这个常规进程,"一下子就
扎到深奥的形而上学探索里",于是导致了灾难性的后果。他们怀着满
腹的"虚妄的哲学理论",却"试图勘破各种奥秘,解决各种问题,而那

---

[*] 约拿在鲸鱼腹中的故事,见《新约·马太福音》,第12章,第39—40节。

[1] 伏尔泰:《风俗论》,第1卷,第638、767页。(中译本,中册,梁守锵等译,第99、248页。——译者注)
需要再次指出,这类抨击,这种把经院哲学等同于全部中世纪哲学的轻率做法,把经院哲学等同于经院
神学的误解,是17、18世纪思想界的普遍特征。启蒙哲人在培根、笛卡尔的著作以及最常引用的布鲁
克的《哲学史》中读到这类见解,而且这些著作把经院哲学的辩证法贬斥为吵架术。启蒙哲人所做的
不过是增添一点恶意的讥讽。

[2] 休谟:《英国史》(David Hume, *The History of England from the Invasion of Caesur to the Revolution of
1688*, 8 vols.),1770年,第2卷,第87、239页,第3卷,第320页。

[3] 孔多塞:《人类精神进步史表纲要》,《著作集》,第6卷,第133页。(中译本,第97页。——译者注)

些都是人的有限能力不可能理解或解决的"。应该说，经院哲学家最初受到了好奇心的驱使，而好奇心是真正的哲学研究必不可少的素质。但是，他们纵容了自己的好奇心，而没有加以规训。经院哲学家"机敏好奇过了头"，因此陷入了"繁琐探究的迷宫。他们没有让自己的想像沿着自然的途径展开，没有去创造能够使自己的品位和情感变得高雅的作品，没有去发展使人们的生活变得更美好舒适的艺术，而是用权威束缚自己，追随别人而偏离正途，浪费了自己的全部才华，去思考那些无用而晦涩的东西"。[1]这种"体系癖"（*esprit de système*）开始折腾，这种错位的理性主义产生了一些有益的后果：一批大学建立起来，教会学校开始涉及世俗学问，至少有少数人开始使用自己的脑子。当然，只是在现代科学问世时才开始有真正的思考。伏尔泰与罗伯逊遥相呼应。他写道："真正的哲学，在16世纪行将结束时，才开始光照人间。"——自伽利略开始。[2]

2

对于这种轻蔑态度，中世纪的教会学者可能会用同样的轻蔑态度予以回敬，但是他们也可能会赞同启蒙哲人的观点：耶稣的降临使得推理屈从于更高级的领悟，并给不借神助就能发现的真理限定了范围。中世纪的哲学家和神学家会就理性的确切领域、形而上学与神学的确切关系进行争论，但是这纯粹是管辖权之争。对于基督徒而言，让哲学降级乃是一项开心的事业：这意味着可以避免无意义的争吵，而去探索救赎的真理。

从早期教父起，就开始了这种降级。12世纪学问繁荣之时，也没有停止对哲学的贬低，只是改变了方向。那些汇聚了基督教知识的中世纪百科全书就证明了这一点——在几个世纪里，这些汇编的宗教味道越来

229

1　罗伯逊："欧洲社会的进步一瞥"，《著作集》，第87—99页。
2　伏尔泰：《风俗论》，第2卷，第172页。（中译本，中册，第518页。——译者注）

浓，知识却越来越少。与狄德罗主编的《百科全书》不同，基督教的各种精编辑要越来越公开地旨在引导人们朝拜上帝。7世纪的编纂者塞维利亚的圣伊西多尔*在编纂《语源学》时，主要依靠罗马百科全书式学者瓦罗著作中的信息，从世俗事物入手，也描述了异教的诸神以及剧场等世俗娱乐。但是他在传递世俗学问时十分小心，发出虔诚的警告：他的这座基督教的知识大厦是用异教的材料建构的。两个世纪后，拉巴努斯·毛鲁斯的《论物性》改变了重心。虽然他大量借鉴圣伊西多尔的作品，也保留了许多古老的异教资料，但是他首先论述上帝，然后论述教会。书中关于世俗事物的图片和描写反而好像是生硬地插进来的。到12世纪初，这种基督教化已经大功告成。兰伯特**于1120年编纂的《花之书》大量抄袭前面的作品，但书中不再有关于异教和世俗事物的内容，而是填塞了启示录故事和对自然现象的象征性解释。半个世纪以后，随着阿尔萨斯地区霍恩堡女修道院长赫拉德编纂的《欢乐花园》问世，百科全书成了宗教教育的工具：上帝占据着最重要的位置；人的堕落、圣经中的先祖和先知、世界的创造、历史的过程，所有这一切都可以用于传递天文学和地理学的知识。在这部百科全书里，星宿和地球以及哲学本身都指向一个宗教目标——颂扬上帝的荣耀。

这种退离世俗哲学的现象与基督徒对古代的篡改非常相像：同样造成了两个极端派别，也导致了一个中庸的妥协，而且还是由圣奥古斯丁最早提出了一个可行的策略。奥古斯丁毕竟是通过异教的思考方式走向基督教的，而且从来没有放弃对柏拉图以及异教文学的喜爱。甚至他的晚期著述，尽管对理性的作用充满怀疑，但还是打上一个活跃的哲学头脑的印记。他笔下的历史是有哲理的历史，他论述教会机构和基督教教育的著作也与古代学问有着千丝万缕的联系。

不过，奥古斯丁建议逐步用基督教经典取代异教经典，并且删剪古代文学中的有害段落，因此他对人类理解力的赞赏也就有了一种全新的、非

230

---

* 塞维利亚的圣伊西多尔 (Isidore of Seville，约560—636)，西班牙主教，学者。
** 兰伯特 (Lambert)，生卒年不详，圣奥梅尔的圣母教堂执事。

古典的基调。"信仰不过就是赞同地思考"[1]，这句话可以被解读为（实际上一直被辩护者这样解读），宗教信仰必须用理性研究来检验。但是这个声明是与古代的（也是启蒙哲人的）哲学观念相对立的，因为它强调的是信仰的意愿，而不是批评的意愿。奥古斯丁认为，人是不幸福的，是被他自己、周围的世界以及自己的命运困扰的。所有的人都渴望幸福，所有的哲学家都在探求通向幸福之路，但是若没有神的帮助，一切终将落空。"你造我们是为了你，我们的心如不安息在你怀中，便不会安宁"[*]——《忏悔录》中的这个著名感叹是一个备受折磨的心灵的感叹。他厌倦了纯粹的思考，厌倦了孑然独立，渴望在对最高力量的依靠中找到安全的庇护。当奥古斯丁说到"理解"或"理性"时，这些词语带有宗教意味：哲学乃是经过上帝之手才抵达他的。而且，甚至光有哲学是不够的。"如果创造万物的上帝就是智慧，如同神圣真理宣布的那样，那么真正的哲学家就是热爱上帝的人。"[2]

　　"真正的哲学家是热爱上帝的人"，这个断言乍看好像十分单纯：柏拉图和亚里士多德都认为热爱上帝是哲学的顶点。不过，奥古斯丁的断言却把古典哲学的传统方法颠倒过来：上帝对于古人是思考的结果，现在则变成了思考的前提。信仰不是对理解的回报，理解反而是对信仰的回报。人可以通过自己谦卑的理性来探寻对自身状况的解释；他甚至可以试着通过理解来指挥自己的道德行为。但是，对人类状况的解释是一个神话——人类始祖的堕落；指引他获得拯救的是一个超自然的存在——耶稣基督；证明信仰高于理性的文本是一部神启之书——《圣经》；这部书的解释者是一个绝不犯错的权威——教会。这四条表明了人类独立思考的自信荡然无存。

---

[*]　奥古斯丁：《忏悔录》，第1卷，第1章。中译本《忏悔录》，周士良译，北京，商务印书馆，1963年，第3页。

[1]　奥古斯丁：《论圣徒的先定》（Auqustine, *De praedestinatione sanctorum*），第2章。转引自马丁·格拉布曼：《奥古斯丁论信仰和知识》，载《中世纪精神生活》（Martin Grabmann, "Augustins Lehre vom Glauben und Wissen: ihr Einfluss auf das mittelalterliche Denken", *Mittelalterliches Geistesleben*），1936年，第2卷，第39页。

[2]　奥古斯丁：《上帝之城》（Auqustine, *The City of God Against the Pagans*），第8卷，第1节。（中译本《上帝之城》，王晓朝译，北京，人民出版社，2006年，第306页。——译者注）

于是，"除非你信，否则将不能理解。"[1]这个训令乃是奥古斯丁关于哲学与神学关系的学说的核心，而且通过他的巨大权威，变成了中世纪关于同一问题的思考的核心。当然，正如启蒙哲人知道的，经院哲学家给人的理智提供了很大的活动空间。11世纪晚期，坎特伯雷的安瑟伦也对奥古斯丁思考过的文本进行探索，得出与奥古斯丁同样的结论，但是带有更大的辩证色彩："我相信，因此我能理解。"安瑟伦解释说，他为上帝存在提供的最著名的证据（也正是康德在《纯粹理性批判》中批评的），并不是用于向不信上帝者来证明上帝，也不是用于坚定动摇者的信仰。基本的基督教真理是毋庸置疑的。但是，信仰使信仰者负有一个义务，即使用自己有限的手段来努力理解自己信仰的对象。真正的信仰是一种爱，最高级的爱，而真正的热爱者不会去盲目地爱。与中世纪的其他哲学家一样，安瑟伦接受了亚里士多德的名言：人会很自然地追求知识。因此，有思想的基督徒一生就是一次朝圣之旅，怀着"寻求理解的信念"。起点和终点都是上帝。这个神秘的存在就是寻求的目标。寻求是他所要求的，也因他而可能实现。因此，安瑟伦的辩证法就具有了理性主义的形式，但本质是神秘主义的。

安瑟伦的神学晦涩难懂，却符合正统。12世纪初，阿伯拉尔的神学在巴黎引起争议。它比安瑟伦的神学更具有戏剧性，也更重视哲学化。与同时代其他有教养的人一样，阿伯拉尔一想到自己钟爱的异教哲学家都被判罚下地狱，就感到十分沮丧。他进行了大量的伦理和神学思考，旨在基督教的拯救图式里，为这些不幸过早出生在基督之前的圣贤思想家找到一席之地。他是一位辩证法大师，是一位才华横溢的教师，被那些胆怯者视为疑问传播者。他是古代的崇拜者，用苏格拉底的格言"认识你自己"作为自己伦理学论著的标题。他是一个基督教理性主义者。但他也沉浸在对上帝的崇拜之中。他坚定地告诉他的情人爱洛依丝，如果做哲学家就意味着与圣保罗对抗，那么他不想做哲学家，如果做亚里士多德就意味着使自

1　这个常被引用的句子出自"圣经七十子译本"，《以赛亚书》，第7章，第9节。其他版本对这句希伯来文的翻译有所不同。"英王詹姆斯译本"的翻译是："你们若是不信，定然不得立稳。"

己脱离基督,那他宁可不做亚里士多德。

　　同样的精神也激励着12世纪著名的沙特尔学院里的那批优秀教会学者。他们被称作柏拉图主义者,但这个头衔是一种恭维而不够准确。他们知道的柏拉图不过是少数新柏拉图主义者的杂感以及带有两份一般性注释的拉丁文《蒂迈欧篇》片断。这些沙特尔柏拉图主义者对《创世记》做了大胆的思考,努力把《圣经》对最初六天的记述同他们稍稍知道一点的自然科学联系起来。他们还探索了有关上帝存在的本体论论证。但是,他们在数学领域的畅想并没有减少三位一体的神秘性,他们的古典学识也没有损害《圣经》或早期教父的权威:他们之中最大胆的一些人在去世时都是教会领袖人物。沙特尔学派代表了基督徒最纯粹的好奇心,是威廉·罗伯逊在经院哲学家身上看到的那种好奇心。那种寻求理性或神秘经验的好奇心,不是出于哲学怀疑的批判意识,而是出于接近神圣中心的虔诚渴望。

3

　　12世纪后期和13世纪初期,亚里士多德侵入基督教世界,一方面是通过自身的文本,另一方面则是通过阿拉伯和犹太学者的注释。这次入侵凸显了哲学和神学的紧张关系,也增强了明确分工的必要性。经过活跃乃至极其激烈的争论,最终尘埃落定:教会开始是禁止亚里士多德的学说,后来则予以放行;先是对拉丁世界的阿威罗伊主义者看不顺眼,最后到1277年就大加谴责了。虔诚本身不是问题。除了个别有争议的例外,被大学开除的那些人都是真诚的宗教信徒。许多被斥为异端的人对理性更为敌视,实际上是正统分子。13、14世纪的许多争论是围绕着具体的、特定的命题的地位。这些命题在哲学上是合理的,但从神学角度则不可接受。另外,还涉及逻辑在各个争论领域中的作用,亦即,学术自由的范围、上帝的真正神秘之点。

　　因此,神学压倒了哲学,但并非信仰者战胜了非信仰者,而是对这个适合等级世界的秩序的重新认定。经院哲学家既不是遭到胁迫的受害者,

233

也不是"双重真理"[*]的操纵者。有些人会对强加给他们思考的限制感到遗憾，但是所有的人，或几乎所有的人，都是极其虔诚的人，只是在通向上帝的最佳途径是什么的问题上与当局发生分歧。过去常有人说，哲学是神学的婢女。这句话成了启蒙哲人论及中世纪时的口头禅。但这个说法不过是对一个公认事实的简明表达。

第一个宣布"哲学是神学的婢女"的可能是以质疑异教学问而闻名的彼得·达米安。但是，其他人不断重复这个说法。罗杰·培根坚定地宣称，知识若不把基督教教义包括进来，就会把人直接带进地狱，因此他认为，哲学的核心任务就是为基督教真理提供证据。博韦的樊尚是13世纪的一位博学而进取的百科全书编纂者。他在《论王子的教育》里写道："所有的艺术和知识都应服务于神圣学问，神圣学问是为了教化，亦即，为了信仰和正确行为而存在。所有的艺术和知识都必须与之联系，并指向这个宗旨和目标。"

托马斯·阿奎那高屋建瓴地把这个问题置于《神学大全》的开篇，并234小心翼翼地加以分析。他指出，这些对"哲学是神学的婢女"的阐释不仅仅是常规的花样或鹦鹉学舌。哲学不可能教给人们所有应该知道的东西："除了由理性探究的哲学学科外，还应该有一种基于启示的圣道。"这种"圣道"是一门学问，因为"它是由凭借一种较高的学问之光知道的原理出发，这学问即是天主和蒙恩者的学问"。它既是思辨的，又是实践的，但是"思辨成分胜过实践成分，因为它主要讨论的是有关天主的事物，而非有关人的行为"。它依据权威说话，因为它的原理来自启示，它比其他学问更高贵，因为它的证据更确实，它关注的事物比其他学问的对象更崇高。"这一学问从哲学学科能有所领受，并不一定需要它们，而仅仅是为了使自己的教导更为显明。因为这一学问不是从其他学问接受自己的原理，而是直接从天主通过启示而获得。所以它不是把其他学问当作更高的学问来领受，而是把它们当作下属和婢女而加以利用。"[1]

---

* 双重真理论是指把宗教和哲学都视为知识来源，结果获得相互矛盾却并存的真理。
1 阿奎那：《神学大全》，第1册，第1题。

隐喻，尤其是大家熟悉的隐喻，常常会造成误解。把哲学称作神学的婢女，也就暗示一种固定的屈从地位，但大多数中世纪哲学家并没有这种感觉。对他们最有效的束缚既不是恐惧，也不是顺从，而是内心的审查：某些立场是完全不可想像的，或是仅可以设想成辩论者的观点并立即予以批驳。当时哲学家用哲学的方式，也就是完全用理性之光，来看待许多议题，尤其是在逻辑学和本体论领域里。哲学家的活动并不都是为宗教辩护的。哲学家甚至在探讨一些神学问题时也不借助于早期教父或启示真理。诚然，哲学不论多么独立，还是被宗教氛围笼罩着。若是没有宗教问题的不断刺激，无论本体论还是认识论都不可能长期存在。甚至唯实论和唯名论关于共相地位的争论，首先也是为了寻找信仰的正确方式。甚至奥卡姆*严苛的唯名论，虽然常常被说成是科学经验主义的先驱，其实并不足以成为现代的代言人，它更多地体现了一种警示：经院哲学正在崩溃。如果说洛克的《人类理解论》与奥卡姆的观念一脉相承，那么他们之间的亲缘关系也是既疏远又勉强。

235

从基督教哲学家的著作中有可能提取出一些认识论的观念：神秘主义者、理性主义者和信仰主义者围绕着如何能更好地认识上帝展开争论，而且，他们在思考过程中提出了有关概念的地位和心灵的能力的复杂图式。但是，从奥古斯丁到奥卡姆，基督教哲学家在思考知识问题时主要是出于宗教原因：《圣经》里充斥着晦涩的谚语，世界上到处有虚假的先知，因此，认识上的澄清乃是采取正确的宗教行动的前提。认识论之所以变得重要，只是因为它有助于确立暂时（世俗）与永恒之间的正确关系，即虔诚的教徒应有的关系。任何一位中世纪思想家，无论多么胆大妄为，都不可能像康德那样完全在理性的范围内建构一个宗教，他们连想都不敢想。

但丁的《地狱篇》表明，敢这样想的人会有什么命运。那些贤明的异教思想家被置于地狱的边缘。他们逃脱了地狱的各种折磨，因为他们至少

---

* 奥卡姆（William Occam，约1285—1349），方济各会修士，经院哲学家。

在模模糊糊地探索逻各斯，而逻各斯就是基督。但是他们从未亲自见到上帝。但丁表现的基督教仁慈也有一个例外：在地狱的第六圈，伊壁鸠鲁与另外一些不承认灵魂不朽的异端躺在一片起火的坟墓里。对于否定一切宗教的哲学家来说，这似乎是一个合适的归宿。

不过，但丁是喜爱哲学的。他在稍早时写的《宴会》中，让哲学化身为一个高雅的女子（*donna gentile*），他怀着热烈而单纯的爱恋，不顾一切地追求她。尽管那时他还在为伊壁鸠鲁说好话，认为理性思想也足以引导人们享受人间幸福，但丁还是把哲学当作一种宗教情感来体会，觉得哲学是来自上天的超凡事物。与古人相同，但丁喜欢伦理思考，但是与古人不同，但丁会把波伊提乌*这样的思想家与西塞罗相提并论，称赞西塞罗的作品娓娓道来，善解人意。但丁在最具理性主义的阶段把哲学当作一种高尚的治疗术。但是，到创作《神曲》时，他偏离了这个哪怕是虔诚的世俗领域，哲学保留了作为纯粹人类活动的价值，是指向正确方向的路标，但绝不是通向救赎的道路，而救赎才应该是人的终极关怀。我在前面提到，对于但丁来说，维吉尔具有多重意义。贝雅特丽齐（《神曲》里的女主人公）也是如此。如果说她仅仅象征宗教或神学，象征通向至福之路，那就把这个鲜活的诗意形象简化成了一个苍白的抽象概念。但是，贝雅特丽齐毕竟是一个象征。在《炼狱篇》里维吉尔明确地说，理性只能走到这么远；只有贝雅特丽齐，即信仰，能够进入天堂的神圣地界。

但丁从《宴会》到《神曲》的精神旅程乃是一面镜子，反映了整个基督教文明在数个世纪里偏离批判思维的退缩过程。与整个基督教一样，但丁并没有放弃对思考的喜爱，也继续运用自己的理性，但是他让理性臣服于更高的事物。启蒙哲人不能理解这种价值等级秩序，也不想去理解它。众所周知，对于启蒙运动而言，哲学是独立自主的，而且权力无限，否则它就什么都不是。

---

* 波伊提乌（Boethius, 476—524），罗马政治家、哲学家。

三、神话的修复

1

对于启蒙哲人而言，哲学的地位问题不仅仅是学术问题，还涉及他们对人与自身经验的关系的全部感受，更不用说，还涉及他们的自尊。很显然，启蒙运动也有自己未经检验的前提假设，也有"凭着信念"——这是令人误解的说法——而采用的观念。但是，大体而言，启蒙哲人把这种角落视为污点。这些是需要用公共批判来清洗的方法论错误或人格缺陷。启蒙运动倚重的哲学自治就像是可以通行各国的护照。然而，对于基督徒而言，不言而喻的是，除了上帝没有什么还能够洞察一切。有些中世纪神学家，尤其是托马斯·阿奎那，认为理性与启示之间没有什么冲突。他们确定，哲学和神学可以和平共处。不过，即便是最和平的领土划界也依然是畛域分明。哪怕是最好战的中世纪思想家也承认，有些神圣的领域是他们不应也不能踏入的。在那些领域里，信仰、启示、传统和教会权威发号施令和答疑释难；思考在此无所作为，好奇是对神圣地界的无礼闯入。

正是对神圣事物的绝对依赖，使得中世纪哪怕在最科学、最具有怀疑精神的时刻，也有别于批判的时代。基督徒既畏惧神明，又渴望亲近神明。如果宣称对神明已完全参透，那就犯了傲慢的罪——伊甸园里的那条蛇许诺给亚当夏娃像"上帝"一样知善恶的知识，不正是以此引诱他们犯下不服从上帝的头等罪行吗？有些东西是不可企及的，是被掩盖着的——众所周知，基督徒与启蒙哲人都相信这一点。但是，与启蒙哲人不同，基督徒渴望这种未知的东西，试图通过神秘体验、神学思考和单纯的乞求来亲近它：归根结底，他们追求的就是通过某种方式来分享这个伟大的神话。

我们说基督教千年盛世是向神话回归，并不是说认同启蒙哲人把宗教等同于迷信的简单看法，而是承认宗教和神话二者具有家族相似性。毫无疑问，二者都起源于相同的人性需求，而且在早期文化中密不可分，那时

237

的宗教就是神话。但是，随着文明的发展，精致的宗教观念与粗鄙的迷信分道扬镳了。欧洲之外的原始部落和欧洲内部的愚昧民众都试图通过古老的仪式来掌握自己的命运或哀叹自己的软弱无力，而有教养的基督徒则用庄严的历史和理性的神学来与之抗衡。因此，基督教远远要比启蒙哲人所能承认的更激进，它本身是迷信的敌人。在基督教的千年盛世，尤其是在哲学化的神学家那里，神话遭到了黑格尔所说的"扬弃"（aufgehoben）。按照黑格尔这个著名说法的三重意义，它得到保存，也被超越，还被提升到更高的层面。

238　　这种本身十分复杂的基督教神话，支配了一个表达丰富的文明。其中，精妙的推理与最原始的信仰相安无事，圣徒的禁欲和轻浮快活也并行不悖。长期以来对傲慢和贪婪的抨击绵延不绝，这反而证明（如果需要证明的话）教士的苛责挡不住世俗的追求，后者顽强地阻击修行的理想。欢乐和自然主义在许多中世纪的艺术和文学中留下印记。兰斯大教堂门前的微笑天使雕像，许多教堂的柱头上雕饰的惟妙惟肖的花草鸟兽，与《神曲》里的写实主义形象、但丁在另一个世界游历时令人惊异的具象有异曲同工之妙。13世纪的建筑师维拉尔·德·奥纳库尔（Villard de Honnecourt）用他的速写画册给时代留下宝贵证据。他喜欢画下旅途中的景象：兰斯大教堂的窗户，天鹅和小鹦鹉，教堂的高塔以及被俘获的狮子。他坚称，狮子也是写实的（Eh bien sacies que cil lion fut contrefais al vif）。

　　这种生机勃勃的世俗生活不是对公认行为准则的偏离，也不是追求苦行理想的失败。但丁明确地表示，悲惨是一种罪过，快活是一种义务：抑郁愤懑的人处于地狱的第五圈。基督教理想中的爱，不论是爱上帝还是爱人，都与彼岸世界的理想协调一直，决不会与基督徒的义务发生冲突。修道院生活并不是所有的人必须遵循的榜样，而是对整个基督教社区的一种服务。非宗教的活动也有其本身的尊严：宗教事物乃至教士占据至高无上的地位，而手工业者、哲学家、农民和军人则以自己的方式服务于上帝的目的。一旦教会抛开了对末日审判的期待，它就着手组织基督教社区。世俗工作在这项事业中找到了一个受尊重的位置。鞋匠、建筑师和酿酒师的肖像也出现在教堂里,与圣徒肖像并列在一起。

应该补充的是,毫无滞碍的自然主义是极其罕见的。它被人们对此岸世界的普遍冷漠疏离态度所淹没。奥纳库尔笔下的狮子——竟然是"写实的"——就很怪异,非常像一个竖着耳朵、长着利爪而不是双手的大胡子男人的漫画。此外,奥纳库尔笔下的裸体,他自己说是按照古代风格描画的,姿态变形,相当可笑,是非常不自然的。

即便是有某种现实主义的东西,那也是用于装饰宗教建筑的:用埃里希·奥尔巴赫*的说法,这是一种"喻象现实主义"(figural realism)。正是这种喻象现实主义使但丁能够给诗中的人物赋予丰富的意义:上帝的创造物本身是真实的;他们是真正历史性的(这一点从他们的全部个性中可以感受到)有形存在,具有多变的面貌和各自的命运。然而,与此同时,他们也是政治和宗教象征主义的载体,是上帝宇宙计划的预兆性喻象。

由于启蒙哲人持有去魅的世界观,因此他们用一种可怕的颟顸态度来对抗喻象现实主义。他们多少清楚地知道,最玄虚的神秘主义可以与最坚决的现实主义共存于同一文明里,有时也能共存于同一个人身上。他们很熟悉像库萨的尼古拉**这样集哲学家、神学家、科学家、行政人员、神秘主义者以及教会领袖于一身的人物。他们的阅读经验也告诉他们,端正的基督徒也可能用粗俗的语言来谈论最神圣的题目:在但丁的《神曲》里就不时可以见到普通的隐喻和粗俗的字句。但是,他们没有看到这两个极端之间的内在联系,并且把中世纪的现实主义误认作对宗教持怀疑态度的表征。这并不是因为启蒙哲人鄙视幻想,而是因为他们按照自己的科学思维方式,把幻想同现实截然区分开来。在他们的文学作品里,寓言成为实用而显明的常规表达方式,隐喻手法则被严格而枯燥的数学语言取代。洪堡***的著作问世之后才产生了现代的语言分析,但是启蒙哲人凭借他们的常规理解,挑破了象征符号的秘密:在他们的科学经验主义里,思想完

---

* 埃里希·奥尔巴赫 (Erich Auerbach, 1892–1957),德国语言学家、比较文学研究专家,著有《摹仿论》。

** 库萨的尼古拉 (Nicolas of Cusa, 1401–1464),天主教会的高级教士,人文主义者。

*** 洪堡 (Wilhem von Humboldt, 1767–1835),德国学者、教育家、政治家。

全显露在外表,词语和意象丧失了重要地位。

基督教千年盛世的情况则迥然不同。寓言、隐喻、借喻解释,等等,之所以很重要,是因为它们从来没有被贬低成纯粹的语言技巧或文学修饰手段。只有这样才合乎情理:因为上帝创造的宇宙各处都散落着他的意图的痕迹,受过神圣语言教育的人类处处都能读出神圣的意义。寓言方式和隐喻手法是从古代流传到中世纪的,但是在基督徒手里,它们大放异彩,其盛况是古人不可想像的。"寓言诠释"(allegoresis)可以追溯到希腊的智者和斯多葛派。发明这种方式是为了提升神话的力量,以及在怀疑论大举攻击时拯救岌岌可危的神话。这种方式后来发展成庸俗的简化论,把宗教崇拜和神祇解释成"纯粹"是自然力或善恶的表现。在虔诚的基督徒那里,寓言诠释被用于攻击原初的使用者;它被用于贬低古代宗教、吸收利用异教文学,或被用于发现基督教真理在《旧约》或古典著作中的伏笔。基督徒的寓言诠释要证明的是,历史和自然都是上帝讲给人类的故事。因为《圣经》里充满了寓言,因此整个世界是一个寓言或一组寓言,需要虔诚的信徒试着用理性来解读。到中世纪盛期,神学家把这种解读发展成一种体系。13世纪时,宗教礼仪学者古列尔姆·迪朗杜写道,寓言就是用一个可见的事实让另一个可见的事实变得可以理解;"圣经神秘诠释"(anagogy,寓言的最高形式)则能引导人们从可见世界进入不可见世界:基督在圣礼中的现身是真实事件,但也会让人转念想到基督的救赎。对于教会硬给《圣经》中《雅歌》的色情语言赋予神圣的意义,像伏尔泰这样的人会公开嘲弄一番,但是在中世纪的人们看来,这没有什么不正常之处。

隐喻也保留了某些原始韵味。中世纪文学充斥着许多妙思佳构和世俗意象。把人生比喻成惊涛骇浪中的航行,把书籍比喻成快乐儿童,这些比喻给隐喻赋予了纯美学意味,也使隐喻脱离了宗教仪式的神圣含义。不过,隐喻也有宗教功能;因为上帝本人是深不可测的,人类因堕落而愚昧,上帝只能屈尊用人类能够理解的语言说话,所以用隐喻来传达神秘的异象。库萨的尼古拉为了让读者能够真正理解上帝,使用了一个比喻:"千眼之脸",似乎它在同一时刻洞察着一切。人因此可以通过隐喻而隐约地瞥见上帝。

当时的基督教世界是用象征符号紧密联系在一起的。这些象征符号 241
恰恰因为十分具体而真实，所以充满了神圣的能量。正如但丁在《炼狱篇》
中顺带提醒读者的，人是上帝的人（homo Dei），这从他脸上就可以读出：
眼睛是两个O，眉毛和鼻子拼成M，H是送气音，这样就组成了人（homo）。
耳朵可以看成是D，鼻孔和嘴可分别写成E和I，这就是上帝（Dei）。＊

　　这类神意语言不断出现在宗教仪式里。神学家会围绕三位一体教义
的精微之处争论不休；教会管理者会给弥撒制定精细的规则；艺术家会描
绘或雕刻基督受难的故事。但是，这些辩论、规则和形象的意义不可能被
这些论辩、管理和艺术形式完全表达出来。没有什么单纯的符号。每一种
符号都参与了它象征的那个神话。每一个十字架都超越了制造它的物质
材料——无论时空多么久远，它都分担着基督受难的意义。三位一体不是
隐喻：一就是三，三就是一。弥撒活动中的面包和红酒不仅仅是提示人们
想到救主的东西。它们不是像基督的肉与血，而是神奇地变成基督的肉与
血。创世和堕落不是简单的故事，也不是关于出生和受苦的寓言。它们
是真实的事件，是人类历史上至关重要的事件。"（耶稣）复活"也是如此。
这不是一个教化的故事。它确实以福音书所报道的奇迹方式发生过。复
活节不是用于象征每年春天大自然的苏醒，相反，是春天象征着耶稣荣耀
的复活。诚然，那种按照字面意思解释《圣经》的幼稚方式已经遭到俄利
根和奥古斯丁的遗弃，愚众的盲目崇拜也被教会博士们提升到精神层面，
但是即便是最哲学化的解释也从未触及基督教最核心的神秘部分。人类
学家可能会指出，用神做牺牲和分吃神的身体，在许多宗教里，包括原始
宗教在内，是很常见的做法。精神分析专家会说，数字3具有某种潜在的
心理基质，深深埋藏在潜意识里。文化史专家会表示，中世纪人们对创世
神话的依赖，反映了他们对奥古斯丁名言"受造之物不可能创造"的无奈
认同。¹中世纪的基督徒不会轻视这类分析，只是不能理解它们。他会很 242

＊　见但丁《神曲·炼狱篇》，第23篇，注释。
1　转引自欧文·潘诺夫斯基："艺术家、科学家、天才：关于"文艺复兴—黎明"的笔记"，载《文艺复兴六论》（Erwin Panofsky, "Artist, Scientist, Genius: Notes on the 'Renaissance-Dämmerung'", *The Renaissance: Six Essays*），1962年，第171页。

愿意去分析,但主要是分析别人的世界。他可能会去撰写任何其他宗教的自然发展历程,但不会这样写自己的宗教史。他们无法分析自身信仰的心理学根源或人类学根源,因为分析意味着区分和解剖,而信仰则追求统一和生命。与基督教的经验或基督教的历史一样,基督教的象征符号之所以生机盎然,是因为它们是证据,见证了上帝的工作。

2

在中世纪,这种神秘生命在尽可能深的层面渗透到人们指导自己在此岸世界生活的各种范畴里。空间、时间和目的都是神圣创造者织造的华丽织锦的一部分,它们都能抵制数量化的规定或批判性考察。对于它们只能感觉,不能测量,只能颂扬,不能分析。

空间保留了神话思维特有的魔法:中世纪基督徒把神秘的新柏拉图主义思考转变成适合其神学和社会环境的术语。上比下好,右比左好。这些空间直觉并非无关紧要:它们指向的是中世纪的主要隐喻——位阶体制(hierarchy*)。按照相似类推原则,基督教哲学家和神学家将其确定为普世原则,亦即,在任何地方都是高位者统治低位者。于是,社会不平等的残酷事实既能被明确地揭示出来,同时也被合理化而得到辩护。同理,人们对和平的强烈需求,不论是政治上还是心理上的需求,也被转化成宏大的宇宙和谐意象。柏拉图有一个原理:当灵魂的各个部分各得其所、各尽其能时,安谧才能随之而来。这个古老原理成为空间神秘主义的核心观念。天空被看做是一圈圈逐渐接近上帝的大气层,越来越高的层次是由微妙的光亮程度来区分的。各层的运动也按照其天堂属性或尘世属性而有高下之分。天使、魔鬼以及(正如《神曲》所描写的)死后的人在一个等级秩序里占据着指定的位置。法律也是从神旨戒律到自然法则再到人间立法自上而下排列。神职人员和世俗群体也有等级之分。僧侣与俗人的关

243

---

* hierarchy源于希腊文ιεραρχια,原意为"祭司的统治",后在罗马天主教会和东正教会表示以上帝为首的教阶组织。

系，君主统治臣民依赖的政制，诸侯在封建体制里承担的义务，教皇掌握教民凭借的组织，家长监管全家依据的规则，人们调控社会尊卑和经济报酬的体制，所有这些都是非常完备的、十分相似的位阶体制。

　　这些等级秩序的相似关系表现出这些象征符号的神秘现实；类推的理由因此也就远远不止是一种便利的手法。它被视为确凿的证据：某种位阶体制中的尊卑秩序可以用于确认人们在另一种位阶体制中应该遵守的尊卑秩序。索尔兹伯里的约翰为了确立恰当的政治秩序，恢复了普鲁塔克的政治躯体（body politic）意象：在《论政府原理》的一段著名文字里，教会被说成是灵魂，国王是头脑，元老院是心脏，官员和军人是手，廷臣是两肋，财政官员是肠胃，农民是脚。读者会对这个奇形怪状的蜈蚣有许多联想，但不会把它看成一个可笑的隐喻，而会把它看成一种理想现实的镜子。一个世纪以后，托马斯·阿奎那用同样的方法确认君主制是最好的政体。他写道，最接近自然的方式是最好的，我们在大自然中可以看到，政府总是托付给一个人——蜂群只有一个蜂后，宇宙只有一个上帝。没有什么比这更合乎逻辑的了。

　　在一个讲究仪式、关注每个阶层权利的社会里，在数百年来严格遵循尊卑关系来对待每一个事件的时代，位阶秩序的澄清就非常必要，破坏位阶体制就是一种威胁。这就是为什么傲慢是极其危险的罪恶的原因，它的流行让传道士痛心疾首：从撒旦第一次反抗到16世纪一些王子的不服从，*superbia*（傲慢）一直是对神定的生活秩序的颠覆。莎士比亚 244
的戏剧就展示了这种中世纪观念在文艺复兴时代的延续：秩序的动摇或国王的罪恶（违背了他们的神授地位），招致巨大的自然灾难或使政治躯体患上可怕的疾病。需要等到科学革命和批判思维取得胜利，才能把位阶观念降低为一个随便使用的隐喻，把位阶体制从一个合理社会秩序的基础变成其敌人。

　　与空间一样，中世纪的时间也分沾了神话具有的那些强烈、个人化和不准确的特点。历史学家往往都非常精明、勤奋和眼光锐利，但还是陷在自己编写的编年史的泥淖里。编年史家没有提供重大事件的确切日期，有时甚至遗漏重大事件。他们的事件次序观念和准确的时间联系观念也是极其粗糙的。编年史家把相隔几百年的国王的事迹和品质张冠李戴，把不同的历史人物混成一个隐隐约约的神话英雄。例如，9世纪末，阿塞尔*的《阿尔弗雷德国王的一生》描写了许多虚虚实实的细节，但是在描写这位国王的特点时则直接抄袭艾因哈德**的《查理大帝传》；这种做法与古埃及的神话式历史编纂极其相似，尽人皆可看出。

含糊不清的现象因为无知而被强化，因为虔诚而被肯定。例如，意大利的编年史家忘记了查理大帝曾经加冕的历史，把路易一世（虔诚者）奉为加洛林帝国的第一个国王；弗赖辛的奥托***可能算是中世纪最伟大的历史学家，他竟然把亚里士多德说成和柏拉图一起做苏格拉底的学生。《圣经》被当作绝对可靠的历史资料。历史分期就以《但以理书》中的预言或者从经文中提取的神秘数字为依据。历史学家不止一次地等待着时间的终结、末日的到来。他们坦承，他们记录的地上之城不是人类关注的中心。

中世纪的历史编纂因此体现了一种普遍的"极为漠视时间"的态度。[1]

245 人们不知道也不在乎自己多大年龄，以及某件事是在什么时候发生的。到14世纪或稍晚一点，他们满足于古老而笨重的水钟。到16世纪末，他们满足于不准确的日历。马克·布洛赫回顾了追求准确之途的艰难：在蒙斯，一个决斗者出现在指定地点，准备在惯例的9点与对手决斗。时间在慢慢流逝，对手没有出现——他是错过时间了吗？显然如此，不过，是在什么时候呢？镇子的法官们和教士们经过长时间很麻烦的协商，最终确定"9点"已经过了。[2]

---

* 阿塞尔（Asser，卒于908/909年），威尔士修士，曾任谢尔本主教。

** 艾因哈德（Einhard，约775—840），法兰克王国历史学家，查理曼大帝的重臣。

*** 弗赖辛的奥托（Otto of Freising，约1114—1158），德意志僧侣和编年史家。

1　马克·布洛赫：《封建社会》（Marc Bloch, *La société féodale*, 2 vols.），1939—1940年，第1卷，第119页。（中译本《封建社会》，上卷，张绪山译，北京，商务印书馆，2004年，第143页。——译者注）现代历史学家在寻找可靠的信息时常常因遭受挫败而抱怨。约翰·赫伊津哈举出15世纪勃艮第公爵家族的史官奥利维埃·德·拉马歇的例子，说他"竟然把查理与约克家族的玛格丽特联姻说成是1475年诺伊斯围城战役之后发生的，尽管他本人在1468年出席了婚礼的宴会"。而且，像傅华萨（约1333—1400）这样著名的编年史家也"粗疏轻率"、"令人扼腕"。《中世纪的秋天》（Johan Huizinga, *The Waning of the Middle Ages*），1924年；1956年，第236—237页。（中译本《中世纪的秋天》，何道宽译，桂林，广西师范大学出版社，2008年，第258—259页。——译者注）

2　马克·布洛赫：《封建社会》，第1卷，第119页。（中译本，上卷，第143页。——译者注）

有些时序是必须接受的，正如更原始的文化也不得不接受它们：季节的更替和生命的阶段是不可回避的时间流逝的印记。然而，在这些周而复始的事件里，时间被宗教节日散乱地切割，不是中性的尺度，而是神圣的节律。复式簿记、可靠的统计数字、合情合理的纪事年表，要等到文艺复兴晚期才出现：这些发明反映了人们愈益强烈的准确性要求。精确工具的缺乏不是追求精确的障碍。应该说，对精确的漠视才是发明精确工具的障碍。

启蒙哲人讨厌压迫性的日程表、机械的节律和可恶的纪律，有时会把散漫称作一种美德。1750年冬，卢梭把表卖掉。他记得，在这一高贵的举动之后，他高兴地说："谢天谢地，我以后不需要知道钟点了！"[1]借着这一冲动行为，至少是卢梭自己推翻了绝对、客观的牛顿时间的专制。但是，他的气质依然是现代的：卢梭是以强度过大以至于无法测量的名义来反抗理性主义的时间配置。卢梭的举动并非出于深思熟虑，而主要出自他的自我意识，而且他的怀旧反抗也没有重拾原始纯真的时间观。中世纪的人不必去反抗准确性——人们不会反抗自己不知道的东西。

除了怀旧的片刻，启蒙哲人喜欢嘲笑中世纪的概念，说它们要么幼稚，要么邪恶。其实二者都不是。这些概念必定出于中世纪心灵的定性套路，即把宗教意义放进空间和时间的空容器里。

正是这种思维方式导致了中世纪科学的贫瘠。一般而言，定性思维是一种目的论思维，而科学进步的历史就是从目的论中解放出来的历史。启蒙哲人本身并未完全挣脱对终极原因的信念。例如，伏尔泰一直持有某种终极原因说。但是，他们已经远离中世纪的思维模式，已经认清和鄙视这些思维模式。孔狄亚克认为，在那些"无知的世纪"，只有化学和天文学得到青睐，但那是由于很糟糕的原因——骗子们借机浑水摸鱼，喜好幻想者则与轻信的民众同流合污。[2]卢梭嘲笑他所谓的中世纪"科学上的胡说八道"，"比无知更加卑鄙得多的胡说八道"，几乎是"知识复兴的无法克服的障

---

1 卢梭：《忏悔录》，《全集》，第1卷，第8章，第363页。(中译本《忏悔录》，第二部，黎星译，北京，商务印书馆，1986年，第448—449页。——译者注)

2 孔狄亚克为帕尔玛王子编写的《历史教程》，《现代历史》部分，《著作集》("Cours d'Histoire" for the Prince of Parma, "Histoire moderne")，第2卷，第8、9章，第129—167页。

230

碍"。[1]孔多塞把指南针和火药的发明权赋予中世纪的科学家，但是，除此之外，他写道，中世纪的科学不过就是"某些解剖学研究；某些蒙昧的化学工作，全部被炼金术士用来寻找黄金；某些几何学和代数学的研究，没有达到阿拉伯人所发现的知识水平，也不能理解古人的著作；最后，某些观察和天文计算，仅限于制定和完善星图，并且被一种荒唐可笑的占星学糟蹋了"。[2]

247   这种评价很不厚道，但不太离谱。中世纪的科学家在技术、光学和医学方面做了一些不错的工作，伽利略等天才人物在进行科学革命时凭借的方法原理有许多是13世纪的格罗斯泰斯特*和罗杰·培根，以及14世纪意大利帕多瓦大学的教师最先阐释的。在中世纪的科学思考与17世纪的科学大发现之间有一些重要的连续性线索。科学革命时期的一些人傲慢地吹嘘说，他们没有从过去学到什么。这种说法从历史角度看是站不住脚的，从心理学角度倒是可以从中探讨一些东西。中世纪实行的是一种理性科学，并且在某种有限的程度上追求对自然的驾驭。但是，意味深长的是，罗杰·培根宣扬的原理要到3个世纪以后才被纳入行动纲领。那些说法会让人感到出奇的现代，令人印象深刻，但只是在不考虑它们的语境的情况下才会如此。这不仅仅是因为，培根一方面提倡实验和数学，另一方面他却坚信，被恰当理解的《圣经》实际上包含着所有值得认识的真理，神学高于自然科学，先知的直觉优于凡俗教士的探索，占星术和炼金术包含着最重要的科学秘密；更重要的是，他关于方法的论述没有更大的功能：它们既没有帮助他自己的研究，也没有促进他所属文明的科学发展。它们至多是对流行技能的尖锐批判，或者基本上是东一榔头西一棒子的尝试。罗杰·培根的作品绝对没有挑战神学以及基督教神学的至高地位。

    然而，毕竟出现了一种科学的萌动，刺激主要来自残余的柏拉图主义和受阿维罗伊主义影响的亚里士多德派。这就是为什么中世纪的人会觉得炼金术和占星术这些伪科学特别亲切。炼金术和占星术把知识分成公

---

* 格罗斯泰斯特 (Robert Grosseteste, 约1175—1253)，英国经院哲学家。
1 卢梭：《论科学与艺术》，《全集》，第3卷，第6页。（中译本，第7页。——译者注）
2 孔多塞：《人类精神进步史表纲要》，《著作集》，第6卷，第133页。（中译本，第97页。——译者注）

开的和奥秘的,小心翼翼地遵从那些偏执的程序,拒绝检验结果和拒绝设计试验,迷信数字的魔力,在希望和绝望之间摇摆,等等,这些表明它们是原始神话直觉和对自然法则的理性探求的混合。教会激烈地反对它们,尤其反对占星术,但基本上是出于一种垄断者被精明的竞争对手所激怒的心境。它的矛头指向的主要不是占星术的思维方式,而是其宿命心态,因为这就否定了人的意志自由,从而也打消了人通过良好的表现获得拯救的希望。虔诚的君主和高级教士雇用占卜巫师来预言未来和寻找点金石;阿奎那和格罗斯泰斯特从占星术中援引论据;罗杰·培根用水星和木星的幸运交会来解释基督教的兴起;但丁在《宴会》中精心地把"七个行星"和七艺联系起来,又把占星术的解释引入《神曲·炼狱篇》。在实际的基督教信仰世界里,通向上帝的道路有许多条。

248

　　于是,与中世纪的哲学一样,中世纪的科学在人类活动的位阶体系里占据着一个显著却次要的地位。与哲学一样,它也是服从于人对神圣和拯救的追求。还是与哲学一样,它也引起两种反应:作为一个基督徒,既可以基于宗教的理由轻视科学,也可以基于同样的理由栽培科学。有些基督徒憎恶那种对自然原因的刨根问底,认为那是对上帝私密领地的傲慢侵犯,没有把精力用于真正重要的事情上。这些严格主义者用反对文学或哲学活动的理由来反对科学活动,丝毫不觉得别扭;在他们眼里,这些东西是一路货色:人的本职是虔诚而谦卑地行走于大地,为什么要探究地球的形状、阅读奥维德的作品或推想天使的情况? 不过,科学家最终取得了胜利。他们得益于一个广泛流行的隐喻:博韦的樊尚与其他许多人都把自然称作"上帝之手写的一本书"。因此,研究自然是精读上帝的著作,也就理直气壮了。

　　中世纪的科学也就因此具有双重的目的论性质:它的宗旨是为了上帝去认识,而它的发现则是对各种目的——上帝创造万物的各种具体意图——的发现。通常说,中世纪的科学家有两个著名说法:大地是宇宙的中心,行星的运行轨道是圆的。这两个众所周知的例子表明,外在考虑如何对科学探究造成有害影响。但是,用这种方式看问题,是把现代标准强

249 　加给中世纪的思考。对于中世纪的基督徒而言,科学与无知一样,都是一幅巨大的、充满象征符号的神圣织锦的组成部分。

3

　　在基督教的象征符号中,最重大也最容易接近的就是教堂。教堂既令人敬畏又让人放松,既崇高肃穆又亲切随和。这是举行宗教节日和普通集市的场所。在沙特尔,大教堂的神甫会议要求酒商不得在教堂大厅卖酒,只能在地下室从事商业活动。这座建筑是十字形的,面向东方,窗户装饰着彩色玻璃,唱诗席有雕刻的屏风,整个设计旨在引导祈祷者超越感觉和有限生命的世界。中世纪的教堂一直被称作是用石头表现的无言布道和宗教戏剧。这些说法是很恰当的:教堂的地基承受的不仅仅是石工工程的重负,而且还负载着更沉重的象征意义。

　　这些意义常常很难解说,因为这需要一些学识;它们甚至不能始终如一地或者由权威机构确定下来。没有任何一本手册来规定这些意象。解释的风格常常取决于地方习俗或主教的想像。圣徒塑像带有流行的样式。有些形象的意义模糊不定。在有的教堂里,石刻雕花让人想到圣母玛利亚;在有的教堂里,它们仅仅表现快乐本身。当然,因为自然是上帝创造的宇宙的一部分,最家常的表现方式在某种意义上也具有象征性,即便这种表现没有任何明确的宗教意义。

　　无论从哪个层面看,这种教堂象征手法,尽管常常做了仔细的计划,但不能说是居心叵测。启蒙哲人特别喜欢描绘厚颜无耻的神职人员如何忙于迷惑信徒。但事实并非如此。商人出售宗教用品,但不能因此说他们是玩世不恭的无神论者,甚至不能说他们是玩世不恭的基督徒。他们的谋利行为和他们的信仰并不冲突。神学家利用象征符号为宗教辩护,建筑师在建筑中使用象征符号,二者都非常清楚自己使用的技巧是什么。他们都知道自己是在利用语言的或形象的工具。但是,他们也是以对待神圣
250 事物的那种精心态度来对待它们。即便是最理性的基督徒,即已经走出

原始神话思维的经院哲学家，也对圣言神谕怀着敬畏心理。上帝宣示了并永远体现着"逻各斯"（"道"）。福音书不是说，太初有道吗？*基督教的logos（道）尽管借自希腊人的logos（逻各斯），在表面上也很相像，实际上却带有一种神秘，因为在这里，符号和所指、现实与理想之间的界限都被抹去了，人和神在此相遇。这就是为什么经院哲学家用虔诚的惊叹来填充论文的页边空白，并且发表热烈的祈祷文，表明他们不会自以为是地运用他们的学识。他们把自己最理智的构想说成是神赐的礼物：当安瑟伦完成证明上帝存在的工作时，他特意注明，自己在这项成就中无足轻重；托马斯·阿奎那在《反异教大全》的页边空白处不停地涂写：ave，ave Maria（万福玛利亚）。于是，象征符号的制造者和消费者在一种和谐的宗教情谊中结合在一起。

教堂建筑把基督教的象征符号汇集于一处，这里甚至包藏着最难以琢磨的神秘主义，即数字神秘主义——建筑师把教堂建在一定数目的石头上。在教堂上面，王公们慷慨地投入最宝贵的资源，建筑师们投入最出色的才能，教会人士投入最精细的管理。这些教堂的平面图或塔尖暗藏着神圣的比例。心思缜密的神学家的数学—宗教思考被转化到石头和玻璃上，旨在赞颂神圣乐师（基督）创作世界和谐乐谱时使用的数字体系。

在所有的神话思维方式中，数字神秘主义似乎对受过最高等教育的人影响最大。它可以被称作是知识分子的迷信。希腊哲学家、犹太智者、波斯国王和基督教神学家都对它很着迷。新柏拉图主义者悉心探讨毕达哥拉斯提出的各种比例，《圣经》中的犹太人在数字40面前战战兢兢；这种神秘的数学在中世纪没有丧失其魅力。直至开普勒和伽利略这样的科学家也为之蛊惑。

基督教里，数字无孔不入，无所不在。与现代数学的情况不同，它们不是表达各种关系的抽象符号，而是以真正的神话方式成为超验真理的象征，或是成为具有特殊力量的工具。圣奥古斯丁说，我们"不应鄙视数字 251

---

* "太初有道"，见《圣经·新约全书·约翰福音》，第1章，第1节。
** 这句话的意思是，6的除数是1，2，3。3个除数相加为6。

科学"。他特别关注6这个数字,因为它的除数相加还是它[**],所以6不会过分,也不会不足。他写道,6是非常完美的数字,但这不是因为上帝在6天里创造了世界,应该说上帝选择这个数字是因为它很完美。[1]这听着很像是胆大包天的异教学说。它在之前的新柏拉图学派和新毕达哥拉斯学派那里是很平凡的,但在中世纪成了绝对的正统,无论文盲愚众还是受过教育的阶层都很认同。基督徒都知道七大美德、七大善事、七大行星、七项圣事、七艺、七级圣洁、七宗罪、人生七个阶段;他们还知道12个先知、12个始祖、12个使徒、12个月、约翰看到的12件圣宝。[*]

在中世纪,人们怀着极其严肃、极其虔诚的游戏态度,把这些数字视为现实结构的可见记号,然后把它们彼此联系起来——这个神话世界里是没有巧合的。数字的连接体现了上帝创造万物的方法:"你是依据大小、数目和重量创造万物"——《所罗门智训》[**]的这句名言经常被人引用。7和12具有神秘的联系:7是3加4,而12是3乘4;此时3是神圣数字,因为它表示三位一体,即精神世界;4是元素的数字,即物质世界[***]。七种美德也体现了这种关系:有4种是基本美德,有3种是启示美德,加在一起,形成完美的数学整体。[****]因此,7和12代表了3和4的神圣组合。

这种数学神秘主义的例子太多了,不胜枚举。数字33也是神圣的,因为它表示基督在人世生活的年头,而且也让人想到三位一体。但丁在其作品《新生》中告诉读者,出于类似的理由,数字9也是一个神圣数字:他所赞美的贝雅特丽齐就和数字9有不解之缘,这个奇迹的根源在于三位一体,3自乘即创造出9。[*****]众所周知,整个《神曲》就是神圣数字的织锦,全书由3卷组成,每卷分33篇,再加上一篇序言,组成另一个神圣数字

---

[*]　12个始祖,指《圣经·旧约》中雅各的12个儿子,分别成为以色列12个支派的始祖。约翰看到圣宝,见《新约·启示录》第21章,第19、20节。

[**]　《所罗门智训》,收入《圣经次经》。这句名言出自第11章。

[***]　西方古代和中世纪流行4元素说,即世界是由土、气、水、火组成。

[****]　七种美德有不同解说。这里指的是,4种源于古希腊哲学的普遍美德(智慧,节制,勇敢,公正)和圣保罗提出的3种宗教美德(信、望、爱),合在一起被早期教父定为七种美德。

[*****]　关于贝雅特丽齐与数字9的关系及其解释,见但丁:《新生》,钱鸿嘉译,上海,上海译文出版社,1993年,第83—85页。

1　奥古斯丁:《上帝之城》,第31卷,第30章。

100。这些基本韵律还得到内部分割比例的呼应和支持：地狱有9圈，而且越往下越显示出神秘的分割，第7圈有3环，第8圈有10道沟壑，第9圈有4环。在《炼狱篇》里，但丁的额头被划了7个P字，表示七宗罪；炼狱由炼狱外部和炼狱本身构成，炼狱外部有4层，炼狱本身有7层。再加上整个结构立足其上的岛屿，就出现另一个神圣数字12。《天堂篇》也是类似的情况。

但丁在用数字和数字位阶体系来构建自己的伟大作品时，遵循的是一个公认的文学传统。但这也是一个神学传统：既是一个游戏，又不仅仅是一个游戏，既是一种意象，又不仅仅是一种意象。它不仅仅表明一种神圣的现实（也就是这个宇宙本身），而且本身就是这种神圣现实的重要组成部分：上帝不可能用非数学的方式来建构他的宇宙，否则宇宙就会不成比例、不和谐，那样的宇宙是魔鬼的作品。大教堂的建造者和礼拜者都认为他们的建筑非常漂亮，因为它是"逼真的"，因为在人力所及的范围内，它尽可能地体现神圣建筑师（上帝）的鬼斧神工。遵循音乐—数学原理的教堂设计把人提升到超出言词和高于逻辑的宗教体验层面；教堂不仅仅是对天国的提示，而且是让人预先体验的仿造天堂，是受上帝赐福的耶路撒冷。

在一些戏剧性的时刻，这种象征主义的现实令人惊心动魄。1194年6月，一场大火吞噬了大半个沙特尔镇，也侵袭了新的大教堂。教堂珍藏的最宝贵的圣物，圣母玛利亚在生基督时穿的长衫，在大火中不见了。这个灾祸使沙特尔镇的居民，包括主教、教士和学者都感到深深的沮丧。圣母收回她的庇护，重建她的神龛似乎没有什么意义了。神的怒火降临在沙特尔；圣母原先把沙特尔选做她的栖息之地，现在已弃之而去了。

神职人员首先恢复了一些信心。当时在沙特尔的比萨红衣主教梅利 253
奥尔是一个精明的外交家、出色的演讲家、热情的组织者。他劝说主教和教堂神甫会议重建这个教堂。几天后，他召开了镇民大会，当他敦促镇民支持这项神圣的事业时，主教和教士带着这件神圣的长衫列队出现。大火时，这件圣物放在地下室里，躲过了劫难。原来以为永远丧失的东西此时奇迹般地失而复得，这让全体在场者大喜过望。镇民们噙着眼泪发誓，要用从大火中抢救出来的财产修建一座比原来更辉煌的新教堂。兴高采烈之际，他们对这场灾难作出一个乐观的解释：圣母有意让她的圣堂毁掉，因为她想要一个美丽的新教堂。于是，大家有钱出钱、有力出力，开始建造一个配得上这位神圣保护者的圣堂。

我们今天重读这个故事，会被其中那么人性的表现打动：出色的讲演者在打动听众的情绪，圣物在恰当的时刻戏剧性地重新露面，宗教旨趣与商业利益高贵地结合起来。沙特尔的繁荣在很大程度上依赖于节庆和朝圣活动，新教堂会很快就得到回报。但是，除此之外，还有更多的因素促成沙特尔大教堂的重建：无论有多少世俗因素起作用，最初的悲痛和后来的狂喜都是出于虔诚的宗教信仰。不论是有文化的还是没文化的，大家同时悲伤，又同时欢乐。原以为圣母发怒了，其实并非如此。于是，大家欣喜若狂。

到18世纪中期，使得这个故事发生的精神世界受到严厉抨击，同喜同悲的状况也被打破了。1750年2月8日和3月8日，伦敦遭受了两次轻微的地震。没有人在地震中死亡，但是地震日期的重合引起伦敦市民极大的恐慌。有一个精神失常的军人在伦敦各处发布预言，说第三次地震将在4月8日发生，并且将摧毁一切。有许多人相信他的话。贺拉斯·沃波尔在4月4日写给曼恩的信中说，成百上千的伦敦人正在弃城出逃，其他人则屈从于极其有害的想法。他写道，有些比较勇敢的女士制作了"地震袍"——在室外过夜穿的保暖长袍。休谟语带讥讽地告诉他的朋友约翰·克雷芬医生说，伦敦主教发布了一封牧函，推荐一批所谓的地震药，诸如"禁食、祈祷、忏悔、苦行以及其他良药，这些全都出自他自己的铺子"。主教的牧函非常畅销，而休谟的《人类理解研究》则成了这场大恐慌的无辜牺牲品。他在信中告诉克雷芬："我要告诉你的事情，你可能不会相信。但这的的确确是真的。米勒在几个月前把我的新版的哲学论文集拿去付印，但是他严肃地告诉我，由于地震，他推迟了书的发行。"[1]

1　休谟：1750年4月18日，《书信集》，第1卷，第141—142页。

那些惊恐万分、担心生命不保的人们，纷纷去聆听卫斯理和怀特菲尔德讲道*。他们若是生活在12世纪的沙特尔就会有家园感。那些对他们冷嘲热讽的哲学家们若是来到12世纪的沙特尔就会像是一些异乡来客：超自然的魔法已经远离他们的生活。所有的社会都有内在的矛盾。在中世纪的社会里，也可见到穷人造反，市民反对富有的主教和贵族地主，异端对天主教的某些教义提出质疑。但是，即便是异端分子也不会怀疑世界的宗教基础，不会怀疑有限的世俗事物比永恒的彼岸要低微。到18世纪，矛盾愈益深化，许多靠文字为生的人愈益疏离了当时社会的宗教基础。

这种疏离态度在启蒙哲人反宗教的幽默中最能表现其大胆而无情的进攻性。18世纪的基督徒，与中世纪的先人一样，也会调侃教士，偶尔也会在宗教仪式上表现得轻浮随便。但是他们至少会维护圣礼的神圣性，而启蒙运动恰恰认为圣礼是最不可理解，也是最可笑的。伏尔泰不动声色地说，洗礼不能用沙子来完成，更不能在阿拉伯半岛的沙漠里进行；他批驳几个世纪关于变体论**的激烈争论，指出："那些被称作教皇派的人吃上帝而不吃饼，路德教派则吃饼和上帝，而不久后兴起的加尔文教派却只吃饼而不吃上帝。"[1]无论人们会怎样看待伏尔泰的这种放肆无礼，历史学家会把这类俏皮话看成一个证据，表明启蒙哲人与中世纪的世界观有多么大的距离，同时也表明启蒙运动乃是自文艺复兴开始几个世纪以来长期异化过程的终点。

255

---

* 卫斯理（John Wesley, 1703–1791），英国传教士，新教卫斯理宗的创始人。怀特菲尔德（George Whitefield, 1714–1770），英国传教士，福音运动的创始人之一。二人都在露天公众场所讲道。

** 变体论是指圣餐中饼和酒变为耶稣的身体和血，

[1] 伏尔泰：《风俗论》，第2卷，第219页。（中译本，中册，第572页。——译者注）

第五章　异教徒基督教的时代

　　从1300年到1700年，这4个世纪可以说是启蒙运动的史前史。很显然，这4个世纪的地位绝不仅止于此。这也是一段自成一体的时期。这个时期产生了许多观念和风格，而启蒙哲人对它们即便有所了解，却依然熟视无睹、漠不关心。此外，这几个世纪——从彼特拉克到洛克——是各种冲突不断、各地变动剧烈、变革潮流汹涌的时代。除了革命动乱此起彼伏外，这个时期在其他方面似乎就没有什么共同特点了。但是，从启蒙运动的角度看，这是一个在内战中逐渐复苏的几个世纪；在这个时期，批判的头脑重新开始与古典古代进行的对话，并逐步走向思想的独立。这几个世纪给启蒙运动提供了有关历史（包括异教历史和基督教历史）的意象，启蒙运动的词汇、哲学方法以及很大一部分纲领。当然，这几个世纪尽管对世俗思想方式作出了巨大贡献，但依然是宗教支配的时代，正如启蒙哲人喜欢说的，依然被宏大的神话禁锢着。这就是为什么说它们是启蒙运动的史前史，而不是启蒙运动历史本身一部分的原因。不过，尽管基督教体制百般抵抗，尽管宗教信仰顽强坚守，这些努力并不能阻止古老思想方式的复兴以及新思想方式的最终胜利。正是在这几个世纪里，世俗力量开始膨胀，进而爆发，打破了基督教千年盛世拥有的统一体。这是异教徒基督教的时代。

　　异教徒基督教（pagan Christianity），这个名称听起来像是一个故弄玄虚的矛盾说法。但是它很恰当地描述了这样一个时代：当时人们相当自在地持有各种信仰——在启蒙运动看来完全互不兼容的信仰，人们在看到基督教人文主义者、基督教斯多葛主义者、基督教柏拉图主义者，甚至基督教怀疑主义者等时，毫无不协调之感。基督教思想由此也表现得非常灵活与包容。洛伦佐·德·美第奇*可能会十分严肃地说，如果不是一个好的

---

*　洛伦佐·德·美第奇（Lorenzo de'Medici, 1449-1492），意大利佛罗伦萨的实际统治者，文艺复兴的赞助者。

柏拉图主义者,就不可能是一个好公民或好基督徒。因此,反叛中世纪并不一定反叛宗教。

启蒙哲人不能理解批判和神话何以共存,急切地希望用批判来打击神话,因此对这个时期感到迷惑不解。再有,他们也并不是信口编造他们自认为在那个时期看到的混乱。对基本原则进行苦苦思考,是一切时代知识分子的命运;异教徒基督教时代的独特之处在于,那种痛苦主要表现为基督教思想方式与古典思想方式之间的较量。在这4个世纪里成形的世界不再是中世纪的模样了,但也不是现代世界。它还不够现代,是因为它在寻找让新形势和新观念适应传统反应的方式。但是,它不再是中世纪的延续,因为它也创造出新的机制,建立了与古代的新关系,逐渐地——缓慢地、不确定地但明显地——缓解此时的宗教狂热。

一、正本清源

1

文艺复兴和启蒙运动有许多相像之处。二者都有一段历史,有一段复杂的演进过程,有挫败,有各地特色,有派别和纷争,有激进派也有怀旧的保守派。从彼特拉克到伊拉斯谟是一段漫长的路程,无论在物理距离上还是在情感距离上,都要比从洛克到孔多塞的路程更长。乔托的绘画与拉斐尔不同,薄伽丘的写作与马基雅维利有别:随着时间的推移,旨趣发生转移,观念和风格也随之转变。启蒙哲人认识到这一点,只不过带点居高临下、例行公事的口吻。达朗贝尔在《百科全书》的绪言里写道,人文主义者最初是博学的古代学问家,后来转向研究文学,最终成为哲学家。但是,应该承认,在这种多样性的背后有着一种关于理想和思维方式的共识。

这种共识的一个原因和标志就是其代表人物之间的非正式同盟。与

258

启蒙运动一样，文艺复兴也主要由文人主宰。这是一个精力充沛的兄弟帮。他们惺惺相惜，不重阶级出身而重才华。与启蒙哲人一样，人文主义者是为一个比他们的小圈子大得多的运动摇旗呐喊，而且人文主义者也占据着一些战略性位置，领导着一种积极的生活。他们是历史学家、文物研究者、道德哲学家、诗人、学者和艺术评论家。他们之中许多人都有机会成为国务活动家、宣传家或教授。与启蒙哲人一样，人文主义者也为了自己的使命而呼朋引类；他们阅读彼此的作品，长途跋涉去登门拜访和辩论学问，建立研究中心以实践和改善谈话的艺术；他们把自己的学识传播到欧洲各地，并传授给下一代。他们之中许多人是爱国者，不论是出自内心，还是为了利益，都把他们娴熟的拉丁学问用来为自己的城邦服务，要么贬低米兰而颂扬佛罗伦萨，要么贬低佛罗伦萨而颂扬米兰。但是，就他们的哲学风格而言，人文主义者是世界主义文人；早在伏尔泰和康德之前，他们就教导哲学家们，无论彼此有多大分歧，都应致力于人类团结，容忍不同意见，齐心协力来寻求真理。最后，与启蒙哲人一样，人文主义者也注意建立和维系与统治者的联系；他们是统治者的臣仆、通信者和朋友，在适当的环境中，他们甚至成为君主的批评者。正如聪明的贵族和富商主宰的世俗都市环境使启蒙哲人如鱼得水，精明的商业寡头或有教养的教会权贵主宰的活跃城邦造就了人文主义者。威廉·罗伯逊在赞美意大利城邦时写道："商业的进步对于改善欧洲各国的风尚、在它们之中确立秩序、平等的法律和人道方面具有很大的影响。"[1] 思想者与权贵之间的热烈交往在启蒙运动和文艺复兴中都很突出，而且对二者都产生积极的后果：随着社会变得哲学化，哲学家也变得社会化。

文艺复兴和启蒙运动无论表面上还是实际上都很相像。其中一个很明显的原因是，二者都崇拜古典古代，尤其崇拜古罗马。诚然，二者的古代意象是很不一样的。启蒙运动所谓的古代是古典的、分化的，具有长远

1　威廉·罗伯逊："欧洲社会的进步一瞥"，《著作集》，第91页。

的影响，其批判世界观的影响更为深远；这种古代意象并不是与人文主义者把古代看成现成的完成品的观念来对质的；这种古代是有待发现的。正如阿比·瓦尔堡指出的，古典古代躲藏在古代精灵世界背后，在很长时间里逻辑和巫术是和平共处的：还须从亚历山大城[*]手中找回原来的雅典。[1]有关古典古代的基本轮廓、基本性质的持久辩论也是人文主义者的一个关注点。这一争论造成了他们之间的分分合合。他们非常努力地恢复古代的全貌、力求更清晰地了解古代，即便结果并不常常令人满意，却也使文艺复兴的学术有了更多的锋芒和滋味。1428年，政治家和人文主义者列奥纳多·布鲁尼用一个特有的隐喻吹嘘说，正是佛罗伦萨靠着自身的努力恢复了拉丁学问，甚至还恢复了希腊学问，使得人们能够"不再通过可笑译文的面纱，直接目睹最伟大的哲学家、令人敬仰的演讲家以及所有学问出众的人"。[2]这类颂扬表明，尽管人文主义者的古代观与启蒙哲人的古代观并不一样，但二者有亲缘关系，前者与后者的关系就像是一个被发现的手稿与一本印制的书籍——前者年代更早，带有古旧气息，但显然属于同一家族。

　　这种家族相似性还体现为，二者都崇拜西塞罗。如果说启蒙运动有米德尔顿、孟德斯鸠和伏尔泰为西塞罗写传记、颂词和剧本，那么文艺复兴也有彼特拉克深情地研究西塞罗，有布鲁尼撰写西塞罗传记，有隆戈利乌斯[**]发誓只用西塞罗的词语。即便像伊拉斯谟这样的人文主义者也嘲讽那些"西塞罗的模仿者"，但他完全是出于对西塞罗本人的敬意。伊拉斯谟说，在16世纪像西塞罗那样写作，并不意味着拥有西塞罗的精神，而是在歪曲西塞罗的精神，因为西塞罗永远是独一无二的。

260

---

[*] 亚历山大城，公元前332年建于埃及，是希腊化时代的一个中心。

[**] 隆戈利乌斯（Gisbertus Longolius, 1507—1543），（荷兰）代芬特尔拉丁学校校长，科隆大学教授。

1 阿比·瓦尔堡："路德时代语言与图画中的异教古代预言"，《全集》（Aby Warburg, "Heidnisch-antike, Weissagung in Wort und Bild zu Luthers Zeiten", *Gesammelte Schriften*），两卷本，1920年，第2卷，第491—492、534页。

2 转引自汉斯·巴伦：《意大利文艺复兴早期的危机：古典主义和僭主时代的公民人文主义和共和自由》（Hans Baron, *The Crisis of the Early Italian Renaissance: Civic Humanism and Republican Liberty in an Age of Classicism and Tyranny*），两卷本，1955年，第1卷，第362页。

　　对西塞罗的重新发现，不是一蹴而就的，而是一个缓慢的过程。众所周知，到12世纪为止，信奉基督教的读者通常把他奉为宣扬隐修生活的伟大演说家，而经院哲学家们依然仅仅接触到他众多著作的残篇断简，窥见他鼓吹积极的生活，因此对他加以排斥。然后，到1345年，彼特拉克发现西塞罗致阿提库斯*信札时，既兴奋又遗憾，感情十分复杂。他在这些聊天式的率直通信中，看到了一个雄心勃勃、渴望掌声、讨要认可的政治家和律师形象。这是一个热衷行动的异教思想家，毫不做作，也毫无掩饰。彼特拉克为这一发现感到沮丧，因为在他看来，西塞罗对名利的渴望，乃是对真正的哲学家事业的偏离，可悲可叹。不过，彼特拉克一直探讨他敬慕的那些风格纯粹的古人的心灵，对他而言，西塞罗的行为既是一种警告，也是一种指引。彼特拉克本人追求离群索居，喜欢在独处时思考神圣事物，但是他也开始把闲暇（otium）视为一种积极的活动状态。这种闲暇不是隐修的闲暇，而是像西庇阿的退却一样，是养精蓄锐。彼特拉克之所以愿意给王公贵族充当顾问，西塞罗的榜样起了最重要的作用。

　　彼特拉克的西塞罗主义是一个开端，既表现为开始赏识行动者，也表现为对西塞罗著述的孜孜搜寻。除了西塞罗致阿提库斯信札外，彼特拉克还发掘出西塞罗的几篇演讲。到14世纪末，彼特拉克的忠实弟子科卢乔·萨卢塔蒂——他是一位积极的人文主义者和虔诚的基督徒——发现了西塞罗的《家书集》；比扩充西塞罗书信集更重要的是，萨卢塔蒂终其一生都体现了西塞罗的理想。1400年前后，他正担任佛罗伦萨执政官，在与米兰进行战争之际，他还撰写了《论暴政》，讨论政治理论，讨论但丁和恺撒主义；由此我们可以看到一个鲜明的文艺复兴人格，一个现代西塞罗。几年后，文艺复兴时期最勤奋、也最成功的古代文本搜寻者波焦·布拉乔利尼，发现了西塞罗在法律方面的许多演讲，他晚年对西塞罗的哲学也持有正面的看法，认为西塞罗不仅仅是文字大师，也是公民道德的楷模。到

---

* 阿提库斯（Titus Pomponius Atticus，公元前112/109年—前35/32年），西塞罗的好友。

1421年,洛迪地区主教杰拉尔多·兰德里亚尼发现了西塞罗的《布鲁图》、《演说家》和《论演说家》等完整文本,从而完成了西塞罗文字作品的搜集工作。

随着上述发现,对西塞罗的人格复原也层层递进。15世纪初,萨卢塔蒂和布鲁尼等佛罗伦萨人文主义者描绘的西塞罗更接近于现实情况,只是稍稍放大一点。他们笔下的西塞罗是一位伟大的哲学家,也是一个居家男人,一位杰出的演说家,一位国务活动家。或者说,这位哲学家之所以伟大,恰恰因为他热爱自己的家庭,同时也热爱自己的国家。

与中世纪的西塞罗形象相比,文艺复兴时期的西塞罗形象变得更高贵,也更具有人性。中世纪的学者也崇敬这位修辞大师,但他们对西塞罗的专业论文和他在法庭上的表演知之甚少。而专注于雄辩技巧的人文主义者,欢天喜地地把西塞罗奉为楷模,因为他们发现,西塞罗不仅宣扬而且践行着一条格言:一个好的演说家也是一个具有良好品格的人,会在公共服务中发挥自己的语言才能。与中世纪的前辈相比,人文主义者对作为演说家的西塞罗有更加充实的认识,同时也在他身上看见了一位哲学家公民。文艺复兴传递给启蒙哲人的正是这样一个西塞罗。

西塞罗的声誉在文艺复兴时期的变迁过程,凸显了人文主义者重新发掘古典文化带来的激进后果。人们有时不愿把人文主义者称作发现者,但他们确实配得上这个称号。虽然古代手稿并没有真正遗失,而是藏身于修道院的图书室里,被修士看护着,但大多都尘封蛛结,不曾被人翻阅。它们对中世纪文化的影响也基本上被忽略了。如果文物研究者是指那种痴迷古物、蓬头垢面的学究,那么人文主义者绝不在此之列。他们手上沾满灰尘,恰恰证明管理图书室的修士一直听任这些古典遗产日渐损毁。人文主义者遍访修道院图书室。有关的损毁报告令人心寒。当薄伽丘探访卡西诺山的本尼狄克修道院图书室时,发现其中一个房间没有门,窗台杂草丛生,存放的手稿已灰尘蒙面,且残破不堪。他倍感沮丧,不禁潸然泪下。他问其中一个修士,怎么会允许这种亵渎现象发生?对方回答,修士们会撕下一张张的羊皮纸,或者给小孩做祈祷书,或者给妇女做护身符,这样做仅仅是为了得到一点小钱。1414—1418年，波焦·布拉乔利尼担任康斯坦斯公会议的教宗秘书。会议很少召开，这对于学术乃是一件幸事。由于免除了繁琐公务，他得以寻访瑞士、德意志南部以及法国东部的修道院，搜寻到被冷落的珍贵手稿和文件，满载而归。圣加伦修道院建在一个难以行走的陡坡上。波焦在那里第一次发现了昆体良的完整作品*。他如获至宝，像《圣经》中仁厚的撒马利亚人照顾受难路人那样，对之精心呵护。他对朋友说，如果不是他及时抢救，昆体良的著作恐怕不久就会毁灭了；如此优雅而智慧的人被关在一所由野蛮狱卒看守的肮脏监狱里，已经不可能再支撑下去了。

　　人文主义者不顾自身的安危，也不惜采用极端方式乃至贿赂偷窃等手段，孜孜不倦地探察搜寻，使得许多古代文献重见天日，日后成为启蒙运动的至宝。前面已经讲到对西塞罗的重新发现过程，对卢克莱修的重新发现则更具戏剧性。《物性论》一书在许多世纪里不为人知，后来仅靠一部手抄本才得以流传。1417年波焦最终在圣加伦修道院发现了这部手抄本。第一个认真研究塔西佗作品的是薄伽丘。他在蒙特卡西诺修道院的图书室发现了塔西佗的著作，或者说从那里偷出了这些手抄本，这才使得佛罗伦萨的人文主义者能够用来辩论罗马共和国和罗马帝国孰优孰劣。卡图卢斯也是凭借惟一的手抄本才勉强渡过了中世纪，然后被人文主义者发掘出来。达朗贝尔后来把人文主义者描述成对古代遗产不分好坏照单全收，崇拜古人而"不清楚其价值所在"。[1] 按照上述发掘情况来看，这种说法既不厚道，也不公平。

　　诚然，古代文献在文艺复兴时期有各种不同的用途，这与启蒙运动时期的情况并无二致。随着知识和熟悉程度的增长，爱慕敬仰之情也与日俱增。14世纪后期的人文主义者把彼特拉克置于西塞罗之上，但接下来的一代人则颠倒了这种排序，而且觉得"粗俗"的意大利文一无是处。从文艺复兴时期就有人指责人文主义者盲目崇拜古人而丧失创造力。但这种指

---

* 指《演说术原理》。

1　达朗贝尔：《百科全书》绪论，《杂文集》，第1卷，第106页。

责只适用于少数人和少数时期。从好的方面看，而且从总体情况看，人文主义者对古典文献的推崇不是阻遏了而是刺激了独立精神：文艺复兴时期的古典主义乃是一场与古人的大辩论。甚至那些模仿也是富有创造性的：列奥纳多·布鲁尼的《对话集》*是古代文学与当代文学、拉丁文与意大利文之间的对话，在结构和戏剧方式上模仿了西塞罗的《论演说家》，但其中的理念完全独立于古人的说法，倒是非常适用于15世纪初佛罗伦萨人文主义者之间的争论。这部对话与日后休谟的《自然宗教对话录》的关系是显而易见的。

　　这个模仿的例子——还有其他很多例子——表明，人文主义者对古人的重新发现，不仅仅是文物挖掘，更多的是一种知识探索。古代手抄本带给他们的喜悦，尽管也有收藏者见到精美文物时的喜悦，但还不仅如此，这更是如启蒙哲人理解的那种充分意义上的"哲学的"喜悦。文艺复兴的学术与其修辞学一样，具有公共目的，也产生了政治后果。重新建构真正的柏拉图或真正的亚里士多德，把他们从基督教诠释的桎梏中解救出来，乃是为了奠定坚实的哲学基础，据此来对中世纪的思想体系展开批判。仔细阅读和欣赏卢克莱修的著作，乃是为了发现与《创世记》中的说法不同的文明历史。不再从宗教寓言的角度来阅读维吉尔，乃是为了把一位伟大的异教作家从基督教的曲解中解放出来，重新展现奥古斯都时代罗马的理想。重新揭示古典象征或古典神话和古代历史中喻象的意义，是为了把古典主义转变成颠覆的工具。例如，人文主义者恢复了普罗米修斯在古代的光环，赞颂这位具有创造力并敢于反叛众神的人物。再如，佛罗伦萨的人文主义者们与3个世纪后的狄德罗一样，在政治讽刺作品中把布鲁图变成了一个文化英雄的典型——此前但丁是把布鲁图这个叛臣逆子置于地狱的最底层。许多人文主义者赞同但丁的裁定：文艺复兴与启蒙运动一样，从未停止关于政体形式的争论。但是，这少数人对布鲁图的喝彩却是一个急剧的转折。中世纪强调人的依附关系，从来不会赞扬弑父行为。而文艺复兴时期至少有些

264

---

* 《对话集》全名为《对话集：献给皮特·保罗·西斯图斯》(*Dialogi ad Petrum Paulum Histrum*)。

人，就像启蒙运动时期那样，认为这种弑父行为有其合理之处。

古典作品一个接一个地重新浮出水面，如同再生一般。在特伦多公会议上，塞涅卡依然被称作教会之父，此时在其著作的两个重要版本中已经恢复了其作为异教作家的身份。一个版本是1515年由伊拉斯谟编辑的，另一个版本是1605年由利普修斯*编辑的。他们二人都无意挑起斯多葛主义与基督教之间的冲突，但是他们对塞涅卡的文本做了精细编辑，使后来的读者无须任何宗教假设就能理解他的思想。从尼科利**到伊拉斯谟，众多人文主义者以同样的方式编辑手抄本，清除了多少世纪覆盖在上面的污垢。由此使得读者能够而且也只能按其本义来看待这些古代文本。像薄伽丘这样的过渡性人物还在用中世纪通行的方式来滥用奥维德的作品。薄伽丘的小说《亚美托的女神们》从情调和题材看均源于奥维德，开始像一部情色淫秽的作品，结束时却把这种宣淫解释成一个关于三位一体和七大美德的寓言。奥维德的故事招致了这种待遇，而且直到文艺复兴时期依然如此。但是随着考证的进展，再把这些寓言当成严肃的诠释几乎已经不可能了。在《巨人传》第一卷的导言里，拉伯雷嘲笑那些对《变形记》的寓言式诠释，称之为僧侣的愚蠢诡计。很显然，宗教性解释的面纱、比喻性世界观正在被戳破，被亚历山大城遮蔽的雅典正在重新绽放光彩。启蒙哲人对人文主义者的这个工作津津乐道，尽管认为他们是半心半意的，而并非具有使命感。但是，启蒙哲人当时并不知道人文主义者在修道院图书室里如何戏剧性地寻觅和如何戏剧性地有所发现。我想，如果他们知道了这全部过程，他们会铭记在心并报以敬意：辛勤工作的文人，尤其是那些打破偶像的人，总是会跻身于启蒙哲人敬重的先辈之列。

尽管启蒙哲人没有充分认识到人文主义者的工作具有的革命性意义，但是人文主义者自己却有自觉的意识。他们宣称，自己正在见证并从事一项复兴的事业。早在14世纪初，彼特拉克就把过往的一千年贬斥为黑暗时

---

* 朱斯图斯·利普修斯（Justus Lipsius, 1547–1606），尼德兰南部（今比利时）的人文主义者。
** 尼科利（Niccolò dé Niccoli, 1364–1437），佛罗伦萨人文主义者。

代，盛赞自己的时代是复兴的时代。一个世纪后，洛伦佐·瓦拉和马西利奥·菲奇诺*表示，文学艺术在荒废了许多世纪之后已经开始复苏并获得新的荣耀。再一个世纪后，拉伯雷和瓦萨里把所有的学问和艺术当作遭受漫长凄惨放逐的朋友，欢迎它们荣归故里。正如人文主义者见证的，生活的方方面面都充满新的生机。如果说有时这种生机仅仅表现在自我吹嘘中，那么这种自吹自擂的方式也是崭新的。文艺复兴对艺术的热情既不是说说而已，也不仅仅是审美追求：艺术创造被当作一切创造的楷模。甚至像认识论这样的专业性话题也被拖入性爱领域：我们知道我们爱什么；爱欲是一切行为的基础，既支撑着人们的政治活动或艺术表达，当然也支撑着人们对知识的寻觅。按照弗朗切斯科·帕特里奇**的惊人说法，认识就是交媾——"认识不是别的什么，不过是与被认识对象的交媾"（*cognitio nihil est aliud, quam Coitio quaedam cum suo cognobili*）。[1]在这样的思考中，已经可以清楚地看到后来启蒙哲人的四阶段历史图式的雏形了。

　　中世纪的思想曾经让人在宇宙图式中占据一个尊贵的位置。人不是按照上帝的形象创造出来的吗？上帝之子不是为了人类的罪孽而牺牲自己吗？但是在文艺复兴的人类学里出现了一种新音调——这个音调比布克哈特的那些著名说法所暗示的更复杂一些，但同样自信满满。文艺复兴时期有些哲学家认为，人是自由的，是自己命运的主人，不会被束缚在宇宙等级体系的给定位置上，而是有能力尝试一切事物。即便悲观主义者把命运视为无法征服的喜怒无常的女神，但他们也为人能够不屈不挠地与命运搏斗而感到自豪。奥古斯丁的谦卑说法——受造之物不可能创造——现在已被推翻了。它实际上是从内部逐渐消解的。人依然是上帝的造物——文艺复兴时期的哲学家很少有人对此怀疑。但人是能够创造的造物；人在艺术、公民生活、学术以及道德哲思中进行创造，创造了一切造物

266

---

* 瓦拉（Lorenzo Valla，约1407—1457）和菲奇诺（Marsilio Ficino，1433–1499），均为意大利人文主义者。

** 帕特里奇（Francesco Patrizzi，1529–1597），意大利人文主义者。

1　转引自恩斯特·卡西勒：《文艺复兴时期哲学中的个体与宇宙》（Patrizzi, *Panarchias*. Ernst Cassirer, *Individuum und Kosmos in der Philosophie der Renaissance*），1927年，第142页。

中最尊贵的造物——人自身。

表明这种新的生机、新的力量的证据俯拾皆是。正是在这个时候，尤其在意大利的城市里，古老的规范摇摇欲坠，人们开始试探许可范围的界限。这是一个既令人陶醉也让人恐惧的时代。后来伏尔泰一针见血地指出，这是一个极端的时代："机智、迷信、无神论、假面舞会、诗歌、背叛、宗教虔信、毒药、暗杀，几个伟大人物，无数精明强干然而命运不济的恶人——这就是当时的意大利。"[1] 关于这个时代的概括，布克哈特不会说得比这更好。

人文主义者也参与到这种活跃而纷乱的局面之中，或许只是比一些僭主更安然镇静一些。他们以无穷的精力四处搜寻手抄本。他们热烈地展开争论，喜欢交流和说服别人。因此，他们就像启蒙哲人一样，喜欢撰写对话，享受争论的过程。伊拉斯谟把自己的洁癖带入学术研究。他必须净化信仰和教养的源泉，并且尽可能地公开地进行净化工作。伊拉斯谟并非孤军奋战：文艺复兴时期弥漫着一种行动的冲动，一种注重结果的哲学。

相对于这种功利主义而言，也有重要的例外情况。以菲奇诺为中心的佛罗伦萨新柏拉图主义圈子就推崇沉思的生活，特别是把思考上帝视为人的正当工作。但是，即便是这种柏拉图主义神学，也为实践活动留有一席之地。此外，菲奇诺的非世俗哲思与其说是回归修道院理想，不如说是对政治现实的一种认可——到15世纪下半叶，美第奇家族窒息了佛罗伦萨所有的政治活动，只有阴谋活动例外。最后——这一点不仅对于理解文艺复兴思想的基本面貌很重要，而且对于理解文艺复兴与启蒙运动的亲密关系也很重要——菲奇诺作为一个折中主义者，足以代表文艺复兴思想的主流。他随时准备为了讲实效的思想而牺牲所谓的体系。菲奇诺认为，最高雅的教条也比不上源于各种教诲的真知灼见。这些真知灼见可能来自哲学，也可能来自神学。

发现了这种折中主义、这种对实践性哲思的追求，我们就深入到文艺

1　伏尔泰:《风俗论》, 第2卷, 第69页。

复兴与启蒙运动之间最核心的联系。与以后的启蒙哲人一样，人文主义者
也是道德现实主义者：彼特拉克更喜欢西塞罗、塞涅卡和贺拉斯，而不太
喜欢亚里士多德和经院哲学家们，因为后者仅仅提供知识，而前者则点燃
读者追求美德的激情。彼特拉克写道，意志的对象"是善，理智的对象是
真。求善比求知更好"。善优于真——我们仿佛在读狄德罗的著述。[1]

　　艺术家通常都与知识分子有着密切的关系，也分享他们的理念：艺术
是有成效的哲思的范例，因为绘画、雕塑和建筑展示了思想对于行动的作
用。阿尔布莱希特·丢勒代表几代作家和画家发言。他写道："理解应该
随着实践成长，因此手能做出理解的意志想要做的事情。由此就在一个时
期导致了在理论和实践中的确定信心。二者应该并行前进，因为二者缺一
不可。"——这里我们仿佛再次听到狄德罗的声音。[2]

　　在某种意义上，这种说教，与启蒙运动中的类似说教一样，提倡一种
节制的美德。尽管严格缜密的思辨并不符合人文主义者的口味，但是他们
的许多哲学作品具有令人愉悦的新鲜气息、大胆的探索尝试，令学院派感
到陌生。到处都是丰富的思想资料，并且还源源不断地由人文主义者自己
加以增添。新柏拉图主义的宇宙论、毕达哥拉斯主义的数学化神学、希腊
或犹太神秘宗教、基督教神秘主义、形形色色的占星术、罗马的斯多葛主
义以及伊壁鸠鲁主义，等等，对于这个时代的永不餍足的学者来说，均唾
手可得。时候到了，不是应该去规训自己，而是可以试着冒险了。各种思
想、各种神学的大融合——给人增添更大的荣耀——是一种有诱惑力的可
能性；即便是不如皮科·德拉·米兰多拉*那么博学、那么雄心勃勃的人

268

---

*　乔万尼·皮科·德拉·米兰多拉（Giovanni Pico della Mirandola, 1463–1494），意大利文艺复兴时期哲
学家。

[1]　彼特拉克："论他本人与其他人的无知"，载卡西勒等编，《文艺复兴论人的哲学》（Petrarca, "On His
Own Ignorance and that of Many Others", *The Renaissance Philosophy of Man*），1948年，第105页。

[2]　转引自恩斯特·潘诺夫斯基："艺术家、科学家以及才子：关于文艺复兴—曙光的笔记"，《文艺复兴》
（Ernst Panofsky, "Artist, Scientist, Genius: Notes on the 'Renaissance-Dämmerung' "），第131页脚注。
关于狄德罗的观点，见本书边码第180页。彼特拉克、丢勒的表述与狄德罗的表述极为相似，显示了思
想史的某种复杂性。正如我以前指出的，主张务实的观点并非启蒙哲人独有的；在某种意义上，主张
善高于真的观点，也不是启蒙运动才有的：奥古斯丁主义者也持有相同观点。但是，这种相似性不仅
限于表面，其原因在于，人文主义者与启蒙哲人的目标尽管有所不同，但二者在这一点上都反对经院哲
学和沉思生活。这种态度始于彼特拉克和丢勒，到狄德罗获得最终明确的表达。

文主义者，也希望把所有的学问都汇集成一种人生哲学。

当然，这种思考大部分都很浮夸，那些沉醉其中的学者构建的综合体就像辐射粒子一样，很不稳定。许多人文主义者在哲学方面都很业余；他们可能会自称是亚里士多德主义者或柏拉图主义者，但是这些标签背后是出自各个时期各种学说的各种信念的折中混合体。因此，毫不奇怪，那种指责启蒙哲人的说法——说他们不是真正的哲学家——早先也被用于人文主义者，同样貌似有理，也同样不公正。人文主义者自认为是在全力营救一段被冤屈的往昔，目的是为了完善自己时代的文明。他们在形而上学、心理学、美学和神学等方面的思考都出于他们的急迫心理。因此，文艺复兴和启蒙运动之间有着根本性的亲和关系：它们都有同样的辩证性质。二者都向往古代，都与基督教有着愈益紧张的关系，都投身于现代性的海洋。

2

不过，无论文艺复兴和启蒙运动的真实关系多么密切，有多少相似之处，二者毕竟不是一回事。二者有各自的历史任务。其任务取决于各自与基督教中世纪的相对亲疏程度。启蒙运动能够跨过几个世纪借助人文主义者的眼睛来观察中世纪文明。而文艺复兴尽管可以从更早的古典复兴中获得一些慰藉，但不可能有一个启蒙运动作为自己的历史参照。如果说启蒙哲人比人文主义者懂得更多，那是因为（借助 T. S. 艾略特的说法）他们有人文主义者提供的知识。我说的文艺复兴的辩证性质乃是启蒙运动的辩证性质的先例和前提条件。如果说二者有相似的紧张关系，但解决方式则大不相同。文艺复兴不可能像启蒙运动那样轻松地对待古代。恰恰因为文艺复兴必须把古代从中世纪的手中抢夺过来，所以古代在当时还是有争议的话题；因此许多人文主义者会发现，到了18世纪他们的真正继承者不是启蒙哲人，而是作为启蒙哲人对立面的"博学者"（*érudits**）。再

---

* *érudit*，法文单词，意为饱学之士、学识渊博者。法国大革命期间，化学家拉瓦锡在"共和国不需要学者（*érudits*）"的判决中被送上断头台。

者，除了个别例外情况，人文主义者大多停留在基督教的框架里。他们对异教著作的喜爱并没有使他们成为异教徒。最后，他们的现代性意识无论在来源上还是在表现形式上都不同于启蒙运动的情况：启蒙哲人沉醉于自己的时代是因为他们正在见证科学理智一路高歌猛进。而人文主义者之所以宣告一个新世界的到来，至少在开始时是因为他们认为旧世界已经完结了。但丁的《王国论》以及科拉·迪·里恩齐在1347年恢复罗马共和国的悲壮尝试，乃是一种褪色的理想的最后两道闪光。到1374年彼特拉克去世时，大多数有教养的欧洲人都已十分清楚，罗马早已"死亡"，取而代之的是一个荒芜的时代。与启蒙运动一样，文艺复兴为了征服近期的过去而诉诸遥远的过去；但是与启蒙运动不同的是，文艺复兴是在绝望中产生自己的激进主义。的确，我们在阅读伊拉斯谟和马基雅维利的著作时，不会感觉不到它们也是以绝望收场：对于理性和人道的最终胜利，它们都没有表现出有多大的信心。

　　这两个时代的差异，与它们的相似一样，具有深远的影响。尼采把彼 270
特拉克、伊拉斯谟和伏尔泰放在一起，称之为"启蒙运动的旗帜"，[1]但是这三人及其同伴即便有着为之奋斗的共同事业，也分属于不同的战斗部队。文艺复兴知识探索的核心是，寻找一种被阿比·瓦尔堡称作"均衡公式"（*Ausgleichsformel*）[2]的妥协方案，使人能够很安逸地生活在古典方式和基督教信仰之间，既相信人本身，又信赖上帝，既充满世俗的活动能量，又怀有坚定的苦行理想。文艺复兴时期有许多人是行动者或头脑明确的人，他们似乎就是为了这种妥协方式而生。敢于冒险的商人和好勇斗狠的雇佣兵队长[*]既捐助教堂，又欣赏异教的雕像，既对圣徒顶礼膜拜，又对五花八门的命运观念深信不疑。他们如此这般却毫无内心冲突。像科西莫·德·美第奇这样冷酷无情的财阀也会为了自己灵魂的安宁而定期到修

---

[*]　雇佣兵队长（condottieri）：当时意大利城邦的雇佣兵队长自己拥有军队，而其他欧洲国家则是由君主掌握对外国雇佣军。

[1]　尼采：《人性的，太人性的》(Nietzsche, *Menschliches, Allzumenschliches*)，第1章，第26页。

[2]　阿比·瓦尔堡："萨塞蒂的遗嘱执行"，《全集》(Aby Warburg, "Francesco Sassettis letztwillige Verfügung", *Gesammelte Schriften*)，第1卷，第151页。

道院隐修一番。但是，艺术家以及哲学家——他们很少会安于现状——在自己的探索中饱受精神创伤：既要明确地表达自我，又不断地进行自我批评，他们意识到自己对学术的献身和对古典古代的热爱正在引导他们踏上一条崭新而危险的道路。

这些激进分子中的第一个无疑就是彼特拉克。他在寻求自己的妥协方式时，既具有开拓者的无畏精神，又表现出在未知领域中迷失方向者的种种踌躇。他的两面性是非常自觉的，也是一贯的。他既极力迎合潮流，又挺身支持不受欢迎的观点；他既汲汲于功名，又向往离群索居。他在获得鲜花掌声时依然不能心满意足，内心依然躁动，甚至常常感到沮丧。他爱慕虚荣、惟我独尊、自私自利，却又时时自我怀疑。他要求别人忠诚，自己却不接受任何责任的约束。他的情绪与他的哲学一样大起大落。对于他来说，西塞罗宣扬的和西庇阿身体力行的行动与闲暇良性交替的观念乃是遥不可及的理想。

271　　彼特拉克的个人痛苦绝不仅仅是一桩私人的事情。与卢梭的情况非常相像，彼特拉克是一个具有世界历史象征意义的神经官能症患者。他的苦恼反映了一种文化状态，他的著作触及了其他人没有认识到的问题。他把异教的古代理想化了，甚至对之顶礼膜拜，但是他本人始终是一个正统的基督徒。他崇尚个人主义，却又珍视传统。他按照古代方式来读解古代诗歌，体味其感官享受的世俗性，却又把寓言式诠释强加给这些诗歌。他是一个共和制度的拥护者，怀着恢复罗马共和国的复古热望，但是他也充当那些僭主的廷臣，鼓吹以正当的中世纪方式服从权威。他的生活充满了体现这种两面性的戏剧性事件。1341 年，他在罗马荣获桂冠诗人的花冠，但是 9 年后他又作为虔诚的香客到同一城市参加狂欢。这种两面性也体现在另一则轶事中：他在 1335 年攀登旺度山，为的是一览春色，口袋里却装着奥古斯丁的《忏悔录》。

这次远足使彼特拉克赢得了第一个现代人的称号，但是他的现代性却有些可怜。他的导师是西塞罗和柏拉图，但他不能全心服膺西塞罗的人生哲学，也不能阅读柏拉图的希腊文原著。当然，贬低革命要比制造革命容易得多：人文主义者以及启蒙哲人都非常正当地把彼特拉克颂扬为一次伟大文化复兴的开创者。吉本称他为"口才出众的彼特拉克"、"时代的第一先驱"。虽然吉本宣称彼特拉克的著作本身没有什么价值，但他对"这位通过教导和榜样重新恢复奥古斯都时代的精神和研究的人"、这位经过自己的探索"开始探及那些思想与自己相投的（希腊）诗人和哲学家的智慧、体会他们的精神"的学生表示感谢——这些话恰恰让人想到吉本自己对罗马人的重新发现。[1]即便我们不认可吉本的品位，我们也会赞赏他的洞察力：他凭借一贯的敏锐直觉，深入事物的核心。无论彼特拉克的革命多么不彻底，他毕竟让后来几代人受益匪浅。那些超越他的人只不过是在继续推进他开创的事业。

272

　　但是，这个革命并不直接针对宗教。库萨的尼古拉被称为15世纪最伟大的心灵。他熟读柏拉图的著作，并且能够穿透中世纪诠释的屏障。他提出了重要的认识论问题，从而使得他的著作与中世纪思想迥然有别。他还发展了一套哲思的物理学，其中抛弃了中世纪最基本的比喻，即"位阶体制"。但是，这位学识渊博的古典主义者、中世纪哲学思维的死对头、现代哲学之父，也是一个精细的神学家、一个神秘主义者、一位红衣主教。佛罗伦萨的柏拉图派学园这个非正式团体的领袖是马西里奥·菲奇诺。与库萨的尼古拉相比，菲奇诺的妥协方案则显得不那么正统，但宗教色彩却丝毫不减。菲奇诺是一位文雅而虔诚的学者，完全生活在美第奇家族的影响之下。他是"伟大的洛伦佐"的老师，后来成为后者的朋友。他也正是与洛伦佐以及一些精英分子一起，建立了一个诗人和哲学家的圈子。他们的一个惯例是，每年举办讨论会来纪念所谓的柏拉图的生日和忌日。菲奇诺在年轻时经历了一次严重而漫长的信仰危机。他在中年时成为一个教士，编纂柏拉图的著作、潜心研究奥古斯丁和普罗提诺。他最有名的著作是《柏拉图神学》。这部著作不仅书名惊人，内容也惊人，宣称柏拉图主义出于神启，把柏拉图的"爱欲"（eros）概念置于一切生命活动的中心。上

1　吉本：《罗马帝国衰亡史》，第7卷，第117、119、256页。伏尔泰也认为，读者会在但丁，尤其是彼特拉克的诗作中发现"古代的遒劲和近代的清新"的类似特点。见《风俗论》，第1卷，第764页。

帝对其所造万物的大爱笼罩着和净化着一切；反之，因为上帝爱人，人也热爱上帝。这种折中主义既非古代异教思想，也非现代形而上学。菲奇诺对非基督教思想的宽容和赏识，对古典思想的怀旧和吸收，丝毫没有干扰他自己的宗教志业。菲奇诺的哲学化神学之所以广受欢迎，或许是因为它使爱欲的情感变得体面高贵，但是在菲奇诺个人的思想里这种世俗因素却悄无声息。

菲奇诺的综合尝试无论多么全面，但是与其天才的弟子皮科·德拉·米兰多拉大胆的综合构建相比，就显得十分土气了。菲奇诺的上帝会说希腊语和希伯来语；皮科的上帝则是伟大的古语言学家：他是皮科本人学识过人的神圣投影。[1] 在论述人的尊严的著名演说中，皮科为了盛赞人的自由和潜能，旁征博引，汇集了圣经和卢坎、柏拉图、圣保罗、阿威罗依和圣托马斯的种种说辞。皮科是一位雄心勃勃的人文主义者，其著作遭到教皇的谴责，但他本人是一个苦行者，甚至有神秘主义倾向。他在短暂的一生快要结束时转向基督教护教学，去世时是萨伏那洛拉[*]的追随者。

以人为傲，并不一定就会反对宗教。吉安诺佐·曼内蒂[**]是15世纪佛罗伦萨的人文主义者和政治活动家，以出色的公职表现和漂亮的书法而著名。他也写了一篇为人的尊严辩护的论文，明确针对教皇英诺森三世的一部著作，而且也以真正的文艺复兴文体指斥教会僧侣。但是，他既诉诸西塞罗的权威，也援引《创世记》和拉克坦提乌斯[***]的论点。曼内蒂宣扬并践行行动的生活。那不勒斯国王阿方索询问人的职责是什么。他回答："行动和理解。"不过，他也肯花时间从希伯来文翻译《圣经旧约》中的《诗

---

[*] 萨伏那洛拉（Savonarola, 1452-1498），佛罗伦萨的多明我会修士，煽动宗教狂热，反对教皇和美第奇家族，后被处死。

[**] 吉安诺佐·曼内蒂（Giannozzo Manetti, 1396-1459），佛罗伦萨的政治家、外交家，也是早期人文主义者。

[***] 拉克坦提乌斯（Lactantius, 约250—314），基督教早期教父。

1 伏尔泰在《风俗论》中用一章来谈皮科，虽然有些表面化，但也并非言之无据。他认为皮科是一个肤浅的语言学家，对有关皮科语言造诣的美誉表示怀疑："据说他在18岁时就会22种语言。这肯定不合事物的常规。任何语言都需要将近一年时间才能通晓。任何一个人这样年轻就懂得22种语言，肯定会被人怀疑他一知半解，或者只有入门知识，无异于什么语言也不会。"《风俗论》，第2卷，第87页。

篇》，从希腊文翻译《圣经·新约》。

同理，人文主义者对文本考订的普遍兴趣——在这种技术性工作中，人们以批判精神做了大量的破坏性工作——既不意味着也不一定会造成对宗教的不敬。在15世纪中期，积极生活的提倡者和经院哲学的尖刻批评者洛伦佐·瓦拉令人信服地证明，所谓"君士坦丁的赠予"是伪造的文件。这是一项杰出的学术辨伪成就，打击了教皇实行世俗统治的权力主张，但是瓦拉是一个批判的文字学家，而不是一个批判的哲学家。诚然，他的那部《论享乐》试图把伊壁鸠鲁学说与基督教教义加以调和，因离经叛道而声名狼藉，但瓦拉在经历狂风暴雨般的岁月后，最终成为教皇尼古拉五世的秘书。此后，他对基督教启示从不怀疑。

伊拉斯谟是当时最伟大的批评家、晚期人文主义者中的巨人。他的情况与瓦拉有许多相似之处，甚至更难以评价。与库萨的尼古拉相仿，任何标签都不适用于他。但是，无论他如何巧妙地躲避世人的目光，他毕竟不是他那个时代的伏尔泰。伊拉斯谟的驱动力并不是对宗教的拒斥，甚至也不是以某种人类普世宗教的名义拒斥基督教，而是两个世纪以来文艺复兴的学术和批判造成的越来越大的压力。这是要求宗教情感不再占据生活中心并且将神学世俗化的压力。自彼特拉克起，文艺复兴已经走过漫漫长路，但是即便伊拉斯谟也还不是一个现代的世俗主义者：古典和基督教在他那里汇集在一起，成为优雅文学和精密学术的题材，甚至可以说是它们的仆人。时政评论家的名气是由他选择什么抨击对象决定的。伊拉斯谟不仅抨击贪婪的僧侣、内容空泛的仪式、天真的迷信和荒诞的文本——这些到他那时已经是传统的靶子了，而且他还批评把合理的学术与真正的虔敬截然分开的庸人，坚持用自己的想像取代丰富的基督教文献的狂热分子，试图让少数挑选出来的精英垄断古典学问的势利小人。我在前面提到，他希望能够拥有纯粹的古典学问，但是他的古典包容了圣经新约和基督教早期教父，尤其是他钟爱的哲罗姆。伊拉斯谟在追求清晰简明方面具有真正的古典精神，他的复杂性又非常现代，而他的批判气质和温和的世界主义则堪称启蒙运动的先声。但是，他首先是一个基督教知识分子，如他自己所说，他努力建立一种"基督教哲学"。具有讽刺意味的是——对于在动荡时代写作的知识分子来说这种反讽的命运几乎是不可避免的——启蒙运动竟然利用伊拉斯谟的著作来把他竭力凝聚在一起的东西分开，用他本人的话说，用哲学来反对基督。伏尔泰笔下的伊拉斯谟是一个不断受到宗教狂热分子威胁的柔弱文人，是隐修体制的坚定反对者。维兰德笔下的伊拉斯谟是一位温和的人文主义者，他肯定伊拉斯谟拒不加入宗教改革时期的激烈争执的做法。百科全书派笔下的伊拉斯谟是一位成绩卓著的学者，因为他把"科学、批评以及欣赏古典的品位"引入欧洲北方地区，他是"最早以与我们的奥秘相称的高贵与尊严来对待宗教事物的人之一"——这是一种真正伊拉斯谟式的暧昧恭维。[1]

在文艺复兴时期，持有完全世俗、完全除魅的世界观的文人是比较罕见的。在这方面，马基雅维利与其说颇具特色，不如说是一个先知先觉者。更具典型性的是画家安德烈亚·曼特尼亚[*]。他是一个认真的学者、勤勉的文物研究者。1464年的一个早晨，他做了一次著名的出游——这是彼特拉克攀登旺度山在15世纪的翻版。曼特尼亚与几个朋友前往托斯科拉诺，去临拓那里古罗马废墟上的铭文。这是忙碌而嬉闹的一天：这些人相互封古代的头衔，扮演皇帝和谋士。不过，这一天结束时，他们虔诚地来到距离废墟不远的教堂，为这次出行的成功而狂热地感谢圣母和圣子。

在此提及这件轶事，不仅仅是因为它很有意思，也是因为它很能说明问题，还因为它提醒人们注意，在两个世纪的进程中，艺术家们充分参与了文艺复兴思想的演进。瓦萨里指出，布鲁内莱斯基重新发现了古人，多那太罗已经与古人不相上下，马萨乔则超越了古人，比前人更完美地表现大自然。[**]但是尽管他们在如何解决古代与自然、模仿与个人才能的关系等重大问题上意见纷纭，他们的古典主义却似乎没有在他们之间引

---

* 安德烈亚·曼特尼亚（Andrea Mantegna，约1431—1506），意大利画家。

** 布鲁内莱斯基（Brunelleschi，1377-1446），意大利建筑师和工程师。多那太罗（Donatello，1386-1466），意大利雕塑家。马萨乔（Masaccio，1401-1428），意大利画家。

1 "鹿特丹"辞条，《百科全书》，转引自维尔纳·克吉："伊拉斯谟在18世纪"，见《鹿特丹的伊拉斯谟逝世400周年纪念文集》（Article "Rotterdam"，Werner Kaegi，"Erasmus im achtzehnten Jahrhundert"，*Gedenkschrift zum 400. Todestage des Erasmus von Rotterdam*），1936年，第218页。

起任何宗教纷争。[1]对于文艺复兴时期的雕塑家、建筑师和画家来说，神
圣的事物依然是创作的中心主题，对于多数人是灵感的来源，对于一些人
是谋利的手段，对于少数人是一个问题。同样的，毫无疑问，文艺复兴时
期的艺术家也要被迫寻找自己的妥协方案，要让世俗的和古典的兴趣适
应当时依然流行的宗教文化。波提切利从波利提安*和《圣经·新约》那
里汲取灵感，以同样的热情创作了《维纳斯的诞生》和《天使报喜》；他经
常出入美第奇家族支持的新柏拉图主义圈子，但最终成为萨伏纳洛拉的
追随者。吉尔兰达约**因给他的绘画赋予了生命的光亮和奢华的艳丽而
闻名于世，但是他专注于宗教题材，最终还加入了一个宗教兄弟会。在他
的《牧羊人的礼拜》这幅画上，圣婴基督躺在一个古典石棺前，圣母跪着
祈祷，身后的自然风景用一个罗马凯旋门和两根古代立柱加以装点。多
那太罗、达·芬奇、拉斐尔、米开朗琪罗，这些最伟大的艺术家都汲取了
古代的营养，接受了大自然的熏陶，却将自己的才华浪费在圣母、大卫以
及基督受难等题材上。正如鲁道夫·威特科尔***所说，文艺复兴的象征
物是教堂——这与中世纪别无二致。但是，其形态发生变化，从十字形到
圆形，再到方形。这种形态变迁表明情感的变迁，即从中世纪寓言式的文
学神秘主义转变到基督教新柏拉图主义的神秘主义。十字形教堂曾经是
被钉在十字架上的基督的象征。把教堂建立在圆形、方形等几何学图形
的基础上，象征着上帝是最伟大的数学家——这是柏拉图第一个发现的。
此时不是自然神论的时代——这个时代尚未到来。但此时也不再是——
至少对有些人来说——正统的时代，不再是屈从于不可置疑的宇宙位阶
秩序的时代了。

　　此时，任何东西，甚至圆形的教堂也不足以成为表示文艺复兴这样活

---

*　　波利提安 (Politian, Angelo Poliziano, 1454–1494)，意大利诗人、人文主义者。

**　 吉尔兰达约 (Domenico Ghirlandaio,1449–1494)，意大利画家。

***　鲁道夫·威特科尔 (Rudolf Wittkower, 1901–1971)，德国艺术史学者。

1　　文艺复兴还因此预示了启蒙运动时期另外一个重要的思想主题。我们知道，狄德罗指出，应该通过研
　　 究古人来发现自然。同样，德意志诗人乌茨认为，对维兰德的最高赞誉莫过于称之为当代"对自然
　　 和古人都有极好品位"的少数人之一（森格勒：《维兰德》，第253页）。达朗贝尔也挑出马勒伯，称他
　　 "受到古代优秀诗人的熏陶，与他们一样，把自然作为自己的模特"（《百科全书绪论》）。

跃而多样化的时代的象征。暴君不可理喻的残暴，在服装和思辨方面的夸张奢华，艺术自律和想像自由的混合，政治思想和历史著述中的新现实主义——正如我在一开始指出的，所有这些或许就是这个时期最重要的现实。这还不是一个批判的时代，但这个时代的混乱状态本身使得批判成为可能，甚至成为必要。

277

3

启蒙哲人用苛刻冷静的眼光回顾这几个世纪时，看到一个具有许多伟大开端的时代。人们常常不无道理地说，启蒙运动缺乏对地方史的深切了解，不能大度地赏识哲学沉思，没有充分理解国际政治，而这些是正确评价文艺复兴需要的条件——吉本曾计划写美第奇家族统治下的佛罗伦萨历史，但从未动笔，如果能够看到他对这段历史的解释，会是多么有意思啊！19、20世纪的学术发展愈益精细，使启蒙哲人关于文艺复兴的许多说法显得不是太无知就是太天真。[1]再者，还可以肯定，培尔曾重申了人文主义者的说法：从彼特拉克到伊拉斯谟，发生了一场"文学和艺术的复兴"，首先是在佛罗伦萨，然后发展到意大利其他城市，最后传播到欧洲北部的国家。启蒙运动基本沿用了这种说法。

这种文艺复兴概念远不及由米什莱*的狂热想像和布克哈特的丰富学识所揭示的"文艺复兴"那么辉煌。启蒙哲人简化了文艺复兴中的许多东西，忽略了其中许多有意思的东西。但是，他们抓住了本质：当文人们挑选出以前的一个时代用于复兴文学时，这是一份很有分量的赞美。这里复兴的不仅仅是文学：人文主义者对形式的偏好、对真正的古典文本的搜寻，乃是思想风格发生变化的前提条件。模仿——吉本特别强调这一

---

* 米什莱（Jules Michelet, 1789-1874），法国历史学家。

1 达朗贝尔固守从培尔那里学来的简单化看法：意大利文艺复兴乃是君士坦丁堡陷落所直接导致的一个后果。但是，这种看法在启蒙运动内部遭到吉本和伏尔泰的断然否定。伏尔泰明确地说："当时，佛罗伦萨成了新的雅典……文艺复兴根本不能归功于君士坦丁堡的逃亡者。这些希腊人所能传授给意大利人的只是希腊语而已。"《风俗论》，第1卷，第766页。

点——乃是独立的基础，是为取得自治而获取资源的先期阶段："天才可能会促使成熟的季节提前到来；但是教育一个民族，也和教育一个个人一样，在扩展推理能力与想像力之前先必须尽量运用记忆力：一个艺术家在未学会模仿他的先辈的作品之前，休想达到或超过他的水平。"彼特拉克的反叛及其后继者的反叛在很大程度上是呼吁高雅品位的号角：经院哲学家对于他们来说就是一些野蛮人，因为他们使用野蛮人的拉丁文写作。但形式有其内涵：搜寻古代文本，不仅通过搜寻的东西，而且通过搜寻的方式，训练了人们的批判思维。因此，古语言学的反叛导致了哲学革命。吉本指出："对古罗马作家的研究和模仿"带来的不仅仅是"更纯正的写作风格"，还带来"更为包容、更合乎理性的情调"。总之，"在意大利，一如后来在法兰西和英格兰一样，诗歌和小说的令人愉快的统治，终于被沉思的和试验的哲学代替"。[1]正如我前面所说，彼特拉克之所以受到吉本的推崇，是因为他复兴的不仅仅是对奥古斯都时代的研究，而且复兴了那个时代的精神；可以补充说，恰恰因为他复兴了对那个时代的研究从而复兴了那个时代的精神。

　　既然启蒙运动把文艺复兴视为一次进化，亦即哲学取代了幻想的统治，那么启蒙哲人对文艺复兴后期作家感到最为亲近，也就十分自然了。薄伽丘让人愉悦，但瓦萨里、马基雅维利和圭恰迪尼*对他们更为有用。这些人之所以有用，是因为他们体现了伟大的文学复兴的成果。14、15世纪的人文主义者（在启蒙哲人看来）就像是一些在一片荒芜地带艰难蹒跚的敢于冒险的考古学家；他们挖掘出传说已久的遗存物，清除蒙在上面数个世纪的灰尘，恢复长期被误读的碑文的原初意义，吸引后人根据他们真诚的学术成果得出自己的批判性结论。像皮科这样的哲学家会喜欢新思想的大杂烩，但是16世纪初务实的历史学家和政治学家则为真正的哲学开辟了道路。简言之，启蒙哲人把文艺复兴视为一出宏大戏剧的第一幕，而启蒙运动本身则是最后一幕。这出宏大的戏剧就是欧洲心灵的苏醒。

---

* 圭恰迪尼（Guicciardini, 1483-1540），意大利历史学家、政治活动家。
1　吉本：《罗马帝国衰亡史》，第7卷，第130—131页。

二、古今之争：古人派 *

1

随着16世纪的到来，启蒙运动的史前史进入了决定性阶段。都铎王朝（在英格兰）继位，西班牙统一，法国在1494年入侵意大利，教皇和（神圣罗马）帝国失势，所有这些都是传统政体患病的表征，再加上马基雅维利著作的出现，预示了现代国家体系的诞生。把地中海地区当作宇宙中心的偏狭世界观，被跨海远洋航行的壮举打破；种种陌生怪异的文化引发了对异教徒的心灵世界和基督教文明的价值观的追问探讨。哥白尼开启的宇宙观革命最初并未引起重视，但是在伽利略被教廷封口之前，其颠覆性的意谓早已开始在受过教育的阶层中掀起层层波澜。欧洲的经济原来受困于交通不便、交流有限，此时随着对海外领地的开拓和本土的生产技术进步而大大地膨胀起来。经济优势和贸易中心也逐渐但很确定地转到欧洲的北部和西部。或许最重要的是——至少对于批判的心灵而言——新教异端顽强坚守，从而打破了一个最顽固的迷思，即基督教欧洲是一个以罗马为中心的天主教共同体。这个迷思长期以来掩盖着社会分裂、地区冲

突、权力斗争以及围绕着宗教和教会事务展开的激烈纷争。路德、加尔文和亨利八世的成功召唤着关于政治效忠和社会整合的新观念。因此，政治家、冒险家、商人、学者以及宗教改革家都向欧洲知识分子们提出了新的问题，这些问题至少在激烈程度和广度上是超越以往的。

16世纪的重大冲突与其说是革新与传统之间的冲突，不如说是两种互不相容的传统之间的冲突。基督徒与基督徒相互对峙。新教改革在某些方面是人文主义的竞争对手，在另外一些方面是人文主义的成果。新教改革竭力复兴原始基督教的直接宗教经验，抛弃天主教不能割舍的那些繁琐仪

---

* 古今之争是17世纪末法国文人的一场美学争论。核心问题是古典文化和现代文化孰优孰劣，由此分成古人派和今人派。作者扩展了这些概念。

式和制度赘疣。但是，怀旧寻根也是为了支持新生事物：改革者在两个意义上都是激进的——他们既追溯自己信仰的根底，又主导了一场改革欧洲面貌的运动。无论新教采取什么形式，它们都是世俗主义和怀疑主义的对立面，但是从长远看，围绕新教的激烈争执却给怀疑论者和世俗主义者提供了一试身手的空间。政治上的决绝和在某些地方的宗教狂热，反而促成了宽容理念的出现，同时改革者需要捍卫自己教义的古老性，从而使得在文艺复兴期间出现的历史考证得到进一步发展。正如伏尔泰用其特有的比喻方式指出的，当路德在1517年抨击赎罪券的买卖、质疑教皇的权威时，"面纱被揭开了一角。被激怒的各国人民要求对以前自己崇拜的东西加以审议。"[1]宗教人士揭橥非难信仰的大纛，这不是第一次，也不是最后一次。

在这个被宗教战争、经济脱序、政治动荡和哲学混乱撕裂的变动世界里，出版业开始提供精心编辑、精心印制的古典作品。若是没有出版业作为后盾，日后启蒙哲人的宣传活动是不可能进行的。因此他们把印刷术的发明盛赞为一次文化革命：孔多塞把印刷术置于人类历史第八阶段的开端——这个阶段之后就是启蒙运动的时代。孔多塞说得很对：印刷术大大增加了人文主义者的人手。尽管他们漂亮的书法依然会找到顾客，但是由于书籍的好处越来越明显，人们对那些丑陋的新东西，即印制的书籍的排斥很快就降温了。从1465年到1470年，亦即书籍最初面世的那几年，西塞罗的多数著作和贺拉斯的全部作品就都上市了。到1500年，维吉尔、奥维德、塞涅卡的作品已经在数十个城市印制了许多版本了。有些人文主义者（如伊拉斯谟）曾出游，到印刷商（如阿尔杜斯·马努蒂乌斯*）那里居住一段时期；由马努蒂乌斯创办的阿尔丁尼出版社并不是孤军奋战，各种各样的原文版、注释版和翻译版正在欧洲泛滥。[2]

如果说印刷术是最基本的因素，那么翻译则是使古典作品得以广泛传

281

---

* 阿尔杜斯·马努蒂乌斯（Aldus Manutius,1449-1515），意大利人文主义者，出版商。1495年，与另一出版商在威尼斯创办阿尔丁尼出版社（Aldine Press），出版了许多希腊文和拉丁文的古典著作。

1 伏尔泰：《风俗论》，第2卷，第217页。

2 需要强调的是——此时毕竟还是启蒙运动的史前史时期——此时不仅仅出版古典作品。圣经、基督教早期教父的著作、宗教诠释以及圣徒传记比异教著作更流行。

播的一个强大助手。到16世纪中期,受过良好教育但不懂希腊文的人,甚至能够读书但不懂拉丁文的普通人都能很容易地接触到李维、塔西佗、柏拉图和亚里士多德的大多数著作。马基雅维利阅读的是波利比乌斯著作的拉丁译本。蒙田通过雅克·阿米约*的法文译本来阅读普鲁塔克的《名人传》。阿米约以及《名人传》的英文译者托马斯·诺思等译者的辛勤劳动给人们打开了了解古人的新窗口。由此,16、17世纪文明的织锦上因增添了一种自由混合的古典文化而显得更加丰富绚丽。

这种古典主义的政治意义是很难评价的。其中很大一部分都融入了美学表达或政治套话里——这是一种非政治性的古典主义,后来卢梭也会因此在《社会契约论》中引用(罗马皇帝)卡里古拉的观点,伏尔泰会在吹捧路易十四时把他比作罗马皇帝图拉真。伊丽莎白时代的英国剧作家会从塞涅卡那里寻找套路,从普鲁塔克那里汲取情节,并模仿斯多葛派的语言或伊壁鸠鲁派赞美世俗的诗句,而这样做不会招致亵渎宗教的指控。在法国的新古典主义里,凡是颠覆性的思想都是不张扬的、隐匿的。莫里哀与一个伊壁鸠鲁派小圈子过从甚密。拉辛年轻时自由不羁,后来成为廷臣,晚年则成为严肃的詹森派信徒。他写的悲剧以非正常的感情和无法化解的冲突震撼人心。所有的古典主义者在他们的诗歌、文章和戏剧里都一再重申亚里士多德和贺拉斯的训诫,套用希腊罗马剧作家的题材。但是,正如伏尔泰指出的:"路易十四、柯尔伯**、索福克勒斯、欧里庇得斯合力塑造了拉辛"[1]——法国的古典主义者自觉或不自觉地用恪守规则、讲究礼仪、平衡和纯粹形式来隐匿他们的激进主义,把自己的才华用于为法国王室争夺在欧洲的文化霸权。这种古典主义是理性主义的,但不是反对宗教的。

这个时期的艺术也植根于这种无所不包的基督教。普桑描绘的场景取自奥维德的作品。当他成熟后,用绘画来表现斯多葛派宣扬的美德。但是,他的客户则包括富有的资产者、罗马红衣主教以及"最虔诚"的法国

---

* 雅克·阿米约(Jacques Amyot,1513-1593),法国高级教士,翻译了一些古典作品。

** 柯尔伯(Colbert,1619-1683),路易十四的财政大臣。

1 伏尔泰:《路易十四时代》(Voltaire, Siècle de Louis XIV),第32章。(中译本《路易十四时代》,吴模信、沈怀洁、梁守锵译,北京,商务印书馆,1996年,第477页。——译者注)

国王。1640—1642年，普桑在巴黎逗留期间，为皇家印刷厂出版的书籍设计了三幅卷首插画。这三本书是《圣经》、贺拉斯的作品以及维吉尔的作品——似乎没有人会认为这是不协调的三重奏。

如果说艺术吸收了古典的理念和题材，那么也可以说，古典的锋芒则被消解了。由于新的政治经济条件，再加上新的知识环境，基督教文明的恶疾变得更加严重了。这种恶疾是由人文主义者发现的，或者可以说是由他们导致的。在许多基督徒看来，16世纪的宗教危机乃是对伊拉斯谟的基督教哲学以及将哲罗姆、奥古斯丁和阿奎那的精华融为一体的大妥协的最终否定。天主教的领导层在惊恐之余采取了两种相互矛盾的政策：一方面允许耶稣会使用经过适当删剪的异教作品，另一方面则发起了对古典作品的猛烈抨击。17世纪的古典主义表明，古代文化与基督教文化的结合是不可能被拆散的，至少不可能被基督徒拆散。到16世纪后期，特伦多公会议曾很认真地尝试过：公会议试图重申基督教的神话性质，把诸如《道德化的奥维德》*这样的寓言作品列入《禁书目录》，并对艺术领域进行了清洗。米开朗琪罗的壁画《最后的审判》添加束带后才可以公之于众，**这既显示了对异教文化的极度恐惧，也预示了文艺复兴时期妥协方案的败落。

那些妥协方案并没有很快败落，也不是被毫无争议地抛弃。它们曾发挥很好的效能，也会顽强地存在下去。尽管宗教人士在16、17世纪继续巧妙地操控着古代遗产，但是，在历史学家、编辑者、译者和哲学家里面，已经有足够多的半心半意的信仰者和完全失去信仰者，他们使该时期的古典主义变得很有趣味，也极其适合启蒙运动的口味。只要看看休谟的散文、卢梭的自传、伏尔泰的笔记、狄德罗的信札、莱辛的论战文章、维兰德的小说，就会知道启蒙哲人从与他们最近的前辈那里学到了多少东西。他们的书房里摆放着博丹***、帕斯卡、哈林顿、斯宾诺莎、荷兰的阿米尼乌斯派、剑桥的柏拉图主义者、不太有名的伊壁鸠鲁派诗人、热忱的新斯多葛派注

283

---

* 《道德化的奥维德》(*Ovide moralisé*) 是14世纪的法文作品，对奥维德的《变形记》(约12 000行) 做了翻译和改写，并附有60 000行的诠释。

** 米开朗琪罗去世后，丹尼尔·德·伏尔泰拉在《最后的审判》上补画束带和法袍来遮盖生殖器官。

*** 让·博丹 (Jean Bodin, 1530—1596)，法国政治理论家。

释者的著作。在启蒙哲人生活的时代，书籍还是昂贵的商品和珍贵的财产，至少对于文人来说，购买书籍时，更看重内容而不是包装，因此我们敢说，知道他们拥有什么书籍，我们就能够知道他们读了什么，而知道他们阅读的书籍，我们就能够知道他们的思想装备。

博览群书，再加上面对历史上性情相投的作家也保持着轻松独立的态度，就使得启蒙哲人不会仅仅成为古代哲学家或近代古典思想阐释者的门徒。他们的折中主义不仅仅是一种伦理学或方法论方面的理想，也是对他们自己丰富学识的认可。事实上，我们可以确认，从马基雅维利到培尔，这些学者主要教导了启蒙哲人一件事，即如何占有历史，同时又不丧失自己的个性。[1]在读了马基雅维利的著作后，他们会赏识他，却不会变成马基雅维利主义者；因为马基雅维利读了罗马作家的著作后并没有鹦鹉学舌。启蒙哲人知道，马基雅维利是在与李维、塔西佗和波利比乌斯进行

284 持续密切的对话过程中写下《李维论》和《君主论》的。与此同时，他也高傲地宣布自己的原创性。他说，《李维论》开辟了"尚未有人走过的一条新路"。同理，启蒙哲人不仅懂得如何阅读蒙田的著作，而且学会了如何以蒙田的方式来阅读古人的作品。蒙田与古典作品朝夕相处，仿佛那些古典作家是同时代人，是比他的邻居还亲密的朋友。但是他也强调，他不是所谓的"书究"。他与自己钟爱的罗马人讨论问题，是一种平等的对话，是通向自立的途径。"我们把别人的看法和知识置于自己的呵护之下，仅此而已。可是，我们应该把它们变成我们自己的。"说到底，"肚子里塞满了食物却不进行消化，不把它们转化成我们身体里的东西，不能用来强身健体，那有什么用呢？"只要我们扶着别人的胳膊走路，我们就会丧失力气；我们可以凭借别人的学识来积累学识，但我们只能依靠我们自己的智慧才能变得聪明："我不喜欢这种仰人鼻息、乞讨得来的能力。"[2]这恰恰就是启蒙哲人欣赏和践行的训诫——"说蒙田没做别的，只是给古人做评注，简直

---

1 人们指责启蒙哲人亦步亦趋地追随培尔和胡乱批判笛卡尔。对此，不妨看看伏尔泰在笔记里是如何说的："笛卡尔和培尔是理性的使徒，正是因为他们教导我们要对他们的错误进行斗争。"《笔记》，第220页。

2 蒙田："论学究气"，《随笔全集》(Montaigne, "Du Pédantisme", *Essais*)，第25章。

太冤枉他了"，伏尔泰在1746年这样写道："他引经据典，为我所用，这恰恰是那些评注者从未做到的。"[1] 培尔是启蒙哲人喜爱的另一位前辈。他曾埋头研读古人的作品，但是，很显然，普鲁塔克和皮浪教他懂得要依靠自己的判断。

这些都是重要的教诲，马基雅维利和其他前辈教给启蒙哲人的不只是如何读书，还转达给他们，至少是向他们确认了一种面对世界的态度，一种思想风格。当启蒙哲人阅读蒙田和利普修斯的作品时，他们在这二者那里发现了使古典作品变得如此亲切的特质：现实主义、脱离神话、熟谙行动的生活、重伦理学而轻形而上学以及讲究实际的折中主义。

2

在最早重新发现古代现实主义的那些人中，最伟大的，而且对于启蒙运动来说也最有争议的是马基雅维利。虽然启蒙哲人普遍对关于他的漫画式可怕传言不屑一顾，但他们对《君主论》中那些不讲道德的训诫很难完全接受。休谟认为，马基雅维利是"伟大的天才"、有德之士、近代最好的历史学家之一。他指出，马基雅维利生活在一个残酷、腐败和玩世不恭的时代，正是这个时代使他陷入极度的悲观主义并提出一些很坏的建议。[2] 蒙田把马基雅维利主义与马基雅维利本人区分开来。他深受斯多葛派伦理学影响，不能赞同宣扬撒谎、背叛、暗杀等行径的格言。但是，他在分析宗教政策时则完全追随马基雅维利，并且盛赞他是政治社会学的先驱。在孟德斯鸠的《论罗马人的宗教政策》和主要作品《论法的精神》中，务实而讲究方法的马基雅维利替换了人们脑子里的邪恶下毒者形象，莎士比亚塑造的"热衷谋杀的马基雅维利"。实际上，孟德斯鸠采纳了斯宾诺莎等个别思想家早先提出的观点：真正的马基雅维利是热爱自由的人，是写《李

---

[1]　伏尔泰致特雷桑伯爵，1746年8月21日，《通信集》，第15卷，第119—120页。

[2]　休谟："论公民自由"，《著作集》(David Hume, "Of Civil Liberty", *Works*)，第3卷，第156页；"论历史研究" ("Of the Study of History")，《著作集》，第4卷，第391页。

维论》的马基雅维利，而不是写《君主论》的马基雅维利。卢梭经常是孟
德斯鸠的拥趸，他在自己的著述中贯彻了对马基雅维利的这种评价。他指
出，马基雅维利始终是一个共和主义者，是专制暴政的讽刺者，而不是为
其辩护的理论家。"他是一个正直的人，一个善良的公民。"[1]伏尔泰很喜欢
把问题道德化，但他一直以欣赏的眼光研读马基雅维利的作品。他认为，
马基雅维利是一个奇特的人、多才多艺的作家，像塔西佗一样对人性感到
悲观，但又忍不住要倡导美德。伏尔泰那句讽刺腓特烈大帝的名言包含

286 着比通常所说的更深刻意思："如果马基雅维利真有一个君主做弟子，他
给这个弟子的第一个建议会是让弟子批驳他的著作。"伏尔泰在1759年的
《备忘录》里写下这句恶毒的话，暗示着，他承认权力严酷但必要，政治说
辞与政治现实之间必定会有冲突——因此需要像马基雅维利这样冷酷的
现实主义者。[2]

　　狄德罗给《百科全书》写了一个很短的辞条"马基雅维利主义"，就
是用伏尔泰的这个俏皮话来结尾的。我们通过这个辞条可以窥见马基雅
维利对于启蒙运动的真正意义。狄德罗把《君主论》解释成被同时代人
误解的反对专制暴政的生动警告："他们把讽刺当成礼赞。"辞条把马基
雅维利主义——"令人憎恶的政治"——与马基雅维利本人明确地区分
开。马基雅维利被描写成是一个博学的天才、有教养的文人。他写过一
些出色的戏剧，痛恨美第奇的专制统治，凭借勇气挺过牢狱之灾，去世时
已修炼成哲学家。如果（这个辞条几乎没有什么编造之嫌）传言可信的
话，"他说，宁可与苏格拉底、阿西比亚德*、恺撒、庞培以及其他古代伟人
一起待在地狱里，也不愿与基督教的创建者们一起待在天堂里。"[3]这对于
狄德罗显然是一幅非常具有吸引力的画面——至死不屈的现代异教徒，

---

* 阿西比亚德 (Alcibiades)，古代雅典政治家，伯罗奔尼撒战争期间的将领。

1 卢梭：《社会契约论》(Jean-Jacques Rousseau, *Contrat social*)，第3卷，第6章脚注。

2 伏尔泰：《备忘录》，《全集》(Voltaire, *Mémoires, Œuvres*)，第1卷，第17页。

3 狄德罗："马基雅维利主义"，《全集》(Denis Diderot, "Machiavélisme", *Œuvres*)，第16卷，第32页。这
句话显得太切合 (18世纪的) 现实而不像是真的，更像是18世纪某个宣传员编造的，而不像是一个佛
罗伦萨人垂危时的告白。但是这句话确实出自16世纪的记载，今天的权威传记作家，如里多尔菲等人
都加以采信。狄德罗可能依据的是布鲁克的《哲学史》或培尔的《历史与批判辞典》(参见普鲁斯特：
《狄德罗与百科全书》[Proust, *Diderot et l'Encyclopédie*]，第552—553页)。

宁愿加入向往已久的古人行列，也不屑与宣扬顺从和迷信的布道士为伍。但是，狄德罗走得更远。他援引培根的名言："我们应该感激马基雅维利以及与他类似的作家，因为他们公开且毫不掩饰地宣称或描述人应该做什么、不应该做什么。"[1] 因此，启蒙运动宣传的马基雅维利也就是培根描述的马基雅维利。这位历史学家宣称在"漫长的经验和勤奋的探索"之后"开辟了一条新路"。[2] 这位革新家发明了政治科学，把当代事物与古代历史放在一起进行研究。一个人只有在抛弃神话、充分发挥自己的批判才能的情况下，才能把政治和历史转化成两个密切相关的实验室，把经验的原材料转化成关于人类行为的可靠概括。但是，马基雅维利强调——这也是启蒙哲人认为最富有教益之点——只有那些有切身经验的人才能理解和利用这些经验的教训。隐居的玄学家几乎时时处处都不如政治活动家和务实的思想家。一个人只有立足现实，才能做到古为今用。他只能边探索边利用，只能凭借自己无所畏惧和见多识广的"美德"（*virtù*）去抗击命运施加的不可预料的无情打击。马基雅维利肯定是教廷的死敌、基督教道德的尖刻批评者，这一点对于启蒙哲人来说只是一个附加的优点，一个显示健全理智的表征，一个说明他能够从自己的经验中学习的证据。这进一步证实了他们把他视为现代世界中的一个古代人文主义者的看法。

287

3

　　尽管启蒙哲人赏识马基雅维利的才华，但他们基本上认为他最终是一个失败者，而且，作为一个伟大的历史学家，他的现实主义只是捕捉到了部分现实。与之相反，蒙田没有受到这种批评，启蒙哲人能够从他那里

288

1　狄德罗："马基雅维利主义"，《全集》，第16卷，第33页。培根的语录出自《广学论》，第7卷，第2章。17世纪末，伊壁鸠鲁主义作家圣埃夫勒蒙也持相同的观点。他在致克雷基元帅的信中写道，马基雅维利的"杰作"《李维论》与他的其他著作一样，均可说是"入木三分"。见约翰·海沃德编，《圣埃夫勒蒙书信集》(Denis Diderot, *The Letters of Saint Evremond*, ed. John Hayward)，1930年，第128页。
2　马基雅维利：前言和献词，《李维论》(Machiavelli, "Introduction" and "Dedication", *Discorsi sopra la prima deca di Tito Livio*)，第1卷。

获得充分的愉悦。他们非常喜欢他的轻松随意，他的开明而博学的相对主义。狄德罗在《百科全书》中预言，只要世上还有人热爱真理、活力和纯朴，蒙田的随笔就会流传。他还指出："他的作品里的矛盾乃是人类理解力的矛盾的忠实反映。他是想到哪儿写到哪儿，不太在意从哪里开始，如何往下走，到哪里结束。"[1] 对于狄德罗而言，与对于其他启蒙哲人一样，蒙田的随笔精彩地体现了一种人生方式，亦即，没有信条就是他的信条，但应该从古今思想中汲取精华，然后在生活中加以检验。

蒙田与他那个时代的政治现实保持着密切联系。他的著作尽管言语谨慎却显示了对社会冲突、宗教纷争的深切焦虑，同时还流露出急于自我表达，甚至自我创造的强烈冲动。但是，对于蒙田而言，如同对于其他受过教育的人一样，人生也是一种与书为伴的生活，古人的言行也与自己身边的事物一样真实。因此，身为一个经验主义者、一个原则上的折中主义者，蒙田当然也是一个古典爱好者。事实上，他是一个学识渊博、善于表达的古典爱好者，就像是柯勒律治笔下的老水手那样喜欢说话，当然也因为见多识广而话题丰富，甚至非常有趣。他在随笔里为了使故事更加生动或是为了证明一个观点，不时地引经据典，甚至摘引很长的段落。的确，有一些随笔仅仅是对某些古典文献的评注。20世纪的读者整日忙忙碌碌，习惯于读那些更简明的文章，因此可能无法适应蒙田那种巴洛克式的繁复和信马由缰。但是，这些随笔给喜欢交谈和欣赏讽喻的启蒙哲人带来极大的乐趣。爱比克泰德、贺拉斯、西塞罗、塞涅卡、普鲁塔克经常以本来的面貌出现在蒙田的随笔里。蒙田笔下的维吉尔不再是在中世纪受到重视的魔法师，而是荷马的伟大传人；他笔下的奥维德也不再是供修女阅读的寓言集的编纂者，而是吟咏那些有魅力的，甚至好色的冒险家的富有想像力的诗人。

蒙田的上述特点足以对启蒙运动产生强大的吸引力。而他更大的魅力在于他的人生观经历了很大的变化，而这些变化反映了古代学派的不同

289

---

1 狄德罗："皮浪主义或怀疑主义"，《全集》（Denis Diderot, "Pyrrhonienne, ou sceptique", Œuvres），第16卷，第485页。

教诲，变化的足迹都存储在随笔中。我们不能把蒙田的思想发展生硬地分成界限分明的阶段。他在年轻时就不是一个教条主义者。但是，他当时以罗马人的认命态度，认为哲学就是学习如何死亡。这种想法与塞涅卡和马可·奥勒留的斯多葛派哲学遥相呼应。后来，他成为一个活跃的怀疑论者，把"我知道什么？"作为座右铭，其声音非常类似于皮浪主义者和处于怀疑主义阶段的西塞罗。最终，他开始仅仅倚赖自己和自己的经验，仅仅以苏格拉底为师，因为后者宣扬自我认识是最高美德。因此，蒙田的哲学之旅给读者提供了一个异教徒思想发展的清晰画面、自我解放的精彩戏剧。伏尔泰指出："他把自己的思想建立在伟人思想的基础上。他评判他们、批驳他们，与他们、与读者，也与自己进行对话。他的展示方式总是独出心裁，他总是充满想像力，他总是像一个画家，而且他总是（我非常欣赏！）知道如何去怀疑。"[1]

很显然，启蒙运动要从蒙田那里学习的并非是他自己想要教导的东西。蒙田从未放弃天主教。他至死都是一个天主教徒——出于他的自愿。但是，18世纪的许多读者却发现很容易把他那半心半意的宗教态度用来支持他们自己的世俗世界观。他们充分吸取了蒙田对自己的关注、不以感官享受为耻和不为沉迷世俗悔罪的态度、对宗教狂热的蔑视、关于教育的人性化观念，尤其是无疑取自异教权威的那些皮浪主义声明。启蒙哲人心目中的蒙田是对人类愚蠢言行持怀疑态度的、富有人道关怀的探索者，他会以18世纪的那种品位来思考宗教造成的罪恶，会赞同地引用启蒙哲人喜爱的卢克莱修的诗句：宗教所能促成的邪恶竟如此之大。[2] 狄德罗写道，蒙田的随笔里包含了数以百计的反宗教的名言佳句；他的名言——"我知道什么？"——给皮浪主义者提供了战斗口号。[3] 启蒙哲人都很熟悉和喜爱蒙田，而狄德罗则尤甚。很有意思的是，他把蒙田列入皮浪的追

290

1　伏尔泰致特雷桑伯爵，1746年8月21日，《通信集》，第15卷，第119—120页。
2　蒙田：“雷蒙·塞邦赞”，《随笔集》（Montaiqne, "Apologie de Raimond Sebord", *Essais*），第2卷，第12章。（中译本《蒙田随笔全集》，马振骋译，上海，上海书店出版社，2009年，中卷，第202—203页。——译者注）
3　狄德罗：《全集》，第1卷，第217页。

随者行列,排在培尔的前面。他那段高度评价蒙田的文字是这样结尾的:
"但是,无论在古代人中还是在今人中,怀疑论找不到比培尔更强悍的竞
技队员了。"[1]

4

按照现代学术的公平看法,蒙田是优雅的拥有贵族身份的天主教徒,
培尔是好争斗的学者型的新教徒,二人是很不协调的一对。他们的气质、
风格相差甚大,他们各自的怀疑论的资源、对象和预期也不相同。他们的
差别还表现在生活经历上:诚然,蒙田目睹了严酷的宗教冲突,但他是一
个富有的贵族,而且与法国国王过从甚密。培尔则是当时国王统治下的受
害者,是被侵扰而避难的胡格诺教徒,靠自己的才华勉强为生。不过,在
启蒙哲人看来,从蒙田的怀疑论到培尔的怀疑论是一脉相承的。他们不把
培尔的晦涩和暧昧看做是其内心挣扎的表现,也不认为其可能反映了某种
苦涩的信仰主义,而是视之为旨在用最小风险来传播最多颠覆性信息的策
略。他们认为,毫无疑问,他是通向一个被忽略的古代思想分支的可靠桥
梁;他是传授皮浪怀疑论的最智慧也最可靠的教师。他冰雪聪明,因此并
不践行他教授的东西。狄德罗附和着培尔自己的说法,说培尔懂得太多,
因此既不相信任何东西,也不怀疑任何东西。如果说在他的全部作品中
有一篇是被整个启蒙运动接受的,那就是他的《历史批判辞典》中关于皮
浪的辞条。培尔告诉他的读者,皮浪教导我们,一切事物究其底里都是
291　神秘的。既然勤奋而诚实的人能够给每一个问题找出各个方面的缘由,
那么不断地追问和不急于裁决就是一种有智慧的表现。当霍尔巴赫把培
尔称作那个"如此出色地教导我们如何去怀疑"[2]的名人时,他是在说出
一句当时的套话,表明培尔的影响多么广泛,也表明人们对他那部学识
渊博的作品的使用是多么一致。

1　狄德罗:"皮浪主义或怀疑主义",《全集》,第16卷,第486页。
2　霍尔巴赫:《自然的体系》,第2卷,第356页脚注。(中译本,下卷,第299页。——译者注)

　　毫无疑问，培尔是教导人们怀疑的伟大导师，是反叛基督教信仰的煽动者。与其他国家的文人相比，德意志的启蒙者接触到的不敬作品比较少。培尔的严格学术和无情批判对他们来说好像是摧毁一切的溶解剂。年轻的莱辛正是通过阅读培尔的作品而摆脱了自己童年浸润的严格的新教信仰，而处于青春期的维兰德也是在读了培尔的《历史批判辞典》后才突破了自己受到的虔敬派教养。早在1729年，《德意志图书馆》*就警告说，"培尔的著作对一些公认的道德和宗教原则提出了质疑，搅乱了许多读者的心。"[1]根据培尔对德意志启蒙者的影响可以推断，他的著作会在整个18世纪持续搅动年轻人的敏感心灵。

　　法国和英国的启蒙哲人或许对培尔没有那么大的需求，因为其他公开出版或秘密流行的著作足以把他们搅得心神不宁了。但是他们与德意志的同侪一样，如饥似渴地阅读培尔的著作。1737年，卢梭在很拮据的情况下买了培尔的《历史批判辞典》，此时伏尔泰和孟德斯鸠早已对这部著作如数家珍了。休谟发现培尔能够与自己相伴一生。在叛逆的青年时期，他寻找替代长老派信仰的东西，通过培尔的著作发现了古代的无神论者、怀疑论者和理性主义者。当时他记下古希腊诗人埃庇卡摩斯**的格言："保持清醒，勿忘怀疑。"[2]当他成为成熟的哲学家时，他在《人类理解研究》和《自然宗教对话录》中追随培尔的论证，而且常常接受培尔的结论，只是通常不会提及培尔的名字。作为18世纪具有文雅修养的古典主义者，吉本认识到这位17世纪博学者的优点，因为培尔教导他尊重事实并了解历史

292

---

* 《德意志图书馆》(*Bibliothèque germanique*) 是1720年创刊的德意志刊物，内容涉及神学、法学、历史、地理、哲学，等等。

** 埃庇卡摩斯 (Epicharmus, 公元前540年—前450年)，希腊戏剧家、哲学家。

1　转引自保罗·哈泽德：《欧洲的心灵：1680—1715年》(Panl Hazard, *The European Mind: 1680—1715*)，1963年，第114页。

2　莫斯纳：《休谟传》，第78页。从启蒙运动对常识和行动的认可来看，休谟对皮浪主义的排斥很值得注意。他认为，皮浪主义理性过度而压制情感，从长远看也是没有作用的："一个斯多葛派信徒或伊壁鸠鲁派信徒展示的原则或许不仅能够持久，而且也会对人的行为产生影响。但是一个皮浪主义者则不能期待他的哲学会对人心产生任何恒常的影响；即便能有那种影响，也不能期待这种影响会有益于社会。"但是，当时人们很少会停留在皮浪主义原则上。这些原则通常会被"行动、工作和对公共生活的关注"颠覆。与其他启蒙哲人一样，休谟不会放弃积极生活的美德而换取沉思生活的美德，不管后者会多么诱人。见休谟：《人类理解研究》，第12章，第2节。

的准确性所具有的颠覆潜能：

> 这位鹿特丹的哲学家在宗教风暴面前成为冷静而超然的旁观者。他用同等坚决的笔调,谴责了路易十四的迫害行动和加尔文教派的共和主义原则……在扫视当时的宗教论争时,他拿论争双方的论点相互驳诘;他交替运用天主教徒和新教徒所用的武器,证明无论是用权威或是考查的方法,都难以使群众能够检验宗教的真理;然后巧妙地得出结论说,只有习惯与教育才是群众信仰的基础。普鲁塔克所说"无神论不像迷信那样有害"的古老格言,点缀上他那机智的色彩,再加上他那锐利的逻辑锋芒,这就获得了十倍的活力。他的批评辞典是汇集了大量事实和观点的宝库,他用他那怀疑论的天平称量那些伪宗教,直到两个相反的量(这里用数学语言)互相抵消方才罢手。[1]

吉本强调"伪"字,暗示还有真宗教存在。这种暗示方法也是培尔的另一个遗产。

培尔的名著《历史批判辞典》是怀疑论的伟大引擎。它用几个辞条阐释了皮浪主义,并用另外一些辞条践行皮浪主义,《辞典》第一版在1697年问世,后来又增补扩充并被译成其他文字。1740年代初期,德文刚刚开始成为文学语言之时,戈特舍德*就主持把《辞典》译成德文。他在注释里有许多抱怨和诋毁之词,指斥培尔对宗教的不敬,这很有损《辞典》的声誉。但是,当时有教养的德国人能够直接阅读各种可靠的法文原版书或合格的英译本。从对青年时代的温克尔曼的影响来推断,甚至这本含有暧昧态度的德文译本也具有超出戈特舍德意料的颠覆性效果。尽管《辞典》部头较大、价格不菲,但它是18世纪再版次数最多、被引用最多的著作之一。只要是比较体面的图书室,就不会没有这部辞典。北美的知识分子,如托马斯·杰斐逊和本杰明·富兰克林不仅自己阅读而且热烈推荐这部著作。毫

---

* 戈特舍德 (Johann Christoph Gottsched, 1700−1766),德国文学家、批评家。

1　吉本:《自传》,第89页。(中译本,第59页。——译者注)

不奇怪,《辞典》提供了丰富的精神食粮,但不是只能滋养怀疑论者。塞缪尔·约翰逊曾自称最喜欢"文学中的传记部分"。他告诉博斯韦尔说,他发现培尔的《辞典》非常有用。这是因为《辞典》对圣经人物、哲学体系、圣徒、宗教运动和历史事件做了详尽的记述和考证,并在人物传记里穿插了许多色情丑闻,用来给读者提神,也为了该书的促销。许多辞条纠正了以往辞典中不太准确的说法。还有许多辞条传递了秘教的信息或对哲学学说作了有说服力的分析。还有一些辞条,如关于斯宾诺莎的著名辞条,则误导了人们长达一个世纪。

　　对于启蒙哲人来说,《辞典》是不可超越的信息来源,是快乐的源泉,也是智谋宝典。它非常高妙地掩盖了许多东西。作者本人得以躲在表里不一的论说、含沙射影的脚注以及巧妙的相互指代的背后,但传达的信息则明确地透露出来了。普鲁士的腓特烈大帝对培尔赞不绝口,手边有两部《辞典》的简编本。伏尔泰特别提及这部著作,称之为第一部教导人们如何思考的辞典,并建议将其压缩为一卷,使之更加精炼。伏尔泰并非随口说说而已。他的《哲学辞典》既可以说是独自撰写的《百科全书》,也可以说是培尔的笨重战车的精制版。此外,这些压缩版本以及压缩要求也掩盖了启蒙运动受惠于《辞典》的真相:恰恰是那些盲目的崇拜者所抱怨的缺点,即培尔缺乏形式感、行文啰嗦,才使得这部著作成为这一小伙人的必备品,因为其他任何一本书都不能让他们如此自由、如此频繁地抄袭剽窃。

294

　　教会和政府当局以及一些生意人则以另外的方式见证了培尔的广泛影响。迟至1754年,《辞典》才在阿尔萨斯的科尔马市遭到焚毁。同一时期,耶稣会的《特雷武月刊》用很大的篇幅来分析培尔的著作,表现出对他的破坏性哲学思考的敬意。耶稣会学者写道,他是一个具有杰出才能的作家,但是他滥用了自己的才华,成为一个"伟大的怀疑论者"。到1764年秋季,狄德罗发现,在他审读了校样之后,狡黠的《百科全书》出版商勒布雷东对一些辞条做了大量删减。其中删减最厉害的是"皮浪主义或怀疑主义"。被大段删减的段落的主要内容是,狄德罗赞美培尔的人格、谴责迫害培尔的教会人士并以欣赏的态度重述培尔的怀疑论哲学。狄德罗大为光火却无可奈何，只能听从劝解，接着编辑《百科全书》余下的各卷。再者说，这段经历虽然是狄德罗遭受的令人光火的挫折，但也是对培尔的腐蚀力的一种苦涩致敬。

但是，培尔不是只有一部著作，不是只有一个观念，启蒙哲人都赞赏他的全面才能。他们钦佩他反对迷信的斗争，赞同他蔑视那些把1680年的彗星当作超自然的凶兆而惊恐万分的基督徒。让他们非常欣赏的是，培尔抨击路易十四要把法国变成"完全天主教"国家的粗暴做法，并出于理性——如他们在他的小册子中看到的理由，而且有时就用这样的字眼——而提倡宽容。他们还改进培尔在读解文献时的考证方法：他们自己对《圣经》和怪异的历史记述的冷静评估在很大程度上得益于培尔的方法。不仅如此，启蒙哲人审查历史不是为了寻找绝对正确的权威，而是为了寻找榜样，因此喜欢关注培尔的人生：无可指责的俭朴的学者生活，无论天主教环境中还是新教环境中面对迫害的英勇行为，为了正确的事业而不屈不挠的论战。对他们而言，培尔是文字共和国的第一位公民；用狄德罗的话说，他是怀疑论队伍里最强壮的运动员。

对于启蒙哲人而言，如此全面的文人、如此坚韧的哲学家就不仅仅是怀疑论导师或重要参考书的作者。他本身就体现了启蒙运动推崇的原则，即批判的破坏性和建设性乃是同一项活动的两个侧面。孟德斯鸠说了点不恭敬的话。他说，培尔用最容易的方法，即打击别人的观点来赢得荣誉。但是，他称赞培尔是宽容的提倡者。莱辛是以培尔为师法对象，撰写了《智者纳坦》。伏尔泰多次向培尔表示敬意。他的赞词常常被人们引用，结果显得有点变味，好像是恭维的套话。不过，如果我们按照原意来读解这些赞词，就会重新感受到那种力度和真诚。而且，这些赞词也会显示出怀疑论——至少是培尔的怀疑论——的创造性后果。伏尔泰把培尔——一切自信的教条主义的头号敌手——称为"人类理性的永恒荣耀"，由此也表明，启蒙运动推崇的理性绝不等同于理性主义。伏尔泰还把培尔称作"哲学家的总检察长"，而这个负有责任的职位在人们心目中是哲学家占据的或应该占据的人类文明中的最高位置。伏尔泰的赞词中最谄媚的是，把培尔与西塞罗相提并论，这既强调了古罗马与近代欧洲的密切联系，又把培尔置于本应属于他的位置，即致力于恢复批判思维的理性建筑师的行列。[1]

5

现实主义、折中主义、怀疑论——严格地说，这些都算不上是哲学。它们是使哲学有可能产生的知性立场。但是，正如我们不可能把启蒙哲人思想中的建设性因素和破坏性因素截然区分开来一样，我们也不可能把这些知性立场同它们接纳的哲学原则截然区分开来。在反对基督教的伟大战斗中，所有的主张——斯多葛主义、伊壁鸠鲁主义与怀疑论一样，尤其是斯多葛主义——都有自己的位置。

除了在学术上把古典思想传递给近代读者外，新斯多葛主义也有自身的诉求。它是一种实践的人生哲学，作为对社会和政治需求的回应而逐渐发展起来。斯多葛主义重新获得独特的地位，倒不是因为少数学者被塞涅卡或马可·奥勒留所倾倒。它不是一种知性时尚，而是一种政治纲领。

此前许多世纪里，斯多葛派思想本身一直没有容身之地。斯多葛派学说与基督教教义有着血肉联系，因此基督教早期教父们宣称，斯多葛主义是探索"真理"的先驱，他们把斯多葛主义的许多内容融入基督教哲学的大熔炉里。然而，斯多葛派学说与基督教教义之间的分歧不亚于它们之间的亲和关系。人们既然能够把它们结合在一起，也就能够把它们拆散。到宗教改革和反宗教改革时期，当心地善良、不喜争斗的人们面对现实世界感到惊恐错愕之时，斯多葛派哲学的那些原则就似乎有可能成为恢复秩序的基础。学者们渐渐地把斯多葛派学说从基督教的综合表述中分离出来。斯多葛主义在此后一百年间依然带有基督教的气质，但人们至

296

1　伏尔泰："德莫尔扎笔记"，《全集》(Voltaire, "Note de M. Morza", Œuvres)，第8卷，第477页；《里斯本的灾难》，《全集》，第9卷，第476页脚注。

少可以接触到这个古老异教哲学的纯粹形态了。塞涅卡的著作和西塞罗的大部分斯多葛主义哲学对话得到精心的编辑和出版，并被广泛地阅读。爱比克泰德的珍贵手抄本被翻译成拉丁文和法文。从1567年起，法国人可以读到法文版的《爱比克泰德哲学的教义；人如何能够有德、自由、幸福而没有激情》。

纵观16世纪，恶毒诋毁、相互迫害以及胡乱杀戮等泛滥成灾，而这显然不是前所未有的新鲜事情。真正与以前不同的是，出现了敌对宗教派别的明显对峙僵局以及传统体制和准则的彻底破产。特伦多公会议费时多年，但从一开始就排除了与路德宗和加尔文宗达成妥协，而新教徒也拒绝
与"巴比伦的大淫妇"进行谈判。16世纪后期，宗教战争使法国血流成河。17世纪前期，三十年战争使中欧地区饱受蹂躏。但这些战争不仅仅是宗教战争，也是经济困苦、地方利益、权力争夺、阶级结构变化以及高压理性主义政策等在军事上的表达。它们也是最后的十字军圣战，双方都挑战明显的现实：新教必须立足，天主教必须延续。天主教徒之所以表现得凶猛顽固，主要是因为他们因欧洲丧失至少名义上的统一而感到愤怒和沮丧，新教徒表现出同样的凶猛则主要是因为他们怀有从欧洲清除"反基督者"的乌托邦期望。

如果说政治脱序的情况是前所未有的，那么也出现了新的解决可能性。人文主义者为这种解决方案铺平了道路。他们的现实主义使世俗的政治权力观念得以问世，也使对于政治义务的世俗论证、至少不再局限于基督教的论证可以大行其道。他们的批评语言（文献）学，加上他们对古人的推崇，使受过教育的人能够以怀疑论的超然立场来阅读基督教文献，怀着同情之心来阅读异教哲学。他们对自然的求诉，为威廉·狄尔泰所说的"自然体系"，即用自然法则、自然道德和自然神学来整理世界的思想方式奠定了基础。16世纪的历史学家们以间接的方式致力于同样的事业，但他们确实尽力了。他们竞相收集史实、积聚文献，为的是展现他们自己方式中的古代，从而证明他们自己乃是正宗的传承。这种激烈的竞争并非心平气和，但是历史批判（考证）在悄悄地销蚀着传统，使人们

对教条主义提出质疑,鼓励人们对各种宗派主义论点抱持相对主义的超然态度。

于是,欧洲知识分子历经磨难渐渐地发展了一些理解世界和达成妥协的新工具。通观西方文明,总是会有一些人——当然是少数,但声音清晰,还常常占据很高的位置——认为通向和平之路取决于发现一种名副其实的普世宗教。这种宗教应系于人性而不是系于历史与地理的偶然因素,它在本质上应该是理性的,应该有一套很精炼的表达普世真理的教义,所有明理的人都应该能够接受这套教义。有些人会宣传各种不同形式的神秘主义的一神论,有些人会回到奥古斯丁宣扬的基督教和平的伟大理想。还有一些人会振兴佛罗伦萨(柏拉图派)学园的理想,描绘出一幅无所不包的新柏拉图主义的精神统一的诱人画面。还有些人十分厌恶具体的乞求、不可理喻的经院哲学和形式繁琐的仪式,凭借火辣辣的常识,呼唤一种单一的合情合理的信仰。让·博丹就是这个争取和平的哲学家杂牌军的典型代表:他既是巫术、魔法和神秘数字的信仰者,又是经济学和社会学的开路先锋。他的气候理论和通货膨胀理论一直影响到后来的孟德斯鸠。他的学识渊博,可与皮科媲美。他博闻强记、构思玄妙,是一个典型的文艺复兴式学者。但是他对波利比乌斯和圭恰迪尼的读解、对文献和历史见解的考证则是现代的方式。他是一个博学的法学家,试图通过比较研究建构一个普遍适用的法学理论,但他的社会政治学说则反映了他的切身经验和专业知识,是对法国的宗教战争和圣巴托罗缪之夜大屠杀的回应,因为当时他本人的生命也受到威胁。他怎么也算不上是一个现代理性主义者,但是他最杰出的成就则属于现代批判理性主义的早期杰作之列。他那部著名的《国家六论》试图在世俗基础上建立一套主权理论,亦即,试图发现国家的理性基础。该书的附录《七智者论崇高的秘密》直到19世纪才正式付梓出版,但此前已广泛流传。该附录描述了辩论中的宗教(religion in debate),也可以说是宗教之为辩论(religion *as* debate)。正如狄尔泰指出的,书中形象鲜明、亲切感人的人物乃是莱辛《智者纳坦》中主要人物的原型:犹太教徒、路德宗教徒、异

298

教徒和天主教徒一致认为,所有的信仰派别都是姊妹,都是自然宗教的女儿。这些发言人得出的结论是,教条主义是荒谬的,不要忙着去裁决,人们应该互相宽容,然后以各自的方式谦卑地寻找真理。于是,政治绝对主义和宗教宽容,这对现代国家体系的怪异双生子,就在16世纪法国这位扑朔迷离的法学家的著作中首次亮相。

299

当时许多人对这股和平主义潮流作出贡献,但正如一个半世纪前狄尔泰在系列精彩论文中指出的,这股潮流中最主要的成分是斯多葛主义。新斯多葛主义滋养了西欧各地的论辩,在宗教冲突两败俱伤的热点地区尤其大有收获。反叛时期,在尼德兰这个学术和宗教争议的中心,受过教育的阶层转向斯多葛主义,把它当作治疗内战创伤的良药。迪尔克·科恩赫特*在世时亲历了荷兰反抗西班牙起义的爆发。他身兼政治家和神学家、人文主义者和基督徒,是荷兰斯多葛派杰出谱系中体现了斯多葛主义的公共服务与知性友爱的理想的第一人。他非常熟悉古罗马的典籍,翻译了塞涅卡的著作和西塞罗的《论义务》,并且从中汲取了和平主义信息:四海之内皆兄弟。他写道,那些相互敌对的派别是被他们狭隘的情绪所驱使,其实并没有他们自己以为的那样深刻的分歧;真正的上帝福音是基督传达的救世福音,仅此而已。

科恩赫特最重要的弟子是阿米尼乌斯**。他最初反对科恩赫特的异端思想,但后来变成坚定的鼓吹者。在阿米尼乌斯的布道文里,加尔文主义被软化成温和的教导,旨在引导有罪的人们去改变自己的生活。17世纪,荷兰的阿米尼乌斯派人数虽少,在严格的加尔文宗的打压下屡遭挫败,但不屈不挠,人数渐增且立场鲜明。通过他们,新斯多葛主义获得广泛传播。阿米尼乌斯派认为,人们赖以生存的真理应该是基督教的真理。他们在《圣经·新约》中找到仁爱的教义。这些教义无论在哪里都是真理。格劳秀斯***——这位近代国际法的创始人、伽利略的崇拜者——

---

* 迪尔克·科恩赫特 (Dirck Coornhert, 1522–1590),荷兰雕刻家、神学家、法学家。
** 阿米尼乌斯 (Jacobus Arminius, 1560–1609),荷兰基督教新教神学家,阿米尼乌派创始人。
*** 格劳秀斯 (Hugo Grotius,1583–1645),荷兰学者。

也把自己的努力与荣耀都系于阿米尼乌斯派。他埋头钻研塞涅卡和西塞罗的著作，公开以他们的弟子自居，运用于他们的哲学方法来给无序的世界强加一种秩序。他认为，世界上有一些应该属于理性的人共有的理念，这些理念是人们运用理性就能发现的，与神学无关。他有一个著名的论断："自然法是不可改变的，上帝自己也不能改变它。"他在另一个同样著名的论断中表示，即便我们假设上帝不存在，自然法的规则也依然具有效力。由此可以看到，自然法原来在基督教的宇宙图式中占据从属地位，现在通过这些论断宣布了自身的独立。

300

这种抛开了上帝的自然法假说绝不意味着对上帝的存在提出质疑。在对圣经的历史考证方面，格劳秀斯也非常出色，是可以与伊拉斯谟比肩的伟大学者。他对《旧约》和《新约》的评注曾独步一时，后来还是卫斯理最喜爱的书籍之一。塞缪尔·约翰逊也向"所有尚未解决信仰问题的人"推荐格劳秀斯的宗教著作。格劳秀斯把基督教归结为几个核心信条，对整个教义做了理性的整理，提倡意志自由，反对加尔文宗的预定论。但是，基督复活在他看来则依然是一个无可置疑、也不容争议的真理。

格劳秀斯是一个影响了整个国际法学科的杰出学者，同时他也是一个基督教理性主义者，即便不算是严格意义上的和平主义者，也是一个主张和平的人。[1]他是那种思想明确、文字有力、逻辑清晰并富有人情味的作者。他的著作很容易成为公认的教科书，因此他的声誉也会历久不衰。但是，在他生活的17世纪乃至18世纪，另一位荷兰的斯多葛派基督徒利普修斯具有比他更大的文化影响力。利普修斯在世时，他用拉丁文撰写的斯多葛主义论文《论恒久》就不断重印，达24版之多。在他1606年去世之前，该书还被译成7种现代语言。他编辑的古代政治著作集《政治六书》（该书使塔西佗的作品广泛流传）和他为斯多葛派哲学写的导读（死后不久出版）都获得了广泛的读者。在长达1个半世纪的时间里，他的著作的

---

[1] 启蒙哲人有点爱挖苦他，因为他们的思想风格与他有隔世之感。但是他们还是很认真地对待他。卢梭不惮其烦地争辩他的战争法观念，吉本一贯尊重博学之士，赞扬格劳秀斯"启迪了整个世界"。他写道："在格劳秀斯的目光下，整个古代都揭去了面纱。他解开了神谕的秘密，打击了愚昧和迷信，努力减轻战争的恐怖。""论文学研究"，《杂文集》，第4卷，第21页。

销量远远超过培根和博丹，他的名气或许比蒙田还要大。吉本非常喜欢他的"生气活泼"。[1]孟德斯鸠收藏了利普修斯编辑的塔西佗著作以及他的《论恒久》《政治六书》等著作。伏尔泰在费尔内庄园收藏了利普修斯评注的波利比乌斯著作。狄德罗在撰写《论克劳狄和尼禄的统治》时参考了他校勘的塞涅卡著作。[2]德意志启蒙运动的先驱、学院派哲学家托马西乌斯和沃尔夫都向自己的学生推荐利普修斯的作品。有些作者——人数极少——能够用自己的名字来命名自己生活的时代，而多数作者则是自己时代的产儿。利普修斯就是因为给予人们需要的东西而获得名声。斯多葛主义当时成为一种时尚：迪韦尔*的《斯多葛派道德哲学》的英译本在1598年面世，译者在扉页上有一句题词："我不是为了自己而是为了大家寻找有益的东西。"[3]

很显然，大家认为有益的东西就是基督徒能接受的那种斯多葛主义，而思维最灵活的学者利普修斯就提供了这种东西。他的斯多葛主义乃是一种博识多闻的哲学。它会让人们感到一些自我满足，并提示了一种解决教派争吵的出路。它既是一种新东西，又能为人们接受。它是包含着学问的；利普修斯个人的经历也浓缩了人文主义的历史，因为如他自己所说，他最初是一个古语言学家，但最终是一个哲学家。[4]这种斯多葛主义让社会秩序的理想植根于人的道德价值；它的伦理理性主义教导人们以忍耐来面对逆境，以虔诚来面对狂热。面对时代的危机，它提供了一种解答，而这种解答是以前从未有人提供过的。新教神学家大卫·希特劳斯**称赞《论恒久》是学生的必读书，"因为一千年来没有见过或者说无人写过这

---

* 迪韦尔 (Guillaume du Vair, 1556–1621)，法国文人、律师。
** 希特劳斯 (David Chyström, 1530–1600)，德国路德学神学家。
1 "论文学研究"，《杂文集》，第4卷，第22页。
2 正是借助利普修斯的工作，狄德罗才能断然地把伪造的塞涅卡与圣保罗的通信指斥为"要么是学生练习拉丁文的作业，要么是某个崇拜这位哲学家的学说并急于把他与耶稣基督的门徒联系起来的人编造的"。《论克劳狄和尼禄的统治》，《全集》，第3卷，第194页。
3 利普修斯的《论恒久》由约翰·斯特拉德林爵士于1594年从拉丁文译成英文。见该书英译本 Two Books of Constancie，1939年，第34页脚注。
4 马克斯·波伦茨：《论斯多葛派》(Max Pohlenz, Die Stoa)，第2版，1959年，第469页。

样的哲学作品"。[1]他是想表达一种夸张的敬意,其实他宣布了一个历史事 302
实。即使在意大利文艺复兴时期,也从未宣扬过这样的世俗道德。它容纳
了权力,从而把马基雅维利的清醒见解转化成一种适应进化中的现代国家
的理论。

与此同时,利普修斯向基督徒读者显示自己学说的安全性。他在不把
塞涅卡变成基督徒的情况下维护塞涅卡的可敬地位,为此他非常喜欢援引
那些基督教早期教父的说法,因为那些人对斯多葛主义的喜爱是众所周知
的。他热心于精确地阐释斯多葛主义的观念,但是当一些观念与基督教教
义发生冲突时,例如主张听天由命或人有自杀权利时,他就会舍弃它们。
他反复重申,斯多葛主义不是真正的哲学,但是在所有不是真正哲学的思
想中,它是最接近于天启信仰的。

需要强调的是,在利普修斯生活的时代,这种做法并不一定意味着缺
乏真诚,尽管他的宗教信仰会引起人们的一些怀疑,觉得他有些胆怯,有
些逢迎,但又沾沾自喜,野心蠢动,追逐世俗。他一再地及时脱身、转换教
派,即便在他生活的那个时代,那个屈服于这种摇摆的时代,也会招致各
种非议。但是,不论他的真实信仰是什么,对于启蒙运动的历史有重要意
义的是,岁月流逝,他的著作却一版再版,他的斯多葛主义一直保持着活
力,而他为之辩护的基督教则失去了现实性。基督教文明的官方神学曾经
把伦理学和政治结合在一起,使之附属于神学。在利普修斯的著作里,这
种联系被削弱了。他的《论恒久》对斯多葛伦理学做了正面的阐释,称之
为顺从自然的人生伦理,从而促进并体现了伦理学与神学的分离。他的
《政治六书》把国家视为在现实主义的权力考量下的理性建构,也促进并
体现了伦理学与政治学的分离。他的斯多葛主义带有基督教的色彩,表明 303

---

1 格哈德·厄斯特赖希:"利普修斯:近代强权国家的理论家",载德国《历史杂志》(Gerhard Oestreich,
"Justus Lipsius als Theoretiker des neuzeitlichen Machtstaates",*Historische Zeitschrift*),1956年2月,
第36页。《论恒久》是利普修斯与斯多葛派智者朗贾斯之间的对话。利普修斯想逃离战火纷飞的祖
国,朗贾斯告诉他,对他自己的命运惟一能够做的有意义的改变,就是内心的改善。对话主要是在朗
贾斯的漂亮花园里进行的。主人以西庇阿的方式来照料花园:他很安逸,这样他就能养精蓄锐。尽
管没有确凿的证据,但可以猜想,伏尔泰的《老实人》的著名结尾很可能是受到这篇斯多葛主义对话
的启发。

宗教对人心的控制有多么坚韧，但是18世纪的读者对待利普修斯的态度就像基督教早期教父们对待西塞罗的态度一样：取其同气相求的部分，抛弃其他的部分。

当信奉基督教的斯多葛主义者忙于恢复古代斯多葛主义的特有内容时，同时代的另一些人则忙着从斯多葛派学说中截取一些片断，将其纳入他们的折中主义体系里。这些折中主义者中最受欢迎的大概是皮埃尔·沙朗*。他的《论智慧》于1601年问世，直到启蒙运动时期依然有许多读者。沙朗不断地援引或转述今人派学者的论述，他主要援引自己的老师蒙田以及博丹、迪韦尔和利普修斯。当他诉诸古人时，主要诉诸西塞罗和塞涅卡。沙朗的教导简单而有说服力，大胆而世俗：人的最高美德是智慧，反之，智慧界定人的本性并保证人的尊严。智慧并非可以轻易获得，因为人的感知会欺骗人，而理性也是脆弱的。但是，如果人能避开那些神学争论和形而上学沉思，那他就能够全力以赴地投入自己的最高任务，即自我认识，并可能实现自己的最高目的，那就是顺其自然地生活。沙朗的理想也就是成为一个具有一点怀疑论者的谦逊态度、因而更有人情味的斯多葛智者。尽管沙朗并非以启蒙哲人的姿态面对自己的时代——他是一个教士和神学家——但他在对罗马作家的公开尊崇中所赞美的那些价值也正是启蒙运动推崇的价值：哲学的至上地位和人的自律，以及主张折中主义优于教条独断、理智的自知之明优于浮夸的理性主义、实践的道德反思优于神学的沉思冥想。看起来，斯多葛主义脱离基督教，仿佛只是为了进入17世纪哲学的大评估。在沙朗的著作中，在爱德华·赫伯特男爵**的著名自然神论专著《论真理》中，在笛卡尔和斯宾诺莎的著作中，凡是在告诫人们要顺其自然地生活、要通过发现普世真理和支配物质世界及道德世界的自然法则来获得知识时——只要出现这样的观点，都会援引斯多葛主义来支持争取哲学独立

---

* 皮埃尔·沙朗 (Pierre Sharron, 1541–1603)，法国神学家。

** 爱德华·赫伯特男爵 (Edward Herbert, 1st Baron Herbert of Cherbury, 1583–1648)，英国廷臣、学者，有"英国自然神论之父"之称。

的斗争。到17世纪中期，尤其是到启蒙运动时期，斯多葛主义已经变成　　304
了一种包容性世界观的一部分，非常重要的一部分，但也仅仅是一部分。
当时人们把这种世界观称作"自由思考"（libertinism），我则称之为批判
的自主自律。

6

　　伊壁鸠鲁主义的情况在表面上与斯多葛主义有些类似——它的再度
出现仿佛也只是为了进入新时代的精神世界——但是实际过程更为戏剧
化。伊壁鸠鲁派早在古代就被指责为无神论者和没有社会责任感。他们
描述的花里胡哨的众神是永恒的、安详的、无忧无虑的，被斥为无神论的
面具。西塞罗在《论神性》里谴责伊壁鸠鲁派以破除迷信的名义来破坏
宗教，并且赞同波西多尼乌斯的意见，即伊壁鸠鲁是一个无神论者。西
塞罗的态度比其他人要文雅的多。基督教早期教父们非常厌恶伊壁鸠鲁
主义。我们知道，但丁把伊壁鸠鲁和其他无神论者一起安置在地狱里。
15世纪末和16世纪初，伊壁鸠鲁主义诗人卢克莱修的哲思诗作刊印之
时，不时引起激烈的争议。一方面，手抄本的数量稀少和不可避免的抄
写错误导致学者们展开文本校勘的争论，另一方面，卢克莱修的唯物主
义和反宗教观点招致了猛烈的攻击和委婉的辩解。皮耶罗·迪·科西莫[*]
为《物性论》第5卷创作了展现文明演化的系列插图，但是，与此同时，阿
尔杜斯·马努蒂乌斯于1500年编辑出版这部诗作，但附上严正的免责声
明。他在前言里写道，凡是天主教不能接受的内容，出版商和编辑也同
样不能接受。1563年，法国人文主义者德尼·朗班[**]阐述发表了精心校
勘的《物性论》，中止了有关文本的争论达三个世纪之久。他在这个版本
中断言，卢克莱修的哲学观点显然非常荒谬，因此无须辩驳，也不会有任
何危害。他暗示，诗人的观点是无足轻重的，因为即便是《荷马史诗》，

---

[*]　皮耶罗·迪·科西莫 (Piero di Cosimo, 1462–1515)，意大利画家。
[**]　德尼·朗班 (Denis Lambin, 1520–1572)，法国古典学者。

284

305里面也有许多亵渎神明和淫秽的内容。重要的是卢克莱修对自然的精彩呈现、漂亮的文笔以及道德情操的升华——至少在一段时间内。这种将可恨的无神论与令人赞赏的诗作加以区分的谨慎做法，虽不能平息但至少能够缓和对卢克莱修的攻击，使这位异教作家能够在宗教人士敌视和疑虑的目光下生存下来。卢克莱修被这位文艺复兴晚期的人文主义者的勤勉和机敏拯救，成为一小伙唯物主义者的至宝，到17世纪晚期被"自由思想者"喜爱，最终也成为18世纪启蒙哲人的宠儿。

卢克莱修持续受到欢迎，在一定程度上也得益于他的老师伊壁鸠鲁被恢复名誉。这几乎是皮埃尔·伽桑狄*以一人之力促成的。伽桑狄是一个坚守正统的教士，但被称作"文人中最好的哲学家，哲学家中最好的文人"。[1]他的做法与中世纪那些奥维德的崇拜者有些相似，首先为伊壁鸠鲁的人格洗刷污名，然后再为他的哲学进行辩护。伽桑狄写道，伊壁鸠鲁自己并未过着堕落的生活，也没有引诱别人堕落，他是一个节制、快活和诚挚的典范。他主张追求感官愉悦（*voluptas*），并不是提倡放荡，而是提倡心灵的宁静。他的唯物主义虽说有许多谬误，但在原则上并非与基督教教义不能契合：原子和虚空并不是永恒的，而是天意的产物。

伽桑狄本人既不是伟大的科学家，也不是伟大的哲学家，但他认识同时代的许多杰出知识分子，对那些伟大的科学家和哲学家产生很大的影响。莱布尼兹认为，洛克受益于伽桑狄超过受益于其他人。伏尔泰在1738年写道，牛顿曾赞扬伽桑狄是最聪明的人，他的上帝、空间和时间观念都完全正确。[2]当然，如果宣称伽桑狄的学术复兴工作和卢克莱修对伊壁鸠鲁的诗意呈现就是牛顿科学的基础，那就把一种复杂的互动关系变成了一

---

* 伽桑狄（Pierre Gassendi,1592–1655），法国哲学家、天文学家。

1 吉本："论文学研究"，《杂文集》，第4卷，第22页。这个精辟的说法就像是在提示狄德罗在1755年的评论：说到伽桑狄，"哲学家中从未有过比他更好的人文主义者，人文主义者中从未有过这样好的哲学家"。"伊壁鸠鲁主义"辞条，《百科全书》，《全集》，第14卷，第525页。

2 莱布尼兹：《人类理解力新论》（Leibniz, *Nouveaux essais sur l'entendement humain*），第1卷，第i页。参见理查德·艾伦：《约翰·洛克》（Richard I. Aaron, *John Locke*）；伏尔泰：《牛顿哲学的要素》，《全集》（*Éléments de la philosophie de Newton, Œuvres*），第22卷，第410页。

个简单的因果关系。实际情况更准确地说应该是，自然哲学的辉煌进展重 306
新激发了人们对古代唯物主义和原子论的兴趣。而且，很显然，伽桑狄的
粒子物理学影响了波义耳，并且通过波义耳影响了牛顿。此外，尽管伊壁
鸠鲁的世界由在虚空中旋转的原子构成这一模式非常粗糙和武断，但对于
纠正多少世纪以来支配基督教文明的科学世界图像则是很有意义的。有
一首在1660年代出现的打油诗常常被人们引用，因为它确实击中要害：皇
家学会的成员们——"那些会士们"——群起反对大学里的保守学说：

> 这些会士就是要让我们相信
> 亚里士多德与伊壁鸠鲁相比就是头驴。[1]

因此，17世纪的科学论战是凭借古代异教徒的词汇和观念进行的。

  与培尔一样，启蒙哲人高度赞赏伽桑狄。拉美特利、霍尔巴赫以及其
他的唯物主义者很少引用他的话，但经常使用他的观点。伏尔泰把他单独
称作引人瞩目的猜想者。狄德罗称他是让自己的国家为之骄傲的哲学家。
孔狄亚克很少夸奖人，却热烈地赞扬伽桑狄。伽桑狄严谨的学术工作使得
启蒙哲人能够准确地了解伊壁鸠鲁主义，也就能够蔑视那些反对伊壁鸠鲁
主义的耸动听闻的流行说法，并且可以用它的伦理教义来平衡严酷的斯多
葛主义。

  不过，当启蒙哲人已经对伊壁鸠鲁主义有了很明确的看法时，自由思
想者对伊壁鸠鲁主义有意无意的误解，使启蒙哲人们既感到好玩，也感到震
撼。自由思想者（libertins）是形形色色的一小伙人。他们在17世纪敲响了
离经叛道的音符。启蒙哲人很高兴认同他们，并因此给予他们过高的地位。
他们之中有一些漂泊的畸零人，主张生命完全源于物质，还有一些有学识的
医生，认定有关神迹的报道其实是关于歇斯底里发作的记录。还有少数人是
激进的无神论者。还有一位是拉莫特·勒瓦耶*，他宣扬异教的美德，把皮 307

---

* 拉莫特·勒瓦耶 (Francois de La Mothe Le Vayer, 1588-1672)，法国自由思想家。
1 托马斯·梅奥：《伊壁鸠鲁在英格兰》(Thomas F. Mayo, *Epicurus in England*)，1934年，第129页。

浪置于仅次于基督的位置。这些自由思想者的观点通过口耳相传或手抄稿而广泛流传。他们有许多嘲弄圣徒的笑话、诋毁摩西乃至耶稣的段子，都被编成便于记忆的顺口溜。他们并非那个时代的代表，也不是古人学说的准确传递者。但是他们能留名青史，是因为他们让虔诚变得可笑，让自由思考变得好玩，由此刺激了启蒙哲人。

对这一帮博学的无信仰者而言，就像对社交圈的男男女女一样，伊壁鸠鲁主义不过是一件令人尊敬的哲学斗篷，可以用来遮掩他们对宗教的戏谑不恭和在性关系方面的放荡。狄德罗在为《百科全书》撰写的辞条"伊壁鸠鲁主义"里提示，17世纪的法国充斥着各种各样的伊壁鸠鲁主义者，有像伽桑狄这样有节制的哲学家，也有像尼农·德·朗克洛*这样知性的交际花。在伽桑狄的朋友里，莫里哀和西拉诺·德·贝热拉克**等人就很欣赏伊壁鸠鲁和卢克莱修，盛赞他们的坦诚、勇气以及明智的人生观念。但是也有另外一些人，其中主要是一些富有、懒散的贵族。他们不是严格意义上的，而是流行观念中的伊壁鸠鲁主义者。他们在时髦的沙龙里宣扬色情主义，并且在透明的私人空间里付诸实践。布洛·德·莱格利斯男爵***是这些才子中最典型的一个。他写的一些色情诗歌后来被年轻时期的伏尔泰抄在自己的笔记本里。他在一首诗中提出一个问题：作为伊壁鸠鲁主义者是否能够得救？结论是，有一件事能确定，

> 人生在世有滋味
> 有吃有喝做那事……[1]

---

* 尼农·德·朗克洛（Ninon de L'Enclos, 1620-1705），法国交际花、作家，曾赞助莫里哀，去世时把财产留给一个会计师的儿子，即后来的启蒙哲人伏尔泰。
** 西拉诺·德·贝热拉克（Cyrano de Bergerac, 1619-1655），法国剧作家。
*** 布洛·德·莱格利斯男爵（Baron de Blot l'Église,1605-1655），法国自由思想者，诗人。
1 J. S. 斯平克：《从伽桑狄到伏尔泰的法国自由思想》（J. S. Spink, *French Free-Thought From Gassendi to Voltaire*），1960年，第136—137页脚注。
原诗：on vit content
En buvant, mangeant et f —— (f是foutant的字头，意思是性交。——译者注)

此外，肖利厄神父*也承认，尽管他觉得伊壁鸠鲁和卢克莱修的神学难以理解，但在一个方面他很喜欢：

> 我只喜欢他们
>
> 涉及享乐的教义。[1]

伏尔泰曾经在肖利厄神父的家里结识摄政时期（路易十五年幼时期）的那些花花公子。

伊壁鸠鲁猪圈**中的这些猪猡个个才华横溢。尼农·德·朗克洛不仅仅是交际花，也是非常聪明的时尚领袖，按照启蒙原则也可以称得上是感觉主义者。伏尔泰见到她时还是个孩子，而她已是一个老妪——伏尔泰还少不更事，而她已成明日黄花。她的圈子里最杰出的人，也是她的情人之一是圣埃夫勒蒙***。他在年轻时是一个出色的军人，在17世纪中期被迫流亡，先是到荷兰，然后到了伦敦。他在伦敦组织了一个文雅的伊壁鸠鲁派小团体。他是一个杰出的散文作家，写作题材广泛，品位精细高雅。他还是伽桑狄的得意门生。他也是古今文学的敏锐评论家。但是他喜欢社交而不喜欢工作，喜欢写漂亮的书信，而不喜欢写学术著作。狄德罗非常偏爱斯多葛派，因此不能原谅圣埃夫勒蒙对塞涅卡的轻视。其他启蒙哲人没有那么苛刻，因此十分欣赏圣埃夫勒蒙的作品，尤其喜欢其中高尚的品位和文雅的机智。圣埃夫勒蒙太懒惰——或许是太聪敏——因此不能成大器，但他按照自己的哲学生活，因此比只是品位生活的人要强许多。他对快乐的追求——虽然只是信笔提及——不仅仅是游戏人生，而是一种严肃的异教姿态。因此，就像同时代的斯多葛派和怀疑论者一样，圣埃夫勒蒙也为启蒙运动作了自己的贡献。

308

---

* 肖利厄神父（abbé de Chaulieu, 1639–1720），法国自由思想者，诗人。

** 伊壁鸠鲁的花园学园被反对者称为"猪圈"。

*** 圣埃夫勒蒙（Saint Evremond, 1613–1703），法国伊壁鸠鲁主义者。

1　J. S. 斯平克，第167页脚注。

三、古今之争：今人派

1

如果说启蒙哲人所尊敬的17世纪前辈中有许多人是依据古典学说来建立自己的激进哲学，那么还有一些可敬的前辈则是从相反的努力中，亦即，从对古人的否定中获得自己的力量。自然哲学家既听命于科学规则的要求，也因新发现、新工具以及自由的国际信息交流而感到亢奋，因此自命为新人类、自称是前无古人的开路先锋。他们抛弃了"古典"这个概念。

309 这些知识海盗只看着未来，只想着征服。他们若是回顾过去，那也只是为了剽窃或诋毁。

现在看来，他们有点过于自命不凡，也有点天真。培尔和利普修斯尽管按照古典方式遣词造句，但他们都是今人派，相反，自然哲学家假装鄙视过去实际却非常倚重过去。实际上，对于17世纪的自然哲学家，我们常常难以确定他们究竟属于"古人派"还是属于"今人派"。他们可能既有点像之前的马基雅维利，又有点像之后的狄德罗，在他们身上二者兼而有之。科学家们的训练、关切以及多数解决问题的方案不可能完全脱离他们生活的世界，因此，他们的工作依然被古典的科学观念和（中世纪）经院哲学的论辩方式浸润。但是，他们的自我评价其实也是很有道理的。阅读这些自然哲学家的著作，就会觉得进入了一个新世界，与那些古典研究者或学术编纂者营造的世界迥然不同。这是一个充满强大能量的世界，是一个充满了希望和自豪、尊重严谨态度、热衷方法的世界。对大自然的研究，尤其是天文学和力学快速地而且加速度地成长为自成一体的事业，到牛顿的时代，科学已经成功地证明自身是一个不断进步的研究领域；每一个理论都是暂时性的陈述，都可以加以修正；每一个实验都是对流行说法的威胁，但也是值得欢迎的威胁。在自身逻辑的推动下，科学开始割断与哲学的联系，并且先是要与神学平起平坐，然后逐渐对神学怒目相视。

　　在这场革命的早期阶段，人们依然普遍承认受到古人的启发。我们知道，伽桑狄传播了被长期忽视的原子论，在此之前，伽利略也是以基于数学严整性的柏拉图宇宙观之名，来摧毁追求宗教目标的经院宇宙观念。尽管伽利略是柏拉图著作的热烈崇拜者，用柏拉图来对抗亚里士多德物理学，但是他对柏拉图的《蒂迈欧篇》并不苟同，因此也不认可佛罗伦萨学园宣扬的柏拉图学说。柏拉图给予伽利略的教诲是，人只能通过上帝的作品来了解上帝，宇宙就是上帝的作品。上帝把他的启示写在他写的惟一的大书里——自然之书。这个教诲极端重要。这也能够用来支持怀特海[*]的著310名说法：所有的哲学只是柏拉图的一系列脚注而已。但是，如果我们称伽利略为柏拉图主义者，那他也是一个现代的柏拉图主义者。在他的宇宙观里，天上和地上的现象都遵循着同样的原则，因此也有同样的价值；他对宇宙构成及其法则的研究有着自己的尊严，不屈服于任何权威乃至神学的权威。伽利略借助望远镜发现了新天体之后的兴奋之情，他对拒绝使用他的望远镜的学院派天文学家的嘲笑，都是现代人的态度，因为望远镜的使用使得许多世纪以来有关宇宙观和哲学的争论一下子就失去了意义。

　　因此，伽利略的柏拉图主义既见证了思想史的连续性，也见证了思想史的断裂。他对古典的盎然兴趣依然不可忽视，但这不再是具有决定性的事情。随着17世纪的进展，在一定程度上也是由于伽利略研究成果的影响，自然哲学家们越来越从当代的学说中获取范例，并且集中精力去设计新的实验，于是对古代的兴趣也逐渐减退了。17世纪末，古今之争使得诗人和哲学家们群情激昂，但今人派的胜利主要取决于科学论战而不是取决于文学论战。

　　这场胜利主要是由当代科学家——波义耳和牛顿——赢得的，但17世纪前期伟大的科学鼓吹者——培根和笛卡尔——也为之做了铺垫。培根和笛卡尔的气质和方法都各不相同，他们的门徒后来也争斗不已，但这

---

[*]　怀特海 (Alfred North Whitehead, 1861–1947)，英国数学家和哲学家。

两位哲学家其实是紧密的盟友。正如达朗贝尔所说,他们二人"引领了实验科学的精神"。[1] 两人都是喜爱标新立异之人,在大学之外发展了各自与大学主流不同的观点。两人标示出哲学活动的独立领域,并且把中世纪的哲学与神学二者的从属等级秩序颠倒过来。两人都为自己时代的知识状况感到悲哀,批评哲学陷入了无用的想像和词句之争。培根指出,人类应该"开始全面重建科学、艺术以及全部人类知识,使之出现在恰当的基础

311 上",[2] 因为"当今世界拥有的知识,尤其是关于自然的知识,尚未扩展到极其丰富和确定。医生宣布有许多无法治疗的疾病,而且对付其他疾病也力不从心。炼金术士怀着希望却逐渐变老和死去。魔法师变不出任何恒久且有用的东西。机械师从自然哲学那里只能得到一点知识,只得靠自己的小线团编织点东西"。[3] 几年后,笛卡尔也用类似的语言表达了同样的不满:各个学派的方法、古人的教诲、神学的自负等导致的只是混乱,"至于其他的学问,既然它们的原则都是从哲学借来的,我可以肯定,在这样不牢靠的基础上不可能建筑起什么结实的东西"。[4] 根据相同的诊断,两人开出了相同的处方:我们需要的是方法,科学的方法。培根是归纳法和集体研究方式的先知,笛卡尔是数学家、提倡清晰明确的观念。人们常常把两人对立起来。但是两人都认识到科学过程的复杂性:笛卡尔非常赞赏经验研究和集体实验的益处,而培根也很重视推理的作用。培根有一个著名的比喻,把推论者比喻成"只用自身的物质来编织蜘蛛网"的蜘蛛,把实验者比喻成"只会采集和使用"的蚂蚁。而他理想中的自然哲学家是蜜蜂,它的材料来自"花园和田野里的花朵",然后"用自己的能力"来消化这些材料。[5] 理性主义者笛卡尔也懂得,如果没有"贮存经验以便作为我进行推理的材料",他将无所作为。他制定了一条规则:"我们的认识越进步",观察

1　达朗贝尔:"实验"辞条,《百科全书》,《杂文集》,第1卷,第73页。
2　培根:《伟大的复兴》,《著作集》(Francis Bacon, *The Great Instauration, Works*),第4卷,第8页。
3　培根:《迷宫线团》,《著作集》(Francis Bacon, *Filium Labyrinthi, Works*),第3卷,第496页。
4　笛卡尔:《谈谈方法》,《著作集》(Descartes, *Discours de la méthode, Œuvres*),十二卷本,1897—1910年,第6卷,第8—9页。(中译本《谈谈方法》,王太庆译,北京,商务印书馆,2000年,第8页。——译者注)
5　培根:《新工具》,《著作集》(Bacon, *The New Organon, Works*),第4卷,第91页。

"就变得越必要"。[1]

　　培根与笛卡尔的交汇对于启蒙运动具有重大的战略意义。既然培根注重功利的经验主义与笛卡尔严谨的数学理性没有根本性的冲突，那么就可以得出结论说，在科学里面，发展到最高级的理性也是最有用的。事实上，培根和笛卡尔的方法论之所以能够交汇，是因为他们对于哲学的真正目标有共同的认识：真正的哲学思考的目的乃是为了驾驭自然。培根写道："科学的真正的、合法的目标说来不外是这样：把新的发现和新的力量惠赠给人类生活。"[2]一旦人们懂得知识和力量是同一样东西，他们就能享用他们理应享用的遗产。培根的著作，包括未完成的乌托邦作品《新大西岛》，不时地呼唤人们抛弃错误思考的"假相"，进入"建立在科学基础上的人的王国"，[3]扩展"人类帝国的边界，尽可能地影响一切事物"。[4]

312

　　这种豪言壮语乍看起来好像是要引导人们偏离实用性，而不是去追求实用性。但是，对于培根来说，"一切的可能"并不等于"可能的一切"。虽然那些希望非常宏大辉煌，但它们的限制条件会使它们落在实处："清醒的"是他喜欢使用的形容词之一。对于培根而言，"一切的可能"意味着更好的食物、更健康的身体、更多的善意。科学如果运用得当，就会产生"对人的助益，产生一条竞相发明的路线，从而在某种程度上减缓和克服人类的穷困和苦难"。[5]迄今为止，人类因对自己的能力"估计过低"而作茧自缚，[6]"至今阻碍科学进步、迫使人们不能承担新的任务和进入相关领域的最大障碍，就在于此——人们总是陷入绝望，认为很多事情都不可能做到。"[7]与此同时，培根也提醒人们警惕空想的乌托邦观念：人必须牢记，人是"自然的仆人和解释者"。驾驭自然是可能的，但只能通过服从自然

1　笛卡尔：《谈谈方法》，第二、六部分，《著作集》，第6卷，第22、63页。
2　培根：《新工具》，《著作集》，第4卷，第79页。
3　同上，第69页。
4　培根：《新大西岛》，《著作集》(Francis Bacon, *The New Atlantis, Works*)，第3卷，第156页。
5　培根：《伟大的复兴》，《著作集》，第4卷，第27页。
6　同上，第13页。
7　培根：《新工具》，《著作集》，第4卷，第90页。

来实现——"要支配自然就须服从自然"。[1]但是，这里说的服从相当于一个摆脱一切权威、包括古代经典的独立宣言。培根在一个著名段落里说："那种智慧，即我们主要从希腊人那里获取的智慧只不过像是知识的童年阶段，而且具有儿童的那些特征：他会说话，但不能生儿育女；因为它引发了丰富的争论，却没有产生著作。"[2]正是自信与谨慎的明智结合，亦即，既相信人的能力又主张谦逊，塑造了培根的语言风格，也激发了启蒙哲人的由衷赞美。培根正是凭借这种坚定、务实、关注工作成果的态度而持续影响了启蒙运动的想像力，其影响与西塞罗不相上下。

313

笛卡尔的观点也同样令人惊异，同样务实，同样严谨，也同样是现代的。笛卡尔在《谈谈方法》中有一段著名预言：人类会"成为自然的主人和拥有者"，[3]他们会不再辛苦劳作，而且会改善身体健康，延长寿命，消除对年迈力衰的恐惧。但是，只有发现自己的力量和局限，并否定过去，才能做到这一切。笛卡尔在成熟时期撰写重要著作《灵魂的激情》时是这样开篇的："在我们从古人那里继承下来的各种学问里，似乎没有比他们关于激情的论述更糟糕的了。"他们的成果少得可怜，也不可信，因此有必要进行全面的革命："我觉得自己在写作时必须像是在处理一个前人没有给予应有注意的题材。"[4]这话说得可够强硬，尤其是在一部充满了对斯多葛哲学的怀念之词的著作里。但是，对于那个时代的革新者们来说，这种鼓舞士气的话实属必要。如果有一个负债人监狱专门关押不知对前辈感恩的知识分子，那么科学革命时期的自然哲学家就会填满它。

2

"古典主义加上科学"——正如我在本书开篇时提示的，这些就是启蒙运动的主要构成因素。这个定义得到启蒙哲人们自己的口号"自然与古

1　培根：《新工具》，《著作集》，第4卷，第47页。

2　同上，第14页。

3　笛卡尔：《谈谈方法》，第六部分，《著作集》，第6卷，第61—62页。

4　笛卡尔：《灵魂的激情》，《著作集》(Descartes, *Les passions de l'âme, Œuvres*)，第11卷，第327—328页。

人”的支持，也得到启蒙运动前史的支持。古典的思维模式和科学的思维
模式二者在17世纪获得强大的力量，变得十分明晰，并且在18世纪汇聚在
一起，产生了一个独特的混合物，即启蒙运动。

314

　　根据这种强劲和明晰的特征，许多历史学家把17世纪和18世纪放
在一起，作为一个时代来探讨。诚然，它们有许多共同之处，但是17世纪
有自己的特点：那时人们运用更精致的方法，也怀着焦虑，继续许多世纪
以来的工作，寻求世俗与虔信、古典主义与基督教之间的妥协方案。17
世纪的基督教已不再是文艺复兴时期的基督教，而17世纪的世俗观念却
还不是启蒙运动时期的世俗主义。像霍布斯这样的哲学家会被同时代人
激烈地斥为无神论者和伊壁鸠鲁主义者，因而会遭到孤立和唾弃。霍布
斯在当时臭名昭著，险些被吊死。比霍布斯更能代表这个时代的思想家
是帕斯卡和剑桥柏拉图主义者。帕斯卡首先是伟大的科学家，其次是伟
大的基督徒。剑桥柏拉图主义者以神秘主义的热情研究柏拉图，激烈地
批判恪守圣经文字的本本主义，轻蔑地指斥宗教狂热，但他们是彻头彻
尾的基督徒。

　　对于17世纪科学家的革命性发现，同时代人通常也并不视之为具有
颠覆性。“新学问”的热心支持者非常欢迎伽利略和牛顿的著作，把这些著
作视为对信仰的证明，而不是对信仰的威胁。诚然，有些诗人和学者沉迷
于文艺复兴的世界观，赏玩所谓的感应、位阶和小宇宙，因此对新科学感
到困扰。约翰·多恩*哀叹道，“新哲学”对一切提出质疑，宇宙原来那么稳
定和容易理解，现在却“完全破碎了，所有的凝聚力都消失了”。但是，这
种经常被人提及的抱怨也构成了那种彻底的自我审视的一部分。不管怎
么说，它是一个非常之人做出的非常反应，只是代表了越来越小的精英圈
子。在英国，人文主义者指责科学与清教有关联，又把二者与市侩精神联
系在一起，但是他们的目的是捍卫文化，而不是捍卫宗教。而且，这种指
责因英国皇家学会的高贵名望而大打折扣。英国皇家学会毕竟是由国王

---

*　约翰·多恩 (John Donne, 1572-1631)，英国玄学派诗人。

315　查理二世扶植建立的,而查理二世显然不是清教徒;英国皇家学会因波义耳和牛顿的成就而熠熠生辉,而这两人显然不是无神论者。大体上看,17世纪的想像力是随着每一次的新发现而急速地扩展。亚伯拉罕·考利[*]为皇家学会写了一首颂歌,把培根赞颂成引导人类前往应许之地的摩西。这个比喻后来被达朗贝尔和狄德罗使用。许多虔诚的教会人士都尝试着科学实验,并成为许多新建科学社团的主导力量。早在复辟时期的1662年,西蒙·帕特里克(后来成为伊利地区主教)就在一本小册子里为主张宽容的广教论(Latitudinarian religion)和"新的自由哲学"辩护。帕特里克写道,这种新哲学表明,"自亚里士多德的时代以来,自然的舞台大大地扩展了。世界上所有的地方最近都发现了新的重大现象。"[1]五年后,托马斯·斯普拉特(后来成为罗切斯特地区的主教)发表了《皇家学会史》,慷慨激昂地为新学问辩护。在同一时期,信仰主义者(并非无信仰的怀疑论者)德莱顿[**]称赞皇家学会是研究上帝及其作品的一个伟大而勤勉的机构,并且颂扬今人而贬低古人:"最近几百年(哲学研究成为基督教世界最有德性的工作)向我们显示了一个几乎全新的自然界——与自亚里士多德以来所有偏听偏信的时代相比,人们揭示了更多的学院派谬误,进行了更有用的哲学实验,发现了光学、医学、解剖学、天文学等领域更重大的秘密。这些不是显而易见的吗?"[2]

　　要想收集在英国和欧洲大陆上科学与宗教之间继续保持联系的证据,那是太容易的事情了。[3]科学家们的表现也恰恰与那些支持他们的诗人一

---

[*] 亚伯拉罕·考利(Abraham Cowly, 1608-1667),英国诗人、散文家。

[**] 约翰·德莱顿(John Dryden,1631-1700),英国诗人,剧作家,评论家。

1 诺曼·赛克斯:《从谢尔登到塞克:英国教会史》(Norman Sykes, From Sheldon to Secker: Aspects of English Church History),1959年,第148页。

2 德莱顿:《论戏剧韵文》,《文集》(John Dryden, An Essay of Dramatic Poesy, 1668, Essays),两卷本,1900年,第1卷,第36—37页。

3 除了科学与宗教的并存,还有科学与古典主义的并存。作为基督徒的德莱顿在一段著名文字里显示了这两种并存情况:我称之为"异教徒的基督教"的妥协方式在17世纪下半叶继续流行。德莱顿的《论戏剧韵文》被批评为教条主义。他这样来自我辩护:"我的全部论述都是以怀疑的方式展开的,按照苏格拉底、柏拉图以及所有古代学园派的推理方式,塔利(西塞罗)和最优秀的古人都遵从这种方式,皇家学会的谦卑探究也模仿这种方式。"《为"论戏剧韵文"辩护》,《文集》(Defense of an Essay of Dramatic Poesy, 1668, Essays),第1卷,第124页。这就需要通过启蒙运动来清理各种不同的因素,进而打破这种妥协。

样。弗莱芒的杰出科学家范·海尔蒙特[*]大大推进了医学、化学和生物学，
他指控经院哲学宣扬"无神论的"物理学，并坚称自己的科学研究具有宗
教性质和目的，从而完全推翻了对新哲学的批评。波义耳是当时最著名的
化学家。他撰写了一些论证科学研究的宗教价值的小册子，并在遗嘱里留
下350英镑以奖励论证基督教真理的演讲。约瑟夫·格兰维尔^{**}是皇家学
会成员，极力维护现代学术，但也对巫术深信不疑。牛顿被启蒙哲人异口
同声地称作有史以来最伟大的人。他本人也是非常虔诚的教徒。他在自
己的科学思考、对神学和圣经年代学的关注以及私人通信中处处表达了那
种宗教热忱。古典主义者理查德·本特利^{***}在"波义耳"系列讲座中抨击
霍布斯的无神论，从牛顿著作中援引基督教有神论的论据。牛顿得知后写
信对他表示赞同："当我撰写关于我们的体系的论文时，我很关注这些原
理是否对于人的有神信仰有作用。如果能达到这个目的，没有什么比这更
能让我高兴了。"[1]后来莱布尼兹指责牛顿用他的宇宙论削弱了自然宗教的
事业。牛顿及其忠实的支持者们都很生气：如果说他们在哪一点上感到自
信的话，那就是他们在为基督教而奋斗。牛顿去世前一年，即1726年，伏
尔泰正在英国。伏尔泰与牛顿的哲学家密友塞缪尔·克拉克^{****}进行了几
次交谈。伏尔泰后来回忆说："这位哲学家每次说到上帝，总是带有一副
冥想和敬仰的神情。我承认，这给我留下深刻印象。他告诉我，这种习惯
是受牛顿熏染而形成的。"[2]伏尔泰也知道，牛顿不是一个苍白的有神论者，
他是一个基督徒，一个索齐尼派信徒^{*****}。与其他索齐尼派教徒一样，牛
顿拒绝把自己的体系简化为有神论："他不赞同圣公会的仅仅是圣体共在
论，而对其他的一切都认同。"[3]牛顿这位世间最伟大的人的基督教信念太

右上角页码 316、317

---

* 范·海尔蒙特 (Van Helmont,1579-1644)，比利时科学家。
** 约瑟夫·格兰维尔 (Joseph Glanvill, 1636-1680)，英国哲学家，怀疑论者。
*** 理查德·本特利 (Richard Bentley, 1662-1742)，英国神学家和文学批评家。
**** 塞缪尔·克拉克 (Samuel Clarke, 1675-1729)，英国神学家，牛顿的好友，牛顿学说的普及者。
***** 索齐尼主义是16世纪意大利宗教改革家索齐尼开创的主张神体一位论的教派。
1 牛顿致理查德·本特利，1692 年 12 月 10 日，《牛顿的自然哲学》(*Newton's Philosophy of Nature*)，1953
年，第46页。
2 伏尔泰：《牛顿哲学的要素》，《全集》(Voltaire, *Éléments de la philosophie de Newton, Œuvres*)，第22
卷，第403页。
3 伏尔泰：《哲学书简》，第2卷，第74页。这段话出自1756—1775年的版本。

强烈了，对此就连启蒙哲人也无法回避。

因此，当异教徒的基督教衰落之时，最能体现其生命力的是丰特奈尔，因为启蒙哲人未必认同牛顿，却基本上把丰特奈尔视为自己阵营中的一员。在丰特奈尔去世不久，格里姆写道："哲学精神在今天如此广泛传播，其开端则应归功于丰特奈尔。"[1]丰特奈尔跨越了两个时代。他出生于1657年，当时路易十四尚未成年；他于1757年去世，恰在自己百岁寿辰前一个月。他比孟德斯鸠活得还久。在古今之争中，他是毫不掩饰的今人派：他写道，我们应该站在巨人的肩膀上，但是无论如何，今人会比最伟大的古人看得更远——当然这不是在道德或文学领域里，因为这两个学科无所谓进步，而是在自然知识领域里。丰特奈尔既是新科学的坚定支持者，也是最优秀的普及者。他在论述宣传新科学的成果、方法和哲学方面也同样极其出色。正如西塞罗使希腊哲学能够被罗马人接受，丰特奈尔用优雅而有力的文字向受过教育的男男女女传播了笛卡尔以及培根的观念。他曾担任巴黎科学院的常务秘书，发表过一系列著名的"颂词"，大大提升了重要科学家的社会地位和文化影响力。作为道德家，他以文雅和令人信服的方式把一些古典观念变成现代观念。他像斯多葛主义者那样，敦促人们顺其自然地生活；他也像伊壁鸠鲁主义者那样，认为自然里充满了激情，必须加以满足才能实现内心的宁静。他对神迹持怀疑态度，而且他确信，人类最强烈也最不幸的偏好就是喜爱神秘事物。这些听起来很像是休谟的观点。早在伏尔泰之前几十年，他就提倡哲学的谦逊，批评形而上学纯属虚妄，认为常识优于教条、中庸优于严苛，建议用积极行动来治疗哲学忧郁症。与启蒙哲人一样，他本人虽然多才多艺、学识广博，但是他更喜欢机智的表达，看不起迂腐的学究。正如后来达朗贝尔所说，丰特奈尔教导受过教育的人们"挣脱死读书的枷锁"。这位举止优雅的文人，这位现代化的提倡者在许多具体问题上都是启蒙哲人的先驱，但是他的内心还远远不是一个启蒙哲人。他从未跃进到信奉自然主义，无论是伏尔泰的自然

1　转引自伦纳德·马萨克：《贝尔纳·德·丰特奈尔：法国启蒙运动的科学观念》（Leonard M. Marsak, *Bernard de Fontenelle: The Idea of Science in the French Enlightenment*），1959年，第6页。

神论，还是霍尔巴赫的无神论，抑或休谟的怀疑论。他停留在他出生的那个世纪，始终是一个宽容的、有教养的、信仰坚定的基督徒。

与此同时，丰特奈尔站在一个历史时期逐渐转向另一个历史时期的转折点。他的宗教态度极其温和，因此对于颠覆性观念并不抗拒，甚至还表示欢迎。虽然17世纪还是科学与宗教和平共处的时代，但是随着热忱的自然哲学家们不断地作出重大发现，这种和平已经变得越来越不稳定了。有些征兆早就出现了——当伽利略在1633年被迫放弃他已经并将继续确认的观念时，宗教法庭的拙劣做法严重阻碍了意大利的科学研究，也使笛卡尔感到威胁。这实际上是向世人宣布，科学和神学的冲突几乎是不可避免的。宣传和谐的小册子不断问世，反而表明这种紧张关系在不断加剧。波义耳公开发表《关于理性和宗教和谐一致可能性的若干思考》，反而表明关于二者不可能和谐一致的观点是多么流行，亟须加以批驳。波义耳接着撰写《"基督教学者"，表明一个人若沉迷于实验哲学，更有助于成为一个好的基督徒》一文，其实是承认对科学的迷恋有可能危及对宗教的虔诚。在同一时期，莱布尼兹发表了《论信仰与理性的一致》。他自己写道，撰写此文的原因是，在他生活的时代，"有一种非常强大的潮流，要从根底推翻自然宗教"。[1] 当然，推翻自然宗教，这正是启蒙运动的历史使命。但是，这种工作要借助于17世纪提供的资料。达朗贝尔指出："一旦前人奠定了革命的基础，接下来的一代人几乎总是会完成这一革命。"[2]

319

3

达朗贝尔对待17世纪的态度——谦卑与高傲的奇怪组合——可能会让那些把启蒙哲人想像成极度虚荣和自鸣得意之辈的人感到惊诧。实际上，启蒙哲人尽管非常自信，但是对"天才的时代"* 则表现出巨大的，

---

* 指科学革命的时代。

1 奥斯丁·法勒编注，莱布尼兹：《神义论》(*Theodicy*)，1951年，第80页。(中译本《神义论》，朱雁冰译，北京，生活·读书·新知三联书店，2007年，第44页。——译者注)

2 达朗贝尔："实验"辞条，《百科全书》，《杂文集》，第1卷，第74页。

甚至过分的敬意：揭示出别人仅仅暗示到的东西，完成别人仅仅开了个头的工作，这可不是一件小事。达朗贝尔确信，他自己所处的时代在许多方面都不如前一个时代，正如卢坎和塞涅卡的那个世纪是一个值得尊敬的时代，但更辉煌的是在他们前面的西塞罗和维吉尔的那个世纪，18世纪也同样跟随在辉煌的路易十四时代之后。他认为，即便是哲学精神，即18世纪的特殊标志、最好的精神武器，也常常有沦为枯燥冰冷的理性主义的危险。

启蒙哲人承认，他们赞美的自然哲学家都是笃信宗教的人士，但他们那种哲学的谦逊态度并不会因此而有所减弱。与通常的印象不同，启蒙哲人并没有把所有的基督徒都看作是恶棍、傻瓜或伪装的信仰者。休谟比其他启蒙哲人更鄙视宗教冲动、更不信任宗教行为，但是他在《宗教的自然史》中明确写道："我始终认为，牛顿、洛克、克拉克等人——他们或者是阿里乌派信徒或者是索齐尼派信徒——对于他们表白的信条都是真诚的。我总是用这个论据反驳某些自由思想者。这些人应该知道，这些哲学家不可能是伪君子。"[1]众所周知，伏尔泰最能冷嘲热讽，他也一再地说，牛顿是一个好基督徒。启蒙哲人也许可算作是"辉格派史学家"，但他们看问题绝不会那么天真简单。

正是在这一点上，正是因为了解自己与先辈之间的距离，启蒙哲人的谦逊才变成了自信。他们能够认识到17世纪建立在宗教的基础上，但他们还是禁不住流露出些许惊讶和讥笑。吉本指出，"即便在一个启蒙了的时代，（启示）也会满足或抑制像格劳秀斯、帕斯卡或洛克这样的人的理性"，但是他从来没有想过这种情况不一定是一个令人遗憾的过失，不一定是人的理智也有弱点的证明。虔信的拉布莱特里神父*曾经怀着敌意给罗马皇帝尤利安作传。当他呼唤一种"哲学的神学"时，吉本认为他是一个"人头马身怪物"。[2]无论吉本还是其他启蒙哲人都认为，哪怕是有哲学

---

* 拉布莱特里神父（Abbe de La Bletterie, 1696–1772），法国历史学家。

1 休谟：《宗教的自然史》，《著作集》，第4卷，第351页脚注。(中译本，第97页。——译者注)

2 谢尔比·麦克洛伊：《吉本对基督教的敌视》(Shelby T. McCloy, *Gibbon's Hostility to Christianity*)，1933年，第37页。

头脑的基督徒或信奉斯多葛主义的基督徒,也不可能有一套能够自圆其说的世界观。而正是前人的这种缺陷,才使启蒙运动能够摆脱过分的谦卑,而变得具有革命性。

洛克给启蒙运动打上的印记之深,不亚于任何人,或许还超过牛顿,但是他也不能躲过那些门徒的批评。洛克在自己的时代,在一些好争论的基督徒眼中是一个激进分子。他的某些激进思想——例如他非正式的说法:世间应该有一种会思考的物质——到了18世纪宣传家那里比在他自己的著作中显得更决绝。洛克对培根的经验主义进行了加工,为自然科学家的宇宙制定了法典,给宗教宽容和政治自由主义提供了理性基础,提出了现代教育观念,并且把批判确定为哲学的功能。他否定基督教伦理的克己禁欲要求,而且与培根和笛卡尔一样,号召人们从古代中世纪的思想桎梏下解放出来。因此,他对启蒙运动的影响之大,值得再写一本书来做全面分析。当孔狄亚克撰写有关方法论、认识论和心理学的文章时,要么整页整页地摘引洛克的《人类理解论》,要么处处提示人们参见这部著作,他显然相信人人手中都有这部著作。[1]

尽管教会人士指责洛克是披着伪装外衣的自然神论者或霍布斯主义者,洛克同启蒙运动的关系其实相当于亚伯拉罕·考利所说的培根同英国皇家学会的关系。他犹如摩西,制定律法,指明道路,控制场面,索要感恩,但自己没有走到应许之地。洛克是从学习经院哲学开始他的哲学生涯,他的许多哲学思考后来依然围绕着经院哲学的问题。正是由于他决定弃绝经院哲学,才使得后来的启蒙哲人可以不加研究便怒斥经院哲学。洛克始终是一个调和者,是长长的异教基督徒队伍中的最后一人。他讨论宗教的著作有个很典型的书名——《基督教的合理性》。这本书还不是或者说还不全然是一部自然主义的著作。这本书不能让虔诚的信徒感到高兴,因为他们认为,用基督的神性来概括基督教,把启示归结为理性的升华形式,这些都是骇人听闻的。但是,这本书也不能让后来的启蒙哲人感到满

右页码：321

1　孔狄亚克的英语世界的读者知道正文中所述情况:当他的《论人类知识的起源》(1746年)在十年后被译成英文时,增加了一个副标题——"对洛克《人类理解论》的增补"。

意，因为书名就是自相矛盾的，而且他们主要依据洛克的理由，认为根本不可能有"理性的启示"。启蒙哲人很乐意引用洛克的其他著作，但对这本书则用为尊者讳的态度一带而过。这正表明他们与洛克之间有一段距离了。伏尔泰在他的英文笔记本中有一则言简意赅的概括："洛克先生的'基督教的合理性'其实是一种新宗教。"[1]别的话不用多说了。

---

1 伏尔泰：《笔记》，第45页。

第六章　可疑的战争

第六章　可疑的战争

第六章　可疑的战争

　　启蒙哲人自称疏远了周围的基督教世界，但这种说法很少被人认真看待。相反，有人嘲讽启蒙哲人"仅仅"是将宗教观念世俗化了，说他们不过是披着现代外衣的中世纪僧侣，是不知感恩的基督教传统继承人：他们假借进步之名，用世俗的拯救来打击虔诚的宗教拯救愿望；他们否定灵魂不朽而代之以声名不朽；他们嘲笑宗教的偶像崇拜却又树立自己的圣人，如培根、牛顿和洛克；他们也党同伐异，驱逐内部的异端，如卢梭；他们甚至也搞朝圣，如到费尔内去谒见伏尔泰。

　　这些类比很诱人，甚至很有说服力，因为它们让人们关注到启蒙哲人不愿提及的自家出身。把启蒙运动说成是传统基督教价值观的一种派生的、通俗化的转述，这种嘲讽的说法毕竟也有些道理。新哲学是一种世俗化的信仰，乐观主义是一种世俗化的期望，人道主义是一种世俗化的慈爱。这样说当然大体上是真实的。从路德和加尔文开始到18世纪初阿米尼乌斯派宣传员和博学的天主教学者，这些虔诚的基督徒在现代宗教与现代哲学之间、理性与良知之间搭建了一座桥梁，使得基督教的理想和基督教的学术能够传递给启蒙时代准备洗耳恭听的听众。

　　但是从不同阵营的角度看，同样的事实会呈现出两种完全不同的样子。对于同一种情况，基督徒看到的是一种模仿行为，这种看法不失公正。启蒙哲人看到的则是一种否定行为，在最好的情况下不过是一种利用行为。这种看法甚至更公正些。桥的比喻很有用，但不够全面，因为它不能让人想到18世纪宗教与世俗化主张之间的根本敌对：启蒙哲人对待基督教历史的态度很像伏尔泰对待莎士比亚戏剧的态度——视之为一个埋着钻石的粪堆，亟须抢夺过来，亟须加以清理。当启蒙哲人公开寻求能够取代基督教理想的世俗理想时，他们就已经在从事革命活动了：人们究竟应该害怕下地狱还是应该关注身后名声，应该把上帝塑造成父亲形象，还是应该把某个历史英雄人物塑造成父亲形象，应该相信宇宙受到神意介入，还是应该相信宇宙是按照不变法则而有规律地运行，其结果是大不相同的。观念的起源也许能提示观念的功能，但不能决定观念的功能。基督教对启蒙哲人的教育背景作出了重要贡献，但毕竟不是启蒙运动定义里的组成部分。

一、基督教的成分

1

即便启蒙哲人承认有些基督徒看来既正派又明智，他们也对这种不情愿的让步做了许多限定。休谟很狡猾地暗示说，罗马皇帝尤利安承认"基督徒拥有伟大的慈爱，他（尤利安）说，他们有时甚至把这种慈爱施加于异教徒，但是他就像无赖一样断言，他们的德行是从荷马以及其他异教诗人那里学来的"。[1]地下流传的匿名小册子《好斗的哲人》用稍微不太文雅的方式从反面表达了这一观点："在极其放肆的古代异教里，凡是粗鲁的东西无一不被我们的宗教照搬过来。"[2]换言之，当基督徒吸收并强化了异教的弊端时，他们也吸收并贬损了异教的美德。因此，启蒙哲人——也像无赖一样——会声称，他们对付基督徒的方式就像当年基督教早期教父们声称的对付希腊人和罗马人的方式：他们仅仅在收回原本属于他们的东西。

这种哲学评估很不厚道，显然不符合基督教的教义。不过，与以前一

324

---

[1] 休谟致大卫·达尔林普尔，1754年4月3日，《书信集》，第1卷，第188—189页。狄德罗在给《百科全书》写的辞条"起源"（"Origine"）中认为，"我们现在的宗教惯例几乎都起源于古代异教"，《全集》，第16卷，第179页。当然，这种说法会刺痛当时的基督教。

[2] 艾拉·韦德：《1700—1750年法国的哲学观念的地下传播》（Ira O. Wade, *The Clandestine Organization and Diffusion of Philosophic Ideas in France from 1700 to 1750*），1938年，第50页。

样，我们又见到了启蒙运动在做历史判决时的那种奇特的二元论：气量狭小、偏见很重，但在实质部分却是正确的。启蒙哲人从基督教神学家和哲学家那里接收的东西，是在他们的教义中最少带有基督教特质的、最少具有宗教性质的部分——通常是斯多葛派传递给基督教早期教父的观念。此外，启蒙哲人很少会原封不动地接收那些半异教性质的东西。就像古希腊人把他们从其他人那里拿来的东西改造成自己的东西，启蒙哲人也把他们借用的东西中的宗教内容去除掉。

有了这种自由，启蒙哲人就能够居高临下地容忍某些基督徒，对于每个人和每个教派分别作出不同的判断。他们一致认为，基督教理性主义者比经院哲学家更明智，温和的加尔文宗教徒比狂热的清教徒更宽容，新教徒总体上不像天主教徒那么迷信。这些区分既不固定，也不绝对。通常情况下，可以预期，启蒙哲人对自己原来所属的教派之外的教派会更宽容。达朗贝尔觉得日内瓦的牧师比较友善，睿智且仁爱。伏尔泰认为，英国贵格会*的人情味值得仿效。休谟是在苏格兰长老会派的环境中长大的，因此喜欢与有教养的法国天主教徒交往。

正如启蒙哲人很勉强地承认对立面也有其美德，他们同样很勉强地承认，自己也受益于异教徒基督教的时代，而且不仅仅受益于那个时代的异教徒。他们知道，迷信的粪堆里也会有理性的钻石在闪亮。他们能够承认这一点，也还值得称赞，因为他们确实受益匪浅。16、17世纪时，整个文化因激烈的纷争而分裂，却也变得更加丰富，产生出各种理性主义的新教教义和一些对罗马天主教的哲学诠释，这些都是启蒙哲人乐于阅读和吸收的东西，当然也会做一些大的修改。索齐尼派、剑桥柏拉图主义者、世界宗教提倡者、基督教和平主义者，所有这些都可被启蒙哲人加以利用。当然，这些人的东西确实值得开发。他们对其他信仰者的批驳饱含学识、尖锐犀利，可以很轻易地被启蒙运动用于批判一切有组织的宗教。但是，这些现代的基督徒还有其他的利用价值：英国的自然神

325

1　又译作"公谊会"。

论者和德国的启蒙学者很自然地成为他们的继承人。当时有一大批神学家和学者体现了启蒙哲学宣扬的品质,鼓吹了启蒙哲学提倡的理想,但需要强调的是,他们之所以有这些品质和理想,不是因为他们是信奉基督教的斯多葛派或信奉基督教的怀疑论者,而恰恰是因为他们是地道的基督徒。他们之中的多数人不为启蒙运动所知,还有许多人遭到蔑视,只有少数人受到礼遇。在17世纪的文明中,许多正派的品行、睿智的理解和敏锐的批判是基督徒为了实现基督教的目的而展现出来的。此外,主要是由于这些基督徒的活动,才创造出17世纪末和18世纪初的社会氛围:人们的行为举止开始变得文雅,宽容变成风尚,广教论者、阿米尼乌派信徒和理性的天主教徒站到了讲道坛上。启蒙哲人正是在这种氛围中生长起来的。

在这些现代信仰者那里,理性和宗教紧密地结合在一起。约瑟夫·格兰维尔在17世纪末指出:"否认宗教里的理性一直是异端和狂热者借以反对信仰的主要手段。"[1]稍后,斯威夫特也对那些假借"理性的基督教"之名的狂热者作出了入木三分的诊断分析。启蒙哲人确实受益于这些意见,尽管他们极力想把理性和宗教这两件事分开,而基督徒则奋勇捍卫这二者的结合。启蒙哲人特别感激最雄辩的广教论者、大主教蒂洛森。蒂洛森的乐观主义和通情达理赢得了圣公会听众的喜爱,后来也赢得了自然神论者和怀疑论者的欢心。休谟利用蒂洛森的论据来反对所谓的圣餐是圣体实在说。伏尔泰称他是欧洲最好的传道者,自然神论者柯林斯把他称作"被全英国自由思想家奉为领袖"的圣人。[2]同一时期,荷兰的阿米尼乌派和法国的耶稣会也在欧洲大陆上提供了类似的教义,甚至德国的虔敬派也认为应该在他们的学校里强调一点世俗精神:弗兰克*在哈雷大学开办的神学院不仅向学生传授真正的虔敬精神和科学要义,而且也教他们学习雄辩术和

---

* 弗兰克 (August Hermann Francke, 1663–1727),德国虔敬派神父。

1 转引自罗兰·斯特龙伯格:《18世纪英格兰的宗教自由主义》(Roland Stromberg, *Religious Liberalism in Eighteenth-Century England*),1954年,第13页。

2 欧内斯特·莫斯纳:《主教巴特勒和理性时代》(Ernest C. Mossner, *Bishop Butler and the Age of Reason*),1936年,第23页。

礼仪。对于一些基督徒来说——严格主义者认为这种人太多了——基督教的本质已经被爱德华·杨格的诗歌《夜思》一语道破。诗人问,什么是宗教?答曰:"宗教是什么?是对常识的证明。"[1]柯林斯*曾经调侃博学的塞缪尔·克拉克:"在克拉克博士证明上帝的存在之前,没有人怀疑上帝的存在。"我们可以再引申一下:在基督徒试图证明基督教是理性的之前,没有人会想到基督教应该给理性主义让路。

2

法国的启蒙哲人和英国的不信神者(如休谟和吉本)激烈而彻底地反对天启宗教,因此基督教对他们思想的贡献也就比较小而且比较隐蔽。他们通常没有意识到这一点。这也强化了他们的斯多葛主义,并有助于形成普遍的宽松舆论,使得异端分子可以发表自己的观点而不太会受到严厉惩罚。但是,在自然神论者身上,尤其在德国的启蒙学者身上,基督教的成分比较公开也比较重要,在他们的自述和神学争论中留下明显的痕迹。

在思想史上有一些从量变到质变的时刻,在看起来持续不变的光谱上稍稍添加一笔,就会产生一种新的颜色。在1700年即将到来之际,英格兰就发生了这种事情。1695年,洛克发表《基督教的合理性》一书。第二年,托兰德的《基督教并不神秘》问世。没有什么比这两本书更能表明思想史的逻辑是多么奇怪了。托兰德自称是洛克的信徒,这样说是对的。洛克谴责托兰德,他也是对的。圣公会自由派和刚刚露头的以自然神论为主导的启蒙运动有着千丝万缕的联系:二者都认为宇宙是符合理性的,上帝是仁慈的;二者都鄙视宗教狂热和神秘主义;二者都对写成文字的传统和连篇累牍的教条持批判态度。但是二者又因一道狭窄却无法弥合

327

---

* 安东尼·柯林斯(Anthony Collins, 1676-1729),英国法官,自然神论者。
1 爱德华·杨格:《夜思》(Edward Young, *Night Thoughts*),第9章,第2050行。(爱德华·杨格[1681-1765],英国诗人。——译者注)

的裂缝而分道扬镳。1706年，一个批评者认为，洛克不仅应为托兰德的自然神论负责，还应为廷德尔*的自然神论负责："《基督教的合理性》和《基督教并不神秘》这两个标题听起来是不一样的，但意思是一样的。"现在"又有一本书出版，标题是《基督教教会的权利》"，这是"由一位绅士（指廷德尔）写的"，"受到《人类理解论》提出的原则的误导"。[1]三年后，洛克的聪敏弟子沙夫茨伯里意识到形势的麻烦之处。他在1709年写道："至于洛克先生，我根据他的其他著作（有关政府、政策、贸易、货币、教育、宽容，等等的论著）而非常尊崇他，也很熟悉他，能够肯定他作为一个热忱的基督徒和信仰者的真诚。但是他走在同一路线上，后面却跟来廷德尔这样的一些人以及当代所有独出心裁的自由思想者。"[2]洛克试图证明基督教是可以被讲理的人接受的。托兰德则要证明，基督教里的神秘和奇迹因素必须予以摈弃——而仅凭这样一点修正，教条化天启宗教的本质就被蒸发掉了。

328

3

我们能够非常精确地确定自然神论羽翼丰满、破壳出世的时间，但启蒙运动在路德宗和加尔文宗土壤中的成长则是一桩很微妙的事情。这两个教派都诞生于革命中，始终没有完全丧失内部更新的能力。因此，德国的自然主义的启蒙运动有一个逐步形成的过程，而这也迫使关于统一的启蒙运动、统一的哲学家族的界定要大大地放宽。

自17世纪末起，新教神学，尤其是北德意志诸邦的路德派神学，经历了缓慢却鲜明的反弹。路德宗早已丧失了创立者的那种圣战狂热和思想活力，沉淀成一个僵化迟钝的威权主义教阶组织，对仪式细节和教义词句的关注胜过对重大信条的兴趣。结果，沿着两个相反的方向出现

---

* 廷德尔（Matthew Tindal, 1657?–1733），英国自然神论者。

1 威廉·卡罗尔，转引自约翰·约尔顿：《约翰·洛克和观念的路线》(William Carroll, John W. Yolton, *John Locke and the Way of Ideas*)，1956年，第178页。

2 沙夫茨伯里致迈克尔·安斯沃思，1709年6月3日，《生平、未发表信件和哲学养生之道》，第403页。

了对这种沉闷压抑状况的反叛。一个是虔敬派的反智主义，另一个是以克里斯蒂安·托马西乌斯和克里斯蒂安·沃尔夫为代表的宗教形而上学家的重智主义。虔敬派尊重大众的宗教体验，讨厌教义推理，因此赢得了广泛的支持，但是它自身也逐渐僵化，变得唯我独尊，例如，他们把沃尔夫赶出了哈雷大学。他们要求信徒展现精神重生和表露宗教情感，从而导致了表现精神重生的狂热场景和滥情的诗歌。到18世纪中期，在其主要代表人物都相继过世之后，虔敬主义走向衰落，但余音绕梁，久久不息，甚至一些自称与之作对的理性主义者也不免沾染其余绪。康德就出生在一个虔敬派信徒的家庭，受教于一些可敬的虔敬派教师。他看到了虔敬主义最好的一面，即它能使严肃的信徒"安宁、愉快，内心保持平静，不受任何情绪干扰"。[1]结果，尽管康德反对除了最抽象的宗教之外的一切宗教，谴责宗教狂热，拒绝参加任何宗教仪式，但他也不知不觉地在自己的思想中吸收了一些虔敬派的教义，表现为热爱公共生活和家庭生活的和平，追求内心恬静，相信宗教不依赖于教条、仪式或祈祷，而是依赖于体验。

如果说康德在年轻时很奇特地把理性主义的宗教证明和虔敬派的宗教情感结合在一起，那么大多数受过教育的路德宗信徒则厌恶正统教义，因此完全避开虔敬主义。他们先是钻研索齐尼派，在1720年以后则开始钻研英国自然神论者的作品。不过，在数十年间，他们在沃尔夫的温和基督教理性主义里找到了一片乐土。沃尔夫仿佛是一个很容易被人讥笑的哲学家——伏尔泰肯定抑制不住想要嘲笑他的冲动。但是，沃尔夫生前一直享有盛名，其影响无远弗届。他就像是德意志的洛克，只是稍低一个层次。作为一个妙笔生花的普及作家，他使莱布尼兹的高深思想变得通俗易懂，使得所有对莱布尼兹的著作望而生畏的人都能理解那种现代科学与基督教信仰的大妥协。沃尔夫有一种驯化反判观念、将它们分门别类的才能。他是一个极有条理的系统组织者。无论是最高尚的精神问题还是最

329

1　恩斯特·卡西勒：《康德的生平与学说》(Ernest Cassirer, *Kants Leben und Lehre*)，第15页。

琐碎的世俗细节，他都能安排一个确定的位置。可以说，他是极端的温和派，他让人们在尝试现代事物的刺激时也还能享受宗教传统提供的安全感。他教导人们，启示超越理性，但绝不会与理性作对；超自然的领域还会保留少量的奥秘，但沃尔夫要读者相信，虽然人们会在基督教奇迹面前感到敬畏，却能够凭借他们的理性发现宗教的真理。康德有一句话常常被人引用：休谟把他从教条的睡梦中唤醒。他说这话时也在暗示，此前沃尔夫使他沉睡了。

思想革命很少是以大跃进的方式进行的。当然，启蒙运动在德意志诸邦的出现，也不是突变的结果，而是渐进量变的产物。沃尔夫的哲学对新教的正统教义进行了温和的现代化改造。对于一些有文化的基督徒来说，这是一个完美的妥协，因为这样就可以用理性证据来证明非理性的信仰。与大多数类似妥协一样，这种妥协不可能持续很久：到18世纪中期，路德

330 宗中比较激进的教徒已经迈出了一步（但仅仅是一步），超越了沃尔夫而转向理性主义神学即新教义学*。新教义学领袖是一些杰出的牧师和重要的教会人士。扎克是柏林的宫廷牧师，耶路撒冷是不伦瑞克的宫廷牧师，施帕尔丁在柏林有过辉煌的经历，后来成为普鲁士王后的告解牧师。** 这三人有相似的天路历程：他们都受过严格的路德宗教育，然后接受了沃尔夫的体系，再转向一种自由主义基督教，即保留启示观念但去除了所有的内涵。莱辛对他们的主张做了概括："全部天启宗教不过是对理性宗教的再确认。它没有任何玄秘。即便有，基督徒可以把它们与这种或那种观念相联系，也可以不与任何观念相联系。"[1]新教义派的神学经验主义只认可能被经验认可的启示。在他们的论著里可以见到洛克、布尔哈夫和沙夫茨伯里的论点，由此显示了他们广泛阅读荷兰和英国激进神学的经历。因此，虽然他们不是马基雅维利主义者，却践行着一条马基雅维

---

* 新教义学（Neology），18世纪德国理性主义神学的名称。

** 扎克（August Friedrich Wilhelm Sack,1703—1786），耶路撒冷（Johann Friedrich Wilhelm Jerusalem, 1709—1789），施帕尔丁（Johann Joachim Spalding，1714—1804），德国新教神学家。

[1] 莱辛："对沃尔夫残稿第一篇的评论"，《全集》（Lessing, "Gegensätze des Herausgebers", Schriften），第12卷，第431页。

利的原则：保留词句但摧毁实质。莱辛愤怒地质问："什么都不揭示，算什么启示？"[1]正如休谟向原来并肩与基督教正统派作战的盟友自然神论者开火一样，莱辛早年赞同新教义派的许多观点，但到了老年，他转而谴责新教义派。他在一些私人信件里承认，他批驳浅薄的神学自由主义，是为了孤立正统派，便于接下来打击正统派。不过他对新教义派的攻击不仅仅是出于策略的考虑。他在给弟弟的信中写道，他逐渐看出这些人是怯懦的理性主义者，目标是造就有理性的基督徒，结果只是造就出没有理性的哲学家。[2]

　　无论莱辛为什么对自由派恼火，对于历史学家来说，自由派的犹豫不决是非常值得关注的。他们的态度表明，基督教的神秘性遭受一个世纪的批判后已在破灭，而这种信仰逐渐虚空的状况被依然流行的基督教修辞和少量残存的基督教信条掩盖了。自由派教会史学家普朗克[*]在回顾18世纪时说道，索齐尼主义应被看做是"新神学借以攀爬到现在这个高度的梯子，它也只能爬到这个高度"。[3]他的这个比喻很贴切：当法国启蒙哲人一下子跳进无神论时，他们的德国同道是不情愿地被一步步引诱进去的。

　　莱辛作为开拓者的痛切人生鲜明地体现了这种演变过程：他的宗教思想发展历程可以被读解为对基督教神学的痛苦而坚决的摈弃，基督教成分衰减的过程。莱辛受到培尔和古典作品的熏陶，放弃了正统的路德教义，然后设法接触当时新教神学家的各种主张。在早期的神学论著和剧作中，莱辛很像是沃尔夫基督教理性主义的正统信徒。他在20多岁编辑的格言集"理性的基督教"是对三位一体教义的象征主义解释，完全是自然神学的论调："尽量地使你个人尽善尽美"是最高的道德法则。[4]十年后，到1750年代，作为年轻的文学家和书评家，他忙于驾驭大量的神学争论文

331

＊　普朗克 (Gottlieb Jakob Planck, 1751-1833)，德国历史学家。

1　莱辛："对沃尔夫残稿第一篇的评论"，《全集》，第12卷，第431页。

2　莱辛致卡尔·莱辛，1774年2月2日，《文集》，第18卷，第101页。

3　转引自卡尔·阿纳：《论莱辛的神学》(Karl Aner, *Die Theologie der Lessingzeit*)，1929年，第34页。

4　莱辛："理性的基督教"，《文集》(Lessing, "Das Christenthum der Vernunft", *Schriften*)，第14卷，第178页。

献。此时他明显地同情新教义派，喜欢他们那种认真的学术研究、他们对僵化的正统观念的巧妙抨击以及他们开放的心态。到1760年代，他第一次认真地研读哲学和神学。他研读了基督教早期教父的作品，而且不再凭借沃尔夫或培尔，而是直接研读莱布尼兹和斯宾诺莎的众多作品。结果，他彻底摈弃了被他视为过于温和浅薄的自由派神学，转而寻求一种完全个人化的宗教立场。

莱辛在《论人类的教育》和《智者纳坦》中披露的最终立场一直受到争议，这种争议也并非没有道理。莱辛必须创造自己的读者，建构自己的舞台，因为当时实际上没有真正意义上的德国文学，也几乎没有文学批评，在学院外也没有讲道理的神学争论。莱辛自命为教育家，就必须做到观念明晰，才能向他的德国读者散播明晰的观念。他撰写的论宗教的作品具有与他撰写的美学著作和戏剧完全一样的风格和目的。他的神学论著与他的《拉奥孔》相辅相成。但是，莱辛不是上帝，他始终未能完全成功地在混沌中梳理出一套秩序。此外，尽管他天分甚高，他不是一个建构性的哲学家，也不是一个训练有素的神学家，毫不奇怪，他是在一部戏剧*中提出意味深长的宗教主张。戏剧舞台是他规避嗅觉灵敏的书刊检察官的避难所，但不仅如此。正如他自己所说，戏剧舞台也是适合他的布道坛，是他传播人道宗教的理想讲台。

诚然，莱辛非常珍视基督教愿景的凝聚人心作用，但是他否定它的超自然性质和超自然证明。他感兴趣的不是它的宗教内容，而是它在哲学上的重要性。新教义派的一位领袖人物埃伯哈德**依据人道和学术理由建议说，为异教徒设立的地狱不应是永恒的。莱辛用悖论方式来反驳他："地狱若是按照埃伯哈德先生的希望是非永恒的，它就根本不会存在，如果地狱存在，那就是永恒的。"[1]再者，莱辛也很珍惜基督教历史的教训，但是他拒绝承认基督教历史里保存着一些其他宗教没有的绝对真理。耶

---

* 指《智者纳坦》。
** 埃伯哈德 (Johann August Eberhard，1739–1809)，德国神学家，也被称作大众哲学家。
1 莱辛致卡尔·莱辛，1773年7月14日，《文集》，第18卷，第86页。

稣是伟大的人类导师,基督传播的宗教在本质上有别于基督徒信奉的宗教。著名的《论人类的教育》是他晚年富于灵感、见解精辟,但有些晦涩的作品。在这部著作里,莱辛承认基督教历史是人类发展的一个阶段,而且是一个极其重要的阶段,也是暂时性的阶段,就像是人生的青春期。莱辛认为,历史是人类道德和理智成长的记录;启示是上帝教学计划中的一部分,是对人的一种集体教育。与世俗教育相同,神启教育也是按照计划进行的。这种教育是沿着崎岖的小路,历经种种错误迂回地去发现真理,就像一个孩子放纵自己的顽皮,在此过程中发现自己的真正才能。《圣经·旧约》是人类的入门课本,饱含这一个伟大的真理,即上帝的同一性,还暗示和预示了留待以后来了解的真理。然后,基督出现了。他是一个更好的老师,带来第二道天启,向人们宣讲灵魂不朽、原罪和因信称义。但是,即便在最纯粹的情况下,这也不是人类的目标。当人类做好准备和时机成熟,第三道天启就将降临。这是由中世纪的宗教狂热者预言的第三个福音。"难道人类从未想过要抵达到这个最高的启蒙和净化阶段吗?从来没有过吗?"莱辛抛出这个激昂的问题,只是为了作出同样激昂的回答:"它会到来,它一定会到来……它肯定会到来,这个新的永恒福音的时代!"[1]

333

　　不论《论人类的教育》在哲学上有多少缺陷(它的成功主要不是靠逻辑,而是靠豪言壮语以及其中透露出来的难得的诗意的乐观主义),它展现了一种高贵的理性主义愿景。尽管它关注了许多宗教人物和宗教经验,但它展望了一个新的时代:到了那时,人们将会成为自主自律的道德存在。人们会按照道德原则生活,不是出于对奖励的期待和对上帝惩罚的恐惧,而是出于内心的自由。这部著作证实了莱辛朋友们的说法:他不想受制于任何宗派和信条。这部著作也阐明了他在其他神学著作中暗示的观点:宗教的核心是伦理。基督教的神迹都是象征和比喻,是帮助理解的手段。1777年,他在撰写了《论人类的教育》的大部分篇章

---

[1] 莱辛致卡尔·莱辛,1773年7月14日,《文集》,第13卷,第433页。

时，发表了感人的对话短篇《约翰遗言》。他在对话里就像诵读连祷文一样，一遍遍地重复这个教导："孩子们，你们要相爱。"这是一切的起点和终点。"只要人们保持住基督教之爱，这就够了。基督教会遭遇什么，并不重要。"[1] 尽管莱辛强调基督教之爱，但在这里他公开与英国和法国启蒙运动中的自然神论者联手合作了。他呼唤的爱是普世的。这种人人相互之爱不是上帝的子民或基督的兄弟之间的爱，而是人类同胞之爱。这种爱隐含在斯多葛派的世界主义里，只有人类从所有的教派中、包括从基督教中挣脱出来之后才可能实现。

334 　　莱辛在其最精心的作品《智者纳坦》中宣扬的正是这种四海之内皆兄弟的福音，出自宗教情感，但摆脱了任何宗派情绪。《智者纳坦》是启蒙运动教化剧中的杰作，以戏剧化的方式宣讲理性主义、世界主义和同胞情义。纳坦是莱辛的化身，教化别人是他的使命。除了纳坦之外，其他三个角色分别是犹太人、穆斯林和基督徒，起初都思想偏狭。通过对话和经历危机之后，这三人都学到了疾病缠身并饱受迫害的纳坦早已学会的道理：人是不同的，应该保持不同，应该因互不相同而彼此欣赏。每一种宗教，就其好的一面而言，都是一个更大真理的不完整化身，那个真理就是《约翰遗言》中的真理："孩子们，你们要相爱。"每个人都有权珍视自己父辈的房子，但不要傲慢，不要蔑视邻人，但愿每个人都在自己邻人身上认出最本质的东西——他的人性。理想社会不是单一声部的齐唱，而是多声部的和谐交响曲；苏丹撒拉丁听取了纳坦的教诲后说道："我从来没有要求所有的树都有同样的树皮。"[2]

　　必须充分发挥历史想象力，才能认识到这些情感在当时是多么新鲜和大胆。因为一个世纪以来，它们已经成为自由派修辞的固定部分，已经大大贬值。但是在莱辛的时代，它们是非常严肃的，也是非常激进的。它们与基督教的往昔有着十分明显的联系。莱辛本人就喜欢把自己的宗教思

1　莱辛致卡尔·莱辛，1773年7月14日，《文集》，第13卷，第13—15页。（中译本《历史与启示》，朱雁冰译，北京，华夏出版社，2006年，第73—75页。——译者注）
2　《智者纳坦》，第3幕，第4场，《文集》，第3卷，第123页。

想描写成路德精神的复兴。事实上，莱辛成熟时期的宗教思想急于建构，热衷于美德，承认所有重大宗教对人类伦理意识演进的积极贡献，但缺少了他本人早期著作的论战锋芒和法国哲学家的那种辛辣决绝。它容纳历史，试图解答莱布尼兹提出的哲学难题：我们如何能够协调历史的真理和理性的真理？他的《论人类的教育》给出一部分答案：通过与个体教育经历的类比，描述了全人类的精神历程。他的《智者纳坦》给出了另一部分答案：把少数典型个体的精神历程确定为用于教育全人类的典范。我们可以说，这也是莱辛撰写的"论为人类的教育"。因为在莱辛的宗教哲学里，"人类"（humanity）具有特殊的双重意义。正是这种多义性造就了其宗教哲学的力度：只有当人能够把所有的人当作人来爱时，人们自己才能变成真正的人。

335

正是这种二元人道主义里蕴藏着莱辛的激进主义：它是一种哲学化的宗教，利用传统只是为了超越传统。它的词汇保留了基督教的气味。它呼应了弗罗雷的约阿欣*的世界末日的展望，并认真地考虑了莱布尼兹的思考。但是，所有这些痕迹都仿佛是在曙光般现实面前退潮的古旧记忆。莱辛的上帝是内在于这个世界的：随着人实现了自己，上帝也实现了自己。启示是一个具有纯粹自然主义意义的大隐喻，是对最高道德真理的直观洞见。此外，不论莱辛的情感多么激昂，他的宗教情绪多么热烈，莱辛用以分析现存信条和建构自己立场的批判方法却是属于启蒙运动的去魅后的世俗方法。

因此，颇有讽刺意味的是，莱辛曾经非常蔑视伏尔泰使用的伪装策略，但是他到了晚年在最严肃的作品里也不得不使用伏尔泰式的掩饰花招。二者在策略上的相似反映了二者有一种更重要也更深刻的亲和关系。若是把莱辛撤出启蒙哲人肖像画廊，那就成了我以前说的"偷换定义"的另一个例子。我认为，事情已经很清楚：当莱辛超越了德国历史学家说的"大众哲学"或"肤浅的说明"时，他最终是他珍爱的那些古典作品的忠实

---

* 弗罗雷的约阿欣（Joachim of Floris, 1130/1135–1201/1202），意大利神秘主义者，预言家。

门徒,是培尔的传人,而且,就像达朗贝尔一样,是伏尔泰的"弟兄"——
尽管乍一看在二人身上只能找到很少的家族相似性。

336 二、教士的背叛

1

1756年8月,达朗贝尔来到日内瓦的"爱庐"(伏尔泰对自己居所的称
呼)拜访伏尔泰。这是一次地道的18世纪拜访,时间较长,轻松愉快,伴
有社交活动。工作和高雅交谈差不多各占一半。此时,伏尔泰与日内瓦的
权贵——由加尔文宗牧师、银行家和医生紧密组成的寡头集团统治着这个
小共和国——关系极好,因此他邀请一些头面人物与他的贵客见面。这些
人如约而至,享受伏尔泰准备的美食,与这位贵客友好地交谈。达朗贝尔
显得是一个很好的倾听者,好像对日内瓦很有兴趣,因此这些权贵告诉他
许多事情。一年后,当达朗贝尔在《百科全书》上发表了关于日内瓦的辞
条时,这些人对自己的坦诚感到后悔。

无论从品位看,还是就策略而言,辞条"日内瓦"都是一个严重错误。
它占了四页篇幅,而介绍其他更大国家的辞条只用了几段文字。这么长的
篇幅本身就表明这个辞条是一个重大的意识形态声明。因此,它不仅备受
关注,并且因其内容极其尖锐而惊世骇俗。达朗贝尔在辞条中对那些新结
识的日内瓦人大加恭维,同时又过分殷勤地向他们提出一些建议。日内瓦
人对这二者都非常反感。达朗贝尔的建议是,日内瓦人应该放弃原来对戏
剧的一贯敌视态度,应该允许用戏剧来培养他们的情感。这番唐突之词让
狄德罗和卢梭觉得是伏尔泰添加进来的、至少是出自伏尔泰的建议。众所
周知,伏尔泰最喜欢在家里搞戏剧演出,而日内瓦宗教会议不许他在日内
瓦境内举办这种娱乐活动。仅仅这番唐突之词就很糟糕了,而那些溢美之
词更不受欢迎。这个辞条特别赞扬了日内瓦的牧师,说他们学识渊博、道

德纯粹、和衷共济，并且持有先进的宗教观念。达朗贝尔写道："他们之中有些人不再相信耶稣基督具有神性。"[1]事实上，有些牧师不能原谅加尔文将塞尔维特用火刑烧死，而且用纯粹理性主义的方式来解读《圣经》。"简言之"——达朗贝尔在此表达最高的赞美——"日内瓦的一些牧师只信仰索齐尼主义，而无其他宗教信仰"。[2]

这个辞条在百科全书派和基督徒中都引起热议。法国的宗教捍卫者借此加倍地抨击《百科全书》。书刊检察官也刁难质疑《百科全书》编辑部。1758年1月，达朗贝尔辞去编辑职务。一个月后，狄德罗直率地说："他开小差了。"经过一年激烈的公开争论和私下斡旋，法国政府撤销了原先给予《百科全书》的皇家特许权（即出版许可）。日内瓦人的反应同样十分激烈。日内瓦的牧师们对自己被称作"索齐尼派"大为光火，坚决予以否认。这个词在启蒙哲人中可能是一个美誉，但是对于基督徒来说则是侮辱，因为它暗指自然神论，甚至暗指无神论。日内瓦当局委任了一个委员会来批驳达朗贝尔关于日内瓦宗教状况的描述，任命伏尔泰的朋友和私人医生泰奥多尔·特龙钦为主席。他们用信函和声明等方式向世人宣布，日内瓦人既不配也不想要达朗贝尔的褒奖。

在整个事件中，伏尔泰扮演的是他的典型角色。他设法安抚日内瓦的权贵集团，因为他在这里生活得非常惬意，但是他又力劝达朗贝尔不要退缩。他所能说的是，"日内瓦"辞条揭示了长久以来众所周知的事实，而且日内瓦人本来应该以此为荣。在达朗贝尔造访的几个月之前，伏尔泰曾给一个好友写信说，"洛克的理性基督教是（日内瓦）所有牧师的宗教信仰。"[3]几个月之后，在一片喧嚣之时，他坚持这个观点。1758年1月他在给特龙钦的信中明确地表示："达朗贝尔先生有勇气告诉你们，你们正靠近这种简朴而神圣的信仰，但你们却过于胆怯而不敢承认。"[4]

达朗贝尔的这个"日内瓦"辞条及其引起的轩然大波，揭示了启蒙哲

1　"日内瓦"辞条，《百科全书》，第94页。

2　同上，第95页。

3　伏尔泰致西代维尔，1756年4月12日，《通信集》，第29卷，第156—157页。

4　1758年1月15日，《通信集》，第33卷，第49页。

人内部的紧张关系和他们的策略分歧——启蒙运动的统一战线背后随时
会有意气之争。但是,这一风波也暴露了当局和虔诚教徒的敏感和紧张,
显示了18世纪中期基督教正统势力的脆弱。世俗化正在稳步推进。

　　世俗化这个词很好用,但也很容易被误用。当我们说18世纪人们生
活在世俗化时,并不意味着教会组织在崩溃,也不意味着人们的宗教关怀
在减弱。正如启蒙哲人和一些人最早指出的,启蒙时代依然是一个虔信宗
教的时代。基督教与科学有一种结盟关系,最明显地体现在英国伦敦皇家
学会中教士人数众多上——当时从不会有人指责科顿·马瑟*把基督出卖
给启蒙运动。这种结盟关系在18世纪受到动摇,但并未瓦解。有多少不
信神的数学家,就有多少信仰虔诚的数学家;有达朗贝尔这样的人,就有
欧拉**这样的人。法国大革命结束后宗教在文化人和知识分子中的复兴
证明,在经过一个世纪的启蒙哲学宣传之后基督教信仰依然具有生命力。
对宗教狂热持最激烈批判态度的人也保持着一份真诚的、往往高昂的宗教
虔诚——说到底,即便是伏尔泰特别予以赞扬的日内瓦的牧师们,也只是
"靠近"自然宗教。不仅仅是穷人,也不仅仅是愚昧的乡村教士,而且大
学教师乃至主教们也都依然信奉基督教的上帝。像萨缪尔·约翰逊这样
有思想的世俗人士也谦恭地祈祷、斋戒和出席圣餐仪式,每天都努力成
为基督的更好仆人。在一个又一个国家里,围绕着宗教争执发生各种社
会和政治冲突;成千上万有教养的欧洲人,不论是新教徒还是天主教徒,
都相信祈祷的有效性,相信修道生活会蒙受神恩,或者相信《三十九条信
纲》***。神学辩论依然保持着许多原有的活力,依然十分流行。因此,所
谓的世俗化是指关注点的微妙转移:宗教体制和对事物的宗教解释在慢慢
地从人们生活的中心被排挤到生活的边缘。

339　　　除魅化趋势在发展,有教养的基督徒思想中批判理性的分量在增长,
相关的证据俯拾皆是。对于那些敏感或有见识的、卷入时代潮流的教徒而

---

*　科顿·马瑟 (Cotton Mather,1663–1728),北美新英格兰地区的著名牧师,著述甚多,是天花疫苗接种
　的倡导者,英国伦敦皇家学会会员。
**　大数学家欧拉是虔诚的基督徒,据说他曾在俄国宫廷里嘲弄狄德罗的无神论主张。
***《三十九条信纲》是1571年确定的英国圣公会信仰纲要。

言，这是一个很麻烦的时代。无神论和唯物主义的威胁、世俗主义的威胁，人们已经鼓噪了多少世纪；从基督教早期神学家那时起，纯真信仰的衰败就是一个哀叹的主题。但是，到了启蒙时代，种种现实似乎证实了最悲观的基督徒的预言。枢机主教德·贝尼斯*在《回忆录》中指出，到1720年，"相信福音书就不再被认为是受过良好教育的表现了"，[1] 又过了一些年，到1736年，巴特勒主教嘲讽地报道说："不知是怎么了，现在许多人理所当然地认定，基督教根本不是研究的对象，反而值得花时间去发现其虚构性。因此，他们仿佛把这看做是一切有识之士的一致看法；人们要做的只是把基督教竖成靶子，成为娱乐和嘲弄的重要对象，这是对其长久以来中断了人世欢乐的报复。"[2]

这些文字非常沉重，但它们绝不仅仅是教士借以谴责牧众丧失信仰来振奋自己的传教士气的职业性感慨。无论在英国还是在日内瓦，也无论在巴黎还是在维也纳，宗教热情乃至宗教兴趣的衰落都明显可见。高雅文学、严肃音乐和政治争论，无论在题材方面还是在表现形式方面都越来越世俗化。可以理解的是，像斯威夫特这样的辩论家有可能喜欢夸大其词，因此当他说："我们的上层人士或绅士中，一百个里也难找到一位是按照任何宗教原则为人处世的"，"老百姓，尤其是在大城市里"也同样没有宗教信仰，[3] 他的报道是否准确是大有疑问的。但是，确有证据可以表明，他并非无病呻吟。1749年，大卫·哈特利在其心理学杰作《对人的观察》中也发出同样的哀叹。他写道，有六样东西威胁着"基督教国家"使之可能"崩溃和瓦解"：上层阶级淫荡，低等阶层蔑视权威，年轻一代因糟糕的教育而堕落，统治者中间自私成风，"僧侣追逐名利、玩忽职守"以及

340

---

* 德·贝尼斯 (François-Joachim de Pierre de Bernis, 1715–1794)，曾任法国王室的重要职务，后被教皇任命为枢机主教。

1 贝尼斯：《回忆录与信札》(Bernis, *Mémoires et lettres*)，两卷本，1878年，第1卷，第41页。转引自勒内·波默：《伏尔泰的宗教信仰》(René Pomeau, *La religion de Voltaire*)，第90页。

2 巴特勒：《自然的和启示的宗教与自然的构造和进程的类比》(Bishop Butler, *The Analogy of Religion, Natural and Revealed, to the Constitution and Course of Nature*)；1736年。

3 斯威夫特："一个推行宗教和改革民风的方案"，《比克斯塔夫论教会的文稿和小册子》(Swift, "A Project for the Advancement of Religion and for the Reformation of Manners", *Bickerstaff Papers and Pamphlets on the Church*, ed. Herbert Davis)，1957年，第45页。(比克斯塔夫是斯威夫特使用的笔名。——译者注)

（实际上，哈特利的名单里是把这最后一条放在第一条的位置）"无神论和无信仰甚嚣尘上，在这些国家的统治阶层中间尤其如此"。[1]数以千计的欧洲人在传统的信仰和时髦的无信仰之间感到内心纠结，因此很容易受到反宗教宣传的诱惑。1763年，杰出的法国科学家拉·孔达米纳*在英国对博斯韦尔说："爱尔维修的《论精神》对于没有坚定原则的妇女和年轻人来说是一部危险的著作。"[2]不过，他本来应该列举更广泛的人群。还有数以千计的人仅仅因为冷漠，因为不想争论或没有哲学兴趣而偏离正统。年轻的博斯韦尔在1763年2月的日记里认真地写道："很奇怪，竟然很少有人阅读《圣经》。我敢说，伦敦有许多有头有脸的人对于《圣经》一无所知。"[3]这些人都与风趣的伦敦演员萨缪尔·富特非常相似。萨缪尔·约翰逊曾向博斯韦尔谈到此人："我不知道那个家伙有没有信仰。但是，如果他没有信仰，他就是像狗一样没有信仰，也就是说，他从来没有想过这个事情。"[4]

启蒙哲人会嘲笑那些神学争论和亵渎神明，恰恰是因为萨缪尔·富特并非茕茕孑立。1759年8月，狄德罗在从朗格勒（法国城市）写给索菲·沃兰的信中说，他在这里见到"几个对'大偏见'态度坚定并开诚布公的人，让我特别高兴的是，他们都属于最受尊敬的人士之列"。[5]而且，这些正派人士都不是启蒙哲人，而是正派的基督徒，是有头有脸有影响的市民。其中之一——许多人都与他相仿——是德·蒙塔米。他是一个能干的药剂师，是奥尔良公爵的管家。狄德罗很喜欢他。狄德罗说："没有人比他更有见识。没有人做事比他更精明和有分寸。他恪尽职守，把其他一切都处置得很得体……他出席弥撒，但并不执迷笃信；他尊敬宗教，但是听到讥讽宗教的笑话也会掩鼻而笑；他渴望转世重生，但对灵魂是怎么回事并无

---

* 拉·孔达米纳（Charles Marie de La Condamine, 1701-1774），法国探险家、地理学家、数学家。

1　大卫·哈特利：《对人的观察》，两卷本，1749年，1791年版，第2卷，第441页。

2　波特尔编，博斯韦尔：《伦敦日记，1762—1763年》（James Boswell, *London Journal, 1762-1763,* ed. Frederick A. Pottle），1763年6月12日，1950年，第278页。

3　同上，1763年2月20日，第196页。

4　博斯韦尔：《约翰逊生平》，1769年10月19日纪事，第2卷，第95页。

5　狄德罗：《通信集》，第2卷，第202页。

定见。总体上看，他脑子里充斥着各种矛盾观念，这就使他的谈话妙趣横生。"[1]正是这些矛盾使德·蒙塔米先生成为如此讨人喜欢的谈话伙伴，也使他成为摇摆不定的信仰辩护者。

生活在新教国度的启蒙哲人也会认识类似的人士。大卫·休谟虽然说不上中立公正，但还是一个负责任的报道者。他在私人通信里记录了宽容态度的进展，而宽容态度恰是宗教冷漠的孪生兄弟。1737年，他完成了讨论神迹的著名论文，但没有马上发表，因为它会"太冒犯世人，即便世界已到了今天的样子"。[2]十年后，他不顾好友亨利·霍姆的反对，决定出版《人类理解研究》："首先，我觉得自己投入太深，已不能考虑后退。其次，我看不出，一个无信仰者的表现现在会引起什么不好的后果。"[3]在1742年首次发表的一篇文章中，休谟宣称："过去50年间，由于学识的增长和自由的推进，人们的观念发生了突飞猛进、显而易见的变化。这个岛上的大多数人已经摆脱了对名人和权威的迷信般的尊崇：教士完全丧失了信誉。他们的主张和教义受到嘲弄；甚至宗教本身都难以支撑下去。"1748年这篇文章再版时，休谟把"完全丧失"改成"严重丧失"——这究竟是出于谨慎，还是出于对现状的更适当的评估，那就很难说了。[4]毫无疑问，就连宣称英国教士"严重丧失了信誉"也是言过其实——这若不是一厢情愿的想法，就是一个无信仰者对同类朋友的态度过分看重的表现。但是这依然是一个能透露那个时代氛围的线索：启蒙哲人的受众的确在逐年增多。1765年，休谟在旅法期间注意到，法国与英国很不同，法国人"不论男女，不论阶层，几乎普遍蔑视所有的宗教"。[5]但是，他在信中也表示，这种差别虽然很明显，但不是决定性的。休谟毕竟知道，在自己的家乡苏格兰，那些新派教士正在推行一种很解放的神学，非常类似于日内瓦牧师的那种开明宗教。正如伊丽莎白·穆尔所说："他们教导人们，凡是想取悦上帝的人都

342

1　狄德罗：《通信集》，1762年9月26日，第4卷，第169—170页。
2　休谟致亨利·霍姆，1737年12月2日，《书信集》，第1卷，第24页。
3　休谟致詹姆斯·奥斯瓦尔德，1747年10月2日，同上，第106页。
4　休谟："英国政府倾向于绝对君主制还是共和制？"《著作集》，第3卷，第125页。
5　休谟致休·布莱尔牧师等人，1765年4月6日，《书信集》，第1卷，第497页。

必须像他那样善良和仁慈，那些拥有这种信仰的人无须被礼貌和礼仪来麻烦了。"[1]这不是一种绷得很紧的宗教信仰。

2

休谟和狄德罗幸灾乐祸地记录下18世纪基督教的病态。这种病态与其说是启蒙宣传造成的一种反应——尽管启蒙宣传也起了作用——不如说是宗教信心危机的反映。基督教内部的争吵让启蒙哲人很有成就感，但它们是这种危机的症状而不是造成危机的原因。这主要不是教士渎职导致的结果。教会在18世纪一如以前那样有懈怠、腐败和裙带现象，但启蒙时代的教士们在这方面比他们的前辈可能还少一些被攻击的口实。造成麻烦的真正根源难以被诊断出来，也几乎不可能被消除，那就是恬淡的宗教情绪、自鸣得意的讲理态度以及一种真诚的信念，即相信教会归根结底必须与时俱进。这种对现代性的让步，对批判、科学和哲学的让步，是教士的背叛。

在英国，自（17世纪60年代）王政复辟后，圣公会被剥夺了大部分权力，甚至包括管理自身事物的权力。它的正式立法机构——教士会议已经很少召开了。即便在召开时，它的两院也很少能达成一致。早在1664年，议会的下院就夺走了最重要的向教士征税的权力；议会控制了所有新的教规制定；宫廷接管了原来由教士会议审查异端著作的权力。如此软弱无力的教会不可避免地被政治斗争裹挟：很能说明问题的是，当圣公会领袖拒绝赞同废黜国王詹姆斯二世时，他们就只能黯然离职。

在一些机敏老道的政客的指点下，汉诺威王室把圣公会当作可靠的政治附庸加以利用。上院里的26位主教都会按照吩咐投票：1733年，在一些关键性的表决中，沃波尔*内阁靠着24张主教的票而转危为安。政府最喜

---

* 罗伯特·沃波尔（Robert Walpole, 1676–1745），英国政治家，辉格党领袖，长期领导内阁。
1 布赖森：《人与社会》，第6页。

欢用的手段被称作"调职"，几乎屡试不爽。一个被看好的教士（通常是态度谦恭而口才不错）最初会被指派到最差的主教区——布里斯托尔（年收入450镑）或兰达夫（年收入500镑）。如果他投票表现好，说话中听，就可能被提升到中等教区，如林肯或埃克塞特，年收入1 000到1 400镑。最后，他可能觊觎有巨大威望、丰厚资金和权势网络的大主教区：坎特伯雷大主教年收入7 000镑，达勒姆主教年收入5 000镑，更不用说还有随之而来的教会兼职。

　　这个晋升阶梯是反对派嫉妒挖苦的靶子，也是非圣公会信徒嘲笑指点的对象，但它不完全是沃波尔等人为了稳定新王朝和维护新教政策而发明的手段。在沃波尔当政前一个半世纪它已出现，在沃波尔身后依然存在：政治化的晋升乃是整个18世纪的通则。晚至1775年的基督受难日，萨缪尔·约翰逊还在抱怨说，"现在没有人能够靠学识和虔诚而被任命为主教；惟一的晋升机遇就是结识某个在议会有权势的人"。[1]在这样一种体制里，一个渴望晋升的教士，其职责——至少也是其好处——是明明白白的：本杰明·霍德利*的飞黄腾达就是既遭到鄙视又引人仿效的例子，霍德利是一个狂热的辉格派，年轻时因撰写鼓吹自由的小册子而出名。作为洛克的信徒，他很容易地进入了汉诺威王朝的体制。到1715年，在乔治一世继位后一年，霍德利成为班戈教区的主教——他从未去过这个远离政治中心的威尔士教区。六年后的1721年，经过一场有关圣礼和教士权责的长时间的无聊争论后，他被任命为赫里福德教区的主教。由于他持与沃波尔一样坚定的辉格派立场，而且在宗教主张上持比坎特伯雷大主教蒂洛森更宽松的广教派主张，尽管被指控为自然神论，但没有什么能够阻挡他的上升步伐。1723年，他被任命为索尔兹伯里教区主教。1734年，在沃波尔掌权的鼎盛之时，他被任命为温切斯特教区主教，享有5 000镑的年收入。此后他多年在豪华的主教府邸里发号施令，向世人显示一个具有自由情感和奴才

　　344

---

* 本杰明·霍德利（Benjamin Hoadly, 1676—1761），18世纪最有争议的教会人士。
1　博斯韦尔：《约翰逊生平》，1775年4月14日纪事，第2卷，第352—353页。

性格的人在18世纪英国的教会里能够走多远。[1]

当然，霍德利是一个极端的例子：他在当时就受到同辈的批评。高教会派[*]和广教派人士经常意见不合。英国圣公会中有着与苏格兰长老会中同样多的严厉人士；大多数主教都是庄重方正之人，其中有些是博学和真正虔诚的信徒。但是，大多数教会领袖都忙于政治和照料富人的灵魂，而许多乡村牧师则生活在贫困之中，仰赖于地方乡绅。当《旁观者》[**]中描述的善良乡绅罗杰·科弗利爵士想寻找一个牧师时，他要找"一个有学问但更懂人情世理、相貌端正、口齿清晰、性格开朗的教士，最好再懂一点双陆棋"。他如愿以偿：他找来的牧师受到教区民众的爱戴，能够排解村里的纠纷，是"一个好学者，但不显摆"。[2]英国人在经历一个世纪的动乱之后渴望安定，有教养、有社会名望的阶层反对宗教狂热，自然主义也愈益传播，这些因素共同创造出一个呆滞的教会和一个温吞的宗教。一位正派的圣公会人士说，英国国教非常值得赞赏，因为"它适应民众的需要，服从法律，而且非常符合教士们的利益。因为他们在这里，无忧无虑，无须思考，就可以同时享受到荣誉和安逸，这是大多数人都想达到的状态"。[3]这些人是基督教的职业军人，他们却无忧无虑、无须思考——当启蒙哲人悄悄地入侵他们的领地时，他们却在岗位上睡大觉。

教士的背叛之所以在英国成为对宗教的严重威胁，主要原因是，教会追求社会接纳和政治好处的努力与时代潮流一致，而且得到许多有名望的神学家在精神上的支持。就连不从国教者也不能坚持其清教徒先辈的那种高峻的道德热忱和苦行热情。与此同时，17世纪中期的理性神学在洛克时代已经成熟，转化成一种宽松平和的广教主义。牧师的布道大多给人以安慰，很少让人感到焦虑，旨在说明基督徒的生活道路不会很

---

[*] 高教会派，英国圣公会教派之一，主张因袭天主教会的一些礼仪，维持教会较高的权威地位。
[**] 这里转述的是《与罗杰·科弗利爵士在一起的日子》一文的内容。
[1] 霍德利迄今声名狼藉，以至于egregious（恶名昭彰的）一词几乎一直被用在他身上。但是，美洲殖民地居民在寻找不服从的论据时却对他颇有好评，称赞他的著作中的自由主义论调。因此可以说，霍德利也推进了启蒙事业，如果不是在宗教领域，那至少也是在政治领域里有所贡献。
[2] 《旁观者》，第106期。
[3] 戈弗雷·科普利爵士的话，转引自詹姆斯·萨瑟兰：《18世纪诗歌导论》(James Sutherland, *A Preface to Eighteenth Century Poetry*)，1948年，第13页。

艰难，品行端正肯定会有光荣的奖赏，上帝不会要人做"任何既不符合我们的理性又有损于我们的利益的事情，任何严苛的、违背我们本性的事情"，相反，"上帝的诫命是合情合理的，是符合我们的本性，对我们有利的"。[1]18世纪初，约克大主教夏普宣告这种温和理性宗教的胜利。他得意扬扬地宣称："无论教义还是崇拜仪式，英国国教都毫无疑义地是当今世界最纯粹的教会：它的信仰最正统，既摆脱偶像崇拜和迷信，也摆脱了胡思乱想和狂热。"[2]说穿了，大主教夏普界定的宗教是一种很奇特地淘空了宗教内容的信仰。因此毫不奇怪，高教会派牧师查尔斯·莱斯利[*]会把辉格党人说成是无神论者和自然神论者——这种指控派性明显、语气激烈，但绝不是无的放矢。

在这种环境中，卫斯理宗的兴起应该被视为对圣公会的一个毁灭性批判，表明基督徒里已经有人意识到教士们在背叛和启蒙哲人在从中渔利。萨缪尔·约翰逊是良知的捍卫者，也是忠诚的圣公会信徒。他承认，国教牧师"在布道时总体上讲得不够明白"，普通人对于"在他们头上飞过的""华丽辞藻"无动于衷，听得昏昏欲睡。因此，卫斯理宗在宗教生活中有其使用价值。[3]卫斯理宗的信徒很长时间都留在圣公会里，把讲哲学、倡自由的宗教视为最大的敌人。他们确信，《人的全部职责》（1658年出第一版，在18世纪现代派基督徒中一直流行）宣传的干瘪神学和蒂洛森提倡的广教主义引诱人们脱离真正的宗教信仰。卫斯理的坚定战友乔治·怀特菲尔德就谴责《人的全部职责》的作者和蒂洛森，说他们"对基督教真义的了解并不比穆罕默德多"。[4]

就这种指控来看，很吊诡的是，卫斯理宗甚至也会受到异教古典主义的影响——但确实如此。我们知道，约翰·卫斯理研读古人著作，其勤奋

---

* 查尔斯·莱斯利 (Charles Leslie, 1650–1722)，圣公会牧师，"光荣革命"后拒绝向新国王和女王宣誓。

1 大主教约翰·蒂洛森宣讲经文"他的诫命不是难守的"时的布道词，转引自诺曼·赛克斯：《18世纪英格兰的教会与国家》（Norman Sykes, *Church and State in England in the XVIIIth Century*），1934年，第258—259页。整个18世纪都在不断地表述着这种平和的神学，而且常常就是使用这些词句。

2 同上，第417页。

3 博斯韦尔：《约翰逊生平》，1770年纪事，第2卷，第123页。

4 诺曼·赛克斯：《从谢尔登到塞克》，第187页。

347 程度不亚于研读《圣经》；最后是靠一位严峻的摩拉维亚教徒才使他从"哲学"中解脱出来。此外，他的弟弟查尔斯认为婚姻是一种灾难，得知约翰要结婚时非常恐惧，就从书架上取下一本马可·奥勒留的《沉思录》，从中学习如何处变不惊。但是，并不是所有的背叛都源于自觉奉行某种方针。

3

德意志地区的宗教形势没有英国那么恶劣，但更加复杂。《威斯特伐利亚和约》使德意志人分成三大教派：罗马天主教，路德宗和加尔文宗。在一些形势微妙的地区，通过实行宗教平等而保持了安定，但也会有些可笑的花絮。例如在自由市奥格斯堡，当权者用隔离的办法来保证平等，在各个城门的前面修建两个猪圈，一个供天主教徒用，另一个供新教徒用。但是，大多数地区流行的是传统规则"在谁的领地，信谁的宗教"。一个信奉罗马天主教的家族统治着霍恩洛厄公国。他们强迫数量众多的新教徒按照格列高利历，而不是像过去那样按照旧有的儒略历过复活节。只要统治家族心胸狭隘偏执，少数群体就会受到骚扰或赤裸裸的迫害。在巴拉丁领地，1687年*《里斯维克和约》将其划入罗马天主教范围，只有天主教徒可以担任公职，而占全部人口五分之四的新教徒动辄得咎，甚至无端遭到惩罚，被迫庆祝天主教的节日，结果造成大规模的向外移民。迫害是一种非常有效的宗教手段。哪个君主想要自己领地上没有异端邪说，只需把异教徒赶走。

基督徒对基督徒的不宽容，只是偶尔会因面对强大邻国军事干预的威胁而受到遏制，而且并不局限于天主教徒与新教徒之间难以平息的争斗。

348 加尔文教徒积极地迫害路德教徒，路德教徒则以牙还牙，二者又联手压制更小的教派。[1]虔敬派常常受到迫害，但只要有机会，他们就会迫害别人；

---

* 原文有误，《里斯维克和约》订于1697年。

1 当然，历史也记录了许多基督教的宽容例子。尽管年轻的亨德尔是路德教徒，但加尔文教堂也允许他来演奏风琴。在莱辛出生地区的几个城市里，天主教徒和路德教徒使用同一个教堂来做礼拜。但是，如前面所说，德意志的形势极其复杂。

路德宗的新教义派公开鄙视狂热的虔诚信徒，把他们视为陷入最黑暗迷信的野蛮人。这种内讧掩盖了18世纪德意志地区的基督徒面对的真正敌人，并使得他们把主要精力用于对付其他的基督徒。

给基督教造成损害的不仅仅是这种党同伐异。在普鲁士之类的德意志邦国里正在发展的政治宽容则以另一种方式带来同样的损害。建立在冷漠或算计上的宽容反过来也只会助长冷漠和算计。普鲁士是一个路德宗邦国，由一个在17世纪初皈依加尔文宗的家族统治着，接连几个精明的统治者把它引向宗教宽容。大选帝侯*及其后继者们都是精明的重商主义者，竭力网罗熟练的工匠和博学的教授，不在乎他们持什么宗教信仰。因此，法国胡格诺教徒和德意志虔敬派教徒纷纷移居柏林，给普鲁士带来财富，也使这里的宗教形势变得更加复杂。1740年6月，自称伏尔泰的弟子的腓特烈二世继位。他在两个著名的声明里宣布实行宗教宽容。当总理院询问天主教徒是否可以成为法兰克福的市民时，他掷地有声地写道："只要信奉者是诚实的民众，一切宗教都是一样的好。如果土耳其人和异教徒想来这个国家定居，我们就给他们兴建清真寺和礼拜堂。"当总理院再次询问天主教为军人设立的学校是否应继续开办时，他的回答是："所有的宗教都容许存在；只是总检察长必须加以监督，确保它们不会彼此伤害，因为在这里所有的人都应该按照自己的方式获得救赎。"[1]

349

腓特烈二世是伊壁鸠鲁主义者、无神论者、善于利用人性弱点的犬儒主义者，在普鲁士王室里是一个例外。但是，他的宗教政策大体上与几位前任国王和同时期其他地方的君主如出一辙。德意志各邦国的教会比英国沃波尔主政时期的圣公会更仰赖于世俗政权，这一点很能说明问题。德意志是一大堆伊拉斯特**主义国家的松散集合体：霍布斯如果在世，肯定会表示认可。在这种环境里不可能有任何持续的政治活力或神学活力。

---

* 勃兰登堡大选帝侯腓特烈三世，1701年加冕成为普鲁士国王腓特烈一世。

** 伊拉斯特（Thomas Erastus, 1524–1583），生于巴登，主张国家是上帝设置的惟一有形政府，有权干预教会。

1 这两段言论均出自他登基后的第一个月，即1740年6月。见麦克斯·冯·伯恩："启蒙运动"，《18世纪的德意志》（Max von Boehn, "Die Aufklärung", *Deutschland im achtzehnten Jahrhundert*），1922年，第155页。

路德宗牧师、加尔文宗牧师和天主教神父异口同声地劝诫信徒要谦恭地服从世俗政权，并且自己也身体力行。教会事务受到严格的、往往很琐碎的监管；神职人员在撰写布道词时会掂量着当局的态度。牧师有时会被聘为官员和教师，或者受命鼓动爱国士气，或者如赫尔德抱怨的，甚至充当政府的暗探。神职的任命取决于政治恩惠或私人荫庇。有些职位是出售的，有些职位是拍卖的，但几乎没有令人羡艳的职位：教士的薪水几乎都很少，社会地位很低，生活惨淡无光。莱辛的父亲虽然是教堂首席牧师，很有学识也很有干劲，却一生穷困潦倒。他根据自身经验写了一些吟咏饥饿和贫困的伤感诗歌。他的情况非常典型，绝非例外。

上述情况的后果可想而知。老莱辛表示，在他年轻时，博学的神学家要与偏执盲信作斗争，现在到了18世纪，敌人变成了"抹杀上帝的自然神论"和"狰狞恐怖的无神论"。[1]毫无疑问，这个敌人在德意志没有在英国和法国那么强大，但可以确定的是，牧师们因穷困潦倒、仰人鼻息、俗务缠身，再加上种种琐碎的神学争论，对宗教冷漠心态的弥漫不能进行有力的抵抗。大多数牧师都把讲道浪费在炫耀深奥的学问、解释晦涩的经文、展开咬文嚼字的争论上。反教权主义之所以在虔诚的教徒中流行开来——的确尤其是在他们之间流行开来——是因为他们对自己在教堂里听到的东西非常反感，而又强烈地需求一种纯正的基督教。歌德在回顾自己的年轻时代时，记得那时去教堂的人在逐年减少，新教甚至不能满足那些虔诚者的想像。他回忆说，他那时在教堂里获得的宗教"仅仅是一种枯燥无味的道德说教"，其教义"既不能打动人的灵魂，也不能敲开人的心扉"。[2]因此，由培尔和伏尔泰先后展开的颠覆性宣传就能够找到现成的听众和一些谨慎的仿效者。德意志的宗教形势还没有发展到令人绝望的地步——德意志启蒙学者对"迷信"的抨击远比不上他们的西方同道——但也让人伤心和困惑。关于这种困惑，利希滕贝格有一个诙谐的说法：他要为上帝

1　埃里希·施米特：《莱辛：生平与著述》（Erich Schmidt, *Lessing: Geschichte seines Lebens und seiner Schriften*），两卷本，1899年，第1卷，第11页。
2　歌德：《诗与真》，第10卷，第50页。（中译本，第4卷，第38页。——译者注）

"使他逐渐成长为一个无神论者"而感谢上帝"一千次"。[1]

与英国的情况相似，德意志的神学家们也试着实现宗教更新。虔敬派以圣言的名义反抗人言，吸引了穷人、妇女和一些敏感的心灵。与英格兰的卫斯理宗一样，虔敬派的崛起缘于对官方宗教的严厉批判。在光谱的另一端是理性主义神学，其中包括新教义派、自由派基督教以及（很个别的）坦率的自然宗教。歌德回忆说："基督教在它本身历史的实证性质与一种纯粹的自然神论之间摇摆着。"[2]然后他略带诗意地说，最活跃最大胆的人们就像蝴蝶一样，抛弃了曾孵化自己的蛹壳，而比较谦和、忠于传统的人们就像鲜花一样，美丽绽放却不离根干。因此，一方面是历史批判和基督教理性主义，另一方面是赖马鲁斯的自然神论以及莱辛（他挖掘出赖马鲁斯）的人道宗教，二者齐头并进。

在18世纪的德意志，赖马鲁斯的执著勇气、莱辛的批判激情以及尼柯莱的强硬反教权态度都属于凤毛麟角。无论面对自己还是面对别人，大多数作家都用含混的宗教态度来掩盖自己宗教动力的枯竭，试图同时拥抱世俗世界和虔诚精神。多愁善感是胆怯者的自然神论。在18世纪中期，格勒特[*]和维兰德这样的诗人对着上帝和神圣的道德作出假笑的样子。这种方式让坚定的基督徒和激进的启蒙学者都感到厌恶。尼柯莱非常辛辣地嘲讽说："维兰德的缪斯是一个年轻的淑女，却也要装成盲信者的样子。"[3]从长远看，这是不可容忍的。有责任心的知识分子要在这个世界里寻求一种更有活力的新立场。当德意志的人文主义终于出现时，身上带着的是古典思想的印记。甚至福斯[**]虽然在其著名的田园诗《路易丝》中美化乡村牧师的生活，但也呼唤通过输入"希腊精神"来把乡村牧师从腐败、庸俗和空虚的现代野蛮状态中拯救出来。无论有什么解救之道，宗教在整个18

（右侧页边）351

---

[*]　格勒特（Christian Fürchtegott Gellert,1715-1769），德国诗人。

[**]　福斯（Johann Heinrich Voss,1751-1826），德国诗人，翻译家，1795年发表的《路易丝》被公认为他最好的诗作。

[1]　利希滕贝格：格言 E249,《格言，1775—1779年》，第70页。

[2]　歌德：《诗与真》，第10卷，第367页。（中译本，第4卷，第342页。——译者注）

[3]　转引自森格勒：《维兰德》，第84页。最充分展现德意志形势的复杂性的是赫尔德。这位思想家宣讲一种多愁善感的人道宗教，很奇特地把历史主义、诗意、虔诚、尚古和理性主义编织在一起，并带有天才的印记。

世纪都处于守势。伏尔泰对达朗贝尔说的那句俏皮话"学究相斗,哲人渔利"[1]针对的是法国,但大体上也适用于德意志。

4

无论伏尔泰的这句话有多大适用范围,它毕竟是针对法国讲的。法国实际上是教士背叛现象最明显的国度。与欧洲的新教国家一样,历史的狡黠似乎也在引诱着法国的教士采取自杀性行为。当然,类比不应过分延伸。法国教会的财富和权力没有启蒙哲人的宣传中说的那么巨大——教会拥有法国约十分之一的土地,而不是伏尔泰等人所说的三分之一的土地——但是法国教会确实比新教国家里的教会拥有大得多的财富和势力。他们是法定的第一等级,免除赋税和劳役。他们成功地抵制了一切试图削减他们特权的努力。1750年和1751年,他们基于政治和财务理由拒绝缴纳"廿一税",迫使路易十五收回成命。不过,法国教会也不可挽回地走上自我毁灭的道路,因为他们招惹强大的对手,打击无足轻重的反对者,却漫不经心地低估了真正的敌人。他们总是围绕着教皇的敕令或国王支配教士的权力等问题撕破脸皮、争论不休,让一向悲观的民众看到的是教会道德的沦丧。这种自戕行为的最突出例子(虽然从长远看不是最要命的)是18世纪60年代把耶稣会驱逐出法国。达朗贝尔假装正经地评论说:"我们可不能说,耶稣会死的时候会像它活的时候那么荣光。"[2]而且,我们也不能说,整个法国教会在逆境时能像它在顺境时那么明智。

在考察耶稣会的垮台时,达朗贝尔很切实地列出了几点原因,但是他又极力把主要功劳归于哲学的挺进和启蒙哲人的抨击。这是一种很肤浅的解释。实际上,耶稣会是文化进步的牺牲品,而哲学的挺进只是文化进步的一部分。到18世纪,不论信徒还是非信徒,都已不能理解中世纪基督

1 伏尔泰:1756年11月13日,《通信集》,第30卷,第197页。
2 达朗贝尔:《论耶稣会在法国的毁灭》(Jean Le Rond d'Alembert, *Sur la destruction des Jésuites en France*),1766年,《全集》,第2卷,第63页。

教的象征语言。对哥特式教堂持鄙视态度的，不仅仅是启蒙哲人：虔诚的修士在翻建他们的修道院，大教堂的教士在按照意大利风格改造教堂。出于对现代化的热情，他们把墙壁刷成白色，铲平中世纪的坟墓，捣毁中世纪的雕像。在昂热，圣莫里斯大教堂的教士铲除了15世纪的雕像、老的唱诗班屏风以及极其珍贵的铭文。他们粉刷墙壁，把壁画全部覆盖，还拍卖了大部分精美的挂毯。在这场宗教浩劫中惟一存留下来的是那些描画世界末日的挂毯。根据挂毯的缺损情况就可以看出，损失是极其巨大的。[1]即便是埋首中世纪手稿的圣莫尔修道院本笃会修士和最地道的历史学家也无法读懂大教堂雕塑的意思。面对这类雕塑，博学的蒙福孔[*]比他同时代的孟德斯鸠要虔诚得多，但同样不甚理解。对他来说，它们仅仅是法国国王的雕像和一些历史事件的画面而已。像他们这样的教士，正是启蒙哲人在学生时代的老师。

这种对中世纪传统的疏离乃是与居民宗教热忱的普遍丧失相辅相成的。在图卢兹，省高等法院发现有必要发布命令，禁止酒馆在做弥撒的时间继续营业。这种命令颁布了不止一次，而是三次。由此可见，最初的禁令未被执行。市民若在基督圣体节未装饰自己房屋就会被处以罚款。思想古板的信徒抱怨说，皮浪主义四处泛滥，教堂成了弥撒日男女约会的场所。于是，罗马天主教的盛大仪式也开始变得乏味了，甚至在外省也是如此！

高层教士对于这种世俗化现象无动于衷，而下层教士则无力加以阻止。高雅圈子以不敬神灵为时尚，国王路易十五之流的浪荡者表面装作虔诚，反而对那种不敬神灵的态度推波助澜。修道团体数量逐渐减少，纪律也逐渐松懈。文采华丽的布道印刷品、杰出的历史学识以及高水平的神学辩论，这些都让17世纪法国教会引以为傲，但是到18世纪，就只能看到主

---

* 蒙福孔（Bernard de Montfaucon，1655-1741），法国古文字学的先驱。

[1] 这场追求教会现代化的风潮不仅毁灭文物，而且破坏宗教情感。这股风潮是国际性的，也波及英国和德意志。利腾贝尔格对此发出抗议："对赞美诗集的'改进'看上去不是很像把哥特式教堂刷白而使之变丑吗？我们应该做的是，维护它们和保持地面的清洁。一个被刷白的西敏寺会是很丑陋的。"（格言J 200，《格言，1789—1793年》，第40页。）

教们围场游猎和乡村教士苦苦挣扎。主教们的富有及其府邸的辉煌与乡村教士的贫穷形成强烈的反差。这种情况由来已久，但是在旅行变得更加容易的时代就会显得更触目惊心，在世俗批判几乎不受压制的时代就会显得更加需要消除。宗教热情也会出现在宗教复兴狂热的事件中，例如在巴黎圣梅达尔公墓一位詹森派信徒的墓前，因纪念他的虔诚和善行而发生过几次歇斯底里的事件。

在这种不利的环境里，教会发现惟一可以采取的明智方针就是转而推行现代化。而它是以报复的方式来推行现代化的。布道文和说教文在题材上依然是传统的，但处理方式是新的，仿佛是在启蒙哲人监督下写成的。原来僵硬死板的信仰被代之以更温和的信仰，以适合于知道新的科学发现并追求布尔乔亚舒适生活的"公众"（public）的需要。在普遍诉诸理性、重视情理的氛围里，宗教情感的支柱被削弱了。上层资产阶级依然信奉基督教，但变得骄傲自信，还常常持有怀疑主义观点。他们拒斥"狂热"和"盲信"，把这些说成是"民众"（masses）特有的宗教行为。早先教士们用可怕的地狱维系人们对死亡的恐惧，此时这已不再是讲道的主要题目；他们现在宣讲的是基督徒如何正直而美好地生活。教会也在用同样的方法来美化上帝：他们不再把上帝描绘成随心所欲对待人类的专制君主，而更愿意把上帝塑造成一个立宪君主的形象，上帝必定会拯救履行了自己契约义务的基督徒。最后，教士们越来越不强调基督教严格的原罪教义。关于亚当堕落的可怕故事越来越不被人信服了，就连那些忠实出席弥撒的信徒也不会仅仅因为自己生为人而有负罪感。

在法国，最能干的现代主义者是耶稣会。他们是生气勃勃的古典学者和杰出的修辞专家。他们通过办学、发行刊物和展开讨论，促成了古典学术的复兴，并传播了新的学识。《特雷武月刊》是他们从1701年到1762年出版的书评杂志，最初刊登的是很有见识的长篇神学论文，随着时代进步，也越来越多地发表自然科学、艺术和文学方面的论文。就其对新观念的开放态度和客观性而言，这个杂志卓尔不群。有许多谣言说，耶稣会鼓吹弑君、争夺权力、不顾廉耻，而且几乎人人都搞鸡奸。这些恶意且基本不实的诽谤之词主要是由原先在耶稣会学校学习过的、毫无感恩之心的启蒙哲人散播的。18世纪法国的耶稣会教士都很温文尔雅，也会根据风向来调整教义。但是，他们不是罔顾神明、追逐名利之徒。而且，从他们在18世纪中期的表现看，他们也不是特别的精明。他们在启蒙时代的历史，表明"教士的背叛"是如何强加给他们的。耶稣会教士力图使古典学问和基督教虔诚二者之间的妥协能够延续下去，但他们试图维系的是无法维系的东西。

基督徒之间的兄弟阋墙——使法国成为启蒙哲人大展身手的舞台——也在欧洲的其他天主教地区重复上演。女皇玛丽亚·特蕾莎或西班牙的查理三世在宗教虔诚方面是无可置疑的，但是他们也觉得有必要对教士加以限制，并且对愤愤不满的无信仰者提出的指控（哪怕是莫须有的指控）予以支持。在伦巴底和托斯卡尼，对教士财富和愚昧的攻击是在现代派的天主教徒和持进步观念的教士的主导下展开的，至少是得到了他们的积极支持。到1760年代，启蒙运动在欧洲各地都展开攻势，到处可以听到人们对无神论泛滥的哀叹。正统派惊恐不安，做出一些拙劣的反击。其中一些著名的事例激怒了伏尔泰，并通过伏尔泰激怒了整个文明世界。这些事例显示的不是教士的强大，反而是他们的虚弱。在18世纪，一般的信徒越来越自由地对待自己的信仰，也比较宽容地对待自己的对立面。1762年令人震惊的处死卡拉案件和1766年更令人震惊的处死巴尔案件，在那个世纪并不是典型事例，而是歇斯底里的表现。因此，即便是教会对离经叛道行为做的这种回应，也在促进启蒙的事业。

结果，基督徒与启蒙哲人之间的对抗常常有一种搏斗的假象，其实胜负已预先决定。我们可以来看一个对抗的例子：博斯韦尔与风烛残年的休谟之间的遭遇战。休谟用了很长时间迎接死亡，因为他的身体在逐渐衰颓，直到临终前他依然保持了头脑的清醒。他的健康状况是在1772年开始变坏的，到1775年，原本心宽体胖的休谟已经变得形销骨立、弱不禁风，他很清楚已来日无多。最后几个月，朋友来访和阅读书籍让他感到快乐。他阅读卢克莱修和琉善的著作。这是古代世界造就的两个宗教死敌，一个以激烈著称，另一个则机智过人。有几个医术高明的大夫为休谟治病。其中的威廉·卡伦医生说，休谟在离开人世之际聊以自慰的是他只有一件遗憾的事情："他认为自己一直致力于使自己的同胞变得更聪明，特别是把他们从基督教的迷信中解放出来，只是尚未完成这项伟大的工作。"[1]亚当·斯密经常看望休谟。他回忆说，休谟在阅读琉善的《死者的对话》。在其中一篇对话中，一个刚刚死去的人试图让亡灵摆渡人相信，自己还没有做好准备，不能上船前往冥界。休谟开玩笑地增添了几个琉善没有想到的理由，但是他自己也笑着承认，这些理由都没有说服力，因此他必须心满意足地离开人世了。埃德蒙斯通上校是休谟的老朋友。当他与休谟挥泪告别后，回到家里寄给休谟一件他所能赠予的最佳礼物：肖利厄神父在去世前写给朋友的一首伊壁鸠鲁主义诗句。

休谟的好脾气和知天乐命的态度甚至经得起博斯韦尔的唐突冒犯。1776年7月7日，在休谟去世的7个星期前，博斯韦尔去看望他，惋惜他"已经来不及获得教会的救赎了"。据博斯韦尔说，"他形如槁木，状若游魂。"尽管如此，这位来访者依然遏制不住爱打探的习惯："我不知道我是如何引到了灵魂不朽的话题。他说，自从开始读洛克和克拉克的著作起，他就再也没有过任何宗教信仰。接着，"平淡地说，一切宗教的伦理道德都是很糟糕的，虽然他知道有些很好的人也信仰宗教，但是当他听说某人是虔诚的信徒时，他会断定那人是个坏蛋。我觉得，他说这话时不是开玩笑"。博斯韦尔被休谟的容貌吓到了，便接着问："是否不可能有某种来世状态呢？他回答说，把一块煤放在火上也可能不会燃烧了。相信他会永远存在，那是最不可思议的幻想。"说到这里，博斯韦尔还嫌不够。"我问他，想到灰飞烟灭是否从未让他烦躁不安。他说，一点都没有。就像卢克莱修说的，这与想到自己以前不曾存在是一样的。"博斯韦尔感到有点气馁，而且"觉得有些可怕，还引起一些纷杂的回忆，想到我了不起的母亲的虔诚教诲、约翰逊博士的高贵教导以及我人生中曾经有过的宗教情感"。这位

1　卡伦医生致亨特医生，1776年9月17日，转引自莫斯纳：《休谟传》，第601页。

基督徒转攻为守了，感到严重的困扰。或许是为了驱散这些困扰——博斯
韦尔没有明说——他便提出一个让自己下台阶的论点，估计宽厚的休谟肯
定不会想到：“我说，'但是希望能够与老友重聚，难道不是令人高兴的事
情吗？'我提到三个最近去世的人。我知道他对这些人有很高评价。(休
谟) 承认与老友重聚会令人高兴，但又说，这几个朋友都没有这种想法。
他说这是愚蠢的、荒谬的想法。我记得很清楚，因为他当时很粗鲁地确认
自己的怀疑态度。”然后谈话转到其他话题上。最后休谟“说他没有任何
痛苦，只是在逐渐消融。我离开他后，有些印象让我心烦意乱了一些时
日”。[1]这位基督徒比那位异教徒活得更长，但是那位异教徒靠着自己坚定
的怀疑精神而赢得了这场辩论。没过多久，休谟在爱丁堡去世了，吉本怀
着庄重的敬意写道：“一位哲学家殒殁了。”[2]

1　诺曼·坎普·史密斯编，《自然宗教对话录》(*Dialogues Concerning Natural Religion*, ed. N. K. Smith)，
　　第76—79页。
2　吉本：《自传》，第177页。(中译本，第162页。——译者注)

第七章　跳出雷池

　　吉本是对各种情势进行点评的高手。对于启蒙运动和基督教之间的遭遇，二者的亲密联系和必然对峙，他也做了精彩的点评。他在《自传》里记述说，当他研究神祇的性质时，他阅读了博索布尔的《摩尼教历史考证》。这本书"讨论了有关异教和基督教神学的许多深奥问题。我跳出了作者的雷池，从这本书的丰富事实和见解中引申出自己的结论"。[1]这位持批判眼光的读者跳出雷池——其他任何意象都不如这个意象更能鲜明地显示，启蒙哲人如何胆大妄为地利用宗教学术来服务于大不敬的目的，显示他们与哪怕是最理性主义的基督教之间的距离，显示他们除魅的现代哲学的特征。

　　我在前面说过，启蒙哲人因为与自己的基督教敌人称兄道弟而付出了代价。不过，基督徒付出的代价要大得多——因让步而使自己麻痹瘫痪的，恰恰是防御者，而不是侵略者。斯威夫特不止一次地抱怨，说他最熟悉的教士——圣公会的教士——发现很难把朋友和敌人区分清楚。启蒙哲人则不会为此而感到困扰：伏尔泰很乐意赞扬贵格会的和平主义以及"一位论派"的理性原则，宣称这些基督教的美德乃是真正哲学的先声。斯威夫特发现自己被归入无宗教信仰者的阵营里，感到十分恼火。他的许多读者非常喜欢他的《木桶的故事》，但也遗憾地认为这个故事是对宗教信仰的打击。无疑，对于某些人来说确实如此。教会改革者、批评圣公会的清教徒、对愚昧轻信持批评态度的天主教徒，所有这些人都希望回归原初的教会，回归真正的宗教情感。他们都希望净化基督教，而不是摧毁基督教。但是，随着他们在启蒙运动面前节节后退，他们精心完成

1　吉本：《自传》，第135—136页。(中译本，第112页。——译者注)

的工作成果就落到了敌人的手里。历史的战场充满着种种出乎意料的结果：基督徒的劳动成果被敌人占有并用于亵渎的目的，就是其中一个重要的例子。

一、学术的盗用

1

在从基督教那里抢夺的所有战利品里，对启蒙哲人自始至终最有用的是基督教学术的方法和成果。在17世纪下半叶和18世纪初期，一大批博学的神学家利用在文艺复兴时期锻造的缜密有效的考证方法，努力推进基督教的历史研究并力图展示其历史真相。本笃会、耶稣会和圣公会的饱学之士提炼了考证的规则，从根本上改进了古文书学、推进了古钱币学、收集了大量的文献，写出了权威性的专著。这些历史学家以绝对的真诚和忘我的勤奋（尽管启蒙哲人也努力工作，但很少达到那种勤奋程度），在字迹难辨的文献、乱作一团的年表以及精心伪造的文件组成的丛林中，奋不顾身地寻找历史的真相。他们之中，只有极少数人费心研究世俗的历史。穆拉托里*——被吉本尊称为"博学的穆拉托里"——不仅通过编纂大量的文献，开创了意大利中世纪史研究，而且没有让自己的僧侣身份干扰自己对意大利历史的独立判断；德意志的布鲁克**身为路德宗牧师，却把世俗思想家置于他撰述的哲学史的舞台中心。但是，其他地方的同类学者则用自己的学问直接服务于所属的教派。一代又一代的英国学者孜孜不倦地致力于搞清中世纪教会史中的谜团，旨在回答"总被追问的问题：'路德之前你们的教会在哪里？'"[1]在英吉利海峡的另一边，在佛兰德斯和巴黎，

---

* 穆拉托里（Lodovico Antonio Muratori, 1672–1750），意大利历史学家。
** 布鲁克（Johann Jakob Brucker, 1696–1770），见本书第二章。
1　D. C.道格拉斯：《英国学者，1660—1730年》（D. C. Douglas, *English Scholars: 1660–1730*），第二版，1951年，第19页。

潜心古代研究的修士们凭借集体的力量，耗费大量的资金，编写可靠的圣徒年表、可信的僧侣生平纪事和殉教编年史，总之是为了清除附着于天主教历史上的垃圾，即那些迷信和谎言拼凑的种种传说。应该说，这些学者，这些类似马比荣*和蒙福孔的大师确实真诚地喜爱真理，也真诚地喜爱过去，但是他们对真理的热爱和对历史的热爱却不知不觉地融入对上帝的爱之中。

启蒙哲人对这种学识的态度颇为矛盾。身为高雅文人，他们坦诚自己对皓首穷经的迂腐学问毫无敬意。基督教学者在细枝末节中寻求救赎，启蒙哲人则视之为可怕的陷阱。在游访巴黎期间，吉本发现："一个哲学的时代却将希腊、罗马的学问和语言忽略了。守护这类学问的铭文学院，在巴黎的三个皇家学会中降到最低的地位。'博学者'成为贬义词，被用于称呼利普修斯和卡索邦**的后继者；我气愤地听人说（见达朗贝尔的《百科全书绪论》），那些人惟一的长处是善于使用记忆力，而这种能力已经被想像力和判断力这些更高贵的智能取代了。"[1]这可真是鞭辟入里：启蒙历史学家为了寻求宏大视野而不顾及细节，常常为了追求文采而牺牲谨慎的引证，为了追求高雅而牺牲准确；启蒙古典学者不喜欢狄德罗批评的"崇古狂"***，而且有人怀疑，他们多少有点嫉妒像凯吕斯伯爵****那样富有的业余古玩家，因此不愿染指古代文物，甚至不参加某些令人兴奋的学术讨论。但是，吉本的上述批评虽然常常被人引用，却不完全公允。就连致使吉本义愤填膺的达朗贝尔也曾遗憾地指出，原先对哲学的蔑视此时转移为对古代学问的蔑视。他写道："人们仿佛把古人视为宣了神谕的人，后者已把所有的话说完了，再向他们咨询是无用的。"这种鄙视的说法是荒诞的：相信人们"不再能够从研究和阅读古人

---

*　马比荣（Jean Mabillon,1632–1707），法国神父，创古文献学。

**　卡索邦（Isaac Casaubon, 1559–1614），生于日内瓦，死于伦敦，人文主义者和新教的博学者。关于"博学者"，见本书第5章，第250页。

***　见本书第一章。

****　凯吕斯伯爵（comte de Caylus,1692–1765），法国考古学家。

1　吉本：《自传》，第123页。（中译本，第98页。——译者注）

作品中获益的想法，不是愚昧无知就是狂妄自大"。[1]启蒙哲人并非完全
蔑视先前和同时代信仰虔诚的学者的学问；他们也利用这些学问，只不
过他们的用法会让那些学者感到惊骇。

可以料想到的是，伏尔泰就提供了启蒙哲人的这种强盗行径的典
型事例。伏尔泰比其他同道更没有顾忌，也更热衷于盗用教会学者的学
问——毕竟他比他们有更多的时间和实践。他的剽窃是堂而皇之的和系
统性的。在18世纪30年代中期和40年代的大部分时间里，他与夏特莱侯
爵夫人居住在香槟的西雷庄园。夏特莱侯爵夫人是一个热衷恋爱的风情
女子，也是一个有才华的数学家和有见解的语言学家。伏尔泰与这位红
颜知己紧密合作，增进了自己对牛顿的理解，进行了物理方面的实验，并
对《圣经》进行了探究。正是在西雷庄园，他完善了自己的证据并阅读了
大量文献，这些都被他后来在18世纪60年代和70年代时用于反对天启
宗教。他帮助夏特莱夫人编写了《"创世记"考》。这部有分量的手稿虽
然书名简朴，却对《圣经》从头到尾，即从《创世记》到《启示录》做了通
彻的分析。他反复阅读了培尔的《历史批判辞典》、英国自然神论者的著
作以及卡尔梅神父的正统派《圣经》校注。卡尔梅尤为重要。正是在卡
尔梅这位严正的本笃会会士的引导下，伏尔泰及其情人穿越了《旧约》和
《新约》错综复杂的迷宫，获得了极其好玩也极具破坏力的宗教知识。如
果没有卡尔梅，无论是《"创世记"考》还是其衍生作品《哲学辞典》都不
可能写出来。

卡尔梅是一位在启蒙时代注定会成为牺牲品的虔诚信徒：他为人纯
真宽宏且专心致志。他很早就表现出对教职的使命感和对细节的专注执
著。他漫长而平淡的一生——1672年生于洛兰，1757年也死于洛兰——

362

---

1 这段话正是出自吉本攻击的《百科全书绪论》(见达朗贝尔：《全集》，第1卷，第154—155页)。吉
本虽然是17世纪古文物研究者的公开辩护者和追随者，但也看到了他们的局限所在：他们不是哲学
家。他写道："我常常捍卫他们，但绝不狂热。我乐意承认，他们的方式比较粗糙，他们的工作有时
过于琐屑；他们的才智沉溺于学究式的博学，旁征博引地注释应该感知的事物；他们用编纂代替思
考。他们思想开明，知道自己的研究有用，但他们还不够理性，或者说还不够文明，不知道应该用哲
学的火炬引导自己"——他们本来应该做到，却没有做到。吉本：《论文学研究》，《杂文集》，第4卷，
第18—19页。

也是他单纯品格的体现。在16岁加入本笃会后,他全身心投入写作。在皓首穷经的岁月里,由于本笃会收藏有浩瀚文献,还由于18世纪时兴大部头著作,卡尔梅很容易乃至不可避免地生产出足以构成一个小型图书馆的作品。堂·卡尔梅热爱自己的家乡洛兰,为之撰写了历史。他发表了一篇关于吸血鬼的论文,试图对可靠的报道与迷信传说、真实的情况与虚构的异象加以分辨。不过,他把精力、耐心和自己的语言才能主要投入到对《圣经》的诠释中。他的《圣经的历史、考订、编年、地理与文学辞典》是一部四卷本的精编辞书。他的主要著作《旧约与新约全书的词语集解》则厚达28卷。这两部博大精深的著作成为必备参考书,伏尔泰在西雷乃至以后在费尔内时反复翻阅,并随时引用。实际上,当1752年9月伏尔泰在腓特烈大帝的宫廷里开始撰写《哲学辞典》时,他就发现自己离不了这两部著作,于是请一个朋友把卡尔梅的"《圣经》辞典以及他的集解全书"给他寄来。他还悻悻地来一句:"这个神圣废话的大集成里充满了不同寻常的东西。"[1]

伏尔泰发现的"不同寻常的东西"可分为两类。一类是关于卡尔梅的情况,另一类是卡尔梅知道的东西。启蒙哲人的基本策略是,用"博学者"的护教作品来反证他们的盲从轻信或麻木不仁,但是如果其中某些学问暗含着(或可以曲解为)对基督教的批评,那就据为己用。卡尔梅不是为大卫王的言行辩护吗?那他就是一个"弱智"。但是,他不是承认《诗篇》晦涩难解吗?那他就"比教会其他的编纂者明智一些"。卡尔梅不是说《希伯来书》有一个哲学体系吗?这就表明他"勤于编书而拙于思考"。他不是发现希伯来文原本的《创世记》第一章第一句不是"上帝创造天地"而是"众神创造天地"吗?他就变成了一位证明古代犹太人信奉多神论的可敬权威。卡尔梅不是不懂装懂地说约伯患的是梅毒吗?[*]由此可以嘲笑他是一个"深刻的哲学家"了。但是,他不是也承认耶和华的战争[**]非常残

---

[*] 约伯患病一事,见《旧约·约伯记》,第2章,第7—8节。
[**] 耶和华的战争,语出《旧约·民数记》,第21章。
1 伏尔泰致本廷克伯爵夫人,1752年9月29日,《通信集》,第21卷,第78页。

忍和血腥吗？这倒是可以放心地引用并加以认可。有时卡尔梅会在一段文字里造成双重效果。例如，他认为，次经福音共有39种，都源于上帝的启示。伏尔泰和夏特莱夫人既嘲笑他把这些奉为至宝，同时又利用他提出的数字，嘲笑早期基督徒呆傻轻信。[1]

　　卡尔梅不是一个富有想像力的考证者。他的见解常常十分天真，而且明显是在处处卫道。但是，他也不是伏尔泰在《哲学辞典》中偶尔提到他时描述的那种傻瓜或偏执狂——应该指出，伏尔泰的这部著作是在卡尔梅去世七年后发表的。卡尔梅不过是不谙世事而已。他甚至还热情款待过伏尔泰。1753年初，在与其庇护者（腓特烈二世）发生争吵后，伏尔泰蒙羞离开普鲁士宫廷。他无处可去，也无处可以久留：他的情人已经去世；他不可能留在普鲁士；法国当局也不允许他回巴黎。沮丧、烦躁、茫然。他在一个个高雅的住所之间漂泊辗转。到1754年春末，他在阿尔萨斯的塞诺纳修道院受到欢迎。卡尔梅正是那里的修道院长。在塞诺纳的图书室里，伏尔泰很放松地在笔记本上写道："今天，1754年6月23日，卡尔梅神父问我有什么新闻。我告诉他，蓬巴杜尔夫人*的女儿去世了。他问，蓬巴杜尔夫人是谁？简直是个傻乐呵**。"[2]卡尔梅的确是"傻乐呵"，但是他的"傻"不是伏尔泰指的那种"傻"。毋宁说，他有一种错误的假设，以为好客的态度和基督教的慈善也适用于一个千方百计推行自己信念的异教徒。这种假设既值得同情，也值得赞美。

364

2

　　不要以为大多数基督徒都像卡尔梅一样犯傻。尤其在法国，警觉而又有影响力的教士都对哲学的推进感到悲哀，并试图加以遏制。狄

---

* 蓬巴杜尔夫人是路易十五的情妇，对国家政策有很大的影响。

** "傻乐呵"原文是拉丁文 *Felix errore suo*，直译是，以错误（无知）为乐。

1 艾拉·韦德：《伏尔泰和夏特莱夫人》（Ira O. Wade, *Voltaire and madame du Châtelet*），1941年，第109—115页。

2 伏尔泰：《笔记》，第351页。

340

德罗主编的《百科全书》受到骚扰、被迫暂停乃至在1759年被查禁。这一过程表明，甚至那些最文雅的教会人士，一旦对自由思想的传播感到惊恐，就会变得多么恶毒：（耶稣会的）《特雷武月刊》如猎狗一般地追踪着每一卷《百科全书》，最初是吹毛求疵，后来则变成猖猖狂吠。但是，正如我前面说的，这个时候基督徒正忙于兄弟残杀，不可能认真对付真正的敌人。他们正在全力清除耶稣会，因此只是把《百科全书》驱赶到地下，无法制止它的印行，只能无奈地看着它在私下里销售。

耶稣会士对《百科全书》的指控中有一条就是剽窃。如果说就许多细节而言，这一指责并不能成立（大多数百科全书的撰稿人都很谨慎地列出资料来源），那么就其实质而言，这一指责是正确的，甚至比精明的耶稣会士猜想的更能得到证实：公开承认资料来源远比公开的剽窃更能有效地掩盖他们为了一贯的哲学目的而盗用宗教学术的做法。狄德罗是《百科全书》的主编，而且不知疲倦地撰写了各种题目的辞条。在《百科全书》撰稿人中，他最善于抄袭，交代资料来源时虽然坦率却最无诚意。在他的受害者中，最突出的是约翰·雅各布·布鲁克。[1]

365　　布鲁克是自己那个时代典型的学者。当时欧洲流行大型文献编纂之风。这些文献集成带有坚定的信念、党同伐异的狂热、学究式的博学以及可靠的资讯的印记。布鲁克生于1696年——比伏尔泰小两岁，比狄德罗年长17岁。他在耶拿学习时，深受沃尔夫的先驱之一、虔敬派神学家约翰·弗朗茨·布多伊斯*的影响。与弟子布鲁克一样，布多伊斯将批判精神、信仰主义和哲学折中主义很好地融为一体。与布鲁克一样，他告诫人们：因为理性有严重的局限性，任何哲学体系或神学体系都不能宣称拥有全部真理——但是，因为是上帝让人有了理性，人就有义务把理性应用到极限。

---

* 约翰·弗朗茨·布多伊斯（Johann Franz Buddeus, 1667-1729），德意志哲学家和路德宗神学家。
1 在"哲学"这个辞条里，狄德罗谦虚地指出，有关哲学史的辞条不过是一些摘要，想要深入研究这个问题的读者可去看"布鲁克先生先后用德文和拉丁文发表的大作《批判哲学史》"。读者在那里会找到"令他们心满意足的丰富资料"。狄德罗：《全集》，第16卷，第280页。

　　这种理性却又非常虔敬的神学主张与新的科学气质有许多相通之处。这种情况典型地体现了路德宗思想的演进：正在摸索一种对基督教证据的批判态度。值得注意的是，布鲁克热情称赞培尔的工作，并竭力为培尔的人品辩护：尽管二人的宗教世界观不同，但都喜欢嘲笑和抨击僧侣的权术和玩弄神迹的骗子。虽然二人都对理性持怀疑态度，但更愿意多批评宗教狂热者，少批评理性主义者。我前面已经指出现代新教徒与启蒙哲人有许多共同之处，而布鲁克的哲学史著述恰是一个证明：布鲁克嘲笑"黑暗的"中世纪，斥责经院哲学的"倒错"，宣称"学问的复兴"即是文明的再生，颂扬牛顿，称赞摈弃了宗派主义和偏执的哲学家——他就像启蒙哲人中的一员在发言。但是，他从来不属于这个小群体，因为对于他来说，哲学太容易出错，从来不过是信仰的附庸。布鲁克是一位信仰虔诚、学识渊博、思维清澈而且喜好辩论的历史学家。如果说他对启蒙哲人为改变基本思想方式进行的斗争有所助益的话，他本人并没有意识到这一点，而且这也违背他本人的最高意愿。

　　正如狄德罗指出的，布鲁克先后用德文和拉丁文发表了他的哲学史，（出拉丁文版可能是因为当时有教养的欧洲人很少有人懂得德文）。这是一部大部头的杰作：条理分明、分析精到、富有批判精神和历史感。最后一卷是在1744年问世的——恰在一年以后，狄德罗与几个法国出版商签订了一个合同，计划编辑一部宏大的百科全书。

366

　　狄德罗发现《百科全书》的编纂工作既麻烦累人又有刺激性——他承担的这样一桩繁琐的杂务变成了一项使命。他需要与贪婪的出版商讨价还价，安抚情绪波动的撰稿者，回应教会方面的批评者，应付随心所欲的政府官员，当然还要审校没完没了的校样。不仅如此。狄德罗是一个兴趣广泛且精力充沛的学者，他亲自撰写了许多辞条来满足自己的兴趣和发挥自己的精力。他的狂热工作会有可以想见的结果。他不断受到教会和政府的骚扰，而且忙得四脚朝天，因此常常需要寻找捷径——这是在他之前和在他之后的百科全书编纂者都会采用的方法：抄袭他认为可靠的或意气相投的权威著作。《百科全书》中狄德罗名下的辞条从培尔的《辞典》、巴纳热*的《犹太人史》，尤其是布鲁克的《批判哲学史》中引用大量的掌故、句子，甚至整页文字。

　　这种情况大体上也理应如此，因为百科全书不是学术期刊。狄德罗对当代文献如数家珍，而且像所有的法国学子一样，了解法文和拉丁文的经典作品。但是，正如那个时代有其自身的局限，狄德罗的学识也有局限。因此，在他赞同布鲁克的观点之时（如关于折中主义的辞条），或需要一些掌故时（如论述马基雅维利的辞条），或想用一个坚实的套路来论述一个大题目时（如关于希腊哲学的辞条），或对一个想收入《百科全书》的题目完全不懂时（如关于德国学者克里斯蒂安·托马西乌斯的辞条——布鲁克称赞他是德意志启蒙运动的开创者，狄德罗肯定没有读过他的书，甚至可能从未听说过这个人），他会逐页或逐段抄录布鲁克的书。不过，即便在抄译时，狄德罗也难以自抑：他会改变原文的语调，巧妙地加入反教权主义的说法，删去可能对他喜爱的哲学家不利的资料。狄德罗基本上抄写了布鲁克论伊壁鸠鲁主义的文章，不过，他把那些干巴巴但准确的记述改成激情四射的鼓动文字。狄德罗还直接抄译了布鲁克论述斯多葛主义的文章中的许多段落，但是他一边抄袭，一边与原作者争辩。布鲁克对斯多葛派十分反感。他认为，斯多葛派享有良好的声誉，靠的是他们的学说与基督教在表面上的相似，这种相似乃是缘于他们直接抄录基督教学者的著作。布鲁克笔下的斯多葛派是一些吹毛求疵的小人、最坏意义上的折中主义者、头脑空空的文字编纂者、表面上鼓吹清静恬淡的伪君子。很显然，狄德罗不可能支持这样一种论断。毕竟他是一位特立独行的当代斯多葛主义者，也是罗马时代斯多葛主义的公开赞颂者，因为罗马时代的斯多葛主义更多的是致力于培养一种公共责任意识，而不是提倡清静恬淡。因此，狄德罗用同情的、稍有调侃的笔调描述早期斯多葛派，删减了布鲁克讲述的克吕西普**笑死或醉亡的不堪故事，捍卫斯多葛派的学说，反击那些批评者（其实是反驳布鲁克），批评斯多葛主义仅仅是为了进而婉转地

367

---

* 巴纳热（Jacques Basnage De Beauval,1653-1723），新教传教士，语言学家。

** 克吕西普（Chrysippus, 约公元前280年—前209年），斯多葛学派的代表人物。

批评基督教的伦理道德。他写到，人们指责斯多葛派"把繁琐的经院哲学引入了文雅社会；说他们误解了自然的力量，说他们的伦理学是脱离实际的，说他们激发人们的狂热情绪而不是启迪人们的智慧。或许如此。但那是多么了不起的狂热！这种狂热让我们为美德而牺牲，让我们的心灵保持极其宁静、极其坚定的状态，使得我们受到最钻心彻骨的痛苦也不会叹一口气，洒一滴泪！……普通的哲学家是与常人一样的血肉之躯，而斯多葛主义者是铁人。你可以打折他的腰，但他绝不会呻吟抱怨……基督教的道德是一种淡化了的芝诺主义，因此容易被广泛践行；但是，恪守这种道德的人为数不多"。[1]于是，与通常一样，这位启蒙哲人两面皆赢：如果异教哲学有什么缺陷，那么基督教也有份；但是它若有什么优点，基督教则没份。狄德罗是布鲁克著作的翻译者，但是无论从好的方面看还是从坏的方面看都不仅如此：这位异教的百科全书编纂者整页整页地抄译基督教的权威作者，意大利有句老话 *traduttore, traditore*（翻译者即背叛者），在某种意义上可用在他身上。

368

3

　　所有的启蒙运动参与者都是在基督教鸟巢中寄生长大的杜鹃；其中最有辨识能力的莫过于吉本了。吉本是一个启蒙哲人，乐于通过编纂基督教在古罗马时期兴起的历程来抨击当代的基督教。不过，吉本是一个稍有不同的启蒙哲人：他以自己能够集敌对两家之长于一身而感到自豪。他既是博学者马比荣的拥趸，也是启蒙哲人孟德斯鸠的门徒，既是蒂耶蒙*的继承者（虽然他不愿意承认），也是伏尔泰的追随者。

---

* 蒂耶蒙（Louis-Sébastien Le Nain de Tillemont，1637–1698），法国波尔罗雅尔修道院修士、历史学家。

1 狄德罗："斯多葛主义"，《全集》（"Stoïcisme", *Œuvres*），第17卷，第208页。狄德罗因行文仓促，拿不定主意，就会不知不觉地袭用布鲁克的态度。因此，他对罗马时代的斯多葛主义也只能敷衍处理（但在其他文章里则以极大的热情展开对这个题目的论述），这个辞条的结尾也是以布鲁克的典型方式来概括的：罗马人在哲学方面"毫无创造"，他们"把时间用于学习希腊人的发现"，因此"在哲学方面，世界的主子们也不过是学童"。"罗马人（伊特鲁利亚人和罗马人的哲学）"辞条，《全集》（"Romains [Philosophie des Étrusques et des Romains]", *Œuvres*），第17卷，第34页。

因此，在利用基督徒的学术成果时，吉本处于特别有利的地位，而且，他既展现出特有的尊重学问的态度，又随时发挥同样特有的反讽技巧。他用近乎宫廷式的优雅姿态进行一次次的突袭，只是因其阴柔恶毒和对宗教的一贯鄙视而偏离客观性。他的《自传》以及《罗马帝国衰亡史》的脚注充满了辛辣的鸣谢。吉本的受害者博索布尔是一位博学的胡格诺派教徒，在南特敕令被废除后离开法国，在柏林成为一位杰出的讲道者。吉本正是利用了博索布尔的《摩尼教历史考证》一书而越出了雷池。通过博索布尔，吉本了解了诺斯替派以及其他异端教派的复杂历史，而且，由于博索布尔惊人的坦率和情感的投入，吉本写出了内容丰富但语气刻薄的关于早期基督教偶像崇拜的描述。吉本很圆滑地表示，博索布尔"是一

369 位新教徒，但也是一位哲学家"，这个"但"就颇有意味——有点放肆，却袒露真情。[1]

吉本还有其他的信仰虔诚但也带有哲学意味的向导。他像一个饕餮者享用那些人的学术贡品。当吉本回忆自己如何开始用铭文学院出版的著名《研究汇编》来建立自己的私人藏书时，我们现在还能感觉到在那抑扬顿挫的文字后面洋溢着的激情："我不能忘记我拿一张20英镑的钞票买到20卷《研究汇编》时的喜悦。用同样数目的开支取得这么巨大而持久的理性消遣的宝库，可是不容易的。"[2]吉本说得好——他从来都说得很好——《研究汇编》的杰出之处在于"这些研究集中了见识、文雅和博学"以及"一种只容纳新发现的、谦逊而健康的无知状态"[3]——坦率地说，在这组品质里，前三种在吉本的著述里比后一种要明显的多。

当吉本开始写《罗马帝国衰亡史》时，他手边总是放着一些专业参考书，其中最重要的是蒂耶蒙的著作。蒂耶蒙是17世纪詹森派修士，对

---

1 吉本：《罗马帝国衰亡史》，第3卷，第214页，脚注3。他还表示，博索布尔"以无与伦比的技艺将自己的见解编织成系统的线索，并且使自己依次化身为圣徒、智者和异端。但是他的精致加工有时太过分了；他暴露出对弱者一方的温情袒袒；当他对诽谤之词保持警惕之时，他也不允许迷信和狂热大行其道。详尽的目录将把读者直接引导到他要考察的要点"——这很难说是热情的颂词（第5卷，第97页）。

2 吉本：《自传》，第121页。（中译本，第95页。——译者注）

3 同上。

早期教会进行了严谨的研究。他给吉本提供了大量准确可信的资料。吉本写到《罗马帝国衰亡史》后面的章节时深深感到这种资料的缺乏。蒂耶蒙的教会史截止到公元6世纪,人们常说——不怀好意但也不无道理——吉本的大作中论述公元6世纪以后的章节质量明显地下降。的确如此,在后面的章节里,不确定的知识取代了有明确注释的知识,偏见淹没了冷静态度。吉本本人对此也有感觉:他以罕有的热情提到蒂耶蒙著作中那种"不可模仿的准确性",说那"几乎是天才的品质"。在第47章记述"道成肉身"观念在早期基督徒中的复杂演变时,他用只是稍稍带点偏见的赞词向自己的基督徒导师告别:"在这里,我要永远离开这位无与伦比的向导了——他的偏执已经被博学、勤奋、诚实以及一丝不苟等优点大大抵销了。"[1]

吉本也没有忽视伟大的本笃会修士马比荣和蒙福孔。这二位是史学研究方法和文献考证的杰出先驱。吉本熟悉并称赞马比荣在1681年写成的《论古文书学》——该论著阐述的验证古代文献真伪的原则至今未被超越。吉本也熟悉并使用蒙福孔编辑校订的教会早期希腊教父们的著作。尽管他敬佩这些虔诚的学者,从他们那里学习和引用实例、解释,但是他的反宗教的火气让他片刻不得安宁。他在一个注释里表示:"有关圣伯纳德的最真实信息应该出自他本人的著作,那是由马比荣神父勘订的、1750年在威尼斯再版的6卷对开本。无论好友的回忆还是迷信的附会,都包含在第六卷中其弟子撰写的两篇传记里:凡是学问和考证能确定的东西,均可见之于这位本笃会修士的几篇前言。"[2]这段讥讽之词有点无趣,有点难以自抑的絮叨和使坏,在现代读者看来就没有什么杀伤力。但是,这个注释也提醒我们:启蒙哲人如同一批传教士,他们机智过人却索然无趣;为了自己的天职,他们随时准备利用敌人提供的最好东西,毫不留情也绝不感激。

370

371

---

1 吉本:《罗马帝国衰亡史》,第5卷,第132页脚注。
2 同上,第6卷,第332页脚注。

二、卢克莱修的使命

1

就对宗教的深恶痛绝而言，没有什么人比启蒙哲人更贴近卢克莱修了。卢克莱修当然会给他们提供他们最喜欢的说法："宗教所能促成的邪恶竟如此之大"。孟德斯鸠引用过，霍尔巴赫也引用过。第一代启蒙哲人与最后一代一样坚信，他们是被历史召唤来揭露甚至来消灭这些罪恶的。

我们知道，随着18世纪的进展，这种信念表达得越来越刺耳了。启蒙运动的发言人变得越来越激烈，就像帝国主义者一样不断扩展他们的纲领：得到的越多，要的就更多。论辩的胜利没有成为达成和解的契机，反而成为把战争进行到底的动力。1715年，当路易十四去世时，法国最富有想像力的反教权主义者也只是私下里泄愤，只是要求在教会内进行一些改革。他们的理想是建立类似于英国圣公会的教会——通情达理、没有政治权力、无意于压制思想的自由交流、毫无宗教狂热、受人尊重的国家教会。1788年，当路易十六召集三级会议时，尚存的启蒙哲人则要求彻底废除国教制度，建立一个世俗国家。到了这个时候，甚至从更早的时候起，原先那些放浪贵族的玩闹式大胆言辞已微不足道了，霍尔巴赫和狄德罗之类作家的进攻性呼啸则广为流行。在较早时候的一封信里，狄德罗对自己在朗格勒的亲友说，基督教用"手中的火与剑"，用凶杀来服侍上帝，从那些满腔愤懑的病态教徒中招募自己的仆从——修士和修女。[1]十年后，他给刚刚拜访过伏尔泰的达米拉维尔讲了一个关于宗教起源的奇异寓言：有一个厌世者躲在山洞里想着如何报复人类，他走出山洞大喊："上帝，上帝！"于是，在宣布了这个"可恶的名字"之后，从这一天起，人们就开始"争吵不休，彼此仇恨，相互厮杀"。[2]在所有维护这个可恶名字的邪恶机构里，

372

1　狄德罗致朗格勒的亲友，1755年1月6日，《通信集》，第1卷，第175—176页。
2　狄德罗：1756年9月12日，《通信集》，第5卷，第117—118页。

基督教肯定是最恶劣的那一个。但是，随着时间推移，狄德罗开始相信，基督教的日子屈指可数了。1768年，他对索菲·沃兰说："炮弹雨点般投向上帝的房子"；"巴比伦的大淫妇"有可能很快就会让位给"反基督者"。[1]不过，当人们的生活充满希望之时，危险并没有过去，狄德罗担心"受伤的野兽临死前会做最后的挣扎"。[2]

　　这种言论是很激进的，但是在其他国家也有类似的言论，只是语调稍微温和一些。在德意志，随着历史考证、理性主义形而上学和英国自然神论的传播，在18世纪初出现了最早公开但谨慎挑战正统的声音。到70年代，当莱辛的神学思想遭到围攻之际，至少在知识分子中间，自然宗教显然已经成为基督教的一个强劲竞争对手；巴泽多*和维兰德等启蒙学者发表揭露迷信、捍卫哲学的短文，激怒了那些虔诚的信徒。在意大利，反教权的宣传形成愤怒控诉的高潮，被教会不无道理地视为反基督教、至少是反天主教的异端邪说，因此遭到当局的无情镇压。那不勒斯的天才历史学家詹农**对罗马教会的历史进行了毫不留情的批判。他在1723年发表巨著《那不勒斯王国内政史》，书中逐一抨击了宗教裁判所、僧侣的财富、修会的堕落、禁书目录、教皇革除异己教籍的权力，还将现代教会的腐败与使徒时代的纯洁做了对比。他因此被迫流亡，过着漂泊不定的生活，直到1736年在撒丁被捕，具有讽刺意味的是，他是在复活节那天领圣餐时被捕的。他在1748年死于狱中。在意大利北部，贝卡里亚私下里为达朗贝尔抨击耶稣会的著作拍手叫好。他在给达朗贝尔的信中写道："哲学家们完全是从人道和科学的角度看出耶稣会犯的错误。"[3]诚然，只有少数人拥有这种情感——当托斯卡纳的利奥波德大公***禁止宗教兄弟会和关闭路边神龛时就引发了民众的暴动——但是这个少数派的人数和胆量都在与日

373

---

*　　巴泽多（Johann Bernhard Basedow, 1724–1790），德意志教育家、启蒙思想家。

**　　詹农（Pietro Giannone, 1676–1748），意大利历史学家。

***　利奥波德大公（Leopold ,1747–1792），1761年继任托斯卡纳大公，1765年继任奥地利大公，1790—1792年任神圣罗马帝国皇帝。他是启蒙运动的温和支持者。

1　狄德罗：1768年11月22日，《通信集》，第8卷，第234—237页。

2　狄德罗致大卫·休谟，1768年2月22日，《通信集》，第8卷，第17页。

3　贝卡里亚致达朗贝尔，1765年8月24日，《意大利启蒙学者》，第3卷，第199页。

俱增。在英国，对宗教的批判从自然神论者手中传递给休谟、边沁以及其他功利主义者，而这些人几乎都是毫不妥协、仗义执言的世俗主义者。

虽然启蒙哲人之间的差异绝不可以忽略不计，但是这些变奏共同演绎了一种把他们凝聚在一起的激情。这是亟欲治疗宗教这种精神疾病的激情，因为宗教是传播愚昧、野蛮、虚伪、淫猥乃至最恶劣的自我鄙视的病菌。[1]诚然，正如他们的诊断意见各不相同，他们开出的处方也不一样。无神论者把自然宗教的简单教义简化成对大自然的庄严性的生动比喻，而怀疑论者则质疑自然宗教的真理是否能得到证实。但是二者都赞同自然神论者的观点，认为只有自然宗教是可以容忍的，是通情达理而值得尊重的，因为这种宗教没有神迹、教阶制、膜拜仪式、救世主、原罪、选民，也不讲天意决定的历史。其他所有的宗教都应用手术摘除：这就是伏尔泰的著名口号"消灭败类"的含义。这也是其他启蒙哲人的口号。

374

2

这个义愤填膺的纲领的根底深藏在基督教文明之中。这是一个反教权主义和怀疑主义的纲领。但是，不仅如此。奚落僧侣，哀叹他们的腐败、俗气和背离职守，这是多少世纪以来有教养的人乃至没有文化的人都喜欢念叨的事情。这种批评有时出自圣徒的感慨——历史上有一些反教权主义的伟大基督徒，而且正是因为反教权主义，他们才成为伟大的基督徒；有时出自一些粗俗的流言蜚语，出于对有特权的识文断字的僧侣的怨恨。但是，不论是上述哪一种批评，它们都不会危及宗教乃至僧侣体制。这些批评有助于释放敌意和怨气，偶尔也会促使教会自己进行改革。同样地，对于神迹或其他基督教的证据的质疑本身也是相对无害的，因为这种怀疑态度仅仅限于精神解放的小圈子里。只有与自然主义世界观、世俗伦理体

---

1 当然，在这方面，启蒙哲人中也有一些例外，尤其是孟德斯鸠、杜尔哥和莱辛。他们主要从历史作用的角度，在各种宗教中给予基督教一个特殊地位。即便如此，他们也赞同多数人的看法，认为这个天启宗教已经丧失了活力，在18世纪成为一种有害的残留物。我在本书第二卷将会讨论启蒙哲人使用的医学比喻。

系, 尤其是无往不胜的科学方法结合起来, 反教权主义和怀疑主义才变成了政治力量。因此, 创造对启蒙运动的卢克莱修使命非常友好的氛围, 绝非培尔或伊拉斯谟一两人之力所能成就, 而是培尔、伊拉斯谟与牛顿、洛克联手的结果。剩下的工作则是靠教士的背叛来完成。

　　第一批投身这一使命的现代人是英国的自然神论者。今天他们的声誉并不太高, 他们的著作已无人问津, 实际上大部分已不堪卒读。实际上, 当伯克在18世纪末非常轻蔑地对这些人盖棺论定时, 这些人的风头早已过去了。但是, 尽管他们的思想局限非常明显, 而且他们在巴特勒主教和大卫·休谟那里遭到惨败, 他们的历史意义毕竟不可小觑: 他们重新描绘了欧洲的宗教地图。他们或许不太深刻, 但肯定是敏锐的思想者, 善于发现自己对手的弱点; 此外, 无论他们的核心原理有什么不足之处——按照他们的核心原理, 上帝被比喻成钟表匠, 在时间开始之初就赋予这个世界以伦理法则, 任何人都可以通过独自运用自己的理性来发现这些法则——这种哲学还是具有情感吸引力和逻辑说服力的。歌德见证了德意志思想的自然神论阶段。他正确地指出, 在牛顿科学盛行、常识受到推崇的环境里, 自然神论乃是可以采纳的完全合情合理的宗教。自然神论者是带着恰当的主张出现在恰当的历史时刻。他们之所以逐渐淡出, 主要不是因为他们在辩论中被击败, 而是因为他们的学说和批判已经变成老生常谈, 也就是说, 被人们广泛接受了。

　　英国的自然神论者是一个真正的思想学派, 是由一些惺惺相惜的知识分子组成的松散联盟。其中个别人, 如伍尔斯顿*, 性情古怪, 近乎精神失常。更多的人, 如安东尼·柯林斯则是令人尊敬的形而上学学者和头脑清醒的绅士。但是他们都是这个无情辩论时代的无情辩手。虽然他们会随着时代推进而修改他们的论证, 但他们的立场在半个多世纪里保持不变。

　　这种立场确实尖锐有力, 足以刺痛像理查德·本特利这样的学者和像

375

---

* 伍尔斯顿 (Thomas Woolston, 1670–1731), 英国自然神论者。

斯威夫特这样的讽刺作家。这种力量缘于在启蒙哲人的著作那里也能看到的破坏动机与积极动机的快乐结合。[1]除了少数例外——伍尔斯顿是其中最极端的——自然神论者总是在宣称，他们对神迹或教士权术的抨击，完全是为了实现一个纯粹的、自然的基督教。托马斯·摩根[*]等自然神论者甚至把自己的主张称作基督教自然神论。诚然（在这方面他们也是启蒙哲人的先驱），许多自然神论者都小心谨慎地伪装自己，千方百计地避免当局的挑剔。这样做是有原因的：约翰·托兰德在欧洲大多数上流社会都不受欢迎，托马斯·伍尔斯顿因为无力支付犯亵渎罪的高额罚款而死于狱中。这两人都不循规蹈矩，都没有自我约束的能力，但是他们都是因为自己的观点，而不是因为自己的性格而受到迫害：与他们一样精神不正常的圣公会牧师照常占据着大学教职或过着有名有利的生活。诚然，他们自称是一种没有启示的基督教的捍卫者，这种说法往最好里看也是自相矛盾的，在大多数情况下是一种伊索式的遁词。但是无论他们是谨慎的异教徒还是不合逻辑的基督徒，这些自然神论者之所以有干劲，不仅仅出于愤懑，而且也由于理想主义的驱动。与他们在欧陆的最著名的拥趸伏尔泰一样，他们破坏是为了建设。

虽然自然神论者也有一些分工，但他们都对天启宗教全线开火。基督教的逻辑、伦理以及社会后果都是他们的靶子，但是在自然神论者的战略里，基督教的逻辑被认为是决定性的。基督教的禁欲主义可以摈弃，基督徒的行为准则可以修正，但是基督教要么是绝对正确的，要么是绝对错误的，要么是神圣的，要么什么都不是。直到18世纪中期，对于信仰者而言，讲盖然性是不足以支撑宗教信仰的；当巴特勒主教在《宗教的类比》（1736年初版）中批驳自然神论，认为基督教与世间万物一样依赖盖然性时，他不仅消弱了自然神论的反驳理由，其实也承认了自然神论的论证力量。

---

[*] 托马斯·摩根（Thomas Morgan, ?-1743），英国自然神论者。

[1] 在本书第522页，我对莱斯利·斯蒂芬在《18世纪的英国思想》一书中关于英国自然神论者的分析做了一个简短的批评。

约翰·托兰德是洛克不会喜欢的私淑弟子。他第一个全面展开了这种逻辑论证，而且很有说服力，以至于后来的自然神论者，如柯林斯、伍尔斯顿、廷德尔、米德尔顿，等等，常常会到他的著作里寻找论点和论据。托兰德的《基督教并不神秘》就是基于一个简单的理性主义命题：惟一名副其实的宗教就是合乎情理的宗教。既然基督教在原初时正是这样的宗教："福音书中没有违背理性或超越理性的东西。"[1]这个主张让人想起17世纪的基督教理性主义者；洛克就曾主张，启示不过是扩展了的理性，是对会犯错误的人类的一个宗教支持，绝不会与理性冲突，反而会增强理性的力量，并且能够帮助人把握信仰的奥秘。但是这种相似只是一种假象：洛克和托兰德使用的词汇或许相去不远，但他们的推理论证则大相径庭。在托兰德那里，"理性"表示的是日常言语里的意思：什么东西在通情达理、懂得反省、受过教育的人看来是非理性的，那它就是非理性的。托兰德并不害怕由此而作出推论：因为基督教说到底是通情达理的，它的证据应该而且看上去也是通情达理的。包裹着基督教的种种神秘不可能是上帝计划中的一部分，也不可能是表明人的理解力太差的证据；它们应该是有意制造出来的神话。托兰德认为，基督教遭到了篡改。要是没有神秘作为"借口"，"我们决不会听到变体论以及罗马教会的其他一些可笑的无稽之谈；也不会听到任何东方的糟粕，那些东西几乎都被吸收到西方的污水池了。"[2]在新教国家里，通过揭示罗马天主教的荒诞之处而攻击整个天启宗教，这是人们喜欢使用的论辩策略。但是，托兰德鄙视这种伎俩。他把所有的三位一体教义、路德宗的圣体圣餐合一说乃至阿里乌派的教义统统归入东方的糟粕：正是改变信仰的犹太人和充满迷信的外邦人把种种神秘说法引进基督教，给基督教造成了永久的伤害。

从批判神秘性到批判记载这些神秘的文献和兜售这些神秘的教士，

[377]

---

[1] 托兰德：《基督教并不神秘，或证明福音书中没有任何违背理性或超越理性的东西》（Toland, *Christianity Not Mysterious, Or a Treatise Shewing, That There Is nothing in the Gospel Contrary to Reason, nor ABOVE it...*），1696年。

[2] 同上，第25页。（中译本《基督教并不神秘》，张继安译，北京，商务印书馆，1989年，第16页。——译者注）

仅仅一步之遥。托兰德在《弥尔顿传》（1698年）和《阿敏托尔》（1699年）中对福音书的真伪提出了质疑。此前他在《基督教并不神秘》里已经指出，教士们一直维护着这些荒谬的神秘说法，"因此我们为了作出解释就必须经常依赖他们。"[1]人或者生来迷信，或者被培养成迷信，但之所以会一直迷信，那是贪图权力的教士阶层造成的。因此托兰德就把直截了当的理性主义与对《圣经》的自然主义解读以及传统的反教权主义结合在一起，鞭笞历史上各种形式的基督教，只有人子耶稣的原始教义——基本上是想像中的教义——不在抨击之列。

378 安东尼·柯林斯与托兰德不同，是一个洛克信徒，而且洛克很高兴有他这样一个弟子。但柯林斯对托兰德的论证方式基本上是亦步亦趋。他斥责教士们伪造宗教文件，敦促人们自由地运用自己的理性，批驳宣扬神迹的无稽之谈，幸灾乐祸地号召人们关注神学家们无休无止的争吵，主张像读其他书籍一样来读《圣经》——在这些方面，他都很像托兰德。只有在谈到先知预言的权威时，他有独到之处。

自现代圣经考证之初，基督教的辩护士们就懂得，《旧约》中的预言至关重要。令许多洛克同时代的虔诚教徒愤怒的是，洛克认为，一个好的基督徒只需相信，基督是《旧约》中的先知预言的犹太弥赛亚。这就是他需要相信的全部东西，而他应该相信这一点。柯林斯不但没有批驳这种看法，反而把它改造成自己的论点：基督教的证明就在于先知预言不折不扣的实现；《新约》的神圣权威则依赖于《旧约》包含的神圣真理。但是，柯林斯补充说，我们可以证明，这些预言并没有不折不扣的实现。如此一来，还有什么可说的呢？多少个世纪以来，基督教的辩护士声称，这些预言是通过基督的生平，以寓言的方式而不是按照字面所说的方式实现了。但是，柯林斯指出，利用寓言的规则，也就意味着给任意发挥打开了大门；几乎无论什么事情都可以说是在先知那些隐晦不清的说法中已经预言过的。由此，柯林斯的逻辑推理就导致了他所说的"基督教面对的难题"是不可

1　托兰德：《基督教并不神秘，或证明福音书中没有任何违背理性或超越理性的东西》，第26页。（中译本，第17页。——译者注）

克服的：相信先知预言会如其字面那样实现的信仰者会显得天真幼稚；而用寓言来解释的信仰者则成为诡辩者。在这个渴求可信证据而又因刺耳的争吵而困惑的时代，这是一个简单而有力的论证。

　　柯林斯最早是在1724年发表的《论基督教的根据和理由》一书中进行了这一论证。伍尔斯顿在1727—1729年发表的《神迹六论》中进一步推演了这个论证，使之超出了常人的理解和品位。先知曾经预言了基督教最核心的神迹，即道成肉身，柯林斯也证明了这些预言既不可思议也没有实现；伍尔斯顿则进一步尖锐而激烈地主张，柯林斯的批判适用于《新约》报道的所有神迹——它们都是寓言，也就是说，都是故事。有些故事让人高兴，少数故事有道德寓意，但大多数都是阴险的谎言。所谓由耶稣完成的奇迹不过是一些可笑的传说；童贞玛利亚绝非神仙般的纯洁，而是会犯错误的人；基督复活纯粹是"人类迄今遭遇的最无耻、最骇人听闻的骗局"。[1]伏尔泰非常欣赏伍尔斯顿的论辩，从他那里借用了一些论点，但做了文字加工。伏尔泰在晚年时回忆说，"在他（伍尔斯顿）之前，没有人如此大胆放肆。他把神迹和基督复活当作幼稚而夸张的故事。他说，耶稣基督在为那些已经喝醉的人把水变成酒时，他应该是在勾兑酒水，制作潘趣酒。"[2]的确，伍尔斯顿假借一个犹太牧师之口，提供了一个激烈的纠正办法：头脑清醒的基督教牧师在仔细考察《新约》之后只能得出一个结论，那就是"放弃他们的宗教和放弃他们的教会"。[3]

　　这番言论真是惊世骇俗，但是还有一些自然神论者，尤其是廷德尔，用不那么夸张的语言得出了类似的结论。1730年，即伍尔斯顿因亵渎罪入狱那一年，廷德尔发表《和宇宙一样古老的基督教》。书中交织着强烈的反教权主义、对《圣经》的嘲讽怀疑以及对自然的理性宗教的热

379

---

[1]　伍尔斯顿：《神迹六论》，1729年，收入马丁·克里德和约翰·博伊斯编，《18世纪的宗教思想》（*A Sixth Discourse on the Miracles of our Saviour, Religious Thought in the Eighteenth Century*, eds. John Martin Creed and John S. Boys Smith），1934年，第66页。

[2]　伏尔泰："致某某王公先生的书简，讨论拉伯雷等说基督教坏话的作家"，《全集》（Voltaire, "Lettres à S. A. Monseigneur de Prince de *****, sur Rabelais et sur d'autres auteurs qui ont mal parlé de la religion chrétienne", *Œuvres*），1767年，第26卷，第485页。

[3]　伍尔斯顿：《神迹六论》，第67页。

烈而深厚的信念。那种理性宗教是铭刻在所有博爱的心灵里的，是任何人，无论智力高低，都可以接受的。教士们不但没有去实现自然宗教的目标，反而一直在败坏自然宗教："教士们在为教会着想的借口下"，煽动人们"喧嚣、哗变、闹事和造反"；仔细看看"教会史"，就会发现教士们与世俗权力结成联盟："最坏的君主最有把握，知道自己哪怕实行最卑劣的计划，也能得到教士们的支持。"[1]只有理性思考才能完善理性；只有有道德的人，敢于批评和无所顾忌地运用自己头脑的人，才能发现上帝制定的法则并追随着上帝。"最初的基督徒相信，自然宗教和天启宗教是完全一致的；后者的优越性就在于它是前者的再版"——最初的基督徒的信念是对的。[2]在这种自然的理性宗教信念和这种把宗教与道德等同起来的态度衰落之后，在很长时间里，廷德尔的"自主自律的人"的理想以及他对天启宗教及其维护者的批判，对于许多读者来说依然具有活力。

3

到1730年代初，大多数自然神论倡导者已经完成了自己的工作；接下来基本上是模仿者的事情了。米德尔顿的《自由探究》基于历史证据来批驳神迹。该书于1748年问世，是一个迟到的成果，因为那一年大卫·休谟以其著名的论神迹一文加入神学争论。此外，米德尔顿理智的历史论证对于自然神论来说是一把双刃剑。但是，当自然神论优雅地退出英格兰的舞台，小说取代神学论辩而赢得读者时，自然神论则在欧陆找到了现成的听众。德意志的文化尚未定型，特别容易接受外来影响。许多受过教育的德意志人喜欢给沃尔夫的通俗但比较温和的基督教理性主义添加一些英国自然神论的活力。克里斯特洛布·米利乌斯*是一个有冒险精神的报人，

---

*　米利乌斯（Christlob Mglius, 1722–1754），德意志报人，与莱辛是表兄弟。

1　廷德尔：《和宇宙一样古老的基督教》，1732年，第254页。

2　同上。

曾经给年轻的莱辛留下深刻印象。他公开赞扬"满腹学识的托兰德"和"盘根问底的伍尔斯顿"。[1]廷德尔的《和宇宙一样古老的基督教》的德文版于1741年问世。其他的自然神论著作也接踵而来，其中有些是由施帕尔丁这样的自由派神学家翻译的。一些大众杂志刊登对英国激进文献的赞美书评和大段摘录。没有耐心的读者就转而阅读这些杂志。英国的自然神论在德意志地区愈益受到欢迎，这让正统派怒不可遏，也让当局十分惊恐。

381

当然，让自然神论在德意志保持活力的人是莱辛。他以争论为乐趣，把论辩视为文化必需的新鲜血液。1774年到1778年间，他发表了赖马鲁斯《为理性的上帝崇拜者辩护》的一些片断，即著名的《沃尔芬比特尔片断》，引起了轩然大波。单独看，每一个片断都激进却不新鲜，可放在一起就耸人听闻了。第六个片断质疑基督复活的历史真实性，就招致了激烈的反驳，使莱辛陷入一生中持续时间最长、双方言语最尖刻的一场论战。这使他非常忙碌，但他大概也乐在其中，因为在1778年，他在遭到批评者持续激烈的骚扰之后，发表了计划中的最后一篇、也是最长的和最具煽动性的赖马鲁斯手稿片断《耶稣及其门徒的目的》。这个片断把耶稣描述成一个传统守旧的犹太人，相信自己是《旧约》中预言的犹太弥赛亚，受神的召唤来建立一个人间王国：他是一个仅仅在乎犹太人的、具有超凡魅力的民族领袖。最初，他的门徒是拥戴他为领袖的一群狂热弟子，相信这个有限的使命，但是在他死后，他们把他的纲领普世化，把他的人间王国变成一个天国，并且改编耶稣的生平故事，使之适应他们的新目的。换言之，福音书中的许多内容要么是添枝加叶，要么是彻底的伪造。因此，历史上的基督教就是一个巨大的骗局。

这就超出当局能容忍的范围了。自由派神学家泽姆勒并不反对人们对《圣经》做批判的读解，前提是态度恭敬，因此他愤而反驳这些片断，因为根据他自己在1779年的报道，学者、政要乃至殷实的资产者读到这些片

1　埃里希·施米特：《莱辛：生平与著述》，第1卷，第6页。

断时都很惊愕，而年轻人则陷入困惑的危机。不伦瑞克大公收回了莱辛发表赖马鲁斯的片断和自己的神学著作时享有的出版许可，使得他以后发表作品必须先接受审查。莱辛则半是沮丧半是解脱，他回到自己原先的兴趣即戏剧上，写出了剧本《智者纳坦》。这出戏象征着失败中的胜利：赖马鲁斯手稿片断的出版中断了，作为思辨神学家的莱辛遭到嘘声，但是自然神论的信息却以最具有建设性的方式被转达出来，在一部剧作里大获成功，因为这部剧作是所有的德意志人都会阅读的，大多数德意志人都会赞扬的。不过只有极少数德意志人留意到这一信息。

382

4

如果说英国自然神论在突进信奉新教的德意志时颇有声势，从长远看却如昙花一现，但是在法国则留下持久的影响。柯林斯的《论自由思想》在1714年即问世后的第二年就译成法文，三年后又有了第二个法文本。这仅仅是一个持续系列的开端。在法国，英国作家显得比他们在英国更激进：蒲柏的那些最能体现自然神论思想的诗作，在法国具有最广泛的读者，也赢得最多的模仿者；洛克提出的物质可能会思想的试探性观点，在法国自由思想者中间长期流传，被视之为走向唯物主义的邀约；[1] 牛顿的基督教信仰虽然不太正统但也极其虔诚，法国自由思想者的小圈子里盛传他说的话"耶稣基督是人，不是上帝的儿子，他给了我们非常好的道德教义"。[2] 因此，蒲柏的文明宗教态度、洛克谨慎的形而上学猜想以及牛顿热忱的基督教研究与柯林斯开放的激进主义结合在一起，给法国的自然神论者提供了燃料。

---

1 洛克："我们恐怕永不能知道，纯粹'物质的东西'是否也在思想。"《人类理解论》，第4卷，第3章。（中译本，下册，第531页。——译者注）这句话在英国引起一些争论，但在法国却开花结果了。伏尔泰（在《哲学书简》中）以及在他之后更激进的作家都引用和发挥过这句话。

2 这句话是由法国大审判委员会成员安托万-罗贝尔·佩雷勒在1718年4月的日记中记载的。他与英、法的自由放浪者都有接触。E. R.布里格斯："18世纪初法国的不信神和英国思想"，《法国文学史评论》（E. R. Briggs, "L'incrédulité et la pensée anglaise en France au début et XVIIIᵉ siècle", *Revue d'histoire littéraire de la France*），第11卷，1934年，第511页。

这一切都不足为怪。由于英国和法国之间的思想联系十分密切，英 383
国哲学家在法国的声誉也非常高。自然神论的流行乃是崇英狂的产物。
此外，法国读者非常高兴地认同英国的自然神论者：托兰德和伍尔斯顿之
所以在法国受到欢迎，主要是因为他们的宗教思想在法国也有坚定的同
侪。但是，无论是舶来的还是本土的，自然神论给一批具有影响的且愈益
增多的读者提供了一个令人满意的自然理论，给愤世嫉俗的不敬神态度提
供了一个堂而皇之的借口：它使怀疑论者可以用区分"真基督教"和"纯
粹迷信"并假装宣誓效忠"真基督教"来骚扰那些虔诚的信徒。许多激进
分子在经历自然神论之后最终成为唯物主义者，而且如狄德罗那样，从未
完全抛弃自然神论的词句。还有一些唯物主义者，如霍尔巴赫那样，迟至
1760年代后期，依然觉得有必要翻译和转述特伦查德*、托兰德和伍尔斯
顿的著作。

因此法国的自然神论者有一个广泛复杂的谱系。孟德斯鸠尽管在社
会学研究中持相对主义观点并且对基督教怀有不舍的尊敬，但也属于他们
中的一员，并典型地体现了这份兼收并蓄的遗产：他尖刻地挖苦教士，热
烈地膜拜作为宇宙建筑师的造物主，鄙夷罗马天主教制造的神话，蔑视所
有的崇拜仪式，尊崇道德思考，所有这些都反映了他的博览群书和某种觉
醒经历。他不是因为在旅居英国时接触到托兰德的《致塞琳娜书》或交往
了自然神论小圈子才成为自然神论者。恰恰相反，他是因为发现英国自然
神论者与自己同气相求才阅读他们的著作并与之交往。最初把他引向自
然宗教的向导是西塞罗、培尔和柏拉图，另外还有弗雷列对宗教历史和年
表做的大胆学术探究以及弗雷列的赞助人布兰维利耶伯爵**挑衅性的不
敬神言论。

在路易十四晚年和去世后，法国有不少这样的言论。地下写作的繁荣
助长了这类言论的流行。大量的文章、诗歌和世俗教理问答手册在私下流
传，当时大多没有刊印，后来在许多年里也不能刊印。其中有些是对耶稣

---

* 特伦查德 (John Trenchard, 1662-1723)，英国辉格派政论家，著有《迷信的自然史》等。
** 布兰维利耶伯爵 (Comte de Boulainvilliers, 1658-1722)，法国历史学家、星相学家。

384　的谩骂，有些攻击《圣经》中犹太人的罪行，有些则是对意大利索齐尼派思想的概述，或者是把斯宾诺莎对《圣经》的理性主义解读奉为理性人的榜样。极少数的手抄本探讨了唯物主义或动物的灵魂问题；也有手抄本假设亚当不是第一个人类，并据此提出离经叛道的人类年代表。不论如何纷纭，这些作品都坚决地反教权主义，都质疑神迹。论战文章的数量就非常可观，当然也仅仅是数量可观。读多了，会让人有某种粗糙单调的不舒适感，因为它们翻来覆去弹奏的是两个耳熟能详的自然神论主题，要么是斥责教士的邪恶和《圣经》的不可信，要么是颂扬为宇宙制定了不可改变的法则的"永恒立法者"。"理性和良知完全足以指导人的行为"——这句话出自一部匿名作者的手抄本《好斗的哲学家》。伏尔泰对这部手抄本的逻辑和文才赞不绝口。类似的句子在其他手抄本中也可以见到。[1]

如果说这些作品大部分是非原创的粗糙之作，但也恰恰是这种粗糙和重复及其产生过程的神秘性，促成了它们的流传，使它们在法国社会具有某种影响力。后来伏尔泰和霍尔巴赫使用的所有伎俩，都是这些作品中使用过的。这些伎俩的发明者当时默默无名，后来也大多不为人知，至少到今天也不能得到确认。布兰维利耶伯爵似乎是一个自由思想者小圈子的核心。我们说"似乎"是因为一些史实已无法考证了。比较能够确定的是，他写了一些抨击天启宗教的文章，包括《论三个骗子》*。该文于1719年问世，然后很少以印刷品的形式，大多以手抄本的形式四处流传。还有许多人的情况与之类似，其中一些人像弗雷列一样身份显赫，通过匿名发表的方式来维持自己的地位。

385　一些启蒙哲人阅读、熟记、传播、偶尔还撰写这类文献，因此他们不是寂寞的革新者。更准确地说，他们是妙笔生花的普及者。他们运用自己的文学才华说出已经有人说过但说得不够好的思想。他们所处的环境已经被理性主义的宣传浸淫。孟德斯鸠的《波斯人信札》和伏尔泰的《哲学书

---

* 《论三个骗子》究竟出自何人，学界至今尚无定论。

1　艾拉·韦德：《法国的地下组织与哲学思想的传播》(Ira O. Wade, *Clandestine Organization and Diffusion of Philosophic Ideas in France*)，第55页。

简》是1740年以前发表的两部最杰出的激进书籍，之所以会洛阳纸贵，恰恰是因为他们非常机巧地表达了耳熟能详的思想。实际上，当1760年代伏尔泰发动"消灭败类"的攻势时，他没有提出任何新的东西。他不过是把半个多世纪以来在地下进行的战斗公开化了而已。

　　伏尔泰作为宣传者的生涯，从1718年发表他的第一部悲剧《俄狄浦斯》就开始了，直至60年后，到他去世的1778年才结束。他在1778年以凯旋的方式回到巴黎，象征着他的伟大事业的必胜之势。他的奋斗生涯不仅漫长，而且辉煌，生动地反映了18世纪法国宗教论争的演变过程，也反映了自然神论是如何牢牢地控制着这个世纪一个最活跃的头脑。伏尔泰最初是先锋战士，到最后却成为时代落伍者，至少在激进分子中显得如此。作为一个早熟的青年，他机智过人、谈吐不凡，由此加入一个富贵圈子。这个圈子里有阔绰的美食家、才华横溢的侃客以及同性恋者。他们把不敬神灵视为平常——这是圈中人的标志，而不是独立思想的表征。在这个优雅而颓废的环境里，伏尔泰在一个低层次上实践高级批判*：他学会了一些亵渎圣母的脏笑话和手抄口传的自然神论诗歌，如《摩西亚特》（意为"摩西史诗"）**。这首诗以人们熟悉的方式让人格化的健全理智舌战教条的信徒和兜售神秘的教士。

　　但是，这位才子不久就变成了哲学家。伏尔泰把自己小圈子的无所担当的理性主义变成了一种严肃的世界观。他最初的成功作品表面上远离神学争议，其实是一种自然神论的表达。他的理性主义宗教观念绝不仅仅是游戏而已。伏尔泰改写了索福克勒斯的《俄狄浦斯》，使他在渴求佳作的观众眼里成为高乃依和拉辛的竞争对手。这个剧本尖刻地把上帝描写成一个形而上的恶棍，一个残忍、专制和顽固不化的存在：俄狄浦斯弑父并与母亲伊俄卡斯忒乱伦，但他们二人依然道德清白，因为他们的罪行乃是诸神的罪行：

---

* 高级批判（Higher criticism），又称"历史批判"，指研究古代文献的来源，了解文本背后的世界。

** 据伏尔泰的传记作者考证，伏尔泰在3岁时就会背诵这首诗。

386

> 乱伦和弑父，却依然道德清白，
>
> 冷酷无情的诸神，我的罪行是你们的罪行，
>
> 你们竟治罪于我！ [1]

伏尔泰的小圈子很喜欢这个悲剧中的哲理，而且他中学时代的耶稣会老师看来对此也很满意。当时耶稣会正在卷入反对詹森派奥古斯丁神学的激烈斗争。他们高兴的时间没有持续多久：伏尔泰在1720年代初完成的史诗《亨利亚特》（意为"亨利史诗"）中，转而把矛头指向他们，鼓吹严正的反教权主义。《亨利亚特》主要不是宣传品，而是伏尔泰志在成为法国的维吉尔的文学尝试。但是，自然神论不时地冒出来：这首诗一方面赞颂亨利四世在宗教方面最宽容，因此是法国最伟大的君主，另一方面也是长篇檄文，声讨宗教狂热，谴责圣巴托罗缪日的屠杀和嗜血的教廷。这首诗生硬造作，经不起岁月荏苒和品位变化的淘洗，但是它的那些论辩段落具有一定的戏剧性力量。伏尔泰初次亮相便清晰地表达了自然神论的批判立场，这一立场在1760年代成为他的激情主旋律：

> 我绝不在日内瓦和罗马之间进行选择。

伏尔泰让亨利四世高声宣示，言外之意是所有的正规宗教归根结底都相差无几。[2]40年后，他才挑明这句话所暗示的意思：至少就发展趋势而言，所有的宗教都一样的坏。

这是异端邪说，但是伏尔泰把自己的宣示用神话或历史外衣包裹起来，让自己的观点借异教徒或新教徒之口说出，并且不停地作出虔诚的样子，从而逃避了各种非难和指责。但是，《致乌拉妮亚》（写于1722年，到1730年代才发表）表明，伏尔泰在20年代就不再是基督徒了，甚至也

---

1 伏尔泰：《全集》，第2卷，第107—108页。狄德罗后来说过同样的意思："当问题是应该控诉神还是人时，我选择神。"狄德罗致索菲·沃兰，1760年10月14—15日，《通信集》，第3卷，第135页。

2 伏尔泰：《全集》，第8卷，第66页。

不是信奉基督教的自然神论者。正如我在前面所说*，他在《致乌拉妮亚》中展现的是一个现代卢克莱修，蔑视一个残忍的上帝及其所有令人恐怖的奥秘，明确地背弃基督教，这样他就可以自由地去爱自然神论的神祇了：

　　　　我不作基督徒，但这是为了更好地爱你。[1]

　　从1726年到1728年，伏尔泰旅居英国，既是受尊敬的访客，又是流亡者。他在这里拜访了贵格会教徒，与文人、自由派贵族和大方的商人随意交往，研究英国诗歌，到下院旁听，非常高兴地发现自己的自然神论观点在阅读中和在这种环境中得到认同。《哲学书简》，即他的旅英见闻录，是一部精心撰写的才华横溢之作，绝不仅仅是一部传道书。它是一份可能不太正规却十分出色的社会学分析，显示英国文明是一个复杂的构成体，是各种文化力量（包括宗教）互动的产物。它以欣赏的态度报道了英国的科学、政治、哲学、诗歌和社会关系。它也是一部机巧地借着赞扬英国来贬斥法国的社会批判之作。不过，可以说，它虽然没有直接宣扬自然神论，但也是一部带着自然神论印记的作品。表面上伏尔泰观察的是人们的行为礼仪：他毕竟只是提供了在一个新教国家的游记。但是，这部游记的论战意图是明确无误的。英国即便不能严格地算是自然神论者的乐园，也毕竟是自然神论的发源地，而且现在那里的优秀人群似乎在信奉自然神论。这种宗教多元化会使笃信天主教的法国人感到震惊，因为这在他们看来是对整个社会秩序的颠覆。但是至少在伏尔泰的记述中却是公众幸福的根源："要是英格兰只有一种宗教，人们就得担心会有专制；要是有两种宗教，他们就会互相厮杀；但是他们有三十种宗教，所以他们能够幸福而和平地生活。"[2]宗教宽容、相对开放的社会和设有权力很大的下议院的混合

---

* 关于这首诗，请参见本书第二章，第96、97页。

1　伏尔泰：《致乌拉妮亚》，第1111行。

2　伏尔泰：《哲学书简》，第6封。

政府——这些由历史和情感联系在一起的机制，使得英国成为商业的领导者、哲学和科学的开创者以及养育戏剧和诗歌天才的摇篮。

388　　这项分析会搅乱人心，而又无可指摘。但是，支撑它的许多细节很难说是精确的，而是带有倾向性的，显然旨在推进自然神论的事业。自然神论遮遮掩掩地出现在第七封信里。这封信简略描述并隐晦地赞许一位论教派*的"小宗派"。这个宗派似乎包括像牛顿和洛克这样的伟人。自然神论更公开地出现在谈论贵格会信徒的四封信里，而这四封信被刻意放在全书的开头部分。伏尔泰确实对贵格会信徒怀有亲切感，也对他们的古怪言行感到好笑。但是，在《哲学书简》里他用调侃来掩盖自己的好感，使自己的记述显得没有什么危险。伏尔泰笔下的贵格会信徒是理想化的，是现代世界中的原始基督徒：他们生活朴素，总是说真话，容忍别人的观点，没有牧师，把宗教仪式减少到仅仅做餐前祈祷，拒绝举行洗礼或领圣餐等无意义的仪式，排斥一切"犹太仪式"，认定耶稣是第一个贵格会成员，是简朴的理性宗教的导师，只是他的教义后来被败坏了。总之，他们是廷德尔不会批判的那样一些人。

　　这是伪装成对古怪教派进行纪实报道的自然神论宣传。但是，在最后一封信里，伏尔泰表达了自己的自然神论观点，尽管语气比较温和。《哲学书简》于1733年在英国出版，招致了一些批评。伏尔泰常常如惊弓之鸟，但这次却没有恐慌。他告诉一位朋友："如果我得罪了詹森派那些疯子，那我就会获得耶稣会那帮鸡奸者的支持。"[1] 然后，他增添了一封针对头号詹森主义者帕斯卡的批评信，即著名的最后一封信，既是为了取悦耶稣会，也是为了自得其乐。事实证明，他对耶稣会的评价不仅文辞不雅，而且是错误的。法国政府于1734年6月查禁该书的法文版并公开焚毁，斥责它"公然有违宗教和良俗，有失对权威的适当尊敬"[2]，但未能平息耶稣会的不满；因为无论他们多么不喜欢帕斯卡，《哲学书简》的基调还是让他们深感

---

*　一位论教派（Unitarians），即索齐尼派。参见本书第5章，第295页。
1　伏尔泰致西德维尔，1733年7月14日，《通信集》，第3卷，第104页。
2　转引自彼得·盖伊：《伏尔泰的政治观：现实主义诗人》（Peter Gay, *Voltaire's Politics: The Poet as Realist*），1959年，第67页。

不安。《特雷武月刊》上有书评说，伏尔泰扮演了"与贵格会信徒在一起的 389
自然神论者"。[1]

这位耶稣会的书评作者确实严厉而敏感，但是禁止伏尔泰批评帕斯卡的那封信出版的检察官比他更敏感。这封信可以说是勤于思考的世俗主义者与雄辩而严肃的奥古斯丁主义者之间的第一次碰撞，也是伏尔泰一生为之论战的开端。在这封信里，伏尔泰不止一次隐晦地提及自然神论与基督教水火不能相容的核心问题：人性的问题。伏尔泰摆出他喜爱的人类捍卫者的姿态，反对这位"卓绝的愤世者"。他斥责帕斯卡将无可置疑的才华用来把人类描述得比实际更悲惨、更邪恶。实际上，许多人很幸福，许多人很正派。应该承认，人性是混杂的，包含着"善与恶、快乐与痛苦"，鲁莽的激情与谨慎的理性。但是，人并不因此而成为一个难解之谜，一个只能通过服从上帝才能解开的宗教谜团。人的种种矛盾起源于自然，必须通过研究人的科学来理解和控制这些矛盾。帕斯卡关于人类状况的感慨或许雄辩动人，但是这些感慨会麻痹人的意志，使人驻足于这种悲惨处境，面对现实听天由命。伏尔泰认为："正像火向上升、石向下落那样，人类为行动而生。"的确，帕斯卡的许多比喻虽然很动人，却有误导作用，例如，帕斯卡说，人被糊里糊涂地抛弃到一个荒岛上。伏尔泰不想严肃地对待帕斯卡的人类学观点，故作天真地反驳说，伦敦和巴黎"一点也不像荒岛。它们都人口众多，繁荣富饶，文明开化。那里的人民过着与人性相匹配的幸福生活"。人不是受苦刑的奴隶。伏尔泰直面人的天性，包括人的局限性与劣根性。即便是自私也有其价值：它是人的一切努力的根本动力。

我们无须来断定这场辩论的胜负。伏尔泰对这位"卓绝的愤世者"十分尊敬，甚至还赞同他的某些愤世嫉俗的看法，但是他们二人之间的鸿沟也是不可跨越的。帕斯卡把人从伊甸园的堕落视为人类最核心的事件，伏尔泰则以人类自主的名义激烈地予以批驳。尽管如此，为了安全和宣传效果，伏尔泰还是愿意用帕斯卡之矛攻帕斯卡之盾，证明帕斯卡不仅仅是一 390

1 勒内·波默：《伏尔泰的宗教信仰》(René Pomeau, *La religion de Voltaire*)，第136页。

个愤世者，而且还是一个糟糕的基督徒。帕斯卡的自相矛盾之处以及他提供的基督教的证明都很幼稚、飘忽不定、玄虚不实，有时还不得体。伏尔泰认为："基督教只教给我们朴素、人道、仁慈。"[1] 伏尔泰曾经受教于耶稣会修士，与其他法国人一样知道，基督教的教义并不仅仅是这种世俗的世界主义的伦理。但是，为自然神论抢占"真基督教"的名义，乃是自然神论者喜欢玩的把戏。

伏尔泰从未改变立场。只是他的视域越来越宽广，他的资讯越来越深厚，他的策略越来越灵活。他正视和克服了一个又一个的哲学疑难的危机。但是，他始终是写作《哲学书简》时的那个热情洋溢的激进分子。不过，有一段时间，他一言不发地等待着围绕《哲学书简》的狂风恶浪自己平息下去。他带着情妇退隐到西雷。众所周知，他在那里投入紧张的研究和文学创作实验。这也是一段审慎的日子：他的著作依然浸透着自然神论的哲理，但它们都有一些节制，有一点保留。伏尔泰安静地埋头工作，收敛自己的情绪，耐心地等待时机——他等得起。在这段时间里，他优雅地用真诚的反教权主义作面具来掩饰反基督教的义愤。

过了很长时间，直到1760年前后，伏尔泰才抛弃了一切妥协，也基本上不再谨言慎行。在此期间，启蒙运动和伏尔泰本人都发生了许多事情。激进作家受到迫害，勤奋的百科全书派受到骚扰；对基督教的讨伐也加快了节奏。伏尔泰已经准备就绪。在长期漂泊之后，他在距离日内瓦不太远的费尔奈安顿下来。他已是一个年老、富有、世界闻名的人，几乎不用担心会受到迫害。他主导了因里斯本大地震（1755年）和七年战争的爆发（1756年）而引发的悲观怀疑情绪。此外，他不愿意看到启蒙运动——他的运动——的领导权转移到年轻人手中。他重读了20年前在西雷做的笔记，恢复了他在腓特烈大帝宫廷时开始的撰写渎神小册子的工作。他在《哲学书简》中就说过，人是为行动而生的。现在到了行动的时候了。早在1738年，他就在给朋友的信中写道："因为我知道如何爱，所以我知道如

1　伏尔泰：《哲学书简》，第25封。

何恨。"[1]到1760年代,他把这句话转换成破坏之后才能建设。他写到,许多人问,我们用什么来取代基督教?"说什么呢!一个残暴的动物吮吸我家人的血,我要你赶走那个畜生,你竟然问我用什么来替代它!"[2]为了赶走那个畜生,伏尔泰自愿担当起地下反抗军队的顾问。他首先提出"消灭败类"的口号,用来凝聚和振奋这支军队的士气。然后,他担负起出谋划策的责任:提醒弟兄们要手法隐蔽、文字简明、真理不怕反复说、必要时可以撒谎,用请君入瓮之法诱使敌人给自己定罪,等等。他的努力获得了回报。这伙人承认他的突出地位。1762年,狄德罗很亲热地把他称作是"超逸绝伦、可敬可爱的反基督者"。[3]

还有什么称号能比这个称号更让伏尔泰高兴?看一眼伏尔泰最后16年在费尔纳源源不断地抛出的小册子,就能知道他对基督教的厌恶几近着魔。有些解释者把"败类"限定为不宽容、宗教狂热或罗马天主教。他们有意回避了伏尔泰在这些激愤岁月里无数次地得出的结论:"一切有理智的人,一切正派的人都应该对基督教深恶痛绝。"[4]这是伏尔泰发动的最后一次也是最猛烈的战役的核心信息。他以嬉笑怒骂的各种不同形式反复重申这一信息。没有什么是不可冒犯的。三位一体、圣母玛丽亚的贞节、领圣餐时基督的身体和血,这一切都遭到冷嘲热讽,最终表明一个观点:"让这个正在听我讲话的伟大上帝怜悯这个亵渎他的基督教教派吧,因为这个上帝不可能由处女所生、不可能死在绞刑架上,不可能以小面饼的形式让人们啖食,也不可能启示了这些充满了矛盾、癫狂和恐怖的经卷!"[5]

这是地地道道的发怒——任何发怒都比不上这个愤怒的理想主义者的发怒,但这并非情绪失控。伏尔泰为防止单调乏味而不停地变换自己的

392

---

1 伏尔泰致蒂耶里奥,1738年12月10日,《通信集》,第8卷,第43页。

2 伏尔泰:《英国绅士博林布鲁克的重要研究》,《全集》(Voltaire, *Examen important de Milord Bolingbroke, Œuvres*),第26卷,第299页。

3 狄德罗:1762年9月25日,《通信集》,第4卷,第178页。

4 伏尔泰:《英国绅士博林布鲁克的重要研究》,第298页。

5 伏尔泰:《五十个说教》(Voltaire, *Sermon des cinquante*),1762年发表,但写于十年前的普鲁士王宫。《全集》,第24卷,第354—355页。

论证方法，但万变不离其宗。他使用了一个又一个伪装，通常会让已故的唯物主义者、虚构的英国人、体面的牧师冒充自己那些愤激作品的作者。有时——但这也是最有欺骗性的伪装——他直言不讳，例如他编辑的著名作品《梅叶遗书摘要》。[1]他始终是一个不会因怒火万丈而有失明晰的作家。这就是为什么他如此成功地如同瘟疫一般令敌人惟恐避之不及：他扑朔迷离、谎话连篇，但总会让人读来感到有趣。

不过，仅凭他的风格和策略并不足以保证他的成功；他之所以赢得广大读者，还由于他不仅出于战略考虑而且非常真诚地把尖刻的嘲讽与一个建设性纲领联系起来。1762年，他在给一个朋友的信中写道："我所有的信都是以'消灭败类'作为结尾，正像加图总是说，'在我看来，必须摧毁迦太基'。"[2]但是，迦太基必须灭亡是因为只有这样罗马才能生存。同理，伏尔泰以宽容之名抨击不宽容，以善良之名抨击残忍，以科学之名抨击迷信，以理性崇拜之名抨击天启宗教，以仁慈的上帝之名抨击残忍的上帝。

393 　　《哲学辞典》是伏尔泰与天启宗教进行决斗的最著名的产物；正因为如此，它也是最引人注目的。伏尔泰是在1752年寓居腓特烈大帝的宫廷时开始构思这本书的，应该说是恰逢其时。腓特烈远比伏尔泰更玩世不恭，在某种意义上更缺少宗教意识，可能是他建议伏尔泰采用按字母顺序编排的写作提纲。退一步说，他肯定是最初一批词条的第一个而且最持欣赏态度的读者。时年58岁的伏尔泰借助卡尔梅的著作，运用纯熟的高级批判，兴高采烈地开始了一项革命性工作。他一口气写了"亚伯拉罕"（Abraham）、"灵魂"（Âme）、"无神论者"（Athée）和"洗礼"（Batême）等词条。接下来是一段漂泊和压抑的岁月。但是，即便在阴郁的50年代，伏尔泰也记挂着《哲学辞典》的写作计划。他在笔记本里记下日后可以采用的趣闻轶事和粗鲁评论。当他写《老实人》时，他显然也想着《哲学辞

1　让·梅叶（Jean Meslier, 1664-1729）被父母逼迫成为教士，直到1711年，一生大部分时间都平静地履行教士职责。最后几年，他与上峰发生激烈的争吵，但是他的身后声誉则是因他的一部多卷本的手稿《遗书》。这是他晚年整理出来的，在他去世后才被人发现。《遗书》谴责一切宗教，特别是梅叶自己所属的天主教是欺诈与谬误的大杂烩。伏尔泰于1762年发表的《摘要》完全忠于梅叶的原著。
2　伏尔泰致达米拉维尔，1762年7月26日，《通信集》，第49卷，第138页。

典》：一个是他最好的小说，一个是他最著名的论战作品，二者有许多相通之点。

但是，这项工作停滞不前。直到1762年，伏尔泰才重新开始这项独自编写百科全书的工作。此时他卷入卡拉事件，全身心地投入反对败类的行动。他要求朋友们给他提供资料。他写信给巴黎的达米拉维尔，要他"火速、火速"寄来最新出版的《主教会议词典》。他很刻薄地写道："神学给我提供了娱乐。我们在其中能够发现人类所有的精神错乱表现。"[1]1764年《哲学辞典》在日内瓦出版，但委托在伦敦印刷。由于伏尔泰的才华和多年的酝酿，《哲学辞典》部头不大，行文紧凑且内容火爆，其成功也就可想而知了。当他陶醉于成功之中并着手推出第二版时，他却坚决否认自己与这部魔鬼之书有任何干系：他宣称这不是他写的，甚至说他根本没读过这本书。这个谎话太明显了，没有人会相信它。伏尔泰是一个太爱虚荣的作者，这本书的每一页都留下他的大师痕迹。有幸拥有一本《哲学辞典》的人都会让它在自己的朋友中流传，伏尔泰也不停地推出一版又一版来满足人们的需求。各地的政府当局的行动也痛苦地证明了伏尔泰撒谎的必要性：日内瓦、荷兰、法国和罗马教廷都在焚烧这本书，而且（伏尔泰诉苦说）特别想把作者烧死。从1764年到1769年的5年间，伏尔泰怀着时而惊恐时而得意的心情，不断地再版、修改和扩充这本书。该书的各个版本记录了他在政治策略上的灵活性和他的自然神论立场的一贯性。

《哲学辞典》是一部具有强烈个人色彩的作品。除了伏尔泰，别人写不出来那些有关牛顿科学、意志自由、文学批评以及神学的辞条，也不可能自始至终写得那么机智和清新。但是这本书也是一个文化征兆。书中常常出言不逊，而且揪住宗教问题不放，这些都反映了18世纪的思想状况：对于大多数识字的人来说，神学争论绝不是无聊的书斋闲话。伏尔泰是一个理性的文人，不是一个有强迫症的怪人。当他把《哲学辞典》的大

394

---

1 伏尔泰：1762年12月26日，《通信集》，第50卷，第199页。

半篇幅用于评论《圣经》中的犹太人、关于人的灵魂的争论、教会史以及呼吁宗教宽容时，他知道自己在做什么。

当他摆出各种姿态，调用自己的生花妙笔来打击对手时，他也知道自己在做什么。他知道，让读者笑了，就已经成功一半了。在18世纪，基督教不仅苦于内部的争斗，而且苦于辩护士的枯燥乏味。伏尔泰从来不会枯燥乏味——他的口是心非极其诙谐机智，他讲述的趣味逸事总是惊世骇俗，他表现出的道德义愤常常激烈而一语成谶："即或《列王记》和《历代志》有神笔的风格，其中所述史实却又未必都圣洁。大卫谋杀乌利亚；伊施波设和米非波两人都被谋杀，押沙龙谋杀暗嫩；约押谋杀押沙龙；所罗门谋杀他的兄长亚多尼雅；巴沙谋杀拿答；心利谋杀以拉；暗利谋杀心利；亚哈谋杀拿伯；耶户谋杀亚哈谢和约兰；耶路撒冷的居民谋杀约阿施的儿子亚玛谢；雅比的儿子沙龙谋杀耶罗波安的儿子撒迦利亚；米拿现谋杀雅比的儿子沙龙；利玛利的儿子法赛谋杀米拿现的儿子法赛亚；以拉的儿子何西阿谋杀利玛利的儿子法赛。其他许多小谋杀，我们就不提了。应该承认，这部史书若真是圣灵写的，那他就没有选好一个能够教化人心的题材。"[1]

这段文字的语调及其简单的语言、刻意而夸张的排比都是对圣经体的戏仿，但反讽的结语则是地道的伏尔泰风格。实际上，《哲学辞典》是伏尔泰展示反讽技巧的橱窗。反讽的手法使他能够声东击西、指桑骂槐，借曲光来洞烛，假掩饰以彰显。伏尔泰装成——要让人一眼看破，因为这是反讽游戏的根本要素——各种人物，如被神学家无休止的争论搞迷糊了的善良基督徒，把圣经时期犹太人和早期基督徒自己的说法当真并据此给他们定罪的检察官，长于说教却无力反驳一位论派和自然神论者的"错误"论点的天主教徒，无法相信只有教士才明白诸如灵魂（像洛克和牛顿这些天才都认为是无法参透的秘密）这么重要的东西的天真汉，

1　伏尔泰："列王记和历代志"，《哲学辞典》（Voltaire, "History of Jewish Kings and Chronicles", *Philosophical Dictionary*），第1卷，第307页。（中译本，下册，第556页；文中所述故事，分别见《旧约》的《撒母耳记下》《列王记上》《列王记下》。——译者注）

在时空中旅行，惊异地发现中国人的理性、罗马斯多葛派的人道并由此发现现代基督教的不理性和不人道的独眼人。伏尔泰还化身为一个人道主义者，后者义愤填膺，因为盛气凌人的基督教学究否认异教思想家具有道德地位，脑满肠肥的僧侣让穷人守斋节，残忍的法官轻易地判处被告人受酷刑，宗教裁判官把异端分子烧死。这当然是一个角色，因为伏尔泰作为作家需要克制自己的情绪。不过，扮演一个愤怒的人道主义者，他就可以充分地宣泄了。

《哲学辞典》中的论证更多需要的是策略而不是分析，因为这些论证遵循着已有的模式。凡是对英国和法国的自然神论者多少有些了解的人都会认出伏尔泰的批判方式，欣赏他是如何用新方式来炒作耳熟能详的话题：《旧约》和《新约》是荒唐幼稚说法的大杂烩，充满无法调解的自相矛盾——因此犹太人的预言和使徒的断言若不是原始的寓言，就是公然的欺骗。由大卫王体现的"选民"的道德令人憎恶，教会的历史就是由愚蠢的争吵最后发展成内战和大规模杀戮的血腥记录——因此，基督教的早期教父以及历史上的基督徒都是用自己的行动做出否定基督教教义的终极证明。天启宗教是一种传染病："宗教狂热之于迷信，犹如胡言乱语之于发烧，暴跳如雷之于愤怒。"[1]感染之后必然导致致命的症状："迷信的人会被狂热者所驾驭，而且自己也会变成狂热者。"[2]此外，伏尔泰对迷信做了广义的界定："凡是超出对一个最高主宰的崇拜，不是全心全意服膺他的永恒命令的，几乎都是迷信。"[3]"几乎"一词是出于审慎的最后一点让步。

所有的人都可以认出，这是批判的自然神论，与这类学说通常的情况一样，随之而来的推论就是自然宗教。伏尔泰热忱地敦促读者谨记，人类是这个星球的无知游客，应该彼此宽容，培养宽厚和公正的能力——这就是人类需要的全部哲学体系，全部神学。在《哲学辞典》中的一段对话里，

[1] 伏尔泰："宗教狂热"，《哲学辞典》(Voltaire, "Fanaticism", *Philosophical Dictionary*)，第1卷，第267页。(中译本，第520页。——译者注)
[2] 伏尔泰："迷信"，《哲学辞典》(Voltaire, "Superstition", *Philosophical Dictionary*)，第2卷，第475页。(中译本为节选本，未见此句。——译者注)
[3] 同上，第473页。(中译本，第711页。——译者注)

有人问我们应该怎样做才能够无愧地面对自己？回答是"公正"。还有什么？"公正"。[1]在半个世纪以前，伏尔泰就说过同样的话，只是没有这么公开和强烈罢了。

5

到去世那天为止，伏尔泰几乎不停地攻击"败类"。不过，到1760年
代中期，他也忙于对付另一个对手——唯物主义。伏尔泰倒是没有把霍尔巴赫及其小圈子当成"败类"。他把唯物主义者看做是迷途的盟友，并且退一步表示，如果所有的居民都是哲学家，那么一个由无神论者组成的社会也能和平长存。但是，信仰上帝是必要的，部分原因在于，信奉无神论的国王会像信奉无神论的商人或仆人一样，觉得自己可以为所欲为，那将给他本人和整个社会带来灾难性后果。还有一部分原因在于，这种信仰是对的。这就是为什么年老的伏尔泰没有接受当时在进步的知识圈里愈益时髦的无神论：因为他相信上帝的存在。他的宗教情感非常复杂。一切教义和仪式都会冒犯他的宗教情感。这种情感既被他压抑不住的大胆亵渎遏制，又被他对下层民众的鄙视干扰。但他的这种情感是真实的。他在晚年，尤其是在1769年的诗作"致《三个骗子》的作者"试图界定这种信念。这首诗包含了他最著名的也是最容易被误解的格言。因为他通常兴高采烈地表述一度有很不幸的结果：

> 如果没有上帝，也应该把它创造出来。

的确，这句话意味着出于社会效用的考虑宣布上帝的存在——但是由此也可以宣布天堂的存在。[2]

1　伏尔泰："中国的教义问答"，《哲学辞典》(Voltaire, "Chinese Catechism", *Philosophical Dictionary*)，第1卷，第130页。

2　伏尔泰："致《三个骗子》的作者"，《全集》(Voltaire, "À l'auteur du livre des trois imposteurs", *Œuvres*)，第10卷，第403页。参见彼得·盖伊：《伏尔泰的政治观》，第265—266页。

伏尔泰对钟表匠上帝的哲学热情引起唯物主义者们的一番嘲笑。他们公开讥笑伏尔泰——人人爱戴的伏尔泰！——"胆小"和"顽固"。但是，尽管伏尔泰有时与霍尔巴赫的关系会有点紧张，通常两人是相当友好的。那些虔信者能够看到二人争吵而幸灾乐祸的时间是短暂的。因为尽管在宇宙观和伦理基础方面有严重的分歧，两人在18世纪那些使人们分成两大阵营的重大问题上坚定地站在同一阵营里。他们站在提倡科学反对宗教、提倡批判反对神话的一边。巴黎圣母院的教士贝尔吉耶＊也是《百科全书》的热心参与者。他在批评霍尔巴赫的《揭穿了的基督教》时对二人的亲近关系做了简洁的概括。他说，该书作者（指霍尔巴赫）"可以身兼无神论者、怀疑论者、唯物主义者、宿命论者或犬儒主义者；因为对于他来说，重要的在于基督教应该灭亡"。[1]他应该把"自然神论者"加到这个单子上，因为伏尔泰对基督教的敌意与霍尔巴赫一样深刻而明显。

398

这二位启蒙哲人有同样火爆的脾气。他们也同样承认自己在同一个根深蒂固的敌人作战。天启宗教看上去非常脆弱，实际上是建立在一块巨石之上。这是由金钱、势力和日常习惯构成的基石。它诉诸人对确定性、目的、来世的无法平息的神秘渴望。它的诉求也是难以得到回应的。伏尔泰和霍尔巴赫都是既富有又顽强的人。二人都花费了大量的时间和金钱来完成各自的破坏性使命，因为他们都认定，这是他们必须做的：那座年深日久的宗教要塞虽然已摇摇欲坠、守军武器生锈、士气涣散且不时地倒戈，但是要攻克它依然是一项既耗费精力又耗费钱财的事情。

二人的联盟因相似的战略而得到加强。与伏尔泰一样，霍尔巴赫几乎是千方百计地把自己的信息传播给公众。他搜罗英国的文献，在匿名的自然神论小册子以及被人忽略的柯林斯、霍布斯和休谟的作品中发现了大量有用的资料。[2]他抢救了法国的反宗教手稿，如《好斗的哲学家》，否则它们可能就被遗忘了。他出版了好友尼古拉·布朗热的两部遗作《习俗揭示

＊　贝尔吉耶（Nicolas-Sylvestre Bergier, 1715–1790），法国天主教神学家，也属于启蒙哲人。
1　转引自 W. H. 威克沃：《霍尔巴赫男爵》（W. H. Wickwar, *Baron d'Holbach*），1935年，第64页。
2　非常有意思的是，霍尔巴赫翻译了休谟本人压住不发的文章，一篇是论自杀，另一篇是论灵魂不朽。

的古代》和《东方专制主义》。这两部著作探讨宗教的自然起源，基于地质学和史前史材料进行了稍有浮夸但基本科学的推理。霍尔巴赫经常在巴黎的住宅和乡间的庄园里不拘礼节地招待宾客，鼓励客人放肆地谈论用最后一个教士的肠子绞死最后一个君主。在他的沙龙里，雷纳尔、奈容*

和狄德罗等才华横溢而又不知疲倦的激进分子辩论宗教的起源、教士的邪恶、传播真理的最有效方法，等等。他们那些沉重的笑话和互相起的颇有意味的绰号，表明他们非常看重自己。他们郑重其事的态度有时几近滑稽可笑。狄德罗在他们戏称的"犹太人集会"里是活跃的参与者和大家的宠儿。他在给情妇的信中留下了这些集会的记录。这些优雅私密的信件显示了为什么霍尔巴赫小圈子觉得在反宗教的问题上有必要如此激烈和坚持不懈的理由。狄德罗说，基督教的"神话"比其他神话更能导致人们犯罪。[1]如果说神话是对理性文明的否定，那么（这个小集团希望）批判应该是惩治神话的复仇女神。众所周知，狄德罗告诉索菲·沃兰："哲学推进多远，宗教就后退多远。"[2]

霍尔巴赫不满足于编辑、翻译和资助其他人的宣传作品，自己也写了大量的论战作品，并且用公认的方式，冒充是不久前去世的作家的作品。《揭穿了的基督教》就冒用1759年去世的布朗热的名字。人们从那时起就说，布朗热去世后对这个事业作出的贡献比他生前还大。霍尔巴赫还假称《犹太教的精神》是柯林斯写的，让自己最主要的著作《自然的体系》假托米拉波之名出版。米拉波于1760年去世，生前同弗雷列这样的学者有着长期相当可疑的交往。霍尔巴赫说真话时还是为了骗人。例如，1772年，他发表《健全的思想》**时故作玄虚地声称该书出自"《自然的体系》的作者"。

我们无须详述这些作品的内容。它们有大段大段的内容好像是柯林斯、休谟或伏尔泰以前写过的——当然，在某种意义上，确实如此。它们

---

* 雅克–安德烈·奈容 (Jacques-André Naigeon, 1738-1810)，画家，《百科全书》撰稿人，霍尔巴赫的助手。

1 狄德罗致格里姆，1763年9月，《通信集》，第4卷，第261—262卷。

2 狄德罗致索菲·沃兰，1759年10月30日，《通信集》，第2卷，第297页。

属于同一类旨在揭去基督教面具的反宗教谩骂，探究这种"神圣的传染病"的根源——恐惧和愚昧，极其粗鲁地嘲弄耶稣、玛利亚和保罗，用健全理智的优点来反衬狂热和迷信的弊害，在承认永恒的自然法则的基础上建构一种自然主义哲学。霍尔巴赫的著作提出了一种前后一致的、有点简单化也因此有些乏味的自然主义。可以说，其缺点也正是其优点。在那种毫不放松的严肃态度中，在那种直面一个没有上帝的世界的勇气中，不会有某种严峻的高贵。

400

　　众所周知，年轻的歌德与其在斯特拉斯堡的大学同学都非常厌恶《自然的体系》，批评霍尔巴赫抽空了宇宙的温暖和色彩。对这种意见，人们会有同感：这本书无论概念还是语调都没有什么诗意。[1]但是，那些启蒙哲人，哪怕是对霍尔巴赫的观点持批评态度的启蒙哲人，都没有像"狂飙突进"派那样挑剔霍尔巴赫反宗教的冰冷风格。他们知道，这种冰冷掩盖着的是一种传教士式的热情——他们知道这一点，因为他们都拥有同样的热情——而且，虽然霍尔巴赫缺乏卢克莱修的诗意力度，但他具有卢克莱修的论战激情。他们对霍尔巴赫也有批评，批评他的自信。他们反对霍尔巴赫所反对的东西，但是虽然对什么是假，他们赞同他的判断，但是对什么是真，他们绝不像他那样确定。在读了《自然的体系》后，达朗贝尔对伏尔泰和腓特烈大帝说，说到底，对于形而上学的问题，惟一合理的立场早已由蒙田的问题"我知道什么呢？"体现出来。大卫·休谟喜欢霍尔巴赫，只要霍尔巴赫在巴黎，他就会去拜访，但他在私下也有所保留。吉本回忆说，巴黎的"哲学家和百科全书派"充斥着"不容异议的热情"，"以独断论者的偏执宣传无神论"，甚至"嘲笑休谟的怀疑论"。[2]休谟第一次出席霍尔巴赫的家庭晚宴时，他对世上是否真有无神论者表示怀疑。霍尔巴赫回答说："看看你周围，数数有多少客人。"餐桌上共有18人。霍尔巴赫说："还不错。我可以马上让你看到15个无神论者，其他3位还

401

1　《自然的体系》中最有诗意的段落是对自然的赞美，但是这一段让人伤感而不是让人振奋。而且，我们现在知道，这一段是狄德罗写的。

2　吉本：《自传》，第145页。(英文本和中译本里均未查到相关内容。——译者注)

没有下定决心。"[1]休谟被逗笑了,但他不喜欢这种武断方式,觉得霍尔巴赫
在这方面与耶稣会教士一样糟糕。不过,没有证据显示休谟有什么不愉
快。但当时休谟确实与众不同。

三、休谟:彻底的现代异教徒

1

在启蒙哲人的家族里,休谟占据着一个十分显赫却难以界定的位置。
他的怀疑主义超然立场使他避免了霍尔巴赫的独断论和莱辛的诗意想像。
他的温和性情也使他避免了达朗贝尔的精神过敏和动辄暴怒。他在自己
的世界里很安逸,远比他的大多数战友要安逸得多。而且,很有讽刺意味
的是,正是他的好脾气使他变得孤立——在热忱的十字军战士中,这位平
静快活的队长是一个孤独者。

但是休谟也因对读者要求甚高而显得独特。他是一个造诣深厚的文字
巨匠,一个优雅而极其自觉的作家,一个编纂了被禁苏格兰方言清单的苏格
兰人(而萨缪尔·约翰逊略带怀疑地说他具有法国风格)。但是他的方法论
不管多么生动明晰,却有着让人极其不安的后果,因此也难以接受。而且,
恰恰因为他的道德纲领基本上是非教条主义的,所以也难以付诸实行。

尽管他的思想不好理解,尽管他的作品非常丰富、他的兴趣非常广
泛,无论是批评者还是赞赏者——无论是基督徒还是无信仰者——都毫不
犹豫地把休谟置于最激进的启蒙哲人之列。每当博斯韦尔和约翰逊谈论
休谟时,总是流露出一种带有恐惧的反感。约翰逊喜欢把休谟贬斥为出于
琐碎动机的无信仰者;他甚至以少有的不厚道否定休谟思考死亡的勇气,
因此否定一个异端分子拥有身为基督徒的他极端缺乏的东西。在博斯韦

1　这个故事广为流传,很像是典型的18世纪传闻。但这恰恰是真事。狄德罗当时在场,并在1765年10
月6日给索菲·沃兰的信中记述了这个情节,见狄德罗:《通信集》,第5卷,第133—134页。

尔给他讲述自己与休谟临终前的交谈后，约翰逊冷笑着说，休谟"有一种故作坦然的虚荣心"。[1]约翰逊还试图以同样的方式来打发休谟论神迹的文章（在休谟的作品中这篇文章给他带来的麻烦和威胁最大）：他抹黑休谟的动机，以不屑的语气说："休谟和其他怀疑主义革新者都是爱虚荣的人，会不惜任何代价来满足自己的虚荣心。真理不可能充分满足他们的虚荣心，所以他们就把自己引向歧途。先生，真理是一头奶牛，它不能给这种人更多的奶水，所以他们就去挤公牛的奶。"[2]詹姆斯·贝蒂*是约翰逊非常赞赏的苏格兰常识哲学家。与约翰逊相比，他对休谟进行了更广泛的抨击，却并不更有说服力。他的《论自然和真理的不变性》是一篇虚张声势、华而不实的文章。他以为，只要把休谟归为霍布斯和斯宾诺莎一类的异端分子，就可以打倒他了。雷诺兹画了一幅寓意画来支持贝蒂，很自然地用"真理的凯旋"作为题目。他仿效贝蒂的策略。画中，贝蒂用胳膊夹着书，有点自鸣得意地看着观众，身旁一位复仇天使在把三个魔鬼赶进地狱。其中一个魔鬼当然是蜷缩成一团的伏尔泰，与他一起下地狱的还有休谟。无论英国还是欧陆的启蒙哲人，不管是否能完全理解或赞同休谟的观点，没有人会认为这两个异端分子应该下地狱，但是他们确实认为这两人属于同类。他们赞赏休谟的著作，喜欢他的为人，把他奉为共同事业的领袖之一。[3]

403

　　这种情况不无道理。不管他的脾气多么温和，他的论证多么有个性，他的结论多么出人意料，但是从他的知识谱系、思想目标和世界观来看，他属于启蒙哲人圈子。爱丁堡大学教授约翰·格雷戈里**坦承自己不喜欢休谟的哲学，但喜欢他的为人。他认定，休谟"不知道也不会感觉到自己的著作造成的危害"，[4]不过格雷戈里的好恶影响了他的判断。诚然，休谟注意到（或许也不情愿地尊重）人有抵制理性推理的能力，因此对于人

---

* 詹姆斯·贝蒂 (James Beattie, 1735–1803)，苏格兰诗人、道德学家、哲学家。

** 约翰·格雷戈里 (John Gregory, 1724–1773)，英格兰学者、医生。

1 博斯韦尔：《约翰逊生平》，1777 年 9 月 16 日纪事，第 3 卷，第 153 页。

2 同上，1763 年 7 月 21 日纪事，第 1 卷，第 444 页。

3 康德没有读过休谟的《人性论》，大多数法国启蒙哲人也主要知道休谟的反宗教论文和《英国史》，而这些著作当然不足以给休谟定位。

4 莫斯纳：《休谟传》，第 580 页。

类是否能持续或必定摆脱迷信，不抱多少信心。但是，如果说他的著作造成的危害是有限的，那不是因为人们没有去尝试他的观点。休谟把最大的精力用于阐述他对宗教的批判，希望至少有些人会予以注意，而且（我确信）他这样做也是为了满足自己不可抑制的愿望。我们知道，他在临终前的遗憾是，他尚未完成把自己的同胞从"基督教的迷信"中解放出来的任务。但是他似乎一直认为这种努力是值得的。他的好脾气和对这个世界的接受并没有使他恭顺和消极。1765年他在巴黎时回首海峡的另一边，认为英国人正"再次迅速地陷入极度愚蠢、基督教和愚昧无知之中"。[1]这让他感到沮丧，因为虽然他对这个世界期望不高，但他无法让自己愉快地面对愚蠢或愚昧，即基督教。当他写到宗教话题时，他常常像霍尔巴赫一样怒不可遏，像伏尔泰一样尖酸刻薄。他的信念和目标与他们一样，只是他的方式基本上自成一体。

404   2

"人们和启示真理只有一种关系：相信它"——克尔凯郭尔非常精辟地概括了基督徒的本质特征以及许多世纪以来为之所做的辩护。当然，对于休谟来说，对于所谓的启示真理，恰当的关系是不要相信它，而他本人的批判任务就是去发现为什么它是不可相信的理由。他就像无神论者和唯物主义者一样愿意散播有关教士作恶和迷信者办蠢事的故事，但这样做主要是为了取乐或提供一些证据。总体上看，休谟最关注的是信仰的逻辑和原因，而不是其后果。

休谟第一篇也是争议最大的剖析宗教的文章是《论神迹》。萨缪尔·约翰逊很有眼光地把它挑出来，称之为休谟最阴险的作品。这也是最有休谟特色的作品——无论从写作的时间和环境看，从最后问世的方式看，还是从论证的基调和方法看，都表明这一点。

---

1 休谟致休·布莱尔牧师等人，1765年4月6日，《书信集》，第1卷，第498页。

休谟是在其生命的关键时刻撰写这篇文章的。这篇文章既体现也推动了他从宗教包袱下解放出来的过程。与其他许多行为一样，这个解脱行为也是一个进攻行为。在1730年代后期，他在法国拉弗莱什疗养，在令人惬意的环境里他的神经官能症痊愈。他每天散步、与当地的耶稣会教士辩论，撰写《人性论》。他发现了一个他确信能够推翻所有的神迹报道的论证，就写了下来，很谨慎地让几个朋友看过，但在考虑了一番之后，把这一节从《人性论》中删除了。他在1737年12月写道："我正在阉割我的作品，也就是说，切掉其中比较高贵的部分。"他担心自己的论证会犯忌，并用他特有的借口来为自己的谨慎（他自己称之为"怯懦"）辩解："既然我在谴责其他的狂热分子，我就下定决心不做哲学里的狂热分子。"[1]只是在十年之后，他才敢于把这篇文章作为《人类理解研究》的一章公开发表。[2]

这篇文章的安排（无论是原定放在《人性论》中，还是最终放在《人类理解研究》中）也确定了它在休谟哲学中的地位。毕竟，休谟是在推理思考非常专业的问题，包括因果关系的含义、道德论断的证据说服力、数学陈述与事实陈述之间的关系时，偶然想到这篇文章的论证。然后他没有把这篇文章插入到论神学的论著里，而是插入到讨究认识条件的论著里。很显然，休谟关于神迹的论证与他的认识论有密切的关联，是他整个世界观的不可或缺的组成部分——是他的世俗哲学的批判侧面和破坏性前提。

这篇文章本身就隐隐约约地但不容置疑地显示了这种联系：其中浸透着在他的所有著作中都可见到的那种态度——温和的怀疑主义、自信的哲学谦逊。这种谦逊反而强化了他的战略地位：他要证明的东西很少，但他否定的东西很多。休谟要说的并不是关于神迹的记载都不可能是真诚的。甚至他也不是要说这些记载都不可能是真实的。他的观点是，这些记载都不可能被充分证明。

休谟含蓄地运用无坚不摧的三段论逻辑来建构他的论证："一个聪明

1 休谟致亨利·霍姆，1737年12月2日，《书信集》，第1卷，第25页。
2 这本书第一版（1747年）的书名是《关于人类理解的哲学论文集》。《论神迹》是该书的第10章。第11章"特殊的天意和来世的状况"的论点和论证都与上一章密切相连。

人"会使"他的信念和证据适成比例",也就是说,他只会在证据足够充分时坚持某一个信念。那么,休谟宣称,就所有的"流行宗教"而言(这显然是指所有的启示宗教),"我们可以确定一个公理,即任何人类的证据都不可能有充分的力量来证明一个神迹,使它成为任何宗教体系的一个正当基础。"[1]接下来,休谟很高兴得出一个结论(这句话对基督教信仰主义者的模仿臻于极致,后来常被人们引用):"总括起来,我们可以断言说,基督教不只在一开始是带有许多神迹的,而且甚至到了今天若没有神迹,任何有理性的人都不可能相信它。"[2]信仰的逻辑是一个遍布岩石的崎岖地带,先前已经被自然神论者和像培尔这样的怀疑论者探索过。很久以来,正是在采信什么神迹的问题上,新教徒与天主教徒发生了分裂,而且新教徒各派之间,天主教学者之间也为此纷争不已。几百年里,博学的神学家们也致力于将真假神迹区分开来。但是,所有的基督徒,不论是思想最解放的,还是极端迷信的,都坚持至少有一类神迹应该区别对待:耶稣基督的神迹是特殊的证据,是无须考证的。休谟则认为,这些记载恰恰应该像其他历史记载一样受到考察:它们也要用可信性标准来衡量。休谟不仅提出这个颠覆性的观点,而且乐于提供这个标准:"任何证据都不足以建立一个神迹,除非它是一个特殊类型,使它的虚妄比它欲建立的那个事实更神奇。"[3]

休谟提出的公理要求人们必须采用与证据相匹配的最自然主义的解释。显然,这个公理的说服力在很大程度上得益于使它得以产生的那个时代和它面对的公众。说到底,18世纪是现代基督教的时代,当时自然科学及其方法正日益兴隆,受过教育的基督徒对大多数神奇的故事都心存保留态度。就连萨缪尔·约翰逊也赞同休谟的这部分观点,反对盲目幼稚的轻信态度。这就是休谟试图说服的公众。面对这批公众,他准确而精明地斟酌词句,把神迹定义为"对自然法则的破坏"。[4]

---

1 休谟:《全集》,第4卷,第89、105页。(中译本,第98、112页。——译者注)
2 同上,第108页。(中译本,第116页。——译者注)
3 同上,第94页。(中译本,第102页。——译者注)
4 同上,第93页。(中译本,第101页。——译者注)休谟在这一页的脚注里做了更明确的阐述:"神迹可以准确地定义为借神明的一种特殊意志或某种无形作用的干涉对自然法的破坏。"

　　休谟承认,尽管他的三段论很有破坏力,但充其量也只能使神迹显得不太可能。因此,为了把不太可能变成不可能,或者说(按照休谟的谦逊态度)变成几乎不可能,休谟转向心理学和历史寻找证据。他说,猎奇求异、喜欢沉溺于"惊异和惊讶"的情绪之中,是人性的一个普遍特征。因此,心理学通过发现人性的倾向,既揭示了神迹流行的原因,也破坏了它们的可信性。历史是神迹的世俗活动舞台,在休谟的论证里也起了同样的作用。经过批判的解读,历史显示,神迹极少得到"有见识、受过教育、有学问"的人的见证,而且几乎所有的神迹在见证人中间都是有争议的。此外,神迹的传闻通常"在无知的野蛮民族中为多",而在我们的时代则毫不奇怪地大大减少了。[1]威廉·亚当斯牧师[*]曾写过文雅地批驳休谟的文章。让他惊讶的是,萨缪尔·约翰逊竟然准备使用一切手段(不论高雅还是卑劣的手段)来打倒这个强大而蛊惑的对手:"亚当斯:'你不会去推撞一个烟囱清扫夫吧?'约翰逊:'会的,先生,如果有必要就会把他推倒。'"[2]无论谁后来能够推倒休谟——主要通过认真奉行他挖苦的信仰主义,宣布基督教启示的后续神迹——可以确定,这个人不是萨缪尔·约翰逊。

3

　　在《论神迹》中,休谟思考了人对"惊异和惊讶"的追求;在《宗教的自然史》中,他把自己的心理学断想扩展成一种持久的指控。这样他就走进了一个挤满了启蒙哲人的舞台。这些人都在探索为什么人们会相信超自然的存在,相信符咒、祈祷以及某些仪式的效力。毕竟,很显然的

407

408

---

[*] 威廉·亚当斯(William Adams, 1706/7–1789),英国牛津大学彭布罗克学院教师。

[1] 休谟:《全集》,第4卷,第94、96页。(中译本,第103—105页。——译者注)

[2] 博斯韦尔:《约翰逊生平》,1776年3月20日纪事,第2卷,第443页。约翰逊认为,"基督教的启示"不是"单靠神迹来证明的,也与先知的预言有关联",1777年9月22日纪事,第3卷,第188页。但是这种批驳休谟的冲动忽视了一点,即休谟已经明确地扩大了否定神迹的论证,已经把先知的预言包括在内了。休谟指出:"我们关于神迹所说的话可以原封不动地应用于先知的预言。"《著作集》,第4卷,第108页。(中译本,第115页。——译者注)

是——这种显而易见的情况令人高兴，因为它给启蒙哲人提供了很愉快的工作——所有时代的绝大多数人都有宗教信仰。对于一个批判的时代来说，这个事实就需要解释了。

在这里也与通常的情况一样，启蒙哲人是古人的有进取心的机敏弟子。欧赫迈罗斯*和卢克莱修这样的诗人、柏拉图和斯多葛派这样的哲学家对于神话的起源提出了令人惊愕的猜想。到18世纪，人们把这些猜想罗列出来并用近代心理学术语加以完善，用于对基督教的指控之中。有些人是欧赫迈罗斯的信徒，认为诸神最初是一些威武的英雄或仁慈的君主，被崇拜他们的仰慕者加以神化，奉为全人类的楷模。另外一些人认为，诸神是各种智能的化身，代表了天上的星宿。第三种人则追随斯多葛派的观点，把诸神解释为美德、恶习和道德寓意的人格化身。最后还有一种心理学理论，把宗教解释成人类恐惧和期盼的产物，反映了人类对永生的欲念、对重归童真的渴望、对未知事物的恐惧。

出于显而易见的原因，在这几个流派里，启蒙哲人更偏爱最后一个。这种心理学理论本身是中立的，超然于教派之上，不论对异教还是对基督教都持批判态度。这是一个心理学的时代。在这个时代里，哲学从形而上学转向认识论，哲学家以新的热情和新的方法来审视人们的动机。这个理论给启蒙哲人提供了关于教士作恶的科学解释——这些教士与君主结盟，为了谋取权力和利益而把神话强加给愚众。这个"骗子理论"是上述心理学的一个变体，带有理性主义的色彩。它解释了历史上多数人的狂热，同时也假定了各个时代会有少数人保持理性。这种对宗教的解释并非没有受到挑战，其他的解释也各有支持者。但是，通常在"骗子理论"的伴随下，这种解释在启蒙运动中坚守了阵地。它是由培尔和丰特奈尔明确提出来的，由他们的读者散播到欧洲各地。对于卢克莱修的弟子们来说，这种解释是完全恰当的：在所有的理论里，它对于各种被普遍接受的信仰是最具毁灭性的。

---

* 欧赫迈罗斯 (Euhēmeros)，公元前3世纪希腊神话作家，主张"神话即历史"。

休谟的《宗教的自然史》是这一主流学派的优雅代表。[1]书名本身就具有挑衅性：考察宗教的"自然"史，也就意味着把这种神圣现象当做与其他任何社会现象一样来对待，剥夺了其声誉赖以依存的特权地位。诚然，在该书的第一段文字里，休谟就宣布自己根本不想研究宗教"在理性方面"的基础，因为这个基础是可靠的、无可辩驳的。他提出只想研究宗教"在人性中"的"根源"。但是，在那些被激怒的教士看来，这种区分是毫无意义的，是用来掩盖——也是暴露——最过分的离经叛道的透明面纱。毕竟，休谟的其他著作已经显示，他其实根本不相信宗教有任何理性基础。他在这本书里也婉转地表明了这一点。此外，倘若可以追溯出宗教在人性中的根源，那么宗教也就沦落为幻想的产物、纯粹的臆想，那么它自称的客观真实性也就烟消云散了。沃伯顿主教[*]有自己的正当理由怒斥休谟，但没有足够的武器来批驳他。他出于厌恶而敏感地察觉到了休谟的意图，非常不快地指出：《宗教的自然史》旨在"确立自然主义，即一种无神论，用以取代宗教"。[2]休谟这部著作的读者没有人会否定沃伯顿的猜疑。

沃伯顿的愤怒以及各地虔诚读者的愤怒是很容易理解的。他十分恼怒地说，休谟的这本书是在传播博林布鲁克的无神论，只是"没有使用博林布鲁克的谩骂语言"。[3]当然，这恰恰是休谟的高明之处。其他启蒙哲人都不如他那样善于用逻辑术语和明智的论证来包裹反宗教的激情，而且在这个过程中把激情转变成科学。因此，休谟在《宗教的自然史》中使用的方法就像他的结论一样既不同凡响，又锐不可当。在探索宗教的根源时，他把归纳法和演绎法结合起来，综合利用了历史记载和游记提供的资讯，把历史学和早期人类学乃至思辨心理学融为一体。因此，他假设的人类思想发展史富有想像的成分但绝不是想入非非，别出心裁却又

---

[*] 威廉·沃伯顿 (William Warburton,1698–1779)，英国格洛斯特教区主教。

1 休谟以其特有的非独断论态度，没有单纯依赖这种心理学理论，也利用了犹希迈罗斯的"神话即历史"论。

2 莫斯纳：《休谟传》，第325页。

3 同上。

很实在。

按照休谟对证据的解释，人们对"不可见的理智力量"的信仰已经广泛传播开来，但绝没有达到普遍而没有例外的程度——有些民族没有任何宗教，而哪怕是相邻的两个有宗教的民族，在礼拜方式和虔诚情感方面也各不相同。由此推论（对于休谟来说，这是很有分量的思考结果），宗教情绪乃是基于根深蒂固但纯粹是"从属的"激情。人的最基本本能，即引发自爱、两性情欲、爱护后代的本能，在任何地方都是一样的，因此不可能产生出像宗教这样变化多端的现象。因此，休谟认为，宗教"源于一种对生活事件的关切，源于促动人类心灵的那些绵延不绝的希望和恐惧"。[1] 面对着一次令人惊骇的诞生、变化无常的季节，面对着狂风暴雨和无数无法解释的事件，原始人为了适应这个世界，发明了许许多多各司其职的神灵。休谟在一个脚注里指出（这个脚注不逊于吉本做的脚注），赫西俄德说有三万个这样的神灵，而且还不够用。古人甚至发明了一个专管打喷嚏的神。"交配的领域，鉴于其重要性和尊贵性，则分派给了几个神。"[2] 对于野蛮人来说，寻常之事是极不寻常的，需要不寻常的解释："对幸福的热切关注、对未来不幸的担忧、对死亡的惧怕、对复仇的渴望以及对食物和其他必需品的欲望"导致了种种希望，更重要的是，引起了种种恐惧，于是"人们以一种战战兢兢的好奇心，开始详察未来原因的缘由，检视人类生活的各种相互矛盾的事件。他们以极其迷乱而惊愕的眼神，在这幅混乱的图景中，看到了神明最初的模糊踪迹"。[3]

因此，人类最初的宗教必然是多神教，而一神教是后来的发明，是抽象思维的果实。出于同样的原因，最初的神都是拟人化的，具有人的面貌和性格；而一神教的上帝概念则摆脱了人的局限，非常纯净缥缈，值得有理性的人顶礼膜拜，因此是人类成熟和开化的结果。"如果断定神在被理解为一个强大但有限的存在，带有人的七情六欲和四肢五官之前，就作为

411

1　休谟：《宗教的自然史》，《著作集》，第4卷，第315页。（中译本，第13页。——译者注）
2　同上，第315页脚注。（中译本，第15页。——译者注）
3　同上，第317页。（中译本，第14页。——译者注）

一种无所不知、无所不能的纯粹精神出现在人们面前，那么我们就可以依照此理想像，人们居住在棚屋茅舍之前是住在宫殿里，在从事农业之前就已研究过几何学了。"[1]

因此，现代流行的宗教是长期发展的结果。休谟拒绝把这种发展称作进步。首先，休谟认为，从多神教向一神教的演化既不是线性的，也不是必然的。宗教的历史实际上是"往复流变"的历史。人们"有一种自然倾向，要从偶像崇拜上升到一神教，又从一神教重新堕回到偶像崇拜"。[2]尤其是"俗众"，即穷人和文盲，不可能具有维持一神教需要的那种逻辑思考和道德修养能力。他们通常会沉溺于某种隐秘的偶像崇拜中。这种情况在所有的宗教中都可见到，在罗马天主教中尤其明显。天主教祭拜圣徒和圣母玛利亚，宣扬"圣体实在"的迷信教义，实际上是用一神教信条伪装起来的多神教迷信。[3]此外，一神教的优点也是值得怀疑的：多神教虽然在教义上很粗糙，但在实践中比较宽容，一神教倒是有高雅精致的神学，却很容易为了推行自己垄断真理的主张而迫害异己。不论怎么说，二者都有害身心健康，都有令人讨厌的社会后果，即它们都会造成人的自我轻蔑或者带来罪恶。

休谟的宗教社会学研究隐含的推论是，所有的教会都是瘟疫之家，理性人应该揭露和躲避神学家的鸡狗相斗。的确，休谟的著名结论常常被人援引，也值得在此引述："整个事情是一个谜语、一个谜团，一个不可解的奥秘。关于这个问题，我们慎思详察之后的惟一结果似乎就是怀疑、不确定、悬置判断。但是人的理性是多么脆弱，舆论的浸染是多么不可抗拒。如果我们不能开阔我们的视野，让不同的迷信相互对抗，让它

412

1　休谟：《宗教的自然史》，《著作集》，第4卷，第311页。(中译本，第5页。——译者注)
2　同上，第334页。(中译本，第58页。——译者注)
3　休谟也免不了会转述攻击罗马天主教的那些阴损故事："据说，有一天，一个教士一不留神把偶然落在圣饼之间的一块游戏筹码当成了圣饼，给了一个领圣餐的信徒。那个信徒耐心地等了一段时间，期望这东西会在自己的舌头上融化开。但是，他发现它仍然保持原样，就把它取出来。他对教士喊到，我希望你没有犯错误，我希望你给我的不是我主圣父。他这么硬，我根本吞不下他。"同上，第343页。(中译本，第77页。——译者注) 这显然是一个攻击天主教的老故事。伏尔泰的英国笔记就用英文记载了这个故事，还多了一些尖刻的细节。见伏尔泰：《笔记》，第36页。

们彼此打架，而当它们处于盛怒和激辩之时，我们自己却愉快地遁入虽然晦暗但却宁静的哲学领域，那么我们就很难坚守这种审慎的怀疑态度了。"[1] 这样，作为西塞罗和培尔的弟子，休谟在阐述完自己的想法后就溜之大吉了。

4

休谟留下的是一笔意义含混的遗产。他在《宗教的自然史》中有两处表示赞同设计论*。一处是最后一章的第一段："一个目的、一种意图、一个设计显见于每一事物之中。"另一处是全书第一段："自然的整个框架本身就显明了一个睿智的创造者。"[2]这两处断然的声明听起来好像是很大度地向自然神学作出重大让步，无论是基督教的自然神学还是自然神论的自然神学。但实际上，休谟觉得可以作出这种让步是因为这种让步没有实质内容。它们不过是些华丽的辞藻。沃伯顿代表了彻底不信任休谟的那些神职人员，认为这些话敷衍了事，很不恭敬，而且只是只言片语，居心叵测。他指斥这些话是掩盖无神论的面纱。伏尔泰代表自然神论者发言。他也不赞同休谟设想的宗教史。他在《哲学辞典》里有礼貌但坚定地表示："另外有一位学者，比较有哲学修养，是现今思想最深刻的形而上学家之一，提出一些有力的理由来证明多神教是人类最初的宗教……相反，我敢说人开始是先认识了惟一的真主，后来由于人类的弱点，才又信奉了许多神。"[3]正如伏尔泰意识到的，休谟所谓的多神教是原始宗教的说法威胁到了自然神论者的说法，因为按照后者颇为得意的认识论，人本能地至少是很容易地在辉煌的大自然中辨认出上帝的踪迹。

因此，休谟的《宗教的自然史》含蓄地对自然神论提出了重大的异议。这种异议在休谟的《自然宗教对话录》中变得公开了，彻底地摧毁了

413

---

* 设计论是自然神学的一个理论，把宇宙的精妙秩序说成是一种设计，以此证明上帝的存在。

1 休谟：《著作集》，第4卷，第363页。(中译本，第121—122页。——译者注)

2 同上，第309、361页(同上，第1、117页)。

3 伏尔泰：《哲学辞典》，第2卷，第438页。(中译本，下册，第682页。——译者注)

自然神论的基础。当然,这种摧毁只具有学术史意义,因为《对话》是在
1779年才发表,此时休谟已去世三年,伏尔泰也去世一年了。此时,即便
在启蒙哲人中间,自然神论也不再流行。设计论则像一个难缠的鬼魂进
入19世纪。这样,休谟的《对话》就更像是一份死亡证书,而不是一个致
命的武器了。

  不管其最终的文化意义是什么,《自然宗教对话录》是休谟自己最
看重的著作。它有一段悲凉的历史,就像遗腹子的身世那样辛酸。休
谟1751年就大体完成了初稿,然后就仔细地进行修订,并给几个好友
传看,其中包括亚当·斯密。他们都劝他不要发表。休谟不太情愿地让
步了,打趣地称自己是暴政的受害者。但是他太珍爱这部《对话》了,
不愿让它永远埋没。临终前几个月,他采取了很细致的、带有书生气的
措施,保证它在自己去世后出版。他如此牵挂这本书,自有原因:《对
话》是休谟的《哲学辞典》,集中体现了他毕生的事业;是他的《智者纳
坦》,戏剧化地表现了他最深刻的信念,其艺术性就连那些反对者也为
之叹服;是他的《拉摩的侄儿》,有意识地但又不受约束地模仿了西塞
罗的经典作品《论神性》,因为有借鉴又有偏离,唤起的共鸣使他的观
点愈发响亮。在神学争论的文献中,像《对话》这样把形式和内容结合
得如此之好的作品是极其罕见的——这是一部理性思辨但又激动人心
的戏剧。

  休谟知道自己在写一部戏剧。1751年,他在信中请一个朋友给自己
书中的一个角色提供有力的论点论据,他惟恐忽略了这个角色。大约在十
年前,他曾批评自己的偶像西塞罗,说西塞罗在写对话时把精彩的语言都
留给代表自己一方的角色。[1]休谟可不打算犯这个错误。

  他也确实没有犯这个错误。在书中代表休谟的是斐罗[*]。在《对话》
的简短开场白中,斐罗被说成是"无所顾忌的怀疑主义"的代表,但是读者

414

---

[*] 斐罗 (Philo,约公元前20年—54年),亚历山大里亚学派犹太人宗教哲学家。
[1] 休谟:"论艺术和科学的兴起和进步",《著作集》,第3卷,第188—189页。

415　也许不会意识到这种代言身份，多数读者也确实没有意识到。[1]而且，这部对话是一次真正的思想交锋。休谟赋予它生命，使之具有张力和逼真感。他让三个主人公根据辩论的需要而变换结盟关系，并让他们每一个人的论证都显得聪明而有说服力。诚然，代表"顽固不化的正统信仰"的第美亚在重要性上逊于其他两位，因为斐罗（休谟的代表）的真正对手是克里安提斯，后者代表"准确的哲学转向"，主张理性主义的自然宗教，捍卫设计论。克里安提斯的观点听起来很像巴特勒主教或者像主张建设性宗教时的伏尔泰，休谟在这个人物身上着墨最多。不过，第美亚虽然基本上是一个陪衬，但他不是一个傻子。他为宗教做的论证——人的无知永不会被彻底克服，人的处境永远悲惨——乃是休谟怀疑主义的宗教版本，休谟应该是很高兴地让一个"顽固"的基督徒说出自己最极端的怀疑主义想法。

　　不过，斐罗才是休谟的宠儿。休谟让斐罗说出的话既充满活力，又不失精细，而且机智风趣，几乎字字珠玑，无法简单地加以概括。斐罗让两个对手互相辩难。他促使克里安提斯去质疑第美亚。克里安提斯是从世界的辉煌和人类的众多可能性中引申出上帝，将上帝与人做了类比，从而把神降到比人稍高一点的地位。第美亚则是从人的悲惨状况来证明上帝

416　的存在，他认为任何适用于描述人的词语都不适用于崇高的上帝。这种交锋暗示，关于上帝存在的所有神学证明都不能一锤定音。但是，这种让对手互相攻讦的安排虽然巧妙，但毕竟是非常古老的手段，因此斐罗不满足于此，他自己要发言。他把克里安提斯推崇的直觉贬斥为捉摸不定的东西，对于寻求宗教真理来说是不可靠的。他还竭力反驳流行的类比论证。他很合情合理地指出，类比不能为任何事情提供有力的证明；从表面

1　我必须承认，鉴于休谟哲学极其明晰和融贯，鉴于他在通信中常常提及《对话》，为什么在"谁代表休谟"的问题上众说纷纭，令我很是不解。诺曼·肯普·史密斯在《对话》的校勘本中，列举了一系列参与争论的著名哲学家，但他本人的观点非常明确："自始至终都是由斐罗代表休谟；此外……克里安提斯只是在明确表示赞同斐罗的一些段落里可被视为休谟的代言人，在另一些驳斥第美亚的段落里，他还被用来为斐罗的某个独立见解做铺垫。"（《休谟的自然宗教对话录》，第59页）我完全赞同这个观点，只想补充一点：信仰主义者第美亚偶尔也代表休谟说话，不过是用调侃的方式表达休谟的怀疑主义罢了。毫无疑问，导致这一疑难的一个因素是书中以第一人称说话的潘斐留斯做的总结："我不得不认为，斐罗的原则比第美亚的原则更有可能性，而克里安提斯的原则还要更为接近于真理。"（第228页）但是这不应该被视为休谟自己的结论，这其实是对西塞罗《论神性》结语的模仿。而且这也是一个让人回味的反讽手法，狡猾的休谟借机再一次遁形。

上的相似，甚至从真正的相似也不可能有效地推导出什么。实际上，自然宗教的提倡者通常使用的那种类比论证，也是极其软弱无力的。我们可以承认，有一块钟表，也就意味着有一个制造它的钟表匠。这样说，也仅仅是因为我们没有经历过哪块钟表不是出自某一工匠之手的情况。但是这并不意味着宇宙必定有一个造物主。钟表有许许多多，而宇宙是独一无二的。[1] 此外，宇宙与其说像一块钟表或一所房子，远不如说像一个动物或植物。斐罗调皮地提议说，造物主应该像一个植物而不太像一个工匠。不仅如此。如果我们不带着平常的偏见去观察宇宙的话，我们很可能得出结论说，创造出这个宇宙的那种智慧不太高明，就像一个笨拙的生手，在造出和丢弃了其他"世界"之后才搞定这一个。[2]

在经过这番攻击之后，把上帝比成钟表匠的"宗教假设"几乎片甲不存了。不管多么理性的论证和积极的辩护，它不能使人信服，几乎难以立足。斐罗意味深长地引述塞涅卡的话作为结论："认识上帝也就意味着礼拜上帝。所有其他的礼拜实在都是荒谬的、迷信的，甚至是不虔敬的。"[3] 一个有理智的人能做的不过是以哲学家的平静态度承认一种可能性，即"宇宙秩序的原因或诸原因可能与人类理智有些微的相似"。但是承认这一点，只能获得因对某个明智命题给予谦逊理性的认可而产生的一点欢乐，

417

---

1 在《特殊的天意和来世的状况》一文中，休谟用逻辑严密的推理有力地批驳了类比论证，值得在这里转述。（1）"当我们根据结果来推测任何原因时，我们必须使原因和结果适成比例，而且我们归因于原因的各种性质只限于恰能产生那个结果所需要的，在此之外，我们绝不许妄认它有别的性质。一个十盎司重的物体在天平上被举起后，就可以证明在另一头平衡它的那个砝码是重于十盎司的，但是却不能给我们任何理由，使我们说那个砝码重于百盎司。"（2）"在人类艺术作品和设计作品方面，我们可以由结果进到原因，并且可以由原因返回来，形成对结果的新推测……但是这种推论方法的基础是什么呢？平实地说，就是，人是我们凭经验知道的一种实有，他的动机和设计也是我们熟悉的，而且他的各种计划和倾向（按照自然管理这个实有时所立的法则）是具有一种联系和照应的。"但是，"神明只借他的产品为我们所知，而且他是宇宙中一个惟一的实有，并不隶属于任何一种、任何一类，使我们可以由经验到的那些种类的属性和性质。"看见一个脚印就可以推测一个人的那种著名演绎方法并不适用于论证上帝："沙滩上的一个足印，在单independ被人考虑时，只能证明，有某种与它相适合的形象把它产生出来。但是根据我们的其他经验，一个人的足印也可证明，或许还有另一只也留下了足印，但是它被时间或别的情况涂抹掉了。"《著作集》，第4卷，第112、118—119页。（中译本，第120、127—128页。——译者注）
2 这种富于想像的思辨是启蒙哲人喜爱的方式。例如，伏尔泰在短篇小说《柏拉图的梦》中就设想，虽然上帝是完美的，但他把创造这个世界的活儿交给一个低级天使来做。这个天使做得很糟糕。因此，现在处处可以见到罪恶。
3 休谟：《自然宗教对话录》，第226页。（中译本《自然宗教对话录》，陈修斋、曹棉之译，北京，商务印书馆，1962年，第95—96页。——译者注）

不会有其他任何推论。[1]由此不能保障对非凡传说的任何信仰，不能证明任何祈祷或教会的有效性，甚至不能给行为提供任何指导。对于休谟来说，宗教已经丧失了所有的特异性和权威。宗教不过是蒙在理性上面的一个暗淡、无意义和不受欢迎的阴影。

5

在《自然宗教对话录》将近结束之处，正统信仰的代表第美亚正在欣赏斐罗批驳设计论时，突然醒悟到怀疑主义推理的真正含义。他大喊："住口！住口！你的想像力把你推到哪里去了？我与你联合在一起，为的是证明神圣存在的不可了解性。为的是反驳克里安提斯的原则，他要用人类的尺度和标准来衡量万物。但是我现在发现你正在陷入极端放肆派和异教徒的所有论点；并且你在出卖佯装支持的神圣事业。因此你暗中岂非是比克里安提斯本人更危险的敌人？"[2]在宣泄之后不一会儿，第美亚就找个堂皇的理由离开了，剩下克里安提斯和斐罗来给这场对话作总结。两人一个是自然神论者，一个是怀疑论者，但意味深长的是，两人是很亲密的朋友。

这是极具戏剧性也极其感人的时刻：就我所知，这段情节比休谟作品中的其他任何段落都更清楚地表明为什么休谟既是最孤独的又是最具代表性的启蒙哲人；他简直是这一小群人中最纯粹、最现代的样本。第美亚言辞激烈的质问乃是出自精心的设计：正如我们一再看到的，反基督教的自然神论者和很世故的怀疑主义者是盟友关系，在反对神话思维的战斗中是坚定的批判者。就连现代理性主义的基督徒——克里安提斯可以代表他们——也应召加入反对神话的斗争。但是在启蒙运动的军队里，在对付宗教方面，斐罗的确是比克里安提斯更危险的对手。尽管他们都有世俗主义倾向，都质疑宗教，但自然神论者还是与那种"宗教假设"维持了某种词

---

1 休谟：《自然宗教对话录》，第226页。（中译本，第96页。——译者注）
2 同上，第212—213页。（中译本，第82页。——译者注）

句上的乃至感情上的联系。在休谟那里，最后仅存的联系也扯断了。他的哲学以最无情的方式体现了启蒙运动的辩证法——它诉诸最祛魅、最怀疑宗教的古人，它与基督教的冲突在所有节点上都是不可缓解的，它以最勇敢的姿态追求现代性。

　　大卫·休谟既勇敢又现代。他懂得自己哲学的含义所在，而且绝不退缩。他如此勇敢，以至于用不着以勇敢示人。他完全跟着自己的思想走，用自己的一生（萨缪尔·约翰逊则是在临终时）提供了许多人心向往之却极少人能做到的异教徒典范。他愿意一生保持怀疑，不相信超自然的证明，不相信终极解释，不怀有对永久稳定的期望，仅仅依靠概率原则来生活；不仅如此，他生活在自己的世界里，毫不抱怨，俨然一个快活的斯多葛主义者。因此，休谟比启蒙运动的许多战友更决然地站在现代的门槛，也展示了现代的风险和可能性。休谟是一位修养深厚的古典学者，他不会用轻喜剧的笔法，而是用冷静的辩论方式表明，因为上帝是沉默的，所以人是自己的主人；人应该生活在一个除魅的世界里，对一切都持批判态度，凭借自己的力量，开辟自己的道路。

419

文 献 综 述

概　述

　　这篇文献综述有两个目的，一是记录我借鉴的学术资源，二是对我采取的立场说明理由。本书涵盖范围甚广，跨越许多世纪，涉及很多领域，因此我不得不一而再、再而三地在各种解释中进行选择，尽我所能处理好有关一个人物的特征或一场运动的意义的种种争论。在这篇综述里，我将阐明我所作选择的依据。

　　有关启蒙运动的文献（先不要说我在本书前几章特别关注的古代、中世纪和文艺复兴的文献）数量庞大，而且增长迅速。我若是想提供一个完整的书目，哪怕仅仅是想列出我曾参考过的书目，那都会显得极其愚蠢。因此，我将着墨于我认为最有用、最有刺激性、最反常的著作。就这方面而言，与其他方面一样，这篇综述也是非常个人化的。

　　在哲学和思想史这两个方面，让我受益最大的是卡西勒。他对批判思维和神话思维的区分，成为我的解释核心。卡西勒的许多著作阐释了这一区分。他在三卷本的《符号形式的哲学》（德文 1923，1925，1929；tr. Ralph Manheim, 1953, 1955, 1957）[1]，尤其是第 2 卷《神话思维》（*Mythical Thinking*）中做了系统的阐发。他在《语言与神话》（*Language and Myth*, 1925; tr. Susan Langer, 1946）中对自己的论证做了简明的概括。晚年，因

1　因为我用了 6 年多的时间来写这本书，我有时会使用一些著作的原文本和英译本。在这篇综述里，我采用以下惯例：如果一本书有英译本，我会先列出英文书名，接着标出原版的最初出版时间，然后是英译者姓名和英译本出版时间。

为一直受到极权主义幽灵的困扰,他在《国家的神话》(*The Myth of the State*, 1944) 中探讨神话思维在当代的复活及其根源。在他讨论符号形式的文章中,最重要的两篇或许是"人文社会科学结构中符号形式的概念"("Der Begriff der symbolischen Form im Aufbau der Geisteswissenschaften", *Warburg Vorträge, 1921–1922 [1923]*, 11–39) 和"符号问题及其在哲学体系中的位置"("Das Symbolproblem und seine Stellung im System der Philosophie", *Zeitschrift für Aesthetik und allgemeine Kunstwissenschaft*, XXI, 1927, 295–312)。卡西勒论述思想史的著作涵盖了自古希腊以来的整个西方历史,[1] 充满了尖锐而深刻的真知灼见。这些著作试图穿透时代的纷纭现象和各种矛盾,揭示其思想内核,而通常都做到了。总体观之,这些著作构成了一个对我所谓的"批判命运"的精彩说明。

由席尔普 (P. A. Schilpp) 主编的《卡西勒的哲学》(*The Philosophy of Ernst Cassirer*, 1949) 对卡西勒在哲学和历史学方面的成就做了考察。其中我认为最重要的文章是:洪堡 (Carl H. Hamburg) 的"卡西勒的哲学观"("Cassirer's Conception of Philosophy", 73–119);哈特曼 (Robert S. Hartmann) 的"卡西勒的语言与神话理论"("Cassirer's Theory of Language and Myth", 379–400);厄本 (Wilbur M. Urban) 的"卡西勒的语言哲学"("Cassirer's Philosophy of Language", 401–441) 以及一篇重要的批判文章:小兰德尔 (John Herman Randall, Jr.) 的"从卡西勒对文艺复兴时期思想的探讨看他的历史理论"("Cassirer's Theory of History as Illustrated in His Treatment of Renaissance Thought", 689–728)。查尔斯·亨德尔 (Charles W. Hendel) 是最早推崇卡西勒的为人和哲学成就的美国学者之一。他的文章"符号哲学导引"("Introduction to the Philosophy of Symbolic Forms", *Philosophy of Symbolic Forms*, I, *Language*, 1–65) 很有参考价值。卡西勒的文化形式概念接近神话理想型或批判理想型,可以追溯到康德的批判哲学,或歌德的一些很有意味的点评,或黑格尔在文化混

---

1 另参见以下各页:第 392、405—406、408、412—414、431、478、489—490、493—494、499—500、505—506 页。

425　乱表面背后捕捉的贯通逻辑，或海涅精彩的妙论。这个概念当然也隐含在当代许多划分西方历史时期的尝试之中。阿克顿勋爵阐明了这一概念（虽然还没有像卡西勒那样给出哲学和心理学的论证）："两个伟大的原则把世界划分开，而且还相互争霸，这就是古代和中世纪。这是先于我们现在的两个文明，也是构成我们的两个元素。所有的政治和宗教问题实际上都可以归结到这一点。这是贯穿我们社会的宏大二元论。"这是在1859年前后写的笔记，现在依然值得回味。这段话最早见于巴特菲尔德（Herbert Butterfield）的《人类谈论自己的过去：关于史学史的研究》（*Man on His Past: The Study of the History of Historical Scholarship*, 1955, 212–214）。

卡西勒人生的一个决定性阶段是在汉堡的瓦尔堡研究所。他在其演讲系列和论文系列中发表的作品反映了他在那里图书馆的收获（这是有关原始文化、语言学和艺术史领域的最好图书馆），他发表的作品也对那里的同事产生了影响。我就仿佛跟随卡西勒进入了瓦尔堡图书馆，而我的这本书应该反映出这种情况：我极大地受惠于潘诺夫斯基、萨克斯尔（Fritz Saxl）、塞兹内克（Jean Seznec）和瓦尔堡（Aby Warburg）本人有关思想史和艺术史的学术专著。[1]

我同样受惠于奥尔巴赫的著作。它们对风格的深层意义做了透彻的分析，对现实主义的现实感知与"喻象的"（figural）现实感知做了区分（在许多方面类似于卡西勒对神话思维与批判思维的区分）。1954年，

426　我第一次阅读他那部著名的《摹仿论》（*Mimesis: The Representation of Reality in Western Literature*, 1946; tr. Willard R. Trask, 1953）。这本书高屋建瓴地论述了从荷马到伍尔芙的西方文学。它对于我简直是一个天启。我在写作中常常回过头来参考它。奥尔巴赫的长文"喻象"（"Figura", 1944；tr. Ralph Manheim, *Scenes from the Drama of European Literature: Six*

---

[1] 我将在下文的适当时候，尤其是在第2、4章，提到这些著作，因为它们大多论述古典思想是如何通过中世纪传递到文艺复兴时期。潘诺夫斯基的那篇凝练而高深的文章《理念：旧艺术理论对观念史的一个贡献》（*Idea: Ein Beitrag zur Begriffsgeschichte der älteren Kunsttheorie*, 2nd edn., 1960；英译工作尚在进行中），考察了从柏拉图到丢勒的柏拉图主义的"理念"概念，完美地体现了瓦尔堡研究所的成绩。卡西勒的研究显然受惠于这篇文章。萨克斯尔在一篇简短却动人的回忆文章里回溯了卡西勒与瓦尔堡研究所的关系，见《卡西勒的哲学》，第47—51页。

Essays, 1959）是对喻象观念的出色分析。[1]

正如本书表明的，我确信，真正可称作第一个现代世纪的，不是宗教改革和文艺复兴时代，而是启蒙运动时代。我很高兴这一观点可在前人的著作中找到支持，如赫伊津哈的"18世纪的风景画和历史画"（"Naturbild und Geschichtsbild im achtzehnten Jahrhundert"，*Parerga*，1945），再如特洛尔奇（Ernst Troeltsch）的虽有争议却气势宏大的著作，尤其是两卷本的《基督教会的社会教义》（*The Social Teachings of the Christian Churches*，1911；tr. Olive Wyon，1931）第3章以及《新教与进步》（*Protestantism and Progress: A History Study of the Relation of Protestantism to the Modern World*，1906；tr. W. Montgomery，1912）。

启蒙运动不缺乏阐释者或说明者。在我看来，最好的依然是卡西勒。他的《启蒙哲学》（1932；tr. F. C. A. Koelln and J. P. Pettegrove，1951）尤其对"理性"在18世纪的功能做了清晰的呈现。每一页都有发人深省的想法。但是，该书的批评者，包括科班（Alfred Cobban）的各种述评，普莱斯（Kinsley B. Price）的"卡西勒与启蒙运动"（"Cassirer and the Enlightenment"，*Journal of the History of Ideas*，XVIII: 1, January, 1957, 101–112）和迪克曼的"关于18世纪的各种解释"（"On Interpretations of the Eighteenth Century"，*Modern Language Quarterly*，XV: 4, December, 1954, 295–311）都正确地指出，卡西勒让启蒙运动显得太整齐有序了，给它强加了一个辩证的发展进程，以他钟爱的康德批判哲学作为最终完成的高峰。此外，我认为，也是他的这种偏爱的结果，他低估了法国唯物主义者和休谟怀疑主义的贡献。尽管如此，他这部著作依然是这个领域的经典之作。

瓦利亚维奇（Fritz Valjavec）的《西方（欧洲）启蒙运动史》（*Geschichte der abendländischen Aufklärung*，1961）是按照时间顺序来编排的，涵盖面很宽泛，有关启蒙运动的史前史内容特别有价值，缺点是过分简约。贝

427

1　后面第464、471页，还将论及奥尔巴赫。

克尔（Carl Becker）的《18世纪哲学家的天城》（*The Heavenly City of the Eighteenth Century Philosophers*, 1932）试图把启蒙运动划入中世纪。这部著作非常诱人而且至今很有影响。我对他的观点展开了争论（见"Carl Becker's Heavenly City"，收入我的《人道党》（*The Party of Humanity: Essays in the French Enlightenment*, 1954）。迪亚兹（Furio Diaz）的《18世纪法国的哲学与政治》（*Filosofia e politica nel settecrento francese*, 1962）聚焦法国，内容详尽，是我见到的近期意大利关于启蒙时代最好的研究著作。莫尔内（Daniel Mornet）的《18世纪法国思想》（*La Pensée française au XVIIIe siècle*, 10th edn., 1962）是一部资料丰富但有些拘谨的著作。雷奥（Louis Réau）的《启蒙世纪法国影响下的欧洲》（*L'Europe française au siècle des lumières*, 1938）对于认为法国在欧洲具有文化优势的主张，提供了一种流行于法国的主要解释。这种解释有一定的道理，但是我希望在本书中证明，这种优势并不像雷奥说的那么大。克劳斯（Werner Krauss）的《18世纪德国文学所反映的法国启蒙运动》（*Die französische Aufklärung im Spiegel der deutschen Literatur des 18ten Jahrhunderts*, 1963）收集了一组主题分散（因其马克思主义视点必然会主题多样）但不乏新意的文章。威利（Basil Willey）的《18世纪背景：当时思想界的自然观研究》（*The Eighteenth Century Background: Studies on the Idea of Nature in the Thought of the Period*, 1940）没有做全面的研究，而是如其副标题显示的，仅仅限于研究自然概念，很有参考价值。洛夫乔伊（Arthur O. Lovejoy）在观念史方面的系列大作旨在对观念进行分析，与我本人撰写"观念的社会史"的思路有所不同。我既重视观念本身的价值，又追求根据社会语境来理解它们。但是，我依然认为洛夫乔伊的著作对我极其有益。我特别受惠于他的《伟大的存在之链》（*The Great Chain of Being: A Study of the History of an Idea*, 1936）。这本书在第1章阐述了他的方法和目标，在后面的章节里则做出了示范。第6章和第9章阐明了"存在之链"在18世纪的情况，给人以启发。克罗克（Lester G. Crocker）的厚重专著《危机时代》（*An Age of Crisis: Man and World in Eighteenth Century Thought*, 1959）试图把

18世纪法国伦理学史变成萨德侯爵的准备阶段，并以此预示"我们时代的   428
危机"。其追逐时髦的非历史主义令我吃惊，正如马克思主义者常说的，
"在客观上是反动的。"可参见我的书评（*The Journal of Modern History*,
XXXIII:2, June, 1961, 174–177）。克罗克的第2卷《自然与文化》（*Nature
and Culture: Ethical Thought in the French Enlightenment*, 1963）看来只是
为了反驳时才稍稍提到批评意见。不过，这一卷比第1卷要有节制，也更
有参考价值。[1]阿扎尔（Paul Hazard）写了两部很著名的书，一方面是惊
人的博学，另一方面则是妙笔生花，因文害意。三卷本的《欧洲意识的危
机》（*La Crise de la conscience européenne, 1680–1715*, 3 vols., 1934）对于
17世纪末"欧洲思想"的深刻变化做了雄辩的论证，但在我看来并不完
全具有说服力。不过，这部著作毕竟提供了丰富的信息。另一部，《18世
纪的欧洲思想》（*La Pensée européenne au XVIIIe siècle: de Montesquieu à
Lessing*, 1946）结构宏大而立意甚高，但正如迪克曼在"启蒙思想中的宗
教和形而上学因素"（"Religiöse and metaphysische Elemente im Denken
der Aufklärung", *Wort and Text: Festschrift für Fritz Schalk*, ed. Harri Meier,
1963, 334–354, esp. 34 on.）所尖锐批评的，阿扎尔的体系仿佛是对文化发
展曲线的机械图示，并没有真正把这个时期联成一体。

　　另外还有一些通论著作，如科班的《探索人性》（*In Search of Humanity:
The Role of the Enlightenment in Modern History*, 1960）虽然简短（该书只
有两个核心部分探讨启蒙运动本身的思想），却论述明晰、文笔生动、结
论可靠。史密斯（Preserved Smith）的《现代文化史》第2卷《启蒙运动》
（*The Enlightenment, 1687–1776*, 1934）可能无甚新意，但作者的明敏文
字颇有特色。黑文斯（George R. Havens）的《理念的时代》（*The Age of
Ideas: From Reaction to Revolution on Eighteenth-Century France*, 1955）实
际上是系列法国重要启蒙哲人的学术传记。该书史实部分可以信赖，但有
点偏向歌颂，而且不太关注启蒙运动的历史语境。迪克曼的书评虽然简   429

1　在这一点上，我和约翰·韦特曼一致。他在《纽约书评》（*The New York Review of Books*, V:2, August 26,
　1965, 5–6）上对现代的萨德崇拜提出言简意赅的抨击。这篇评论是我在写完本书后发表的。

短，但其意义很大。除了刚才提到的"宗教和形而上学因素"一文，还特别值得一提的是"启蒙运动的主题与结构"（"Themes and Structure of the Enlightenment", in *Essays in Comparative Literature*, 1961）。在有关启蒙运动的通俗读物中，我见到的最糟糕的作品之一是尼科尔森（Sir Harold Nicolson）编写的《理性时代》（*The Age of Reason: The Eighteenth Century in Reason and Violence*, 1961）。该书乃是各种陈旧故事和过时观点的大杂烩。

克罗克把启蒙运动看成我们这个可恶时代的可恶母亲，但他并非独自如此。其他的同类还有布雷沃尔德（Louis I. Bredvold）的恶毒著作《启蒙运动的美丽新世界》（*The Brave New World of the Enlightenment*, 1961），只知讨伐，不会分析。这本书最有意思的是，让人看到一个不错的学者（而且对德莱顿和18世纪前期文学做出过杰出研究）有了偏见之后会怎么样。塔尔蒙（J.L.Talmon）的著作要严肃一些。他现在正在撰写多卷本的"极权主义民主"的历史。第1卷《极权主义民主的起源》（*The Origins of Totalitarian Democracy*, 1952）探讨了启蒙运动和法国大革命。作者非常真诚而且热爱自由和尊严，但是书中把启蒙哲人描写成无情的空想家，则是从根本上误读了启蒙思想，有偏向地摘选言论，表明作者无力考察思想的历史作用。我并不认为启蒙运动是完美的，但我一直认为，它不应对并非它所主张的观念和它所造成的后果负责。它起码应受到比这更好的待遇。

1. 一小群启蒙哲人

我在这一节为启蒙哲人家族做的集体画像，当然完全基于我对他们的著作（尤其是他们的书信）和论述他们的著作的读解。因此，我在这里也绝不可能做出面面俱到、巨细靡遗的交代。启蒙哲人的书信集中，最能持续给人惊喜的是贝斯特曼（Theodore Besterman）编辑的伏尔泰的103卷《通讯集》（*Correspondence*, 1953–1965）。编者很自豪地宣称，这部书信集不仅体现了一个活跃的心灵，而且反映了整整一个世纪。罗思

（George Roth）编辑的狄德罗的《通讯集》（*Correspondance*, 1955—　）迄今出版十二卷，编年截止到1773年，虽然比上述伏尔泰通讯集部头稍小些，但同样内容生动，很有价值。例如，顺着这部通讯集（尤其是第3卷，第23、53—54页）的线索，我们有可能为启蒙哲人最出色的附庸达米拉维尔画出一幅肖像。在格雷格（J. Y. T. Greig）精编的两卷本休谟《书信集》（*Letters*, 1932）之后，又有克里班斯基（Raymond Klibansky）和莫斯纳编的《休谟新书信集》（*New Letters of David Hume*, 1955）做了增补。应该指出，我使用的"家族"概念源于维特根斯坦的《逻辑哲学论》中的提示。

　　启蒙哲人的社交活动必然是许多传记的一个重要主题。尽管有关先进思想的国际网络情况尚需做大量的研究，但毕竟已经有一些专题研究成果值得一提。亨利·格雷厄姆的《18世纪苏格兰的文人》对斯密、休谟、弗格森等主要人物做了忠实的素描。布赖森的《人与社会：18世纪苏格兰探究》接着以令人感兴趣的方式把观念史与社会活动史联系起来。莫斯纳的《休谟传》（*The Life of David Hume*, 1954）是一部标准的传记作品：面面俱到，学术严谨，资料罕见，可以说是应有尽有，惟独缺少生气。莫斯纳更早的作品《被遗忘的休谟：好人大卫》（*The Forgotten Hume: Le bon David*, 1943）留下了一些不实之词。如果不考虑休谟生平的细枝末节（也不考虑涉及其他人的细枝末节），那么史密斯（N. K. Smith）论述休谟的著作是不可忽视的。他的《休谟哲学》（*The Philosophy of David Hume: A Critical Study of its Origins and Central Doctrines*, 1941）以及他校订的《休谟的自然宗教对话录》（*Hume's Dialogues Concerning Natural Religion*, 1947）虽然专业性较强，但对苏格兰启蒙运动做出许多阐明。关于弗格森，可参见 431 布赖森的前述著作、莱曼（William C. Lehmann）写的传记《弗格森与现代社会学的滥觞》（*Adam Ferguson and the Beginnings of Modern Sociology*, 1930），以及约格兰（Herta Helena Jogland）的《弗格森笔下的社会学的起源与基础》（*Ursprünge und Grundlagen der Soziologie bei Adam Ferguson*, 1959），虽然郑重其事，但也用一些篇幅谈及社交生活。斯密值得现代人再写一部全面的传记。没有人比他更睿智，更应该站在中心位置。斯密的

《道德情操论》（1759）以及《修辞学和文学讲演录》（*Lectures on Rhetoric and Belles Letters*, 1963, ed. John M. Lothian）显示了斯密古典学养的深度和广度。约翰·雷的《亚当·斯密传》内容丰富，至今可以参考，只是有点过时。例如，斯科特（W. R. Scott）的《斯密作为学生和教授》（*Adam Smith as Student and Professor*, 1937）就补充了一些新资料和新解释。莫罗（Glenn R. Morrow）的《斯密的伦理学和经济学理论》（*The Ethical and Economic Theories of Adam Smith: A Study in the Social Philosophy of the Eighteenth Century*, 1923）是不可绕过的。该书令人高兴地打发了德国人制造的所谓"斯密问题"，即所谓《国富论》和《道德情操论》之间的不一致。费伊（C. R. Fay）的《斯密与当时的苏格兰》（*Adam Smith and the Scotland of his Day*, 1956）也值得参考；克拉克（John Maurice Clark）等人的论文（*Adam Smith, 1776–1926*, 1928），是《国富论》发表150周年的纪念论文，提供了有关斯密体系其他部分的丰富资料。关于米勒（Millar），可参见莱曼的著作《格拉斯哥的米勒》（*John Millar of Glasgow, 1735–1801: His Life and Thought and His Contribution to Sociological Analysis*, 1960）。关于苏格兰常识学派的开创者哈奇森（他对休谟思想的形成也有作用），有一部很好的传记，即斯科特写的《弗朗西斯·哈奇森》（*Francis Hutcheson: His Life, Teaching and Position in the History of Philosophy*, 1900）。

关于英格兰启蒙运动，研究状况远不如苏格兰启蒙运动。斯蒂芬（Sir Leslie Stephen）的大作《18世纪的英国思想》（*English Thought in the Eighteenth Century*, 2 vols., 1876）有许多断言已经过时。该书主要是一部观念分析之作，但也对论辩的环境做了阐明。斯蒂芬的《18世纪英国文学与社会》（*English Literature and Society in the XVIIIth Century*, 1907）写得很生动，更直接地论述了文学的社会含义。阿莱维（Elie Halévy）的大作《哲学激进主义的成长》（*The Growth of Philosophic Radicalism*, 3 vols., 1901–1904; tr. Mary Morris, 1928）第1章对于理解观念的演变提供了一些很有价值的看法。特伯维尔（A. S. Turberville）主编的《约翰逊时代的英格兰》（*Johnson's England: An Account of the Life and Manners of his Age*, 2 vols., 1933) 是一部主题分散的社会史论文集,其中哈蒙德夫妇 (J.L. and Barbara Hammond) 的"贫困、犯罪与慈善"("Poverty, Crime, Philanthropy", I, 300–335) 和查普曼 (R.W.Chapman) 的"作者与书贩"("Authors and Booksellers", II, 310–330) 提供了有关英国先进思想的社会、知识和职业背景的信息。贝尔雅姆 (Alexandre Beljame) 的《18世纪的文人与英国公众》(*Men of Letters and the English Public in the XVIII*[th] *Century*, 2nd edn., 1897; tr. E. O. Lorimer, 1948) 用许多生动的细节提供了类似的信息。但该书许多内容已经过时了。最近的研究做了补充和订正,如科林斯 (A. S. Collins) 的《约翰逊时代的著作权》(*Authorship in the Days of Johnson*, 1927),桑德斯 (J. M. Saunders) 的《英国的文学职业》(*The Profession of English Letters*, 1964) (尤其是第6、7两章) 以及科克伦 (J. A. Cochrane) 的《约翰逊的出版商》(*Dr. Johnson's Printer: The Life of William Strahan*, 1964)。最后这本书虽然着墨于一个出版商,但涉及许多有意思的人和观念。

迄今已经有许多宏观研究法国启蒙时代和德意志启蒙运动的著作,但尚无一部全面研究"英格兰启蒙运动"的著作,究其原因可能很简单,那就是,在英格兰,理性主义的圣公会、阿米尼乌斯派、温吞的基督教和坦率的自然神论之间的界限比其他地方要模糊且相互渗透,因此几乎不可能区分出一组特定的人,即便(我个人就这样认为)确实有一组独特的观念可以表示有一个可辨识的反基督教的英格兰启蒙运动。英格兰头号启蒙哲人当推边沁,是他把18世纪的激进观念带进19世纪,但他一直是争议的焦点。他的古怪风格和行为,他的某些改革观念的可疑后果(尤其是从20世纪的角度看,作为规划观念十分可疑)使得这种争议不可避免。例如,对于边沁的模范监狱"圆形监狱"的设计,一个重要反对意见出自希默尔法尔布 (Gertrude Himmelfarb):"边沁的鬼屋"("The Haunted House of Jeremy Bentham", in *Ideas in History: Essays in Honor of Louis Gottschalk*, 1965, 199–238)。不管这篇文章多么有说服力,我觉得麦克 (Mary P. Mack) 对1792年以前边沁生平与思想的全面剖析之作《边沁观念探索》

（*Jeremy Bentham: An Odyssey of Ideas*, 1963）更贴近我本人对边沁的同情之理解：古怪就应看成不合当时社会环境的怪癖，而不应读解成现代极权主义社会工程的先声。与阿莱维的《哲学激进主义的成长》一样，埃弗里特（C. W. Everett）的《边沁的教育》（*The Education of Jeremy Bentham*, 1931）也是肯定边沁的。但是，我们应该看到把人物思想放在其时代里考察的更充分解释。芬纳（S. E. Finer）的《查德威克的生平与时代》（*The Life and Times of Sir Edwin Chadwick*, 1952）对一位掌权的边沁主义者做了精彩的研究，我们也从中了解到边沁对于英国的良好影响，尽管有时他的思想令人不快。

吉本一直受到重视，他自己提供了最好的资料。他的《自传》（我使用的是桑德斯校订的1961年最新版本）是不可绕过的。最好的吉本传记是大卫·洛（David M. Low）写的那本（*Edward Gibbon, 1737–1794*, 1937）。该书充分利用了吉本日记，纠正了许多流行的错误说法，包括吉本自己的错误说法（说他父亲希望父姓能够流传下去，因此给所有的孩子都取名"爱德华"）。G. M. 扬格写的《吉本传》篇幅很小，也没有注释，但文字优雅，要点应有尽有。诺顿（J. E. Norton）编辑了很好的三卷本吉本书信集（*Letters*, 1956）。吉本日记也有很好的版本可用。一是洛编辑的吉本部分日记（*Gibbon's Journal to January 23, 1763*, 1929），洛写的导言很有参考价值。二是博纳尔（Georges A. Bonnard）编辑的《从日内瓦到罗马游记》（*Gibbon's Journey from Geneva to Rome*, 1961）。

狄德罗的书信或许最生动地反映了法国启蒙哲人彼此之间以及与外国友人之间既亲切又刺激的思想交流。让历史学家感到幸运的是，狄德罗与情妇索菲·沃兰常常分离，因此每当经历一个谈话夜晚之后，狄德罗都会坐下来给沃兰写一封长信，复述这一晚的谈话。他的书信也体现了这一群体的国际性质、例如，1765年10月6日，霍尔巴赫就曾与狄德罗、休谟、雷纳尔院长、贺拉斯·沃波尔以及艾伦·拉姆齐共进晚餐（*Correspondance*, V, 137）。虽然这些交往很重要，但常常被当做趣闻轶事，没有从社会研究的角度受到足够的重视。巴伯（Elinor G. Barber）

的《18世纪法国的市民阶级》(*The Bourgeoisie in 18th Century France*, 1955) 在分析市民阶级的社会地位和抱负时，把作家纳入其中。布吕内尔 (Lucien Brunel) 的《启蒙哲人与18世纪的法兰西学院》(*Les Philosophes et l'académie française au dix-huitième siècle*, 1884) 把启蒙哲人放在本身经历和争取权力的敏感领域里来考察。鲁斯唐 (Marius Roustan) 的名著《启蒙哲人与18世纪法国社会》(*Les Philosophes et la société française au XVIIIe siècle*, 1906) 强调启蒙哲人在路易十五时代的积极作用，修正了前人的批评意见——此前，奥贝坦 (Charles Aubertin) 的《18世纪的公共精神》(*L'Esprit publique au XVIIIe siècle*, 1873) 和罗坎 (Felix Rocquain) 的《大革命前的革命精神》(*L'Esprit révolutionnaire avant la révolution*, 1878) 都断言，启蒙哲人要么没有权力，要么具有破坏性影响力。德洛尔 (Joseph Delort) 的《巴士底狱和万塞讷堡关押启蒙哲人和文人的历史》(*Histoire de la détention des philosophes et des gens de letters à la Bastille et à Vincennes*, 3 vols., 1829) 虽然有的地方不太可信，但还是为理解激进分子的恐惧提供了丰富的资料。更好的著作是佩利松 (Maurice Pellisson) 的《18世纪的文人》(*Les Hommes de letters au XVIIIe siècle*, 1911)。该书追溯了启蒙哲人与王室、贵族、出版商以及购书的公众的关系，挖掘了有价值的文献。普鲁斯特的《狄德罗与百科全书》(*Diderot et l'Encyclopédie*, 1962) 的前4章十分精彩，没有局限于狄德罗本人，而是论述了更广阔的环境。波廷杰 (David T. Pottinger) 的《旧制度时期的法国书业》(*The French Book Trade in the Ancien Régime, 1500–1789*, 1958) 集中考察了出版业的成败得失，其支持者、购买者和受害者，但是该书对于3个世纪中的思维和传播风格也提供了极其丰富的信息。戈登 (Douglas H. Gordon) 和托里 (Norman L. Torrey) 的《对狄德罗的百科全书的审查以及文章复原》(*The Censoring of Diderot's Encyclopédie and the Re-established Text*, 1947) 一书显示旧制度时期一个作家会有什么遭遇，而贪婪又胆怯的出版商为了安全和销售会如何对待自己的作者。莫尔内的《法国革命的思想起源》(*Les Origines intellectuelles de la révolution française*, 1947) 受到好评，因为作者深入探

435　索了18世纪有名的和无名的图书馆,旨在揭示哲人思想的演变,不过作者对观念的辨识能力比较粗糙。马丁（Kingsley Martin）的《18世纪法国自由主义思想》（*French Liberal Thought in the Eighteenth Century: A Study of Political Ideas from Bayle to Condorcet*, 1929）是一个很吸引人的概说,写得聪明漂亮,但对任何一个思想家的论述都不太令人满意。韦德的《法国启蒙哲学观念的秘密编写与传播》（*The Clandestine Organization and Diffusion of Philosophic Ideas in France from 1700 to 1750*, 1938）是一本有价值的目录,并有一些出自罕见手抄本的精彩引文。关于启蒙哲人与当局的关系,他们一本正经的态度,可参见格罗克洛德（Pierre Grosclaude）为一位可敬官员写的传记《马尔泽布:那个时代的见证和解释》（*Malesherbe: Témoin et interptrète de son temps*, 1961）。巴尔比耶的日记《路易十五时期纪事》（*Journal historique et anecdotique du règne de Louis XV*, 4vols., 1847–1856）,马雷（Mathieu Marais）的日记《关于摄政时期和路易十五时期的日记和回忆》（*Journal et mémoires sur la régence et le règne de Louis XV*, 4 vols., 1863–1868）虽然经常被人引用,但还是有些涉及启蒙哲人的资料可查。格里姆的文学通讯发给特定的读者,内容有传言、书评以及欧洲各地的社会政治新闻,虽然有一定偏向,但极其有意思,如果使用得当,还是很有价值的。最好的版本是图尔纳（Maurice Tourneux）编辑的16卷 本《文学通讯》（*Correspondance littéraire, philosophique et critique de Grimm, Diderot, etc.*, 1877–1882）。最后,应该提到的是皮诺-迪克洛（Charles Pinot-Duclos）的杰出著作《论时代风气》（*Considérations sur les mœurs de ce siècle*, 1750）。作者本人就是一个启蒙哲人,是自己社会和时代的第一流观察家。

　　如果说德努瓦勒泰（Gustave Desnoiresterres）写的八卷本《伏尔泰传》（*Voltaire et la société française au XVIIIᵉ siècle*, 1867–1876）已经严重过时了,但该书资料详尽,依然是一个了解旧制度的信息资源。阅读该书应结合朗松（Gustave Lanson）的《伏尔泰传》（*Voltaire*, 1906）。后者虽然已经出版60年了,但其简明扼要、鞭辟入里,至今令人惊叹。可以说,该书开启了后来相关研究的先声。在10多部专门研究伏尔泰与周围世界关系的著作里，最重要的当属瓦德的作品《伏尔泰和夏特莱夫人》（*Voltaire et madame du Châtelet*, 1941）以及《伏尔泰研究：根据夏特莱夫人的未刊文稿》（*Studies on Voltaire, with Some Unpublished Papers of madame du Châtelet*, 1947）。这两部著作要求我们重新评价西雷时期的伏尔泰，认识到他作为文雅社会中的一个学者的严肃一面。与瓦德研究伏尔泰在西雷的情况一样，沙波尼埃尔（Paul Chaponnière）的《伏尔泰在加尔文教徒中》（*Voltaire chez lez Calvinistes*, 2nd edn., 1936）研究了伏尔泰在日内瓦的工作情况。我本人的文集《人道党》中论述伏尔泰的文章也力求做类似的研究，旨在证明伏尔泰是一个头脑冷静的知识分子，留意周围的环境，注重自己思想的可行性。我的《伏尔泰的政治观：现实主义的诗人》（*Voltaire's Politics: The Poet as Realist*, 1959）是对他务实的政治思想的全面研究。因为该书包含一份非常详尽的文献综述（第355—395页），我在这里就无须列举更多的书目了。

436

狄德罗研究在法国方兴未艾，在美国更是如火如荼。最好的传记性兼分析性著作是威尔逊（Arthur M. Wilson）的《狄德罗：考验岁月》（*Diderot: the Testing Years*, 1957）虽然仅仅写到1759年，但充满睿智的见解，在注释里提供了丰富的书目信息。此外，还可以参见普鲁斯特的《狄德罗与百科全书》和迪克曼的导读《狄德罗五讲》（*Cinq leçons sur Diderot*, 1959）。几年前，迪克曼在《旺德尔基金会的财产清单与狄德罗的未发表作品》（*Inventaire du Fonds Vandeul, et inédits de Diderot*, 1951）中报告他发现的狄德罗文稿。该报告让我们大开眼界。还有十几本同类著作，有些我在后面会提到，这里特别提一下托马斯（Jean Thomas）的《狄德罗的人道主义》（*L'Humanisme de Diderot*, 2nd edn., 1938）。沙克尔顿（Robert Shackleton）的《孟德斯鸠评传》（*Montesquieu: A Critical Biography*, 1961）是关于孟德斯鸠的标准传记，内容详尽，新资料很多，整体可靠，只是在涉及思想时有些谨小慎微。纽曼为英文版《论法的精神》（1945）写的导言不仅探讨了孟德斯鸠的政治观念和环境，而且论述了他对生死、爱情和幸福的见解。关于霍尔巴赫，可参见纳维尔（Pierre Naville）的《霍尔巴赫传》（*D'Holbach*, 1943）和威克沃（W. H. Wickwar）的《霍尔巴赫男爵：法国革命的前奏》（*Baron d'Holbach: A Prelude to the French Revolution*, 1935）。后者简明扼要，并有恰当的引文。格里姆斯利（Ronald Grimsley）最近发表了一部明敏的传记《达朗贝尔传》（*Jean D'Alembert, 1717–1783*, 1962），是英语世界最好的一部。卡昂（Léon Cahen）的《孔多塞与法国革命》（*Condorcet et la révolution française*, 1904）虽然出版较早，但强于夏皮罗（J. Salwyn Shapiro）的《孔多塞与自由主义的兴起》（*Condorcet and the Rise of Liberalism*, 1934）。后者用心良好、史实准确，但具有极端的辉格史观。

戴金（Douglas Dakin）的《杜尔哥与法国旧制度》（*Turgot and the Ancien Regime in France*, 1939）比较公正，全面考察了杜尔哥的一生，用充分的篇幅论述了杜尔哥担任财政总监的仕途。不过，论述其哲学思想的章节还应加以扩充。关于前耶稣会修士、激进的雷纳尔，可参见沃尔普（Hans Wolpe）的《雷纳尔及其战争机器》（*Raynal et sa machine de guerre*, 1957）。该书不仅记述他的生平，更探讨了他的著作的来龙去脉。沃拉斯（May Wallas）的《韦沃纳格男爵》（*Luc de Clapiers, marquis de Vauvenargues*, 1928）对这位研究激情的心理学家做了很好的研究。凯姆（A. Keim）的《爱尔维修的生平及著作》（*Helvétius, sa vie et son oeuvre*, 1907）虽然有点老，但依然有参考价值；最近出版的史密斯（D. W. Smith）的《爱尔维修：一项迫害研究》（*Helvétius, A Study in Persecution*, 1965），用更细致的资料重新讲述了人们熟悉的法国启蒙运动关键时刻——爱尔维修《论精神》引起的轩然大波。关于拉美特利，可参见布瓦西耶（R. Boissier）的《拉美特利：医生、宣传品作家和哲学家》（*La Mettrie, médecin, pamphlétaire et philosophe, 1709–1751*, 1931）以及瓦塔尼安（Aram Vartanian）为拉美特利著作《人是机器》校订版（1960）写的长篇导论。尽管狄德罗的传记研究者必然会提到格里姆，但格里姆依然有待深入的研究。谢勒（Edmond Scherer）的《格里姆》（*Melchior Grimm*, 1887）现在看已经过于老派。脾气暴躁的雕刻家法尔康涅（Falconet）也是狄德罗的朋友，最近也引起了关注，特别体现为迪克曼和塞兹内克编辑的《狄德罗与法尔康涅通信集》（*Diderot et Falconet correspondance*, 1959）。二人的书信交流非常有意思。罗思主编的狄德罗《通讯集》也有许多散见的资料。还可参考迪克曼和塞兹内克的文章"奥勒留的马：狄德罗与法尔康涅的争论"（"The Horse of Marcus Aurelius: A Controversy between Diderot and Falconet", *Warburg Journal*, XV, 1952, 198–228）和哥伦比亚大学博士魏因申克（Anne Betty Weinshenker）的论文"雕塑家—哲人法尔康涅的著述"（"The Writings of Falconet, Sculpter-Philosophe", 1962）。我希望后者能尽早出版。勒内尔（S. Lenel）的《18世纪文人马蒙泰尔》（*Un Homme de letters au XVIII*ᵉ *siècle: Marmontel*, 1902）现在已经显得简陋，应该再写一本了。还有一位更重要的启蒙哲人应该引起重视，那就是孔狄亚克。勒鲁瓦（Georges Le Roy）编辑了三卷本的《孔狄亚克哲学著作》（*Œuvres philosophiques of Condillac*, 1947–1951）并撰写了一篇言简意赅的导论。他还发表了一部专著《孔狄亚克的心理学》（*La Psychologie de Condillac*, 1937）。关于莫佩尔蒂，布吕内（Pierre Brunet）提供了一部详尽的传记和解析：《莫佩尔蒂》（*Maupertuis*, 2 vols., 1929），我们现在还可参考迪弗兰西（M. L. Dufrency）长文："莫佩尔蒂与科学进步"（"Maupertuis et le progrès scientifique", *VS*, XXV, 1963, 519–587）。布丰是当时另一位著名的科学哲人，却很奇怪地长期遭到忽视。皮沃托（Jean Pivoteau）编辑了布丰的《哲学著作》（*Œuvres philosophiques*, 1954），并撰写了一篇导言。当然，他会出现在各种生物学史的著作中。幸好，罗歇（Jacques Roger）的巨著《18世纪法国思想中的生命科学》（*Les Sciences de la vie dans la pensée française du XVIII*ᵉ *siècle*, 1963）把布丰当做动人故事中的主角之一。另外，还可参考费洛斯（Otis Fellows）的"布丰在启蒙运动中的位置"（"Buffon's Place in the Enlightenment", *VS*, XXV, 1963, 603–629）。布吕内的《克莱罗的生平与著作》（*La vie et l'œuvre de Clairaut, 1713–1765*, 1952）篇幅虽小，但论述了一位极其重要的哲人科学家。米特福德（Nancy Mitford）的《恋爱中的伏尔泰》（*Voltaire in Love*, 1957）让人得以窥见法国启蒙运动的科学生活

438

和爱情生活。

　　卢梭虽然生活漂泊但骨子里是一个日内瓦人。卢梭研究之盛，不亚于伏尔泰研究。F. C. 格林的《让-雅克·卢梭：生平和著述研究》感觉敏锐，尤其是对卢梭的文学作品的理解很有价值，但是对其政治和教育思想的论述则有些局促和老套。英语世界还需要有一本全面的卢梭传记。不过也有一些传记形式的分析作品，如查尔斯·亨德尔的《道德家卢梭》(*Jean-Jacques Rousseau, Moralist*, 2 vols., 1934) 探讨了他的道德观念，尤其追溯了他的"柏拉图主义"；再如格里姆斯利的《卢梭的自我认识研究》(*Jean-Jacques Rousseau: A Study in Self-Awareness*, 1961) 对卢梭的心理发展做了鞭辟入里的研究。该书与斯塔罗宾斯基 (Jean Starobinski) 的《卢梭：透明与障碍》(*Jean-Jacques Rousseau: la transparence et l'obstacle*, 1958) 的结论相似，但构思和写作基本上是独立的。斯塔罗宾斯基的著作我已在《人道党》中推荐过，应该出英译本。布鲁姆 (Jack Howard Broome) 的近作《卢梭思想研究》(*Rousseau: A Study of His Thought*, 1963) 符合现代方式，试图把人及其作品看成一个整体。卡西勒的《卢梭问题》(*The Question of Jean-Jacques Rousseau*, 1932; tr. Peter Gay, 1954) 力求完整地理解他，把人与其著作联系起来——按照卡西勒通常的做法，力求发现表面矛盾背后的统一。还有一些很好的卢梭研究著作，不过在此我要向读者推荐我的"卢梭读解"(《人道党》，第211—261页)。这是以论文方式呈现的推荐书目。

　　有关德意志启蒙运动的作品数量很大，其中大多出自德国人手笔，但往往沾染德国人那种对自己经典作家的迷恋，尤其是对歌德和席勒的迷恋。这两人被认为"克服"了德意志启蒙运动的"浅薄"。这个轻易的判决要想成立，那就首先得把所有的肤浅思想收集在一起，然后将其确认为惟有德意志启蒙学者具有的特征。但是，眼界放宽一些就会看到德意志启蒙运动具有深厚的思想内容，而且歌德也受益于它。其实，不说别的，德意志启蒙运动拥有莱辛、利希滕贝格和康德这样的人物，就很难说是浅薄了。对于这种流行的浪漫主义指责，沃尔夫海姆 (Hans Wolffheim) 的《维兰德的人性观念》(*Wielands Begriff der Humanität*, 1949) 给予了义正词严的反击,除了这种论辩目的外,还为维兰德洗清种种罪名。值得庆幸的是,卡西勒的《启蒙哲学》没有那种浪漫主义偏见(实际上在"序言"里还对这种偏见做了温和的批评),但是正如我已经指出的,该书有另一种错误倾向,即过高评价了德意志的启蒙学者,从而贬低了法国和英国的启蒙哲人。

在有价值的启蒙运动研究著作中,狄尔泰的一些论著依然名列前茅。他对18世纪情有独钟,而且他的著作常常有一种大局观。[1]沃尔夫的《德意志启蒙运动的世界观(的历史发展)》(*Die Weltanschauung der deutschen Aufklärung in geschichtlicher Entwicklung*, 2nd edn., 1963)是一部社会史大作,从中可了解维兰德和莱辛的社会背景。阿纳(Karl Aner)凭借深厚的学养对该时期的神学界人物做了深入考察,尤其可贵的是,他作为一个德国人,触及这个敏感题目时却显然没有对这个古典时期巨人的敬畏。因此,我非常倚重阿纳的《莱辛时代的神学》(*Die Theologie der Lessingzeit*, 1929)。布罗克多夫(Cay Ludwig Georg Conrad, baron von Brockdorff)的《德意志启蒙哲学》(*Die deutsche Aufklärungsphilosophie*, 1926)是很有价值的概述,在几本同类书中堪称典范。布拉福德(W. H. Bruford)的《18世纪的德意志》(*Germany in the Eighteenth Century: The Social Background of the Literary Revival*, 1935)是研究德意志启蒙运动时期社会结构的标准著作,但是值得提及的是,布拉福德(以及我本人)受惠于杰出的社会史开拓者比德尔曼(Karl Biedermann)的《18世纪的德意志》(*Deutschland im achtzehnten Jahrhundert*, 2 vols., 1854–1880)。布拉福德的近作《古典时期魏玛的文化与社会》(*Culture and Society in Classical Weimar, 1775–1806*, 1962)内容丰富,文笔生动,但不够深入。其中有一篇很有价值的附录,论述"从西塞罗到赫尔德的文化及其相关观念"(432–440)。麦克斯·冯·伯恩的《18世纪的德意志》口语化且有插图,但很严肃。霍尔本(Hajo Holborn)的《近代德国史》(*A History of Modern Germany, 1648–1840*, 1964)中有关这一时期的论述同样显示了他广博

1　在后面还会提到狄尔泰的著作,见第408、413、419、453、494、516—517页。

的学术视野。但我更看重他的精彩论文"社会史角度看德国唯心主义"（Der deutsche Idealismus in sozialgeschichtlicher Beleuchtung, *Historische Zeitschrift*, CLXXIV, 1952, 359–384），该文追溯了非政治的德意志人在18世纪的诞生。科斯特（Albert Köster）的《启蒙运动时期的德意志文学》（*Die deutsche Literatur der Aufklärungszeit*, 1925）很有见地，观点中允，文笔漂亮，言简意赅。看来，关于这一时期还是有一些可参考的著作。

施密特的《莱辛的生平与著作》（*Lessing: Geschichte seines Lebens und seiner Schriften*, 2 vols., 4th edn., 1923）是迄今最全面的莱辛研究，虽然有些滞重，但相当详尽。马克思主义者梅林（Franz Mehring）的《莱辛神话》（*Die Lessing-Legende: Zur Geschichte und Kritik des preussischen Despotismus und der klassischen Literatur*, 1893）长期享有盛名。书中对施密特做了有力的批评。冯·维泽（Benno von Wiese）的《莱辛的诗歌、美学和哲学》（*Lessing: Dichtung, Aesthetik, Philosophie*, 1931）是一部具有启发性的著作。加兰（H. B. Garland）的《莱辛：现代德国文学的开创者》（Lessing: The Founder of Modern German Literature, 1937）是英语世界最好的莱辛传记，可惜它篇幅较小。狄尔泰的"莱辛"（"Gotthold Ephraim Lessing", in *Das Erlebnis und die Dichtung*, edn. 1912）对莱辛的生平及其在启蒙运动中的地位做了十分有意思的阐释。卡西勒的《康德的生平与学说》具有他所写的传记作品的典型特色：内容详尽，分析透彻，观点鲜明。最好的英文康德传记出自林赛（A. D. Lindsay）之手，将生平与著作分析很好地融合在了一起。维兰德也最终走出长期遮蔽的阴影。森格勒（Friedrich Sengle）的《维兰德》（*Christoph Martin Wieland*, 1949）是一部标准的传记：严格按照编年顺序进行解说，对资料做了彻底的搜罗，对维兰德在德意志文化中的地位做了同情的理解。我前面提到，沃尔夫海姆的《维兰德的人性观念》是一部杰作。马丁尼（Fritz Martini）的"维兰德与18世纪"（"Wieland und das 18te Jahrhundert", in *Festschrift für Paul Kluckhohn und Hermann Schneider*, 1948, 243–265）也值得参考。关于利希滕贝格的透彻解说，可见毛特纳和哈特菲尔德编的《利希滕贝格读本》

441

的导言以及斯特恩的《利希滕贝格》。后者将作者生平与思想分析结合在一起，并附有作者文选。摩西·门德尔松是莱辛的好友，在所有的莱辛传记里都会出现。关于他也有一些专门的传记和专论，但都不太令人满意。最好的算是布拉施（Moritz Brasch）编的门德尔松的《哲学美学宗教文集》（*Schriften zur Philosophie, Aesthetik und Apologie*, 2 vols., 1880）。尼柯莱没有受到很好的研究，但阿纳很有道理地给予关注：《启蒙学者尼柯莱》（*Der Aufklärer, Friedrich Nicolai*, 1912）。人们现在正在重新认识意大利的启蒙学者，这在很大程度上应归功于文图里（Franco Venturi）收集文献和全面论述的开创性工作。特别可参考他的《皮蒙特思想家瓦斯科的经历与思想》（*Les Aventures et la pensée d'un idéoloque piémontais, Delmazzo Francesco Vasco*, 1940）和《意大利启蒙学者》（*Illuministi Italiani*, vol. III, 1958, vol. V, 1962）。后者这两卷分别论述意大利北方和南方的人物，并附有人物小传和参考文献。瓦尔塞奇（Franco Valsecchi）的《18世纪的意大利，1714—1788》（*L'Italia nel settecento dal 1714 al 1788*, 1959）是一部厚重的著作。富比尼（Mario Fubini）主编了一部有意思的论文集《意大利启蒙文化》（*La cultura illuminista in Italia*, 1957）。最著名也是最伟大的意大利启蒙学者是贝卡里亚，但令人惊讶的是，他遭到冷遇，甚至在意大利 442
也是如此。可以参考的有马埃斯特罗（Marcello T. Maestro）的论文《刑法改革者伏尔泰与贝卡里亚》（*Voltaire and Beccaria as Reformers of Criminal Law*, 1942）（这篇论文中规中矩：态度老实，观点中允，但没有想像力）以及菲利普森（Coleman Phillipsond）的《三位刑法改革者：贝卡里亚、边沁和罗米利》（*Three Criminal Law Reformers: Beccaria, Bentham, Romily*, 1923）。由于韦里兄弟的通信已经全部发表，我们期待看到对于米兰启蒙学者的新研究成果。另一位有待更好研究的意大利哲人是国际知名人士、古典学家、经济学家和人道主义者加利亚尼神父。迄今对他的经济思想研究较多。对其生平（主要在法国期间的生活）和思想（主要用法语写的著作）的研究中，最令人满意的（或最差强人意的）是马尼奥蒂（Luigi Magnotti）的《加利亚尼神父》（*L'Abbé Ferdinand Galiani, sa philanthropie et*

ses rapports avec la France, 1933）。科克拉内（Eric W. Cochrane）的《托斯卡纳学院里的传统与启蒙运动》（*Tradition and Enlightenment in the Tuscan Academies, 1690–1800*, 1961）也很有参考价值。

美洲的启蒙运动在本书中处于边缘位置。之所以给予一定的位置，是因为启蒙运动是西方的思想运动。但我不想让本书以及本人负载过重，因此我选取的例子主要出自欧洲。历史学家都知道，美国历史研究数量众多，质量上乘。赖特（Louis B. Wright）的《美洲殖民地的文化生活》（*The Cultural Life of the American Colonies, 1607–1763*, 1957）非常出色地用较小的篇幅概括了大量的资料，而且不像是罗列一个书单。该书对文献的综述全面而可靠。美洲的主要启蒙哲人都有可参考的传记。关于富兰克林，可参见多伦（Carl Van Doren）写的权威传记《富兰克林传》（*Benjamin Franklin*, 1938）和贝克尔写的简明传记《富兰克林速写》（*Benjamin Franklin: A Biographical Sketch*, 1946）。很久以来，人们通过韦伯和劳伦斯的眼睛把富兰克林看成一个情绪压抑的市井之徒。沃德（John William Ward）的论文"富兰克林是谁？"（"Who Was Benjamin Franklin?", *American Scholar*, XXXII, Autumn 1963, 541–553）公正地分析了富兰克林的复杂性。杰斐逊的传记有许多种。其中最重要的是马隆（Dumas Malone）写的《杰斐逊及其时代》（*Jefferson and His Time*），迄今出了三卷（1948, 1951, 1962）。该书虽然赞美传主，但行文谨慎，遵守学术规范。我还看重沙赫纳（Nathan Schachner）写的《杰斐逊传》（*Thomas Jefferson, A Biography*, 1951）。拉巴瑞（Leonard W. Labaree）等人正在编辑富兰克林的文集，博伊德（Julian P. Boyd）及其助手也在编辑杰斐逊的文集。我使用了已经出版的卷帙。关于费城的贵格教徒、藏书家、政治家和知识分子詹姆斯·洛根，最近只有托尔斯（Frederick B. Tolles）的专著《洛根与美洲边区文化》（*James Logan and the Culture of Provincial America*, 1957）。这个课题尚可继续开掘。豪劳斯蒂（Zoltàn Haraszti）的《约翰·亚当斯与进步先知》（*John Adams and the Prophets of Progress*, 1952）是关于欧洲与美洲思想互动情况的惊鸿一瞥——该书收集了亚当斯在卢梭、伏尔泰等启蒙

443

哲人著作上做的带有情感和见识的批注。

　　启蒙哲人的国际思想联系构成了观念史上动人的章节。当然，这种联系在我上面提到的许多传记里都有所论及。[1]比较文学的一个重要起点就是较早前特克斯特（J. Texte）的著作《卢梭与文学世界主义的起源》（*J.-J. Rousseau et les origines du cosmopolitisme littéraire*, 1895）。这本书现在已经不够用了，需要参考F. C.格林的《小步舞曲：对18世纪英法文学观念的考察》（*Minuet: A Critical Survey of French and English Literary Ideas in the Eighteenth Century*, 1935）。研究英格兰对欧陆的影响的著作很多。察尔特（G. Zart）的《自培根起英国哲学家对18世纪德意志哲学的影响》（*Einfluss der englischen Philosophen seit Bacon auf die deutsche Philosophie des 18. Jahrhunderts*, 1881）基本上列出了一份清单。当然我们还期待更多的研究成果。约格兰的《弗格森笔下的社会学的起源与基础》也提到弗格森对欧陆的影响。沃尔夫（Robert P. Wolff）研究了一个重要课题："康德通过贝蒂受惠于休谟"（"Kant's Debt to Hume via Beattie"，*JHI*, XXI: 1, January-March, 1960, 117–123）。关于牛顿思想在法国的渗透，可参见布吕内（Pierre Brunet）的专著《18世纪牛顿学说在法国的传播》（*L'Introduction des théories de Newton en France au XVIIIe siècle*, 1931）。可惜，论述1734年以后牛顿学说在法国的情况的第二卷始终没有问世。梅斯热（Hélène Metzger）的《牛顿、施塔尔、布尔哈夫与化学理论》（*Newton, Stahl, Boerhaave et la doctrine chimique*, 1930）是研究科学思想传播情况的佳作。克吕（R. L. Cru）的《英国思想的信徒狄德罗》（*Diderot as a Disciple of English Thought*, 1913）和托里的《伏尔泰与英国自然神论者》（*Voltaire and the English Deists*, 1930）都是很值得参考的专著。伏尔泰究竟在多大程度上受惠于英国思想，这个问题很重要，因为伏尔泰是欧陆的崇英派领袖和英国思想的头号兜售者。这个问题至今尚无定论。莫利（John Morley）在《伏尔泰》（*Voltaire*, 1872）一书中宣称，英

444

1　关于17世纪哲学家，如斯宾诺莎和洛克对启蒙运动的影响，见下面第503—506页。

国把伏尔泰从诗人变成哲学家。这个说法已经难以维继了。巴尔当斯佩热（Fernand Baldensperger）的"伏尔泰赴英国之前的亲英倾向"（"Voltaire Anglophile avant son séjour d'Angleterre", *Revue de littérature comparée*, IX, 1929, 25–61）揭示了其亲英倾向的起始状况。博诺（Gabriel Bonno）的《法国舆论中的英国宪政》（*La Constitution britannique devant l'opinion française de la Paix d'Utrecht aux Lettres philosophiques*, 1931）[*]，索内特（Edouard Sonet）的《伏尔泰与英国影响》（*Voltaire et l'influence anglaise*, 1926），比尔（Sir Gavin de Beer）收集的报道资料（"Voltaire's British Visitors", *VS*, IV, 1957, 7–136; "Supplement", *VS*, X, 1959, 425–438, and [with André Michel Rousseau], "Supplement", *VS*, XVIII, 1961, 237–262）让我们看到伏尔泰对待英国和美洲贵格教徒的亲切、戏谑和稍稍轻视的态度。菲利普斯（Edith Philips）的《法国神话中的善良贵格教徒》（*The Good Quaker in French Legend*, 1932）研究了伏尔泰等人对贵格教徒的观察。根据其他的传记资料看，托里的"博林布鲁克与伏尔泰，一个虚构的影响"（"Bolingbroke and Voltaire, a fictitious influence", *PMLA*, XLII, 1927, 788–797）并不能完全说服我。我在《伏尔泰的政治观》中，尤其是第 2 章，也探讨了伏尔泰受的英国影响。沙克尔顿的《孟德斯鸠评传》也对传主所受英国思想影响做了简短却很有权威的阐述。

沙克尔顿还提出了另一个同样有意思的问题：法国思想对其他地区的影响。如他展示的，意大利也有孟德斯鸠的信徒。贝达里达（Henri Bedarida）和阿扎尔（Paul Hazard）的《18 世纪法国在意大利的影响》（*L'Influence française en Italie au dix-huitième siècle*, 1934）概略地论述了法国思想在意大利的传播情况。格里姆斯利在《达朗贝尔传》中也展示了传主对欧陆的影响，布赖森的《人与社会》展示了达朗贝尔在苏格兰的影响。沃尔夫的《德意志启蒙运动的世界观》也用一些篇幅精到地论述了英法

445

---

[*] 经查，此处把同一作者的两部著作的书名混写了。这两部是：*La constitution britannique devant l'opinion française de Montesquieu à Bonaparte*, Champion, 1931 和 *La Culture et la civilisation britannique devant l'opinion française de la Paix d'Utrecht aux Lettres Philosphiques*. Transactions of American Philosophical society, 1948。

思想对德意志思想的影响。卡西勒的论文"康德和卢梭"（收入《卢梭、康德、歌德》，*Rousseau, Kant, Goethe*, tr. James Gutmann, Paul Oskar Kristeller, and John Hermann Randall, Jr., 1945）努力用细节展示他在《卢梭问题》中提示的内容。尽管卡西勒的研究非常重要，现在看来还是有可能加以改进的。莫尔捷（Roland Mortier）的《狄德罗在德意志》（*Diderot en Allemagne, 1750–1850*, 1954）对狄德罗在德意志的粉丝，包括歌德，做了详尽的分析。科尔夫（H. A. Korff）的《18世纪德意志文学中的伏尔泰》（*Voltaire im literarischen Deutschland im XVIIIten Jahrhundert*, 2 vols., 1918）探讨了一个宏大的题材，总体上还算公正，但是因他对伏尔泰有偏见，该书的说服力也就被削弱了。布朗（Harcourt Brown）发表了一篇有意思的论文"启蒙哲人莫佩蒂斯：启蒙运动与柏林科学院"（"Maupertuis *philosophe*: Enlightenment and the Berlin Academy", *VS*, XXIV, 1963, 255–269）。狄尔泰论述普鲁士启蒙运动的那些文章迄今依然鲜活有力，尤其是"腓特烈大帝与德意志启蒙运动"（"Friedrich der Grosse und die deutsche Auflärung", 1901, *Gesammelte Schriften*, III, 1927, 81–205）。所有的德意志启蒙学者都是崇英派。他们的通信以及利希滕贝格等人的访英游记都证明了这一点。毛特纳和哈特菲尔德编的《利希滕贝格读本》以及斯特恩的《利希滕贝格》都论及利希滕贝格对英国思想的倚重。关于维兰德的情况，参见森格勒写的传记。关于莱辛的情况，除了前面列举的著作，还可参见韦尔（Curtis C.D. Vail）的《莱辛与英国语言文学》（*Lessing's Relation to the English Language and Literature*, 1936）。该书对莱辛的英语阅读能力及其读过的作品做了很辛苦的梳理。阿龙松（Alezandre Aronson）的《莱辛与法国古典作品》（*Lessing et les classiques français*, 1935）探讨了莱辛与法国语言文学的类似关系。还有两篇文章讨论莱辛父亲的英语阅读情况，显示了17世纪末到18世纪初思想流通的情况：普赖斯（L. M. Price）的"牧师莱辛书房里的英文神学著作"（"English Theological Works in Pastor Lessing's Library", *The Journal of English and Germanic Philology*, LIII, 1954, 76–80）和韦尔的"牧师莱辛的英文知识"（"Pastor Lessing's Knowledge of

English", *Germanic Review*, XX, 1945, 34–46）。沙夫茨伯里对德意志思想
的影响很大，对此已经有很透彻的研究。其中特别可以参考卡西勒的"沙
夫茨伯里与柏拉图注意在英国的复兴"（"Shaftesbury und die Renaissance
des Platonismus in England", Warburg Vorträge , 1930–1931, 136–155）和"席
勒与沙夫茨伯里"（"Schiller und Shaftesbury", *The Publications of the English
Goethe Society*, N. S. XI, 1935, 37–59）。沙夫茨伯里在法国的影响也是一个
有意思的课题。施莱格尔（Dorothy B. Schlegel）的《沙夫茨伯里与法国自然
神论者》（*Shaftesbury and the French Deists*, 1956）对此做了探讨。

　　欧洲启蒙运动对美洲的影响一直是一个有争议的问题。这个问题
不幸又必然地与美洲特性问题相关。我不是因为身为欧洲史研究者而反
对布尔斯廷（Daniel J. Boorstin）渲染的美洲例外论。他在《美国政治天
才》（*The Genius of American Politics*, 1953）、《美国人：殖民历程》（*The
Americans: The Colonial Experience*, 1958）以及既反欧又反智的文集《美
国与欧洲意象》（*America and the Image of Europe: Reflections on American
Thought*, 1960）中一再地鼓吹这种例外论。哈茨（Louis Hartz）的《美国
的自由传统》（*The Liberal Tradition in America*, 1955）也把美国与欧洲区
分开，但是比布尔斯廷更理性，也没有那么沾沾自喜。显然，这是一个强
调什么的问题。正如美国人与自己的欧洲文化来源有某些共同之处，美
国历程——应恰当地置于时空之中来考虑——也会有某些独特之处，在
我看来，贝林（Bernard Bailyn）在其文章"18世纪美国的政治经验与启蒙
思想"（"Political Experience and Enlightenment Ideas in Eighteenth-Century
America", *AHR*, LXVII: 2, January, 1962, 339–351）所做的精彩概括也不
能完全解释这种关系。总之，我确信，美国的启蒙运动不是一个"神话"
（布尔斯廷的说法），而是一个事实，它与欧洲的哲学发展和政治发展紧密
相关。[1]另外，还可参考奇纳尔德（Chinard）的《亚当斯传》，多伦的《富兰
克林传》和马隆的《杰斐逊及其时代》以及其他著作：贝林对美国人如何

---

[1] 这个问题十分复杂，不能用三言两语来打发。我希望自己正在写的一部论北美殖民地时期历史学家的
著作会论及这个问题的各个方面。

阅读英国激进分子著作的精彩分析"美国革命的激进主义变形"("General Introduction: The Transforming Radicalism of the American Revolution", *Pamphlets of the American Revolution, 1750–1776*, 1965, 3–202) 以及许多注释;森萨鲍 (George Sensabaugh) 的《密尔顿在早期美国》(*Milton in Early America*, 1964)。奇纳尔德编的《杰斐逊的文学圣经》(*The Literary Bible of Thomas Jefferson: His Commonplace Book of Philosophers and Poets*, 1928) 有许多让人眼睛一亮的东西。吉尔伯特 (Felix Gilbert) 的《告别演说:早期美国外交政策的理念》(*To The Farewell Address: Ideas of Early American Foreign Policy*, 1961) 根据西方的脉络对美国的观念做了精美的分析。琼斯 (Howard Mumford Jones) 的《哦,奇异的新世界:美国文化的形成》(*O Strange New World: American Culture: The Formative Years*, 1964) 写得简明而生动,反复证明了美国文化的欧洲色彩。不过也有不太让人信服之处,例如,说到美国的"马基雅维利主义",其证据薄弱,理由生硬。贝克尔的《论独立宣言》(*The Declaration of Independence: A Study in the History of Political Ideas*, 1922) 与他的其他著述一样精细文雅,其中用力证明美国思想家对欧洲思想的依赖。另外,奥尔德里奇 (Alfred O. Aldridge) 的文章"富兰克林与启蒙哲人"("Benjamin Franklin and the philosophes", *VS*, XXIV, 1963, 43–65) 有点简略,但具有提示性。

启蒙家族内部的紧张关系主要涉及三个方面。首先是德意志启蒙哲人(尤其是莱辛)与法国启蒙哲人(尤其是很难缠的伏尔泰)的关系。在这方面施密特的《莱辛的生平与著作》与科尔夫的《18世纪德意志文学中的伏尔泰》提供了丰富信息,但偏见较大。其次,《百科全书》这个浩大工程,再加上官方的骚扰和出版商的耍赖,引起许多烦恼和相互指责。在这方面,除了主要人物的传记和史密斯的《爱尔维修》外,能够提供丰富信息的研究著作有普鲁斯特的《狄德罗与百科全书》,于贝尔的《卢梭与百科全书》(*Rousseau et l'Encyclopédie*, 1928) 和纳夫 (Raymond Naves) 的《伏尔泰与百科全书》(*Voltaire et l'Encyclopédie*, 1938)。第三,也是最戏剧化的,是狄德罗与卢梭之间的争吵。格林的《卢梭》偏向卢梭,但也有偏向的理由。威尔逊的《狄德罗》做了睿智而权威的说明。狄德罗及其朋友对卢梭信口爆料的极度不安可以从他们修改过的埃皮奈夫人回忆录等得到证明：

见罗特（Georges Roth）校订的《蒙柏朗夫人情史》（*Histoire de madame de Montbrillant*, 3vols. 1951）。要想做出独立的判断，可以参考卢梭文集第一卷自传集的注释。我在本书的第195、196两页对卢梭和狄德罗之间的根本矛盾做了简短的解释。我既接受了卡西勒在《卢梭问题》中的解释，但也突破了他的解释。法布雷（Jean Fabre）的文章"兄弟阋墙：狄德罗与卢梭"（"Deux Frères ennemis: Diderot et Jean-Jacques", *Diderot Studies*, III, 1962, 155–213）也非常精彩。伏尔泰与卢梭的争吵在所有的传记中都会写到。黑文斯的《伏尔泰在卢梭著作上的批语》（*Voltaire's Marginalia on the Pages of Rousseau: A Comparative Study of Ideas*, 1933）收集了那些尖刻而俏皮的眉批，显示了伏尔泰既敏感又迟钝、既温情又无情的两重性。不过，正如达朗贝尔和伏尔泰的书信以及休谟的巴黎书简显示的，启蒙哲人还是觉得他们是一个小团体，是一家人。

关于启蒙哲人在法国的对手，最好的研究成果是帕尔默（R.R. Palmer）的原创性著作《18世纪法国的天主教会与无信仰者》（*Catholics and Unbelievers in Eighteenth-Century France*, 1939）。该书对耶稣会的宽容和现代化给予了肯定，对启蒙哲人的不宽容提出了批评。帕尔默在"启蒙时代的法国耶稣会"（"The French Jesuits in the Age of Enlightenment", *AHR*, XLV: 1, October, 1939, 44–58）一文中用统计数字对此做了简洁的论证。帕帕斯（John N. Pappas）的博士论文《特雷武月刊与启蒙哲人》（*The journal de Trévoux and the philosophes, VS*, III, 1957）支持了帕尔默的解释。这种纠偏是需要的，天真的自由主义者应该做更深入的阅读，但是帕尔默有点夸大了伏尔泰等人的党同伐异精神，低估了激进作家在旧制度时期的艰难处境。不过，他的解释还是取代了莫诺（A. Monod）的《从帕斯卡到夏多布里昂》（*De Pascal à Chateaubriand*, 1916）。席林（Bernard N. Schilling）的《保守的英国与指控伏尔泰》（*Conservative England and the Case Against Voltaire*, 1950）态度客观而资料丰富，但仍属于老老实实的博士论文。尼扎尔（Charles Nisard）的《伏尔泰的敌人》(*Les Ennemis de Voltaire*, 1853) 现在
看来已经严重落伍了。科尔努（François Cornou）写的传记《反对伏尔泰和
启蒙哲人30年》(*Trente Années de luttes contre Voltaire et les philosophes du*   449
XVIIIe siècle, Élie Fréron, 1922) 为才华横溢的反启蒙报人弗雷隆平反，确有
价值，但对传主顶礼膜拜，不足为训。这方面的学术成果还可参见格林的
论文"伏尔泰的头号敌人"（"Voltaire's Greatest Enemy", *Eighteenth-Century
France*, 1931, 111–154），此文堪称恶毒。比较有分量的是翁格尔（Rudolf
Unger）的《哈曼与德意志启蒙运动》(*Hamann und die deutsche Aufklärung*,
2 vols., 2nd edn., 1925），该书部头大，内容丰富。以赛亚·伯林一直对启蒙
运动的敌人和不稳定的盟友感兴趣。他把自己的一些演讲形诸文字，其中
两篇是论赫尔德的（"J. G. Herder", *Encounter*, XXV: 1, July, 1965, 29–48
and XXV: 2, August, 1965, 42–51）。我相信，随后还会有文章问世。

2. 表象与现实

我认为，理解启蒙哲人对自己身处世界的感受是理解启蒙运动的关
键。尽管这种感受是片面的，带有偏见，但也不能被说成是"虚假意识"：
启蒙哲人是从自己身处的世界获取需要的东西和想知道的东西，但是他们
常常是以极其锐利冷酷、不受魅惑的目光来观察这个世界的。前面提到的
迪克曼的论文"启蒙思想中的宗教和形而上学因素"就把启蒙哲人对批判
经验主义的追求与他们的实践做了区分。

启蒙哲人的悲观主义——有时是温和的乐观主义——将在本书第二
篇予以探讨。关于这种悲观主义，可以参考维韦贝格（Henry Vyverberg）
的资料丰富的专著《法国启蒙运动中的历史悲观主义》(*Historical
Pessimism in the French Enlightenment*, 1958)。

如果说18世纪有许多好基督徒，他们带有我说的"启蒙风格"，那么
这些人中最杰出、最有意思，也在许多方面最感人的代表人物就是塞缪
尔·约翰逊。有关他的思想，最显而易见的资料来源就是博斯韦尔写的六   450

卷本传记（I-IV, 1934; V, VI, 1950）。克利福德（James L. Clifford）的《青年约翰逊》（*Young Samuel Johnson*, 1955）既有感情又很学术，描述了在博斯韦尔记录之前的约翰逊。布朗森（Bertrand H. Bronson）的《约翰逊的苦恼》（*Johnson Agonistes*, 1946）对这个人提出一个有意思的看法。我认为贝特（Walter Jackson Bate）的《约翰逊的成就》（*The Achievement of Samuel Johnson*, 1955）也很有参考价值。格林的《约翰逊的政治观》（*The Politics of Samuel Johnson*, 1960）旨在把约翰逊从今天的新保守派手中拯救出来，其观点相当激烈，但在我看来具有说服力。福伊特尔（Robert Voitle）在《道德家约翰逊》（*Samuel Johnson The Moralist*, 1961）中也试图做类似的工作。我很认可格林和福伊特尔笔下的约翰逊：他实际上太善良了，不应该用于我们时代的政治争论之中。温萨特（W. K. Wimsatt, Jr.）《约翰逊的散文风格》（*The Prose Style of Samuel Johnson*, 1941）饱含学识，文笔优雅。

还有两点应该说明。"奥古斯都的"（Augustan）这个词在用于18世纪时，用法不太严格。可参见约翰逊（James William Johnson）的文章"奥古斯都的意义"（"The Meaning of Augustan", *JHI*, XIX: 4, October, 1958, 507–522）。另外，我在正文第12页说到，《论俄国的学术》一文可能出自格里姆的手笔。这篇文章一直被认为出自狄德罗之手，因此被收入他的文集。我赞同乌斯提诺夫（Pierre Oustinoff）在《有关狄德罗在俄国的财富的笔记》（"Notes on Diderot's Fortunes in Russia", *Diderot Studies*, I, 1949, 121–142）一文中的推断。

451　第一章　有用又可爱的过去

1. 希伯来人和希腊人

海涅不是第一个区分希伯来人和希腊人的，但他的表述是最聪慧的，因此，阿诺德（Matthew Arnold）援引海涅，而不援引二流的德意志宣传

家，例如伯尔内（Börne），尽管后者是发明者。在海涅对伯尔内的批评中
有一段经典论述："在他对歌德的评价中，以及他对其他作者的评价中，
伯尔内暴露了自己的拿撒勒人的狭隘。我说'拿撒勒人'，是为了避免使
用'犹太人'或'基督徒'，尽管我用这两种表述作为同义词，指的不是信
仰，而是品性。'犹太人'和'基督徒'在我看来是意义十分相近的词，与
'希腊人'相反，后者同样是用来描述无论天生还是习得的精神趋向和思
考风格，而不是用来表示某个民族。也就是说，所有的人要么是犹太人，
要么是希腊人，要么是主张苦修、反对偶像崇拜、注重精神生活，要么是
发自内心地热爱生活、乐于自我实现、注重实际生活。因此，在德意志的
牧师家庭里会有希腊人，在雅典也会生出犹太人，后者的祖先可以追溯到
忒修斯"（*Heines Werke*, ed. Oskar Walzel et al., 10 vols., 1913, VIII, 360）。
这种区分也贯穿海涅的《论浪漫派》（*Die Romantische Schule*）和《论德
国宗教和哲学的历史》（*Zur Geschichte der Religion und Philosophie in
Deutschland*）——我把这两部大作称为直觉的思想史杰作。

    德国浪漫派最早散播谣言，说启蒙哲人没有历史意识。这种谣言现
在已站不住脚了。我在《伏尔泰的政治观》中已经为伏尔泰反驳过这种
说法，在《人道党》（273–274）中为法国启蒙运动做了辩护。狄尔泰早   452
在1901年就已经对这种说法做了扫荡，见他的文章"论18世纪与世界历
史"（Das achtzehnte Jahrhundert und die geschichtliche Welt, *Gesammelte
Scriften*, III, 1927, 209–268）。卡西勒在《启蒙哲学》的"征服历史领域"
一章重申了狄尔泰的观点。这个谣言之所以还在流传，一个原因是兰克学
派胜过了伏尔泰学派；另一个原因是，历史专业具有内在的保守性，不愿
意放弃自己钟爱的套话。第三个原因是，它在梅尼克博大精深的著作《历
史主义的兴起》（*Die Entstehung des Historismus*, 2 vols., 1936）中获得了
学术光环。我在《伏尔泰的政治观》（364）中曾经说，梅尼克"支持并完善
了狄尔泰的观点"，而且梅尼克还为启蒙哲人的历史著作的优越性提供了
很好的证明。但是，我现在比以前更强烈地认为，梅尼克的著作乃是基于
把两种不同的东西混为一谈，一方面是对历史主义心态兴起的冷静说明，

另一方面是夸张地声称只有这种心态才能写出"真正"的历史。《历史主义的兴起》有待深入的批评——尽管霍弗（Walther Hofer）发表了富有哲理的《历史编纂与世界观：对梅尼克著作的思考》(*Geschichtesschreibung und Weltanschauung: Betrachtungen zum Werk Friedrich Meineckes*, 1950)，我仍要这样说。

布莱克（J. B. Black）的《历史的技艺：18世纪4位伟大史家研究》(*The Art of History:A Study of Four Great Historians in the Eighteenth Century*, 1926)是认真对待这些历史学家的一组论文。莫米利亚诺（A. Momigliano）的文章"古代史和古玩家"("Ancient History and the Antiquarian", *Warburg Journal*, XIII, 1950, 285–315)对于理解18世纪学术的新进展很有裨益。巴赫（R. L. Bach）的《18世纪法国人历史观念的发展》(*Die Entwicklung der französischen Geschichtsauffassung im 18ten Jahrhundert*, 1932)可惜太单薄了，但其缺陷表明有必要对启蒙时代世俗历史意识的兴起进行细致的研究。于贝尔的《百科全书中的社会科学》(*Les sciences sociales dans l'Encyclopédie: La philosophie de l'histoire et le problème des origines sociales*, 1923)是一部大手笔作品，能够在历史的架构下考察"社会科学"。沙戈（Nellie N. Schargo）的《百科全书中的史学》(*History in the Encyclopédie*, 1947)在一些特殊之处对于贝尔的开创

性研究做了有益的补充。魏斯（Eberhard Weis）的《法国百科全书中的历史编纂和国家观念》(*Geschichtsschreibung und Staatsauffassung in der französischen Enzyklopädie*, 1956)也显得单薄。斯特龙伯格（Roland N. Stromberg）的"18世纪的史学"("History in the Eighteenth Century", *JHI*, XII: 3, June 1951, 295–304)阐述得合情合理。弗兰克·曼纽尔的《巴黎的先知》(*The Prophets of Paris*, 1962)文笔生动，情感有点激烈，在有关杜尔哥和孔多塞的章节里讨论了启蒙哲人对不同文化中不同思维风格的认识。我本人赞同特雷弗-罗珀（H. R. Trevor-Roper）的文章"启蒙运动时期的历史哲学"("The Historical Philosophy of the Enlightenment", *VS*, XXVII, 1963, 1667–1687)。

说到具体的历史学家,沙克尔顿和梅尼克都对孟德斯鸠十分欣赏。关于伏尔泰,可参见布儒瓦(E. Bourgeois)为他校订的《路易十四时代》(*Siècle de louis XIV*, 1890)写的导言。这个导言有点老,但还有参考价值。勒内·波默编辑的伏尔泰《历史著作集》(*Œuvres historiques*, edn. Pléiade, 1957)不太完整,但依然有用。在前言里,他强调伏尔泰的《彼得大帝时期的俄国史》。他还为他编辑的《风俗论》(*Essai sur les mœurs*, 2 vols., 1963)写了一篇较长的导言。还可参见古奇(G.P.Gooch)的文章"作为历史学家的伏尔泰"("Voltaire as Historian", *Catherine the Great and Other Studies*, 1954),萨克曼(Paul Sakmann)的一些文章,尤其是"论伏尔泰笔下的历史方法和历史哲学的问题"("Die Probleme der historischen Methodik und der Geschichtsphilosophie bei Voltaire", *Historische Zeitschrift*, XCVII, 1906, 327–387)。迪亚兹的《历史学家伏尔泰》(*Voltaire Storico*, 1958)是一部充满真知灼见的厚重著作。布伦菲特(J. B. Brumfitt)的《历史学家伏尔泰》(*Voltaire, Historian*, 1958)可以信赖,虽然篇幅不大,但是做了全面的考察,而且特别注意到伏尔泰的学术先驱。布伦菲特一直在做这方面的研究,可参见他的文章"伏尔泰笔下的历史和宣传"("History and Propaganda in Voltaire", *VS*, XXIV, 1963, 271–287)以及他校订的伏尔泰的《历史哲学》(*Philosophie de l'histoire, VS*, XXVIII, 1963)。戈斯曼(Lionel Gossman)的"伏尔泰的《查理十二史》:历史变成艺术"("Voltaire's *Charles XII*: History into Art", *VS*, XXV, 1963, 691–720)做了富有想像力的解释,让我受益不浅。

关于吉本,可以参见前面提到的扬和洛各自撰写的吉本传记以及莫米利亚诺的精彩论文"吉本对历史方法的贡献"("Gibbon's Contribution to Historical Method", *Historia*, II, 1954, 450–463)。贾里佐(G. Giarrizzo)的《吉本与18世纪欧洲文化》(*Edward Gibbon e la cultura europea del settecento*, 1954)如其书名提示的,是一部视野宏大的著作。我还受益于科克伦斯的文章"吉本的思维"("The Mind of Edward Gibbon", *The* 454 *University of Toronto Quarterly*, XII: 1, October, 1942, 1–17; and XII: 2,

January，1943，146–166）以及特雷弗–罗珀的有意思的文章"200年后的吉本"（"Edward Gibbon after 200 years"，*The Listener*，LXXII: 1856, October 22, 1964, 617–619 and LXXII: 1857, October 29, 1964, 657–659）。柯蒂斯（Lewis Curtis）的文章"吉本的失乐园"（"Gibbon's Paradise Lost"，*The Age of Johnson*, ed. W. Hilles, 1949, 73–90）把吉本视为具有贵族气质的哲学家和教育家。

关于休谟，除了布莱克的《历史的技艺》中的相关章节外，还可参见贾里佐的《政治家和历史学家休谟》（*David Hume politico e storico*, 1962）和福布斯（Duncan Forbes）的重要书评（*The Historical Journal*, VI; 2, 1962, 280–295）和特雷弗–罗珀的书评（*History and Theory*, III: 3, 1964, 381–389）。这些著作和书评都抛弃了那种把休谟的史学研究说成"对其哲学使命的背叛"的陈说。我在1957年发表的文章中也反驳过这种指责（*The Party of Humanity*, 204–205n）。

尽管罗伯逊获得惊人的成就和同时代人的推崇，他还是被另三位伟大人物（休谟、吉本和伏尔泰）遮蔽。除了布莱克书中的章节和布赖森的《人与社会》外，施伦克（Manfred Schlenke）的"18世纪历史编纂中的文化史或政治史"（"Kulturgeschichte oder politische Geschichte in der Geschichtsschreibung des 18. Jahrhundert"，*Archiv für Kulturgeschichte*, XXXVII, 1955, 60–97）标志这种纠偏的开端。但是，我们还期待着更全面的评价。另外，我们也期待有人对孔狄亚克的史学成果做出细致的研究。

启蒙哲人对非西方历史的兴趣，早已引起学者的关注。尤其是中国与欧洲的思想联系受到了深入的探讨。在众多的文献中，最好的著作有如下几部：皮诺（Virgile Pinot）的《中国与法国哲学精神的形成》（*La Chine et la formation de l'esprit philosophique en France, 1640–1740*, 1932）如其书名提示的，主要探讨法国激进分子如何将传教士的报告反过来用于国内的宣传；恩格曼（Walter Engemann）的《伏尔泰与中国》（*Voltaire und China*, 1932）重点论述启蒙哲人在散播伪中国思想时的重要作用；盖伊（Basil Guy）的《伏尔泰前后法国的中国形象》（*The French Image of China Before and After Voltaire, VS*, XXI, 1963) 超越了以前的研究, 而且还附有一份详尽的书目。

2. 意气相投

研究古典文献和思想的传播, 显然有两种途径: 或者从传播者的角度, 或者从接受者的角度。在西方历史上, 在几个重大时刻出现了这种传播问题以及问题的转换: 基督教兴起之时, 文艺复兴时期, 17 世纪古典主义兴起时期以及启蒙运动时期。尽管我可以找到一些阐明这些时刻的著作, 但为了简明起见, 这里只论及从 18 世纪的角度研究古典作品的那些著作。[1]

关于古典学术从古代到 19 世纪的发展情况, 稍早有一部很有价值的著作, 即桑兹 (J.E. Sandys) 的《古典学术史》(*A History of Classical Scholarship*, 3 vols. 1903–1908)。此后博林斯基 (Karl Borinski) 的《从古代到歌德和洪堡的诗学与艺术理论中的古典文化》(*Die Antike in Poetik und Kunsttheorie vom Ausgang des klassischen Altertums bis auf Goethe und Wilhelm von Humboldt*, 2 vols., 1914, 1924) 追溯了古典观念对现代批评的影响。格鲁佩 (O. Gruppe) 的《西方中世纪和现代时期的古典神话史和宗教史》(*Geschichte der klassischen Mythologie und Religionsgeschichte während des Mittelalters im Abendland und während der Neuzeit*, 1921) 有许多关于神话在文学艺术中流传的有趣资料。汤姆森 (J. A. K. Thomson) 的三本篇幅不长但内容充实、风格一致的著作《英国文学的古典背景》(*The Classical Background of English Literature*, 1948)、《古典作品对英国诗歌的影响》(*Classical Influence on English Poetry*, 1951) 和《古典作品对英国散文的影响》(*Classical Influence on English Prose*, 1956) 都没有忽略 18 世纪。海特 (Gillbert Highet) 的《古典传统》(*The Classical Tradition:*   456

1 　至于其他角度, 见后面第 2 章 (第 439—449 页)、第 4 章 (第 461—466 页) 和第 5 章 (第 480—497 页)。

Greek and Roman Influence on Western Literature, 1949）有很长一节论述他所谓的"巴洛克"，很奇怪地把非巴洛克的18世纪也包括在内。该书充塞了许多历史和学术信息，应该有参考价值，但其分期有悖常理，其文学论断常常是非文学性的，对于古典作品也是蜻蜓点水，一带而过。我认为，韦勒克（René Wellek）的《现代文学批评史》第1卷（*A History of Modern Criticism, vol. 1: The Later Eighteenth Century*, 1955）非常睿智，而且内容丰富。

有关18世纪英国的古典学术情况，可参见克拉克（M. L. Clarke）的《英国的古典教育》（*Classical Education in Britain, 1500–1900*, 1959）和《英国的希腊研究》（*Greek Studies in England, 1700–1830*, 1945）（该书包含大中小各级学校中的希腊文化学习，波森等学者的贡献，有关希腊的历史、文学、考古研究的发展等内容）。克拉克还著有《波森传》（*Richard Porson: A Biographical Essay*, 1937）。布劳尔（Reuben A. Brower）的《蒲柏：引喻诗》（*Alexander Pope: The Poetry of Allusion*, 1959）对蒲柏诗歌中的用典手法做了精微的分析，并以此让我们洞见18世纪的整体文化。另外还可参见威廉斯（Aubrey Williams）的文章"蒲柏与贺拉斯"（"Pope and Horace: The Second Epistle of the Second Book", *Restoration and Eighteenth-Century Literature*, ed. Carroll Camden, 1963, 309–321）。除了我在本书中关注到的，休谟的古典学问也还值得更深入的探讨。莫斯纳的《休谟》和施密特校订的《自然宗教对话录》都有一些有价值的提示。至于吉本，尤其可参见上面提到的莫米利亚诺的文章。

关于18世纪的法国，可参见西卡尔神父（abbé Augustin Sicard）的《大革命前的古典研究》（*Les Études classiques avant la Révolution*, 1887）。这部书有点老，但并不过时，是常用的信息宝库之一。塞兹内克的《论狄德罗与古典文化》（*Essais sur Diderot et l'antiquité*, 1957）表面上是关于狄德罗在自己的沙龙里对待古典艺术的态度的专论，实际上是对狄德罗性格的出色研究——在狄德罗身上，对古人有意无意的摹仿是一个重要因素。塞兹内克还对启蒙哲人与文物研究者的关系做了生动描述。（我在此要补充说，我在开始建构我这部著作的辩证结构时恰好读到塞兹内克的著作。）另外参见伊文斯（Joan Evans）的《古玩家学会史》（*A History of the Society of Antiquaries*, 1956）。关于狄德罗的古典学问，可参见威尔逊的《狄德罗》中的相关论述（第18、19页）、吉洛（H. Gillot）的《狄德罗，生平及其哲学、美学和文学思想》（*Diderot, l'homme, ses idées philosophiques, esthétiques et littéraires*, 1937）以及托马斯的《狄德罗的人道主义》。特鲁松（Rymond Trousson）的"狄德罗与古代希腊"（"Diderot et l'Antiquité grecque", *Diderot Studies*, VI, 1964, 215-247）具有很大的信息量。[1]另外，还可参见斯蒂尔（Eric M. Steel）（*Diderot's Imagery: A Study of A literary Personality*, 1941）。

孟德斯鸠与古代的关系可参见沙克尔顿的《孟德斯鸠》中的论述，尤其是第68—76页关于已遗失的《论职责》，第146—170页关于早期论古罗马的文章和《罗马盛衰原因论》，以及第225—370页论及《论法的精神》中的古典学问之处。罗迪耶（H. Roddier）的文章"《论法的精神》的写作"（"De la Composition de l'Esprit des lois; Montesquieu et les oratoriens de l'académie de Juilly", *Revue d'histoire littéraire de la France*, LII, 1952, 439-450）分析了孟德斯鸠在奥拉托利修会的瑞伊公学受到的古典教育及其对日后著作的影响。沙克尔顿在同一期杂志上的文章"《论法的精神》的起源"（425-438）中试图通过《论法的精神》探寻《论职责》的原貌。柯歇斯的《欧洲文学与拉丁中世纪》中的插论"孟德斯鸠、奥维德和维吉尔"当然也很精彩。龙布（M.W. Rombout）写了一部很有雄心的专著《孟德斯鸠及同时代人的斯多葛主义的幸福概念》（*La Conception stöicenne du bonheur chez Montesquieu et chez quelques-uns de ses contemporains*, 1958），有力地证明了斯多葛道德观念对孟德斯鸠以及整个启蒙运动的影响。另外，莱文（Lawrence L. Levin）的《孟德斯鸠〈论法的精神〉的政治理论》（*The Political Doctrine of Montesquieu's Esprit des lois*, 1936）也

1　参见第439—440页。

着力探讨了孟德斯鸠对古人的借鉴。兰曹（Johann Albrecht von Rantzau）的"孟德斯鸠笔下的古代观念的政治影响"（"Politische Wirkungen antiker Vorstellungen bei Montesquieu", *Antike und Abendland*, V, 1956, 107–120）

458

如其标题显示的，重点论述古代思想与孟德斯鸠政治观念的关系。奥克（Roger B. Oake）的"孟德斯鸠的宗教观念"（"Montesquieu's Religious Ideas", *JHI*, XIV: 4, October, 1953, 548–560）很有道理地强调孟德斯鸠宗教观念中的斯多葛主义。

与休谟的情况一样，伏尔泰的古典学问值得进一步研究。皮埃龙（Alexis Pierron）指责伏尔泰引用古典时错误百出，表明他的学问不怎么样。但是，皮埃龙的《伏尔泰及其老师们》（*Voltaire et ses maîres*, 1866）尽管有一定参考价值，却忽视了伏尔泰的异教倾向。对这个缺点的部分矫正，可参见纳夫对伏尔泰的趣味（包括古典趣味）的研究《伏尔泰的品位》（*Le goût de Voltaire*, 1938）和波默的"伏尔泰在学校里"（"Voltaire au collège", *Revue d'Histoire littéraire de la France*, LII, January-March, 1952; 1–10）。黑文斯和托里的《伏尔泰在费尔内的书房藏书目录》（*Voltaire's Catalogue of His Library at Ferney*, in *VS*, IX, 1959）至少全面记录了伏尔泰如何狂热地购买古典作品。[1]卢梭的怀古之情早已被像狄德罗这样敏感的朋友察觉，迄今受到许多关注，但并非都能被理解。参见我的文章"读解卢梭"（"Reading About Rousseau", *The Party of Humanity*, esp. 242–244）。当然，卢梭并不是一边在世界漫步，一边自认为是普鲁塔克笔下某个斯巴达英雄的现代化身。关于如何对他的斯巴达主义做出合理的评价，可参见格林的《卢梭研究》（5）。格林明确地矫正奥尔塔马尔（André Oltamare）在"卢梭心中的普鲁塔克"（"Plutarque dans Rousseau", in *Mélanges d'histoire littéraire et philosophique offerts à M. Bernard Bouvier*, 1920）中的夸大之词。比斯巴达神话更有意义的是古罗马斯多葛派的教育思想：皮尔

---

1 关于伏尔泰在里斯本大地震前后日益加重的悲观情绪，参见后面第457页。他的那首颂扬现世生活的伊壁鸠鲁主义诗作《俗世之人》，见莫里兹（A. Morize）编订的《18世纪的奢侈辩护："俗世之人"及注疏》（*L'Apologie du luxe au XVIIIe siècle: Le Mondain et ses sources*, 1909）。

（G. Pire）详尽地证明了"塞涅卡对卢梭教育理论的影响"（"De l'Influence de Sénèque sur les théories pédagogiques de Jean-Jacques Rousseau", *Annales de la Société Jean-Jacques Rousseau*, XXXIII, 1953–1955, 51–92），还可参见他更全面的论述《斯多葛主义与教育学》（*Stöicisme et pédagogie: De Zénon à Marc-Aurèle, de Sénèque à Montaigne et à J.-J. Rousseau*, 1958）。关于这一问题，更早的有价值的研究有托马斯（L. Thomas）的"塞涅卡与卢梭"（"Sénèque et J.-J. Rousseau", *Académie Royale de Begique: Bulletin de la classe des letters et des sciences morales et politiques et de la classe des Beaux Arts*, 1900, 391–421）；埃尔曼（Léon Herrmann）的"卢梭——塞涅卡的解释者"（"Jean-Jacques Rousseau, traducteur de Sénèque", *Annales de la Société Jean-Jacques Rousseau*, XIII, 1920–1921, 215–224）和张（K. S. Tchang）的《卢梭教育理论的古代渊源》（*Les Sources antiques des theories de J.-J. Rousseau sur l'éducation*, 1919）。茹弗内尔（Bertrand de Jouvenel）探讨了"卢梭的悲观进化论"（"Rousseau the Pessimistic Evolutionist", *Yale French Studies*, No. 28, Fall-Winter, 1961–1962, 83–96）。卢梭的"柏拉图主义"一直是有争议的。亨德尔的《道德家卢梭》认为这种因素是决定性的，欣兹（Albert Schinz）则针锋相对地认为，这种因素无足轻重（*Annales de la société Jean-Jacques Rousseau*, XXIII, 1934, 201–206）。我认为，在谈到具体问题时，欣兹是对的，他正确地指出，卢梭更多借鉴了柏拉图之外的古人。不过，亨德尔把握住卢梭哲学思考的精神和腔调。那种微妙的思想风格不是取决于具体的观点，而是取决于某种内在的契合。

不难想像，德国人花了很大力气将他们18世纪的思想追溯到歌德所谓的他们"钟爱的古人"（*geliebten Alten*）。自席勒和洪堡时代起，德国人一直是充满激情的古典主义者和人文主义者，尽管他们并非总是非常精通。狄尔泰的"莱辛"（"Lessing", in *Das Erlebnis und die Dichtung*）、森格勒的《维兰德》、阿纳的《尼柯莱》和卡西勒的《康德》都用一些篇幅细致地论述了研究对象的古典教育和古典品位。尤斯蒂的《温克尔曼及其同时代人》是一部非常有价值的关于18世纪德国最伟大的古典学者的详尽传

459

记，研究了在温克尔曼的提倡和指引下兴起的德国人对希腊的兴趣。关于德国的古典教育，不时地有研究著作出现，其中最好的是保尔森（Friedrich Paulsen）的《德国教育体系的历史发展》(*Das deutsche Bildungswesen in seiner geschichtlichen Entwicklung*, 4th edn., 1920)。肖勒维乌斯（C. L. Cholevius）的《德国诗歌史》(*Geschichte der deutschen Poesie nach ihren antiken Elementen*, 2 vols. 1854, 1856)虽然有些陈旧，但资料丰富，犹如百科全书，至今仍有价值。雷姆（Walter Rehm）的《希腊与歌德时代》(*Griechenland und Goethezeit*, 1936)在许多方面典型地体现了德国人的目光狭窄与钻研精神：在雷姆看来，德国人是真正深刻的古典主义者，而其他人则是浅薄的二流货色。而这种狭隘在一定程度上因深厚的学识而得到矫正。

460

这种带有意识形态色彩的古典主义（当然，狄尔泰、卡西勒以及后来像森格勒这样的学者没有这种偏见）引起了非德裔学者的反击乃至责骂。巴特勒（E.M. Butler）的名作《希腊对德国的专制》(*The Tyranny of Greece over Germany*, 1935)就对自温克尔曼到斯特凡·格奥尔格（Stefan George）的德国人对希腊的迷恋做了有力的抨击。该书忽视这种迷恋给文学带来的令人愉悦的影响，而是强调其反动的、压抑的和病态的方面。这种对德国狭隘倾向的矫正本身应该受到矫正，可参见特里威廉（Humphry Trevelyan）的《歌德与希腊人》(*Goethe and the Greeks*, 1941)、费尔利（Barker Fairley）的大部头传记《歌德研究》(*A Study of Goethe*, 1947)、哈特菲尔德的资料丰富的专著《温克尔曼及其德国批评者》(*Winckelmann and his German Critics*, 1943)及其观点中允的《德国文学中的审美异教精神》(*Aesthetic Paganism in German Literature: From Winckelmann to the Death of Goethe*, 1964)。

意大利人与古代的关系十分紧密而微妙，有待进一步研究。

尽管有关美国历史的著述层出不穷，但是对美国启蒙运动中的古典主义的分析主要局限于重要人物的传记作品。杰斐逊是一个例外。金博尔（Fiske Kimball）早在1916年就在其权威性专著《作为建筑师的杰斐

逊》(*Thomas Jefferson, Architect*) 中研究了杰斐逊对帕拉第奥建筑风格
的偏好。奇纳尔德在学术上屡有开创,论述了"作为古典学者的杰斐逊"
("Thomas Jefferson as a Classical Scholar", *The American Scholar*, I, 1932,
133–143)。赖特发表了有意思的论文"杰斐逊与古典著作"("Thomas
Jefferson and the Classics", *Proceedings of the American Philosophical
Society*, LXXXVII, 1934–1934, 223–233)。勒曼(Karl Lehmann)对有关
研究做了总结,吸收进自己的著作《美国人文主义者杰斐逊》(*Thomas
Jefferson, American Humanist*, 1947) 中。该书有点歌功颂德,但依然有
参考价值。格默里的《北美殖民地的心态与古典传统》(*The American
Colonial Mind and the Classical Tradition: Essays in Comparative Culture*,
1963) 收录了他的重要论文,其中涉及美洲居民受惠古代文化的种种情
况。我从这本书中受益颇多。赖特的《弗吉尼亚的第一批绅士》(*The First*   461
Gentlemen of Virginia, 1940) 内容丰富,不过对其研究对象的学识有点估计
过高了。米德尔考夫(Robert Middlekauff)的《古人与公理:18世纪新英
格兰的中学教育》(*Ancients and Axioms: Secondary Education in Eighteenth-
Century New England*, 1963) 是少数论述早期美国人文教育的优秀著作之
一。琼斯的《哦,奇异的新世界》的第12章是论述"罗马美德"。

关于英国的政治古典主义,可参见芬克的内容丰富的专著《古典共和
主义者》。

3. 寻找异教:
从自比古人到自我认同

"认同危机"、"寻找(身份)认同"这类说法已经变成轻率的套话。我
在把它们当做解释范畴使用时,感到了一种轻率。但是,我认为,埃里克
松(Erik H. Erikson)的这些概念是根据对青少年的精神分析而形成的,
也恰恰适用于我研究的启蒙哲人。埃里克松关于认同危机的著名论述
出自他的《童年与社会》(*Childhood and Society*, 2nd edn., 1964)。他此前

曾做过一项著名的具体研究，即《青年路德：一项精神分析与历史研究》（*Young Man Luther: A Study in Psychoanalysis and History*, 1958）。但我主要受益于系列论文"身份认同与生命周期"（"Identity and the Life Cycle", in *Psychological Issues*, ed. George S. Klein, I: 1, 1959）。埃里克松的背后是弗洛伊德，与之并立的是哈特曼（Heinz Hartmann）。虽然我的这本书属于思想史领域，而不是精神分析史领域，但我充分了解非理性因素在思想体系建构中的作用。除了给我影响很深的弗洛伊德的著作外，我还阅读过自我心理学。这是弗洛伊德之后精神分析学最重要的成果。在哈特曼的著作中，让我受益最大的可能是《精神分析与道德价值》（*Psychoanalysis and Moral Values*, 1960）以及收录在《自我心理学论文集》（*Essays in Ego Psychology*, 1964）中的文章，尤其是以下几篇："精神分析与健康概念"（1939）、"论理性和非理性行为"（1947）和"关于现实原则的笔记"（1956）。布罗菲（Brigid Brophy）的歌剧《作为剧作家的莫扎特》（*Mozart the Dramatist*, 1964）天马行空般地试图用精神分析的方法来理解莫扎特，进而理解启蒙时代。尽管其论述轻率可疑，但我认为该书给人启发，而且我赞同其核心论断：18世纪不仅仅是妖艳的洛可可的时代，也是深沉的激情时代，而且启蒙运动是自我对非理性权威的一次大反叛。

敏感的读者熟悉我对贝克尔的《18世纪哲学家的天城》的批评，会在阅读本书时感到好奇，因为我在本书中认为，启蒙哲人只是抛弃了一部分基督教遗产并压制了其余部分，这样说是否意味着我修改了原来的观点。否。我依然主张在基督教与启蒙运动之间有一个断裂，如果不是根据观念的来源，而是根据观点的功能看，这种断裂是根本性的。从功能角度考察观念非常重要，可参见卡西勒言简意赅的评论"对文艺复兴独创性问题的一些评论"（"Some Remarks on the Question of the Originality of the Renaissance", *JHI*, IV: 1, January, 1943, 49–56）。

关于莱辛的神学思想演变，除了施密特、阿纳和狄尔泰的著作，还可参见查德威克（Henry Chadwick）为他编选的《莱辛神学著作》（*Lessing's Theological Writings*, 1957）写的导言以及莱泽冈（Hans Leisegang）的《莱

辛的世界观》(*Lessings Weltanschauung*, 1931)。我很晚才注意到庞斯
(Georges Pons)的佳作《莱辛与基督教》(*Gotthold Ephraim Lessing et le
christianisme*, 1964),因此在本书中未能加以利用。但我要高兴地说,读了
这部著作并未使我觉得有必要修改我对莱辛思想历程的描述。关于赖马   463
鲁斯,可参见施特劳斯(David Friedrich Strauss)的《赖马鲁斯及其"为理
性的上帝崇拜者辩护"》(*Hermann Samuel Reimarus und seine Schutzschrift
für die vernünftigen Verehrer Gottes*, 1862),很厚重,书中有大段的引文。

我本人曾在"法国启蒙运动的统一性"("The Unity of the French
Enlightenment", *The Party of Humanity*, 114–132)一文中探讨过爱情与工
作观念,尝试着将其概括为启蒙哲人的"能量哲学"。我将在本书第二篇
再深入探讨这个论题。另外,目前我见到的对"崇古狂热"的最好论述是
塞兹内克的著作《论狄德罗与古典文化》以及莫米利亚诺的文章"古代史
和文物研究者"。

第二章　第一次启蒙运动   464

1. 希腊:从神话到理性

自从文艺复兴时期从文艺上重新发现古希腊、18世纪下半叶在情感
上再次发现古希腊,就不断出现赞美乃至膜拜"希腊奇迹"的著作。现代
学术界意识到希腊邻居的成就,因此修正了这种膜拜态度,并且使我们的
古代世界概念变得更丰富。但是,就我的学识而言,持续的批判思维确实
是古希腊人独特的创造和贡献。卡西勒对希腊哲学做了出色的辩护,见他
的文章"从最初到柏拉图的希腊哲学"("Die Philosophie der Griechen von
den Anfängen bis Platon", in *Lehrbuch der Philosophie*, ed. Max Dessoir, 2
vols., 1925, I, 7–140)和"希腊哲学发展中的逻各斯、正义、宇宙"("Logos,
Dike, Kosmos in der Entwicklung der griechischen Philosophie", *Göteborg*

Högskolas Arsskrift, XLVII: 6, 1941）。康福德（F. M. Cornford）从不同的哲学角度做出同样的辩护，见《从宗教到哲学》（*From Religion to Philosophy: A Study in the Origins of Western Speculation*, 1912）和极其精深的《元智慧》（*Principium Sapientiae: The Origins of Greek Philosophical Thought*, 去世后出版，1952）。思想如何从神话中产生，戏剧如何从祭礼中产生，这是另外一些英国学者的研究课题，例如与康福德关系密切的哈里森（Jane Harrison）的《希腊宗教研究绪论》（*Prolegomena To the Study of Greek Religion*, 3d edn., 1922）。另外一位令人敬佩而且令人信服的学者斯内尔（Bruno Snell）主张"欧洲思想起源于希腊人"：《欧洲思想的希腊起源》（*The Discovery of the Mind: The Greek Origins of European Thought*, 1948; tr. T. G. Rosenmeyer, 1953）。

465　　　研究埃及、巴比伦和古代犹太文化的学者也提供证据，表明希腊与近东的思想风格有着本质差别（或者说二者的差异变成本质差别）。我尤其应提到芝加哥大学东方研究所的学者论文集《古人的思想冒险》（*The Intellectual Adventure of Ancient Man*, ed. Henri Frankfort, 1946）。该书明显以卡西勒的思想为主旨，并且用对近东古代文献的卓绝学识来支持卡席勒的哲学见解。书中的一些作者各自著有文笔上乘、学术坚实的著作。可参见法兰克福（Henri Frankfort）的《古代埃及宗教》（*Ancient Egyptian Religion: An Interpretation*, 1948）、《王权与神灵》（*Kingship and the Gods: A Study of Ancient Near Eastern Religion as the Integration of Society and Nature*, 1948）和《古代东方的艺术和建筑》（*The Art and Architecture of the Ancient Orient*, 1954）。这个团队中的另两个代表作是格勒内维根-法兰克福（H. A. Groenewegen-Frankfort）的《阻止与运动》（*Arrest and Movement: An Essay on Space and Time in the Representational Art of Ancient Near East*, 1951）和约翰·威尔逊的《埃及的负担》（*The Burden of Egypt*, 1951）。两书都以优雅的文笔和渊博的学识支持了希腊优越论。当然也有人反对希腊独特性的说法。例如，杰出的亚述学学者基耶拉（Edward Chiera）在《他们在泥土上书写》（*They Wrote on Clay*, 1938）就对神话思维

和批判思维不加区分，把每一个好奇或推测都说成是"哲学"。这已经行
不通了。更有霸气的是诺伊格鲍尔（Otto Neugebauer）的《古代的精确
科学》（*The Exact Sciences in Antiquity*, 2nd edn., 1962）。该书论证了巴比
伦数学的先进状态。但是，正如我以前所说，这类研究会促使我们更准
确地表达而不是抛弃希腊优越论的主张。欧文（William A. Irwin）写的
"希伯来人"（"The Hebrews", in *The Intellectual Adventure of Ancient Man*,
221–260）强调犹太人的理性，但我认为，他提供的证据不足。韦伯论述古
代犹太教的论文集《宗教社会学论文集》第3卷（*Gesammelte Aufsätze zur
Religionssoziologie*, 3 vols., 1920–1921）认为，古代以色列的党争发生在耶
和华文献作者（Jahwist，又译亚卫文献作者）与其他人之间，既强调律法传
统，也强调先知谱系、世俗禁欲以及卡理斯马。他的论述成为我在本书中   466
提出的简短解释的依据。

在各种关于希腊文化的总体解释中，耶格（Werner Jaeger）的《教育：
希腊文化的理想》（*Paideia: The Ideals of Greek Culture*, 3 vols., 1936; tr.
Gilbert Highet, 2nd edn., 1945）对从荷马到柏拉图的希腊文化理想做出了
一个有力的分析，认为希腊人发明了哲学和"文化"理想。正如有人批评
的，该书实际上对希腊文明持一种贵族观念。这种观念不仅体现在该书
赞同的东西上，也体现在它回避的东西上。研究希腊化时代的历史学家反
对他们所谓的"纯粹主义"，例如哈达斯（Moses Hadas）的近作《希腊化时
期的文化：融合与扩散》（*Hellenistic Culture: Fusion and Diffusion*, 1959）。
不过，至少在我看来，耶格这部著作依然具有权威性。耶格的其他相关
文章还有"柏拉图时代的希腊国家伦理"（"Die Griechische Staatsethik
im Zeitalter des Plato", 1924, in *Humanistische Reden und Vorträge*, 2nd
edn., 1960, 87–102）和"希腊人与哲学人生理想"（"Die Griechen und das
philosophische Lebensideal", 1947, ibid., 222–239）。

库朗热（Fustel de Coulanges）的经典著作《古代城市》（*The Ancient
City: A Study of the Religion, Laws, and Institutions of Greece and Rome*,
1864; tr. Willard Small, 1873）基本上已经被后人超越了，但迄今依然是一

部迷人的力作,早在韦伯之前就已经尝试着用理想类型来撰写历史。对库朗热的观点进行修正的作品有格洛茨(Gustave Glotz)的《希腊城市及其制度》(*The Greek City and Its Institutions*, 1928; tr. N. Mallison, 1929)和埃伦伯格(Victor Ehrenberg)的精彩论著《希腊国家》(*The Greek State*, 1932; tr. Ehrenberg and Harold Mattingly, 1960);前者明确地与库朗热进行商榷。米歇尔(H. Michell)的《古希腊的经济》(*The Economics of Ancient Greece*, 2nd edn., 1957)为这个困难课题增添了一些资料。安德鲁斯(A. Andrewes)的《希腊僭主》(*The Greek Tyrants*, 1956)虽然篇幅不长,但有助于澄清希腊政治的一些棘手问题。多兹(E. R. Dodds)的《希腊人与非理性者》(*The Greeks and the Irrational*, 1951)是一位胆大却学识可靠的古典学者的一部杰作,用现代精神分析来考察希腊文明,极大地丰富了我们对该文明的情感基础的认识,而且与所有负责任的精神分析学说一样,服务于一种可靠、理性的解释。布兰斯维克(Léon Brunschvicg)的《西方哲学中的意识进步》(*Le Progrès de la conscience dans la philosophie occidentale*, 2 vols. 2nd edn., 1952)是一部皇皇巨著,从苏格拉底及其"对实践理性的发现"开始论述。米施(Georg Misch)的《古代自传史》(*A History of Autobiography in Antiquity*, 2 vols., 3rd edn., 1949–1950; tr. Misch and E. W. Dickes, 1950)认为自我描述是始于埃及和巴比伦,而真正的个性与自我意识则始于希腊。

467

有一场关于希腊哲学与行动的关系、思想与实践的关系的争论,与启蒙哲人特别相关,至今悬而未决。杜威(John Dewey)早就抱怨(或许有点过分),说希腊哲学家喜欢贬低行动的生活,偏爱沉思的生活。伯尔(Franz Boll)的佳作《沉思的生活》(*Vita Contemplativa*, 1920)把这场争论放在其语境之中考察,我从中获益良多。卡西勒、康福德和耶格都捍卫希腊思想家,反驳指责他们轻视实验的说法。这几位学者还令人信服地证明,希腊人的手脑分离没有杜威说的那么严重。伯内特(John Burnet)的"希腊科学中的实验与观察"(Experiment and Observation in Greek Sciences, in *Essays and Addresses*, 1929, 253–264)也持相同立场。这个问题涉及希腊科学的性质。围绕这个问题，马克思主义者、唯心主义者和实用主义者在继续争论。马克思主义者中最好的学者是法林顿（Benjamin Farrington），可参见他的著作《希腊科学》（*Greek Science*, edn. 1961）；还可参见埃德尔斯坦（Ludwig Edelstein）的犀利批评"关于古代科学的近期解释潮流"（"Recent Trends in the Interpretation of Ancient Science", *JHI*, XIII: 4, October, 1952, 573–604）以及莫米利亚诺为法林顿的《古代世界的科学与政治》（*Science and Politics in the Ancient World*, 1939）写的书评（*Journal of Roman Studies*, XXXI, 1941, 149–157）。后者在我看来是盖棺定论。论述希腊科学的著作中，最著名的是萨顿（George Sarton）的《古代科学的希腊黄金时代》（*A History of Science: Ancient Science Through the Golden Age of Greece*, 1952），这是一部百科全书，信息完整却平淡乏味，资料可靠但不分轻重。桑布斯基（S. Sambursky）的《希腊人的物理世界》（*The Physical World of the Greeks*, 1954; tr. Merton Dgut, 1956）则相反，既简明又思想活泼，不仅对于认识书中的领域，而且对于理解科学态度的性质、科学与哲学的关系、批判与神话的关系都极具启发。布罗克（Arthur J. Brock）主编的《希腊医学》（*Greek Medicine*, 1929）收集了显示希腊科学的经验转向的宝贵文献。施罗丁格（Erwin Schrödinger）的《自然与希腊人》（*Nature and the Greeks*, 1954）是由一位杰出的科学家撰写的发人深思的论著。我也很看重克拉格特（Marshall Clagett）的平实而可靠的《古代希腊科学》（*Greek Science in Antiquity*, 1957）。

468

对于确定第一个和第二个批评时代之间的异同非常重要的另一个敏感领域是希腊宗教。罗斯（H. J. Rose）的《古代希腊宗教》（*Ancient Greek Religion*, 1946）和格思里（W. K. C. Guthrie）的《希腊人及其神灵》（*The Greeks and their Gods*, 1950）所做的综述文笔优雅，内容丰富。格思里一书的第一章"我们的先辈"提供了一份18世纪以来的希腊宗教研究综述。格思里的《俄耳甫斯与希腊宗教》（*Orpheus and Greek Religion: A Study of the Orphic Movement*, 2nd edn., 1952）谙熟最近的学术研究成果，其中特别涉及如何看待启蒙哲人对俄耳甫斯主义的兴趣。尼尔森（Martin P.

Nilsson）的《希腊民间宗教》（*Greek Folk Religion*, 1940）转入到农村研究，与多兹的《希腊人与非理性者》恰好互为补充。格兰特（Frederick C. Grant）在为文献集《希腊化时代的宗教》（*Hellenistic Religions: The Age of Syncretism*, 1953）写的导言中对哲学与宗教的关系（在第一个批判时代比在第二个要密切得多）做了很好的探讨。诺克（A. D. Nock）的《信仰转变：从亚历山大大帝到奥古斯丁的新旧宗教》（*Conversion: The Old and the New in Religion from Alexander the Great to Augustine of Hippo*, 1933）是一部文笔优雅而观点犀利的著作，对于我的这一章有重要参考价值。赖岑施泰因（R. Reitzenstein）的《希腊化时代的神秘宗教的基础和影响》（*Die hellenistischen Mysterienreligionen nach ihren Grundlagen und Wirkungen*, 2nd edn., 1920）对于我也同样重要。该书强调了宗教对于古代哲学家同样的影响力，还像诺克一样强调古代的兼收并蓄和宽容。文德兰（Paul Wendland）的《希腊罗马文化及其与犹太教和基督教的关系》（*Die hellenistisch-römische Kultur in ihren Beziehungen zu Judentum und Christentum*, 2nd edn., 1912）一书非常有价值，内容极其丰富，第六章尤其重要。费斯蒂吉埃（A.J. Festugière）的重要短论《伊壁鸠鲁及其神灵》（*Epicurus and His Gods*, 1946; tr. C.W. Chilton, 1955）为伊壁鸠鲁派的宗教情感辩诬。

关于承载宗教和世俗文化的希腊文学，有许多研究成果可以参考。鲍勒（C. M. Bowra）的《古希腊文学》（*Ancient Greek Literature*, 1933）是一份扫描式的综述。基托（H. D. F. Kitto）的《希腊悲剧》（*Greek Tragedy: A Literary Survey*, 3rd edn., 1961）具有权威性。诺登（E. Norden）的《从公元前6世纪到文艺复兴时期的古代散文》（*Die antike Kunstprosa vom VI. Jahrhundert vor Christus bis in die Zeit der Renaissance*, 2 vols., 1898–1909）对散文作家的点评视野开阔、学识渊博、感觉敏锐，因而享有盛名。

研究古希腊哲学家的文献如汗牛充栋。我们知道，启蒙哲人对他们并不太公正。上面提到的耶格和卡西勒的著作值得参考。柏拉图的《泰阿泰德篇》出色地表达了一个观念：哲学起源于好奇（参见卡西勒的《神话思维》，第78页）。我很受益于泽勒（Eduard Zeller）的《希腊哲学史纲》（*Outlines of the History of Greek Philosophy*, 1883; 13th rev. edn., Wilhelm Nestle, tr. L.R. Palmer, 1931）。该书虽老，但依然是一个很好的入门。弗里德伦德尔（Paul Friedländer）的《柏拉图导论》（*Plato: An Introduction*, 2nd edn., 1954; tr. Hans Meyerhoff, 1958）深入考察了苏格拉底的反讽等话题。苏格拉底的反讽虽然没有柏拉图的理论包装，但在启蒙运动中也有重要作用。关于这个问题，还可参见汤姆森的启发性论著《反讽的历史考察》（*Irony: A Historical Introduction*, 1927）。在众多研究柏拉图的著作中，我尤其参考泰勒（A. E. Taylor）的《柏拉图：生平和著作》（*Plato: The Man and His Work*, 6th edn., 1952）。他的《苏格拉底》一书（*Socrates*, 1933）告诉我们，在有关记载中什么是我们能够确信的。关于启蒙哲人眼中的苏格拉底，可参见塞兹内克的《论狄德罗与古典文化》（1–22）以及伯姆（B. Boehm）的《苏格拉底在18世纪》（*Sokrates im achtzehnten Jahrhundert: Studien zum Werdegang des modernen Persönlichkeitsbewusstseins*, 1929）。柯瓦雷（Alexandre Koyré）的《重新发现柏拉图》（*Discovering Plato*, 1945）是一部清晰的短论，试图甩掉蹩脚的先定观念而直接阅读柏拉图的那些对话。罗斯（W. D. Ross）的《亚里士多德著作和思想的全面阐释》（*Aristotle: A Complete Exposition of His Works and Thought*, 5th edn., 1953）对他的著作做了全面耐心的导读。读此书时可参考耶格的《亚里士多德思想发展要素》（*Aristotle: Fundamentals of the History of His Development*, 1932; tr. Richard Robinson, 2nd edn., 1948）。耶格大胆地建构了亚里士多德的思想演变。不过，关于这本书，可参考伯内特有褒有贬的书评（*Essays and Addresses*, 1929, 277–299）。有关希腊教育（希腊哲学思考与之密切相关），可参见马鲁（H. I. Marrou）的宏观概述：《古代教育史》（*A History of Education in Antiquity*, 1948; tr.G.R. Lamb, 1956）。

希腊历史学家，尤其是修昔底德，被启蒙运动极为看重。但他们喜欢把希罗多德贬低为轻信的旅游者和热心的神话制造者。而现在希罗多德正在恢复"史学之父"的地位。可参见伯里的有些老旧但活力依然的

470　《古希腊历史学家》(*The Ancient Greek Historians*, 1909) 第 2 章、塞林库尔 (Aubrey de Sélingcourt) 的《希罗多德的世界》(*The World of Herodotus*, 1962)、格洛弗略显陈旧但充满学识的《希罗多德》(*Herodotus*, 1924) 以及莫米利亚诺的有说服力的文章"希罗多德在史学史中的地位"("The Place of Herodotus in the History of Historiography", *History*, XLIII, February, 1958, 1-13)。研究修昔底德的文献已经很多了，现在仍有增无减。自从康福德在《修昔底德的神话史学》(*Thucydides Mythistoricus*, 1907) 中提出革命性观点，说修昔底德是按照希腊戏剧的规矩写的《伯罗奔尼撒战争史》，由此一直争论不休。有人批驳，有人补充，有人修正，但无人彻底否定。可参见芬利 (John H. Finley, Jr.) 的"欧里庇得斯与修昔底德"("Euripides and Thucydides", *Harvard Studies in Classical Philology*, IL, 1938, 23-68)、"修昔底德风格的来源"("The Origins of Thucydides' Style", ibid., L, 1939, 35-84)、"修昔底德史书的统一性"("The Unity of Thucydides' History", ibid., Supplementary Volume 1, 1940, 255-298) 以及他的专著《修昔底德》(*Thucydides*, 1942)。另一方面，查尔斯·科克伦主张，修昔底德撰写的是一部真正"科学的"历史。他在《修昔底德与历史科学》(*Thucydides and the Science of History*, 1929) 中认为，修昔底德受到希腊医生们的影响，后者的医学哲学基本上是批判的和自然主义的。莱登 (W. von Leyden) 发表了一篇有意思的文章"历史空间"("Spatium Historicum", *Durham University Journal*, XLII, 1949-1950, 89-104)，认为柯林武德批评历史学家用"现代心态"看待古代，并不完全站得住脚。厄尔曼 (B.L. Ullman) 发表了一篇睿智而平和的文章"历史与悲剧"("History and Tragedy", *Transactions of the Amerivan Philological Association*, LXXIII, 1942, 25-53)，认为古代史学是戏剧与科学的混合。我无力评判这场争论，但是在我看来，即便证明历史学家依赖着强大的邻近领域 (修辞学或悲剧)，也只能减弱而不能否定修昔底德这样的历史学家的批判 (考证) 气质。

　　对于启蒙运动来说。在许多方面，希腊化时代比希腊古典时代更重要。今天历史学家争议的重大问题——究竟是罗马人在征服希腊时摧毁了欣欣向荣的文化，还是那种文化已经在衰落之中？——显然不是18世纪历史学家特别关注的。哈达斯在《希腊化时期的文化》一书中提供了一个同情之理解。塔恩（W. W. Tarn）的《希腊化文明》（*Hellenistic Civilization*, 3rd edn., 1952）是一个权威性的文化整体概述。塔恩的《亚历山大大帝》（*Alexander the Great*, 1948）也同样具有权威性，是对被启蒙哲人基本上错误地贬低为单纯军事冒险家的一位政治家的研究。罗斯托夫采夫（M. Rostovtzeff）的《希腊化世界的社会经济史》（*Social and Economic History of the Hellenistic World*, 3 vols., 1941）现在已经成为经典作品。不过，也可参见莫米利亚诺的质疑书评"罗斯托夫采夫笔下希腊化世界的两面历史"（"Rostovtzeff's Twofold History of the Hellenistic World", *Journal of Hellenistic Studies*, LXIII, 1943, 116–117）。希腊文化对启蒙运动最重要的贡献在于其哲学体系和哲学态度。波伦茨的《论斯多葛派》是一部研究斯多葛派的标准著作，其中一节论述了斯多葛派在近代的影响。阿诺德（H. Vernon Arnold）的《罗马人的斯多葛主义》（*Roman Stoicism*, 1911）的前4章比较详细地论述了其希腊源头。吉尔伯特·默里有一篇赞誉文章"斯多葛派哲学"（"The Stoic Philosophy", in *Stoic, Christian and Humanist*, 1940, 89–118）。贝文（Edwyn Bevan）的《斯多葛派和怀疑论者》（*Stoics and Skeptics*, 1913）篇幅不长但非常透彻，是我认识斯多葛主义的入门书，至今仍开卷受益。布雷耶（Émile Bréhier）的《克吕西普与古代斯多葛主义》（*Chrysippe et l'ancien stöcisme*, rev. edn., 1951）也非常重要。温利（Robert Mark Wenley）的《斯多葛主义及其影响》（*Stoicism and Its Influence*, n.d. 1924）追溯了斯多葛主义多个世纪的源流。斯多葛派的一个重要思想是自然法（不是他们发明的，但由他们加工和流传），可参见弗吕基格（Felix Flückiger）的《自然法的历史》（*Geschichte des Naturrechts*, Vol. I: *Altertum und Frühmittelalter*, 1954），尤其是第5、7、9章。我也参考了桑布斯基的《斯多葛派的物理学》（*Physics of the Stoics*, 1959）。该书阐释了斯多葛派在许多领域的思想，使得这些思想对18世纪的影响变得可以理解。

471

至于伊壁鸠鲁派,除了前面提到的费斯蒂吉埃的著作,还可参见德威特(N. W. De Witt)的《伊壁鸠鲁及其哲学》(*Epicurus and His Philosophy*, 1954)。

关于启蒙运动时期对希腊的认识,特别可参见沙戈的《百科全书中的历史》和于贝尔的《百科全书中的社会科学》。关于一般的古典研究,可参见哈伯(Sandys Francis C. Haber)的《宇宙的年龄》(*The Age of the World*, 1959)。该书分析了大主角厄谢尔对《创世记》时间的推定引起的怀疑主义思潮。曼纽尔的《18世纪与神明对峙》(*The Eighteenth Century Confronts the Gods*, 1959)是研究18世纪的学术研究与古代宗教理论互动的重要专著。其中也论及神秘学者尼古拉·弗雷列。关于弗雷列,还可参见西蒙(Renée Simon)的专著《尼古拉·弗雷列》(*Nicolas Fréret, académician*, in *VS*, XVII, 1961)。塞兹内克的《狄德罗与古典文化》在这方面也有重要参考价值。希腊学问在法国的复兴在很大程度上应归功于巴泰勒米神父的尚古热情,有关情况可参见巴多勒(Maurice Badolle)的《巴泰勒米神父与18世纪下半叶法国的希腊文化》(*L'Abbé J. Barthélemy et l'hellénisme en France dans la seconde moïtié du XVIII*^{e} *siècle*, 1926)。还可参见贝特朗(L. Bertrand)的《古典主义的终结》(*La Fin du classicisme et le retour à l'antique dans la seconde moïtié du XVIII*^{e} *siècle*, 1897)以及尤斯蒂关于温克尔曼的论述。

17世纪的历史学值得更深入的研究。巴赫的《18世纪法国人历史观念的发展》中有一短章论述波舒哀。克伦普特(Adalbert Klempt)的《通史观念的世俗化》(*Die Säkularisierung der universalhistorischen Auffassung: Zum Wandel des Geschichtsdenkens im 16. und 17. Jahrhundert*, 1960)内容不像书名那么宏大,而是集中论述德国的学术情况,但该书还是有价值的。克里格(Leonard Krieger)注重分析的近作《自由裁量的政治学》(*The Politics of Discretion: Pufendorf and the Acceptance of Natural Law*, 1965)也有关于17世纪历史学的资料。但是,对于本书最重要的是艾弗森(Erik Iversen)的《欧洲传统中关于埃及及其象形文字的神话》(*The Myth of Egypt and Its Hieroglyphs in European Tradition*, 1961)。该书包含丰富的

信息，而且对17世纪耶稣会学者和埃及迷恋者基歇尔做了引人入胜的描述，对蒙福孔一类学者也做了点评。曼纽尔的《作为历史学家的牛顿》资料翔实，剖析了牛顿的历史偏见。关于彼特拉克对"黑暗时代"的大颠覆，可参见蒙森的权威文章"彼特拉克的'黑暗时代'概念"（"Petrarch's Conception of the 'Dark Ages'", *Speculum*, XVII, 1942, 226–242）。关于启蒙哲人对近东文明和史前史的了解，也可参见于贝尔的《百科全书中的社会科学》，特别是第1、2、4、5章。还可参见曼纽尔的《18世纪与神明对峙》和德赛（J. Deshayes）的"公民代表神父普吕什：神话的密钥研究"（De l'Abbé Pluche au citoyen Depuis: à la recherché de la clef des fables, *VS*, XXIV, 1963, 457–486）。一些专门研究启蒙哲人和犹太人关系的著作包含着大量的资料，尤其是埃姆里希（Hanna Emmrich）的《伏尔泰笔下的犹太教》（*Das Judentum bei Voltaire*, 1930）和桑格尔（Hermann Sänger）的《狄德罗笔下的犹太人与旧约》（*Juden und altes Testament bei Diderot*, 1933）。不过，关于启蒙哲人的古代世界观念还需要有一个整体的描述。关于人文主义者对早期文化的态度，可参见丹嫩费尔特（Karl H. Dannenfeldt）所做的简略考察"文艺复兴与前古典时代的文明"（"The Renaissance and the Pre-Classical Civilizations", *JHI*, XIII: 4, October, 1952, 435–449）。

473

丹尼尔（Glyn E. Daniel）的《考古学百年》（*A Hundred Years of Archeology*, 1950）以及米夏埃尔斯（Adolf Michaelis）更早的《一个世纪的考古发现》（*A Century of Archaeological Discoveries*, 2nd edn., 1908; tr. Bettina Kahnweiler, 1908）都有参考价值。克拉克的《英国的希腊研究》的第8、9两章概述18世纪英国人在希腊的考古情况。迈尔斯（John L. Myres）的《荷马及其批评者》（*Homer and His Critics*, 1958）极有参考价值。该书简明扼要地评述了从古代到启蒙运动、沃尔夫、谢里曼、维拉莫维茨-默伦多夫，再到近期对希腊口传诗歌的讨论中的《荷马史诗》研究。洛里默（H.L. Lorimer）的《荷马与遗址》（*Homer and the Monuments*, 1950）把所有考古成果编排在一起，用以论证《荷马史诗》。C. M. 鲍勒的《伊利亚特中的传说与设计》（*Tradition and Design in the Iliad*, 1930）虽然有点陈旧（就这个飞速变化的领域而言），但对于《伊利亚特》有一个作者的主张，该书依然是一个有意思的论证。

读者不难发现，关于神话思维的一节主要依据是卡西勒的论著，尤其是《符号形式的哲学》第2卷《神话思维》。我还参考了法兰克福学派的著作以及莱乌（G. van der Leeuw）的现象学考察《宗教的本质与表象》（*Religion in Essence and Manifestation*, 2vols., 1933; tr. J. E. Turner, 2nd edn., 1963）。

2. 罗马的启蒙运动

474　　启蒙运动关于古代罗马的观念基本上体现在文学领域。用近代人们撰写的罗马诗人、史学家和演讲家的传记可以大体上拼凑出这种观念，因为这些传记通常最后会用几页敷衍地谈谈这些传主在近代的影响。可能最有用的是古典研究者的系列丛书。他们为古典作品地位的衰落而忧心忡忡，用"古代遗产"（"Das Erbe der Alten"）或"我们继承的希腊罗马遗产"（"Our Debt to Greece and Rome"）这样的动听标题编纂的系列丛书。[1] 从这些丛书中可以得出一个结论，对于古罗马的缺点和问题，启蒙哲人是比较务实的。罗宾斯（Caroline Robbins）在《18世纪的共和主义者》（*The Eighteenth-Century Commonwealthman*, 1961）中就评论了亚当·斯密和弗格森对古代奴隶制的看法。

罗斯的权威性著作《拉丁文学手册》（*A Handbook of Latin Literature*, 2nd edn., 1949）和格兰特（Michael Grant）的《罗马文学》（*Roman Literature*, edn., 1958）对整个罗马文学做了概述。罗马文学整体对启蒙哲人都有重要影响，但其中两位作家对他们至关重要，即卢克莱修和西塞罗。豪齐茨（George Depue Hadzsits）的《卢克莱修及其影响》（*Lucretius and His Influence*, n.d., 1925）是"我们继承"丛书中的典型作品。豪齐茨是该丛书

---

[1] 关于古典思想在中世纪和文艺复兴的命运，参见下面第4、5章。因此，这里仅限于提及与个别作者有关的著作以及这些作者的身后名声。

的主编。与丛书中的其他作品一样，该书包含一份简略的传记，讨论了卢克莱修对后人的影响以及他关于自然与文化的学说。该书最后几章介绍了多少世纪以来卢克莱修手稿的境遇和声誉。与其他考订者一样，豪齐茨认为，启蒙哲人在总体上否定卢克莱修的物理学和形而上学，但觉得他的"反教权主义"中有可称道之处。菲西（C. A. Fusil）在两篇文章中论证了这种有选择的亲近，见他的"卢克莱修与18世纪启蒙哲人"（"Lucrèce et les philospophes du XVIIIᵉ siècle", *Revue d'histoire littéraire de la France*, XXXV, 1928, 194–210）和"卢克莱修与18世纪文学家、诗人和艺术家"（"Lucrèce et les littérateurs, poètes, et artistes du XVIIIᵉ siècle", ibid., XXXVII, 1930, 161–176）。霍克的《卢克莱修在法国：从文艺复兴到大革命时期》（*Lukrez in Frankreich von der Renaissance bis zur Revolution*, 1935）论及16世纪对 475 卢克莱修的"重新发现"，尤为值得肯定，而且他辑录的涉及卢克莱修学说的作家，尤其是启蒙哲人们和反启蒙的枢机主教波利尼亚克的名单也有参考价值。弗莱施曼（Wolfgang Bernard Fleischmann）的文章"卢克莱修对启蒙运动的影响"（"The Debt of the Enlightenment to Lucretius", *VC*, XXV, 1963, 631–643）对已有的相关知识做了总结。他的《卢克莱修与英国文学》（*Lucretius and English Literature, 1680–1740*, 1963）是一部信息丰富的专著。另外，还可参见施密德（Wolfgang Schmid）的"卢克莱修及其形象变化"（"Lukrez und der Wandel seines Bildes", *Antike und Abendland*, II, 1946, 193–219）和曼纽尔的《18世纪与神明对峙》（145–146, 227）。科学史研究者对伊壁鸠鲁主义在17和18世纪的情况给予关注。吉利斯皮（Charles C. Gillispie）在《客观性的锋芒》（*The Edge of Objectivity: An Essay in the History of Scientific Ideas*, 1960）中的几页（96–100）做了平和而睿智的讨论。关于卢克莱修的悲观主义，我在第二篇还要继续探讨，也可参见桑塔亚那（George Santayana）的《三位哲理诗人》（*Three Philosophical Poets*, 1910）。伏尔泰1722年写的那首带有卢克莱修神秘色彩的诗《给乌拉妮亚的信》，可参见韦德校勘的权威版本（"Épitre à Uranie", *PMLA*, XLVII: 4, December, 1932, 1066–1112）。

有关卢克莱修的文献很庞大,有关西塞罗的文献就更是汗牛充栋了。杰林斯基(Theodor Zielinski)的《世纪流转中的西塞罗》(*Cicero im Wandel der Jahrhunderte*, 4th edn., 1929)学识文采均备受推崇,在我看来,该书确实学富五车,但文笔稍过。不过,我还是常常参考它。罗尔夫(John C. Rolfe)的《西塞罗及其影响》(*Cicero and His Influence*, 1923)是"我们继承"的又一代表作,具有参考价值,但关于18世纪论及不够。加夫利克(Günter Gawlick)的"西塞罗与启蒙运动"("Cicero and the Enlightenment", *VS*, XXXV, 1963, 657–682)更有价值,我从中转引了两段语录。

在关于西塞罗人格的大辩论里,我不能赞同蒙森的鄙视态度(尽管我欣赏这位历史学家)。我不认为那种鄙视是理解德国权威主义的一个早期线索,我认为蒙森错误地认定罗马需要一位恺撒式人物,并夸大渲染西塞罗政治立场的无原则性。我很高兴在多雷(T. A. Dorey)主编的论文集《西塞罗》(*Cicero*, 1965)中找到知音,可惜此书出版较晚,我来不及在本书中引用。我颇受益于米歇尔(A. Michel)的大作《西塞罗作品中的修辞学和政治学》(*Rhétorique et politique chez Cicéron: Essai sur les fondements philosophiques de l'art de persuader*, 1960)。另可参见布瓦西耶(Gaston Boissier)的《西塞罗及其友人》(*Cicero and His Friends: A Study of Roman Society in the Time of Caesar*, 10th edn., 1895; tr. Adnah David Jones, 1900)。该书有些过时,但读起来依然引人入胜。说它过时,是因为后来有了赛姆呕心沥血的总结性大作《罗马革命》(*The Roman Revolution*, 1939),该书用纳米尔的精细描述方式重现从恺撒到奥古斯都的罗马政治生活,对西塞罗的政治角色和人格也写了不少。不过,莫米利亚诺发表书评(*Journal of Roman Studies*, XXX, 1940, 75–80),对这部杰作提出严肃的批评,对赛姆的传记写作方法提出一些质疑。我本人对西塞罗的深入认识,始于阅读麦克尼尔(Hubert McNeill)翻译、麦基翁(Richard P. McKeon)做序的西塞罗主要作品集(1950),其中包括《论占卜》《论义务》《论神性》和《布鲁图》。萨拜因(George H. Sabine)和史密斯(Stanley B. Smith)翻译的《论共和国》(*On the Commonwealth*, 1929) 是一个很好的译本。若要了解西塞罗对启蒙运动的影响, 必须了解他的基本哲学立场, 因为启蒙哲人对他的人文主义倍感亲切。施奈德温 (Max Schneidewin) 的《论古代人文主义》(*Die antike Humanität*, 1897) 是一本关于古代人文主义的基本读物, 而赖岑施泰因的《古代人文主义的形成与性质》(*Werden und Wesen der Humanität im Altertum*, 1907) 走得更远, 是一部精品著作。耶格把人文主义追溯到希腊, 见他的文章"古代与人文主义"("Antike und Humanismus", 1925, in *Humanistische Vorträge*, 103–116)。兰德 (E. K. Rand) 的短文"西塞罗的人文主义"("The Humanism of Cicero", *Proceedings of the American Philosophical Society*, LXXI, 1932, 207–216) 让美国学界知道了赖岑施泰因。吕埃格 (Walter Rüegg) 的《西塞罗与人文主义》(*Cicero und der Humanismus*, 1946) 主要关注的是西塞罗的思想如何传递到文艺复兴时期, 其中也有一章论述了"人文主义"这个现代词语的来源。他对蒙森有关西塞罗的见解也持批评态度。亨特 (H. A. K. Hunt) 的《西塞罗的人文主义》(*The Humanism of Cicero*, 1954) 也是对相关研究的一大贡献。该书有点古板, 但毕竟从西塞罗的哲学著述中梳理出了一个融贯的人文主义纲领, 而且不太牵强。不过, 让我受益最多的是汉斯·巴伦的杰作《西塞罗和罗马公民精神在中世纪和文艺复兴早期》(*Cicero and the Roman Civic Spirit in the Middle Ages and the Early Renaissance*, 1938)。该书内容超出了标题显示的范围, 对古代和现代异教徒的文化态度做了许多阐释。

477

关于恺撒, 可参见阿德科克 (F. E. Adcock) 简明扼要的《恺撒作为文人》(*Caesar as Man of Letters*, 1956)。还可参见格尔策 (Matthias Gelzer) 的《政治家和国务活动家恺撒》(*Caesar, Der Politiker und Staatsmann*, 6th edn., 1960)。一方面是启蒙哲人基于人道主义理由而冷静地对待这个人, 另一方面是现代威权主义者渴望另一个恺撒而狂热地赞美, 凡是对二者差异感兴趣的人都应该阅读贡多尔夫 (Friedrich Gundolf) 的狂热作品《恺撒声誉史记》(*Caesar: Geschichte seines Ruhms*, 1925)。赛姆的《罗马革命》

是必读书,首先因为它是一部精品,其次是因为它对贡多尔夫的矫正。泰勒(Lily Ross Taylor)总结了格尔策、普雷默施泰因(A. von Premerstein)和赛姆等人的现代学术成果,对《恺撒时代的党争政治》(*Party Politics in the Age of Caesar*, 1949)做了有说服力的描写。亚历山大(William Hardy Alexander)则在"未污染拉丁文的纯净来源"("Pure Well of Latin Undefiled", *University of Toronto Quarterly*, XII: 4, July, 1943, 415–425)中把恺撒称赞为文体家。

　　奥古斯都时代的伟人们必然会引起研究者的关注。赛姆的《罗马革命》对他们的状况表达了同情。肖沃曼(Grant Showerman)的《贺拉斯及其影响》(*Horace and His Influence*, 1922)以"我们继承"丛书特有的风格考察了贺拉斯作品在后世的流传。布劳尔的《蒲柏:引喻诗》显示了一个有修养的睿智读者是如何处理贺拉斯等人文化传承的复杂问题的。柯歇斯极其中肯的文章"狄德罗与贺拉斯"("Diderot and Horace", in *European Literature and the Latin Middle Ages*, 1948; tr. Willard R. Trask, 1953)显示了狄德罗在《拉摩的侄儿》中是如何使用贺拉斯的讽刺诗的。海特的《讽刺诗人朱文纳尔》(*Juvenal, The Satirist*, 1954, 217–218)依然错误地坚持说,狄德罗是改编了朱文纳尔的第九首讽刺诗。威尔金森(L. P. Wilkinson)的《贺拉斯及其抒情诗》(*Horace and His Lyric Poetry*, 1946)学识和文笔俱佳。弗伦克尔(Eduard Fräenkel)的《贺拉斯》(*Horace*, 1957)对贺拉斯的诗逐首做了分析,是一部杰作。麦凯尔(John William Mackail)的《维吉尔及其对今天世界的意义》(*Virgil and His Meaning to the World of Today*, 1922)追溯了"我们继承"的遗产维吉尔的作品在后世的流传。奈特(W. F. Jackson Knight)的《古罗马的维吉尔》(*Roman Vergil*, 1944)对维吉尔的生平和诗作做了精彩的概述。最后一章"维吉尔与后世"简略地论述了他的作品在现代的影响。[1]威尔克森的《奥维德回想》(*Ovid Recalled*, 1955)是一部佳作,可惜只写到17世纪。兰德(E. K. Rand)的《奥维德及其影

478

1　关于维吉尔在基督教千年时代的神奇命运,见第465—466页。

响》(*Ovid and His Influence*, 1925) 是"我们继承"丛书中的一本,其中包含有用的书目。众所周知,塞涅卡在启蒙运动中的遭遇与以前一样曲折。他遭到伊壁鸠鲁主义者,如拉美特利的质疑,拉美特利甚至写了一本《批驳塞涅卡》(*Anti-Sénèque*, 1750)。狄德罗等非正统的斯多葛主义者则赞扬他。格默里的《哲学家塞涅卡及其现代信息》(*Seneca The Philosopher and his Modern Message*, 1922) 是"我们继承"丛书中的佳作之一。还有一位诗人今天已经默默无闻,但在启蒙运动中则很流行,他的活力和自由情感受到赞赏。这就是卢坎。关于他,可参见菲施利的著作《卢坎的〈法沙利亚〉流传研究》和弗伦克尔的文章"卢坎,古代悲情的传递者"("Lucan als Mittler des antiken Pathos", *Warburg Vorträge*, 1924–1925, 1927, 229–257)。为什么卢坎在今天默默无闻,《法沙利亚》(*Pharsalia: Dramatic Episodes of the Civil Wars*, 1957) 的英译者格雷夫斯 (Robert Graves) 对此做了中肯而有点残酷的解释。我认为,海特的《讽刺诗人朱文纳尔》虽颇受好评,但不尽如人意,不仅仅是因为他对《拉摩的侄儿》的解释不能令人信服,更重要的是他无原则地接受朱文纳尔常常反动的、总是歇斯底里的判断,尽管那些判断是很严肃的社会史资料。不过,该书第3部分对朱文纳尔作品在后世的流传提供了有用的资料。萨瑟兰的《英国讽刺诗》(*English Satire*, 1962) 展开论述了朱文纳尔的英国模仿者的情况。我还参考了内特尔希普 (Henry Nettleship) 的"朱文纳尔的生平与诗歌"("Life and Poems of Juvenal", in *Lectures and Essays*, Second Series, 1895, 117–144)。

在启蒙运动中引起最大争议,对启蒙运动也十分重要的历史学家塔西佗——迄今尚无一部很好的关于他的专论。不过,也可参考施塔克尔贝格 (Jürgen von Stackelberg) 的"卢梭、达朗贝尔和狄德罗对塔西佗的译解"("Rousseau, d'Alembert et Diderot traducteurs de Tacite", *Studi Francesi*, No. 6, Sept-Dec., 1958, 395–407) 以及《塔西佗在罗马语族地区》(*Tacitus in der Romania: Studien zur literarischen Rezeption des Tacitus in Italien und Frankreich*, 1960),尤其是第13章。关于吉本对塔西佗的借鉴,可参见莱斯特纳 (M. L. W. Laistner) 的《罗马史大家》(*The Greater Roman*

Historians, 1947) 中专论吉本的两章。布瓦西耶的《塔西佗及其他罗马研究》(*Tacitus and other Roman Studies*, 1904; tr. W. G. Hutchinson, 1906) 里有关塔西佗的专论依然具有启发性。门德尔 (Clarence W. Mendell) 的《塔西佗,生平及著作》(*Tacitus, The Man and His Work*, 1957) 也是一部好书。不过,赛姆的《塔西佗》(*Tacitus*, 2 vols., 1958) 显然是必读书,这是对塔西佗及其时代、著作的详尽而明确的研究,文笔模仿了适合塔西佗的严酷时代的那种塔西佗式冷峻文风——其是否也适合我们这个时代呢? 我觉得奥尔巴赫对塔西佗社会态度的分析极其鞭辟入里 (见《摹仿论》,第33—60页以及其他各处)。莱斯特纳一书还出色地论述了其他罗马史学者,赛姆的《萨鲁斯特》(*Sallust*, 1964) 在很大程度上恢复了传主的名誉。与塔西佗一样,李维和萨鲁斯特直到18世纪还受到关注。但也有更深入研究的余地。普鲁塔克的情况也是如此。希尔泽尔 (Rudolf Hirzel) 的《普鲁塔克》(*Plutarch*, 1912) 迄今依然是最好的参考书。

通常人们强调罗马受到希腊的影响,也有人强调罗马在很大程度上的独立性。可参见布劳尔的《蒲柏:引喻诗》第4章,埃伦伯格的集大成之作《希腊罗马的社会与文明》(*Society and Civilization in Greece and Rome*, 1964)。塔恩的《希腊化文明》对被征服者为什么会在文化上压倒征服者提出了一些很好的政治解释。

关于古代罗马的宗教 (这是孟德斯鸠和吉本这样的启蒙哲人可资利用的材料),罗斯的《古罗马的宗教》(*Ancient Roman Religion*, 1948) 做了简略但精彩的论述。贝利 (Cyril Bailey) 的《古罗马宗教的阶段》(*Phases in the Religion of Ancient Rome*, 1932) 详细地阐述了从神话和神秘宗教到宗教哲学的发展过程。屈蒙 (Franz Cumont) 早就对秘教有特殊的兴趣。他的《罗马异教中的来世》(*After Life in Roman Paganism*, 1922) 很值得一读。罗马人的哲学是与宗教密不可分的。阿诺德的《罗马人的斯多葛主义》、诺克的《信仰转向》(*Conversion*, 也包括转向哲学) 和波伦茨的《论斯多葛派》对罗马人的哲学做了细致的分析。我使用的古罗马哲学家的文本是奥茨 (Whitney J. Oates) 主编的《斯多葛派和伊壁鸠鲁派哲学家》

（*The Stoic and Epicurean Philosophers*, 1940），其中包括伊壁鸠鲁、爱比
克泰德、卢克莱修和马可·奥勒留的全部现存著述。格勒图森（Bernald
Groethuysen）的《哲学人类学》（*Anthropologie philosophique*, 1952, 63−91）
对罗马人的哲学思考给予了同情。马鲁的《古代教育史》用一组章节全面
论述了古罗马的情况。桑布斯基的《希腊人的物理世界》对古代后期的
科学做了令人印象深刻的全面研究。关于修辞学（启蒙哲人依然兴趣盎
然），可参见克拉克的精彩专史著作《罗马的修辞学》（*Rhetoric at Rome:
A Historical Survey*, 1953），在众多研究西塞罗的论著中，可参见前述的
米歇尔的《西塞罗作品中的修辞学和政治学》。卡普兰（Harry Caplan）
的"公元1世纪雄辩术在罗马的衰落"（"The Decay of Eloquence at Rome
in the First Century", in *Studies in Speech and Drama in Honor of A. M.
Drummond*, 1944, 295−325）对罗马从共和到帝国的转变及其对雄辩术的
影响做了有意思的分析。豪厄尔（Wilbur S. Howell）的《逻辑学和修辞学
在英国》（*Logic and Rhetoric in England, 1500−1700*, 1956）是一部资料丰
富的专著，对启蒙哲人为何会继续关注这项古代技巧的原因做了提示。

关于罗马帝国时期的政治与社会（吉本为这个历史时期付出了自己
最好的年华；这个时期也是从第一个批判时代向第二个信仰时代转型的重
要时期），有大量的资料。默里的著名小书《希腊宗教的五个阶段》（*Five
Stages of Greek Religion*, 2nd edn., 1935）有一章论述的是异教自身和基督
教的兴起造成的"胆识减退"。默里的观点引起了争论，被后来的学者做
了一些修改，但我一直视之为基本指南。文德兰的《希腊罗马文化及其
与犹太教和基督教的关系》在这里也很有价值。另外，格夫肯（Johannes
Geffcken）的《论希腊罗马异教的结果》（*Der Ausgang des griechisch-
römischen Heidentums*, 1920）书不太厚，但眼光精细、内容丰富。罗斯托夫
采夫的《古代世界史》第2卷《罗马》（*A History of the Ancient World*, Vol. II,
Rome, 1927; tr. J. D. Duff, 1928）的第13至25章对罗马帝国做了相对简略
但很权威的论述，并在最后提出了自己对其衰亡的解释。他的《罗马帝国
社会经济史》（*The Social and Economic History of the Roman Empire*, 1926）

部头要大得多，至今仍是一部辉煌的杰作。但是该书提出的总结性问题（487）"是不是任何一个文明只要开始渗透进民众就必然会衰败？"会让现代学者觉得是另有所指，而没有太多的启发意义。迪尔（Samuel Dill）的社会史著作《从尼禄到马可·奥勒留的罗马社会》（*Roman Society from Nero to Marcus Aurelius*, 2ⁿᵈ edn., 1911）和《西罗马帝国最后一个世纪的社会》（*Roman Society in the Last Century of the Western Empire*, 2ⁿᵈ edn., 1899）迄今没有过时，资料丰富、判断犀利，而且没有忽视哲学。格洛弗的《罗马帝国早期的宗教冲突》（*The Conflict of Religions in the Early Roman Empire*, 1909）显现了渊博的学识，但是过于戏剧化地表现异教徒和基督徒、塞尔苏斯和俄利根之间的对抗。拉布里奥勒（Pierre de Labriolle）的《异教徒的反应》（*La Réaction pa ïenne: Étude sur la polémique antichrétienne du 1ᵉʳ au VIᵉ siècle*, 1948）具有重要的参考价值。莫斯（H. St. L. B. Moss）的《中世纪的诞生》（*The Birth of the Middle Ages, 395–814*, 1935）是一个很好的概论，不过不能取代洛特（Ferdinand Lot）的经典之作《古代世界的终结与中世纪的开始》（*The End of the Ancient World and the Beginnings of the Middle Ages*, 1927; tr. Philip and Mariette Leon, 1931）。法夸尔森（A. S. L. Farquharson）的《马可·奥勒留》（*Marcus Aurelius: His Life and His World*, 2ⁿᵈ edn., ed. D.A.Rees, 1952）是关于这位深受启蒙哲人喜爱的皇帝的出色描写。奥尔弗尔迪（Andrew Alföldi）专门研究晚期罗马帝国，可参见他的《君士坦丁的皈依与异教罗马》（*The Conversion of Constantine and Pagan Rome*; tr. Harold Mattingly, 1948）。关于琉善（人们常常免不了将这位清醒的智者与伏尔泰相提并论），可参见福勒兄弟（H. W. and F. G. Fowler）的出色译本（*The Works of Lucian*, 4 vols. 1905）以及卡森（Lionel Casson）的现代译本《讽刺诗选》（*Selected Satires of Lucian*, 1962）。在"我们继承"丛书中，阿林森（Francis G. Allinson）的《琉善：讽刺诗人和艺术家》（*Lucian: Satirist and Artist*, 1926）有几章讲述了关于琉善的讽刺诗如何流传的历史，颇有参考价值。施泰因贝格尔（Julius Steinberger）考察了《琉善对维兰德的影响》（*Lukians Einfluss auf Wieland*, 1902）。申克（Ludwig

Schenk)的《琉善与启蒙时代的法国文学》(*Lukian und die französische Literatur im Zeitalter der Aufklärung*, 1931)罗列了法国人对琉善的借鉴。邦佩尔(J. Bompaire)的《作家琉善:摹仿与创造》(*Lucien écrivain: Imitation et création*, 1958)做了十分透彻的研究。汤姆森的《古典作品对英国散文的影响》也有一些论述可以参考。

最后,关于拉丁文的延续使用,可参见柯歇斯的《欧洲文学与拉丁中世纪》的谨慎辨析,尤其是第68页;关于在东部容许使用希腊文,可参见文德兰《希腊罗马文化及其与犹太教和基督教的关系》第25—27页。

第三章 批判的风气

482

1. 批判即哲学

尽管《哲学家》(*Le Philosophe*)的作者是谁至今尚无定论,但该文的意义是比较明晰的;迪克曼的校订版(1948)对这两个方面都做了权威性的论述。关于加埃塔诺·菲兰杰里对哲学的热情,也有待进一步的研究,不过也可参见桑克提斯(Francesco de Sanctis)的《意大利文学史》(*History of Italian Literature*, 2 vols., 1870; often revised; tr. Joan Redfern, 1931)的相关论述(II, 831–832)。卡西勒的《康德》对康德的哲学辩护和他的《学科间之争》(*Streit der Fakultäten*)做了讨论。雅斯贝斯(Karl Jaspers)在《大哲学家》(*The Great Philosophers: The Foundations*, 1957; tr. Ralph Manheim, ed. Hannah Arendt, 1962)对康德如何以哲学思辨为荣做了一些中肯的评论。关于托马西乌斯对形而上抽象概念的拒斥,可参见沃尔夫的《德意志启蒙运动的世界观》(自27页起)。怀特海的著名论断"启蒙哲人不是哲学家"出自其影响很大的著作《科学与现代世界》(*Science and the Modern World*, 1925, 86)。我在《人道党》(191–192 n)中反驳了怀特海。

关于把哲学视为正常理智,参见卢卡斯(F. L. Lucas)的《寻求正常理智》(*The Search for Good Sense: Four Eighteenth-Century Characters: Johnson, Chesterfield, Boswell and Goldsmith,* 1958) 和《生活的艺术》(*The Art of Living: Four Eighteenth-Century Minds: Hume, Horace Walpole, Burke, Benjamin Franklin,* 1959)。这两部著作不算太深刻,但内容生动,文笔流畅。还可参见 1760 年 11 月 17 日腓特烈给伏尔泰的信,其中感叹狂热者正在向"正常理智的使徒"乱发怒火(塞兹内克:《论狄德罗与古典文化》,第 5 页)。我在《伏尔泰的政治观》(18–23)中探讨了启蒙哲人(尤其是

483　伏尔泰)对形而上学的抨击,还探讨了"哲学的谦逊"。伏尔泰在他那些"故事"中最生动地表达了这种"谦逊",尤其可参见韦德编订的出色版本《伏尔泰的"米克罗美加斯"》(*Voltaire's "Micromégas",* 1950)。关于维兰德对这种谦逊的表现,参见桑格尔的《维兰德》(168, 232, 314)和拜斯纳(Friedrich Beissner)等人编的《维兰德的四篇演讲》(*Wieland: Vier Biberacher Vorträge,* 1954)。斯特恩的《利希滕贝格》(79–81)对利希滕贝格的经验主义及其反对形而上学的观念做了简略的分析。关于休谟,除了已经提到的有关著作,还可参见皮尔斯的"休谟的经验主义与现代经验主义"("Hume's Empiricism and Modern Empiricism", in *David Hume, A Symposium,* ed. D. F. Pears, 1963, 11–30)。[1]关于杜尔哥对布丰的"形而上学"的批评,见米施的《论法国实证主义的兴起》(*Zur Entstehung des französischen Positivismus,* 1900)。

　　关于信仰主义,特别参见布雷沃尔德的大作《德莱顿的思想环境》(*The Intellectual Milieu of John Dryden: Studies in Some Aspects of Seventeenth-Century Thought,* 1934)。该书标题谦逊而内容丰富。阿扎尔(Hazard)的《欧洲意识的危机》中的有些段落论述了 17 世纪消解神话现象,颇有见地。我本人很赞同蒂利希(Paul Tillich)的观点,在宗教领域里不可能彻底消除神话。

　　关于古代的宗教政策(启蒙哲人非常感兴趣),在前面提到的论述古

1　后面(第 523—524 页)还会涉及休谟。

代宗教的著作中有所讨论。关于普鲁塔克，格洛弗的《罗马帝国早期的宗教冲突》(75-112)特别有启发性。关于孟德斯鸠，可参见沙克尔顿的著作，但我们也期待更深入的分析。塔西佗的文风是所有的研究者的论题。盖棺论定的分析见之于赛姆的《塔西佗》，尤其是第17、21—27章以及附录34、37—60。

2. 好客的万神殿

当然，在某种意义上，所有的哲学流派都是折中的；每一个流派，不论自觉不自觉，都把先前的多种学说组合成他们希望的一个融贯体系。启蒙   484
运动的折中主义之所以十分醒目——也十分重要——原因在于这种特征是毫无掩饰和十分坦然的。结果，我本人也不得不抛弃早先的一个假设，即18世纪的无神论乃是源于古代的伊壁鸠鲁派，自然神论源于古代的斯多葛派。事实上，伊壁鸠鲁派和斯多葛派在古罗马时代已经是折中主义的了，因此启蒙哲人学到的恰恰是折中主义。我引用的所有关于古代宗教和哲学的著作都论及古代的宗教宽容和融合。我借用了诺克的《信仰转变》中的一些精彩段落。狄尔泰的《世界观学》(*Weltanschauungslehre*, in *Gesammelte Schriften*, VIII, 1931, 3-14) 有一些散见的精彩提示。塔恩的《亚历山大大帝》和哈达斯的《希腊化时期的文化》都非常强调早期的政治和社会融合。波伦茨的《论斯多葛派》第二、四部分详细论述了斯多葛主义从严格的教义向兼容并蓄的演变。关于维吉尔的折中主义（仅举一例），可参见奈特的《古罗马的维吉尔》第一章。关于18世纪的折中主义尚无总体性的论著，但在论述狄德罗的著作里有一些暗示。关于美洲的折中主义，可参见格默里的《北美殖民地的心态与古典传统》(viii, x, 14)。

关于对话这种文体，信息量最大的著作是希策尔（Rudolf Hirzel）的《论对话》(*Der Dialog*, 2 vols., 1895)。该书跨越许多世纪，内容详细，并有许多真知灼见。关于中世纪的对话（当时的作用有限），可参见黑尔（Friedrich Heer）的《中世纪的世界》(*The Medieval World: Europe*

1100–1350, 1961; tr. Janet Sondheimer, 1962, 75–78, 87 ff）。哈斯金斯（Charles Homer Haskins）的小书《大学的兴起》（*The Rise of Universities*, 1923）也有参考价值。关于对话体在启蒙运动中的作用，也有一些有意思的著作。迪克曼的《狄德罗五讲》第一章（"狄德罗及其读者"）令人信服地阐明狄德罗是如何想像自己在与读者论争。科森蒂尼（John W. Cosentini）的《丰特奈尔的对话艺术》（*Fontenelle's Art of Dialogue*, 1952）是很有造诣的专著。关于维兰德作为对话的作者与读者的情况，可参见桑格尔的《维兰德》，尤其是第63、77、267、302和333页。康德把对话视为内心对思想辩论开放的方式，尤因（A. C. Ewing）的《康德"纯粹理性批判"的评注》（*A Commentary on Kant's Critique of Pure Reason*, 1938），尤其是第8页，对此做了很好的探讨。关于"伏尔泰的对话"，可参见斯皮尔（F. A. Spear）的哥伦比亚大学博士论文（1951）。前面已经说到，休谟的

485 《自然宗教对话录》已经有很好的版本。赫伯特·戴维斯（Herbert Davis）有一篇很有启发性的文章"论安妮女王时代的对话"（"The Conversation of the Augustans", in R. F. Jones and others, *The Seventeenth Century*, 1951, 181–197）。当然，现有最好的资源是博斯韦尔的《约翰逊生平》、伏尔泰和狄德罗的书信以及以各种形式记录下来的歌德谈话。

关于我在本书中说的"跨文化对话"，可参见阿特金森（Geoffroy Atkinson）的《1700年以前的法国文学巡礼》（*The Extraordinary Voyage in French Literature Before 1700*, 1920）、《1700—1720年法国文学巡礼》（*The Extraordinary Voyage in French Literature from 1700 to 1720*, 1922）和《亲近自然和回归简朴》（*Le Sentiment de la nature et le retour à la vie simple (1690–1740)*, 1960）以及希纳尔的多种兼有学术性和想像力的著作，尤其是《美洲与17世纪法国文学中的异域梦幻》（*L'Amérique et le rêve exotique dans la littèrature française au XVIIᵉ et XVIIIᵉ siècle*, 1913）。[1]另外可参见埃切维里亚（Durand Echeverria）的分析佳作《西方的幻景》（*Mirage in*

---

[1] 把原始主义放在第二篇来论述更为恰当。我将在那里给予更多的关注，此外，洛夫乔伊、博厄斯以及他们的弟子的论著也为这个题目提供了令人满意的学术基础。

the West: A History of the French Image of American Society to 1815, 1957）
关于孟德斯鸠的《波斯人信札》，现在已经有亚当（Antoine Adam, 1954）
和韦尼埃（Paul Vernière, 1960）校勘的版本。另参见罗斯布鲁克（G. L.
van Roosbroeck）的《孟德斯鸠生前的波斯人信札》（*Persian Letters Before
Montesquieu*, 1932）。狄德罗的《布干维尔游记续编》（*Supplément au
Voyage de Bougainville*）现有希纳尔（1935）和迪克曼（1955）编订的两个
版本。狄德罗的《拉摩的侄儿》引发了许多争论。我已提到柯歇斯的古典
学解释（见第477页）。我赞同这种解释。柯歇斯还顺带回顾了研究文献。
法布雷校勘的《拉摩的侄儿》（*Le Neveu de Rameau*, 1950）是很好的版本。
还可参见杜利特尔（James Doolittle）的《拉摩的侄儿：狄德罗的第二讽刺
作品研究》（*Rameau's Nephew: A Study of Diderot's "Second Satire"*, 1960）。

　　关于定居西雷时期的伏尔泰，可参见韦德的多种著作，都很有价值。
关于狄德罗对卢梭著作的贡献，可参见黑文斯校勘的卢梭著作《论科学与
艺术》（*Discours sur les sciences et les arts*, 1946）以及黑文斯的文章"狄   486
德罗、卢梭和《论不平等的起源》"（"Diderot, Rousseau, and the *Discours
sur l'inégalité*", Diderot Studies, III, 1961, 219–262）。关于狄德罗对雷纳
尔的"两个印度的历史"的贡献，沃尔普的《雷纳尔及其战争机器》做了
细致的分析。关于英语界的谈话，许多社会史著作中都有所论述，萨瑟兰
的《18世纪诗歌导论》尤其做了睿智的分析。关于魏玛的情况，见布拉福
德的《18世纪的德意志》。关于巴黎艺术批评如何成为一种论战交谈方
式，可参见德雷斯德纳（Albert Dresdner）的杰作《艺术批评的兴起》（*Die
Entstehung der Kunstkritik*, 1915）。

3. 道德现实主义优先

　　实际上这一节的所有参考资料都在前面的章节里提到过。关于现实
主义这一基本取向，首先应参考奥尔巴赫的著述。普鲁斯特和其他研究者
都强调了狄德罗的务实特点。关于提倡沉思生活的主张，参见耶格的《亚

里士多德》、伯尔的《沉思的生活》和弗里德伦德尔的《柏拉图导论》。关于卢梭的道德立场，特别参见亨德尔的《道德家卢梭》以及德拉泰（Robert Derathé）的重要而大胆的分析之作《卢梭的理性主义》（*Le Rationalisme de Jean-Jacques Rousseau*, 1948）。西塞罗关于"积极生活"的论述在萨拜因和史密斯翻译的西塞罗《论共和国》的导言中受到应有的关注。巴尔斯顿（J. P. V. D. Balsdon）在"权力、尊严和闲暇"（"Auctoritas, Dignitas, Otium", *Classical Quarterly*, new series, X, 1960, 43–50）中对西塞罗的3个关键词做了辨析。该文指出，西塞罗只有三次使用"有尊严的闲暇"（*cum dignitate otium*），尽管这是这位德高望重的国务活动家欲求的生活状态，但不是理想的生活方式。关于这些生活方式，可参见卡西勒《神话思维》中对意愿的深刻论述（尤其是第157、172、194、199、212—220页），还可参见潘诺夫斯基具有原创性和启发性的《十字路口的赫克利斯和最近艺术中的其他古代意象》（*Hercules am Scheidewege und andere antike Bildstoffe in der neueren Kunst*, 1930）。关于晚期斯多葛主义的行动哲学，可参见法夸尔森的《马可·奥勒留》（第53页起）。最后，我总是反复阅读杜威的《人性与行为》（*Human Nature and Conduct*, edn., 1930），尤其是导言和第一章，每次都有所收获。

4. 老实人：坚忍的享乐者

毫不奇怪，《老实人》会招致一大批研究文献。它那么有趣，让人无法忘记，又那么扑朔迷离，让人难以释怀。这批文献大多具有较高水准，也具有启发性。不过我自己的理解主要源于根据伏尔泰的其他著作对这本书的细读。我为自己翻译的《老实人》（1963）写的导言现在看来不能让人完全满意了。不过，它至少有一个优点，即探索了以前被忽视的《老实人》与《哲学辞典》之间的联系。《老实人》有几个很好的版本，例如，莫里兹的版本（1913）和波默的版本（1959）都有精彩的导言。泰勒（O. R. Taylor）的学生版有帮助理解的注释。韦德的《伏尔泰与"老实人"》（*Voltaire and*

"*Candide*": *A Study in the Fusion of History, Art, and Philosophy*, 1959）巨
细靡遗，附有一部早期重要手稿（"瓦利耶尔手稿"）的影印件，极其细
致地分析了这本小书的缘起、写作和出版过程，还分析了该书机智处理
的"邪恶"问题、该书的风格以及该书的意义。对于《老实人》来说，附会
的东西或许太多了。博蒂利亚（W. F. Bottiglia）的《伏尔泰的"老实人"》
（*Voltaire's 'Candide': Analysis of a Classic*, in *VS*, VIIa, 1964）修订版比第1
版（1959）好得多，表明有思想的批评不是无的放矢，至少是针对某些学
者的。然而我对作者评论和重述所有研究者的所有观点的方式感到别扭，
尽管我同意他的核心观点：伏尔泰是一个务实的人（这其实也是我的《伏
尔泰的政治观》的主题）。关于《老实人》，还有待诸如斯皮策或奥尔巴
赫那样的学者做出深入的分析。这两位杰出学者都顺带论及过伏尔泰的
风格，见斯皮策（Spitzer）的"一些关于伏尔泰的解释"（"Einige Voltaire-
Interpretationen"，*Romanische Stil- und Litteraturstudien*, 2 vols., 1930, II,
213–243）和奥尔巴赫的《摹仿论》（401–413）。博蒂利亚不无道理地抱怨
说，这二位学问很大却有阿谀之嫌。

　　《老实人》必定会引发一个棘手问题：如何看待伏尔泰的乐观主义。　488
我在第二篇将加以论述。在此，我应声明，我不赞成贝斯特曼的说法。他
描述了里斯本地震如何把伏尔泰从一个乐观主义者变成悲观主义者，见他
的文章"伏尔泰与里斯本灾难：乐观主义的死亡"（"Voltaire et le désastre
de Lisbonne: ou, la mort de l'optimisme"，*VS*, II, 1956, 7–24）。法尔克
（Rita Falke）在"黄金国：最好的可能世界"（"Eldorado: le meilleur des
mondes possible"，*VS*, II, 1956, 25–41）中探讨了同一问题。沃特曼（Mina
Waterman）的《伏尔泰、帕斯卡和人类命运》（*Voltaire, Pascal and Human
Destiny*, 1942）是一部有参考价值的专著。但是更令人兴奋、更深刻的著
作是卡雷（J.-R. Carré）的《论伏尔泰反对帕斯卡》（*Réflexions sur l'anti-
Pascal de Voltaire*, 1935）。卡雷还写了一部同样引人注目的著作《启蒙哲
人伏尔泰的一贯性》（*Consistance de Voltaire le philosophe*, 1935）。该书非
常严肃地探讨伏尔泰的思想，在迄今为止的伏尔泰研究文献中相当少见。

458

第一个这样做的可能是朗松（René Lanson），然后是佩利西耶（Georges Pellissier）的系统研究《启蒙哲人伏尔泰》（*Voltaire Philosophe*, 1908）。后来最成功的是贝莱索尔（André Bellessort）的《论伏尔泰》（*Essai sur Voltaire*, 1925），虽然是一部小书，但在伏尔泰研究者中享有很高的声誉。黑文斯的两篇文章也很重要，一篇是"伏尔泰对'诗咏里斯本灾难'结论的悲观主义修改"（"Voltaire's Pessimistic Revision of the Conclusion of his 'Poème sur le désastre de Lisbonne'", *Modern Language Notes*, XLIV, 1929, 489–492）和"伏尔泰'诗咏里斯本灾难'的结论"（"The Conclusion of Voltaire's 'Poème sur le désastre de Lisbonne'", ibid., LVI, 1941, 422–426）。关于伏尔泰对莱布尼兹无情而肯定不公正的嘲讽，可参见哈阿克（Oscar A. Haac）的"伏尔泰和莱布尼兹：理性主义的两面"（Voltaire and Leibniz: Two Aspects of Rationalism, *VS*, XXV, 1963, 795–809），特别可参考巴伯（W. H. Barber）的深入可靠的专论《莱布尼兹在法国，从阿尔诺到伏尔泰》（*Leibniz in France from Arnauld to Voltaire: A Study in French Reactions to Leibnizianism, 1670–1760*, 1955）。该书很细致地讨论了《老实人》。

489　**第四章　从理性退缩**

　　自兰克之后历史学家就一直感慨而又使用的"中世纪"一词是17世纪的老术语。我对"中世纪"的解释可能会被一些读者视为极其反动，如同不加掩饰的辉格式解释。但是，我相信我在这一章对中世纪精神状态的描述准确地捕捉到了其基本特征，使之清晰地与之前和之后的精神状态区分开来。虽然我非常敬重柯歇斯的大作《欧洲文学与拉丁中世纪》（他把古典思想和古典文学形式在许多世纪的流传，大手笔地描写成沿着"破旧不堪的罗马时期的道路"的艰难朝圣之旅），但我本人对中世纪文学和哲学的阅读使我更愿意强调断裂性而不是连续性。

问题极其复杂。我在本书中已经阐明,启蒙哲人的中世纪观念若不经过重大修改是无法再维持下去了。伯里(J. B. Bury)代启蒙哲人发表的声明:"在那一千年里,理性被禁锢,思想遭奴役,知识没有任何进步"(《自由思想史》(*A History of Freedom of Thought*),1913年,第52页)当然是站不住脚的。因此,学者们在很长时间里对此予以批驳。有数以百计的教科书和文化通史感叹启蒙运动对中世纪的成就茫然无知,或是指责启蒙哲人对宗教文化怀有恶毒的偏见。不过,说来也怪,启蒙运动对中世纪的总体看法及其复杂性却从来没有被充分研究过,我只得通过仔细阅读原始资料来一点点拼出我自己的认识。瓦尔加(L. Varga)的《"黑暗的中世纪"的口号》(*Das Schlagwort vom "finsteren Mittelalter"*,1932)常常受到推崇和引用,但该书不过是老套说法的概述,而且是一个肤浅的概述。它的声誉并不是其本身价值的反映,而是表明该领域缺乏好的研究成果。最有参考价值的专论中,可推荐的是麦克洛伊(Shelby T. McCloy)的《吉本对基督教的敌意》(*Gibbon's Antagonism to Christianity*,1933)、莉比(M. S. Libby)的《伏尔泰对巫术的态度与科学》(*The Attitude of Voltaire to Magic and the Sciences*,1935)以及巴克(John E. Barker)的《狄德罗在百科全书中对基督教的处理》(*Diderot's Treatment of the Christian Religion in the "Encyclopédie"*,1941)。另外,沙戈的《百科全书中的历史》(自第185页起)有一些关于启蒙哲人的中世纪观念的真知灼见。朗松的《18世纪法国人对中世纪的品味》(*Le Goût du moyen âge en France au XVIIIe siècle*,1926)是一个新开端,但分量稍轻。罗伯逊(Robertson)的《查理五世统治史》的导言"中世纪的社会状态观念"("View of the State of Society in the Middle Ages")或许是18世纪启蒙历史学家关于中世纪最大度的论述,也因此受到梅特兰(S. R. Maitland)的批评——见他的《黑暗时代》(*The Dark Ages*, 3rd edn., 1853)。魏辛格(H. Weisinger)做了一个有价值的概述"中世纪与18世纪晚期的历史学家"("The Middle Ages and the Late Eighteenth-Century Historians", *Philological Quarterly*, XXVII, January, 1948, 63–79)。弗兰克尔(Paul

490

Frankl）奉献了一部厚重的资料汇编《哥特：八个世纪的文字资料和解释》（*The Gothic: Literary Sources and Interpretations through Eight Centuries*, 1959）。就我所知，还没有人全面研究启蒙哲人对拜占庭帝国的轻率态度。不过，伯里在其校订的吉本《罗马帝国衰亡史》中通常是倾向于吉本的，但是他也觉得有必要为吉本论述拜占庭的内容增添解释性和矫正性的注释。公正地说，吉本本人也知道他对拜占庭的记述还不如对更早时代的记述那么有资料依据。[1]

因为启蒙哲人对待中世纪的态度在很大程度上是政治性的，所以了解关于法国政体起源的大争论对于我们理解整个事情就至关重要了。在这方面，关于孟德斯鸠及其法国体制的日耳曼起源说尤为重要。可参见纽曼为孟德斯鸠《论法的精神》写的导言、我本人在《伏尔泰的政治观》中的论述（书中还附有相关书目）以及福特（Franklin L. Ford）在《法袍与佩剑》（*Robe and Sword: The Regrouping of the French Aristocracy After Louis XIV*, 1953）中的简明而睿智的总结。

不过，18世纪的中世纪观不仅仅是政治性的，也包括文学、艺术和学术的方面。关于文学复兴，可参见约翰斯顿（Arthur Johnston）引人入胜的著作《魔法之地：18世纪的中世纪罗曼司研究（*Enchanted Ground: The Study of Medieval Romance in the Eighteenth Century*, 1964）。该书从赫德、珀西一直写到司各特。道格拉斯（David Douglas）的《1660—1730年间的英国学者》（*English Scholars, 1660–1730*, 2nd edn., 1951）荦荦大端地记述了英国的那些狂热的古玩家，正是他们的努力才让后人能够触摸到英国的中世纪世界。关于更早的古玩家，可参见肯德里克（T. D. Kendrick）的《英国的古物》（*British Antiquity*, 1950）。欧洲大陆的基督教学者也推动了人们对哥特世界的兴趣，有关情况可参见诺尔斯（David Knowles）

---

1 在考察启蒙哲人对拜占庭的认识时，我发现以下著作非常有用：朗西曼（Steven Runciman）的《拜占庭文明》（*Byzantine Civilization*, 1933），贝恩斯（Norman H. Baynes）的《拜占庭帝国》（*Byzantine Empire*, edn., 1943）。这两部书既广受欢迎，又有很高水准。贝恩斯和莫斯主编的《东罗马文明导论》（*An Introduction to East Roman Civilization*, 1948）是一部高水平的内容丰富的论文集，作者均为最好的拜占庭研究学者，如格雷古瓦（Henri Grégoire）、迪尔（Charles Diehl）等。该书还附有地图、插图以及一份全面的图书目录。

的两篇考证性文章"博兰德派"("The Bollandists", in *Great Historical Enterprises and Problems in Monastic History*, 1963, 1–32)和"莫尔派"("The Maurists", ibid., 33–62)。

　　一方面,可利用的资料非常丰富,另一方面,关于启蒙运动对中世纪的态度迄今缺少全面的研究。如我在下面要谈到的,更糟糕的是,常常会出现一种奇怪的暧昧态度,我认为这种态度源于为中世纪哲学辩护的立场。[1]最后,有一些历史学家的做法于事无补。他们在中世纪发现了所谓真正的"文艺复兴"。哈斯金斯引人入胜而影响颇大的著作《12世纪的文艺复兴》(*The Renaissance of the Twelfth Century*, 1927)或许是其中的罪魁祸首。该书充满了有效的信息,但其标题显示的核心结论是根本不成立的。柯歇斯在《欧洲文学》(53n, 255)中采纳了哈斯金斯的结论并提供了一些有说服力的理由。利贝许茨(H. Liebeschütz)的《索尔茨伯里的约翰的生活与著述中的中世纪人文主义》(*Medieval Humanism in the Life and Writings of John of Salisbury*, 1950)和帕雷等(G. Paré, A. Brunet, and P. Tremblay)的《12世纪的文艺复兴》(*La Renaissance du XIIe siècle*, 1933)提供了进一步的证明。不过尽管这些著作都很动人,但并不能证明那个时期有一次文艺复兴。它们能证明的是,12世纪的文化丰富而精致,超过了启蒙哲人愿意承认的程度。

492

1　在这一章的写作过程中,除了一些论述中世纪精神状态的专著外,我还利用了几部中世纪通史。在此我仅仅需要提及奥顿(C. W. Prévite Orton)的《简明剑桥中世纪史》(*The Shorter Cambridge Medieval History*, 2 vols., rev. edn., P. Grierson, 1952)。这是一部非常紧凑艰深的杰作。萨瑟恩(R. W. Southern)《中世纪的形成》(*The Making of the Middle Ages*, 1953)是一部论述12和13世纪西欧中世纪社会的精细而透彻的著作。黑尔(Heer)的《中世纪世界:欧洲,1100—1350年》竭力描画出那个时期的"开放的"中世纪社会。该书的见解确实很精彩,但不完全具有说服力。华莱士-哈德里尔(J. M. Wallace-Hadrill)的《蛮族时期的西方》(*The Barbarian West: A.D. 400–1000——The Early Middle Ages*, 2nd edn., 1962)是对一段被忽视时期的概述。关于英国,尤其可参见波威克(Sir Maurice Powicke)的《中世纪的英国》(*Medieval England*, 1931)和斯滕顿(F. M. Stenton)的《中世纪早期的英国社会》(*English Society in the Early Middle Ages*, 1951)。这两部都是通俗史学中最好的作品。斯滕顿的《英国封建主义的第一个世纪》(*The First Century of English Feudalism*, 1932)合理地受到最高的评价。格林(V. H. H. Green)的《晚期金雀花王朝》(*The Later Plantagenets*, 1955)是论述这一时期的权威作品。关于德意志,可参见巴勒克拉夫(G. Barraclough)的《现代德国的起源》(*Origins of Modern Germany*, 2nd edn., 1947)。关于法国,可参见法蒂耶(R. Fawtier)的《法国的卡佩王朝》(*The Capetian Kings of France*, 1940; tr. L. Butler and R. J. Adams, 1960)。朗西曼(Steven Runciman)的《十字军东征史》(*History of the Crusades*, 3 vols., 1951–1954)对十字军东征做了清晰的叙述和分析。

1. 对古代的篡改

关于古代神话、文学样式和哲学观念的流传情况，可参见前面提到
的"我们继承"丛书以及桑兹、格鲁佩、博林斯基和汤姆森的著作。我在
接触瓦尔堡研究所发表的专著时，很幸运地首先阅读到塞兹内克的《异教
神祇的流传》(*The Survival of the Pagan Gods*, 1940; tr. Babara F. Sessions,
1953)。该书引人入胜而且令人信服地论述了古代神话在中世纪和文艺复
兴时期的命运。这本书引领我直接面向问题并且生动地将卡西勒说的神
话思维和批判思维之间的区别应用于基督教的一千年。萨克斯尔的"瓦
尔堡的藏书及其宗旨"("Die Bibliothek Warburg und Ihr Ziel", *Warburg
Vorträge*, 1921–1922, 1923, 1–10) 阐明了瓦尔堡的研究规划，并以维纳
斯的流传为例加以分析。戈尔德施密特的"古典形式在中世纪的流传"
("Das Nachleben der antiken Formen im Mittelalter", ibid., 40–50) 提供了另
外一个鲜明的例子。多伦 (A. Doren) 的"命运女神在中世纪和文艺复兴
时期"("Fortuna im Mittelalter und in der Renaissance", *Warburg Vorträge*,
1922–1923, 1924, 71–144) 是对一个异教观念流传情况的精彩考察。克利
班斯基 (R. Klibansky) 的《柏拉图传统在中世纪的延续》(*The Continuity
of the Platonic Tradition During the Middle Ages*, 1939) 不像是一部专论，
更像是一个简明的纲领，但是一部基本读物。博尔加尔 (R. R. Bolgar) 的
《古典遗产及其受益者》(*The Classical Heritage and Its Beneficiaries*, 1958)
洋溢着对古典作品的喜爱，并细致阐述了中世纪时期的古为今用，因此获
得了很好的评价。我从该书中获益不浅，也借用了其中一些中世纪歇斯底
里的例子。纽瓦尔德 (Richard Newald) 的《西方人文主义以来关于古代
精神的认识》(*Nachleben des antiken Geistes im Abendland bis zum Beginn
des Humanismus*, 1960) 是一部恢宏的作品，显然倾注了其毕生的心血。阿
代马尔 (Jean Adhémar) 的《古代对法国中世纪艺术的影响》(*Influences
antiques dans l'art du moyen âge français*, 1939) 是瓦尔堡的典型产物——

坚实而深入。

关于基督教早期教父和古典古代的关系，特别参见兰德的《中世纪的奠基者》(*Founders of the Middle Ages*, 1928)。该书收录了一系列优雅的演讲，以基督教与异教文化的碰撞为开始，以但丁收尾。关于基督教与异教文化的碰撞，可参见那些标准的早期基督教史，例如，利茨曼（H. Lietzmann）的《基督教教会的初始》(*The Beginnings of the Christian Church*, 2 vols., 1932; tr. B. L. Woolf, 1937–1938) 可以补充和校正吉本的《罗马帝国衰亡史》第15、16章；再如，查尔斯·科克伦的学问深邃的《基督教与古典文化》(rev. edn., 1944) 视野宏大，其中把基督教视为对异教思想的批判；再如，泰勒（Henry Osborn Taylor）的《中世纪的古典遗产》(*The Classical Heritage of the Middle Ages*, 1901) 尽管问世较早，但至今享有盛誉。柯歇斯的《欧洲文学》包含许多珍贵的资料，展现方式比较合理，散布在全书各处，其中关于早期教父的具体政策，可参见第1至3章。关于到5世纪最终的妥协，可参见特洛尔奇的见解《特洛尔奇文集》，第4卷，自第166页起 (*Gesammelte Scriften*, IV, 166 ff.)。

494

在众多论述基督教起源的文献中，让我受益最大的可能是布尔特曼（Rudolf Bultmann）的《原始基督教》(*Primitive Christianity in its Contemporary Setting*, 1949; tr. R. H. Fuller, 1956)。该书强调了基督教兼收并蓄的特点。持同样观点的还有诺克的《早期非犹太人的基督教及其希腊世界背景》(*Early Gentile Christianity and Its Hellenistic Background*, enlarged edn., 1964)——该书与诺克其他所有的著作一样精彩。

当然，基督教和异教文化的这种碰撞在基督徒的代表人物身上最具有戏剧性。戴斯曼（Adolf Deissmann）的《保罗：一项社会宗教史研究》(*Paul: A Study in Social and Religious History*, 2nd edn., 1925; tr. William E. Wilson, 1927) 考察了保罗从犹太教转向基督教再转向圣徒的心路历程；施密特的"圣徒保罗与古代世界"("Der Apostel Paulus und die antike Welt", *Warburg Vorträge*, 1924–1925, 1927, 38-64) 试图把保罗置于其环境中来分析。我发现诺克的《圣保罗》(*St. Paul*, 1938) 是非常有教益

的。关于圣哲罗姆及其古典主义、他的异梦和学识，特别可参见哈根达尔（Harold Hagendahl）的杰作《拉丁教父和古典作品》（*Latin Fathers and the Classics*, 1958）。他的异梦常常被人记述，现代的有关讨论可参见博尔加尔的《古典遗产及其受益者》(51)。很显然，支配性的战略家是奥古斯丁，关于他的文献非常庞大。马鲁的《圣奥古斯丁与古代文化的终结》（*Saint Augustin et la fin de la culture antique*, 4th edn., 1958）以及赖岑施泰因的一流文章"奥古斯丁，古代和中世纪的圣人"（"Augustin als antiker und als mittelaterlicher Mensch", *Warburg Vorträge*, 1922–1923, 24–65）捕捉住奥古斯丁的矛盾性，并做了透彻的分析。赖岑施泰因的文章对我非常重要。达尔西（M. C. d'Arcy）等主编的论文集《圣奥古斯丁》（*Saint Augustine*, 1930）很有参考价值。其中特别可参考道森（Christopher Dawson）的"圣奥古斯丁及其时代"（11–77），里夫斯（John-Baptist Reeves）的"圣奥古斯丁与人文主义"（121–151）。吉尔松（Étienne Gilson）的《圣奥古斯丁的基督教哲学》（*The Christian Philosophy of Saint Augustine*, 1931; tr. L. E. M. Lynch, 1960）是一个很充实的导论。另外可参见特洛尔奇的《奥古斯丁》（*Augustin, die christliche Antike, und das Mittelater*, 1915）和蒙森的重要文章"圣奥古斯丁与基督教的进步观念"（"St. Augustine and the Christian Idea of Progress", *JHI*, XII: 3, July, 1951, 346–374）。

对于这一章来说，另一个具有战略重要性的人物是但丁。在我参考的著述中，我认为下列著作最有教益：奥尔巴赫的《但丁：世俗世界的诗人》（*Dante: Poet of the Secular World*, 1929; tr. Ralph Manheim, 1961），该书非常精彩，但部分内容已被他本人的文章取代。这些文章包括前面提到的"喻象"以及"但丁'神曲'中的圣阿西西的弗朗西斯"（"St. Francis of Assisi in Dante's 'Commedia'", in *Scenes from the Drama of European Literature*, 77–98）和"法利那大和加发尔甘底"（《摹仿论》第8章）。这些文章都从对但丁文风的细微考察进而分析其思维风格。上面提到的吉尔松（我在其他许多方面不赞同他）著有一部有理有据的著作《哲学家但丁》（*Dante the Philosopher*, 1939; tr. David Moore, 1949），以敏锐挑剔的目光考察了有关文献。此外，我还欣赏和参考了勒诺代（A. Renaudet）的《人文主义者但丁》（*Dante humaniste*, 1952），马泽奥（Joseph A. Mazzeo）在《但丁"神曲"中的中世纪文化传统》（*Medieval Cultural Tradition in Dante's "Comedy"*, 1960）对位阶概念的考察，丹特列夫斯（A.P. d' Entrèves）具有启发性的专著《政治思想家但丁》（*Dante as a Political Thinker*, 1952）以及布兰代斯（Irma Brandeis）令人深思的《幻景阶梯》（*The Ladder of Vision: A Study of Dante's Comedy*, 1960）。桑塔亚纳（Santayana）的《三个哲理诗人》中的但丁一章文笔优雅、意蕴深长，其中对"喻象"现实观念的理解颇有先见之明。下面这种独立见解令人耳目一新："但丁是中世纪的人，悔悟、谦卑和害怕魔鬼是那个时代的美德；但是我们要得出的结论恰恰是，那个时代的美德并非最好的美德，代表那个时代的诗人不可能是一个公正的或终极的人性发言人"（第120页）——对此我很赞同。作为历史学家，我不能做法官式的判决；但是，本书超越了历史分析而进入到对历史的哲学理解，需要在基督教的一千年与启蒙运动之间作出选择。前者提倡的是依附，后者的理想是自治，本书赞成自治。

496

　　所有论述但丁的著作都涉及但丁的古典古代观。但是，"永恒的罗马"是一个特别的主题。戴维斯（Charles T. Davis）的《但丁与罗马理想》（*Dante and the Idea of Rome*, 1957）深入而生动地考察了这一主题，其中（导言和第236—238页）对相关文献做了概述。施拉姆（Percy Ernst Schramm）的大作《恺撒、罗马和复兴》（*Kaiser, Rom und Renovatio*, 2 vols., 1929）研究了迄12世纪罗马理想的流传，并附有重要的文献。另外可参见普拉特（Kenneth J. Pratt）的"永恒的罗马"（"Rome as Eternal", *JHI*, XXVI: 1, January-March 1965, 25–44）。

　　关于但丁在启蒙运动时期的流传，还有待更深入的研究。可参见纳夫的《伏尔泰的品位》。厄斯纳（Hermann Oelsner）的《但丁在法国：迄18世纪末为止》（*Dante in Frankreich bis zum Ende des XVIIIten Jahrhunderts*, 1898）包含很好的资料，但需要重写。

　　关于中世纪如何（因无知或恶意）滥用古代资源的文献数量很多。柯歇斯在《欧洲文学》中的两段文字"中世纪对古代的误解"和"作为比喻的猿猴"（405–406, 538–540）既生动有趣，又有教益。维吉尔在中世纪的命运有专门的研究。怀特菲尔德（J. H. Whitfield）探讨了《但丁与维吉尔》（*Dante and Virgil*, 1949）这个重要题目。孔帕雷蒂（Domenico Comparetti）的老书《维吉尔在中世纪》（*Virgilio nel medio evo*）最近也分两卷重新出版了（1937–1946）。另外，还可参考斯帕戈（John W. Spargo）引人入胜的专著《魔法师维吉尔》（*Virgil the Necromancer, Studies in Virgilian Legend*, 1934）。

奥维德在基督教的一千年间极为走红。塞兹内克的《异教神祇的流传》中有一些精彩的论述，尤其论及了"被道德化的奥维德"。塞兹内克借鉴了博恩（Lester K. Born）内容充实的文章"奥维德与寓言"（"Ovid and Allegory", *Speculum*, IX, 1934, 362–379）。刘易斯（I. C. S. Lewis）的《爱的寓言》（*The Allegory of Love: A Study in Medieval Tradition*, 1936）文笔漂亮，论证精彩，考察了奥维德在中世纪仁爱宗教中的地位以及如何被用于服务中世纪心灵。罗伯逊（D. W. Robertson）的杰作《乔叟绪论》（*A Preface to Chaucer: Studies in Medieval Perspectives*, 1962）中有许多值得参考的内容，例如关于奥维德直到14、15世纪的影响。另外可参见吉萨尔贝蒂（Fausto Ghisalberti）的"中世纪的奥维德传记作品"（"Mediaeval Biographies of Ovid", *Warburg Journal*, IX, 1946, 10–59），这是一篇有意思的文章。席尔默（W. F. Schirmer）的"乔叟、莎士比亚和古代"（"Chaucer, Shakespeare und die Antike", *Warburg Vorträge, 1930–1931*, 1932, 83–102）也对奥维德做了一些具有启发性的评论。

关于西塞罗在中世纪的命运，杰林斯基的《世纪流转中的西塞罗》远不如巴伦的杰作《西塞罗和罗马公民精神在中世纪和文艺复兴早期》有用。

2. 对批判的背弃

研究中世纪哲学的历史学家会一再地提出有关中世纪哲学的性质与地位的问题。这毫不令人奇怪。我非常欣赏那些反对"现代误读"的活跃论辩，如科普尔斯顿（F. C. Copleston）的《阿奎那》（*Aquinas*, 1955），武尔夫（Maurice de Wulf）的《新老经院哲学》（*Scholasticism Old and New*, tr. P. Coffey, 1907）和《中世纪的哲学与文明》（*Philosophy and Civilization in the Middle Ages*, 1922），尤其是吉尔松的《中世纪哲学的精神》（*The Spirit of Medieval Philosophy*, tr. A. H. C. Downes, 1936）、《中世纪的理性与启示》（*Reason and Revelation in the Middle Ages*, 1938）以及文章"论基督教哲学"（"Concerning Christian Philosophy: The Distinctiveness of the Philosophic Order", in *Philosophy and History: The Ernst Cassirer Festschrift*, 1936, 61-76）。这些辩护当然旨在使启蒙哲人乃至现代世俗主义者轻视中世纪哲学的态度显得浅薄和无知，在一定程度上也达到其目的了。与此同时，这些论证在我看来可以概括如下：中世纪确实有很严肃的思考，这些思考是独立进行的，在某些领域是很自由的，不仅不受教会的控制，甚至超出了宗教关注的问题。但是，在哲学与神学发生冲突的领域，哲学退却了。而且，不论哲学多么独立，哲学的地位显然低于神学，在最重要的探索活动中听命于神学。因此，更现实地看，这种自由并没有多少。 498毕竟，"哲学是神学的婢女"这句口头禅不是启蒙哲人发明的，而是出自一位中世纪的基督徒。

在几种讲述基督教思辨哲学的通论著作中，维尼奥（Paul Vignaux）的《中世纪哲学导论》（*Philosophy in the Middle Ages: An Introduction*, 3rd edn., 1958; tr. E. C. Hall, 1959）最为清晰和有节制。我还特别参考了布雷耶的《中世纪的哲学》（*La Philosophie du moyen âge*, new edn., 1949）。吉尔松的《中世纪基督教哲学史》（*History of Christian Philosophy in the Middle Ages*, 2nd edn., 1952; Eng. tr. 1955）是一部出色的概述。卡雷（M. H. Carré）的《英国思想的诸阶段》（*Phases of Thought in England*, 1949）对知名的和被忽视的哲学家兼收并蓄，并注意到中世纪思想的多样性。格拉布曼（Martin Grabmann）的著作因博学而受到重视。尤其可参见他的《经院哲学方法的历史》（*Geschichte der scholastischen Methode*, 2 vols., 1909-1911）以及论文集《中世纪的精神生活》（*Mittelaterliches Geistesleben*, 1936）。

　　在有关哲学家的专论里，我主要参考了以下几本：巴尔特（Karl Barth）的艰深但很值得读的《安瑟伦：信仰寻求理解》（*Anselm: Fides Quaerens Intellectum*, 2nd edn., 1958; tr. Ian W. Robertson, 1960）、吉尔松的《阿奎那的基督教哲学》（*The Christian Philosophy of St. Thomas Aquinas*, 1922; tr. L. K. Shook, 1956）以及格拉布曼的《托马斯·阿奎那》（*Thomas Aquinas*, 5th edn., 1926; tr. 1928）。关于奥卡姆思想的重要来源，可参见拉加德（Georges de Lagarde）的《中世纪末期世俗精神的诞生》（*La Naissance de l'esprit laïque au déclin du moyen âge*, 5 vols., 2nd and 3rd edn., 1956–1963）以及卡雷的刺激性论著《唯实论与唯名论》（*Realists and Nominalists*, 1946）。在我看来，后者证明了奥卡姆主义者与现代科学的巨大差距。关于中世纪的科学，可参见克龙比（A. C. Crombie）的睿智、博学而且有感情（因有感情而有分量）的著作《格罗斯泰特和实验科学的起源》（*Robert Grosseteste and the Origins of Experimental Science: 1100–1700*, 1953）和更全面的论述《从奥古斯丁到伽利略》（*Augustine to Galileo: The History of Science, A.D.400–1650*, rev. edn., 1959）。后者附有一份极其丰富且点评精当的书目。我认为，克龙比并没有得出我得出的结论。潘诺夫斯基在分析中世纪和文艺复兴时期的术语 *creare* 时，简明扼要地讨论了中世纪的人们在大自然面前的无力感，见他的文章"艺术家、科学家、天才：关于'文艺复兴—黎明'的笔记"（"Artist, Scientist, Genius: Notes on the 'Renaissance-Dämmerung'", in *The Renaissance*, six essays by Wallace K. Ferguson and others, ed. 1962, 128–182, *passim*）。

　　关于中世纪的百科全书，即狄德罗伟大事业的那些模糊先例，可以参见两篇出色的文章：戈德施密特的"中世纪前期有图示的百科全书"（"Frühmittelalterliche illustrierte Encyklopädien", *Warburg Vorträge*, 1923–1924, 1926, 215–226）和萨克斯尔的"中世纪晚期的一部神学百科全书"（"A Spiritual Encyclopedia of the Later Middle Ages", *Warburg Journal*, V, 1942, 82–134）。

　　关于中世纪被视为柏拉图主义的东西，可参见肖里（Paul Shorey）的

499

《古代与现代的柏拉图主义》(*Platonism, Ancient and Modern*, 1938)。该书虽然文字通俗,但其中有一些重要内容。霍夫曼(Ernst Hoffmann)的两篇文章非常有参考价值:"柏拉图主义与中世纪"(Platonismus und Mittelalter, *Warburg Vorträge*, 1923–1924, 1926, 17–82)和"奥古斯丁历史哲学中的柏拉图主义"("Platonism in Augustine's Philosophy of History", in *Philosophy and History: The Ernst Cssirer Festschrift*, 173–190)。

3. 神话的修复

我的基本观点是,基督教的世界观是神话式的,尽管常常是非常精致的。这个观点也是源于卡西勒的《神话思维》。我也从许多根本不赞同我的学者那里获得了许多教益。伯恩海姆(Ernst Bernheim)的《中世纪的时间观念及其对政治和史学的影响》(*Mittelaterliche Zeitanschauungen in ihrem Einfluss auf Politik und Geschichtsschreibung*, 1918)把奥古斯丁的政治—神话思想作为论述的切入点。艾肯(Heinrich von Eicken)的《历史与中世纪世界观体系》(*Geschichte und System der mittelaterlichen Weltanschauung*, 4th edn., 1923)是一部全面的概述,而且引用了许多很有意味的言论。塞德尔迈尔(Michael Seidlmayer)的《中世纪思想潮流》(*Currents of Medieval Thought, with Special Reference to Germany*, tr. D. Barker, 1960)虽然部头不大,但颇有见识。登普夫(Alois Dempf)的《中世纪世界观的主要形态》(*Die Hauptform mittelalterlicher Weltanschauung*, 1925)篇幅也不大,却装腔作势——正是这种研究课题不需要的那类精神史的写法。特洛尔奇在《基督教会的社会教义》(I, 249–250)以及其他著作中坚持认为,禁欲主义是与基督教的世俗性相辅相成的。还可参见刘易斯(C. S. Lewis)通俗但很有参考价值的《被抛弃的图景》(*The Discarded Image: An Introduction to Medieval and Renaissance Literature*, 1964),该书非常清晰地分析了中世纪的"世界图景"。许多著作都有参考价值,但我个人受益最大的是布洛赫的杰作《封建社会》。布洛赫写的是社会史,很恰当地把中世纪世界观放在社会环境中来看待。我们能够看到中世纪的人如何面对时间、空间、历史和权威。

布洛赫非常清楚地表明，中世纪的宗教、哲学和政治相互纠缠，也相互说明。克恩（Fritz Kern）的同名专著和论文《中世纪的王权与法律》（*Kingship and Law in the Middle Ages*, 1914；1919）可达到近乎经典的地位。吉尔克（Otto von Gierke）的《中世纪政治学说》（*Political Theories of the Middle Age*, tr. F. W. Maitland, 1900, 译自 *Das deutsche Genossenschaftstrecht*, Vol. III）虽然是本老书，但依然很重要。与之类似的还有菲吉斯（J. N. Figgis）的《从热尔松到格劳修斯的政治思想研究》（*Studies of Political Thought from Gerson to Grotius, 1414–1625*, 2nd edn., 1916）。论述这段时期的主要作品依然是卡莱尔（R. W. and A. J. Carlyle）的《西方中世纪政治学说史》（*A History of Medieval Political Theory in the West*, 6 vols. 1903–1936）。现在还可以补充参考刘易斯（Ewart Lewis）的《中世纪政治思想》（*Medieval Political Ideas*, 2 vols., 1954），该书收有一些文件和评注。坎托罗维奇（Ernst H. Kantorowicz）的《国王的两个身体》（*The King's Two Bodies: A Study in Medieval Political Theology*, 1957）是一部引人入胜的论文集，或许主题不太统一，但学术价值极高。该书试图阐明卡西勒说的"国家的神话"，书中揭示了中世纪思想制造神话的性质。

理论与实践当然经常发生冲突与互动。关于封建社会，除了布洛赫的杰作外，还可参见刚绍夫（F. L. Ganshof）的《封建主义》（*Feudalism*, 3rd edn., 1957; tr. Philip Grierson, 1961）。该书注重经济层面，但不失全面，而且附有很完整的书目；还可参见欣泽（Otto Hintze）的著名文章"封建主义的内涵与外延"（"Wesen und Verbreitung des Feudalismus", *Sitzungsberichte der Preussischen Akademie der Wissenschaften, Philosophisch-histoprische Klasse*, 1929, 321–347），佩因特（Sidney Painter）的著作《法国骑士》（*French Chivalry: Chivalric Ideas and Practices in Mediaeval France*, 1940）。皮朗的有争议的史学著作对中世纪的经济和城镇生活做了阐述。《中世纪欧洲经济社会史》（*Economic and Social History of Medieval*

Europe, 1933; tr. I. E. Clegg, 1936）和《中世纪的城市》（*Medieval Cities*, tr. Frank D. Halsey, 1925）都对城镇的兴起做了有争议的解释。芒迪（John H. Mundy）和里森伯格（Peter Riesenberg）的《中世纪的城镇》（*The Medieval Town*, 1958）是一部好书，书中有关于城镇生活的有用文献，也隐含着对皮朗的批评。

中世纪的宗教生活很自然会引发大量的研究文献。我前面提到的所有著作都涉及这个主题。此外，我要提到诺尔斯（David Knowles）的重要著作，尤其是《英国的宗教团体》（*The Religious Orders in England*, 3 vols., 1948–1959）和《英国的神秘传统》（*The English Mystical Tradition*, 1963）。莱亚（Henry Charles Lea）的《中世纪的宗教裁判所》（*The Inquisition of the Middle Ages*, [abridged by Margaret Nicholson from the original three-volume work, 1961]）充满了敌意但极其严谨。库尔顿的著作也是如此。他的著作打击了那些认为有序的中世纪优于混乱的现代的人。他语带讥诮，坚信宗教养育迷信，宗教甚至就是迷信。但是他严谨地运用史料。即便他的结论会有争议，但他提供的资料却非常有价值。尤其可以参见他的鸿篇巨制《五个世纪的宗教》（*Five Centuries of Religion*, 4 vols., 1923–1950）。

关于中世纪的文学，可参见奥尔巴赫的论文集《古代罗马时期和中世纪的文学语言及其读者》（*Literary Language and Its Public in Late Latin Antiquity and in the Middle Ages*, 1958; tr. Ralph Manheim, 1965）。按照奥尔巴赫的一贯做法，该书从对文本的精细考察上升到对整个中世纪思想风格的概括。关于宫廷式爱情的描写和行吟诗人，可参见刘易斯的《爱的寓言》以及韦斯顿（Jessie L. Weston）的知名著作《从仪式到罗曼司》（*From Ritual to Romance*, 1920, 该书现在可能有点落伍）。标准的文学史，如《牛津英国文学史》（*Oxford History of English Literature*）的第1、2卷，黑尔的《中世纪世界》等通论性著作，都附有可参考的书目。柯歇斯的《欧洲文学》是必读书。该书把文学当做一种宇宙秩序的表达。

中世纪思想最有揭示性的侧面之一是其书写历史的方式。在这方面，布洛赫有一些真知灼见（《封建社会》，I, 72–75, 88–92）。加尔布雷思（V.

502

H. Galbraith) 的《中世纪英国的历史研究》(*Historical Research in Medieval England*, 1951) 有些枯燥但可信赖。12 世纪日耳曼西多会修道院院长弗莱辛的奥托 (Otto of Freising) 的著作有两个现代版本,其中包含许多珍贵资料,见米罗 (C. C. Mierow) 的校勘译本《双城》(*The Two Cities*, 1928) 和《红胡子腓特烈传》(*The Deeds of Frederick Barbarossa*, 1953)。勃兰特 (Walther I. Brandt) 翻译勘订了 14 世纪初历史学家迪布瓦 (Pierre Dubois) 的《圣地的收复》(*The Recovery of the Holy Land*, 1956)。这三本书也和其他重要的中世纪文献一起被精心翻译和编辑,收入哥伦比亚大学历史系主编的“文明记录”丛书。黑尔的《中世纪的世界》第 11 章相当包容而且点评细致。在大量的杂志论文中,我只想提及以下几篇文章:桑福德 (Eva Matthews Sanford) 在“中世纪的古代历史研究”(“The Study of Ancient History in the Middle Ages, *JHI*, V: 1, January, 1944, 21–43) 中表明,中世纪的历史学家确实对古代有所了解;里特尔 (Moriz Ritter) 的“基督教中世纪的历史编纂”(“Die christlich-mittelalterliche Geschichtsschreibung”, *Historische Zeitschrift*, CVII, 1911, 237–305) 做了精彩的概述;格伦德曼 (Herbert Grundmann) 的“中世纪历史观的基础”(“Die Grundzüge der mittelatlerlichen Geschichtsanschauungen, *Archiv für Kulturgeschichte*, XXIV, 1934, 326–336);施珀尔 (Johannes Spörl) 的“12 世纪世界历史图像的变化?”(“Wandel des Welt- und Geschichtsbildes im 12. Jahrhundert?” In *Geschichtsdenken und Geschichtsbild im Mittelater*, ed. Walther Lammers, 1961, 278–297);富尔曼 (H. Fuhrmann) 的“中世纪的作伪”(Die Fälschungen im Mittelalter, *Historische Zeitschrift*, CXCVII: 3, December 1963, 529–554, 580–601) 是一篇引人入胜的讨论中世纪真假观念的论文。

中世纪的艺术犹如一幅巨大的宗教挂毯,可能比中世纪史学更具有揭示性。埃米尔·马勒的《13 世纪法国的宗教艺术》(*Religious Art in France of the Thirteenth Century*, 3rd edn., 1928; tr. Dora Nussey, 1913) 是一项深入的分析,恰到好处地解释了大教堂的象征意义。潘诺夫斯基在一系列大作中对中世纪的心态做了阐明,读起来是一种享受。特别可参见他的《早期尼德兰绘画》(*Early Netherlandish Painting: Its Origins and Character*,
1953) 和《修道院长苏热论圣丹尼修道院教堂及其艺术宝藏》(*Abbot Suger
on the Abbey Church of St. Denis and its Art Treasures*, 1946)。在《哥特式建
筑与经院哲学》(*Gothic Architecture and Scholasticism*, edn., 1957) 中, 潘诺
夫斯基试图把中世纪的两方面活动都汇总成一个建筑学的整体。西姆松
(Otto von Simson) 在《哥特式教堂》(*The Gothic Cathedral*, 1956, xx–xxi)
中对潘诺夫斯基的观点做了令人信服的批评。西姆松的著作对我来说极
其重要。该书让我了解到中世纪的人们是如何把可见世界视为一个巨大
象征或一组象征的。我还从这本书中得知沙特尔教堂大火的戏剧性故事。[1]
库尔顿 (G. G. Coulton) 的《艺术与宗教改革》(*Art and the Reformation*,
1928) 或许没有前面那些著作那么深刻, 但提供了大量有用的资料 (尤其
是第 1—16 章)。在有关艺术和建筑的通史著作中, 我觉得弗兰克尔 (Paul
Frankl) 的《哥特式建筑》(*Gothic Architecture*, 1962) 和韦布 (Geoffrey F.
Webb) 的《英国中世纪的建筑》(*Architecture in Britain: The Middle Ages*,
1956) 最富有启发性。关于中世纪法国建筑师奥纳库尔 (Honnecourt) 的
速写画册, 可参见肯尼思 · 克拉克的《裸体: 理想形态研究》(*The Nude: A
Study in Ideal Form*, 1956, 11–12)。

  正如学者们一再表明的 (参见瓦尔堡研究所的杂志和丛书), 基督教
充满了许多宗教常见的主题: 贞节圣母, 儿子成为救世主, 水的法力, 十字
架之类的魔力象征物, 圣言的法力, 所有这些也出现在其他宗教里。在这
方面, 莱乌的《宗教的本质与表象》尤其能够提供丰富的提示。还可参见
伊利亚德 (Mircea Eliade) 的《比较宗教的模式》(*Patterns in Comparative
Religions*, 1949; tr. Rosemary Sheed, 1958), 伯尔的《星座观念和占星
术》(*Sternglaube und Sterndeutung*, 2nd edn., 1919) 以及乌泽纳 (Hermann
Usener) 的那些对比较宗教研究有持续影响的大作。乌泽纳的著作中, 特
别值得阅读《神之名: 探讨宗教概念形成之规则》(*Götternamen: Versuch*

---

1 见本书第 234—236 页。

einer Lehre von der religiösen Begriffsbildung, 2nd edn., 1929) 以及他的其他
著作全集（Kleine Schriften, 4 vols., 1912–1914）。卡西勒的《神话思维》
（这是必读书）对迄1920年代为止的研究状况做了权威的概述。另外，虽
504 然弗洛伊德的人类学现在被视为过时了，但他对宗教起源和意义的提示性
论述依然是开创性的。

    关于数字神秘主义（浸透了文学、建筑和宗教思考），可参见胡
珀（Vincent F. Hooper）的《中世纪的数字象征主义》（*Medieval Number
Symbolism*, 1938）。该书汇集了大量的资料。西姆松的《哥特式教堂》用
丰富的材料证明神圣数字对建筑的影响（尤其见第22—27、243—244页以
及恩斯特·利维编的数学附录"沙特尔教堂的南塔楼的比例"）。柯歇斯
的《欧洲文学》（501–514）论述了许多中世纪作家（包括但丁）的数字神
秘主义。这也是吉尔松的《哲学家但丁》（*Dante the Philosopher*）的一个
主题。还可参见艾肯的《历史与中世纪世界观体系》（630）、吉尔松的《理
性与启示》（29–30）以及丹齐格（Tobias Dantzig）的《数字：科学的语言》
（*Number: The Language of Science*, 4th edn., 1954）。

505 ## 第五章　异教徒基督教的时代

    在本章论及的这一欧洲历史时期（1300–1700），有一些在我看来在西
方历史上具有决定性意义的事件和情势：基督教千年盛世背后的深层裂
痕，重新发现和占有原汁原味古典异教思想和文化的激情；基督教作为巨
大的情感和政治力量的延续存在；基督教和异教精神二者之间的冲突——
文艺复兴时期的人文主义和17世纪古典主义都各具特色地体现了这种异
教精神。

    本章的基本历史脉络主要依据众所周知的早期近代史论著，即盖尔
（Pieter Geyl）、尼尔（J. E. Neale）等人的著作。我无须一一列举。不过，我
希望大家特别关注自布洛赫与吕西安·费弗尔开始、现在以《年鉴》为代

表的那种社会史研究。布罗代尔的名著《菲利普二世时代的地中海和地中海世界》已经成为一个研究的楷模。我还受益于芒德鲁（Robert Mandrou）的《近代法国导论》（*Introduction à la France moderne, 1500–1640: Essai de psychologie historique*, 1961）。该书对近代早期法国人的衣食住行、喜怒哀乐等生活状况做了出色的考察。该书值得效仿。政教关系、精神需求与权威规定都有待进一步探索。在此我只提及基尔（Emanuel Chill）的"17世纪法国的宗教与乞丐"（"Religion and Mendicity in Seventeenth-Century France", *International Review of Social History*, VII, 1962, 400–425）。

1. 正本清源

自从布克哈特在其杰作《意大利文艺复兴时期的文化》（*Die Kultur der Renaissance in Italien: Ein Versuch*, 1986）中"发明"了文艺复兴之后，引发了数不胜数的相关研究文献。幸运的是，沙博（Federico Chabod）提供了一篇精彩的学术综述——"文艺复兴的概念"（"The Concept of the Renaissance", *Machiavelli and the Renaissance*, tr. David Moore, 1958），收集并评估了迄1957年为止有关文艺复兴的著述。[1]我从中受益匪浅。另外，我们还可借助于弗格森（Wallace K. Ferguson）的名著《史学思想中的文艺复兴》（*The Renaissance in Historical Thought: Five Centuries of Interpretation*, 1948）。有关文艺复兴的史学核心问题是，是否真有一次文艺复兴？这个争论仍在继续。我本人完全赞同现在一些学者的做法，即接受布克哈特的主要观点，同时对他的其他观点加以完善和修正。我认为，的确有一次文艺复兴，而且是惟一的文艺复兴，而且发生在文艺复兴时期。对于这种观点最重要的确认大概出自艺术史家，尤其是潘诺夫斯基。在仔细考察了对立观点之后，潘诺夫斯基的权威著作《文艺复兴与西方艺术中的历次复兴》（*Renaissance and Renaissances in Western Art*, 1960）得出的

506

---

[1] 我在下面还会提到马基雅维利和16世纪北方的文艺复兴，见第487—492页。

结论是："某种决定性的事件……应该在1250—1550年间发生过"（40），然后用大量的细节证据加以证明。潘诺夫斯基早期的著作《图像学研究：文艺复兴时期艺术的人文主题》（*Studies in Iconology: Humanistic Themes in the Art of the Renaissance*, 1939）博学，有说服力，而且令人兴奋。该书把思想史提升到一个新高度。另外还可参见他的《丢勒》（*Albrecht Dürer*, 3ʳᵈ edn., 1948）以及《文艺复兴与西方艺术中的历次复兴》的参考书目中列出的众多文章（222）。《视觉艺术中的意义》（*Meaning in the Visual Arts*, 1955）也精选了其中一些文章。所有这些著述都精细地分辨了文艺复兴取自中世纪的资源和取自古代的资源，分辨了旧有的因素和表面上新奇的因素和实际上的新因素。马丁利（Garrett Mattingly）在"文艺复兴政治史的若干修正"（"Some Revisions of the Political History of the Renaissance", in *The Renaissance*, ed. Tinsley Helton, 1961, 3–25）一文中热忱地呼吁回归已验证的观点，即布克哈特的观点。马丁利的《文艺复兴时期的外交》（*Renaissance Diplomacy*, 1955）可能是他最好的著作，该书远不止是一部外交史，而是显示了现代世界诞生之初的状况。赫伊津哈的文章"文艺复兴的问题"（"The Problem of the Renaissance", 1920）和"文艺复兴与现实主义"（"Renaissance and Realism", 1929）收录在他的论文集《人与思想》（*Men and Ideas*, tr. James S. Holmes and Hans van Marle, 1959, 243–287, 288–309）中。这两篇文章敏锐精细且具有思想深度。《文艺复兴面面观》（*Facets of the Renaissance*, edn., 1963）收录了弗格森、马丁利、哈比森（E. Harris Harbison）、吉尔摩（Myron P. Gilmore）和克里斯特勒（Paul Oskar Kristeller）的发人深思的文章，形成了全面深入的考察。

在沙博的学术综述之后出版的著作中，最重要的是政治社会史方面的著作。布鲁克（Gene A. Brucker）的《佛罗伦萨的政治与社会，1343—1387年》（*Florentine Politics and Society, 1343–1387*, 1962）是论述文艺复兴之初佛罗伦萨状况的丛书中的第一本。该书仔细分析了佛罗伦萨社会中的潮流与反潮流，肯定能够补充甚至取代谢维尔（Ferdinand Schevill）的有用但有点过时的《佛罗伦萨史》（*History of Florence from the Founding of*

507

the City through the Renaissance, rev. edn., 1961)。吉尔伯特（Felix Gilbert）的《马基雅维利与圭恰迪尼》（*Machiavelli and Guicciardini: Politics and History in Sixteenth-Century Florence*, 1965）很值得注意。我是在写完本章以后读到这本书的，但它有助于确认我的观点：虽然文艺复兴时期的人文主义基本上还在基督教的范围内，但是也有激进的、非基督教的、完全除魅的一翼。

　　虽然吉尔伯特的《马基雅维利与圭恰迪尼》高度浓缩，但不能取代他之前的一系列关于文艺复兴时期佛罗伦萨的论文，尤其是"鲁切拉伊与奥里切拉里花园"（"Bernardo Ruccelai and the Orti Oricellari: A Study on the Origin of Modern Political Thought", *Warburg Journal*, XII, 1949, 101–131）和"萨沃纳罗拉和索代里尼时期佛罗伦萨的政治设想"（"Florentine Political Assumptions in the Period of Savonarola and Soderini", ibid., XX, 1957, 187–234）。这种对佛罗伦萨政治体制的分析，对于理解文艺复兴后期的思想至关重要，但谢维尔却忽略了这个方面。吉尔伯特的分析当然不是孤立的。他支持鲁宾斯坦（Nicolai Rubinstein）的同类重要文章，如"政治思想在佛罗伦萨的发端"（"The Beginnings of Political Thought in Florence: A Study in Medieval Historiography", *Warburg Journal*, V, 1942, 198–227）和"14世纪末佛罗伦萨的政治与体制"（"Politics and Constitution in Florence at the End of the Fifteenth Century, in *Italian Renaissance Studies*, ed. E. F. Jacob, 1960, 148–183）。坎蒂莫里（Delio Cantimori）的"意大利人文主义的修辞与政治"（"Rhetoric and Politics in Italian Humanism", *Warburg Journal*, I, 1937–1938, 83–102）是这个领域里具有开拓性、最早指明在鲁切拉伊家族的花园（奥里切拉里花园）里政治对话的意义的文章之一。《意大利文艺复兴研究》（*Italian Renaissance Studies*）是一部纪念阿迪（Cecilia M. Ady）的文集，其中有一篇论述文艺复兴政治的出色文章：马克斯（L. F. Marks）的"洛伦佐时期佛罗伦萨的金融寡头统治"（"The Financial Oligarchy in Florence under Lorenzo"）。阿迪女士本人的著作《洛伦佐·德·美第奇与意大利文艺复兴》（*Lorenzo dei Medici and Renaissance*

508

Italy, 1955）简明通俗，但是鲜明地揭示了文艺复兴时期一个家族将残忍无情和神秘主义集于一身的特点。

当然，这些著作也以各种方式关注文艺复兴时期那个重要而模糊的知识分子阶层，即人文主义者。近年来有些研究他们的一流作品，纠正了托法宁（G. Toffanin）在《人文主义史》（*History of Humanism*, 3rd edn., 1943; tr Elio Gianturco）中有影响的夸张观点，即人文主义是反宗教改革的先辈，是天主教学术成就的表现。吉尔摩（Gilmore）的通论《人文主义的世界》（*The World of Humanism, 1453–1517*, 1952）是一部睿智的成功作品。加林（Eugenio Garin）的《意大利人文主义》（*Der italienische Humanismus*, tr. Giuseppe Zamboni, 1947）是一部极其有创意的著作，全面论述了从萨卢塔蒂和布鲁尼到布鲁诺和康帕内拉的完整的人文主义历史。我觉得，书中对积极的生活与沉思的生活二者关系的点评尤其发人深思。书末还附有一个精选的参考书目。克里斯特勒把人文主义者作为自己毕业的研究课题。他的篇幅不长的《古典与文艺复兴时期的思想》（*The Classics and Renaissance Thought*, 1955）以及收录在《文艺复兴时期思想与文字研究》（*Studies in Renaissance Thought and Letters*, 1956）中的那些信息量很大的论文让我受益良多。他努力把人文主义从资讯不多但热情很高的研究者手中抢救出来。也许他的界定过于狭窄，但他的成果具有重要的纠偏作用，汇集了大量的新证据，激发了更深入的研究。马丁内斯（Lauro Martines）的《佛罗伦萨人文主义者的社会世界》（*The Social World of the Florentine Humanists*, 1963）有力地纠正了所谓人文主义者"贫困"或"疏离"的错误观念。该书稍嫌粗糙，但使用的文献资料比较完整，揭示了许多东西。格雷（Hanna H. Gray）的"文艺复兴时期的人文主义：追求雄辩"（"Renaissance Humanism: The Pursuit of Eloquence", *JHI*, XXIV: 4, October-December, 1963, 497–514）恢复了修辞学在人文主义思想中应有的重要地位。尽管萨顿和桑代克（Lynn Thorndyke）等科学史学者曾努力"证明"人文主义者不喜欢科学，因此根本没有什么文艺复兴，但是萨顿在最后写的文章中却基本收回了这个观点，对人文主义思想采取了一种更大度的欣赏态度:"追寻真理: 文艺复兴时期的科学进步"("The Quest for Thuth: Scientific Progress during the Renaissance", *The Renaissance: Six Essays* by Wallace K. Ferguson and others, 1953, 55–76)。

克里斯特勒属于最早严肃看待文艺复兴时期哲学的少数学者之一,可参见他的《菲奇诺的哲学》(*The Philosophy of Marsilio Ficino*, 1943)。克里斯特勒无疑受到卡西勒的启发。后者的《文艺复兴哲学中的个人与宇宙》(*The Individual and the Cosmos in Renaissance Philosophy*, 1927; tr. Mario Domandi, 1963)对文艺复兴时期思想内在的张力、除魅潮流中延存的神秘主义做了精细深刻的考察。该书可能过于关注库萨的尼古拉,对洛伦佐·德·美第奇统治时期佛罗伦萨人文主义者为何退出政治舞台的解释也过于忽视政治因素(阅读时需要参考马丁内斯的《佛罗伦萨人文主义者的社会世界》的相关章节),尽管有这些缺点,该书充满了睿智的见识,对细节也很精心,令人赞叹。卡西勒晚年又重新关注文艺复兴,尤其可参见他的文章"皮科·德拉·米兰多拉: 关于文艺复兴思想史的一项研究"("Giovanni Pico della Mirandola: A Study in the History of Renaissance Ideas", *JHI*, III: 2, 3, April, July, 1942, 123–144, 319–346)。卡西勒、克里斯特勒和小兰德尔还主编了一个读本,《文艺复兴时期的人学》(*The Renaissance Philosophy of Man*, 1948)。该书包含出自众手的译文和导 510 语,至少让读者更容易接触彼特拉克、瓦拉、菲奇诺和比韦斯的一部分哲学著述。这个严肃的读本很有参考价值。罗布(N. A. Robb)的《意大利文艺复兴时期的新柏拉图主义》(*Neoplatonism of the Italian Renaissance*, 1935)主要关注菲奇诺,但也涉及其他思想家,讲述了一些有关柏拉图主义者的动人(也是真实的)故事。温德(Edgar Wind)的《文艺复兴时期的异教秘技》(*Pagan Mysteries in the Renaissance*, 1958)积淀了数十年学术研究的成果,给"新柏拉图主义"这个含混的术语赋予了一个明确的意义。克里斯特勒的论文集《文艺复兴时期思想与文字研究》,尤其是他的两篇文章"意大利文艺复兴时期的人文主义与经院哲学"("Humanism and Scholasticism in the Italian Renaissance")和"意大利文艺复兴时期的人

480

学"（"The Philosophy of Man in the Italian Renaissance"）（收入他的另一论文集 *Renaissance Thought: The Classic, Scholastic, and Humanist Strains*, 1961, 92–119, 120–139）提出了一个常常被人忽略的观点：文艺复兴时期所谓的"柏拉图主义"或"亚里士多德主义"是一些折中的混合思想，这类标签掩盖了它们对经院哲学的依赖。克里斯特勒最近的重要论文集是《文艺复兴时期思想续》（*Renaissance Thought II: Papers on Humanism and the Arts*, 1965）。另外还可参见他的简明扼要的演讲集《意大利文艺复兴时期的八个哲学家》（*Eight Philosophers of the Italian Renaissance*, 1964）。他的重要论文"文艺复兴时期无神论的神话与法国自由思想的传统"（"El mito del ateísmo renacentista y la tradición francesa del libre-pensamiento, *Notas y Estudios de Filosofia*, IV: 13, January-March, 1953, 1–14）批驳了法国学界把文艺复兴时期的哲学家归入无神论者行列的流行说法。瓦尔泽（Ernst Walser）是最早强调文艺复兴人文主义具有宗教性质的学者之一（但他也不否认文艺复兴也有一些新的特征）。他的文章具有较大的影响。这些文章收录在《文艺复兴精神史研究文集》中（*Gesammelte Studien zur Geistesgeschichte der Renaissance*, 1932）。我觉得这些文章提供了丰富的信息。

这种学术辨析的成果修正了布克哈特所谓中世纪和文艺复兴时期的思维方式发生断裂的观点，甚至否定了布克哈特所谓文艺复兴从根本

511 上有别于中世纪这一核心观点。前面提到的许多学者都进行了对中世纪与文艺复兴的联系以及文艺复兴的"根源"的探讨。瓦尔泽和加林最为突出。还可参见厄尔曼的"文艺复兴的名称与基本概念"（"Renaissance: The Word and the Underlying Concept", *Studies in Philology*, XLIX, 1952, 105–118）以及布尔达赫（Konrad Burdach）主编的著名系列文献和他本人的论著，尤其是《从中世纪到宗教改革》（*Vom Mittelalter zur Reformation*, 1893）和更重要的《宗教改革、文艺复兴、人文主义》（*Reformation, Renaissance, Humanismus*, 2nd edn., 1926），后者是对历史学家随便使用的这些大词的研究。托德（Henry Thode）在《阿西西的圣方济各与意大

利文艺复兴的开始》(*Franz von Assisi und die Anfänge der Renaissance in Italien*, 1885) 等著作中主张,文艺复兴的理想起源于13世纪圣方济各改革运动。上述这些著作都是重要的纠偏作品,但在我看来它们的落脚点都错位了。

文艺复兴时期的历史观是通向其人生观的门径。在近年普遍高水平的文艺复兴研究中,巴伦的《意大利文艺复兴早期的危机》(*The Crisis of the Early Italian Renaissance: Civic Humanism and Republican Liberty in an Age of Classicism and Tyranny*, 2 vols., 1955) 显得更为突出。该书对萨卢塔蒂、布鲁尼等人的历史和政治观念做了考察。在后面,我还会提到这本书。该书的贡献之一是告诫人们不要对自由主义对文艺复兴的简化做出过度的反应。文艺复兴里确实有一种异教脉络,而且还很重要。阿尔贝蒂尼(Rudolf von Albertini)的《从共和国向大公国转变过程中佛罗伦萨人的国家意识》(*Das florentinische Staatsbewusstsein im Uebergang von der Republik zum Prinzipat*, 1955) 研究了马基雅维利时代佛罗伦萨人的政治意识,其中关于历史学家的章节很有启发性。吉尔摩的论文集《人文主义者与法律专家》(*Humanists and Jurists*, 1963) 收录了论述文艺复兴时期历史学家的两篇文章"文艺复兴时期有关历史教训的观念"("The Renaissance Conception of the Lessons of History")和"文艺复兴历史学家笔下的个人主义"("Individualism in Renaissance Historians")。关于布鲁尼,除了上面提到的巴伦的著作,还可参见厄尔曼的"布鲁尼与人文主义史学"("Leonardo Bruni and Humanistic Historiography", *Studies in the Italian Renaissance*, 1958, 321–344)。还可参见巴伦的精彩论文"15世纪人文主义历史思考的觉醒"("Das Erwachen des historischen Denkens im Humanismus des Quattrocento", *Historische Zeitschrift*, CXLVII, 1933, 5–20)。人文主义历史学家努力强调自己的时代与中世纪之间的距离。魏辛格考察了这种努力,见他的两篇文章"文艺复兴把反对中世纪作为自己目标的理论"("The Renaissance Theory of the Reaction against the Middle Ages as a Cause of the Renaissance", *Speculum*, XX, 1945, 451–467)和

512

"文艺复兴的自觉意识是文艺复兴的一个标准"("The Self-Awareness of the Renaissance as a Criterion of the Renaissance", *Papers of the Michigan Academy of Sciences, Arts and Letters*, XXIX, 1943, 561–567)。另外还可参见弗格森的《史学思想中的文艺复兴》第一章以及他的文章"人文主义的文艺复兴观"("Humanist Views of the Renaissance", *American Historical Review*, XLV: 1, October, 1939, 1–28)。莱登分析了人文主义者如何使用"古代"这个术语,见他的文章"古代与权威:文艺复兴历史理论的一个悖论("Antiquity and Authority: A Paradox in Renaissance Theory of History", *JHI*, XIX: 4, October, 1958, 473–492)。

　　如果要说史学是理解文艺复兴的一个线索,那么艺术更是必不可少的路径。正是在这一点上,我一直倚重的瓦尔堡研究所的著作做出了最大的贡献。除了前面提到的潘诺夫斯基的著作外,还可参见阿比·瓦尔堡文集中的一些文章,尤其是"桑德罗·波提切利的'维纳斯的诞生'和'春'"("Sandro Botticellis 'Geburt der Venus' und 'Frühling'", 1893),"桑德罗·波提切利"("Sandro Botticelli", 1898),"萨塞蒂的遗嘱执行"("Francesco Sassettis letztwillige Verfügung", 1907),"文艺复兴早期绘画中理想的古代"("Der Eintritt des antikisierenden Idealstils in der Malerei der Frührenaissance", 1914),"15世纪佛罗伦萨的文化史研究"("Kulturgeschichtliche Beiträge zum Quattrocento in Florenz", 1929),"丢勒与意大利的古代"("Dürer und die Italienische Antike", 1905)和"路德时期文字与图像中的异教古代占卜"("Heidnisch-antike Weissagung in Wort und Bild zu Luthers Zeiten", 1920)。在这些文章里,瓦尔堡提出了那个很有影响的所谓文艺复兴思想的"均衡公式"。萨克斯尔做的工作就是对瓦尔堡这些观点的一个阐明。可参见萨克斯尔在英国的《演讲录》附的书目(*Lectures*, 2 vols., 1957, I, 359–362)。这个《演讲录》显示了这位成熟的瓦尔堡学者的最好状态;我认为不可能也不必特别挑出哪篇演讲,而应向读者推荐整个演讲录。我从桑兹的《哈佛文艺复兴演讲录》(*Harvard Lectures on the Revival of Learning*, 1905, 47)获得关于安德烈亚·曼特尼亚的访古逸

事。《意大利文艺复兴研究》(*Italian Renaissance Studies*) 有一些论述
文艺复兴艺术到社会学和图像学的研究文章,尤其是贡布里奇的"作为
艺术赞助人的早期美第奇家族"("The Early Medici as Patrons of Art",
279–311),温德的"西斯廷天花板上的马加比家族历史"("Maccabean
Histories in the Sistine Ceiling, 312–327),鲍勒(Maurice Bowra)的"跳
舞和狂欢节的歌曲"("Songs of Dance and Carnival", 328–353),斯帕
罗(John Sparrow)的"文艺复兴盛期的拉丁诗"("Latin Verse of the High
Renaissance", 354–409)和格雷森(Cecil Grayson)的"洛伦佐、马基雅
维利和意大利语"("Lorenzo, Machiavelli and the Italian Language",
410–432)。我觉得,所有这些文章,尤其是前两篇和最后一篇很有趣,
也很有启发性。顺便说,文艺复兴的社会学研究还有待进一步开拓。泰
嫩蒂(Alberto Tenenti)在《15 世纪艺术中的生与死》(*La vie et la mort à
travers l'art du XV Siècle*, 1952)试图追溯文艺复兴时代人们在艺术中
体现的生死观,《文艺复兴时期的死亡意识和生命热情》(*Il Senso della
morte e l'amore della vita nel Rinascimento*, 1957)则做了更全面的考察。
这两本书都是经典的开拓之作。马丁(Alfred von Martin)的《文艺复兴
社会学》(*Sociology of the Renaissance*, 1932; tr. W. L. Luetkens, 1944)很有
意思,属于韦伯传统。

关于对文艺复兴艺术的一般性导论,可参见古尔德(Cecil Gould)
很睿智的概述《意大利文艺复兴绘画导论》(*An Introduction to Italian
Renaissance Painting*, 1957)。施洛瑟(J. von Schlosser)是研究艺术史家
的艺术史家。尤其可以参见他编的《洛伦佐·吉贝尔蒂年谱》(*Lorenzo
Ghibertis Denkwürdigkeiten*, 1912)和他的著作《艺术文学:新艺术史
研究资料手册》(*Die Kunstliteratur: Ein Handbuch zur Quellenkunde der
neueren Kunstgeschichte*, 1924)。韦尔夫林(Heinrich Wölfflin)的《经典艺
术:意大利文艺复兴的大师》(*Classic Art: The Great Masters of the Italian
Renaissance*, 6th edn., 1914; tr. Peter and Linda Murray, 1952)是一部重要作
品,至今有参考价值。潘诺夫斯基的《理念:旧艺术理论对观念史的一个

贡献》[1]有一些精彩的提示。维特科尔夫妇（Rudolf and Margot Wittkower）的《土星星座的人：艺术家的性格与行为》（*Born Under Saturn: The Character and Conduct of Artists—A Documented History from Antiquity to the French Revolution*, 1963）包含文艺复兴的丰富内容，但由于敌视精神分析，因此不如他们的其他著作那么深入。不过，鲁道夫·维特科尔的文章"艺术与艺术家中的个人主义"（"Individualism in Art and Artists: A Renaissance Problem"，*JHI*, XXII: 3, July-September，1961, 291–302）非常到位。迈斯（Millard Meiss）的《黑死病之后佛罗伦萨和锡耶纳的绘画》（*Painting in Florence and Siena after the Black Death: The Arts, Religion and Society in the Mid-Fourteenth Century*, 1951）是一本题目有限的专著，但是把艺术史和心理社会史完美地融为了一体，是这一类著作的样板。关于文

514 艺复兴时期的建筑，我非常受益于鲁道夫·维特科尔的《人文主义时代的建筑原则》（最初作为《瓦尔堡研究》第19期出版；第3版，1962年）。该书把艺术史和宗教史融入了全面的文化概念里。该书附有关于比例研究史的宝贵附录——潘诺夫斯基也对这个题目有所关注，见他的《惠更斯法则与达·芬奇的美术理论》（*The Codex Huygens and Leonardo da Vinci's Art Theory*, Warburg Study No.13, 1940）、"人体比例学说史"（"The History of the Theory of Human Proportions as a Reflection of the History of Styles"，1921; Eng. tr. in *Meaning in the Visual Arts*, 55–107）以及"透视作为象征方式"（"Die Perspective als symbolische Form"，*Warburg Vorträge*, 1924–1925, 1927, 258–330）。后者的标题表明文章受到卡西勒的启发。这些建筑史学家努力批驳罗斯金和斯科特的观点。罗斯金断言，文艺复兴建筑完全是异教风格。斯科特（Geoffrey Scott）在《人文主义的建筑》（*The Architecture of Humanism: A Study in the History of Taste*, 2nd edn., 1924）中提出，文艺复兴建筑完全是淫荡的。布伦特（Anthony Blunt）写了一部篇幅不大但气势很大的杰出著作《意大利的艺术理论》（*Artistic Theory in Italy*, 1450–1600,

---

1 参见第392页脚注。

1940)。该书的论述范围始于阿尔贝蒂,终于矫饰主义和反宗教改革中的艺术审查。关于阿尔贝蒂,还可参见维特科尔的精彩文章"阿尔贝蒂对建筑古风的探讨"(Alberti's Approach to Antiquity in Architecture, *Warburg Journal*, IV, 1940–1941, 1–18)。

启蒙运动认为人文主义者对古代的重新发现至关重要。这一点在前面提到的大多数著作中都有所讨论。在布克哈特大作发表的前一年,即1859年,福格特(G. Voigt)就发表了《古典古代的复兴》(*Die Wiederbelebung des classischen Altertums*, 2nd edn., 1880),也给了文艺复兴一个显赫的地位。此后相关的论著大量涌现。可以参见博尔加尔、塞兹内克等人的著作以及布什(Douglas Bush)的专著《文艺复兴文学中的古典影响》(*Classical Influences in Renaissance Literature*, 1952)。关于彼特拉克,可参见蒙森的高水平文章"彼特拉克的'黑暗时代'概念"[1]和为彼特拉克的《歌集》(*Sonnets and Songs*, 1946)写的导言以及他翻译的《彼特拉克的遗嘱》(*Petrarch's Testament*, 1957)。诺亚克(P. de Nolhac)的《彼特拉克与人文主义》(*Pétrarque et l'humanisme*, 2nd edn., 1907)论述十分全面,对彼特拉克如何利用西塞罗等古人的作品尤其做了细致的追溯。该书至今具有参考价值。埃佩尔斯海默(H.W. Eppelsheimer)的《彼特拉克》(*Petrarca*, 1926)也是一部有意思的论著。威尔金斯(Ernest Hatch Wilkins)的《彼特拉克传》(*Life of Petrarch*, 1961)是用英语写的标准传记,严谨可靠,但四平八稳。关于波吉奥,可参见瓦尔泽的《佛罗伦萨的波吉奥:生平与著作》(*Poggius Florentinus, Leben und Werke*, 1914)。这本书很好,但我认为关于这位伟大的学术侦探,还可以再写一部现代传记。

515

2. 古今之争:古人派

文艺复兴在多大程度上具有现代性,这是确定文艺复兴与启蒙运动

---

1 参见第441页。

的关系的主要问题，也是文艺复兴本身的主要问题。这个问题因文艺复兴与宗教改革的关系而变得复杂，也因此能够得到阐明，因为这在很大程度上涉及宗教改革有多少现代性的问题。特洛尔奇虽然承认加尔文具有现代倾向，但否认路德有现代性（虽然我认为他的表述有时过分，但仍接受他的这一观点）。这种观点与流行的历史分期模式明显冲突。为了反驳这一观点，霍尔发表《宗教改革的文化意义》（*The Cultural Significance of the Reformation*, 1911; tr. Karl and Barbara Hertz and John H. Lichtblau, 1959）。该书虽然纠正了特洛尔奇的一些观点，但是至少在我看来并未触动特洛尔奇的核心论点。文艺复兴和宗教改革虽然有着微妙的联系，但在许多根本要素上是对立的。用本书的说法，后者力求恢复和净化神话，前者则追求改造或抛弃神话。

516 在许多关于宗教改革的通论中，查德威克（Owen Chadwick）的《宗教改革》（*The Reformation*, 1964）因其见解睿智独到而显得出类拔萃。还可参见哈比森（E. Harris Harbison）的论文集《宗教改革时代的基督教学者》（*The Christian Scholars in the Age of the Reformation*, 1956）中的那些精彩文章。要想探讨这些对于理解启蒙运动与基督教历史的关系非常重要的问题，一个可行的办法就是研究改革者。迪伦贝格尔（John Dillenberger）编译的《路德选集》（*Martin Luther: Selections from his Writings*, 1961）对不懂德文的读者大有裨益。该书的导论还对有关路德的研究文献做了综述。迪伦贝格尔不喜欢埃里克松的精神分析作品《青年路德》（*Young Man Luther*, 1958）。我则认为，作为一个著名的探索，该书的价值远远不止迪伦贝格尔说的"意图良好"而已。在各种传记作品中，最为突出的是伯默（Heinrich Boehmer）的《马丁·路德：通向改革之路》（*Martin Luther: Road to Reformation*, 1929; tr. John W. Doberstein and Theodore G. Tappert, 1946）。不过，该书论述的下限是1522年。班顿（Roland H. Bainton）写的著名传记《我站在这里》（*Here I Stand: A Life of Martin Luther*, 1950）通俗流行，也很可靠。附的参考书目很丰富，有参考价值。还可参见曼施雷克（Clyde L. Manschreck）的《梅兰希通：沉静的改革者》（*Melanchthon: The*

Quiet Reformer, 1958)。关于这一时期的德意志通史，可参见霍尔本（Hajo Holborn）的《近代德意志史：宗教改革》（*A History of Modern Germany: The Reformation*, 1959），尤其是第一、二部分。

最近最好的加尔文研究或许当属文德尔（François Wendel）的《加尔文宗教思想的起源与发展》（*Calvin: Origins and Development of His Religious Thought*, 1950; tr. Philip Mairet, 1963）。该书对加尔文的生平做了简介，然后探讨了他的神学。该书的参考书目非常全面。博豪泰茨（J. Bohatec）的《比代和加尔文：法国早期人文主义思想界研究》（*Budé und Calvin: Studien zur Gedankenwelt des französischen Frühhumanismus*, 1950）是把宗教改革的世界与人文主义的世界联系起来的一个有意义的尝试。另一个著名尝试是勒诺代（A. Renaudet）的《1494—1517年意大利战争期间巴黎的前宗教改革与人文主义》（*Préréforme et humanisme à Paris pendant les premières guerres d'Italie, 1494–1517*, 2nd edn., 1953）。坎普舒尔特（F. W. Kampschulte）的《约翰·加尔文：日内瓦的教会与国家》（*Johann Calvin, seine Kirche und srin Staat in Genf*, 2 vols., 1869–1899）是我的老师弗兰茨·纽曼最早要我关注的，该书虽老，但至今依然引人入胜。舍纳维埃（Marc-Edouard Chenevière）的《加尔文的政治思想》（*La Pensée politique de Calvin*, 1938）对加尔文思想的一个重要方面及其影响做了分析。麦克尼尔（John T. McNeill）的《加尔文主义的历史与性质》（*The History and Character of Calvinism*, 1954）追溯了加尔文主义在几个世纪的影响，是一个有参考价值的概论。金登（R. M. Kingdon）的《日内瓦与法国宗教战争的发生》（*Geneva and the Coming of the Wars of Religion in France*, 1956）是一部很好的专著。

英国的宗教改革迄今依然引起争议。狄更斯（A. G. Dickens）的《英国的宗教改革》（*The English Reformation*, 1964）是最近的一部集大成之作，很有权威性，文字也很漂亮。该书的注释使读者便于了解更细致的研究成果。关于清教徒的兴起（尽管启蒙哲人不愿承认，但他们确实从这些"狂热分子"那里受益匪浅），特别可参见哈勒（William Haller）的《清教

517

的兴起》(*The Rise of Puritanism*, 1938)。该书对清教徒沉溺其中的那些布道书做了全面深入的考察。还可参见纳彭(M. M. Knappen)的内容丰富的《都铎时期的清教》(*Tudor Puritanism*, 1939)。辛普森(Alan Simpson)的《英国与新英格兰的清教》(*Puritanism in Old and New England*, 1955)篇幅不大,但内容全面,论断有力。有关美洲清教徒的文献非常多,米勒(Perry Miller)的著作当属翘楚。自他去世后,他的研究一直受到好评,现在仍需要有人予以全面的评估。米勒的三部曲《麻萨诸塞的正统:1630—1650》(*Orthodoxy in Massachusetts: 1630–1650*, 1933)、《新英格兰的心灵——17世纪》(*The New England Mind: The Seventeenth Century*, 1939)和真正的杰作《新英格兰的心灵:从殖民地到省区》(*The New England Mind: From Colony to Province*, 1953)追溯了清教徒对经院哲学、文艺复兴、17世纪英国文学的借重,显示了英国思维在美洲环境里的表现。如果需要对这种研究成果提出批评的话,那就是米勒把清教徒当成思想家了。我很怀疑他们是否真的像米勒所说的那么受惠于文艺复兴。莫里森(Samuel Eliot Morison)在《清教徒的教堂入口》(*Puritan Pronaos*, 1936)以及哈佛校史中英勇地拯救清教徒的声誉,但也犯了同样的错误:尽管他显示清教徒不是像门肯(Mencken)歪曲描述的那样思想狭隘、性情阴沉、敌视玩乐和理性,但是清教徒的知识成就依然是极其有限的。

另一个理解文艺复兴—宗教改革时期与启蒙运动关系的途径,就是经由启蒙哲人赏识的文艺复兴时期的异教徒,尤其是马基雅维利。除了《君主论》《李维史论》和《佛罗伦萨史》外,马基雅维利还写了一些精彩的书信、触及时弊的戏剧和一篇重要的"关于语言的对话"。这些都被黑尔收录在由他编选翻译的《马基雅维利的文学著作》(*The Literary Works of Machiavelli*, 1961)中。里多尔菲(Roberto Ridolfi)的《马基雅维利传》(*The Life of Niccolò Machiavelli*, 1954; tr., Cecil Grayson, 1963)是近年最好的传记,生平事迹的记述翔实可靠,缺点是对思想领域有些无知,有些专断,而且轻视其他学者的研究。马基雅维利的历史意义争议了几个世纪。近年,这个争议缩小到关于《君主论》和《李维史论》各自成书时间的确定。这不仅仅是一个书目顺序的问题；如果《君主论》成书在先，那么马基雅维利就有一个巴伦所说的向《李维史论》中的"公民人文主义"的发展过程。巴伦的观点见之于以下两篇文章："'君主论'与'李维史论'成书时间之谜"（"The 'Principe' and the Puzzle of the Date of the 'Discorsi'", *Bibliothèque d'Humanisme et Renaissance*, XVIII, 1956, 405–428）和"马基雅维利：共和国公民和'君主论'作者"（"Machiavelli: The Republican Citizen and the Author of the 'Prince'", *English Historical Review*, LXXVI, April,1961, 217–253）。赫克斯特（J. H. Hexter）则试图确定《李维史论》第1卷的时间，理由是该书主要参考波利比乌斯，马基雅维利不懂希腊文，而波利比乌斯的著作是在1515年才有译本，第一卷应该是在那时或以后才写成的，见他的文章"塞塞勒，马基雅维利和波利比乌斯：译作消失之谜"（"Seyssel, Machiavelli and Polybius VI: The Mystery of the Missing Translation", *Studies in the Renaissance*, III, 1956, 75–96）。这篇文章不能完全让人信服。吉尔贝特（Felix Gilbert）力求探寻写作的过程和一篇遗失的文稿，见他的重要考证文章"人文主义者的君主观和马基雅维利的'君主论'"（"The Humanist Concept of the Prince and the 'Prince' of Machiavelli", *Journal of Modern History*, XI: 4, December, 1939, 449–483）和"马基雅维利的'李维史论'的写作与结构"（"The Composition and Structure of Machiavelli's Discorsi", *JHI*, XIV: 2, April, 1953, 136–156）。整个争论起缘于《君主论》第2章的一句话。他写到，他不想讨论共和国，"因为我此前已在一个场合详细讨论过它们"。沙博（Chabod）在几篇文章里认为这句话确有所指，即在写《君主论》时，《李维史论》至少有一部分已经写成。沙博的解释还试图理解马基雅维利的为人与思想。他的两篇文章"《君主论》导言"（"An Introduction to 'The Prince'"）和"马基雅维利的方法和风格"（"Machiavelli's Method and Style"）都是佳作，均收录在《马基雅维利与文艺复兴》（*Machiavelli and the Renaissance*）中。前面提到的吉尔贝特的《马基雅维利与圭恰迪尼》有一个很好的书目综述，论及现在的研究状况（316–330）。J. H.怀特菲尔德的《马基雅维利》（*Machiavelli*, 1947）是

519

一部精彩的通论,其中对马基雅维利的语言方式有特别洞察。卡西勒力图把马基雅维利从其敌对者和盲目崇拜者那里抢救出来,把他定位为研究政治权力的世俗理论家、颠覆神话的理性科学家(《国家的神话》,1946年,第116—162页)。卡西勒的辩护在细节方面或许并非都很成功,但是我赞同他的基本观点。奥尔什基(Leonardo Olschki)的《作为科学家的马基雅维利》(*Machiavelli the Scientist*, 1945)是一部挑战之作,把马基雅维利视为一场务实运动的一部分。基亚佩利(F. Chiappelli)的《马基雅维利的语言研究》(*Studi sul linguaggio del Machiavelli*, 1952)篇幅不大,但不乏参考价值。关于马基雅维利去世后的影响,可参见拉布(Felix Raab)的近作《马基雅维利的英语面孔》(*The English Face of Machiavelli: A Changing Interpretation*, 1500–1700, 1964)。迈内克(又译梅尼克)的名著《马基雅维利主义——国家理由观念及其在现代史上的地位》(*Die Idee der Staatsräson in der neueren Geschichte*, 1924)第一章对马基雅维利做了敏锐的论述,然后追溯了几个世纪,包括18世纪的"马基雅维利主义"(这个概念的所指与马基雅维利本人的思想不是一回事),其中一章对普鲁士的腓特烈二世做了详尽的论述。莱维–马尔瓦诺(E. Levi-Malvano)的《孟德斯鸠与马基雅维利》(*Montesquieu e Machiavelli*, 1912)只是在这方面的研究开了个头。还有两本书也值得参考:沙博内尔(J. R. Charbonnel)的《意大利思想在法国以及自由潮流》(*La Pensée italienne en France et le courant libertin*, 1919)和谢雷尔(Albert Cherel)的《马基雅维利的思想在法国》(*La Pensée de Machiavel en France*, 1935)。但还有许多工作值得去做。巴特勒(K. T. Butler)的论文"路易·马雄的'为马基雅维利辩护'"("Louis Machon's 'Apologie pour Machiavelle', 1643 and 1668", *Warburg Journal*, III, 1939–1940, 208–227)是这种新研究的开端。

对于启蒙运动来说,北方文艺复兴最重要的人物是伊拉斯谟。史密斯的《伊拉斯谟研究》(*Erasmus: A Study of His Life, Ideals and Place in History*, 1923)内容全面而且可靠。赫伊津哈的《鹿特丹的伊拉斯谟》(*Erasmus of Rotterdam*, 1924; tr. F. Hopman, 1952)是令人称道的著作，书中对伊拉斯谟在人文主义与基督教之间的妥协的论述尤其值得关注。还可参见赫伊津哈的论文"纪念伊拉斯谟"（In Commemoration of Erasmus, 1936, in *Men and Ideas*, 310–326）以及吉尔摩（Myron P. Gilmore）的两篇文章："忠实与博学：伊拉斯谟与历史研究"（"Fides et Eruditio: Erasmus and the Study of History"）和"伊拉斯谟与基督教人文主义的事业"（"Erasmus and the Cause of Christian Humanism"）（两篇文章见于 *Humanists and Jurists*, 87–114, 115–145）。汤姆森的"伊拉斯谟在英国"（"Erasmus in England", *Warburg Vorträge*, 1930–1931, 1932, 64–68）对其思想的传播做了很好的阐释。关于文艺复兴在英国的起源，可参见魏斯（Roberto Weiss）的《15世纪英国的人文主义》（*Humanism in England during the Fifteenth Century*, 2nd edn., 1957）。卡斯帕里（Fritz Caspari）的《人文主义与英国的社会秩序》（*Humanism and the Social Order in England*, 1954）把社会史与思想史结合起来。关于伊拉斯谟的朋友莫尔，钱伯斯（R. W. Chambers）写的优秀传记作品《托马斯·莫尔》（*Thomas More*, 1938）特别值得推荐。还可以参考赫克斯特（J. H. Hexter）的《莫尔的乌托邦》（*More's Utopia: The Biography of an Idea*, 1952）。该书别具匠心地阐释"乌托邦"的意义，相当成功。勒诺代（A. Renaudet）的《伊拉斯谟通信中的宗教思想》（*Érasme: Sa Pensée religieuse d'après sa correspondence, 1518–1521*, 1926）和《伊拉斯谟研究》（*Études Érasmiennes, 1521–1529*, 1939）非常有助于理解这位北方文艺复兴的巨匠。关于伊拉斯谟在启蒙运动中的影响，有一篇不错的文章，即克吉（Werner Kaegi）的"伊拉斯谟在18世纪"（"Erasmus im achtzehnten Jahrhundert", *Gedenkschrift zum 400, Todestage des Erasmus von Rotterdam*, 1936, 205–227）。关于其他的北方文艺复兴人物，可参见施皮茨（Lewis Spitz）的别开生面的论文集《德意志人文主义者的宗教复兴》（*The Religious Renaissance of the German Humanists*, 1963）。关于拉伯雷有很多的论著，但最能激发思考的莫过于吕西安·费弗尔（Lucien Febvre）的《16世纪的无信仰问题》（*Le Problème de l'incroyance au XVIe siècle, la religion de Rablais*, 1947）。这

520

是一部非常有特色的著作,体现了费弗尔出众的思想活力和表达冲动,对于那位离经叛道的基督徒做了精彩的提示性的准确分析。我还十分受益于鲍斯马(William J. Bouwsma)的《和谐世界:纪尧姆·波斯特尔的生平与思想》(*Concordia Mundi: The Career and Thought of Guillaume Postel, 1510–1581*, 1957)。波斯特尔既是人文主义者,又脾气暴戾,既是神秘主义者,又是历史研究者,是一个古怪人物,是典型的16世纪人物。

  我对蒙田的态度与启蒙哲人相似:最应该做的是直接读他的著作。不过,我也从一些导读中获益不浅:弗雷姆(Donald M. Frame)的专著《蒙田对人的发现》(*Montaigne's Discovery of Man: The Humanization of a Humanist*, 1955)主要依据的是蒙田研究中的两大里程碑著作:斯特罗夫斯基(Fortunat Strowski)的《蒙田》(*Montaigne*, 1906)和维莱(Pierre Villey)的《蒙田随笔的来源与演变》(*Les Sources et l'evolution des 'Essais'*
de Montaigne, 1906),这两本书展示了蒙田思想在不同阶段的演变,弗雷姆则力求对这些阶段做出一种灵活的、让人信服的解释。不过,弗雷姆在文章"蒙田背叛了塞邦?"("Did Montaigne Betray Sebond?", *Romanic Review*, XXXVIII, December,1947, 297–329)中力图揭示蒙田怀疑论的真正含义,其论证并不让我十分信服。亨泽尔(Paul Hensel)发表了一篇有意思的文章"蒙田与古代"("Montaigne und die Antike, *Warburg Vorträge*, 1925–1926, 1928, 67–94)。朗松发表了一项具有提示性的研究成果《蒙田的随笔集》(*Les "Essais" de Montaigne*, 1930)。斯特罗夫斯基写了一部很好的传记,《蒙田的公共活动与私人生活》(*Montaigne: Sa Vie publique et privée*, 1938)。关于蒙田身后的影响,可参见德雷亚诺(M. Dréano)的《蒙田在18世纪法国的声名》(*La Renommée de Montaigne en France au XVIIIe siècle*, 1952)以及布兰斯维克的精彩论著《笛卡尔与帕斯卡:蒙田的解读者》(*Descartes et Pascal, Lecteurs de Montaigne*, 1944)。

  培尔非常值得进一步的研究。我们现在已经有了这种研究的必要前提:论争。鲁滨逊(Howard Robinson)的《怀疑论者培尔》(*Bayle the Skeptic*, 1931)是用英语写的标准传记。该书还对培尔的身后影响做了不少论述。德尔沃韦（J. Delvolvé）的《培尔笔下的批判宗教与实证哲学》（*Religion critique et philosophie positive chez Pierre Bayle*, 1906）虽然是一本老书，但是该书的全面分析及其对培尔"实证哲学"的探索至今仍有价值。鲁滨逊的观点最近受到了挑战，尤其是迪邦（Paul Dibon）主编的《培尔：鹿特丹的启蒙哲人》（*Pierre Bayle: Le Philosophe de Rotterdam*, 1959）中有几篇文章试图把培尔置于信仰主义新教徒的传统之中；一些书评者，包括鲁滨逊本人都不以为然。W. H. 巴伯的文章"培尔：信仰与理性"（"Pierre Bayle: Faith and Reason", in *The French Mind: Studies in Honour of Gustave Rudler*, ed. Will Moore et al., 1952, 109–125）也做了同样的尝试。对这篇文章的批评可见于迪克曼（Herbert Dieckmann）的书评（*JHI*, XXII: 1, January-March, 1961, 131–136）和布拉肯（Harry M. Bracken）的文章"培尔不是怀疑论者吗？"（ibid., XXV: 2, April-June, 1964, 169–180）。布拉肯认为培尔是一个复杂的人物，但也是一个怀疑论者。我的看法是，尽管迪邦等人敦促人们重新思考那种被称为怀疑论的微妙而多面的态度，培尔在现代非宗教的怀疑论者中的地位虽然会稍有改变，但基本不会动摇。拉布鲁斯（Elizabeth Labrousse）写的培尔传记已经出版了两卷（1963, 1964），我们期待着全书的完成。此外，她的文章"培尔的杂志内情"（"Les coulisses du Journal de Bayle", in Dibon, *Bayle*, 97–141）和"培尔笔下的蒙昧主义与启蒙"（"Obscurantisme et lumières chez Pierre Bayle", *VS*, XXXVI, 1963, 1037–1048）以及专著《培尔通信考》（*Inventaire critique de la correspondence de Bayle*, 1961）都很有参考价值。关于培尔在启蒙运动时期的影响也有一些不错的研究。利希滕斯坦（Erich Lichtenstein）的《戈特舍德版的培尔词典》（*Gottscheds Ausgabe von Bayles Dictionnaire*, 1915）显示了培尔著作在德国启蒙运动中如何被利用和滥用。沙克尔顿（R. Shackleton）的"培尔与孟德斯鸠"（"Bayle and Montesquieu", in Dibon, *Bayle*, 142–149）篇幅虽不长，但具有权威性。波普金（Richard H. Popkin）注意到培尔对休谟的影响（15–19）。关于培尔与休谟关系的最好研究成果还是诺曼·史密斯对休谟《自然宗教对话录》的校勘导读本。蒂森–肖滕（C.Louis Thijssen-Schouten）的文章"培尔思想在欧洲的传播"（"La Diffusion européenne des idées de Bayle"，in Dibon, *Bayle*, 150–195）引用了许多资料，但还是令人失望。关于培尔与温克尔曼的关系，可参见尤斯蒂的《温克尔曼及其同时代人》（I, 129ff）。关于培尔与维兰德的关系，可参见森格勒（Sengle）的《维兰德》（20–21）。我在1959年出版的《伏尔泰的政治观》中说过："关于蒙田、诺代、圣埃夫勒蒙、培尔对伏尔泰的影响，还大有研究的余地"（365）——梅森（H. T. Mason）的新作《培尔与伏尔泰》（*Pierre and Voltaire*, 1963）填补了最后一项空白。该书明快而可信赖。戈登和托里的《对狄德罗的百科全书的审查以及文章复原》分析了狄德罗对培尔的倚重以及因同情培尔的怀疑论而受到出版商的骚扰。

关于古代斯多葛主义的复兴，狄尔泰的研究至关重要。收录在《文艺复兴与宗教改革以来的世界观和人性分析》（*Weltanschauung und Analyse des Menschen seit Renaissance und Reformation*, in *Gesammelte Schriften*, II, 5th edn., 1957）中的那些文章至今无人超越。我在分析现代斯多葛主义和16、17世纪欧洲基本精神状态时，非常受益于狄尔泰。然塔（L. Zanta）的《16世纪斯多葛主义的复兴》（*La Renaissance du Stoïcisme au XVIe siècle*, 1914）是一部重要的专著，但缺乏狄尔泰的深度。然塔还勘订了16世纪里沃度（André de Rivaudeau）译成法文的爱比克泰德的《手册》（*Manual*, 1914）。卡西勒在《国家的神话》（第13章）和《笛卡尔》（*Descartes: Lehre, Persönlichkeit, Wirkung*, 1939, 221ff）中对新斯多葛主义也有一些重要点评。我还受益于赖斯（Eugene F. Rice, Jr.）的《文艺复兴时期的智慧观》（*The Renaissance Idea of Wisdom*, 1958），该书以皮埃尔·沙朗为重心，但也顺带宽泛地论述了16世纪的古典观念。关于朱斯图斯·利普修斯，可参见桑德斯（Jason Lewis Saunders）的《朱斯图斯·利普修斯：文艺复兴时期斯多葛主义的哲学》（*Justus Lipsius: The Philosophy of Renaissance Stoicism*, 1956），该书论述全面，但有些沉闷。还应该参见柯克（R. Kirk）勘订的利普修斯《论恒常二书》的16世纪英译本（*Two Books of Constancie*, 1939）以及厄斯特赖希（Gerhard Oestreich）的精彩论文"利普修斯，近代强国的理论家"（"Justus Lipsius als Theoretiker des neuzeitlichen Machtstaates"，*Historische Zeitschrift*, CLXXXI: I, February 1956, 31–78）。克雷格（Hardin Craig）的《着魔的阶级：文学中的伊丽莎白时代的心灵》（*The Enchanted Class: The Elizabethan Mind in Literature*, 1936）探讨了伊丽莎白时代有教养阶层和同时代人的生活。威廉森（George Williamson）的《塞涅卡漫步》（*The Senecan Amble: A Study in Prose Form from Bacon to Collier*, 1951）分析了培根等人的文学和哲学中反西塞罗的塞涅卡风格。关于格劳秀斯，可参见赫伊津哈的文章"格劳秀斯及其时代"（"Grotius and His Time", 1925, in *Men and Ideas*, 327–341）和卡西勒《启蒙哲学》中的论述（187, 237–243, 257–259）。吉尔克（Otto von Gierke）的著名专论《阿尔图修斯与自然状态论的发展》（*Johannes Althusius und die Entwicklung der naturrechtlichen Staatstheorien*, 3rd edn., 1913）则以阿尔图修斯为研究对象。吉尔克的《论德意志团体法》（*Das deutsche Genossenschaftsrecht*）的第4卷考察了自然法的国家观念的古典时期（17世纪）及其在启蒙时代的衰落。该书由巴克翻译成英文，书名是《自然法与社会理论》（*Natural Law and the Theory of Society*, 2 vols., 1934）。

关于让·博丹，可参见肖维雷（Roger Chauviré）的《博丹，国家六书的作者》（*Jean Bodin, auteur de la République*, 1914）以及萨拜因的"博丹的《七智者对话》"（"The Colloquium Heptaplomeres of Jean Bodin", in Persecution and Liberty: Essays in Honor of George Lincoln Burr, 1931, 271–310）。萨拜因对一个复杂的思想家做了很好的阐释。我还受益于富兰克林（Julian H. Franklin）篇幅不长的敏锐研究《博丹与16世纪法律和历史的方法论变革》（*Jean Bodin and the Sixteenth-Century Revolution in the Methodology of Law and History*, 1963）。该书把博丹置于16世纪法学和史学思想发展的脉络中，视之为那种发展的高峰。

现代的伊壁鸠鲁主义者值得更多的研究。《伽桑狄的生平与著作》（*Pierre Gassendi: Sa vie et son œuvre*, 1955）对伽桑狄非常赞赏，我从中多有借鉴。迪克特赫斯（E. J. Dijksterhuis）的《世界图景的机械化》（*The* 524

Mechanization of the World Picture, 1950; tr. C. Dikshoorn, 1961）中有一节对伽桑狄的精彩论述（425–433）。赫克（Hocke）的《卢克莱修在法国》（*Lukrez in Frankreich*）有许多关于法国伊壁鸠鲁派的资料。梅奥（Thomas F. Mayo）的《伊壁鸠鲁在英国》（*Epicurus in England*, 1934）对于了解当时的英国很有价值。潘塔尔（René Pintard）的《18世纪上半叶的博学自由派》（*Le Libertinage érudit dans la première moitié du XVIIe siècle*, 2 vols., 1943）是对一批次要思想家的全面而重要的探讨，因此是理解现代异教的一本必读书。不过，克里斯特勒颇为公正地批评该书夸大了书中人物对基督教文化的偏离。海沃德（John Hayward）编订了一部很好的圣埃夫勒蒙书信集，并写了一篇很好的导言（1930）。巴恩韦尔（H. T. Barnwell）的《圣埃夫勒蒙的道德与批评思想》（*Les Idées morales et critiques de Saint-Evremond*, 1957）是严肃地研究这位聪明的享乐者的专著。书中有完整的文献目录。斯平克（J. S. Spink）的《从伽桑狄到伏尔泰的法国自由思想》（*French Free-Thought From Gassendi to Voltaire*, 1960）收集了大量有意思的资料。我从中转引了出自17世纪"享乐者"和次要思想家的两段论述。

最后，有两个专门的题目：印刷业和17世纪的古典主义。关于前者，可参见博尔加尔《古典遗产及其受益者》中的相关论述以及费伏尔和马丁的权威著作《书的幽灵》（*L'Apparition du livre*, 1958）。后者是一个引人入胜但难以把握的课题，可参见佩雷（Henri Peyre）的中规中矩的阐释《法国古典主义》（*Le Classicisme français*, 1942）。布雷（René Bray）的《法国古典学说的形成》（*La Formation de la doctrine classique en France*, 1951）是一部全面厚重的概述，很有价值。亚当（Antoine Adam）的五卷本巨作《17世纪法国文学史》（*Histoire de la littérature française au XVIIe siècle*, 1956）有很多关于古典主义的内容。贝尼舒（Paul Bénichou）的《伟大世纪的道德》（*Morales du grand siècle*, 1948）是一部用马克思主义对高乃依、帕斯卡、拉辛和莫里哀进行的精深解读。我觉得这部著作极具挑战性。我还受益于博格霍夫（E. B. O. Borgerhoff）的《法国古典主义的自由》（*The Freedom of French Classicism*, 1950）。该书机敏、博学、不拘形式。克雷尔谢默（A. J. Krailsheimer）的《从笛卡尔到布吕耶尔的自利研究》（*Studies in Self-Interest from Descartes to La Bruyère*, 1962）对古典主义道德家做了一项很有思想性的独到论述。施皮策（Leo Spitzer）在"德拉曼的讲述"（"The 'Récit de Théramène' ", *Linguistics and Literary History: Essays in Stylistics*, 1948, 87–134）中对拉辛做了精彩的解读。*关于普桑，尤其可参见布伦特（Anthony Blunt）的《1500—1700年法国的艺术与建筑》（*Art and Architecture in France, 1500–1700*, 2nd edn., 1957, 158–171）。布罗迪（Jules Brody）的"柏拉图主义与古典主义"（"Platonisme et classicime", *Saggi e ricerche di letteratura francese*, II, October, 1961, 7–30）是一篇重要的论文。关于17世纪古典绘画的"人文主义"，可参见潘诺夫斯基的《十字路口的赫克利斯和最近艺术中的其他古代意象》（139–141）。

525

3. 古今之争：今人派

17世纪的科学革命一直是研究的焦点，近年出现了集大成的学术成果。迪克特赫斯（E. J. Dijksterhuis）的《世界图景的机械化》第四部分"古典科学的演变"在论述的睿智和清晰方面更为突出。霍尔（A. R. Hall）的《科学革命》（*The Scientific Revolution, 1500–1800: The Formation of the Modern Scientific Attitude*, 1954）是我见到的最好的通论著作。关于迄修顿为止的新宇宙学的演变，可参见库恩（Thomas S. Kuhn）的《哥白尼革命》（*The Copernican Revolution: Planetary Astronomy in the Development of Western Thought*, 1957）的清晰阐述。库恩还写了一部理论著作《科学革命的结构》（*The Structure of Scientific Revolutions*, 1962），论述科学的创新与保守。我从中受益匪浅。奥恩斯坦（Martha Ornstein）的《17世纪科学社团的角色》（*The Role of Scientific Societies in the Seventeenth Century*, 3rd edn., 1938）是该课题的经典专著。该书精彩地呈现了那个剧变时代里主

---

* "德拉曼的讲述"，指的是拉辛的剧作《费德尔》结尾处，剧中人德拉曼关于依包利特之死的讲述。因其冗长和矫情而备受诟病。

要科学家身处的氛围。有一些哲学著作试图评估科学革命的意义。我在下面会提到其中的一些，这里先举出一例，即科耶夫（Alexandre Koyré）的《从封闭世界到无限宇宙》（*From the Closed World to the Infinite Universe*, 1957）。该书从库萨的尼古拉写到牛顿与莱布尼茨的争论，是一部启人心智的作品。[1] 辛格（Charles Singer）等主编的《科技史》（*A History of Technology*, 1957）第3卷"从文艺复兴到工业革命"收录了一系列重要文章。巴特菲尔德的《近代科学的起源》（*The Origins of Modern Science, 1300–1800*, 1951）中有许多关于科学与社会思想之间关系的有意思的评述。

526

在研究新的科学世界观，尤其是对科学对文学艺术的影响进行分析的著作中，尼科尔森（Marjorie Nicolson）的作品占有特殊地位。他比其他人更有力地批驳了浪漫派的指控——后者认为伽利略对第一性质和第二性质的区分*与牛顿的学说使世界变得阴冷灰暗，毫无情感。他的下列著作都值得细读：《牛顿需要缪斯》（*Newton Demands the Muse*, 1946），《飞向月球》（*Voyages to the Moon*, 1948），《科学与想像力》（*Science and Imagination*, 1956; 这本论文集主要论述望远镜对诗人的影响），《大山的阴暗与光彩》（*Mountain Gloom and Mountain Glory: The Development of the Aesthetics of the Infinite*, 1959）以及《打破循环》（*The Breaking of the Circle: Studies in the Effect of the "New Science" on Seventeenth-Century Poetry*, 2nd edn., 1960）。这些著作都收集了大量证据说明在自然哲学的压力下现代性对社会的影响。琼斯（R. F. Jones）发表了许多精彩的论文，显示培根科学对17世纪科学的影响。这些文章被收录在《17世纪英国思想和文学研究》（*The Seventeenth Century: Studies in the History of English Thought and Literature from Bacon to Pope*, 1951）中。里斯（Hadley Howell Rhys）主编的《17世纪科学与艺术》（*Seventeenth-Century Science and the Arts*, 1961）沿袭尼科尔森的研究传统，收录了4篇有意思的文章：图尔明（Stephen Toulmin）的"17世纪科学与艺术"（"Seventeenth-Century

---

* 原文如此。

1 关于科耶夫的其他著作，见下面论及伽利略和笛卡尔之处。

Science and the Art"），布什（Douglas Bush）的"科学与文学"（"Science and Literature"），阿克曼（James S. Ackerman）的"科学与视觉艺术"（"Science and Visual Art"）和帕利斯卡（Claude V. Palisca）的"音乐思想中的科学经验主义"（"Scientific Empiricism in Musical Thought"）。关于少数学者的意见（科学摧毁了传统价值观），可参见哈里斯（Victor Harris）的《一统无存》（*All Coherence Gone*, 1949）。该书的论述始于多恩，但未止于多恩。韦斯特福尔（Richard S. Westfall）的《17世纪英国的科学与宗教》（*Science and Religion in Seventeenth-Century England*, 1958）既陈述了上帝与自然界的持续结盟关系，也揭示了二者之间开始出现的紧张关系。蒂利亚德（E. M. W. Tillyard）的《伊丽莎白时代的世界图景》（*The Elizabethan World Picture*, 1943）和斯宾塞（Theodore Spencer）的大作《莎士比亚与人性》（*Shakespeare and the Nature of Man*, 2^(nd) edn., 1955）探讨了培根和伽利略之前的精神世界，从而使我们可以评估科学革命的巨大破坏力和解放力，尤其是在位阶制领域。帕格尔（Walter Pagel）的《范·海尔蒙特的科学和医学的宗教与哲学层面》（*The Religious and Philosophical Aspects of van Helmont's Science and Medicine*, 1944）对科学与宗教的关系做了阐释。

527

　　近几十年，关于伽利略的自然哲学的探讨是围绕着他的"柏拉图主义"展开的，这对于本书来说也是极为重要的课题。特别可参见卡西勒的"伽利略的柏拉图主义"（"Galileo's Platonism", in *Studies and Essays in History of Science, offered in Homage to George Sarton*, ed. Ashley Montagu, 1946, 276–297）。该文为伽利略的"现代"柏拉图主义做了温和的辩护。此前，卡西勒还考察过伽利略的认识论，见他的"伽利略的真理观念和真理问题"（"Wahrheitsbegriff und Wahrheitsproblem bei Galilei", *Scientia*, LXII, September-October, 1937, 121–130, 185–193）。恰在卡西勒发表论伽利略的柏拉图主义之前，科耶夫在两篇重要文章中把伽利略的科学说成是柏拉图战胜亚里士多德的结果。这两篇文章是"伽利略与柏拉图"（"Galileo and Plato", *JHI*, IV: 4, October, 1943, 400–428）和"伽利略与17

世纪科学革命"("Galileo and the Scientific Revolution of the Seventeenth Century", *The Philosophical Review*, LII: 4, July, 1943, 333–348)。在同一期杂志上，奥尔什基（Leonardo Olschki）在概述伽利略的科学成就的文章"伽利略的科学哲学"("Galileo's Philosophy of Science", 349–365) 中对科耶夫的笼统判断做了一些修正。关于伽利略的成就，科耶夫的3卷本大作《伽利略研究》(*Etudes Galiléennes*, 1939) 迄今依然是必读参考书。吉利斯皮的《客观性的锋芒》有两章对伽利略做了清晰而有情感的论述。桑蒂利亚纳（Giorgio di Santillana）在《伽利略的罪行》(*The Crime of Galileo*, 1955) 讲述了教会压制伽利略的著名事件。潘诺夫斯基在一本引人入胜的小书《伽利略，一位艺术批评家》(*Galileo as a Critic of the Arts*, 1954) 中探索了伽利略的精神世界。伽利略本人的著作已经有了现代译本：德雷克（Stillman Drake）编译的《伽利略的发现与议论》(*Discoveries and Opinions of Galileo*, 1957) 收入了伽利略的一些短文，另外还翻译了最重要的《关于托勒密和哥白尼两大世界体系的对话》(*Dialogue Concerning the Two World Systems, Ptolemaic and Copernican*, 1953)。

528　　　围绕伽利略的争论非常有意思，而且对于本书也很重要。但是这个争论没有涉及他的整个思想。而围绕笛卡尔的争论则涉及他的整个世界观。吉尔松（Étienne Gilson）在一系列著作中强调笛卡尔与中世纪思想的联系——这是一个非常吊诡的论点，因为笛卡尔曾公开激烈地否定全部经院哲学。参见吉尔松的《笛卡尔的自由观与神学》(*La Liberté chez Descartes et la Théologie*, 1913)、《中世纪思想在笛卡尔体系形成中的角色研究》(*Études sur la role de la pensée médiévale dans la formation du système cartésien*, 1930) 以及他校勘的笛卡尔的《方法谈》(*Discours de la méthode*, edn., 1947)。科耶夫的早期著作《笛卡尔与经院哲学》(*Descartes und die Scholastik*, 1923) 以及另外几位研究者也持相同的观点。他们都主张要谨慎使用"现代的"这个词来描述笛卡尔，当时这个词用得太随便了，但我认为他们并不强求一致，因为无论笛卡尔思想的来源是什么，其意旨和功能都是非常激进的。关于这一点，特别可参见诺曼·史密斯可圈可点的著作《笛卡尔哲学新论》(*New Studies in the Philosophy of Descartes: Descartes as Pioneer*, 1952)，我从中受益颇深。我特别欣赏书中关于笛卡尔与斯多葛派的关系及其对医学的实用兴趣的论述。卡西勒一直强调笛卡尔的现代性。 可参见他的《笛卡尔》以及《近代哲学和科学中的认识论问题》(*Das Erkenntnisproblem in der Philosophie und Wissenschaft der neueren Zeit*, Vol. I, 3ʳᵈ edn., 1922) 第三部分。关于"笛卡尔的自由观"，可参见萨特 (Jean-Paul Sartre) 的文集《文学与哲学文选》(*Literary and Philosophical Essays*, tr. Annette Michelson, 1962, 180–197)。 笛卡尔对启蒙运动的影响至今有很大的争议，可参见瓦塔尼安 (Aram Vartanian) 的《狄德罗与笛卡尔》(*Diderot and Descartes: A Study of Scientific Naturalism in the Enlightenment*, 1952)。该书很全面、资料也很丰富，但不能说服我：似乎可以说笛卡尔主义在18世纪的哲学中的影响比启蒙哲人愿意承认的更大，但 (按照瓦塔尼安所显示的) 他们很乐于承认这种影响，而且他们的唯物主义也有其他来源。关于笛卡尔和培根的交集——我在本书中谈了不少——可参见麦克雷 (Robert McRae) 的"科学的统一：培根、笛卡尔和莱布尼茨"("The Unity of the Sciences: Bacon, Descartes and Leibniz", *JHI*, XVIII: I, January, 1957, 27–48)。

529

弗朗西斯·培根被百科全书派奉为保护神，虽然有许多研究者，但大多不能把握他。他有太多的层面，太爱标新立异，他的科研结果太不确定，使人无法用简单化的办法来处理。毫不奇怪，法林顿使用的书名是《培根：产业科学的哲学家》(*Francis Bacon: Philosopher of Industrial Science*, 1949)；尽管该书具有马克思主义倾向，而且结构散漫，但还是有参考价值。研究哲学史的学者常常对培根的成就漫不经心，例如布罗德 (C. D. Broad) 的《培根的哲学》(*The Philosophy of Francis Bacon*, 1926) 认为培根在科学史上不太重要，安德森 (F. H. Anderson) 的《培根的哲学》(*The Philosophy of Francis Bacon*, 1948) 就好得多了。该书是一部相当全面的论著，而且设法整理了一份培根的著述年表。不过，在我看来，迄今论述培根革命的最佳著作是琼斯 (R. F. Jones) 的《古今之争：书籍之战的背景研究》(*Ancients and Moderns: A Study of the Background of the Battle of Books*, 1936),该书对培根思想对当时世界的影响做了权威性概论。奥恩斯坦的《17世纪科学社团的角色》也可以看做是对培根直接而持久的重要性的确认。莱米(Charles W. Lemmi)的《培根著作中的古典神祇》(*The Classic Deities in Bacon*, 1933)论述了培根是如何利用古代神话的。拉森(Robert E. Larson)的"培根《新工具》的亚里士多德主义"一文("The Aristotelianism of Bacon's Novum Organum", *JHI*, XXIII: 4, October-December, 1962, 435–450)不顾培根的现代表达,硬要把培根划入古人,在我看来有悖常理。

莫尔(L. T. More)的《牛顿传》(*Isaac Newton: A Biography*, 1934)内容丰满,论述严谨,长期以来是一部标准传记。不过,特恩布尔(H. W. Turnbull)等编辑的牛顿通信集正在出版,我们由此可以期待一部更好的传记了。(当我在1965年末完成这本书时,牛顿通信集已出版了三卷。)伯特(E. A. Burtt)的《近代物理科学的形而上学基础》(*The Metaphysical Foundations of Modern Physical Science*, 2nd edn., 1932)迄今是这方面的权威阐释。该书特别强调,牛顿没有把上帝从宇宙中抹去,反而需要他

530 时不时地来校正宇宙。因为这是宇宙学的关键问题,莱布尼茨与克拉克(牛顿的代言人)的通信是必须参考的。《莱布尼茨和克拉克的通信》(*The Leibniz-Clarke Correspondence: Together with Extracts from Newton's "Principia" and "Opticks"*)最近再版了。塞耶(H. S. Thayer)编辑的《牛顿的自然哲学文选》(*Newton's Philosophy of Nature: Selections from His Writings*, 1953)篇幅不大但内容丰富,很好使用。在众多的文献中,《皇家学会牛顿诞生三百周年纪念文集》(*Royal Society Newton Tercentenary Celebrations, 1947*)收录的文章特别令人感兴趣。其中有凯恩斯(J. M. Keynes)的著名文章"牛顿这个人"("Newton, the Man"),该文试图把牛顿说成是一个炼金术士(很机智,但在我看来并不成功)。科恩(I. Bernard Cohen)考察了牛顿自然哲学的重视实验倾向,特别参照了其对美洲科学的影响。他的《富兰克林与牛顿》(*Franklin and Newton: An Inquiry*

into Speculative Newtonian Experimental Science and Franklin's Work in Electricity as an Example Thereof, 1956）特别精细地研究了牛顿思想中的关键词"假设"的意义。我前面提到曼纽尔的《作为历史学家的牛顿》,该书通过研究牛顿对圣经年代学的倾心关注,揭示了牛顿的多才多艺和复杂性。关于牛顿思想在法国的传播(我在本书第二篇会对此给予一些关注),可参见前面已经提到的布吕内的《18世纪牛顿学说在法国的传播》。

丰特奈尔原先被过于简单地划归"笛卡尔派"。马尔萨克(Leonard M. Marsak)用一系列出色的论著对此加以纠正。可参见他的《丰特奈尔两论》(*Two Papers on Bernard de Fontenelle*, "Publications in the Humanities, No.38", Department of Humanities, Massachusetts Institute of Technology, 1959)以及综论性文章"丰特奈尔:法国启蒙运动中的科学观念"(Bernard de Fontenelle: The Idea of Science in the French Enlightenment, *Transactions of the American Philosophical Society*, IL: 7, December, 1959)(我很看重这篇文章)。J.-R. 卡雷的《丰特奈尔的哲学》(*La Philosophie de Fontenelle, ou le sourire de la raison*, 1932)对丰特奈尔的哲学理性主义做了精彩的研究,但几乎没有论及丰特奈尔的科学成就和社会环境。沙克尔顿(Robert Shackleton)编辑了丰特奈尔的《关于多样世界的对话》(*Entretiens sur la pluralité des mondes*)和《兼论古人派和今人派》(*Digression sur les anciens et les modernes*, 1955),还写了内容充实的导论。 531

有关洛克的文献数量非常庞大。随着洛夫莱斯洛克手稿藏品的陆续发表,相关文献正在快速增加。关于这部分收藏的情况,可参见朗(P. Long)的《(牛津大学)博德莱安图书馆洛夫莱斯洛克手稿藏品总目》(*A Summary Catalogue of the Lovelace Collection of the Papers of John Locke in the Bodleian Library*, 1959)。拉斯莱特(Peter Laslett)发表了一流的《〈政府论〉校勘本》(*Two Treatises of Government*,1960),并写了一篇全面的导论,很权威地说明《政府论》第二篇的写作不是为光荣革命辩护,而是为支持将詹姆斯二世排除出王位继承人之列。洛(John Lough)编辑了《洛克法国游记》(*Locke's Travels in France, as Related in His Journals,*

Correspondence and Other Papers, 1953)。莱登编辑了洛克早期作品《论自然法》(*Essays on the Laws of Nature*, 1954)。克兰斯顿(Maurice Cranston)的《洛克传》(*John Locke, a Biography*, 1957)利用了洛夫莱斯的洛克手稿,但是对洛克思想的处理过于简单。福克斯-伯恩(H. R. Fox-Bourne)的两卷本《洛克传》(*Life of John Locke*, 1876)虽然问世较早,但刊印了许多难找的文件,至今仍有参考价值。我本人发表过洛克《教育漫话》的节本(*Some Thoughts Concerning Education*, 1964),并附有一篇简短的导论。奥康纳(D. J. O' Connor)的小书《约翰·洛克》(*John Locke*, 1952)是了解洛克及其思想的一个导引。全面论述洛克的最好著作是阿龙(Richard I. Aaron)的《约翰·洛克》(*John Locke*, 2nd edn., 1955),该书强调洛克的经验主义思想。吉布森(James Gibson)的《洛克的知识论及其历史联系》(*Locke's Theory of Knowledge and Its Historical Relations*, 1917)是研究洛克认识论的专著,应该结合阿龙的那本书来阅读。我非常受益于波林(Raymond Polin)的《洛克的政治伦理》(*La Politique Morale de John Locke*, 1960)。这项很有启发性的研究是用训练有素的哲学头脑来分析 17 世纪最有影响的一位思想家。财产权观念一直引起研究者的兴趣。麦克弗森(C. B. Macpherson)的系列文章及其专著《占有型个人主义的政治学说》(*The Political Theory of Possessive Individualism: Hobbes to Locke*, 1962)极其明晰地做了激进的论证。洛克的教育学说对于启蒙哲人是至关重要的,尤其可参见维莱(Pierre Villey)的《蒙田对洛克和卢梭教育思想的影响》(*L'Influence de Montaigne sur les idées pédagogiques de Locke et de Rousseau*, 1911)和雷辛(Nina Reicyn)的《洛克的教育学》(*La Pédagogie de John Locke*, 1941)。在拉斯莱特的作品发表之后,对洛克的政治思想应该重新考察,但是高夫(J. W. Gough)的稳健之作《洛克的政治哲学》(*John Locke's Political Philosophy*, 1950)依然具有参考价值。约尔顿(John W. Yolton)的《洛克与观念方式》(*John Locke and the Way of Ideas*, 1956)是对洛克在英国的激进名声的重要研究。布赫达尔(Gerd Buchdahl)的《牛顿和洛克在理性时代的形象》(*The Image of Newton and*

Locke in the Age of Reason, 1961）是一本文集，篇幅不大，但也有价值。

霍布斯、莱布尼茨和斯宾诺莎在这一章占据不太显要的位置，因此参考少量的传记作品就足够了。在研究霍布斯的文献中，最应重视的是滕尼斯（Ferdinand Tönnies）的《霍布斯：生平与思想》（*Hobbes: Der Mann und Denker*, 3rd edn., 1925），波林的《霍布斯的政治观与哲学》（*Politique et philosophie chez Thomas Hobbes*, 1952），奥克肖特（Michael Oakeshott）为《利维坦》写的长篇导论（1947，我认为这是奥克肖特最好的作品）以及普拉梅纳茨（John Plamenatz）的《人与社会》中的那一章（*Man and Society*, 2 vols., 1963, I, 116-154）。施特劳斯（Leo Strauss）的《霍布斯的政治哲学》（*The Political Philosophy of Hobbes*, tr. Elsa Sinclair, 1936）有点剑走偏锋，但具有启发性。近年来，有人试图把霍布斯说成是捍卫宗教的战士。其中最成功的作品是瓦伦德（Howard Warrender）的《霍布斯的政治哲学：义务论》（*The Political Philosophy of Hobbes: His Theory of Obligation*, 1957），但在我看来其立论很勉强。关于霍布斯的名声，这个有意思的话题在18世纪却很少有探讨，可以参见鲍尔（John Bowle）的《霍布斯及其批评者：17世纪宪政主义研究》（*Hobbes and His Critics: A Study in Seventeenth Century Constitutionalism*, 1951）和明茨（Samuel I. Mintz）的《围猎利维坦》（*The Hunting of Leviathan*, 1963）。蒂勒曼（Leland Thielemann）的"狄德罗与霍布斯"（"Diderot and Hobbes", *Diderot Studies*, II, 1952, 221-278）对二者的关系做了有意思的探讨。

汉普希尔（Stuart Hampshire）的《斯宾诺莎》（*Spinoza*, 1951）是一部精彩的入门书。哈利特（H. F. Hallett）的《斯宾诺莎哲学原理》（*Benedict de Spinoza: The Elements of His Philosophy*, 1957）相当艰深但开卷有益，其文献索引也非常有价值。沃尔夫森（Harry A. Wolfson）的名作《斯宾诺莎的哲学》（*The Philosophy of Spinoza*, 2 vols., 1934）是传统路数的全面评述，极其细致地对其每一个观点进行剖析。卡西勒的"斯宾诺莎在思想史上的地位"（"Spinoza's Stellung in der allgemeinen Geistesgeschichte", *Der Morgen*, VIII: 5, 1932, 325-348）篇幅不长但颇有蕴意。韦尼埃（Paul

533

Vernière）写了一部论述斯宾诺莎的影响的著作《斯宾诺莎与大革命前的法国思想》（*Spinoza et la pensée française avant la révolution*, 2 vols., 1954）。该书内容充实，颇有吸引力。其中第二部分第3章论述斯宾诺莎与启蒙哲学的关系，非常有参考价值。

莱布尼茨的哲学是卡西勒特别关注的一个对象。卡西勒的早期著作之一是《莱布尼茨的体系及其科学基础》（*Leibniz' System in seinen wissenschaftlichen Grundlagen*, 1902），然后编辑了莱布尼茨的著作（1904, 1906, 1915），并用《近代哲学和科学中的认识论问题》（*Das Erkenntnisproblem in der Philosophie und Wissenschat der neueren Zeit*, Vol. II, 1907; 3rd end., 1922, Book V, chapter 2）中的一章，《自由与形式》（*Freiheit und Form: Studien zur deutschen Geistesgeschichte*, 1916）的第一章论述莱布尼茨。他还在《启蒙哲学》中用几页篇幅强调莱布尼茨对启蒙运动的意义。去世前不久他再次回到这个话题，发表了"牛顿与莱布尼茨"（"Newton and Leibniz", *The Philosophical Review*, LII: 4, July 1943, 366–391）。肖（Ruth Lydia Shaw）的《莱布尼茨》（*Leibniz*, 1954）是一个可参考的导引。约瑟夫（H. W. B. Joséph）的讲演集《论莱布尼茨哲学》（*Lectures on the Philosophy of Leibniz*, ed. J. L. Austin, 1949）是很精深的专业论著。迈耶（R. W. Meyer）的《莱布尼茨和17世纪革命》（*Leibniz and the Seventeenth-Century Revolution*, 1948; tr. J. P. Stern, 1952）探讨了莱布尼茨推动和平的努力。沃尔夫（Hans M. Wolff）的《莱布尼茨：万物有灵论与怀疑论》（*Leibniz: Allbeseelung und Skepsis*, 1961）是一部精致的论著，努力将莱布尼兹思想的两个方面（形而上学和认识论）调和在一起。前面提到的巴伯的《莱布尼兹在法国》考察了直到伏尔泰的《老实人》为止莱布尼兹的思想（不论是否被歪曲）的影响。

最后，简单说说17世纪英国的理性主义神学。尤其可参见卡西勒的《柏拉图主义在英国的复兴》（*The Platonic Renaissance in England*, Warburg Study No. 24, 1932; tr. James. P. Pettegrove, 1953）是一部出色的专著，但不能完全取代塔洛克（John Tulloch）厚重的杰作《17世纪英国的理性神学和基督教哲学》(*Rational Theology and Christian Philosophy in England in the Seventeenth Century*, 2 vols., 1872），其中第2卷专门论述剑桥的柏拉图主义者。还可参见科利（Rosalie L. Colie）的《光与启蒙：剑桥柏拉图主义者和荷兰阿米尼乌斯派研究》(*Light and Enlightenment: A Study of the Cambridge Platonists and the Dutch Arminians*, 1957）。关于17世纪与18世纪的联系（和断裂）已经有许多很好的研究成果了，还应该像韦尼埃的斯宾诺莎研究和巴伯的莱布尼兹研究那样做更多的研究。

534

第六章　可疑的战争

535

1. 基督教的成分

　　本节使用的许多资料，也在书中多处使用，因此在前面已经提到了。[1]因为启蒙运动在什么方面和多大程度上受益于宗教环境是一个极其复杂的问题，尚未得到充分的探讨，需要更多的研究。问题之所以复杂，一个原因是我所谓的"伪持续"之谬见（见"贝克尔的天城"["Carl Becker's Heavenly City"，收入 *The Party of Humanity*]）。比如，狄德罗的名言"后人之于哲学家，犹如彼岸世界之于教徒"是什么意思？[2]他或许仅仅暗示这两个不同的观念具有相同的功能。我们无须假设：后来的观念是以某种方式脱胎于先前的观念，诉诸后人乃是自觉或不自觉地转译了灵魂不朽信念。的确，修辞方式的变化有时掩盖了某种观念的顽强延续，但是不应简单地假设这种延续，而应该对此加以论证。即便历史学家能够证明一种观念确实倚赖于早先的观念，那么这也不能得出结论说，一切（或几乎一切）没有变化。具体地说，即便他能证明人们有意用一种世俗观念取代一种宗教观念，这里也不仅仅是取代，因为其后果可能有重大历史含义。尽管我没有

536

1　关于莱辛的思想及其经历的讨论，参见第407—409、430页。
2　本书第二篇关于进步的一章将论及这句名言。

完全展示出启蒙运动对基督教的倚赖状况,但可以断定,这方面的任何探究都应该受制于我刚刚提示的原则以及我在本书中的一个主张:在判断思想观念时,首先应考虑其功能。

关于杨格的《夜思》和英国其他的基督教常识派,可参见汉弗莱斯(A. R. Humphreys)的《英国文学的黄金时代》(*The Augustan World*, 1954)*的第4章"宗教世界"(他援引了杨格的诗句)。还可参见费尔柴尔德(Hoxie Neale Fairchild)的《英国诗歌中的宗教倾向》(*Religious Trends in English Poetry*, 4 vols., 1939–1949),尤其是第1、2卷。约尔顿(John W. Yolton)的《洛克与观念方式》很好地描述了英国思想界从广教派(Latitudinarianism)向自然神论的转变。考克斯(Richard H. Cox)的《洛克论战争与和平》(*Locke on War and Peace*, 1960)是一部颇见功力的著作,虽然有施特劳斯的多数弟子那种死抠字眼阅读文本的通病,但毕竟多少确认了洛克对古代异教的亲近(62–63)。阿纳的《莱辛时代的神学》(我在前面特别称赞过)对德意志近代新教思想做了分析。特洛尔奇对加尔文教与启蒙运动的关系有一些深思熟虑的评论(《全集》, *Gesammelte Scriften*, IV, 183–184)。莫斯(George L. Mosse)在两篇重要文章中探讨了新教和启蒙运动的关系。第一篇"索兰在诡辩史和启蒙运动中的重要性"("The Importance of Jacques Saurin in the History of Casuistry and the Enlightenment", *Church History*, XXV: 3, September, 1956, 1–15)分析了这位18世纪初胡格诺派布道人的思想。第二篇"清教激进主义与启蒙运动"("Puritan Radicalism and the Enlightenment", ibid., XXIX: 4, December, 1960, 1–16)提示了清教现代化和合理化中一些有意思的线索。两文为以后的研究确立了一种模式。在新英格兰,清教虔敬精神的演变值得细致研究:米勒(Perry Miller)在《新英格兰的心灵》(*The New England Mind: From Colony to Province*)中勾勒了研究纲要,并提出了许多中肯的概括。他的学生赖特(Conrad Wright)遵循他的建议,发表了一部非常有功力的

---

* Augustan 在这里指18世纪初安妮女王时期英国文学的盛世时代。

专著《美洲一位论派的开端》（*The Beginnings of Unitarianism in America*,
1955）。还可以参见阿鲁图尼安（Joseph Haroutunian）的《虔敬与道德：
新英格兰神学的消亡》（*Piety versus Moralism: The Passing of the New
England Theology*, 1932）和特林特鲁德（Leonard J. Trinterud）的《一种美
国传统的形成》（*The Forming of An American Tradition: A Re-Examination
of Colonial Presbyterianism*, 1949）。但是清教"世俗化"和"自由化"的微   537
妙进程值得细致的研究，但令人惊讶的是，18世纪初这一运动的领袖人物
莱弗里特（Leverett）、布拉特尔（Brattle）和科尔曼（Colman）要么没有传
记，要么只有老掉牙的传记。

2. 教士的背叛

教士的背叛是从另一角度看到的启蒙运动中的基督教成分。我收集
的资料一方面出自18世纪心灵史中现代基督徒的表现，另一方面出自18
世纪的教会史。关于基督徒对"盲信"、"狂热"的抨击——这是通向理智
的桥梁——可参见诺克斯（Ronald A. Knox）的《宗教狂热：17、18世纪宗
教史的一章》（*Enthusiasm: A Chapter in the History of Religion with Special
Reference to the Seventeenth and Eighteenth Centuries*, 1950）。该书既严肃
又引人入胜，对于理解许多世纪的宗教心灵是一个重要贡献。该书只在一
个方面略嫌客观性不足：在宗教狂热和冰冷的仪式主义之间几乎总是在正
统的罗马天主教那里找得到明智的中间立场。

基督教明智派的一个杰出代表是斯威夫特。鉴于本书的宗旨，我可
以不考虑围绕着斯威夫特的人类观（《格列佛游记》第4卷）展开的争论。
这里重要的是他的宗教态度，关于这一点，我认为最好的研究著作之一是
哈思（Phillip Harth）的《斯威夫特与圣公会理性主义："一只桶的故事"的
宗教背景》（*Swift and Anglican Rationalism: The Religious Background of
"A Tale of a Tub"*, 1961）。该书正确地把斯威夫特置于圣公会的环境中
来考察，并且避免解释上的夸大。还有一些不错的著作尽管对《格列佛

游记》第四卷看法不一，但都对斯威夫特的宗教观做了阐释，例如昆塔纳（Richardo Quintana）的《斯威夫特导论》（*Swift: An Introduction*, 1955）及其更全面的《斯威夫特的思想和艺术》（*The Mind and Art of Jonathan Swift*,

1936），赫伯特·戴维斯的文章和讲演集《论斯威夫特的讽刺》（*Jonathan Swift: Essays on His Satire and Other Studies*, 1964），兰达（Louis A. Landa）的《斯威夫特与爱尔兰的教会》（*Swift and the Church of Ireland*, 1954，该书考察了斯威夫特一段重要的生涯），埃伦普赖斯（Irvin Ehrenpreis）的三卷本《斯威夫特：生平、著作和时代》（*Swift: The Man, His Works, and The Age*）中已出版的第1卷《斯威夫特及其同时代人》（*Mr. Swift and His Contemporaries*, 1962，截止到他的"一只桶的故事"）。特别请注意埃伦普赖斯对克利福德的批驳。我认为，克利福德的文章"斯威夫特的《精神的机械运作》"（"Swift's *Mechanical Operation of the Spirit*", in *Pope and His Contemporaries, Essays Presented to George Sherburn*, ed. James L. Clifford and Louis A. Landa, 1949, 135–146）中的论证更胜一筹，睿智地阐述了斯威夫特这篇嘲弄短文中的神学思考的世俗基础乃至色情基础。韦伯斯特（Clarence M. Webster）的"斯威夫特与一些更早的清教讽刺家"（"Swift and Some Earlier Satirists of Puritan Enthusiasm", *PMLA*, XLVIII, December, 1933, 1141–1153）是一篇好文章。多布雷（Bonamy Dobrée）虽然有点乖张，但他的《18世纪前期的英国文学》（*English Literature in the Early Eighteenth Century, 1700–1740*, 1959）对斯威夫特的理性宗教观念做了有价值的述评（60–72）。我采纳了他的观点。我还受益于多布雷引用的一段鲜为人知的文字（出自蒲柏为自己1717年版诗集写的前言）。这段文字表明，现代的理智头脑与向古人学习有着密切联系："我们需要做的仅仅是，让我们通过模仿古人来进行创作，而且我们会发现，在任何时代，那些最能借鉴古人的人才能具有获取识别力和学问的最高品质。说真的，真正明智的认识在任何时代都应该是常识。"（127）

对于基督教与启蒙运动既亲密又不可调和的奇特关系，人们普遍难以理解，甚至视而不见。一个重要原因就是那种自由主义的套话流行于世：

有理智的人应该是不信宗教的（至少是反基督教的），虔诚的基督徒不是坏蛋就是傻瓜。启蒙哲人从自己的经历中更认识到这一点，即便他们在把理性的基督徒放进他们的理论模式时会有些麻烦。对于20世纪的历史学家来说，研究自由主义基督徒（既膜拜上帝又喜爱科学，既相信自然的规律性又相信一些神迹，既欣赏斯多葛派的伦理格言又特别希望过一种基督徒的道德生活）的一条捷径是，研究瑞士的哈勒以及英国18世纪的一些文学领袖。这些人虽然各不相同，但都属于辉格历史观不能理解也无法定位的那个群体。

539

哈勒集科学家、诗人、著名的生理学家、神学辩论家于一身，是一位毕生饱受异端罪名指控的现代基督徒。他把这一切都记录在感人的日记里。关于哈勒，可参见希泽尔（L. Hirzel）写的传记《哈勒的生平与著作》（*Hallers Leben und Dichtungen*, 1882）。该书是为他勘订的哈勒诗集写的导论。还可参见伊舍尔（Anna Ischer）研究哈勒的古典品位的专著《哈勒与古典古代》（*Albrecht von Haller und das klassishe Altertum*, 1928），琼斯（Howard Mumford Jones）的文章"哈勒与英国哲学"（Albrecht von Haller and English Philosophy, *PMLA*, XL, 1925, 103–127）以及德伊尔绍伊（Stephen d'Irsay）的《哈勒：德国启蒙运动思想史个案研究》（*Albrecht von Haller: Eine Studie zur Geistesgeschichte der Aufklärung*, 1930）。后者虽然语调激烈，但有许多内容揭示了哈勒这种复杂而饱受煎熬的人格。

关于这一时期的英国作家，艾伦·杜加德·麦基洛普（Alan Dugald McKillop）的《早期英国小说大师》（*The Early Masters of English Fiction*, 1956）对笛福、理查森、菲尔丁、斯摩莱特和斯特恩做了信息丰富且有见识的论述。关于笛福这位不信国教的实干的思想者，可参见萨瑟兰的篇幅不大却具有权威性的《笛福》（*Defoe*, 2nd edn., 1950）和诺瓦克（Maximilian E. Novak）的论著《笛福和人性》（*Defoe and the Nature of Man*, 1963）。佩恩（William L. Payne）编辑了一本很好的文选《笛福评论精选》（*The Best of Defoe's "Review"*, 1951）。还可参见瓦特（Ian Watt）的"《鲁滨逊漂流记》的神话"（*"Robinson Crusoe* as Myth", in *Eighteenth-Century English Literature:*

Modern Essays in Criticism, ed. James L. Clifford, 1959, 158–179）。作为小说家、法官和人道主义者的菲尔丁是一个有意思的研究对象。他的仁爱主要出于宗教还是世俗根源,这个有争议的问题暗示了启蒙时代的复杂性。克罗斯（W. L. Cross）的《菲尔丁的历史》（*The History of Henry Fielding*, 1918）至今是一部基本参考书。舍伯恩（George Sherburn）的"菲尔丁的社会观"（"Fielding's Social Outlook", in Clifford's *Eighteenth-Century English Literature*, 251–273）提供了一些重要资料。另一位作家艾迪生是一位有影响的广教论者,对近代思潮大都兼收并蓄,但近年来很容易受到非议。多布雷的《人物论》（*Essays in Biography, 1680–1726*, 1925）中的艾迪生论就是一例,多布雷过于聪明地把艾迪生说成是第一个具有维多利亚时代特征的人。这个标签虽然诱人,但不太恰当。另一个例子是 C. S. 刘易斯的"艾迪生"（Addison, in Clifford's *Eighteenth-Century English Literature*, 144–157）。我认为最好的参考书是史密瑟斯（Peter Smithers）的《艾迪生传》（*The Life of Joseph Addison*, 1954）。但是对艾迪生的文明宗教态度及其文化教养宣传,我们期待看到一种更充分的评估。蒲柏是最有意思也最难把握的一个诗人。近年来,人们非常关注他。由于评论家开始扑向他,研究文献大量涌现出来。巴特（John Butt）等人编辑的权威版本的蒲柏著作集（"The Twickenham Edition", 6 vols., 1939–1961）有非常详尽的注释。舍伯恩非常严谨地编辑了蒲柏通讯集（5 vols., 1956）。蒂洛森（Geoffrey Tillotson）的《蒲柏与人性》（*Pope and Human Nature*, 1958）对于重新评估蒲柏的意义也非常重要。麦克（Maynard Mack）的文章"机智、诗歌与蒲柏:对蒲柏意象的一些考察"（"Wit and Poetry and Pope: Some Observations on His Imagery", in *Pope and His Contemporaries*, 20–40）、布鲁克斯（Cleanth Brooks）的《精致的古瓮》（*The Well-Wrought Urn*, 1947）第5章以及维姆萨特（W. K. Wimsatt）的论文集《语象》（*The Verbal Icon: Studies in the Meaning of Poetry*, 1954,其中只有一部分文章明确探讨蒲柏的意义）都雄辩地论证了诗人蒲柏和他的作品之间的区别——这一点不仅对于理解他的诗歌很重要,而且有助于理解蒲柏见证并参与的18世纪欧洲世俗化的微妙进程。就我所知,第一个

郑重反对滥用 "persona" 概念的是埃伦普赖斯（Irvin Ehrenpreis），见他的文章（"Personae", in *Restoration and Eighteenth —Century Literature: Essays in Honor of Alan Dugald McKillop*, ed. C. Camden, 1963, 25–38）；但是我认为，还有更多的研究工作可做。评估蒲柏的宗教观时，最重要的当然是他的《人论》。许多人视之为一首表达自然神论的诗作。这种解读直接违逆了蒲柏公开的天主教立场和他在《群愚史诗》中对英国自然神论者的激烈乃至尖刻的批评。有关这场争论的评价，可参见麦克编辑的蒲柏著作集第 3 卷中的《人论》（*An Essay on Man*, 1950）。顺便说，另一个研究自由理性的基督教的富有成果的领域是在美洲殖民地，那里产生了像杰斐逊这样的复杂人物。杰斐逊开始是一个彻底的异教徒，后来转向一种伦理性基督教，把耶稣奉为最高道德导师。摩根（Edmund S. Morgan）的《文雅的清教徒：斯泰尔斯传》（*The Gentle Puritan: A Life of Ezra Stiles, 1727–1795*, 1962）之类的传记作品比任何学术论文都能告诉我们更多的启蒙时代西方宗教的复杂情况。

541

关于英国文明化的一般精神风貌，可参见卢卡斯的两本引人入胜的著作《寻求正常理智》和《生活的艺术》。萨瑟兰的《18 世纪诗歌导论》（11–12）正确地指出（而且得到其他历史学家的赞同），这种对常识的追求乃是为了摆脱 17 世纪的暴戾风气——或许是为了封闭有关的记忆。启蒙哲人对于这些现代基督徒怀有最高的敬意，也对他们提出了很高的要求。例如，吉本发现在"一群偏执者"中鹤立鸡群的"英国绅士艾迪生爵士"居然也写"肤浅的"护教小册子时，既惊讶又厌恶（《罗马帝国衰亡史》，第 5 章，第 247 页脚注）。

关于英国国教（它也参与了这种发展进程），首先可参见赛克斯（Norman Sykes）的精彩著作。它们极力挽救 18 世纪圣公会的声誉，洗刷其受到的死气沉沉和信仰缺失的指责，提供了一幅具有政治参与、神学进步特征的教会的工笔肖像。《18 世纪英国的教会与国家》（*Church and State in England in the XVIIIth Century*, 1934）是赛克斯的一部杰作，不过他还有三本著作也值得关注：《伦敦主教吉本》（*Edmund Gibson: Bishop* *of London, 1669–1748*, 1926）、《坎特伯雷大主教韦克》（*William Wake: Archbishop of Canterbury*, 2 vols., 1957）和《从谢尔登到塞克》（*From Sheldon to Secker: Aspects of English Church History, 1660–1768*, 1959）。

542 这些都是我看重的参考书。赛克斯表明，18世纪教会的政治态度之所以常常受制于罗伯特·沃波尔，乃是有着很深的17世纪的根源。赛克斯还力促对霍德利的重新评价，见他的文章"本杰明·霍德利"（"Benjamin Hoadly", in *Social and Political Ideas of Some English Thinkers of the Augustan Age*, ed. F.J. Hearnshaw, 1928, chapter VI）。这种重新评价的第一个成果是贝林（Bernard Bailyn）为《美国革命时期的小册子》（*Pamphlets of the American Revolution*）写的导言。普拉姆（J. H. Plumb）在《罗伯特·沃波尔爵士：一位政治家的产生》（*Sir Robert Walpole: The Making of A Statesman*, 1956）中也利用了赛克斯的见解。就我所知，当代惟一一部研究蒂洛森大主教的著作是洛克（Louis G. Locke）的《蒂洛森：17世纪文学个案研究》（*Tillotson: A Study in Seventeenth-Century Literature*, 1954）。该书主要关注的是他的文学风格和文学声誉，而不是他的神学风格——文学和神学在这里或许是一回事？另外，可参见奥弗顿（J. H. Overton）的虽然较老但依然有价值的《英国教会中的生活》（*Life in the English Church, 1660–1714*, 1885）以及奥弗顿和雷尔顿（F. Relton）的《英国教会》（*The English Church, 1714–1800*, 1906）。米切尔（W. Fraser Mitchell）的《英国圣坛演讲》（*English Pulpit Oratory from Andrewes to Tillotson*, 1932）通过演讲风格的变化分析了思想风格的变化。琼斯的《慈善学校运动》（*The Charity School Movement: A Study of Eighteenth Century Puritanism in Action*, 1938）是一部堪称典范的专著：结构完整、思考深入、有所揭示。这部著作的出现提醒人们，对18世纪英国的不信国教者需要做更多的研究。在这方面，韦布（R. K. Webb）论述一位论派的著作将要问世，会有所阐发。另外，可参见格里菲斯（Olive M. Griffiths）的《宗教与学问：英国长老派思想研究》（*Religion and Learning: A Study in English Presbyterian Thought*, 1935）。卫斯理（John Wesley）的《日记》与《书信》有了很好的现代版本,前者是柯尔诺克(N. Curnock)编辑的八卷本(1909–1916),后者是特尔福德编辑的八卷本(1931)。关于卫斯理,有几个不错的传记。拉弗(James Laver)的《卫斯理》(*Wesley*, 1933)简明扼要。本书中他的弟弟查尔斯·卫斯理阅读马可·奥勒留的情节就是取自这本书。V. H. H.格林的《青年卫斯理》(*The Young Mr. Wesley*, 1961)论述的是转变信仰前的卫斯理,资料丰富,分析深入。该书表明(在吉本《自传》的相关记述之后如果还需要证据的话),18世纪初牛津是如何深深地陷入宗教和知识的昏睡状态。关于其社会后果,可参见韦尔茅斯(Robert F. Wearmouth) 543 的《卫斯理宗和18世纪普通人》(*Methodism and the Common People of the Eighteenth Century*, 1945)。

在歌德的自传里有许多有意思的资料,能够显示近代德国宗教情绪的演变。我在本书中经常加以引用。可参见歌德的《诗与真》(*Dichtung und Wahrheit*, in *Gedenkausgabe*, X, 302 f, 318 ff, 367, 536–537, 557)。在前面(第407页)列举的权威著作,如布拉福德的《18世纪的德意志》、沃尔夫的《德意志启蒙运动的世界观(的历史发展)》、比德尔曼的《18世纪的德意志》以及阿纳的《莱辛时代的神学》都提供了许多证据。德鲁蒙德(A. L. Drummond)的《德意志的新教》(*German Protestantism since Luther*, 1951)是一本全面的概述,但缺乏深度。德·利维(Dagobert de Levie)有一篇有意思的短文"爱国主义与圣职"("Patriotism and Clerical Office: Germany 1761–1773", *JHI*, XIV: 4, October, 1953, 622–627)。特洛尔奇在《新教与进步》中认为,"世俗化"指的是,生活不再以教会为中心,而不是宗教的灭亡。这个很有见识的定义主要依据德意志的情况。我接受了他的这个定义。关于虔敬派的世俗关怀,参见保尔森的《学术教育史》(*Geschichte des gelehrten Unterrichts*, edn., 1885, 382)。德鲁兹(Paul Drews)的《德国历史上的福音派牧师》(*Des evangelische Geistliche in der deutschen Vergangenheit*, Monographien zur deutschen Kulturgeschichte, Vol. XII, 1905)篇幅很小,但提供了一些资料。很显然,关于18世纪德国的社会和宗教史,还大有可为。关于莱辛,除了已经提及的权威著作,还可参见泽勒的著名文章"作为神学研究者的莱辛"（"Lessing als Theolog"，*Vorträge und Abhandlungen*, Zweite Sammlung, 1877, 283–327）。森格勒的《维兰德》再三地显示，争取世俗化的斗争是多么艰难、多么混乱。我引用的亨德尔演奏风琴的例子，出自弗劳尔（Newman Flower）的《亨德尔的人格与时代》（*George Frideric Handel, His Personality and His Times*, 1948）。关于德意志启蒙运动中的反犹和反基督情绪，参见斯特恩的《利希滕贝格》（240 ff）。关于共济会与启蒙运动的关系已经有不少的讨论，但共济会的历史就晦涩不明，因此那种关系也就很难说清。不过，可参见格拉潘（Pierre Grappin）简明扼要的、附有书目的文章"18世纪德意志的启蒙运动与共济会"（"Lumières et franc-maçonnerie en Allemagne au XVIIIe siècle"，*Utopie et institutions au XVIIIe siècle: Le Pragmatisme des lumières*, VIe section, "Congrès et colloques", IV, 1963, 219–227）。敏锐的读者会发现，我不赞同卡西勒把德意志启蒙运动说成基本囿于宗教范围的观点（见卡西勒《启蒙哲学》，第4章）。

　　由于腓特烈大帝既是政治家，又是文学作者，而且是启蒙哲人的东道主，因此他的宗教观念是一个令人关注的课题。伯恩（Max von Boehn）的《18世纪的德意志》（*Deutschland im achtzehnten Jahrhundert*）中的"启蒙运动"（"Die Aufklärung"）的论述颇为中肯，我从中引用了两段。最好的传记是科泽（Reinhold Koser）写的《腓特烈大帝史》（*Geschichte Friedrichs des Grossen*, 4 vols., 4th and 5th edn., 1912）。该书信息极其丰富，巨细靡遗，但没有保持客观距离。伯尼（Adolf Berney）的《腓特烈大帝：政治家成长史》（*Friedrich der Grosse: Entwicklungs-geschichte eines Staatsmannes*, 1934）以赞赏的态度追溯了腓特烈的人格和思想演变，可喜的是，没有谄媚的语言。朗格尔（Werner Langer）的《腓特烈大帝与法国思想界》（*Friedrich der Grosse und die geistige Welt Frankreichs*, 1932）研究了他对法国思想导师既依赖又反叛的关系，确信这个学生胜过那些老师——这是德国关于腓特烈研究中的一个常见缺陷。我在《伏尔泰的政治观》第3章中探讨了腓特烈与伏尔泰的关系。还可参见泽勒的《作为哲学家的腓特烈大帝》(*Friedrich der Grosse als Philosoph*, 1886) 以及狄尔泰的出色文章 "腓特烈大帝与德意志启蒙运动" ("Friedrich der Grosse und die deutsche Aufklärung", *Gesammelte Scriften*, III, 81–205)。里特尔 (Gerhard Ritter) 的《腓特烈大帝的历史肖像》(*Friedrich der Grosse: Ein Historisches Profil*) 的第1版 (1936) 和第3版 (1954) 应放在一起来读, 前者力图把腓特烈与希特勒相提并论, 后者则试图洗刷说他与那些可恶的纳粹有任何共同之处的指责。或许从法国人的角度来看腓特烈及其哲学会更平实, 当然这样也可能有过分的敌意在里面。首先可参见拉维斯 (Ernest Lavisse) 的《腓特烈大帝的青年时代》(*La Jeunesse du Grand Frédéric*, 1891) 和《登基之前的腓特烈大帝》(*Le Grand Frédéric avant l'avènement*, 1893)。针对拉维斯的判断 "不, 他绝不仁慈", 迈内克真诚地发出抗议。他在《马基雅维利主义》中写到, 拉维斯严重误判了这位国王。迈内克更为精细, 但拉维斯看得更透彻。

就我所知, 目前尚无关于欧洲新教教士的全面的社会研究著作。有 545 一些国别史包含了一些相关的细节。例如, 霍夫德 (B. J. Hovde) 的《斯堪的纳维亚国家: 1720—1865》(*The Scandinavian Countries, 1720–1865: The Rise of the Middle Classes*, 2 vols., 1943) 就描述了瑞典和丹麦的教士是如何剥削他们的教民的。

法国的天主教世界有许多教士背叛的显著例子。格勒图森在《法国布尔乔亚世界观和人生观的兴起》(*Die Entstehung der bürgerlichen Welt- und Lebensanschauung in Frankreich*, 2 vols., 1927–1930) 中细致地分析了17世纪到18世纪宗教语言的转变, 前者是强调地狱和天谴的奥古斯丁主义的严峻说教, 后者是强调美好基督徒生活的现代温和布道。这是一部精彩的开拓之作, 尚无英文译本。帕尔默的《18世纪法国的天主教徒和无信仰者》本身是对自由主义的宗教史误读的纠正, 但其中对格勒图森的批评有些过于严厉。莫齐 (Robert Mauzi) 的《18世纪法国文学和思想中的幸福观》(*L'Idée du Bonheur dans la littérature et la pensée française au XVIII ͤ siècle*, 1960) 的一章 "信奉基督教的老实人" 描述了对一种折中方式的探求。麦克曼内斯（John McManners）在研究昂热地区的杰作《旧制度下的法国基督教社会》（*French Ecclesiastical Society under the Ancien Régime*, 1960）中描绘了一个既世俗化到足以倾听启蒙思想，又虔诚到足以引起摩擦的信仰社会。该书有趣地显示了有教养的基督徒是如何与有教养的世俗主义者结成联盟的。比恩（David D. Bien）的《卡拉事件》（*The Calas Affair: Persecution, Toleration, and Heresy in Eighteenth-Century Toulouse*, 1960），尤其是第2章，对图卢兹地区宗教热忱的减弱有深入的洞察，我在本书中有所引用。福特的《转型中的斯特拉斯堡》（*Strasbourg in Transition, 1648-1789*, 1958）阐明了另一种类型的法国城镇：1681年该城被法国兼并后，德意志的新教传统逐渐被法国的天主教传统覆盖（特别参见第5章"天主教徒与新教徒"）。麦克曼内斯的那部著作也显示了求新的时尚与蒙福孔之类博学的教士的无知。同类著作还有马勒的《哥特意象》（*The Gothic Image*, vii, 20）和瓦尼克桑（Jacques Vanuxem）的"马比荣和蒙福孔关于12世纪法国雕塑的论说"（"The Theories of Mabillon and Montfaucon on French Sculpture of Twelfth Century, *Warburg Journal*, XX, January, 1957, 45-58）。卡昂（L. Cahen）的《路易十五时期的宗教与高等法院争端》（*Les Querelles religieuses et parlementaires sous Louis XV*, 1913）记述了该时期法国教会的历次政治争端。普雷克兰（E. Préclin）和雅里（E. Jarry）的《17和18世纪的政治和教义争端》（*Les Luttes politiques et doctrinales aux XVIIe et XVIIIe siècles*, 2 vols., 1955-1956）是一部出色的概述，虽然以法国为中心，但覆盖了整个欧洲天主教世界。这两卷著作是《教会全史》（*Histoire de l'Eglise depuis les origines jusqu'à nos jours*, ed. Augustin Fliche and Victor Martin）的第19卷的第一、二部分。普雷克兰还写了一部研究启蒙时代詹森派的杰作《18世纪的詹森派和教士公民组织法》（*Les Jansenistes du XVIIIe siècle et la Constitution civile du clergé*, 1928）。布雷蒙（Henri Brémond）的《宗教情感的文学史》（*Histoire littéraire du sentiment religieux*, 12 vols., 1929-1936）可有选择的读一些。这是一个资料富矿，对于不赞同其宗教

546

倾向的人也同样有用。

我依据下列资料编写了关于达朗贝尔日内瓦之行的情况：前面已经提到的格里姆斯利写的达朗贝尔传，几种卢梭传和伏尔泰传以及他们的通信。另外，我还利用了富克斯（F. Fuchs）校勘的卢梭著作《给达朗贝尔讨论眼镜的信》（*Lettre à d'Alembert sur les spectacles*, 1948）。我还在《伏尔泰的政治观》（第4章）中简略地论述了加尔文主义的严峻程度在日内瓦的减弱情况。

第七章　跳出雷池 547

1. 学术的盗用

关于启蒙哲人盗用的学术，参见道格拉斯的《1660—1730年间的英国学者》、前面提到的莫米利亚诺的许多文章[1]、布雷斯劳（H. Bresslau）的《德国和意大利外交手册》（*Handbuch der Urkundenlehre für Deutschland und Italien*, 2 vols., 2nd edn., 1912–1931）以及舍雷尔（Emil Clemens Scherer）的专著《德意志大学的历史和教会史》（*Geschichte und Kirchengeschichte an den deutschen Universitäten*, 1927），尤其是第2、3部分。关于哲学家与博学者之间的紧张关系，特别参见莫米利亚诺的论著以及塞兹内克的《论狄德罗与古典文化》。

卡尔梅很值得现代人做出新的研究。也可参见迪戈（A. Digot）《卡尔梅神父的传记和文学手册》（*Notice biographique et littéraire sur Dom Augustin Calmet*, 1860），施密茨（Ph. Schmitz）为博德里亚（Baudrillart）主编的《教会历史和地理词典》（*Dictonnaire d'histoire et de géographie ecclésiastiques*）撰写的传记辞条（II, 450–453），以及厄费尔（Hoefer）主编

1　见第419—421、435、438、439页。

的《新世界传记》（*Nouvelle Biographie générale*）的辞条（VIII, 238–242）。
关于伏尔泰以及夏特莱夫人如何利用卡尔梅的学术著作，我的资料来自
韦德的《伏尔泰与夏特莱夫人》，该书概述和摘引了夏特莱夫人的《"创
世记"考》。

　　与卡尔梅一样，布鲁克也一直受到冷遇。哲学史家承认他是到黑
格尔才达到自觉的那种哲学史写法的开创者或先驱，例如，文德尔班
（Wilhelm Windelband）的《哲 学 史 教 程》（*Lehrbuch der Geschichte der
Philosophie*, 4th edn., 1907, 8），但是只有一本专门写他的著作，即阿尔特
（Karl Alt）的《布鲁克：18 世纪的导师》（*Jakob Brucker, ein Schulmeister
des 18. Jahrhunderts*, 1926）。该书概述了他的生平，列出他的作品，但没
有做出任何解释。关于同代人对布鲁克的兴趣，可参见歌德的《诗与真》
（*Dichtung und Wahrheit*, 246）。还可参见法国耶稣会对布鲁克的大作《批
判哲学史》的认同：1754 年（10 年后！）的《特雷武月刊》发表了充满敬意
的全面评论（455–477, 603–626, 1777–1801），赞扬其中肯和博学。1792
年，著名的新教教士和宣传者恩菲尔德（William Enfield）发表了 1756 年
版《批判哲学史》的节本，并称该书是"一部汇集了重要史实的巨大宝
库，这些史实是辛勤搜罗来的，用明澈的方法加以消化，用坦率公正的态
度写出来"（iv）。这是很高的赞誉，但绝非名不副实。早在 1774 年就有
人注意到狄德罗对布鲁克的借用。当时德意志有一篇书评就相当尖刻地
评论了这一点，见莫尔捷的《狄德罗在德意志》（354–355）。19 世纪狄德
罗传记作者莫利（Lord Morley）也指出这一点，见他的《狄德罗与百科全
书派》（*Diderot and the Encyclopaedists*, 2 vols., 1878, I, 217 ff）。正如我
在书中所说，狄德罗本人也多处提到自己对布鲁克著作的借重（例如在
"中国"辞条的末尾），试图以此防止有人指责自己抄袭。因此，威尔逊
在他写的《狄德罗》中指出："狄德罗任意地引用一部最近由名叫布鲁克
的德国人用拉丁文写的哲学史，他本人对此也不试图加以掩盖。"（216）
此言不虚，不过狄德罗的坦白掩盖了他引用的程度。巴克的《狄德罗在
百科全书中对基督教的处理》也对此有一些点评。普鲁斯特的《狄德罗与

百科全书》对此有两章精彩论述（VII, VIII）和一个重要附录（IX）。后者列出了狄德罗为《百科全书》写的许多辞条的资料来源，布鲁克当然频繁出现在这个索引表上。不过，关于狄德罗如何利用布鲁克的著作，本书中展现的是我的分析。

因为吉本极其坦率地公示自己的学问之路，因此有关他是如何引用他人的著述，最好的信息源是他自己的《自传》以及《罗马帝国衰亡史》的脚注。凯恩斯（Geoffrey Keynes）的《吉本的藏书目录》（*The Library of Edward Gibbon: A Catalogue of His Books*, 1940）可以证实吉本是多么嗜书如命。还可参见贾里佐的《吉本与18世纪欧洲文化》（*Edward Gibben e la cultura Europea*）中的论述，以及扬的《吉本传》中的一些精彩段落。他重点引用的学者有马比荣、蒂耶蒙、迪康热和博索布尔。关于马比荣，可参见诺尔斯（M.D. Knowles）的概论文章"让·马比荣"（"Jean Mabillon", *Journal of Ecclesiastical History*, X: 2, 1959, 153–173），布罗伊（E. de Broglie）的《马比荣与17世纪末圣日耳曼德佩修道院》（*Mabillon et la Société de l'Abbaye de Saint-Germain-des-Prés à la fin du dix-septième siècle*, 2 vols., 1888），《纪念马比荣去世200周年文集》（*Mélanges et documents publiés à l'occasion du 2ᵉ centenaire de la mort de Mabillon*, 1908, 其中有一篇对马比荣的》《论古文书学》的分析）以及黑尔的《马比荣与瑞士本笃会》（*Johannes Mabillon und die Schweizer Benediktiner: Ein Beitrag zur Geschichte der historischen Quellenforschung im 17. und 18. Jahrhundert*, 1938, 该书从一个角度揭示了教会人士的学问）。关于蒂耶蒙，可参见圣伯夫（Saint-Beuve）的《波特罗雅尔修道院》（Port-Royale, 10 vols., edn. 1926–1932），尤其是第5卷。关于迪康热（Du Carge），参见阿尔杜安（H. Hardouin）的《论迪康热的生平与著作》（*Essai sur la vie et sur les ouvrages de Ducange*, 1849）。胡格诺派牧师博索布尔的《摩尼教历史考证》促使吉本跳出雷池，但是关于博索布尔，现在没有什么研究成果。

就我所知，至少有一位读者认为斯威夫特的《一只桶的故事》是导向无神论的。这个结论出自一位显赫的法官赖德（Dudley Rider）的日记。

549

我则转引自多布雷的《18世纪前期的英国文学》(363)。

2. 卢克莱修的使命

这一节的资料基本上是已经耳熟能详的。所有的启蒙哲人都认为，宗教必然是哲学的敌人。关于这一点，狄德罗在私人通信中表达得最为激烈：哲学进一步，宗教退一步（*Correspondance*, II, 297–305）；基督教是"神话"，是罪恶之源（IV, 261–267）；真正的"哲学"处处与宗教作对（IV, 260–261）。还有数以千计的语录可以证明这一立场。甚至在达朗贝尔表现得最通情达理和小心谨慎的时候（例如他的文章"论对宗教资料的胡乱批判"，*Mélanges*, IV, 323–380），也认为这种敌对看来不可避免，其结局很悲惨。关于更复杂的情况，可参见狄德罗与贝尔吉耶神父心平气和的争论（*Correspondance*, I, 137）。

550

我在本书中谈到自然神论（见第348—369页）。这方面，首先需要的是有关重要的自然神论者的可靠传记。朗图瓦纳（A. Lantoine）的《共济会的先驱：托兰德》（*Un Précurseur de la franc-maçonnerie: John Toland, 1670–1722*, 1927）犹如空谷足音。斯蒂芬的大作《18世纪的英国思想》是研究英国自然神论者的经典作品。但是，斯蒂芬贬低了这些人的哲学睿智及其影响；此外，他把自然神论区分为批判型和建设型等不同的思想类型，恰是这种差异反而形成互补，增强了其力量。他的区分得到了普遍认可。斯特龙伯格的《18世纪英国的宗教自由主义》（*Religious Liberalism in Eighteenth-Century England*, 1954）和莫斯纳的《主教巴特勒和理性时代》使得对自然神论的研究与时俱进。洛夫乔伊的著名文章"自然神论与古典主义的平行轨迹"（"The Parallel of Deism and Classicism", in *Essays in the History of Ideas*, 78–98）极具启发性，值得认真阅读。（我有幸在哥伦比亚大学的一个研讨班上聆听斯特龙伯格教授对这篇文章逐条批驳。很显然，洛夫乔伊夸大了某些相似之处，忽略了某些相似之处，同时也忽视了某些重大差异。）关于自然神论传入法国的情况，可参见托里的《伏尔泰与英国自然神论者》以及布里格斯（E. R. Briggs）的文章"18世纪初法国的无神论与英国思想"（"L' Incrédulité et la pensée anglaise en France au début du XVIIIᵉ siècle", *Revue d'histoire littéraire de la France*, XLI, 1934, 497–538）。关于德意志的自然神论（歌德认为自然神论是适合有教养的人采纳的一种自然宗教，见《诗与真》，538），可参见赫特纳（Hermann Hettner）的《18世纪德国文学史》（*Geschichte der deutschen Literatur im achtzehnten Jahrhundert*, 4 vols., 4ᵗʰ edn., 1893–1894）。关于赖马鲁斯，参见前面提到的施特劳斯的《赖马鲁斯及其"为理性的上帝崇拜者辩护"》。

关于深受霍尔巴赫、休谟和伏尔泰喜爱的进攻型的自然神论和无神论谱系（把宗教视为病态），可参见曼纽尔的《18世纪与神明对峙》（34–40, 70 ff, 228 ff）。关于伏尔泰的宗教观，波默的著作（*Religion de Voltaire*）依然是必要的参考书。我总结了对"消灭败类"（*écrasez l'infâme*）这句口号的各种解读：反对宗教狂热，反对天主教，反对一切有组织的超自然宗教，一种无神论的表达。在我的专著《伏尔泰的政治观》中，我赞同第三种解读。关于梅叶，参见莫尔豪斯（Andrew R. Morehouse）的《伏尔泰与梅叶》（*Voltaire and Jean Meslier*, 1936）。关于伏尔泰的清晰而有趣的策略，可参见我对其《哲学辞典》的分析（收入《人道党》），但还有更多可探讨的东西。

关于唯物主义，我们也需要更多的研究。当然现在也有一些不错的学术著作，如瓦塔尼安论拉美特利的长文（本书第404页）、威克沃和纳维尔分别写的霍尔巴赫传记（第403页）。朗格（Frederick Albert Lange）的《唯物主义史》（*The History of Materialism and Criticism of its Present Importance*, 3 vols., 1865; tr. E. C. Thomas, edn., 1950）迄今没有丧失参考价值。还可参见盖尔纳（E. A. Gellner）的"法国18世纪的唯物主义"（"French Eighteenth-Century Materialism", in *A Critical History of Western Philosophy*, ed. D. J. O' Connor, 1964, 277–295）。该文提出了一些根本性的问题，并试着把启蒙哲学与当今的哲学品性做了对比。

551

3. 休谟：彻底的现代异教徒

说到休谟，正如前面已经说过的，诺曼·史密斯、帕斯莫尔（Passmore）和莫斯纳的著作都是必读书。这些著作都强调休谟哲学的积极意图，批驳把休谟说成是"纯粹"、"破坏"的怀疑论者的流行观点。一些专题研究，如贾里佐的《政治家和历史学家休谟》也增添了一些重要的认识。另外还有大量的很有价值的专题研究文献。可参见丘奇（Ralph Church）的《休谟的理解理论》（*Hume's Theory of the Understanding*, 1935），普赖斯（H. H. Price）的《休谟的外部世界理论》（*Hume's Theory of the External World*, 1940）以及弗卢（Anthony Flew）的《休谟的信念哲学》（*Hume's Philosophy of Belief: A Study of His First Inquiry*, 1961）。1939年在爱丁堡举行的"休谟与当代问题"研讨会上，史密斯、奥斯丁（J. L. Austin）、梅斯（C. A. Mace）等人提交了有价值的论文。罗特文（Eugene Rotwein）编辑了休谟的《经济学文选》（*Writings on Economics*, 1955），并写了一篇内容丰富的导论，其中还探讨了休谟的心理学。普赖斯（John Vladimir Price）的"西塞罗与休谟笔下的怀疑论者"（"Skeptics in Cicero and Hume", *JHI*, XXV: 1, January-March, 1964, 97–106）有助于我们把斐罗与西塞罗的《论神性》中的科塔联系起来，但没有增添新的知识。汉普希尔（Stuart Hampshire）有一篇不错的短文"休谟在哲学中的地位"（"Hume's Place in Philosophy", in *David Hume: A Symposium*, 1–10）。他的评价恰与我在多年倾情研读休谟著作后得出的评价一致。汉普希尔写到，休谟"界定了一种对待政治、社会问题、宗教的一贯的、自圆其说的态度。这是极其自信和明澈的态度，出自一个完全世俗的心灵，能够接受并服从自然秩序和人性的现实，毫无焦虑，因此也无须寻求终极出路，因为正义的保障已经用某种方式构筑在事物的本性之中了。这种哲学态度因一贯而真诚就具有了适宜的风格，即反讽的风格"。这段话再好不过地表达了对现代异教的需求和可能性。

主要引用作品

启蒙哲人的著作在图书馆的目录中处于很奇怪的零散状态。尽管（如我在前言中指出的）学界已经进行了大量的相关工作，但有些启蒙哲人（如休谟）的全集至今没有出版，还有些启蒙哲人（如伏尔泰）的全集已经非常陈旧，现在只是零碎地勘订出版他们的主要著作和通信。也有的启蒙哲人（如卢梭）的著作正在被集成权威版本出版，但尚未完成。因此，我只能引用各种不同的版本。下面列出其中最重要的一些，并附上简称。对其他版本的引用，则直接在注释里说明。

Jean Le Rond d'Alembert（达朗贝尔）

——*Mélanges de littérature, d'histoire, et de la philosophie*, 5 vols., 1757, 简称《杂文集》。

——*Œuvres complètes*, 5 vols., 1821–1822, 简称《全集》。

Francis Bacon（培根）

——*Works*, ed. James Spedding, R. L. Ellis and D. D. Heath, 14 vols., 1857–1874。《著作集》，其中包括拉丁文著作（I–III），英译著作和英文著作（IV–VII），书信和斯佩丁写的传记（VIII–XIV）。

James Boswell（博斯韦尔）

——*Boswell's Life of Johnson, Together with Boswell's Journal of a Tour to the Hebrides and Johnson's Diary of a Journey into North Wales*, ed. George Birkbeck Hill, rev. by L. F. Powell, 6 vols., 1934–1950, 简称《约翰逊生平》。

Étienne Bonnot, abbé de Condillac（孔狄亚克）

——*Œuvres philosophiques*, ed. Georges Le Roy, 3 vols., 1947–1951, 简称《著作集》。

Marie-Jean-Antoine-Nicolas Caritat, marquis de Condorcet（孔多塞）

554 ——*Œuvres*, eds. A. Condorcet O'Connor and M. F. Arago, 12 vols., 1847,
简称《著作集》。

Denis Diderot（狄德罗）

——*Correspondance*, ed. Georges Roth, 12 vols., 已出至1733年的通信
（1955- ），简称《通信集》。

——*Œuvres complètes*, eds. Jules Assézat and Maurice Tourneux, 20 vols.,
1875-1877, 简称《全集》。

——*Œuvres esthétiques*, ed. Paul Vernière, 1959, 《美学著作集》。

——*Œuvres politiques*, ed. Paul Vernière, 1963, 《政治著作集》。

——*Œuvres romanesques*, ed. Henri Bénac, 1951, 《小说集》。

——*Salons*, ed. Jean Seznec and Jean Adhémar, 3 vols., 1957-1963,
《沙龙画展》。

The Encyclopédie of Diderot and d'Alembert: Selected Articles（in French），
ed. John Lough（1954），简称《百科全书》。

Edward Gibbon（吉本）

——*Autobiography*, ed. Dero A. Saunders, 1961, 《自传》。

——*The History of the Decline and Fall of the Roman Empire*, ed. J.B. Bury,
7 vols., 1896-1902, 《罗马帝国衰亡史》。

——*Miscellaneous Works of Edward Gibbon, Esq., with Memoirs of his
Life and Writings, Composed by Himself: Illustrated from His Letters, with
Occasional Notes and Narrative*, ed. John, Lord Sheffield, 5 vols., 2nd edn.,
1814, 简称《杂文集》。

Johann Wolfgang Goethe（歌德）

——*Gedenkausgabe der Werke, Briefe, und Gespräche*, ed. Ernst Beutler, 24
vols., 1949, 简称《全集》。

Friedrich Melchior Grimm（格里姆）

——*Correspondance littéraire, philosophique et critique par Grimm, Diderot,*

Raynal, etc., ed. Maurice Tourneux, 16 vols., 1877–1882, 简称《文学通讯》。

David Hume（休谟）

——*Dialogues Concerning Natural Religion*, ed. N. K. Smith，2nd edn.，1947,《自然宗教对话录》。

——*The Letters of David Hume*, ed. J. Y. T. Greig, 2 vols., 1932，简称《书信集》。

——*New Letters of David Hume*, ed. R. Klibansky and E. Mossner, 1954, 简   555
称《新书信集》。

——*The Philosophical Works of David Hume*, ed. T. H. Green and T. H. Grose, 4 vols., 1882 edn., 简称《著作集》。

Immanuel Kant（康德）

——*Immanuel Kants Werke*, ed. Ernst Cassirer, with Hermamm Cohen, *et al*., II vols. (第11卷是卡西勒写的《康德的生平与学说》), 1912–1922, 简称《全集》。

Gotthold Ephraim Lessing（莱辛）

——*Sämmtliche Schriften*, ed. Karl Lachmann and Franz Muncker, 23 vols., 1886–1924, 简称《全集》。

Charles de Secondat, baron de Montesquieu（孟德斯鸠）

——*Œuvres complétes*, ed. André Masson, 3 vols, so far, 1950–1955, 简称《全集》。

Jean-Jacques Rousseau（卢梭）

——*Œuvres complétes*, ed. Bernard Gagnebin, Marcel Raymond, *et al*., 3 vols., so far, 1959–　, 简称《全集》。

Anne-Robert-Jacques Turgot, baron de l'Aulne（杜尔哥）

——*Œuvres de* Turgot et documents le concernant, ed. G. Schelle, 5 vols., 1912–1923, 简称《著作集》。

Voltaire（François-Marie Arouet）（伏尔泰）

——*Voltaire's Correspondence*, ed. Theodore Besterman, 103 vols., 1953–1965,

简称《通信集》。

——*Letters philosophiques*, ed. Gustave Lanson, 2 vols., 1909,《哲学通信》。

——*Voltaire's Notebooks*, ed. Theodore Besterman, 2 vols., 1952, 简称《笔记》。

——*Œuvres complétes*, ed. Louis Moland, 52 vols., 1877–1885, 简称《全集》。

——*Œuvres historiques*, ed. René Pomeau, 1957,《史学著作》。

——*Philosophical Dictionary*, ed. and tr. Peter Gay, 2 vols., 1962,《哲学辞典》。

Christoph Martin Wieland (维兰德)

—— *Sämmtliche Werke*, ed. J. G. Gruber, 50 vols., 第 1 卷是格鲁贝尔写的传记, 简称《全集》。

索 引

（索引页码为原书页码，即本书页边码）

542

文景

社 科 新 知　文 艺 新 潮

Horizon

启蒙时代（上）：现代异教精神的兴起

［美］彼得·盖伊　著

刘北成　译

出 品 人：姚映然
责任编辑：雷静宜
营销编辑：杨　朗
装帧设计：水玉银文化

出　　品：北京世纪文景文化传播有限责任公司
　　　　　（北京朝阳区东土城路8号林达大厦A座4A　100013）
出版发行：上海世纪出版股份有限公司
印　　刷：山东鸿君杰文化发展有限公司
制　　版：南京展望文化发展有限公司

开　本：700mm×1020mm　1/16
印　张：35　　字　数：424,000　　插页：2
2015年1月第1版　　2018年1月第3次印刷
定　价：99.00元
ISBN：978-7-208-12576-6 / K·2283

图书在版编目（CIP）数据

启蒙时代 . 上，现代异教精神的兴起 ／（美）盖伊
（Gay, P.）著；刘北成译 . —上海：上海人民出版社，
2014
书名原文：The enlightenment: An interpretation,
the rise of modern paganism
ISBN 978-7-208-12576-6

Ⅰ . ①启… Ⅱ . ①盖… ②刘… Ⅲ . ① 启蒙运动—研
究—欧洲　Ⅳ . ①B504

中国版本图书馆 CIP 数据核字（2014）第 229714 号

本书如有印装错误，请致电本社更换　010-52187586